Escritos de um viado vermelho

FUNDAÇÃO EDITORA DA UNESP

Presidente do Conselho Curador
Mário Sérgio Vasconcelos

Diretor-Presidente / Publisher
Jézio Hernani Bomfim Gutierre

Superintendente Administrativo e Financeiro
William de Souza Agostinho

Conselho Editorial Acadêmico
Luís Antônio Francisco de Souza
Marcelo dos Santos Pereira
Patricia Porchat Pereira da Silva Knudsen
Paulo Celso Moura
Ricardo D'Elia Matheus
Sandra Aparecida Ferreira
Tatiana Noronha de Souza
Trajano Sardenberg
Valéria dos Santos Guimarães

Editores-Adjuntos
Anderson Nobara
Leandro Rodrigues

James N. Green

Escritos de um viado vermelho
Política, sexualidade e solidariedade

© 2024 Editora Unesp

Direitos de publicação reservados à:
Fundação Editora da Unesp (FEU)
Praça da Sé, 108
01001-900 – São Paulo – SP
Tel.: (0xx11) 3242-7171
www.editoraunesp.com.br
www.livrariaunesp.com.br
atendimento.editora@unesp.br

Dados Internacionais de Catalogação na Publicação (CIP) de acordo com ISBD
Elaborado por Vagner Rodolfo da Silva – CRB-8/9410

G795e	Green, James N.
	Escritos de um viado vermelho: política, sexualidade e solidariedade / James N. Green. – São Paulo Editora Unesp, 2024.
	Inclui bibliografia.
	ISBN: 978-65-5711-228-1
	1. Gênero. 2. Política. 3. Sexualidade. I. Título.
	CDD 306.76
2024-309	CDU 316.346.2

Editora afiliada:

Este livro é dedicado a
Moshé Sluhovsky, Sonya Krahulik Allee,
Edmea Jafet e Martinha Arruda

Sumário

Prefácio, *Benito Bisso Schmidt* 11
Introdução 17

Parte I
Um gringo que se apaixonou pelo Brasil

Introdução 33
"Abaixo a repressão, mais amor e mais tesão": uma memória sobre a ditadura e o movimento de gays e lésbicas de São Paulo na época da abertura 37
Legados do passado do Brasil 75
"Ouviu a boa notícia? Eu e Dilma vamos nos casar!" 105

Parte II
Abaixo a repressão

Introdução 113
"Mais amor e mais tesão": a construção de um movimento brasileiro de gays, lésbicas e travestis 117

Vozes lésbicas e o feminismo radical no "movimento
   homossexual" brasileiro dos anos 1970 e início dos
   anos 1980   139
Ditadura e homossexualidades   161

Parte III
Visto de fora, visto de dentro

Introdução   185
Reinventando a história: Lincoln Gordon e as suas
   múltiplas versões de 1964   189
Opondo-se à ditadura nos Estados Unidos:
   direitos humanos e a Organização dos
   Estados Americanos   215
Exilados e acadêmicos: a luta pela anistia nos
   Estados Unidos   243

Parte IV
Dentro dos arquivos

Introdução   261
Abrindo os arquivos e os armários: pesquisando a
   homossexualidade no Arquivo Público do
   Estado de São Paulo   265
A proteção da privacidade com a abertura
   plena dos arquivos   269
Abrindo os arquivos do Tio Sam   283

Parte V
O tempo não para

Introdução   313
Carta aberta ao embaixador Michael Fitzpatrick
   Representante dos Estados Unidos na Organização dos
   Estados Americanos (OEA)   317
Golpes e intervenções: 1962, 1964 e 2016 e os olhares
   norte-americanos   325

Cinquenta e cinco anos de solidariedade internacional, as eleições de 2022 e a tentativa de golpe em 2023   349

Parte VI
Revoluções dentro das revoluções

Introdução   387
"Quem é o macho que quer me matar?": homossexualidade masculina, masculinidade revolucionária e luta armada brasileira nos anos 1960 e 1970   391
Herbert Daniel: política, homossexualidades e masculinidades no Brasil nas últimas décadas do século XX   437
Sequestros de diplomatas e política revolucionária no Brasil autoritário: a história de dois filmes, *O que é isso, companheiro?* e *Marighella*   459

Parte VII
Passados e presentes

Introdução   481
O joelho de Sarah Bernhardt: negociando a "respeitabilidade" feminina no palco carioca, 1880-1910   485
Contestando heróis e mitos nacionais: homossexualidade masculina e história brasileira   507
O Pasquim e Madame Satã, a "rainha" negra da boemia brasileira   531

Considerações finais *What's Left?*/O que sobrou?   555
Obras de James N. Green   567

Prefácio

Benito Bisso Schmidt[1]

Este livro é a história de como um gringo loiro norte-americano, que em sua infância e adolescência pouco sabia sobre o Brasil, associando-o a tradicionais imagens exóticas tropicais de cobras, papagaios, jacarés e piranhas, tornou-se o poderoso "viado vermelho", internacionalmente conhecido e reconhecido como um dos mais importantes estudiosos do país no exterior e ativista influente em prol da democracia, da justiça social e dos direitos do que hoje chamamos de população LGBTQIA+. Em cada texto que integra esta coletânea, percebemos como se deu essa transformação, ou seja, de que maneira o autor foi encontrando caminhos para refinar seu olhar sobre a história brasileira; integrar a defesa dos direitos das pessoas dissidentes das normas hegemônicas de sexo e gênero às demais pautas da esquerda; articular sua identidade pessoal, seu ativismo político e sua produção intelectual; e defender políticas democráticas e inclusivas para o Brasil sem se colocar como o "branco salvador" a indicar caminhos para uma sociedade

---

[1] Professor titular do Departamento de História da Universidade Federal do Rio Grande do Sul (UFRGS), coordenador do Centro de Referência da História LGBTQIA+ do Rio Grande do Sul (Close) e ex-presidente da Associação Nacional de História (Anpuh), no período de 2011 a 2013.

supostamente incapaz de encontrar suas próprias soluções, optando, ao contrário, por dialogar e aprender com ela.

Conheci James Green há aproximadamente 20 anos no XXII Simpósio Nacional de História, realizado pela Associação Nacional de História (Anpuh) em 2003 na cidade de João Pessoa (PB). Na ocasião, ele foi um dos conferencistas principais, abordando o tema desenvolvido em sua tese de doutorado, publicada em livro no ano de 1999 nos Estados Unidos e no Brasil: a homossexualidade cisgênero masculina no Rio de Janeiro e em São Paulo ao longo do século XX. No início de sua fala, ele mostrou imagens que, de certa maneira, indicavam como havia chegado ao tema, a partir de sua militância em movimentos pelos direitos civis, contra a Guerra do Vietnã e pelos direitos da população LGBTQIA+. O público era numeroso, incluindo os mais renomados historiadores brasileiros. Foi um choque!

O professor da Universidade Brown, uma das mais importantes universidades do mundo, falava de um Brasil bem diferente. Contava a história de homens que se relacionavam romântica e sexualmente com outros homens. Redesenhava a cartografia das mais importantes cidades brasileiras ao longo do século XX, demonstrando a existência de uma vigorosa subcultura homossexual, que se expressava em lugares como parques, praças, ruas, banheiros públicos, pensões, casas particulares, bares, boates e espetáculos artísticos, entre outros. Evidenciava também a forte repressão sofrida por esses indivíduos, que envolvia uma rede da qual faziam parte médicos, juristas, políticos, jornalistas, policiais e pessoas comuns. Mais importante: revelava como esses processos, de criação, resistência e repressão se articularam com as grandes transformações políticas, econômicas, demográficas e culturais pelas quais o Brasil passou ao longo do século passado.

Acredito que, para muitos colegas que até então achavam tal tema exótico e divertido, porém pouco importante e/ou excessivamente "identitário", como se diz hoje, a apresentação de James Green foi uma mudança de chave e a abertura de um reconhecimento que, se até hoje não é unânime, passou a ser muito mais difundido. Para mim, então um jovem historiador cisgênero e gay assumido desde o início da década de 1990 – e penso que também para muitas outras pessoas –, a conferência ousada e sofisticada do "viado vermelho" foi uma revelação. Sim, eu tinha um passado digno de ser estudado a partir das categorias e métodos da ciência histórica! Sim, é possível aliar ativismo político e rigor acadêmico!

Além do carnaval, sua tese/livro, tornou-se imediatamente um clássico.[2] Se hoje é possível criticar algumas de suas premissas – como a usual tomada do que acontece no Rio e em São Paulo como válido para todo o Brasil –, a obra abriu o caminho para uma agenda de pesquisa a diversos pesquisadores, ao indicar possibilidades de temas e fontes para investigações mais pontuais, bem como referências interpretativas para novos estudos. Contudo, como Green reconhece, essa multiplicação de pesquisas sobre o tema tardou um pouco, por motivos ainda difíceis de identificar, aflorando somente na segunda metade da década de 2010. Falarei um pouco mais sobre isso logo adiante.

Nesse meio-tempo, Green, em colaboração com pesquisadores brasileiros e estrangeiros, continuou incentivando o desenvolvimento de investigações sobre a história LGBTQIA+ brasileira, por meio, por exemplo, da publicação de repertório bibliográfico,[3] de guia de fontes,[4] de coletânea a respeito do assunto,[5] de um livro biográfico sobre o militante de esquerda e homossexual Herbert Daniel[6] e de uma participação decisiva para que o relatório final da Comissão Nacional da Verdade, divulgado em 2014, incluísse uma seção específica (republicada neste livro) sobre as graves violações dos direitos humanos cometidas contra pessoas LGBTQIA+ durante a ditadura militar, iniciada em 1964. Tal enfoque, ao que eu saiba, é inédito em relação a outros relatórios de comissões congêneres no mundo e contribuiu para ampliar a noção

---

2 Green, J. N. *Beyond Carnival*: Male Homosexuality in Twentieth-Century Brazil. Chicago: University of Chicago Press, 1999; id. *Além do carnaval*: a homossexualidade masculina no Brasil do século XX. 3.ed. São Paulo: Editora Unesp, 2022.
3 Arney, L.; Fernandes, M.; Green, J. N. Homossexualidade no Brasil: uma bibliografia anotada. *Cadernos AEL*, v.10, n.18-19, p.316-48, 2003.
4 Green, J. N.; Polito, R. (Orgs.). *Frescos trópicos*: fontes sobre a homossexualidade masculina no Brasil (1870-1980). Rio de Janeiro: José Olympio, 2006.
5 Green, J. N.; Quinalha, R.; Caetano, M.; Fernandes, M. (Orgs.). *História do movimento LGBT no Brasil*. São Paulo: Alameda, 2018.
6 Green, J. N. *Revolucionário e gay*: a vida extraordinária de Herbert Daniel. Rio de Janeiro: Civilização Brasileira, 2018.

de vítimas da ditadura, motivando ações políticas e trabalhos acadêmicos em diversas partes do país.

Outro eixo de sua produção nesse período – que também articula os textos publicados neste livro – é a questão da democracia e da luta contra os autoritarismos no passado e no presente. Nesse sentido, o livro *Apesar de vocês: oposição à ditadura brasileira nos Estados Unidos, 1964-1985*,[7] publicado no Brasil em 2009 e nos Estados Unidos no ano seguinte, desvendou novas perspectivas para pensar as relações entre os dois países, normalmente resumidas na chave do apoio norte-americano aos militares golpistas brasileiros. Sem desconsiderar a importância desse processo, James Green desloca seu foco para entender as manifestações ocorridas no "grande irmão do Norte" contra a ditadura no Brasil, agregando exilados e ativistas brasileiros e estrangeiros, que, de formas variadas e criativas, exprimiram sua oposição aos generais no poder e às violações dos direitos humanos cometidas contra grupos de oposição. Tais manifestações se davam, entre outros canais, por meio de *lobbies* junto aos congressistas, manifestações públicas, divulgação de informações para a imprensa e promoção de atividades artísticas que sensibilizassem a sociedade norte-americana para as violências cometidas no Brasil.

Essa postura generosa com o país se manifestou na luta recente de James Green contra a deterioração da democracia brasileira a partir de 2013. Ele articulou redes nos Estados Unidos e mobilizou estudantes, intelectuais, jornalistas e políticos para denunciar o avanço das forças de extrema direita na política brasileira. Além disso, publicou artigos muito bem fundamentados na imprensa dos Estados Unidos e do Brasil denunciando o arrefecimento da democracia brasileira em função dos ataques de grupos conservadores e reacionários.

Momento importante dessa atuação foi a participação de James Green, em 2016, no grupo "Historiadores pela democracia", que foi a Brasília prestar solidariedade à presidenta Dilma Rousseff, a qual, pouco tempo depois, seria afastada do poder por um golpe

---

[7] Green, J. N. *Apesar de vocês*: posição à ditadura brasileira nos Estados Unidos, 1964-1985. São Paulo: Companhia das Letras, 2009; id., *We Cannot Remain Silent*: Opposition to the Brazilian Military Dictatorship in the United States. Durham: Duke University Press, 2010.

político-midiático-empresarial como fortes tons misóginos. Na ocasião, Green conheceu a presidenta e recebeu-a nos Estados Unidos para a realização de uma conferência e de encontros com personalidades locais, aproveitando para a levar para passear em Nova York. Tal encontro gerou um forte burburinho na imprensa brasileira de que os dois estariam tendo um romance, história que, além de render muitas risadas, oferece material significativo para refletir sobre o machismo brasileiro, como Green discute em um dos textos deste livro.

Retomando a discussão sobre a história LGBTQIA+ no Brasil, é importante destacar que a expansão desses estudos é uma tendência recente, que tem mobilizado um amplo contingente de indivíduos e instituições em diversas localidades do país. O primeiro encontro mais formal dessa "turma" ocorreu durante o Simpósio Nacional de História realizado em Recife em 2019. Nele, foi proposto um simpósio temático com o emblemático título de "Clio sai do armário", coordenado pela pesquisadora Rita Colaço Rodrigues, militante histórica do movimento LGBTQIA+ no Brasil, e Elias Ferreira Veras, jovem professor e pesquisador vinculado à Universidade Federal de Alagoas (Ufal). Foi um sucesso! E James Green esteve lá, animando o grupo, incentivando os jovens e, como um dos principais conferencistas do evento, fazendo uma fala veemente em defesa da democracia brasileira e mostrando como a luta em seu favor tem se desenrolado no Brasil e nos Estados Unidos.

O fato de essa explosão da história LGBTQIA+ brasileira ter ocorrido durante um dos períodos mais infelizes da nossa história, marcado por avanços de forças de extrema direita defensoras de uma moral conservadora e reacionária, não parece ser um fenômeno contraditório. Na verdade, esse interesse pelo passado das pessoas que, de variadas maneiras, questionaram as normas hegemônicas de gênero e sexualidade se ampliou justamente como uma reação e uma resistência aos ataques sofridos. De qualquer maneira, hoje temos uma historiografia LGBTQIA+ consolidada no Brasil e em plena expansão, processo verificado pela formação de coletivos e redes, como a Rede de Historiadorxs LGBTQIA+; por trabalhos de pesquisa de graduação, mestrado e doutorado em diversas universidades do país; pela publicação de dossiês temáticos em revistas científicas; pelas apresentações em eventos acadêmicos; pela participação de pesquisadores da área na imprensa, em redes virtuais, em movimentos sociais e em instâncias governamentais; e por iniciativas variadas preservação e divulgação do patrimônio LGBTQIA+, incluindo acervos documentais e de história oral, como o Museu da Diversidade Sexual, o Museu Bajubá, o Museu Transgênero de História e Arte (Mutha), o Arquivo Lésbico Brasileiro e o Centro de Referência da História LGBTQIA+ do Rio Grande do Sul (Close), o qual tenho a honra de coordenar. Ainda há muito a se avançar, sobretudo no sentido de contemplar todas as orientações sexuais e identidades de gênero envolvidas na sigla LGBTQIA+; de articular esses pertencimentos com outros marcadores sociais (como classe, raça e origem regional); e, sobretudo, de tornar esse acúmulo de conhecimento uma força viva de transformação social.

Nesse movimento, o "viado vermelho" segue sendo uma inspiração e um participante destacado, acolhendo, aconselhando, produzindo, atuando e mostrando sempre a aliança entre rigor científico e ativismo político. Este livro é mais uma contribuição fantástica nesse sentido, pois permite conhecer a trajetória de um intelectual e militante que ajudou a construir um campo de conhecimento e de luta.

Encerro este prefácio com uma nota pessoal: aos poucos, o professor James Green foi se tornando "Jim" ou "Jimmy" para mim. Sempre generoso, ele veio a Porto Alegre algumas vezes ministrar conferências, convidou-me para alguns projetos e tive a oportunidade de realizar um estágio na Universidade Brown sob sua supervisão em 2018. Tornei-me seu amigo sem deixar de ser sempre um aprendiz e um admirador. Ele continua sendo um gringo loiro (e lindo!), cada vez mais viado, cada vez mais vermelho!

Ao final da introdução deste livro, Jim diz ter se dado conta, às vésperas de se aposentar, do quão sortudo ele tem sido. Eu respondo: nós, Jim, brasileiros e brasileiras, é que temos tido a sorte de conviver com você ao longo de todos esses anos! Obrigado e (para usar uma de suas expressões favoritas da língua portuguesa), "desculpa qualquer coisa"!

Porto Alegre, 13 de outubro de 2023.

Introdução[1]

Minha ideia original era que este livro fosse intitulado *Escritos de um gringo que se apaixonou pelo Brasil*. "Não muito empolgante", comentou um historiador brasileiro amigo meu. "Além disso, não vejo você como um gringo", acrescentou. Decidi então escolher um título mais provocador, *Escritos de um viado vermelho*, depois de testar a ideia com cerca de uma dúzia de pessoas. A resposta a essa nova proposta foi unanimemente a mesma: um sorriso seguido de um "gostei".

Sem dúvida, não tenho ilusões sobre o fato de que realmente sou um gringo que nunca conseguiu perder o sotaque norte-americano ao falar português. Mas é verdade que me apaixonei pelo país, seu povo e suas culturas mesmo antes de pisar em solo brasileiro pela primeira vez, em agosto de 1976, às margens do Rio Solimões. Esse foi o motivo pelo qual mantive o título alternativo "não empolgante" como nome da primeira seção deste livro.

Como repeti em diversas entrevistas ao longo dos anos, quando cheguei pela primeira vez ao Brasil, planejava ficar seis meses. Acabei vivendo no país durante seis anos. Nunca poderia imaginar, naquelas primeiras

---

1 Tradução de Giuliana Gramani.

Escritos de um viado vermelho

FIGURA 1 – Protesto em frente à Embaixada Brasileira em Washington, D.C., setembro de 1973. Arquivo do autor.

semanas, enquanto lia um exemplar emprestado do trabalho clássico de Thomas E. Skidmore, *Brasil: de Getúlio a Castello (1930-1964)*, enquanto viajava de cidade em cidade em ônibus sacolejantes, descendo lentamente pelo litoral brasileiro até o Rio de Janeiro, que um dia eu de fato escreveria e lecionaria sobre a história dessa estranha terra nova que eu estava conhecendo.[2] A querida Martinha Arruda, que serviu de guia, tradutora e amiga nessa jornada rumo ao sul, explicou-me pacientemente milhares de detalhes sobre o país. Ainda assim, ao refletir sobre minhas primeiras incursões nas complexidades do Brasil, vejo que fui constrangedoramente inocente, ingênuo e inundado por paisagens, sons, cheiros e histórias que estava absorvendo.

Esta coletânea de ensaios reflete o conhecimento e as percepções que adquiri depois de mais de 50 anos de interações com as pessoas, a história e a cultura do Brasil. Ela aborda a história da homossexualidade masculina, apresenta uma análise do surgimento do movimento LGBTQIA+ durante os anos finais da ditadura e debate as tensões entre ideias marxistas tradicionais sobre sexualidade envolvendo pessoas do mesmo sexo e o aparecimento de novas maneiras de entender as relações entre classe e outras formas de marginalização, discriminação e opressão. Diversos ensaios examinam os desafios enfrentados por historiadores ao investigar temas que tradicionalmente foram deixados de lado por pesquisadores, ao passo que outros estudam o papel do envolvimento dos Estados Unidos no golpe de Estado de 1964 e a resposta de Washington tanto ao golpe parlamentar contra Dilma Rousseff em 2016 quanto às tentativas de Jair Bolsonaro de subverter o resultado das eleições de 2022. Eles refletem meu profundo comprometimento com os rigores da profissão histórica, bem como meu engajamento em favor da democracia e da justiça socioeconômica.

Meu relacionamento intelectual, político e pessoal com o Brasil começou no início de 1973, como membro de um grupo de jovens ativistas contra a Guerra do Vietnã. Oito de nós decidimos viver juntos em uma

---

[2] Skidmore, T. E. *Politics in Brazil, 1930-1964*: An Experiment in Democracy. 2.ed. New York: Oxford University Press, 2007, publicado em português como *Brasil: de Getúlio a Castello (1930-1964)*. São Paulo: Companhia das Letras, 2010.

comuna localizada em um bairro operário da Filadélfia e organizar um grupo de estudos sobre a América Latina. Toda terça-feira à noite, depois do trabalho e de um jantar comunal, examinávamos um país diferente. Voluntariei-me para liderar a discussão sobre o Brasil, embora não soubesse praticamente nada a respeito do tema.

Naquele período, poucos escritos em inglês sobre o Brasil estavam disponíveis em livrarias ou bibliotecas públicas. Consegui obter uma cópia usada da edição em inglês de *Quarto de despejo*, de Carolina Maria de Jesus, em um sebo.[3] Ele me tocou profundamente, e ainda o utilizo em diversos cursos sobre a história do país. Durante minha preparação para a discussão do grupo de estudos, lutei para ler o trabalho clássico de Celso Furtado, *The Economic Growth of Brazil: A Survey from Colonial to Modern Times* (*Formação econômica do Brasil*).[4] Não tenho certeza se entendi seus argumentos principais naquela época. *A Grain of Mustard Seed: The Awakening of the Brazilian Revolution*, de Márcio Moreira Alves, capturou meu jovem imaginário revolucionário à medida que eu acompanhava sua dramática narrativa sobre a resistência ao regime militar.[5] Ainda assim, compreender a história brasileira recente parecia um tremendo desafio para um novato tão pouco versado.

Conforme narro no primeiro ensaio desta obra, "Abaixo a repressão, mais amor e mais tesão", um relato autobiográfico sobre como fui parar no Brasil, meu contato com Marcos Arruda e minha amizade com sua irmã Martinha foram cruciais para que eu me envolvesse, no início da década de 1970, em campanhas para denunciar a ditadura. Marcos, um brasileiro exilado vivendo em Washington, DC, tinha formado, ao lado de aliados norte-americanos, o Comitê contra a Repressão no Brasil (CARIB, na sigla em inglês) para protestar contra a visita, em dezembro de 1971, do presidente Emílio Médici à Casa Branca, então comandada pelo presidente Richard M. Nixon (1969-1974). Conheci Marcos pouco

---

3 Jesus, C. M. de. *Child of the Dark*: The Diary of Carolina Maria de Jesus. New York: New American Library, 1962.
4 Furtado, C. *The Economic Growth of Brazil*: A Survey from Colonial to Modern Times. Berkeley: University of California Press, 1971.
5 Alves, M. M. *A Grain of Mustard Seed*: The Awakening of the Brazilian Revolution. Garden City: Doubleday Anchor Press, 1973.

mais de um ano depois, e ele imediatamente me convidou para participar das campanhas nos Estados Unidos contra o regime militar brasileiro. Muitos anos depois, documentei as diversas atividades solidárias realizadas nos Estados Unidos em apoio àqueles que lutavam contra os generais no Brasil em *Apesar de vocês: oposição à ditadura brasileira nos Estados Unidos, 1964-1985*, publicado tanto em inglês quanto em português.[6]

Vinte e três anos após esse trabalho político inicial com Marcos e outros na costa leste norte-americana, junto com um pequeno grupo de brasileiros que vivia em Berkeley, incluindo Anivaldo Padilha, outro exilado político, tornei-me professor de História Latino-americana, primeiro na Universidade do Estado da Califórnia, Long Beach, e depois na Universidade Brown. Desde 1996, leciono anualmente um curso sobre história do Brasil que se inicia em 1500, com uma análise crítica do encontro entre os portugueses e os povos originários que habitavam o litoral banhado pelo Oceano Atlântico. Ele se encerra com uma análise de eventos recentes da história do país. Na primeira atividade da aula inicial do curso, solicito aos estudantes que compartilhem uma informação sobre o Brasil sem repetir algo que já foi dito por um colega. Os fatos que conhecem sobre o país geralmente se esgotam por volta do 12º voluntário a falar entre meus brilhantes e bem-informados alunos.

Entretanto, devo confessar que meus próprios conhecimentos sobre o Brasil enquanto crescia em Baltimore (Maryland) nos anos 1950 e 1960 eram tão limitados e vagos quanto os de meus alunos. Quando eu tinha cerca de dez anos, minha mãe fez um curso de pós-graduação na Universidade Johns Hopkins. Por algum motivo, ela escolheu escrever um trabalho sobre a ida da família real portuguesa para o Brasil e a transferência da corte para o Rio de Janeiro em 1808, porém muitos anos depois ela simplesmente não conseguia lembrar o porquê de ter feito essa escolha. Em um sábado, durante uma pausa para o almoço em meio à pesquisa e escrita do trabalho, ela nos contou, muito entusiasmada, que o Brasil havia sido sede da monarquia portuguesa e depois

---

6 Green, J. N. *Apesar de vocês*: oposição à ditadura brasileira nos Estados Unidos, 1964-1985. São Paulo: Companhia das Letras, 2009; id., *We Cannot Remain Silent*: Opposition to the Brazilian Military Dictatorship in the United States. Durham: Duke University Press, 2010.

se tornado um império independente. Assim como praticamente todos os norte-americanos, ela nunca tinha ouvido falar do fato de o Brasil ter sido governado por uma família real no século XIX, uma história que a fascinou. Ela talvez tenha compartilhado conosco informações sobre africanos escravizados, produção de café ou alguns outros detalhes históricos, mas certamente não me recordo deles. O que ficou em minha mente foi uma imagem de um rei europeu governando um país repleto de papagaios e macacos.

Por volta dessa mesma época, 1963 ou 1964, quando eu estava no 6º ano, todas as sextas-feiras minha turma recebia exemplares do *Weekly Reader*. Tratava-se de um jornal pequeno de oito páginas que cobria eventos nacionais e mundiais. Lembro que havia muitos artigos sobre a Guerra Fria, as ameaças do comunismo, a Guerra do Vietnã e problemas em países do "Terceiro Mundo", que hoje chamamos de Sul global. Tenho certeza de que havia artigos sobre a crise política no Brasil, mas simplesmente não me lembro de nenhum deles.

No entanto, no ano seguinte, lembro claramente de uma unidade sobre o Brasil em uma aula de Geografia. A impressão que ficou para mim, certamente não por culpa da minha professora, foi a de que a capital do país estava localizada no meio de uma densa selva, quase como uma versão futurista de uma antiga cidade maia ou inca emergindo de uma floresta tropical. (Quando finalmente visitei a capital brasileira, em 1980, fiquei chocado ao descobrir as longas áreas áridas de uma rica terra vermelha e o céu azul aberto, sem papagaios, macacos, cobras ou piranhas à vista.) Se houve alguma menção a um golpe militar de Estado ou à interferência do governo norte-americano na política brasileira durante aquela aula de Geografia – e eu duvido que tenha havido –, ela certamente passou despercebida. Aquela unidade sobre Brasília e a geografia do país foi a *única* vez que alguém me ensinou *qualquer coisa* sobre o Brasil durante toda a minha educação formal nos Estados Unidos antes de eu chegar à pós-graduação. Infelizmente, existe uma relação de poder extremamente desequilibrada no que concerne ao conhecimento sobre os dois países, com uma enxurrada de informações sobre os Estados Unidos invadindo o Sul e um filete escoando na direção oposta.

Introdução

Em algum momento do início da minha adolescência, lembro-me de ouvir no rádio um *remake* do clássico sucesso da bossa nova, "Garota de Ipanema", que exibia um alto, bronzeado, jovem e belo *garoto* caminhando pelas praias do Rio de Janeiro. A imagem me instigava e me assustava ao mesmo tempo, visto que eu não sabia o que fazer com minha incipiente atração sexual por homens. Eu esperava que esses desejos latentes simplesmente desaparecessem se eu assim o desejasse. Entretanto, isso não parecia funcionar.

Muitos anos depois, quando eu havia saído do armário em 1973, aceitado minha homossexualidade e me tornado ativo no movimento gay e lésbico nos Estados Unidos, alguém me apresentou Carmen Miranda. Eu havia ouvido falar vagamente sobre ela durante minha infância, em conversas à mesa de jantar com meus pais, que se conheceram durante a Segunda Guerra Mundial, quando minha mãe estava estudando na Flórida e meu pai foi alocado pelo exército para trabalhar lá. Carmen Miranda era parte da Política de Boa Vizinhança do governo dos Estados Unidos para a América Latina visando incentivar a cooperação brasileira na luta contra o fascismo. Seus figurinos escandalosos, seus adereços de cabeça repletos de frutas artificiais e sua rapidez ao cantar letras em português encantavam o público norte-americano. Contudo, foi à beldade brasileira extravagante e jocosa de forma estereotipada a que fui exposto à medida que adentrei um novo mundo da cultura gay nos Estados Unidos, e mesmo essa imagem tinha pouca relação com o Brasil que eu viria a conhecer alguns anos depois. No entanto, quando meus pais me visitaram no Rio de Janeiro em 1977 para conferir como seu jovem filho rebelde e aventureiro estava se saindo tão longe de casa, eles ficaram contentes de visitar o Museu Carmen Miranda, no Flamengo. Para eles, ela, assim como a bossa nova, o café e a Amazônia, representava o Brasil.

Entretanto, a jornada pessoal e política que me levou a me arriscar tão longe de minha cidade natal era uma tentativa contínua de integrar minha homossexualidade e minha orientação política de esquerda. Primeiramente, essa empreitada me levou à região da Baía de São Francisco, onde participei de um coletivo socialista gay. Posteriormente, foi um fator decisivo para minha permanência no Brasil por tanto tempo, quando eu tinha cerca de 20 anos. De certa forma, tive muita sorte de ter virado adulto depois da explosão de visibilidade do movimento gay e lésbico, como era chamado no início dos anos 1970. Finalmente, depois de anos sofrendo por conta de minha atração sexual por outros homens, o movimento das mulheres e depois o movimento gay e lésbico me deram as ferramentas teóricas e emocionais que me permitiram me aceitar, à medida que me tornei um feminista em 1969 e um ativista gay em 1973. Minha participação ativa no movimento contra a Guerra do Vietnã, incluindo algumas prisões em 1971 por atos de desobediência civil contra as políticas do governo Nixon, fizeram-me criticar mais amplamente a política externa norte-americana. A ida ao Brasil veio pouco depois, quando tomei a decisão um tanto quanto arbitrária, porém fortuita, de me voluntariar para conduzir uma discussão sobre o país. Isso mudou minha vida.

Mesmo assim, eu me sentia preso por visões conservadoras e moralistas por parte de setores significativos da esquerda norte-americana. No início da década de 1970, a maior parte das forças progressistas ao redor do mundo ainda associava a homossexualidade à decadência burguesa e à degeneração moral, apesar de haver bolsões de aceitação em organizações de esquerda tanto nos Estados Unidos quanto em outros locais. À medida que passei a atuar mais ativamente no movimento gay e lésbico nos Estados Unidos, descobri que havia pouco espaço na esquerda para quem era transparente em relação à sua (homo)sexualidade, o que não fazia sentido para mim na época. No movimento de solidariedade com a América Latina e o Caribe, de maneira semelhante, havia pouca compreensão ou aceitação das novas formas progressistas de pensar sobre gênero e sexualidade que o movimento gay e lésbico tinha. Solucionar essa falsa contradição entre política e desejo, que havia sido criada por *outras pessoas*, tornou-se um tema subjacente tanto de meu ativismo político quanto, posteriormente, de minha produção acadêmica.

Minha conexão com a América Latina, que começou de fato em 1973, com o apoio a campanhas para denunciar a tortura no Brasil, rapidamente se expandiu para um trabalho pelo Chile depois do golpe de Estado de 11 de setembro contra o presidente socialista Salvador Allende. Depois de me estabelecer em São Paulo em 1977, minha atuação como líder da esquerda dentro do Somos: Grupo de Afirmação Homossexual – a primeira organização política LGBTQIA+ do Brasil – e minha participação ativa no movimento contra a ditadura tinham como foco integrar as duas partes mais importantes da minha identidade. Anos depois, a decisão de fazer um doutorado sobre história da América Latina, com foco no Brasil, permitiu-me levar para o mundo acadêmico todos as descobertas e experiências que eu havia adquirido ao viver na América Latina e trabalhar junto a imigrantes latino-americanos em Los Angeles. Eu esperava que meus escritos pudessem oferecer apoio intelectual e pessoal para centenas – e talvez milhares – de outras pessoas LGBTQIA+ que também se consideravam de esquerda.

Dessa forma, meu retorno ao mundo acadêmico vinte anos depois de ter concluído um bacharelado em Ciência Política e Língua e Literatura Alemãs em 1972 foi uma decisão intelectual e política muito consciente. Aos 40 anos, eu estava exausto depois de tantos anos de intenso ativismo político dentro da esquerda organizada no Brasil e nos Estados Unidos. Ao longo dessas duas décadas, tive diferentes empregos durante o dia e depois passava intermináveis noites em reuniões ou atividades de organização. Cada emprego mal remunerado que eu aceitava para me sustentar nesse período era completamente diferente do outro: fui professor de Educação Infantil na Filadélfia, na Pensilvânia e em Riverside (Califórnia); auxiliar financeiro na Universidade da Califórnia, Berkeley; professor de inglês em Bogotá (Colômbia) e São Paulo (Brasil); instalador de televisão a cabo e ativista sindical em Santa Monica (Califórnia); organizador comunitário junto a imigrantes latino-americanos no sul da Califórnia; editor de uma publicação de esquerda, *Working Class Opposition*, em Los Angeles (Califórnia); e assistente social bilíngue e líder sindical junto a funcionários públicos do condado de Los Angeles. A essa altura, eu já havia chegado a um beco sem saída profissional e pessoal. Queria encontrar uma nova maneira de usar minhas habilidades intelectuais para garantir meu sustento enquanto continuava fazendo trabalhos políticos. Também queria encontrar um caminho de volta ao Brasil.

Certo dia, um velho amigo sugeriu que eu retomasse os estudos para fazer uma pós-graduação que eventualmente me permitisse revisitar o país e a cultura de que eu sentia tanta saudade. Seguindo seu conselho e com o apoio moral de minha irmã, fiz um mestrado em Estudos Latino-americanos na Universidade do Estado da Califórnia, Los Angeles.

Então, por um acaso, fui aceito em um programa de doutorado na Universidade da Califórnia, Los Angeles (UCLA), com uma bolsa de estudos modesta. Ainda me lembro da empolgação de assistir às aulas e pensar que a universidade estava realmente me pagando para aprender sobre assuntos sobre os quais eu tanto queria entender.

Isso me levou à pesquisa para meu primeiro livro, *Além do carnaval: a homossexualidade masculina no Brasil do século XX*, uma história social focada no Rio de Janeiro e em São Paulo.[7] Enquanto fazia as primeiras pesquisas para minha tese no Brasil durante o primeiro ano do programa de doutorado na UCLA em 1993, percebi que havia apenas cerca de uma dúzia de trabalhos acadêmicos sobre a sexualidade entre pessoas do mesmo sexo no Brasil e que ninguém havia feito um estudo sério sobre a homossexualidade masculina usando os padrões metodológicos da profissão histórica. Fazer a pesquisa para meu doutorado coincidiu com o ressurgimento do movimento no Brasil, depois de um período de calmaria entre 1983 e 1993, quando apenas alguns grupos conseguiram sobreviver depois da primeira onda de organização, entre 1978 e 1982. Como os acadêmicos costumam afirmar, meu trabalho "preencheu uma lacuna" na literatura, além de estar claramente arraigado em um projeto político, a saber, recriar o mundo dos homens brasileiros que amavam outros homens e tinham relações sexuais com eles, confrontando a estigmatização social como forma de engendrar um entendimento positivo de sua inserção na história e sociedade brasileiras.

Desde então, minha carreira acadêmica me levou por diferentes caminhos, mas todos retornam à simples e única tarefa de encontrar maneiras de produzir análises e conhecimentos novos e originais referentes a aspectos da história brasileira que podem contribuir para compreender e mudar as realidades sociais. Esse esforço se reflete nesta coletânea de ensaios, dividida em sete seções distintas que, no entanto, se interligam.

A Parte I traz uma minibiografia de minha jornada no Brasil e de minha participação nos primeiros anos do que hoje é chamado de

---

7 Green, J. N. *Beyond Carnival*: Male Homosexuality in Twentieth-Century Brazil. Chicago: University of Chicago Press, 1999; id., *Além do carnaval*: a homossexualidade masculina no Brasil do século XX. 3.ed. São Paulo: Editora Unesp, 2022.

movimento LGBTQIA+. A isso se segue um ensaio panorâmico sobre os legados do passado brasileiro e suas influências sobre eventos recentes. Por fim, reconto o encontro inesperado com a presidenta Dilma Rousseff e as *fake news* sobre nossa amizade.

A segunda parte, "Abaixo a repressão", apresenta algumas análises diferentes da história do movimento LGBTQIA+ no Brasil, incluindo um estudo sobre seus primeiros anos, o papel das lésbicas no movimento e um capítulo do relatório final da Comissão Nacional da Verdade (escrito em parceria com Renan Quinalha, meu colaborador de longa data), com foco na repressão de sexualidades e identidades de gênero não normativas durante a ditadura.

A Parte III, "Visto de fora, visto de dentro", reproduz artigos que publiquei sobre a ditadura militar brasileira (1964-1985), começando com um ensaio (escrito em colaboração com Abigail Jones, ex-aluna de graduação da Universidade Brown) sobre as diferentes formas que Lincoln Gordon, ex-embaixador norte-americano, usou para tentar justificar o envolvimento do país em eventos relacionados ao golpe militar de 1964. Outros dois ensaios completam esta seção: um sobre o papel da Comissão Interamericana de Direitos Humanos e a criação de uma campanha internacional para condenar o regime militar e outro sobre exilados brasileiros e seus aliados nos Estados Unidos que lutaram pela anistia de opositores da ditadura que foram presos e exilados.

Na Parte IV, "Dentro dos arquivos", examino a função dos arquivos em pesquisas históricas por meio de uma análise dos desafios de estudar a história da homossexualidade quando há poucas fontes disponíveis. Um segundo ensaio observa as lacunas que existem entre as experiências de vida do passado das pessoas (neste caso, uma vítima de tortura) e os documentos armazenados em arquivos oficiais. Por fim, conto a história do projeto Opening the Archives, que criei na Universidade Brown, o qual digitalizou, indexou e tornou acessíveis ao público mais de 70 mil documentos do governo dos Estados Unidos sobre o Brasil produzidos no auge da Guerra Fria.

Discuto, então, ativismo político na Parte V, "O tempo não para", começando com uma carta aberta que escrevi ao então embaixador norte-americano da Organização dos Estados Americanos em resposta a

FIGURA 2 – Encontro Nacional pela Democracia no Brasil, 1º de dezembro de 2018, na Escola de Direito da Universidade de Columbia, que resultou na fundação da Rede dos Estados Unidos pela Democracia no Brasil (USNDB) e do Escritório Brasil em Washington (WBO). Arquivo do autor.

seus comentários sobre o que considero ter sido um golpe de Estado parlamentar contra a presidenta Dilma Rousseff. A ela se segue um estudo comparativo sobre como o governo norte-americano respondeu aos eventos políticos no Brasil tanto antes do golpe militar de 1964 quanto no *impeachment* da presidenta Rousseff. Um terceiro ensaio apresenta uma breve história da solidariedade dos Estados Unidos com o Brasil nos últimos 55 anos e as atividades relativas ao governo Jair Bolsonaro (2019-2022), além dos esforços internacionais para garantir eleições presidenciais livres e justas em 2022.

A Parte VI, "Revoluções dentro das revoluções", explora as atitudes da esquerda brasileira no que concerne à homossexualidade por meio da análise do caso de dois revolucionários do mesmo sexo que foram presos e passaram a ter um relacionamento sexual quando estavam na prisão. Esse assunto também é abordado em uma história concisa da vida de Herbert Daniel, ex-estudante de Medicina, revolucionário, escritor e ativista da aids que foi tema de minha terceira monografia, *Revolucionário e gay: a vida extraordinária de Herbert Daniel, pioneiro na luta pela democracia, diversidade e inclusão*.[8] Um terceiro ensaio revi-

---

8 Green, J. N. *Exile within Exiles*: Herbert Daniel, Gay Brazilian Revolutionary. Durham: Duke University Press, 2018; id., *Revolucionário e gay*: a vida extraordinária de Herbert Daniel, pioneiro na luta pela democracia, diversidade e inclusão. Rio de Janeiro: Civilização Brasileira, 2018.

sita dois filmes brasileiros sobre a ditadura: *O que é isso, companheiro?*, que conta a história do sequestro do embaixador norte-americano por guerrilhas urbanas, exigindo em troca a libertação de quinze presos políticos, e *Marighella*, cinebiografia do líder de um dos grupos de luta armada que atuaram no Brasil no final da década de 1960.

Por fim, na Parte VII, debruço-me sobre algumas figuras notáveis e incomuns da história brasileira. Começo com um ensaio sobre a famosa atriz francesa Sarah Bernhardt, que visitou o Brasil três vezes na virada do século XIX para o XX e tragicamente, segundo ela, machucou seu joelho durante uma apresentação no país, o que acabou levando à amputação de sua perna. Outro ensaio reflete sobre as dificuldades de recriar a história da homossexualidade por meio da vida de homens proeminentes que mantinham seus desejos sexuais e românticos em segredo. O último artigo explora como Madame Satã, um negro boêmio, malandro e viado, foi redescoberto e aclamado por uma nova geração de boêmios que trabalhavam para o semanário alternativo *O Pasquim* durante o regime militar.

O livro termina com uma reflexão sobre os novos desafios enfrentados por historiadores que se debruçam sobre gênero, sexualidade, o regime militar brasileiro e política contemporânea ao articular novos projetos de pesquisa no século XXI, uma era de intensa polarização política. Incluí uma bibliografia com minha produção acadêmica (excluindo dezenas de resenhas de livro) para aqueles interessados em buscar outros ensaios que escrevi ao longo dos anos.

Como tudo em nossas vidas, um único ato, como se voluntariar para liderar a discussão de um grupo de estudos, pode reformular nosso destino e levar-nos por caminhos estranhos e incomuns que nunca poderíamos prever. Ao olhar para trás para os últimos 50 anos e me preparar para minha aposentadoria, percebo o quão sortudo fui.

Nova York, 31 de agosto de 2023.

Parte I
Um gringo que se apaixonou pelo Brasil

FIGURA 3 – Martinha Arruda e o autor em Cartagena, Colômbia, fevereiro de 1975. Arquivo do autor.

Introdução

Um gringo que se apaixonou pelo Brasil

Depois de dar uma palestra no Brasil sobre alguns aspectos do meu trabalho acadêmico, um aluno inevitavelmente perguntará como acabei estudando o país. "É uma história longa e complicada", geralmente respondo. "Abaixo a repressão, mais amor e mais tesão", o primeiro ensaio desta seção, apresenta uma versão simplificada dessa história, escrito originalmente como um exercício em um curso de pós-graduação na Universidade da Califórnia, Los Angeles para discutir o envolvimento subjetivo de um pesquisador com seu tema de pesquisa de doutorado. Ele depois foi incluído em uma coletânea de ensaios sobre as atividades solidárias dos Estados Unidos com movimentos políticos e sociais na América Latina[1] e então republicado em *Acervo*, a publicação acadêmica do Arquivo Nacional, em suas edições sobre os 50 anos do golpe de Estado de 1964. O texto conta a história do meu

---

1 Green, J. N. Desire and Revolution: Socialists and the Brazilian Gay Liberation Movement in the 1970s. *In*: Mor, J. S. (Org.). *Human Rights and Transnational Solidarity in Cold War Latin America*, Madison, University of Wisconsin Press (Critical Human Rights Series), 2013, p.239-67.

envolvimento político nos Estados Unidos e da minha participação como líder da ala de esquerda do "movimento homossexual", como denominávamos nossos esforços no final da década de 1970, durante o processo de abertura.

"Legados do passado do Brasil" começou como um trabalho que escrevi para a conferência "Raízes e o futuro da tradição democrática na América Latina", realizada em Yale em dezembro de 2011, o qual ficou parado em meu computador por uma década. Em 2020, durante o governo Bolsonaro e no início da pandemia de Covid-19 nos Estados Unidos, reescrevi o texto para uma proposta de coletânea de ensaios que discutia diferentes aspectos do autoritarismo no Brasil, a qual nunca chegou a ser publicada. O ensaio examina cinco fenômenos diferentes da história brasileira, entre tantos outros, que influenciaram a política, a sociedade e a cultura brasileiras contemporâneas.

O terceiro texto é de autoria de Flora Thomson-DeVeaux, que fez um curso comigo em Princeton quando fui professor visitante lá. Ela depois obteve seu doutorado em Estudos Portugueses e Brasileiros na Universidade Brown. Em 2017, ajudei a organizar uma turnê de duas semanas para a ex-presidenta Dilma Rousseff em diferentes universidades da costa leste dos Estados Unidos. Em um jantar informal em Nova York durante sua visita, alguém tirou uma foto nossa juntos. Incluí a imagem, junto com uma foto da ex-presidenta no Central Park e outra do lado de fora da Metropolitan Opera House, onde eu a havia levado para assistir a um espetáculo, em minha página do Facebook, acompanhadas de um breve relato da visita.

A publicação viralizou, e de repente havia especulações sobre um suposto romance entre a ex-presidenta e eu. Enquanto as pessoas comentavam sobre nossa amizade em centenas de postagens, eu sentava e lia os comentários com uma risada. "Mas ele é gay", uma amiga respondeu a um comentário favorável a um suposto romance entre Dilma e eu. "Qual é o problema?", alguém respondeu. "Contanto que eles estejam felizes", acrescentou. Admito que achava problemático algumas pessoas parecerem insistir que a presidenta Rousseff precisava de um parceiro para ser feliz, mas tudo foi uma consequência divertida de um encontro encantador de duas semanas.

Introdução

Então, da noite para o dia, recebi milhares de solicitações de amizade no Facebook. Em um primeiro momento, não entendi ao certo o aumento de interesse na minha página, até alguém compartilhar uma notícia que dizia que Dilma e eu supostamente estávamos noivos e iríamos nos casar. Logo depois, Flora Thomson-DeVeaux, uma ex-aluna, entrou em contato comigo do Brasil, e eu brinquei, atendendo à sua ligação com o gracejo que se tornou o título do artigo que foi publicado na versão on-line da revista *Piauí*. Algumas semanas depois, um repórter da *Veja* insistiu em fazer um artigo sobre o suposto romance. "Mas não tem nenhuma história", respondi firmemente. O jornalista foi persistente e acabou escrevendo uma matéria de uma página basicamente esclarecendo ao público que eu *não* era o namorado de Dilma Rousseff.[2] E lá se foram meus quinze segundos (não minutos) de fama.

---

[2] Filho, E. F. "Dilma é só uma boa amiga", diz americano apontado como namorado. *Veja*, 12 maio 2017.

"Abaixo a repressão, mais amor e mais tesão": uma memória sobre a ditadura e o movimento de gays e lésbicas de São Paulo na época da abertura[1]

A primeira onda do movimento brasileiro de liberação de gays e lésbicas estourou na cena política nacional entre 1978 e 1979, mas se reduziu, cinco anos depois, a poucos grupos. Entre meados e final dos anos 1980, um aglomerado de pessoas sustentou os ideais do movimento ao mesmo tempo que lutava para responder à crise causada pela aids.[2] Em 1990, uma nova geração de ativistas surgiu, e hoje o Brasil tem um dos mais dinâmicos movimentos LGBTQIA+[3] do mundo.

Como historiador do Brasil e um dos principais integrantes daquelas que foram as mais importantes organizações de liberação gay durante

---

[1] Green, J. N. "'Mais amor e mais tesão': Uma memória sobre a ditadura e o movimento de gays e lésbicas de São Paulo na época da abertura," *Acervo* (Rio de Janeiro) 27:01 (jan.-jun. 2014), p.53-82. Tradução de Vicente A. C. Rodrigues.

[2] No final dos anos 1980, escritores brasileiros começaram a redigir a história do movimento gay no país. O escritor e ativista gay João Silvério Trevisan dedicou ao tema no livro *Devassos no Paraíso*: a homossexualidade no Brasil, da colônia à atualidade. 4. ed. rev. e ampl. Rio de Janeiro: Objetiva, 2018. O antropólogo Edward MacRae, que, ao mesmo tempo que pesquisava para sua tese de doutorado, participou como membro do primeiro grupo gay, retrabalhou essa pesquisa (MacRae, 1990).

[3] A sigla se refere a lésbicas, gays, bissexuais, transgêneros/transexuais e *queers* (termo depreciativo, equivalente a "bicha" em português, apropriado por parte do movimento gay ou, alternativamente, que afirma a fluidez de sexualidade).

os estágios iniciais do movimento, possuo conhecimento e acesso privilegiado a fontes, o que me permitiu escrever sobre vários aspectos de sua história.[4] Ainda assim, é um desafio narrá-la.

Como seria possível um dos antigos líderes daquele movimento social analisar os acontecimentos que ele ajudou a concretizar com distanciamento e circunspeção suficientes, de forma a produzir um relato adequado do que ocorreu? De que modo a própria subjetividade e os interesses pessoais em jogo influenciam na interpretação das cores do passado? Os protocolos acadêmicos voltados para a publicação de artigos históricos submetidos à análise de pares, ou publicados em coleções sob a responsabilidade de um editor, exigem "objetividade", distanciando o autor do assunto tratado, de modo que o leitor raramente tem acesso à história por trás do pano, isto é, ao porquê de o autor escolher aquele tema e qual o seu envolvimento com ele. Os historiadores tendem a desprezar as narrativas antropológicas de observação participante nas quais o autor inclui a si próprio no esforço de pesquisa. Ao escrever esta autoentrevista, decidi articular o meu papel no movimento e entrar numa polêmica com João Silvério Trevisan, outro líder do movimento, que tinha uma visão completamente diferente da direção que o ativismo deveria tomar. Assim, minhas perspectivas políticas claramente vêm à tona sem que eu tenha nenhuma pretensão de escondê-las atrás de uma fachada de distanciada neutralidade.

Criado como *quaker*, estive rodeado, durante a juventude, por pessoas envolvidas com o ativismo social, sobretudo no campo dos direitos civis e no movimento pela paz. Iniciei meu ativismo contra a Guerra do Vietnã quando ainda estava no início do Ensino Médio e segui essa trajetória durante o Ensino Superior, participando de todas as grandes mobilizações contra a guerra que ocorreram em Washington, DC, nos anos de 1960 e 1970, bem como em atividades locais. Normalmente, quando *quakers* e outros pacifistas são convocados, acabam trocando o serviço militar por um serviço alternativo, como trabalhar num hospital para doentes mentais por dois anos. Assim como muitos dos jovens

---

4 Para artigos e livros sobre o movimento, escritos de diferentes perspectivas, ver Green (1994, 1999, 2000a, 2000b, 2007).

quakers radicais, também recusei essa alternativa por considerar que eu continuaria fazendo parte do sistema militar. Ainda que tenha devolvido minha carta de convocação, nunca fui preso por não cooperação, porque um ano antes o governo modificou o sistema e começou a chamar as pessoas por loteria. Meu número nunca foi chamado, mas a minha carta de convocação, devidamente amassada e rasgada, deve estar arquivada em algum lugar em Baltimore, minha cidade natal, onde deveria ter me inscrito para o serviço militar ou alternativo.

Quando estava na universidade, passei o verão de 1971 em Cuernavaca, México, aprendendo espanhol no Centro Intercultural de Documentação (Cidoc), fundando por Ivan Illich, um ex-padre que fazia parte da ala progressista da Igreja Católica. O Cidoc treinava missionários dos EUA que estavam indo atuar na América Latina. Também se parecia com uma universidade aberta para cidadãos norte-americanos que desejavam aprender sobre a América Latina. Foi lá que encontrei missionários Maryknoll[5] de esquerda que estavam a caminho da Guatemala e do Chile ou retornando desses países, norte-americanos que tinham ido a Cuba para conhecer mais sobre a revolução e outros que tinham estado recentemente no Chile, onde Salvador Allende, um marxista, tinha sido eleito presidente com o apoio de uma coligação esquerdista. Também encontrei socialistas de diferentes partes da América Latina, desenvolvi uma crítica mais coerente do imperialismo dos Estados Unidos e comecei a me identificar com a esquerda marxista norte-americana. Voltei aos EUA com uma visão bastante romântica da revolução na América Latina.

Em 1972, terminei a universidade e entrei para um grupo de jovens radicais *quakers*, numa comunidade na região oeste do estado de Nova York. No final do ano, sete de nós nos mudamos para a Filadélfia e passamos a viver numa região no norte da cidade predominantemente habitada por trabalhadores afro-americanos e porto-riquenhos, perto da Universidade Temple. Planejávamos estudar a América Latina e nos

---

5 Maryknoll é um termo que designa três ordens católicas sediadas nos Estados Unidos: Catholic Foreign Mission Society of America, Maryknoll Sisters of St. Dominic e Maryknoll Lay Missioners. Durante os anos 1960 e 1970, muitos missionários dessa ordem na América Latina se identificaram com a teologia da libertação.

envolver em ações políticas contra a intervenção dos Estados Unidos na região. Nossa comunidade estava ligada a um movimento mais amplo na região ocidental da Filadélfia, chamado Centro pela Vida, que promovia modos de vida alternativos e ações diretas não violentas.

Eu tinha ido estudar espanhol no México porque percebi que a Guerra do Vietnã terminaria em breve e que a América Latina seria palco da próxima intervenção internacional dos Estados Unidos. Meu círculo de amigos ativistas também achava que a América Latina tinha importância estratégica para os EUA, e queríamos nos opor a essas intenções nefastas. Das oito pessoas do nosso coletivo, uma já tinha morado na Bolívia e estabelecido conexões profundas com o país. O restante de nós tinha algum interesse indireto na América Latina e estava aprendendo a falar espanhol.

Esse foi um momento tumultuado na minha vida pessoal. Mesmo tendo uma namorada, no decorrer dos dois últimos anos eu gradativamente aceitara o fato de que sentia fortes desejos homossexuais. Então, no início de 1973, finalmente saí do armário. Queria desesperadamente encontrar outras pessoas gays e, por essa razão, fui, junto com uma mulher da nossa comunidade, para um encontro da Gay Activists Alliance (GAA). Essa organização estava planejando, entre outras atividades, um piquete na frente de um bar gay que discriminava lésbicas, negros e travestis. Participei desse protesto antes mesmo de conhecer o mundo gay, o que indica bem a minha militância política naquela época. Por fim, descobri que a GAA era muito moderada e que seus membros, com exceção de uma ou duas pessoas, tinham pouco interesse no movimento antiguerra ou em protestar pelos direitos civis. Por essa razão, deixei de ir aos encontros.

Na própria comunidade onde eu morava, acabei sendo a única pessoa que ainda perseguia o objetivo original de se envolver com ações políticas relacionadas à América Latina e de participar de um movimento transnacional de solidariedade. Tenho certeza de que minhas motivações políticas estavam em parte relacionadas com o meu sentimento de marginalização enquanto homem gay que não se enquadrava nos papéis tradicionais de gênero. Quando estava crescendo, sempre me senti diferente e me identificava com as pessoas que estavam sendo oprimidas ou perseguidas. Era uma forma de lidar com o meu próprio sentimento de isolamento e solidão.

No início de 1973, ao mesmo tempo que estava me assumindo para mim mesmo e para meus amigos, entrei em contato com diferentes grupos da costa leste dos Estados Unidos que tinham como foco a América Latina. Havia relativamente poucas organizações sólidas que trabalhavam com a América Latina, e elas estavam espalhadas pelo país. Comecei a trabalhar, em Washington, DC, com alguns brasileiros e norte-americanos que tinham formado, em 1971, o Comitê contra a Repressão no Brasil (CARIB, na sigla em inglês) para denunciar o apoio dos EUA à ditadura no Brasil e à tortura de ativistas políticos pelos militares. Marcos Arruda, um ex-preso político torturado pelo regime, foi o fundador do grupo.[6] Em 1971, ele conseguiu ir aos Estados Unidos, onde sua mãe residia e organizava protestos contra a visita do presidente Médici à Casa Branca durante o governo Nixon. Arruda e outros formaram a organização Common Front for Latin America para ampliar o trabalho que vinham fazendo sobre o Brasil, passando a incluir outros países, especialmente Argentina, Bolívia e Chile.

Naquele momento, no início da década de 1970, a esquerda nos Estados Unidos estava entrando em colapso, embora eu ainda não compreendesse plenamente esse fato. O movimento antiguerra tinha se dissipado, e as ações de solidariedade com a América Latina representavam uma das poucas campanhas que ainda lembravam o clima positivo que a esquerda experimentara. O Chile se tornou uma nova *cause célèbre* quando, em 11 de setembro de 1973, as forças armadas prenderam, torturaram e mataram milhares de esquerdistas. O golpe de Estado causou um profundo efeito em mim, porque o Chile parecia ser o país onde era possível ocorrer uma transição pacífica para uma sociedade mais justa, e esse experimento tinha falhado. Naquele momento, isso parecia confirmar a ideia de que apenas a luta armada seria capaz de derrubar o capitalismo.

Correndo contra o tempo, organizamos uma manifestação no centro de Filadélfia e rapidamente montamos um comitê de solidariedade ao

---

[6] Para um relato sobre a prisão e as provações pelas quais passou Marcos Arruda, ver Sattamini (2010).

Chile, que em seguida se envolveu em várias atividades. Alguns meses depois, o navio veleiro Esmeralda aportou numa área próxima à Filadélfia para realizar reparos (logo após o golpe de Estado, as forças armadas chilenas utilizaram esse navio, originalmente de treinamento, para deter e torturar cerca de uma centena de ativistas políticos). Depois do golpe, o governo chileno enviou esse navio em uma missão mundial para promover o novo regime. Contudo, descobrimos que seus oficiais seriam convidados para um evento na cidade, e então preparamos uma recepção pública. Quando eles começaram a descer a rua em direção ao evento, cerca de mil pessoas estavam esperando para saudá-los com o canto *"Chile sí! Junta no"*.

 Esses momentos na Filadélfia foram muito estimulantes para mim, mas me sentia isolado porque tinha apenas um amigo gay e de esquerda, Jeff Escoffier. Mesmo Jeff e eu tendo organizado um malsucedido grupo de estudos marxistas com um punhado de homens gays, para ver se conseguíamos compreender a relação entre opressão contra os gays e teoria marxista, encontrei poucas pessoas que compartilhassem meu interesse pela esquerda e o ativismo pelos direitos de gays e lésbicas. Durante esse período, cheguei lentamente à conclusão de que o capitalismo era um sistema explorador e que o socialismo se apresentava como um modelo alternativo à organização da sociedade. Quando estava na universidade, tinha viajado pela Europa Oriental e não havia gostado da natureza burocrática daquelas sociedades, mas ainda me considerava um socialista. Tinha saído do armário e estava muito aliviado em aceitar a minha sexualidade, mas a maioria das organizações esquerdistas, com exceção dos Socialistas Democráticos da América (social-democrata), do Partido dos Trabalhadores Socialistas (trotskista) e do Partido Mundial dos Trabalhadores (marxista independente), era antigay. Não me encaixava no movimento de gays e lésbicas porque ele não tinha realmente uma perspectiva antirracista e anti-imperialista. Por outro lado, nunca me senti completamente em casa no movimento de solidariedade. Embora algumas pessoas tenham sido muito boas comigo, sentia que os gays não eram de fato aceitos como iguais. Eu simplesmente não conseguia conciliar minha identidade gay com minha identidade de esquerda.

Ainda assim, vários grupos marxistas tentaram me recrutar. Esquerdistas me convidaram para abrir fóruns ou discutir individualmente minha participação. Uma vez que o Partido dos Trabalhadores Socialistas e o Partido Mundial dos Trabalhadores tinham posições pró-gay, eu era mais transparente sobre o fato de ser gay com eles do que com os maoistas e com o Partido Comunista. Continuei simpatizando com eles, mas não queria me filiar ao Partido dos Trabalhadores Socialistas em grande parte em razão do sentimento antitrotskista que adotei por conta da influência de pessoas que integravam o Partido Comunista ou gravitavam em torno dele e faziam parte do Comitê pela Solidariedade com o Chile. Gostava da posição pró-gay do Partido Mundial dos Trabalhadores, mas eles não tinham, naquele momento, uma filial organizada na Filadélfia. Tive conversas com a União Revolucionária, um grupo maoista que depois se tornou o Partido Comunista Revolucionário, mas não gostava da posição deles sobre a homossexualidade, considerada pela organização como um "produto da decadência burguesa". Lembro-me de um cara bonitinho que atuava na filial da Filadélfia e me contou que tinha sido gay, mas que, desde que entrara para a organização, descobriu que aquilo era "decadente" e, por conta disso, tinha desistido da homossexualidade. Às vezes me pergunto quanto tempo aquilo durou para ele.

Inicialmente, líderes da Liga de Libertação dos Trabalhadores Jovens, a ala jovem do Partido Comunista nos Estados Unidos, tentaram me recrutar. Então, num sábado à noite, um de seus membros, uma mulher que também era integrante do movimento de solidariedade com o Chile, esbarrou comigo em Pine Street, um dos principais pontos de encontro gay na Filadélfia. Acho que ela descobriu que eu era gay, porque depois daquela noite deixei de receber convites para os encontros da organização. Também tinha desenvolvido uma posição crítica em relação às políticas do Partido Comunista na União Soviética, na Europa Oriental e na América Latina, o que me fez relutar em considerar a hipótese de entrar para essa organização.

Em 1974, tive uma experiência ruim com uma ala da esquerda que atuava na América Latina. Fiz um pedido para ir a Cuba através da Brigada Venceremos, mas fui rejeitado. A Brigada Venceremos foi organizada em 1969 por anti-imperialistas dos Estados Unidos que se opunham ao bloqueio contra Cuba. Membros da brigada trabalhavam em Cuba como voluntários por alguns meses. Eles ajudavam a cortar cana como uma forma de mostrar solidariedade com a Revolução Cubana, uma vez que o governo havia organizado uma mobilização nacional para aumentar a produção. Em 1971, no Primeiro Congresso sobre Educação e Cultura, o governo cubano tinha emitido uma declaração oficial afirmando que a homossexualidade era um distúrbio patológico. Alguns dos membros da brigada que estavam em Cuba protestaram, e alguns setores do movimento de gays e lésbicas nos Estados Unidos se manifestaram contra a política do governo cubano. Como resultado, a brigada passou a peneirar cuidadosamente gays e lésbicas que, de alguma maneira, pudessem criticar a posição do governo cubano em relação à homossexualidade. Então, apesar de eu ter um histórico impecável como ativista em movimentos de solidariedade, foi-me dito que eu não era adequado para a brigada porque era "insensível com as pessoas de cor".

Muitos anos depois, uma prima de segundo grau, que era membro do Comitê Nacional da Brigada Venceremos, admitiu que eu fora rejeitado por ser gay. Quando ouvi isso, fiquei furioso e magoado, porque me identificava naquele momento mais com a esquerda do que com a comunidade gay. Contudo, a partir daquela experiência, passei a compreender melhor a atitude da esquerda em relação à homossexualidade. Comecei a ver que algumas correntes de esquerda eram mais homofóbicas, outras menos, e algumas nada homofóbicas. Por conta da minha experiência com a brigada, também hesitei mais em entrar num partido de esquerda.

Naquele tempo, a maior parte da esquerda americana achava que os homens gays eram instáveis, com frágeis relações emocionais, que não se poderia confiar neles, que eram vulneráveis a contar segredos e eram dados a caprichos. Ao mesmo tempo, havia uma noção disseminada entre a esquerda daquele período que romantizava a masculinidade revolucionária, a qual era precedida por uma série de símbolos e códigos, representada por Che Guevara, que idealizava o macho frio e contido que se sacrificava pela causa. Homens gays não cabiam naquele modelo porque eram vistos como fracos e efeminados, volúveis, não atléticos e, dessa forma, não poderiam ser revolucionários. Ao mesmo tempo, observei que as mulheres esquerdistas geralmente tinham de se masculinizar para assumir posições de poder. Essas mulheres endurecidas também tinham de provar sua feminilidade mostrando que eram capazes de ter relações sexuais com homens. Algumas das que conheci tinham vidas privadas discretas, e não sei se eram lésbicas ou não. Existiam diferentes padrões a serem seguidos por lésbicas e homens gays.

Sem conseguir achar uma comunidade política na Filadélfia, mudei-me para a Califórnia, imaginando que lá encontraria mais pessoas como eu. Acabei por me estabelecer, em novembro de 1974, na Bay Area – região da Baía de São Francisco. Logo depois, entrei no Comitê de São Francisco pela Solidariedade ao Chile. Fui muito bem recebido, em parte porque, antes da minha chegada, alguns dos membros mais comprometidos do grupo tinham sido homens gays. Vários deles tinham apoiado o trabalho do United Farm Workers (UFW), um sindicato rural majoritariamente composto por trabalhadores mexicanos e filipinos. Enquanto apoiavam o UFW, esses militantes tiveram alguns incidentes homofóbicos e confrontaram a liderança da organização por conta disso. Alguns desses mesmos gays também se envolveram posteriormente com o movimento de solidariedade à Nicarágua.

O Comitê de São Francisco pela Solidariedade ao Chile era um grupo muito eclético de pessoas. No período em que atuei junto ao grupo, os demais homens gays já tinham se transferido para novas atividades políticas, mas me senti em casa. Mesmo que o comitê não tivesse uma perspectiva política unificada, uma das pessoas mais influentes no grupo era uma mulher que havia sido próxima a um grupo esquerdista revolucionário chileno, o Movimiento de la Izquierda Revolucionária (MIR). Outros tinham estado no Chile e ficado indignados com a brutalidade do regime militar, desejando fazer alguma coisa concreta para mostrar apoio ao povo chileno.

Na região da Baía de São Francisco, o movimento mais forte de solidariedade era o grupo Non-Intervention in Chile (NICH), com sede em Berkeley. O NICH tinha uma influência considerável entre os ativistas do movimento de solidariedade ao Chile e apoiava de forma geral o MIR. O boletim do NICH destacava informações sobre a luta armada e apoiava a resistência radical ao regime de Pinochet. Quando as pessoas no movimento de solidariedade discutiam o que tinha ocorrido no

Chile durante o governo da Unidade Popular (UP), liderado por Salvador Allende, o NICH normalmente descartava essa experiência por considerar que o governo da UP possuía um programa reformista e cheio de erros. Já o MIR e seus apoiadores tinham uma relação complexa com a UP, porque criticavam suas políticas e ao mesmo tempo tentavam trabalhar com os membros e simpatizantes dos partidos socialista e comunista, que eram duas das três maiores forças políticas da coalizão eleitoral de Allende.

Essa tensão se refletia em debates e outros eventos organizados no restaurante e centro cultural La Peña, um local em Berkeley que tinha sido fundado por adeptos do NICH como um ponto de encontro para as atividades do movimento de solidariedade. Os organizadores do La Peña apoiavam a realização de concertos dos principais cantores esquerdistas com músicas de protesto da América Latina e também promoviam eventos políticos sobre os últimos acontecimentos no Chile. Esses encontros sempre provocavam discussões ríspidas entre os ativistas do movimento de solidariedade. Por exemplo, quando Laura Allende, ex-senadora do Partido Socialista, ex-prisioneira política e então exilada, viajou para a área da Baía de São Francisco, ela se viu numa situação insólita. Seu filho era líder do MIR, mas ela apoiava a UP e era irmã de Salvador Allende. As pessoas que a recepcionaram apoiavam majoritariamente o MIR, mas em suas apresentações ela deixava transparecer ser uma esquerdista moderada. Havia uma contínua e sutil tensão entre os ativistas que defendiam diferentes estratégias para a mudança política na América Latina.

Ao mesmo tempo que me envolvi com o movimento de solidariedade ao Chile em São Francisco, entrei em um grupo chamado União 28 de Junho, batizado em homenagem ao dia de 1969 em que ocorreu, na cidade de Nova York, a Rebelião de Stonewall, que marcou o início do movimento moderno de gays e lésbicas.[7] A União 28 de Junho era um coletivo de doze a catorze homens. Muitos deles já tinham integrado o grupo Estudantes por uma Sociedade Democrática e apoiavam o Comitê de Mobilização Prairie Fire, que era o braço legal do Weather

---

7 A Rebelião de Stonewall foi uma série de conflitos ocorridos em 28 de junho de 1969 nas cercanias do bar Stonewall, na cidade de Nova York, entre gays, lésbicas e trans e a polícia.

Underground,[8] ou pelo menos do que restava dele. Eles apoiavam as lutas do Terceiro Mundo[9] e as campanhas antirracistas nos Estados Unidos. No grupo, considerávamo-nos esquerdistas ou marxistas, mas, na verdade, a maioria de nós não tinha posição ideológica ou filiação política fixa.

A União 28 de Junho reunia gays de esquerda que buscavam discutir a discriminação e a homofobia e, ao mesmo tempo, apresentava um programa esquerdista. Nossos encontros alternavam entre discussões políticas e atividades no contexto da comunidade de gays e lésbicas e entre grupos esquerdistas na área da Baía de São Francisco. Não era um equilíbrio político fácil de ser mantido. Naquele ano de 1974, por exemplo, uma coalizão de grupos esquerdistas vetou nossa participação nas atividades no Primeiro de Maio, realizadas em Oakland por receio de alguns organizadores de que pudéssemos alienar ou afugentar o público que eles estavam tentando atrair para o evento.

No âmbito da União 28 de Junho, os membros tinham a responsabilidade de promover diferentes eventos públicos. Decidimos que deveríamos organizar alguma coisa sobre o Chile no segundo aniversário do golpe de 11 de setembro. Chamamos o evento de "Solidariedade Gay com a Resistência Chilena". (Naquele tempo, "gay" ainda era uma senha para gays e lésbicas, e não um termo que identificava exclusivamente homens.) O evento foi realizado em um centro comunitário que ficava entre os distritos de Castro e Haight-Ashbury, muito próximo ao centro da vida gay na cidade. Compareceram cerca de 300 a 350 pessoas, o que foi considerado, na época, um grande número. O evento contava com um grupo de lésbicas cantando à capela, poetas gays e lésbicas, um filme sobre a organização do MIR durante o governo Allende e obras de arte de Lisa Kokin, que era membro do Comitê pela Solidariedade

---

8 A Weather Underground Organization (WUO) foi uma organização norte-americana de extrema esquerda fundada em 1969 no *campus* de Ann Arbor da Universidade de Michigan. Entre outras ações radicais, foi responsável pela explosão de uma bomba no Pentágono em 1972.

9 Terceiro Mundo é um termo da Teoria dos Mundos, originado na Guerra Fria, para descrever os países que se posicionaram como neutros na Guerra Fria, não se aliando nem aos Estados Unidos e os países que defendiam o capitalismo, e nem à União Soviética e os países que defendiam o socialismo.

com o Chile e expôs murais de batique[10] que retratavam as lutas políticas no país e em outros do Terceiro Mundo.

A União 28 de Junho decidiu que eu deveria fazer o discurso de abertura. Nele, argumentei que a comunidade gay e lésbica dos Estados Unidos deveria mostrar solidariedade para com a resistência ao regime de Pinochet. Não me detive em qualquer análise política sofisticada, preferindo destacar que, tanto nos Estados Unidos como no Chile, gays e lésbicas sofriam com a repressão policial e que todo o aparelho do Estado chileno estava envolvido na repressão a sindicalistas, esquerdistas e seus defensores. Naquele momento, eu realmente não tinha contato direto com gays e lésbicas no Chile e apenas supunha que eles estavam de fato sofrendo repressão no governo de Pinochet. A rádio KPFA transmitiu o evento ao vivo. Arrecadamos cerca de mil dólares, que foram doados à "resistência", isto é, ao MIR. Foi um evento fantástico e uma articulação nunca antes vista entre o movimento de solidariedade e a comunidade de gays e lésbicas.

Os exilados chilenos das organizações de esquerda que trabalhavam com o movimento de solidariedade na área da Baía de São Francisco recrutaram diversos norte-americanos para suas organizações. Sabia que isso estava acontecendo e queria muito ser chamado a ingressar em uma dessas instituições. Eu era um sujeito que trabalhava muito duro e não entendia por que não era chamado. Cerca de vinte anos depois, descobri que diversas pessoas tinham apoiado que me recrutassem para o MIR, mas alguns de seus membros haviam barrado a proposta argumentando que a organização não poderia recrutar bichas. Mesmo que alguns dos integrantes chilenos tenham me defendido, a proposta foi vetada e eu nunca fui chamado a entrar na organização. Naquele momento, não tinha ideia de que isso estava ocorrendo.

Pouco depois desse evento, em dezembro de 1975, deixei São Francisco. Uma amiga brasileira e eu viajamos pela América Central até chegarmos à Colômbia. Consegui um emprego numa escola de línguas e me hospedei com um professor gay da Escola Nacional de Teatro que tinha vivido em Cuba no início dos anos 1960. Discutimos a ideia de

---

10 Técnica de tingimento em tecido artesanal originária da ilha de Java, na Indonésia.

formar um grupo gay na Colômbia, mas não conseguimos encontrar outros interessados. Existia uma vida noturna gay em Bogotá, mas as pessoas que abordamos achavam que era impossível organizar alguma coisa. Elas estavam com medo da repressão governamental ou então não achavam que outros poderiam se interessar. Em meados de 1976, fui ao Brasil, viajando pelos rios Solimões e Amazonas e pelo Norte e Nordeste. Acabei em São Paulo, a maior cidade e o centro humano, cultural, político e econômico do país. Na época, São Paulo era o principal *locus* de oposição à ditadura.

Antes da minha chegada a São Paulo, em janeiro de 1977, João Silvério Trevisan, um brasileiro que eu conhecera em Berkeley, tinha formado um grupo para ampliar o autoconhecimento gay. De acordo com o seu relato do que ocorreu, o grupo não durou muito tempo. Trevisan conta uma história na qual os cerca de doze membros não conseguiam aceitar a própria homossexualidade, questionando até mesmo se deveriam estar discutindo o tema da sexualidade em lugar de se unir aos outros estudantes e opositores do regime para que pudessem se organizar contra a ditadura. Trevisan é uma figura importante na história do movimento de liberação gay no Brasil. Enquanto estudante, no final dos anos 1960, ele tinha se envolvido com a esquerda brasileira. Durante o pior período da ditadura, ele também dirigiu um filme experimental *avant-garde* que nunca foi exibido em razão da censura governamental. Entrou, então, no que ele próprio descreveu como um autoexílio, viajando pela América Latina e passando a viver na área da Baía de São Francisco. Retornou ao Brasil em 1975, publicando logo em seguida um livro de contos, alguns de temática abertamente homossexual, num período em que o governo militar censurava livros e filmes.

A situação política brasileira tinha mudado drasticamente em 1976, quando Trevisan organizou os primeiros grupos voltados para ampliar o autoconhecimento entre gays e, um ano depois, quando o movimento decolou. Estudantes começaram a fazer passeatas nas ruas contra a ditadura. Grupos de direitos humanos corajosamente denunciavam os excessos do regime. Organizações de trabalhadores protestavam contra a política salarial do governo. Ativistas políticos de esquerda, incluindo o Partido Comunista Brasileiro, trotskistas e outros grupos, recrutavam secretamente trabalhadores e estudantes. A sensação de que a mudança era iminente afetou também gays e lésbicas brasileiros.

As transformações qualitativas na situação política inspiraram novas mobilizações, e gays e lésbicas perceberam que isso representava novas oportunidades e possibilidades. Ainda que o novo clima político favorecesse o surgimento do movimento brasileiro de gays e lésbicas, um dos catalisadores veio de fora do país. No final de 1977, Winston Leyland, editor da publicação *Gay Sunshine*, de São Francisco, viajou ao Rio de Janeiro e a São Paulo visando coletar material para uma antologia de literatura gay latino-americana. Trevisan e eu encontramos Leyland em São Paulo, e este também se reuniu, no Rio, com um grupo de escritores e intelectuais que decidiram lançar uma publicação gay mensal, batizada de *Lampião da Esquina*. O conselho editorial foi formado por professores universitários, intelectuais, artistas e escritores do Rio e de São Paulo. Muitos deles, incluindo Trevisan, tinham envolvimento com a esquerda. Por outro lado, o editor de redação do periódico tinha sofrido discriminação no Partido Comunista no início dos anos 1960, em razão de sua homossexualidade.

Lampião da Esquina foi uma das publicações alternativas que surgiram no final da década de 1970, quando a censura governamental afrouxou. O nome da publicação tem um duplo sentido, "lâmpada de rua", que remete à vida gay nas ruas, e também o nome próprio "Lampião", cangaceiro que andou pela região nordeste do Brasil no início do século XX. O editorial da primeira edição, de abril de 1978, anunciava que a publicação se propunha a discutir sexualidade, discriminação racial, artes, ecologia e machismo. Os editores também afirmavam apoiar os movimentos dos homossexuais, das mulheres, dos indígenas, dos negros e dos ativistas ambientais. Contudo, as 38 edições, publicadas em aproximadamente dois anos e meio de atividade, focaram sobretudo em cultura gay e no movimento de liberação sexual.

Em maio de 1978, um mês após a primeira edição do *Lampião* chegar às bancas, Trevisan, juntamente com seu namorado e um pequeno grupo de estudantes e profissionais liberais, formou um novo grupo, que eles chamaram de Núcleo de Ação pelos Direitos dos Homossexuais, visando ampliar o autoconhecimento com um grupo de debates.

Como uma de suas primeiras atividades, o coletivo discutia o conteúdo do *Lampião* assim que o jornal era publicado. Eles também escreveram uma carta aberta à imprensa brasileira protestando contra a forma negativa como a homossexualidade era retratada nas páginas de alguns tabloides que viviam de escândalos.

Estive ausente do grupo em sua fase inicial, ocupado nos Estados Unidos em tentar obter um visto de permanência no Brasil. Quando retornei, no final de agosto de 1978, entrei quase que imediatamente no grupo. Ao mesmo tempo, comecei a trabalhar na equipe editorial do *Versus*, outra publicação mensal alternativa que tinha sido criada com uma perspectiva esquerdista e pan-latino-americana. Meu namorado era um dos membros do conselho editorial da *Versus*, embora ele ainda estivesse no armário e com medo de que seus amigos o rejeitassem se soubessem que era gay. Creio que meu namorado e eu nos sentimos atraídos um pelo outro porque éramos esquerdistas. Ainda assim, existia uma sombra constante pairando sobre a nossa relação, porque eu desejava estar envolvido tanto no movimento gay quanto no movimento de esquerda, enquanto ele achava que os grupos gays que se formavam estavam cheios de homens alienados e efeminados. Ele não queria fazer parte disso. Quanto a mim, desde que me assumi, em 1973, estava tentando achar um parceiro com o qual também tivesse afinidades políticas, por isso tinha esperanças de que fosse uma questão de tempo para que ele aceitasse a si mesmo e passasse a apoiar o movimento gay. Embora nossa relação tenha permanecido tensa a respeito das atividades gays, ele abriu as portas da esquerda brasileira para mim.

Enquanto o meu namorado trabalhava para o *Versus*, a maior parte do conselho editorial da publicação ingressou na Convergência Socialista (CS), uma organização trotskista que estava na semilegalidade durante o período de gradual liberalização do regime, em 1977 e 1978. Eu respeitava a organização política da CS porque fazia um trabalho político entre os trabalhadores brasileiros. A maior parte dos integrantes de organizações de esquerda que conheci nos EUA era composta de intelectuais de classe média que falavam bastante sobre trabalhadores, mas pouco faziam para organizá-los. Sabia também que, internacionalmente, o trotskismo era a única corrente de esquerda que tinha participado do movimento de gays e lésbicas nos Estados Unidos e na Europa. Da mesma forma que imaginara, quando estava isolado na Filadélfia, que encontraria gays socialistas em São Francisco, pensei que poderiam existir gays assumidos na CS.

Naquele momento, também achei que a melhor maneira de trabalhar com a esquerda brasileira sem ser visto como um agente da CIA era ser o mais transparente possível sobre a minha homossexualidade. Parecia pouco provável que o governo dos EUA recrutasse um homossexual assumido para se infiltrar numa organização brasileira de esquerda. Havia também a referência do meu namorado, ainda que ele não me apresentasse como seu amante, e sim como um amigo. Na semana que voltei ao Brasil, em 1978, a ditadura militar ordenou a prisão de todos os integrantes do comitê central da CS, acusando-os de violar a Lei de Segurança Nacional. Corri para ajudar a organização, entrando em contato com a Anistia Internacional. Lembro-me de discutir com o meu namorado que, se alguém tinha dúvidas a respeito da minha lealdade, essa era mais uma razão para que ele esclarecesse de uma vez por todas a natureza da nossa relação. Ele não concordou, e muitos anos depois nos separamos, em parte por conta dessas diferenças. Logo após iniciar meu trabalho com a CS e o *Versus*, passei a fazer parte da equipe e escrevi, em coautoria, um artigo sobre o movimento gay para o jornal.

O núcleo duro do grupo gay criado por Trevisan sabia que eu apoiava a CS e que meu namorado era um editor do *Versus*. De fato, Trevisan e eu debatemos longamente a respeito do relacionamento entre a CS e o movimento gay. Os líderes da CS tinham integrado um grupo clandestino chamado Liga Operária, realizando um trabalho de divulgação política entre os trabalhadores industriais e os estudantes. Quando o governo expandiu o processo de liberalização controlada em 1978, eles decidiram sair do subterrâneo e aproveitar a nova situação para recrutar membros. Eles fundaram a CS e organizaram um grande evento público de inauguração. Um dos participantes do encontro sugeriu que o tema do apoio aos direitos dos homossexuais fosse incluído no programa do grupo, o que foi aprovado por unanimidade. Em um artigo publicado no *Lampião*, Trevisan criticou asperamente a CS porque a proposta de apoio aos direitos gays tinha sido incluída como adendo ao programa e não estava presente em sua formulação inicial. Lembro-me de questionar Trevisan sobre o porquê de se gastar tempo criticando a única organização de esquerda que tinha uma posição positiva em relação à homossexualidade, em vez de focar suas críticas nos grupos que não tinham posição ou que eram homofóbicos.

Embora tivesse ouvido falar que um ou dois homens gays pertenciam à Convergência Socialista, eu não os conhecia. Então, no início do mês de setembro de 1978, ingressei no Núcleo de Ação pelos Direitos dos Homossexuais e passei a participar de seus encontros. Na mesma época, o governo militar soltou da cadeia os líderes da CS e abandonou as acusações contra eles. Logo depois, abordei uma das fundadoras da CS e perguntei sobre a possibilidade de criar um grupo de trabalho, no âmbito da organização, visando elaborar um ponto programático em favor dos direitos dos homossexuais. Ela apoiou a ideia e me direcionou para outros homens gays que faziam parte da organização. Juntos, criamos um documento educativo interno sobre a homossexualidade como parte das discussões pré-convenção da CS. Fui o autor da maior parte do documento, que se chamava "Teses sobre a liberação homossexual", finalizado em outubro de 1979. Após a convenção, montamos um grupo de trabalho composto por três membros da CS que queriam participar do movimento gay, ao mesmo tempo que continuávamos mantendo encontros periódicos com outros integrantes gays e lésbicas para debater possíveis ações educativas de combate à homofobia no âmbito da própria organização. Nós nos chamávamos de "Facção Homossexual". Com o tempo, ela passou a reunir uma dúzia de integrantes. No interior da CS, a reação ao nosso grupo variou da indiferença ao apoio entusiasmado. Muitos integrantes estavam orgulhosos de fazer parte do único grupo de esquerda que tinha uma política clara em favor dos direitos de gays e lésbicas. Outros talvez fossem hostis e não entendessem o que estava acontecendo, mas nunca se manifestaram a esse respeito publicamente.

Alguns integrantes do movimento sabiam sobre a organização de gays e lésbicas no interior da CS. Nunca escondi minha filiação política. Distribuí até mesmo o documento que escrevemos sobre a homossexualidade aos membros do movimento em São Paulo e organizei um minigrupo de discussões com alguns dos integrantes mais engajados para explicar a análise que a CS fazia de como se poderia construir um movimento de gays e lésbicas e possivelmente recrutá-los para a organização. Por diversas razões, não fui muito bem-sucedido. Creio que a maioria dos membros do movimento tinha uma atitude hesitante em relação à CS, e os ataques constantes feitos no *Lampião da Esquina* jogavam lenha nessa fogueira. Essa tensão criou, em um determinado setor, um clima de hostilidade em relação à esquerda. Além disso, entre 1978 e 1979, não estava claro ainda até que ponto o processo de liberalização da ditadura chegaria. Provavelmente, muitos gays e lésbicas sentiram que estariam assumindo riscos ao entrarem em uma organização de esquerda. Alguns talvez não quisessem fazer parte de uma organização cujo comitê central tinha sido preso apenas um ano antes e cujos membros haviam sido acusados de violar a Lei de Segurança Nacional. A ditadura também usou a CS como um bode expiatório, acusando-a de ter organizado uma onda de greves entre 1979 e 1980. Entrar em um grupo de esquerda também significava mais trabalho de natureza política, mais encontros, aumento de atividades ou, em outras palavras, uma vida muito disciplinada. Para um homem gay ou uma lésbica que estava se assumindo para família, amigos e sociedade e, ao mesmo tempo, participando de uma organização gay de esquerda pela primeira vez, era um grande comprometimento.

Por conta desses fatores, a maior parte dos gays e lésbicas da Convergência Socialista tinha primeiro se politizado e somente depois saído do armário. Tenho a teoria de que muitos deles buscaram a esquerda enquanto estavam no armário como uma forma de aceitar a própria homossexualidade. Antes de sair do armário, eu me identificava com a opressão aos outros porque bem no fundo sabia que a sociedade estava me oprimindo. Não tinha coragem de lidar com a minha própria homossexualidade, então passei a lutar pelos direitos dos outros até conseguir desenvolver a força necessária para aceitar a mim mesmo. Muitos fundadores de organizações gays e lésbicas mundo afora são de esquerda. Na esquerda, eles ganharam a experiência organizacional e a perspectiva política necessárias para que pudessem compreender a necessidade de formar movimentos. Contudo, suspeito que, assim como eu, muitos entraram para a esquerda porque se sentiam oprimidos e buscavam lidar com isso lutando por outros grupos marginalizados.

Após sua fundação, em maio de 1978, o Núcleo de Ação pelos Direitos dos Homossexuais organizou grupos internos para ampliar o autoconhecimento na mesma perspectiva do movimento feminista nos Estados Unidos. Subgrupos promoviam encontros com facilitadores e discutiam tópicos como sair do armário ou sexismo, enquanto indivíduos dividiam suas experiências ou opiniões a respeito de determinados temas. O grupo também realizava encontros gerais e divulgava algumas poucas declarações públicas, na imprensa, sobre homofobia. Na sua fase inicial, o grupo estava atolado por falta de uma direção clara. Ele também se deparava com os mesmos tipos de problema que o movimento de gays e lésbicas enfrentara nos EUA no período pré-Stonewall, isto é, antes de 1969. Era difícil promover reuniões em locais públicos, de forma que as pessoas precisavam se encontrar no apartamento de alguém. Ainda que o Brasil estivesse experimentando o início de uma liberalização política, ninguém estava completamente confiante de que não ocorreria mais repressão em algum momento. Alguns temiam que suas famílias descobrissem que eles estavam participando desses encontros ou que fossem perder seus empregos caso o grupo se tornasse muito conhecido. Dessa forma, abrimos o grupo de uma forma semiclandestina, assim como fizeram, nos anos 1950 e início dos anos 1960, a Mattachine Society e a Daughters of Bilitis.[11]

No final de 1978, o grupo decidiu que precisava aumentar a participação de seus membros. Apenas cerca de duas dúzias de homens e, às vezes, amigas lésbicas de alguns dos integrantes compareciam a encontros regulares. Como resultado de um debate interno sobre como intensificar o apelo à sociedade, mudamos o nome do grupo para Somos: Grupo de Afirmação Homossexual. Alguns dos membros apontavam que essa era uma homenagem à Frente de Liberação Homossexual (FLH), da

---

11 A Mattachine Society foi criada em Los Angeles em 1950 por Henry Hay e outros ex-membros e apoiadores do Partido Comunista. Foi a primeira organização pelos direitos gay criada no pós-Segunda Guerra Mundial nos Estados Unidos. A Daughters of Bilitis, primeira organização pelos direitos das lésbicas nos Estados Unidos, foi criada em São Francisco em 1955.

Argentina, e à sua revista *Somos*. A FLH se formara, em 1971, como uma coalizão de diversos grupos de Buenos Aires, um dos quais fora criado em novembro de 1969. A frente foi desarticulada em meados de 1976, após o golpe militar. Um ex-membro da FLH estava vivendo então em São Paulo e agia como uma espécie de embaixador informal no exílio, distribuindo informação sobre o grupo para os membros do movimento brasileiro que estavam interessados em conhecer as experiências argentinas do início da década de 1970. Em determinado momento da discussão, alguém sugeriu que o novo nome deveria incluir a palavra "gay" em vez de "homossexual", porque este termo parecia frio e extraído da medicina. O grupo rejeitou a proposta de maneira praticamente unânime, sustentando que a palavra "gay" imitava o movimento dos Estados Unidos. Concordei com essa posição porque achava que o termo "gay" era totalmente estrangeiro à cultura brasileira.

Logo após o Somos adotar o seu novo nome, André Singer, presidente do Centro Acadêmico de Ciências Sociais da Universidade de São Paulo (USP), convidou o grupo a fazer parte de um evento que duraria uma semana inteira e discutiria os novos movimentos sociais. O painel incluía João Trevisan e Darcy Penteado, um artista famoso, ambos membros do conselho editorial do *Lampião da Esquina*, bem como três membros do grupo Somos. Mais de cem pessoas compareceram. Durante o período de debates, várias pessoas da audiência reclamaram que a esquerda era antigay. Representantes de organizações favoráveis à União Soviética, à Albânia e a Cuba retorquiram, afirmando que, em vez de lutas específicas para determinadas causas, as pessoas deveriam se unir à luta geral contra a ditadura. Trevisan e outros responderam que a esquerda era homofóbica, e alguns esquerdistas criticaram o movimento gay, alegando que este era irrelevante. Sugeri que não existia contradição entre a luta contra a homofobia e opressão e a luta contra a ditadura. Naquela noite, a discussão ficou polarizada numa caricatura do que seria o debate que posteriormente racharia o movimento.

O evento na Universidade de São Paulo fez o Somos ficar mais conhecido. Convocamos um encontro vários dias depois, na Pontifícia Universidade Católica de São Paulo (PUC-SP), e muitas pessoas novas, incluindo um bom número de lésbicas, apareceram e quiseram fazer parte do grupo. Enquanto em 1978 não mais do que quatro mulheres participaram durante algum tempo da organização, após fevereiro de 1979 dezenas de lésbicas entraram no Somos. Elas rapidamente passaram a levantar questões sobre machismo, misoginia gay e sexismo. Por fim, as lésbicas do Somos formaram um grupo autônomo próprio no interior da organização, batizado de Grupo de Ação Lésbica-Feminista. Houve tensões entre os homens gays e as lésbicas do Somos, na maior parte das vezes porque homens gays que tinham acabado de entrar no grupo faziam comentários sexistas. A maior parte das lésbicas adotou uma perspectiva feminista, e muitos dos homens não conseguiam entender sobre o que elas estavam falando. Uma vez que me considerava um feminista desde 1969, mesmo antes de me tornar um marxista ou de sair do armário, fui um dos membros mais antigos do Somos a criticar o sexismo no nosso grupo e defendi o direito das mulheres de se organizarem separadamente. Mas, para a maioria dos homens, aquelas propostas eram novas e ameaçadoras, assim como a ideia de uma organização autônoma de mulheres dentro do Somos.

Ainda que a formação, no âmbito do Somos, do Grupo de Ação Lésbica-Feminista tenha se dado em parte graças ao discurso sexista de muitos integrantes homens da organização, ela também foi resultado do interesse das lésbicas que desejavam participar do movimento pelos direitos das mulheres, de modo a discutir suas questões no contexto feminista. No início de 1980, a maior parte das lésbicas do Somos queria formar uma organização separada; o racha foi formalizado em abril daquele ano. Algumas poucas mulheres permaneceram no Somos, pois desejavam trabalhar numa organização mista.

A primeira campanha política consistente do Somos foi em defesa do *Lampião da Esquina*. Desde agosto de 1978, o governo brasileiro tentava fechar o jornal. Após quatro meses da fundação do *Lampião*, a polícia abriu inquéritos, no Rio de Janeiro e em São Paulo, acusando a publicação de violar a Lei de Imprensa por ofensa à "moral e aos bons costumes", o que poderia levar a um ano de prisão. A polícia convocou os editores para que fossem fotografados e tivessem suas digitais registradas, de forma a intimidá-los. Essa ação da ditadura era parte de uma estratégia mais ampla, descoberta a partir de um documento do governo que vazara e que revelava um plano para fechar a imprensa alternativa por meio da Lei de Imprensa ou de auditorias fiscais.

O sindicato dos jornalistas denunciou a iniciativa do governo, e a Associação Brasileira de Imprensa (ABI) providenciou gratuitamente um advogado para defender os editores do *Lampião*. Naquele momento, o Somos estava, de certa forma, sem comando, então propus que formássemos um comitê para defender o *Lampião* e circular uma petição denunciando a ação dos militares, documento que seria assinado por alguns dos principais artistas, intelectuais e opositores do regime ditatorial. Minha proposta foi delineada de forma a causar impacto nas ações do governo e com o objetivo de levar os membros do Somos a se organizarem politicamente e formar alianças.

Ao mesmo tempo que participava do Somos, também estava ativo nos grupos de gays e lésbicas da Convergência Socialista, que se encontravam regularmente para debater politicamente e planejar atividades. Quando ocorriam problemas no movimento gay, eu buscava conselhos de pessoas mais experientes na CS. Por exemplo, o Movimento Negro Unido organizou um ato no centro de São Paulo para celebrar o Dia da Consciência Negra, em 20 de novembro de 1979. A liderança da CS sugeriu que propuséssemos ao Somos participar do ato, uma vez que se tratava de um evento importante e que o *Lampião da Esquina* estava promovendo a ideia de que os gays deveriam se aliar às mulheres, aos negros e a outros grupos "minoritários".[12] Levei a proposta ao Somos, e a maioria concordou que era uma grande ideia. Oferecemos a sede da CS como um espaço para pintar faixas, e alguns membros do Somos ficaram responsáveis pela criação e pintura delas. Organizamos um contingente de aproximadamente vinte pessoas e distribuímos panfletos expressando nossa solidariedade com o Movimento Negro Unido, demarcando pontos de contato entre racismo e sexismo. Trouxemos também uma faixa que dizia "Contra a discriminação racial, Somos: Grupo de Afirmação Homossexual".

---

12 Na época, eu rejeitava a palavra "minorias" e preferia usar a desajeitada expressão "setores oprimidos", porque achava que "minorias" tendia a marginalizar gays, mulheres e negros. Hoje em dia, o movimento LGBTQIA+ não usa essa terminologia.

Essa foi a primeira vez que gays e lésbicas protestaram nas ruas do Brasil. Assim como a campanha em defesa do jornal *Lampião*, esse evento deu aos membros do Somos, muitos dos quais jamais tinham participado em outros movimentos políticos, a confiança de ir a público. Minha impressão era de que os integrantes do Movimento Negro Unido, que não somavam mais de cem pessoas no evento, não entendiam de fato quem éramos e aceitaram resignadamente a nossa participação.

No final de 1979, seguindo o exemplo do Somos, uma meia dúzia de pequenos grupos brotou país afora. Em dezembro, o conselho editorial do *Lampião*, que agia como um ponto de contato para esses grupos, solicitou a eles que enviassem representantes ao Rio de Janeiro para discutir a possibilidade de organizar um encontro nacional de grupos homossexuais. Aqueles que atenderam ao chamado decidiram realizar a conferência em São Paulo, em abril de 1980, e o Somos se ofereceu para sediar o evento. Aproximadamente 150 pessoas participaram das sessões fechadas do Encontro Nacional de Grupos Homossexuais Organizados, envolvendo cerca de oito grupos que representavam mais ou menos trezentas pessoas. No terceiro dia, o evento aberto atraiu um público muito maior.

O encontro acabou se tornando um campo de batalha para a controvérsia que estava se desenvolvendo no interior do movimento. Enquanto em 1977 os estudantes tinham liderado as manifestações contra o regime por meio de greves e mobilizações, no ano seguinte a classe trabalhadora brasileira assumiu o papel principal. Mais de 170 mil metalúrgicos da Grande São Paulo paralisaram a produção nas fábricas da Ford, Pirelli, Mercedes-Benz e Fiat, encerrando efetivamente o que tinha sido saudado pela ditadura como uma década de paz trabalhista. Os militares perceberam que precisavam agir rapidamente para controlar a situação. Logo em seguida, o presidente anunciou novos passos em direção a reformas institucionais e prometeu apressar o retorno "lento e seguro" à democracia. Mais de três milhões de trabalhadores entraram em greve em 1979. Professores, profissionais liberais e funcionários públicos se juntaram aos metalúrgicos. Outra gigantesca onda grevista balançou os subúrbios industriais de São Paulo em 1980, mas dessa vez o governo respondeu com a intervenção no Sindicato dos Metalúrgicos de São Bernardo do Campo, que tinha liderado a mobilização trabalhadora. Em resposta, os líderes da greve convocaram uma marcha para o Primeiro de Maio e um comício em São Bernardo do Campo, onde o sindicato estava sediado, em apoio aos trabalhadores e contra o regime.

Na abertura do Encontro Nacional de Grupos Homossexuais Organizados, alguém apresentou uma moção de solidariedade à greve geral dos metalúrgicos. Ela passou por unanimidade, refletindo o sentimento generalizado de simpatia pelos trabalhadores. O Brasil estava sob a ditadura desde 1964, e a oposição ao governo sofrera uma repressão brutal entre 1968 e 1977. Os militares se utilizavam de um sofisticado aparato repressivo que tinha como alvo trabalhadores dissidentes, esquerdistas e intelectuais. Quando os estudantes e, posteriormente, os trabalhadores desafiaram a ditadura, eles não apenas demonstraram que podiam lutar e conquistar concessões do governo, mas que o processo de abertura democrática dava espaço para que novos grupos pudessem se organizar. Em um encontro no Somos, defendi que, se a violenta onda de repressão que se abateu a partir de 1968 não tivesse ocorrido, o movimento de liberação gay teria florescido como ocorreu na Europa, nos Estados Unidos, no México, na Argentina e em Porto Rico. Gays e lésbicas simplesmente não tinham espaço para se organizar no clima político do Brasil. Era um argumento bastante simples, mas ainda assim Trevisan e o setor antiesquerdista do movimento criticaram a minha análise como se fosse um papagaiar de retórica marxista-leninista.

No contexto do movimento, uma divergência mais significativa surgiu quando, no segundo dia de deliberações, alguém propôs que os diferentes grupos representados no congresso participassem nas próximas manifestações do Dia do Trabalho. Ocorreu um debate sem regras e confuso, e a moção foi derrotada por 54 a 53 votos. Trevisan descreve o incidente de uma maneira que reflete os principais argumentos dos antiesquerdistas no movimento. Sua posição é bem definida nessa passagem de *Devassos no paraíso*:

> Durante esse I Encontro Nacional, o momento mais crucial e mais revelador das divergências foi a votação em torno de uma moção que pretendia obrigar todo o Movimento Homossexual a participar da comemoração de Primeiro de Maio, Dia dos Trabalhadores, num estádio de futebol da

cidade-operária de São Bernardo, perto de São Paulo. O grupo insuflado e inspirado pelos trotskistas propunha uma participação compulsória. O grupo adversário ponderava que um número tão pequeno de homossexuais não tinha direito de representar o Movimento e, muito menos, a vaga comunidade homossexual brasileira em si; propunha, como contrapartida, que não houvesse participação obrigatória dos grupos, e sim uma decisão particular ou individual. Fui eu um dos que se opuseram à participação compulsória, para horror dos esquerdistas de algibeira ali presentes. Eu sabia, sobejamente, que a chamada "liderança proletária" costumava esconder, debaixo de seu apelo à unidade, todo tipo de imposição e manipulação, já que só aceitava a unidade conforme ditada por seu Comitê Central. Eu estava igualmente ciente de que, nos bastidores, os trotskistas queriam tirar óbvios rendimentos com a presença de homossexuais sob sua égide, na passeata do Primeiro de Maio, onde cada grupúsculo de esquerda se digladiava para aparecer mais. Nesse sentido, já fazia tempo que vínhamos sendo objeto de cooptação dos trotskistas, que tinham colocado à disposição do SOMOS o seu mimeógrafo e as dependências da sua sede, para confecção de faixas e como ponto de encontro de ativistas homossexuais.[13]

Grande parte da esquerda, naquele momento, era homofóbica. Ainda assim, Trevisan e seus apoiadores atacavam exatamente os setores da esquerda que *participavam* do movimento. Se a Convergência Socialista achava que a homossexualidade era produto da decadência burguesa, ou que gays e lésbicas deveriam abandonar suas lutas e combater apenas a ditadura, por que a CS participaria do movimento gay? A interpretação de Trevisan das atividades da esquerda influenciou um círculo inteiro de ativistas, mesmo que seus argumentos ignorassem haver apenas oito membros da CS com direito a voto no encontro nacional. Mais de uma centena de pessoas expressou sua opinião sobre a moção. Além disso, ela conclamava à participação na marcha e no comício do Dia do Trabalhador. Como alguém poderia realmente forçar pessoas a protestar contra sua vontade? Se os trotskistas queriam recrutar novos membros,

---

[13] Trevisan, J. S. *Devassos no paraíso*: a homossexualidade no Brasil da colônia à atualidade. 4. ed. rev. e ampl. Rio de Janeiro: Objetiva, 2018, p.354-5.

isso significava que estes deveriam concordar com o programa político dos trotskistas, e não simplesmente marchar em manifestações do Dia do Trabalhador. Se a classe trabalhadora e a esquerda eram inteiramente homofóbicas, como Trevisan e vários editores do *Lampião da Esquina* argumentavam, defender a participação de homossexuais teria, ao contrário, prejudicado suas chances de influenciar o movimento sindical.

De acordo com seus próprios escritos, Trevisan queria que sua visão da liberação gay dominasse o movimento. Ele era um libertário, que desejava que o movimento operasse na base do consenso, com a "dissolução de lideranças, para evitar que fossemos novamente vítimas de porta-vozes e de intérpretes". Ele queria um "autêntico movimento gay" sem "influências externas".[14] Na prática, isso significava que os editores do *Lampião*, que controlavam a distribuição nacional da publicação, teriam hegemonia sobre todo o movimento. O jornal criticava a CS mês após mês e, mesmo assim, recusou-se a publicar uma carta aberta que rebatia essas críticas, escrita pela Facção Homossexual – e isso para citar apenas um exemplo.

Mesmo que Trevisan criticasse o direito dos socialistas de participar do movimento, ele defendia o direito das feministas. As mulheres do Somos sentiam que a organização não focava no problema específico das lésbicas. Elas achavam que as questões dos homens gays eram dominantes e que o sexismo tornava difícil para elas atuarem como iguais. Ao longo de 1979 e no início de 1980, elas adotaram um programa feminista. Embora alguns homens no grupo se considerassem feministas, incluindo Trevisan e eu mesmo, o Somos não tinha adotado um programa feminista, ainda que a maioria das lésbicas do grupo estivesse caminhando nessa direção. De acordo com Trevisan, os socialistas não tinham o direito de apresentar suas ideias, mas as feministas, sim. Sua noção de autonomia significava a exclusão daqueles com ideias políticas diferentes e que eram membros de organizações com as quais ele não concordava.

Depois que a moção para que o movimento participasse da manifestação do Dia do Trabalho foi derrotada por pouco, houve um encontro no Teatro Ruth Escobar, no terceiro dia do congresso, cujo público

---

14 Ibid.

chegou a oitocentas pessoas. Representantes de diferentes organizações falaram e responderam a questões. Foi um encontro animado. Imediatamente após ele, a maioria dos membros do Somos se encontrou e decidiu participar das atividades do Dia do Trabalho. De forma a não causar um racha no grupo, decidimos não usar o nome do Somos, uma vez que uma minoria dentro da organização claramente se opunha à ideia. Assim, formamos um grupo *ad hoc* chamado Comissão de Homossexuais Pró-1º de Maio e marchamos com duas faixas "contra a intervenção no ABC" e "contra a discriminação dos/as trabalhadores/as homossexuais". Preparamos um panfleto assinado pela comissão que expressava solidariedade com a greve dos metalúrgicos, articulando a luta deles com a dos oprimidos: negros, mulheres e homossexuais. Destacamos as formas de discriminação sofridas por homens gays e lésbicas na qualidade de trabalhadores e fizemos um chamado à unidade da classe trabalhadora para acabar com essa discriminação.

Naquele dia, enquanto me reunia, no centro de São Paulo, com alguns gays e lésbicas, não tinha ideia da gravidade dos fatos que estavam ocorrendo. Bloqueios policiais atrasavam o trânsito para a marcha. Tivemos de pegar um ônibus metropolitano, e eu estava preocupado se conseguiríamos chegar lá ou se a multidão iria nos travar. O Primeiro de Maio foi realizado, em São Bernardo do Campo, em uma atmosfera de repressão. Apenas no último minuto os militares permitiram que os manifestantes fizessem a marcha, porém com helicópteros armados voando sobre suas cabeças como uma forma de dispersá-los. Mesmo assim, cerca de cem mil trabalhadores e apoiadores marcharam para o estádio da Vila Euclides, onde cinquenta mil esperavam para aplaudir sua chegada. Membros do Somos, incluindo alguns novos ativistas que tinham ingressado como resultado do congresso e do nosso próprio encontro, assim como as integrantes do Grupo de Ação Lésbica-Feminista, que estavam em processo de separação do Somos, marcharam no contingente gay e lésbico. Éramos pelo menos cinquenta. Carregamos duas enormes faixas vermelhas com letras brancas. Uma delas dizia "Contra a discriminação do/a trabalhador/a homossexual" e a outra, "Contra a intervenção dos sindicatos do ABC", assinado Somos: Grupo de Afirmação Homossexual. Quando chegamos ao estádio, fomos muito aplaudidos.

Não entrevistei aqueles que nos saudaram quando entramos no estádio para saber quais eram suas opiniões. Imagino que as respostas deveriam variar de indiferença e incredulidade ao apoio, simplesmente por conta da novidade de que "até as bichas e sapatões estão com força hoje em dia". Trevisan (p.357), que não foi ao evento do Dia do Trabalho, escreveu que,

> orgulhosamente, desfilaram perante milhares de sindicalistas, de estudantes e de intelectuais de esquerda, sem se dar conta de que, além de engrossar a ala visível dos trotskistas, lá estavam melancolicamente apresentando seu certificado de boa conduta e pedindo a bênção da hierarquia proletária, como homossexuais bem-comportados. Naturalmente, receberam aprovação em forma de aplauso. Na prática, isso significou o início da domesticação do nascente movimento homossexual brasileiro, cujo discurso de originalidade ainda incipiente começava a ser sufocado antes mesmo de florescer. E não sei se, depois disso, ele jamais se recuperaria.

A manifestação do Primeiro de Maio representou um dos eventos mais importantes da minha vida, porque senti que finalmente tinha integrado dois aspectos do meu ser e, de forma bem-sucedida, liderara um pequeno mas significativo movimento nessa direção. Ajudei outros homossexuais a compreender que eles não existiam isoladamente do resto da sociedade e me tornei parte da primeira interação política, em um clima positivo, entre gays e lésbicas e trabalhadores comuns. Foi o primeiro grande passo para que o movimento gay saísse do armário no Brasil, e esse fato deixou fundações para uma aliança estratégica com o eleitorado de esquerda. Foi necessário um bocado de coragem para todos que marcharam, porque estávamos nos deparando com um novo desconhecido, ainda que muitos dos nossos temores talvez fossem infundados.

Em um encontro ocorrido algumas semanas depois, a facção antiesquerda se separou do Somos, acusando-o de estar totalmente dominado pela Convergência Socialista. Eles formaram um grupo chamado Outra Coisa. Ironicamente, havia apenas três apoiadores da CS no Somos. Embora muitos membros respeitassem a CS e alguns novos integrantes

"Abaixo a repressão, mais amor e mais tesão"

FIGURA 4 – Contingente de cinquenta gays e lésbicas que participaram da manifestação de 1º de Maio em apoio à greve dos metalúrgicos e contra a intervenção do governo nos sindicatos da região do ABC em São Paulo. Arquivo do autor.

fossem egressos do movimento estudantil, identificando a si próprios como esquerdistas independentes, eles não queriam entrar numa organização de esquerda. *Lampião da Esquina* tomou parte no racha e acusou o Somos de ser controlado pela CS. Uma vez que o Somos tinha sido a primeira organização em prol dos direitos gays, e certamente era a maior, o racha teve um efeito desmoralizador no movimento, em especial entre aqueles que não sabiam exatamente o que estava acontecendo. Ainda assim, o Somos não entrou em crise. Apenas oito membros saíram, enquanto outros quarenta permaneceram, a maior parte dos quais se identificava, de alguma forma, com a esquerda ou com o movimento sindical. O restante queria apenas continuar fazendo aquilo para que o grupo fora criado, isto é, lutar contra a homofobia e a discriminação.

Muitos meses após o racha, o grupo aprovou unanimemente uma declaração de princípios. Ela dispunha que o Somos não seria filiado a nenhum partido político, mas seus membros poderiam possuir a ideologia que desejassem e integrar qualquer partido político, e o grupo poderia participar das manifestações que julgasse pertinentes. Votei a favor dessa resolução, pois acreditava que o grupo como um todo deveria permanecer independente, mas que integrantes de grupos políticos também deveriam ter o direito de participar do Somos e de apresentar suas ideais, bastando que o fizessem democraticamente.

Após o racha, o Somos organizou, em maio de 1980, uma grande festa em um clube gay, para celebrar seu segundo aniversário, aumentar a nossa moral e mostrar ao grupo de Trevisan que o Somos ainda estava muito vivo. Durante a celebração, um dos integrantes chegou muito agitado e avisou que a polícia tinha começado uma batida contra gays, lésbicas, travestis e prostitutas no centro de São Paulo. O delegado de polícia José Wilson Richetti, da 4ª delegacia do Centro, tinha ordenado fazer um arrastão para "limpar" a cidade. Ao longo do mês seguinte, mais de 1.500 pessoas foram presas. O Somos chamou uma reunião de emergência, convidando outros grupos de São Paulo a planejar uma resposta às ações policiais. Decidi não ir ao encontro, pois tinha me tornado uma figura controversa, e muitos dos ex-integrantes do Somos me consideravam pessoalmente responsável pelo racha. Era identificado com a CS, e membros do Somos estavam tentando convencer as pessoas de que a CS não tinha tomado conta do grupo.

As organizações fizeram uma demonstração conjunta, e o Somos desempenhou um papel de protagonista nisso. Em 13 de junho de 1980, cerca de quinhentas pessoas se reuniram nos degraus do Theatro Municipal para protestar contra as batidas da polícia. Caía uma garoa quando os ativistas começaram a pedir a remoção do delegado Richetti. Eles também passaram a gritar *slogans* para que a manifestação marchasse pelas ruas de São Paulo e, lentamente, a multidão começou a se mover pela área do Centro e foi crescendo, até chegar a quase mil pessoas. Carregando faixas contra a violência policial e cantando *slogans* como "Abaixo a repressão, mais amor e mais tesão", esse foi de longe o maior evento do movimento gay brasileiro até aquele momento. Muitos analistas políticos concordam que essa manifestação foi uma das razões que levaram ao fim das batidas policiais logo depois.

O Somos então começou a arrecadar fundos para alugar uma sede no centro de São Paulo. Nós nos tornamos o primeiro grupo de gays e lésbicas do Brasil a ter um espaço próprio que poderia comportar reuniões com cem ou mais pessoas e adequado à realização de encontros para a arrecadação de fundos. Em outubro de 1980, o Somos recebeu uma ameaça de um grupo de extrema direita chamado Cruzada Anti--Homossexualismo, que, no estilo de outros grupos reacionários, como

Falange Patriótica, Brigada Moral e Comandos Anticomunistas, enviou uma carta à organização ameaçando "limpar a mancha do perfume barato da prostituição masculina [...] [que] prostituía a Sagrada Família Brasileira, enfraquecendo as fundações da Nação".[15] Em protesto, o grupo participou de outra demonstração organizada pela esquerda em São Bernardo do Campo, com a faixa "Parem com os atos terroristas! Somos: Grupo de Afirmação Homossexual". Esquerdistas, incluindo membros do recém-formado Partido dos Trabalhadores (PT), organizaram esse evento porque a direita tinha reforçado suas ações contra diversas organizações, incluindo a prática de atos violentos.

Após um ano de intensa atividade, um encontro foi realizado, em dezembro de 1980, no Rio de Janeiro, para planejar o segundo encontro nacional. Mesmo com a presença de representantes de dezesseis organizações, ficou claro que o movimento ainda era pequeno, e o segundo encontro nacional nunca ocorreu. Os grupos não estavam crescendo em número de integrantes, e existia uma confusão generalizada a respeito dos rumos do movimento. Acredito, em parte, que o conflito interno do Somos desmoralizou o movimento como um todo, porque o grupo era visto como a vanguarda, a organização líder. Em São Paulo, quatro grupos tentaram coordenar as atividades. Em abril de 1981, o Grupo de Ação Lésbica-Feminista, o Somos, a Facção Homossexual (Convergência Socialista) e o Alegria-Alegria (um "racha" fraterno do Somos) se reuniram na Universidade de São Paulo para discutir os problemas do movimento e explorar áreas de interesse comum.

Alguns membros do Somos acreditavam que o PT tinha potencial para ser o melhor aliado político do movimento de gays e lésbicas. A maior parte do movimento de trabalhadores, esquerdistas e setores radicais da Igreja Católica formou o PT como uma alternativa a outros partidos políticos que estavam sendo criados e eram dominados por setores da elite econômica que se opunham à ditadura. Ativistas gays de esquerda decidiram então levar a questão dos direitos dos homossexuais ao PT. Organizados em um contingente denominado "Militantes homossexuais

---

15 Cruzada Anti-Homossexualismo 1980 "Carta ao Grupo SOMOS." Mimeo, São Paulo, arquivo do autor.

construindo o Partido dos Trabalhadores", membros do Somos marcharam na manifestação do Dia do Trabalho, em 1981, com faixas em que se lia: "Contra a discriminação dos trabalhadores homossexuais".

Na convenção nacional do PT, realizada em setembro de 1981, Lula anunciou que "não iria permitir que a homossexualidade fosse tratada em nosso partido como uma doença e, muito menos, um caso de polícia".[16] Lula também declarou que o PT iria "defender o respeito que eles merecem, convocando-os para a construção da nossa sociedade". Essa foi uma declaração importante porque pela primeira vez um partido político legalizado – uma vez que as várias tendências esquerdistas não tinham *status* legal – veio a público em apoio aos direitos de gays e lésbicas no Brasil. Nas eleições de 1982, o PT registrou oitenta candidatos gays, incluindo um que já exercera mandato e que saíra do armário em televisão nacional, João Baptista Breda. Ainda que Breda tenha perdido a reeleição, essa foi a primeira vez que candidatos abertamente gays ou lésbicas concorreram a cargos públicos no Brasil.

Em julho de 1981, o conselho editorial do *Lampião da Esquina* decidiu fechar a publicação, alegando que a circulação tinha caído e que a comunidade não estava apoiando o jornal. Trevisan observou que o *Lampião* tinha se tornado distante da comunidade gay, ao mesmo tempo que repudiava o ativismo político. O conselho editorial do *Lampião* planejara dirigir o movimento por intermédio da publicação, mas, com exceção de Trevisan e Darcy Penteado, nenhum dos editores se tornou atuante em qualquer grupo. Lembro-me de propor, em 1979 ou 1980, que todo membro do Somos se comprometesse a vender pelo menos dez cópias da publicação. Via isso como uma forma de aumentar a circulação do periódico e, ao mesmo tempo, de encorajar membros do Somos a se engajarem em atividades de discussão na comunidade gay sobre como a publicação poderia servir ao movimento político. Quando fiz a proposta, Trevisan e seus apoiadores a descartaram inteiramente, criticando-a por supostamente macaquear o modelo da esquerda.

Conseguia entender as experiências negativas que Trevisan havia tido com esquerdistas homofóbicos nos anos 1960, uma vez que eu

---

16 "Abertura política ainda não chegou ao povo, diz Lula", *Folha de São Paulo* (28 set. 1981): 4.

mesmo tivera experiências semelhantes com a esquerda dos EUA. De fato, a Facção Homossexual da Convergência Socialista publicou um livreto intitulado *Homossexualidade: da opressão à liberação*, incluindo entrevistas com editores de publicações do Partido Comunista, que era pró-soviético; do Movimento Revolucionário 8 de Outubro (MR-8), que tinha se envolvido com ações de guerrilha na década de 1960 e era pró-Cuba; e da Convergência Socialista. O MR-8, que tinha alguma influência política naquele momento, declarava claramente que a homossexualidade era produto da decadência burguesa, enquanto o Partido Comunista considerava a temática secundária. Assim, era possível entender a apreensão de líderes do movimento gay. Contudo, a Convergência Socialista era uma organização trotskista, que criticava os regimes stalinistas. Trevisan, por exemplo, sabia que a CS se opunha à natureza burocrática de Cuba e da União Soviética. Mas, do ponto de vista dele, todas as várias facções da esquerda eram uma mesma coisa.

Logo após o racha no Somos, Trevisan me enviou uma carta aberta rompendo nossa amizade. Ele escreveu que,

> para o bem do nosso ainda frágil movimento homossexual, eu peço a você que fique restrito aos limites da sua organização política, que pare de manipular grupos homossexuais e que não misture as suas sectárias crenças socialistas com a nossa luta por liberação sexual e com nossas tentativas de transformação sociocultural que são baseadas em nossas vidas, e não em manuais revolucionários... [D]eixe que os homossexuais falem por si próprios, sem representantes e mediadores de qualquer tendência.[17]

Compreendi, então, que ou ele não me considerava um homossexual ou achava que eu tinha deixado de ser gay quando me tornei socialista.

Ativistas olhavam para o *Lampião da Esquina* e viam uma força unificadora e uma publicação que poderia estabelecer lideranças. Quando o seu conselho editorial atacou a CS e o Somos, acabou prejudicando o apoio que estava recebendo do movimento. Acredito que até mesmo leitores fiéis acharam que o movimento era muito pequeno e precário para

---

17 Carta de João S. Trevisan a Jimmy Green, s.d., arquivo do autor.

aguentar divisões. Por exemplo, o *Lampião* publicou um artigo denunciando Lula e a classe trabalhadora por não defenderem os direitos de gays e lésbicas, mas o PT assumiu a defesa do direito de organização dos homossexuais. Creio que os ativistas não gostaram da maneira como o jornal parecia somente saber criticar os outros. Em seu livro, Trevisan assinala que as últimas edições do *Lampião* focaram em Cuba e venderam muito mal nas bancas, enquanto outras publicações sobre o carnaval se saíram muito bem. Ele mencionou essa como uma das razões para o fim do jornal. Os leitores não estavam interessados em política.

De certa forma, ele estava certo. A maioria dos homossexuais não se interessava por política, e mesmo a minoria dos ativistas tinha de enfrentar o peso avassalador da homofobia e de uma sociedade sexista que buscava despolitizá-los. A rejeição de suas famílias, pares e amigos, da Igreja e da sociedade em geral criava as condições que provocavam a tendência natural de procurar outros homossexuais e de se juntar para conseguirem apoio para expressar sua sexualidade livremente. Homens gays com frequência canalizam suas necessidades saindo para farrear e gastando um bom tempo à procura de parceiros. Sobra pouco tempo para o ativismo político. Mesmo assim, em um clima de despolitização, após o primeiro Encontro Nacional de Grupos Homossexuais Organizados, uma nova geração se juntou ao Somos. Muitos eram ex-ativistas estudantis que finalmente conseguiam aceitar a sua homossexualidade. Eles trouxeram consigo uma atitude relativamente positiva em relação à política e ajudaram a segurar a organização após o racha.

Fico muito hesitante de traçar quaisquer analogias entre o movimento dos Estados Unidos e o do Brasil. Contudo, se alguém olhar para a história do movimento dos EUA, ela não começa em 1969, com os protestos de Stonewall, na cidade de Nova York. O movimento organizado vem desde os anos 1950, com a Mattachine Society e com a fundação da Daughters of Bilitis, em São Francisco, em 1955. Esses eram grupos pequenos, marginais, que representavam um insignificante percentual de homossexuais. Os movimentos sociais da década de 1960 impulsionaram o movimento de gays e lésbicas a se tornar o que é, mas ocorreram após vinte anos de preparação e de mudanças sutis que a maior parte dos gays e das lésbicas sequer percebeu que estavam ocorrendo.

"Abaixo a repressão, mais amor e mais tesão"

Infelizmente, no Brasil, por conta da ditadura militar repressiva, que fez do ato de se organizar politicamente uma empreitada de risco, as organizações de gays e lésbicas não tiveram espaço político para se desenvolver antes de 1977. Não foi possível ocorrer o acúmulo de experiências, de ativistas e de organizações. Ainda assim, existia um movimento internacional que avançava. Gays e lésbicas brasileiros estavam cientes das vitórias que vinham sendo obtidas em outras partes do mundo, e quando as condições políticas se tornaram propícias à organização, eles tentaram ir de zero a cem numa única volta.

Em 1981, apenas de 200 a 250 pessoas atenderam ao chamado para uma manifestação em frente ao Teatro Municipal de São Paulo que buscava comemorar a marcha do ano anterior, que reunira mil participantes. Era claro que o movimento em São Paulo estava retrocedendo. Uma das razões era a exaustão de muitos dos principais ativistas. No final de 1981, por exemplo, eu estava cansado de fazer trabalho político no movimento gay por conta de todas as pressões e problemas que tinha enfrentado na condição de líder de esquerda. Então, houve a questão da falta de liderança generalizada com o fim do *Lampião* e a inabilidade geral de obter a confiança do movimento como um todo, de forma a nos unir. Não existia nenhuma publicação que pudesse noticiar o que ocorria nacionalmente no movimento.

Em 1982 e 1983, o movimento de massas também declinou. O movimento sindical fracassou nas greves de 1980 e se defrontou com demissões maciças de seus integrantes. O Partido dos Trabalhadores também não foi tão bem como se esperava nas eleições de 1982, obtendo apenas 8% dos votos. Uma severa recessão econômica e o desemprego generalizado tiveram impacto nos grupos gays, cujos membros normalmente são profissionais liberais, estudantes e empregados de classe média baixa. A sobrevivência econômica vinha antes da ação política. O Somos tentou criar uma publicação mensal que pudesse preencher o vazio deixado pelo fechamento do *Lampião*, mas faltaram recursos financeiros para sustentar o projeto.

No final de 1982, a liderança do Somos estava exausta, e o grupo acabou em 1983. Apenas uma ou duas organizações dessa primeira fase do movimento brasileiro de liberação gay conseguiram se manter.

O Grupo Gay da Bahia, liderado por Luiz Mott, um antropólogo da Universidade Federal da Bahia (UFBA), sobrevive até os dias de hoje e continua fazendo um trabalho importante para o avanço dos direitos de gays, lésbicas, transexuais e transgêneros.

De acordo com a análise que eu já fazia naquela ocasião, se o Brasil não estivesse dominado por uma ditadura militar no final dos anos 1960 e início dos anos 1970, o movimento brasileiro de gays e lésbicas teria se desenvolvido antes do que se desenvolveu. As aberturas políticas na Argentina, de 1971 a 1976, permitiram a criação de um movimento naquele país, e não há razões para acreditar que algo comparável não fosse surgir no Brasil se as condições políticas tivessem sido mais favoráveis. Assim como o movimento de liberação gay nos Estados Unidos e na Europa fora impulsionado pelos estudantes, pela luta por direitos civis, pelo feminismo e pelos movimentos antiguerra, também o tardio movimento brasileiro foi encorajado pelas organizações de estudantes, mulheres, negros e trabalhadores que lutavam contra a ditadura militar.

Da mesma forma, na minha concepção, o movimento gay internacional teve um impacto direto no movimento do Brasil, por meio da visita de ativistas gays dos Estados Unidos e de outros países e das experiências dos gays brasileiros que tinham morado no exterior. O Somos olhava para os Estados Unidos e para a Europa buscando ideias e inspiração. Além disso, ex-ativistas da Frente de Liberação Homossexual, na Argentina, encorajaram as fases iniciais do movimento.

Minha própria experiência como ativista gay nos Estados Unidos foi importante no sentido de me proporcionar uma visão a respeito de como um movimento gay militante poderia se desenvolver no Brasil. Lembro-me que durante cada nova fase do avanço do movimento eu buscava destacar nos encontros como havíamos acabado de fazer algo histórico ou monumental. Tinha vivido nos Estados Unidos e reprimido meus desejos sexuais antes de Stonewall. O movimento tinha me transformado. Acreditava que o mesmo seria possível no Brasil e, por essa razão, tentei desenvolver estratégias políticas levando isso em consideração. Minha experiência de organizador me colocava numa posição única no movimento brasileiro. Muitas vezes fui respeitado como líder porque passava um senso de autoconfiança. Creio que isso é o que faz um bom líder político, uma pessoa que pode ver suficientemente longe para dar direção a um grupo e inspirar a confiança de que o impossível é, afinal, possível.

Nos Estados Unidos e na Europa Ocidental, a Nova Esquerda[18] refluiu em meados dos anos 1970, e o movimento de gays e lésbicas passou por mudanças correspondentes. Organizações de liberação gay deram origem a uma multiplicidade de organizações comunitárias, grupos políticos reformistas e instituições dedicadas a novas demandas. No Brasil, o impacto das primeiras organizações se desvaneceu juntamente com os movimentos gerais contra a ditadura militar, e existiam poucas entidades que pudessem substituí-las. Isso ocorreu porque no Brasil, na Argentina e em outros países latino-americanos não existiram movimentos pré-liberação gay, como a Mattachine Society e a Daughters of Bilitis, que tivessem congregado ativistas antes de 1969 e que seriam necessários para ajudar as organizações criadas posteriormente.

No Brasil, o Somos, o *Lampião da Esquina* e outros grupos fundados posteriormente foram pré-movimento e movimento ao mesmo tempo. Quando a aids apareceu no Brasil, em 1983, como um problema de saúde para a comunidade gay, muitos dos novos grupos fundados para responder à pandemia se constituíram com base nas experiências do Somos e de outros grupos. Eles tentavam descobrir como organizar os homossexuais para responder à crise causada pela doença, e, de fato, muitos ativistas contra a aids tinham participado do movimento gay ou do movimento de esquerda.

Meu sonho tinha sido encontrar uma maneira de unir os meus ideais políticos à luta contra a opressão que sentia como um homem gay. Ainda que tenha feito um bom trabalho em São Francisco, ao encontrar uma comunidade de ativistas gays que eram abertamente socialistas, aquilo parecia ter um impacto limitado. Não tinha planejado ajudar a fundar o movimento gay no Brasil quando comecei, em 1976, minha viagem pelo Rio Amazonas.

---

18 "Nova Esquerda" (New Left, em inglês) se refere aos movimentos políticos de esquerda surgidos em vários países ocidentais a partir da década de 1960, que adotavam uma definição de ativismo político mais ampla, comumente chamada de ativismo social.

Ao mesmo tempo que os eventos se desenrolavam, vi a possibilidade de articular dois importantes movimentos de forma a superar os meus próprios conflitos pessoais e fiz todo o possível para que o movimento emergisse com uma orientação e um programa progressistas. Lutei para fazer que o setor da esquerda com o qual trabalhava passasse a desenvolver um claro programa pró-gays e lésbicas. Ainda que o Somos e a esquerda não tenham conseguido manter suas atividades, acredito que preparamos o palco e o tom para a emergência do movimento incrivelmente poderoso que veio depois.

Referências bibliográficas

Green, J. N. Desire and militancy: lesbians, gays and the Brazilian Workers' Party. In: Drucker, P. (Ed.). *Different rainbow*: same-sex sexuality and popular struggles in the Third World. London: Gay Men's Press, 2000a, p.57-70.

_____. *Além do carnaval*: a homossexualidade masculina no Brasil do século XX, 3. ed. rev. e ampl. São Paulo: Editora Unesp, 2022.

_____. More love and more desire: the building of the Brazilian movement. In: Adam, B.; Duyvendak, J. W.; Krouewl, A. (Eds.). *The Global Emergence of Gay and Lesbian Politics*: National Imprints of a Worldwide Movement. Philadelphia: Temple University Press, 1999, p.91-109.

_____. The emergence of the Brazilian gay liberation movement: 1977-1981. *Latin American Perspectives*, v.21, n.80, p.28-55, 1994.

_____. Homosexual identities in transitional Brazilian politics. In: Escobar, A.; Alvarez, S. E. (Eds.). *The Making of Social Movements in Latin America*: Identity, Strategy and Democracy. Boulder: Westview Press, 1992, p.185-203.

_____. (Homo)sexuality, human rights, and revolution in Latin America. In: Wasserstorm, J. N.; Hunt, L.; Young, M. B.; Grandin, G. (Eds.). *Human Rights and Revolutions*. Boston: Rowman and Littlefield, 2007, p.139-54.

MacRae, E. *A construção da igualdade*: identidade sexual e política no Brasil da "abertura". Campinas: Unicamp, 1990.

Sattamini, L. P. *A Mother's Cry*: A Memoir of Politics, Prison and Torture under the Brazilian Military Dictatorship. Trad. Rex P. Nielson; James N. Green. Durham: Duke University Press, 2010.

Trevisan, J. S. *Devassos no paraíso*: a homossexualidade no Brasil da colônia à atualidade. 4. ed. rev. e ampl. Rio de Janeiro: Objetiva, 2018.

Legados do passado do Brasil[1]

Ao observar o panorama da história do Brasil durante o longo século XX, é inevitável se surpreender com as maneiras como uma cultura política democrática vibrante que enfatiza noções de justiça social e participação popular conseguiu sobreviver pelo país.[2] Dado o atual estado de coisas no Brasil, uma revisão do período desde a abolição da escravatura, em 1888, até o governo Jair Bolsonaro poderia certamente ser enquadrada como uma narrativa de exclusão, domínio oligárquico, regimes autoritários, populismo manipulador, intervenções militares, corrupção massiva e contínua, uma cultura política formal degradante e a persistência de hierarquias sociais, raciais e de gênero.

No entanto, existe outra interpretação legítima do passado recente da América Latina que se aplica bem ao Brasil desde a Proclamação da República, em 1889. No decorrer do último século, aproximadamente, diferentes grupos sociais articularam, de maneira persistente, demandas democráticas por uma maior participação política e por mais políticas sociais equitativas desenvolvidas para superar legados antigos de

---

1 Tradução de Giuliana Gramani.
2 A versão final deste ensaio foi escrita em 2020, durante o segundo ano do governo de Bolsonaro.

escravização, colonialismo, sistemas neocoloniais, interferência imperialista e estruturas sociais e econômicas rígidas. Diversas forças políticas e sociais lutaram sistematicamente por mudanças substanciais para resolver problemas relacionados a distribuição desigual de terra, serviços públicos e sociais falhos, pobreza duradoura, formas disseminadas de violência cotidiana e mecanismos contínuos de exclusão social.

Em vez de simplesmente menosprezar uma leitura pessimista do passado do Brasil ou pintar um quadro excessivamente otimista do presente e do futuro do país, o que é bastante difícil de se fazer neste momento, o presente ensaio examinará as tensões entre continuidade e mudança e entre, de um lado, padrões políticos, econômicos e sociais contínuos de exclusão e, de outro, processos compensatórios de inclusão. Enfocarei também diferentes tipos de movimentos políticos e sociais que, com todas as suas contradições, inconsistências e falhas, ampliaram sistematicamente o terreno que permitiu ao Brasil avançar rumo a uma democracia social, mesmo que fraca, até recentemente. É impossível entender a atual crise política no Brasil e o contexto em que a democracia social se fortaleceu (e está agora sendo enfraquecida) nas últimas três décadas sem examinar como o presente do país ainda carrega fortemente o peso de seu passado. Como se pode esperar, este ensaio talvez pareça oferecer uma avaliação menos otimista do futuro do Brasil do que costumo fazer. Isso se dá em parte porque acredito que obstáculos e legados estruturais da cultura política enraizada no passado do país permanecem arraigados na política cotidiana do Estado e da sociedade brasileira. Os eventos políticos recentes que culminaram na eleição do candidato de extrema direita Jair Bolsonaro simplesmente trouxeram à tona muitos desses elementos, forçando-nos a encará-los.

Correndo o risco de deixar de fora algumas das principais tendências políticas, sociais ou culturais que fazem parte dos resquícios históricos do Brasil colonial e do século XIX e que ainda repercutem no país, esta discussão sobre a história brasileira recente se inicia identificando cinco elementos do passado que continuam sendo cruciais para moldar a cultura política atual. Diferentes estudiosos podem indicar outros fenômenos que são igualmente importantes e que não foram considerados aqui, e reconheço a inevitável fraqueza de se isolar certos fatores, correndo o risco de ignorar outros. Para os fins deste ensaio, tais fatores são: 1) a longa tradição de um Executivo forte, com amplos poderes de decisão; 2) a importância do carisma dos líderes da nação para o estabelecimento de laços estreitos com o povo; 3) a dinâmica política generalizada de conciliação como forma de achar meios-termos e acordos políticos para evitar conflitos; 4) a insistência em depender do Estado como meio de garantir sistemas de patronagem e clientelismo que reforçam ligações e redes sociais pessoais e, por sua vez, sustentam o poder político estabelecido; e 5) a influência cada vez maior das forças militares brasileiras na política desde meados do século XIX até o presente.[3]

Antes de apresentar uma análise abrangente dos processos por meio dos quais as tradições democráticas estiveram no centro das lutas sociais, econômicas e políticas durante o longo século XX, primeiramente detalharei esses cinco elementos que moldaram – e às vezes refrearam – o fortalecimento da democracia brasileira e a busca por justiça social. Em seguida, examinarei a inter-relação entre esses elementos e as mobilizações a favor de inclusão política e social durante o último século, desde a abolição da escravatura e a proclamação da República até as duas primeiras décadas do século XX. A conclusão trará uma discussão sobre os processos contraditórios de redemocratização no final da ditadura militar e a natureza do regime democrático consolidado que a seguiu.

Primeiro elemento: a longa tradição de um Executivo forte, com amplos poderes de decisão

Embora alguém possa facilmente argumentar que o poder da Coroa portuguesa permaneceu relativamente fraco ao governar sua colônia mais rica nos séculos XVI e XVII, a descoberta de ouro e posteriormente

---

[3] Este ensaio foi escrito para apresentar uma interpretação abrangente da história brasileira durante a *long durée* do século XX, em vez de uma análise histórica detalhada. Desse modo, incluí apenas alguns trabalhos, a maioria de especialistas em história do Brasil escritos originalmente em inglês e cuja produção talvez seja menos conhecida do público brasileiro, para embasar meus argumentos e reconheço que há uma rica e vasta produção histórica em português que merece ser citada, a qual incluiria centenas, se não milhares, de trabalhos.

de diamantes no século XVIII provocou, em última análise, uma tentativa orquestrada de fortalecer a presença do Estado no Brasil colonial. Tentativas frequentes de taxar a produção de ouro e diamante, controlar o contrabando e diversificar a economia na segunda metade desse século resultaram em uma maior regulamentação das práticas cotidianas da população brasileira. Entretanto, não há dúvidas de que a mudança da corte portuguesa para o Rio de Janeiro em 1808 trouxe consigo uma notável alteração na relação entre súditos portugueses e autoridade real. Conforme apontado por estudiosos, a presença física do príncipe regente e da família real, da corte, da burocracia do Estado e das forças militares transformou o Rio de Janeiro e a cultura política da nova capital do Império português.[4] Os moradores do Rio, desde a elite econômica até artesãos e escravizados, agora tinham acesso direto ao Estado de maneiras que antes só eram impossíveis para alguns. Embora formas precárias de transporte e comunicação, assim como pontos locais de poder incrustados, atuavam contra o fortalecimento do Estado e o poder real, havia uma tendência gradual e consistente de um maior controle centralizado emanando do Rio de Janeiro.

Embora a independência de Portugal tenha sido atrelada ao estabelecimento de uma monarquia constitucional, o poder moderador inserido na Constituição de 1824 por D. Pedro I deu poder arbitrário supremo ao monarca, que podia reverter decisões de órgãos eleitos e utilizar diversos poderes de decisão para controlar ou influenciar a maioria das questões políticas. Entre os muitos poderes embutidos nessa provisão da Constituição que dava à monarquia autoridade suprema sobre os outros três poderes do governo estava a capacidade de dissolver o Congresso, formar novos governos e nomear senadores vitalícios. O imperador também podia distribuir favores, recompensas e benefícios àqueles que fossem leais à Coroa e marginalizar os que não o eram. A consolidação de um Estado mais centralizado com a ascensão de D. Pedro II ao trono em 1840 e sua propensão pessoal para participar das minúcias da política durante seu reinado de cerca de 50 anos consolidaram uma

---

4 Schultz, K. *Versalhes tropical*: império, monarquia e a Corte Real Portuguesa no Rio de Janeiro, 1808-1821. Rio de Janeiro: Civilização Brasileira, 2008.

noção de que o chefe de Estado tinha o direito, se não a obrigação, de intervir ativamente nas questões políticas com mão de ferro, caso fosse necessário.[5] Conforme argumentarei mais adiante, a tradição do poder moderador, embora não faça parte da Constituição de 1890, estabeleceu um precedente que permitiu ao Executivo ter amplos poderes. Isso foi particularmente verdade depois de 1930 e continua sendo verdade tanto para as ditaduras quanto para a democracia.

Segundo elemento: o carisma dos líderes da nação e o estabelecimento de laços estreitos com o povo

Se a personalidade caprichosa e impetuosa de D. Pedro I o impediu de se tornar um monarca carismático de forma consistente, o imperador, durante as quase cinco décadas que seu filho esteve no poder, consolidou uma ligação íntima com o povo. Como mostra a antropóloga histórica Lilia Moritz Schwarcz, Pedro II se tornou uma figura patriarcal e muito pública cujo envolvimento direto no desenvolvimento do país o manteve extremamente visível e presente no imaginário popular.[6] Em parte, a falta de um herdeiro homem para dar continuidade a essa tradição patriarcal e o declínio de sua saúde e energia serviram como argumentos republicanos para o fim da monarquia. Como veremos, políticos do século XX, especialmente Getúlio Vargas e Luiz Inácio Lula da Silva, beneficiaram-se dessa tradição, que cultivaram com êxito para seu benefício político. Sua capacidade de estabelecer relações próximas com as massas explica parcialmente sua duradoura popularidade. Infelizmente, Jair Bolsonaro estabeleceu uma relação semelhante com um segmento da população brasileira, embora ainda não esteja claro o quão longevo esse vínculo será.

---

5 Barman, R. J. *Imperador cidadão e a construção do Brasil.* São Paulo: Editora Unesp, 2012.
6 Schwarcz, L. M. *As barbas do Imperador.* D. Pedro II, um monarca nos tricôs. São Paulo: Companhia das Letras, 1998.

Terceiro elemento: conciliação como forma de achar meios-termos e acordos políticos para evitar conflitos

Um Executivo forte pode impor a vontade imperial ou presidencial, ao passo que o carisma pode ajudar um político a seduzir inimigos e conservar aliados, mas a concessão e a cooperação políticas são ingredientes fundamentais para garantir um consenso relativo e uma estabilidade política contínua. Nesse sentido, as culturas duplas de conciliação e maleabilidade ideológica foram centrais para o acordo duradouro que garantiu a longevidade da escravidão ao longo do século XIX e a estabilidade política durante quatro das cinco décadas do longo reinado de D. Pedro II. Embora liberais e conservadores tenham disputado o controle do Estado, que lhes garantia acesso ao poder e a recursos para manter relações de patronagem e clientelismo, governos de união nacional durante a década de 1850, bem como diversos acordos nacionais para a gradual e controlada abolição da escravatura, tiveram primazia em relação a conflitos e contestações, para citar dois exemplos entre muitos.

A noção de que "o melhor conservador era um liberal no poder" refletia a flexibilidade ideológica dos políticos imperiais que favoreciam a manutenção de um *status quo* econômico e político em detrimento de desacordos referentes ao plano. Encontrar concessão e adaptação entre setores das elites dominantes para assegurar a escravidão no século XIX e um sistema restritivo de governança no início do século XX, a saber, a política do café com leite, garantiu a continuidade econômica na transição do Império para a República com poucos conflitos e derramamento de sangue durante e depois dessa dramática mudança de regime. Conforme discutirei mais adiante, a conciliação também era o *modus operandi* predominante dos governos Vargas, do período de democratização do final da Segunda Guerra Mundial até o golpe militar de 1964 e durante o processo de redemocratização. Ao mesmo tempo, a fraqueza relativa dos partidos políticos e a correspondente flexibilidade ideológica dos políticos permanece um fenômeno notável até os dias de hoje.

Quarto elemento: a insistência em depender do Estado como meio de garantir sistemas de patronagem e clientelismo que reforçam ligações e redes sociais pessoais e sustentam o poder político

A concessão política que visa obter acordos, se não consensos, e privilegia acordos pragmáticos em detrimento de reflexões ideológicas fomenta o sistema profundamente enraizado de patronagem e clientelismo que persistiu ao longo dos períodos colonial, imperial e republicano. Ela garante alianças políticas, assegura – se necessário – mobilização para sustentar o poder político e reforça a natureza pragmática e não ideológica dos partidos. O Estado, como conduto para esse sistema indireto de distribuição e redistribuição de recursos, poder e influência, também se torna o *locus* da corrupção, uma vez que ter um cargo tradicionalmente propicia infinitas oportunidades de dar emprego, solucionar problemas burocráticos e utilizar recursos estatais em benefício próprio.

Quinto elemento: a influência das forças militares brasileiras na política

Muitos historiadores apontam a Guerra do Paraguai (1864-1870) como a origem de uma crescente confiança, por parte dos militares, para intervir em questões políticas, o que culminou na derrocada do Império em 1889 e estabeleceu um padrão para a participação ativa das Forças Armadas no corpo político em momentos centrais no decorrer do século XX. No entanto, eu poderia afirmar que o trabalho de Luís Alves de Lima e Silva, que se tornaria o duque de Caxias, na repressão de várias das revoltas regionais que eclodiram na recém-estabelecida nação nas décadas de 1830, 1840 e 1850 abriu o precedente para a intervenção dos militares na política. Embora seja verdade que a mão de ferro do duque de Caxias contra forças rebeldes ajudou a consolidar e unificar o país – de modo que o Brasil não se separasse em diferentes repúblicas –, ela também estabeleceu a tradição na qual as Forças Armadas se tornaram um eficaz aparato repressivo centralizado para reprimir a

Escritos de um viado vermelho

FIGURA 5 – Luís Alves de Lima e Silva (1803-80), o Duque de Caxias (1803-80), apelidado de "O Pacificador" e "O Marechal de Ferro" em 1877. Em 13 de março de 1962 foi homologado o título de Patrono do Exército Brasileiro. (Wikicommons)

insurgência interna.[7] Depois de 1889, aumentou a confiança de setores das forças militares no que concerne a seu papel como defensores da ordem, e as Forças Armadas participaram de inúmeras tentativas de influenciar a política e derrubar governos.

* * *

Usando esses cinco elementos como parte do pano de fundo de minha análise, como as diferentes forças sociais articularam as demandas por uma democracia mais ampla e por justiça social no século XX? De que maneira os elementos elencados anteriormente foram obstáculos a esses movimentos? Por que os movimentos sociais e políticos se apropriaram dessas mesmas práticas para atingir seus próprios objetivos? Quais foram os efeitos desses processos no cenário político atual no Brasil?

Da escravidão e do Império à República (1888/1889-1930)

Não pode haver dúvidas que a abolição da escravatura em 1888 e a Proclamação da República catorze meses depois foram um divisor de águas na tessitura econômica, política e social do Brasil. Muita coisa mudou, porém, como muitos historiadores apontaram, muita coisa permaneceu igual. A escravidão não servia mais como a mão de obra básica nos setores mais importantes da economia do país, que continuava fortemente dependente da exportação agrícola. Outras formas de trabalho rural rapidamente substituíram a instituição. O influxo de imigrantes europeus ofereceu uma solução imediata à eliminação da servidão forçada. Ex-escravizados, agora libertos, trabalhando lado a lado com italianos e outros imigrantes europeus, seguidos por trabalhadores japoneses, foram levados ao interior para semear café, e os brasileiros não imigrantes nas plantações de cana-de-açúcar no Nordeste mal eram capazes de se sustentar. Alguns conseguiram sair da mão de obra rural tradicional

---

[7] Barman, R. J. *Brazil*: The Forging of a Nation, 1789-1852. Stanford: Stanford University Press, 1988.

e sobreviver como agricultores de subsistência. Outros migraram para centros urbanos para buscar emprego.

É sabido que ex-escravizados não recebiam nenhuma ajuda significativa do governo ou da iniciativa privada visando lhes integrar economica e socialmente à sociedade brasileira de forma mais eficaz. Pelo contrário: um Estado relativamente fraco usava seus recursos para conter e controlar a insatisfação popular e não conseguia lidar com os principais problemas sociais enfrentados pela vasta maioria da população. Nesse contexto, como mostram Reid Andrews e outros historiadores, os negros foram gradativamente perdendo terreno para os recém-chegados europeus, que recebiam tratamento preferencial em termos de contratação e retenção de mão de obra nos segmentos público e privado, tanto na indústria quanto no setor de serviços.[8] Sem qualquer iniciativa pública consistente para auxiliar os escravizados recém-libertos, eles se fundiram à massa de pessoas negras libertas de todos os tons de pele que viviam nos estratos mais baixos da sociedade brasileira como camponeses, trabalhadores agrícolas, empregados, artesãos, operários ou fazendo milhares de outros trabalhos que garantiam o sustento básico, porém quase nada que lhes permitisse ascender socialmente.

O medo da elite republicana em relação às massas rebeldes e seu potencial de revolta levou a um sistema político mais restritivo em termos de sufrágio do que o do Império. A participação política diminuiu durante a República, na medida em que as elites políticas estabeleceram mais limitações ao voto. Conforme documentado pelos historiadores Richard Graham e Judy Bieber, entre outros, sobre o período imperial, o clientelismo e a patronagem durante a República continuaram sendo maneiras fundamentais de manter o controle político, garantindo lealdade eleitoral e reforçando um sistema informal de distribuição de benefícios sociais àqueles que pediam favores ou emprego.[9]

---

8 Andrews, G. R. *Negros e brancos em São Paulo, 1888-1988*. Bauru: Editora da Universidade do Sagrado Coração, 1998.
9 Graham, R. *Clientelismo e política no Brasil do século XIX*. Rio de Janeiro: Editora UFRJ, 1997; Bieber, J. *Power, Patronage, and Political Violence*: State Building on a Brazilian Frontier, 1833-1889. Lincoln: University of Nebraska, 1999.

Não faltaram críticos ao novo regime político. A contestação popular – da Guerra de Canudos em 1897 à Revolta da Vacina no Rio de Janeiro em 1904 e ao motim naval em 1910 – refletia a agitação urbana e rural do século XIX.[10] A Revolta dos Malês de 1835, muitas outras rebeliões de escravizados menos documentadas ao longo do século – incluindo levantes inspirados pela Guerra de Secessão – e o movimento massivo de fugitivos na década de 1880 à medida que as instituições da escravidão ruíam refletiam um forte desejo da classe trabalhadora escravizada de se rebelar por liberdade, que encontrava eco na vitalidade das greves gerais lideradas por anarcossindicalistas de 1917 e 1919.[11] Se os imigrantes europeus trouxeram consigo, em navios transatlânticos a vapor, as ideologias que inspiraram essas mobilizações trabalhistas, eles obtiveram apoio para a causa entre trabalhadores brasileiros da indústria têxtil e estivadores de todas as raças. De maneira semelhante, o tenentismo dos anos 1920 obteve considerável empatia entre setores das classes médias brasileiras que criticavam a natureza não democrática do regime republicano e a manipulação política que mantinha as oligarquias do café de São Paulo e Minas Gerais, bem como seus aliados de outros estados, no controle do governo federal. Assim como os Jovens Turcos que desafiaram o moribundo Império Otomano, esses oficiais de baixo escalão das Forças Armadas brasileiras articularam nacionalismo, uma participação democrática mais ampla e modelos de modernização de inclinação positivista como soluções para os males da nação. No Brasil, a maioria desses movimentos atuava sobretudo fora do escopo dos partidos políticos, com tendências autônomas de anarcossindicalismo que evitavam a política tradicional e com o recém-estabelecido Partido

---

10 Levine, R. E. *Vale of Tears*: Revisiting the Canudos Massacre in Northeastern Brazil, 1893-1897. Berkeley: University of California Press, 1992; Morel, E. *A revolta da chibata*. 5.ed. São Paulo: Paz & Terra, 2009; Meade, T. A. *"Civilizing" Rio*: Reform and Resistance in a Brazilian City, 1889-1930. University Park: Pennsylvania State University Press, 1997; Love, J. L. *The Revolt of the Whip*. Stanford: Stanford University Press, 2012.
11 Reis, J. J. *Rebelião escrava no Brasil*: a história do Levante dos Malês em 1835. Ed. rev. e ampliada. São Paulo: Companhia das Letras, 2003; Mota, I. M. Other geographies of struggle: Afro-Brazilians and the American Civil War. *Hispanic American Historical Review*, v.100, n.1, p.35-62, fev. 2020.

Comunista operando dentro das políticas sectárias da III Internacional, do final da década de 1920.

Corporativismo, radicalismo e democracia racial (1930-1945)

Os historiadores apresentaram inúmeras interpretações da chamada Revolução de 1930 e da ascensão de Getúlio Vargas na política. Alguns questionaram a real extensão das rupturas com as práticas elitistas do antigo regime republicano, apontando para o contexto autoritário e corporativista do plano de Vargas nos anos 1930 para mostrar que havia mais continuidade do que mudança na relação entre as elites políticas e econômicas e setores mais amplos da sociedade brasileira. Enquanto os eventos que levaram à tomada de poder por Vargas podem ser entendidos como resultado de uma cisão entre setores dissidentes das elites políticas – os privilegiados de Minas Gerais que se tornaram intrusos, e os intrusos do Rio Grande do Sul e do Nordeste que, no final das contas, tornaram-se privilegiados –, a maneira como Vargas lidou com os perdedores de 1930, sobretudo aqueles envolvidos na Revolução Constitucionalista de 1932 em São Paulo, mostrou seu tremendo dom conciliatório como político.[12] Habilmente capaz de colocar diferentes forças umas contra as outras, muito disposto a cooptar antigos inimigos e sempre capaz de usar medidas repressivas quando necessário para permanecer no poder, Vargas também entendeu o valor de acordos pragmáticos em detrimento de considerações ideológicas. Mesmo seu flerte tanto com as potências do Eixo quanto com os Aliados ao longo da década de 1930, colocando um lado contra o outro em uma tentativa de se beneficiar de ambos, revela muito sobre sua astúcia política. Ele também não era contra tomar medidas ousadas no que dizia respeito aos movimentos sociais, como o fez quando emitiu um decreto executivo em 1932 dando às mulheres o direito ao voto e, portanto, concedendo eficazmente ao movimento de mulheres sua demanda mais proeminente.

---

12 Neto, L. *Getúlio*. 3 vol. São Paulo: Companhia das Letra, 2012-2014.

A consolidação do poder de Vargas ao longo dos quinze anos em que ficou à frente do Estado brasileiro (1930-1945) ocorreu em um contexto de profunda crise econômica mundial, que deu origem a novas forças políticas, tanto na esquerda quanto na direita. Se os comunistas haviam se arrastado pela primeira década depois da fundação do partido, em 1922, no início dos anos 1930 o Partido Comunista se tornou uma força política poderosa.[13] A Internacional Comunista recrutou Luís Carlos Prestes, popular líder de um dos setores do tenentismo. Os comunistas brasileiros conquistaram uma nova geração de ativistas da classe trabalhadora, e, na década de 1930, o partido ganhou a empatia, se não o apoio, de uma quantidade considerável de intelectuais da nova geração, incluindo líderes centrais do movimento modernista de 1922. Ademais, nos anos 1930, o Brasil continuava se urbanizando e se industrializando. A industrialização incipiente que ocorrera nos anos anteriores à Primeira Guerra Mundial e durante o conflito criou as condições que levaram à onda de greves durante e depois da guerra. A industrialização contínua e o maior fluxo de trabalhadores do interior para as cidades durante as décadas de 1920, 1930 e 1940 também desencadeou uma militância semelhante da classe trabalhadora depois da Segunda Guerra Mundial, liderada principalmente pelo Partido Comunista. O anticomunismo da Guerra Fria trouxe repressão e levou os militantes à clandestinidade, mas o partido permaneceu uma poderosa influência dentro da classe trabalhadora, sobretudo nos sindicatos que representavam os trabalhadores de setores-chave da economia.[14]

Ao contrário dos fascistas europeus nos anos 1920 e 1930 ou de Juan D. Perón no período pós-Segunda Guerra Mundial, durante o Estado Novo (1937-1945) Vargas não criou um partido político para mobilizar a população a seu favor. Em vez disso, usou o Estado como ferramenta essencial para consolidar sua relação com as massas trabalhadoras e com a classe média.[15] A gama de campanhas nacionalistas, simbolizadas pela

---

13 Chilcote, R. H. *O Partido Comunista Brasileiro*: conflito e integração, 1922-1972. Rio de Janeiro: Graal, 1982.
14 French, J. *O ABC dos* operários: conflitos e aliança de classe em São Paulo, 1900-1950. São Paulo: Editora Hucitec, 1995.
15 Lenharo, A. *Sacralização da política*. Campinas: Papirus, 1986.

queima das bandeiras estaduais no Rio de Janeiro em novembro de 1937, os esforços orquestrados de propaganda para inculcar noções de orgulho nacional na juventude do país e seu uso hábil do rádio são apenas três entre muitos exemplos de como Vargas consolidou o apoio público a ele ao contornar a política tradicional e estreitar laços com o povo.[16] Tratava-se de uma relação mútua que ia além das interpretações tradicionais da natureza manipuladora do governo Vargas, seja durante o Estado Novo, seja posteriormente, nos anos 1950, quando ele assumiu novamente a presidência. Vargas era um visionário em seu entendimento do novo papel que as classes trabalhadoras urbanas poderiam exercer na política latino-americana. Suas tentativas de conter a independência e a militância proletárias por meio de um modelo corporativista inspirado no fascismo geraram um código trabalhista e um aparato organizacional que atrelavam os sindicatos ao Estado, mas que também engendravam uma noção de direitos que os trabalhadores podiam reivindicar por meio de tribunais trabalhistas e de mobilização popular. A relação que Vargas estabeleceu com a população durante o Estado Novo e durante seu retorno à presidência no início da década de 1950 também criou uma estreita ligação entre o povo e o Estado. Trabalhadores fora da órbita do Partido Comunista começaram a perceber que a legislação trabalhista corporativista lhes oferecia novos benefícios concretos assegurados pelo Estado, e a popularidade de Vargas era oriunda das mudanças positivas que pessoas comuns viam em suas vidas.

Aqueles que criticavam o populismo como mera manipulação das massas que seguiam líderes carismáticos em troca de benefícios imediatos eram incapazes de levar em consideração as inúmeras formas como Vargas forjou uma aliança com os brasileiros comuns porque estes entendiam que ele implementara leis que lhes garantiam melhorias concretas em suas vidas. Era a primeira vez que o Estado desempenhava um papel positivo na vida de milhões de brasileiros, e Vargas ganhou amor e respeito porque personalizava um Estado que estava do lado

---

16 McCann, B. *Hello, Hello Brazil*: Popular Music in the Making of Modern Brazil. Durham: Duke University Press, 2004; Williams, D. *Culture Wars in Brazil*: The First Vargas Regime, 1930-1945. Durham: Duke University Press, 2001.

deles.[17] Os benefícios sociais e as proteções trabalhistas resultantes do fortalecimento do sistema corporativista e depois da expansão do Estado de bem-estar social moderno dos anos 1950 garantiu que Vargas fosse adorado por amplos setores das classes trabalhadoras e até mesmo conquistasse o apoio relutante de segmentos das classes médias, principalmente aqueles que atuavam na crescente burocracia estatal que oferecia novos serviços aos brasileiros.

Embora possa parecer que o Estado centralizado sob Vargas, antes e durante o Estado Novo e posteriormente, nos anos 1950, pudesse substituir formas descentralizadas ou regionais de clientelismo e patronagem, esse não era o caso. A mesma relação íntima que amplos setores da população estabeleceram com Vargas e que se reflete em centenas de milhares de cartas endereçadas ao presidente pedindo a ele que resolvesse problemas concretos e imediatos dos pobres e trabalhadores também ocorria local e regionalmente. Ligações pessoais, laços familiares e relações de clientelismo poderiam potencialmente penetrar o Estado impessoal. À medida que os partidos políticos renasciam depois da Segunda Guerra Mundial, eles mantinham seu caráter de agentes que ajudavam a distribuir trabalhos, favores, influências e melhorias em comunidades locais em troca de alianças políticas.

Outro importante legado do regime de Vargas nos anos 1930 foi a apropriação de noções posteriormente categorizadas como "democracia racial". Articuladas por Gilberto Freyre no início da década e rapidamente incorporadas ao discurso político nacional, elas serviram como uma releitura inclusiva e democratizante do passado brasileiro. A despeito de todas as críticas pertinentes às ideias de Freyre, elas ofereceram uma nova forma de pensar sobre quem pertencia à nação brasileira. Apesar da maneira hierárquica como pessoas da Europa, da África e de origem indígena se encaixavam nessa construção imaginária da cultura nacional e da história brasileira e das exclusões e ausências presentes nos escritos de Freyre, suas ideias propiciaram um arcabouço ideológico no qual as classes inferiores eram um componente essencial do passado e do futuro do Brasil. A rápida e praticamente onipresente aceitação

---

17 Levine, R. N. *Pai dos pobres?* O Brasil e a era Vargas. São Paulo: Companha das Letras, 2002.

das ideias de Freyre, que derrubaram teorias de racismo científico que haviam prevalecido por décadas, atesta o poder dos mitos que cercam suas teorias. Em um sentido profundo, a democracia racial também implicava democracia política.[18]

O "experimento de democracia" no Brasil (1945-1964)

Até 1946, o Brasil não tinha nenhum partido político que de fato tivesse abrangência nacional. O retorno à democracia, impulsionado pelas mesmas forças militares que haviam apoiado o golpe de Vargas em 1937 para estabelecer o Estado Novo, também ofereceu ao Partido Comunista a possibilidade de operar legalmente depois de mais de uma década de repressão brutal. Ele cresceu consideravelmente em bairros proletários das maiores cidades do país e em sindicatos industriais centrais.[19] Embora o Partido Comunista, em seu breve período de legalização (1945-1947), tenha dado motivos ideológicos e de planejamento para merecer o apoio de trabalhadores urbanos e rurais, ele também mobilizou tradições profundas na cultura política que viam uma ligação entre a política e a patronagem. O partido usou sua influência nos sindicatos e o talento de seus organizadores para oferecer benefícios concretos a seus apoiadores em troca de voto. Aqui se encontra outro paradoxo do Partido Comunista, que operava tanto legalmente quanto na clandestinidade no período após a Segunda Guerra Mundial. Embora profundamente imbricado em uma cultura de stalinismo rígido e autoritário, com pouco espaço para a democracia ou dissidência interna, o fato de ele permanecer ilegal durante a maior parte de sua história requeria que o emprego de um discurso democrático e a criação de amplas alianças políticas para sobreviver no chão de fábrica, nos corredores dos sindicatos, em meio aos intelectuais e no estabelecimento de acordos com

---

18 Alberto, P. L. *Terms of Inclusion*: Black Intellectuals in Twentieth-century Brazil. Chapel Hill: University of North Carolina Press, 2011; Skidmore, T. E. *Preto no branco*: raça e nacionalidade no pensamento brasileiro (1870-1930). São Paulo: Companhia das Letras, 2012.
19 Fontes, P. *Um Nordeste em São Paulo*: trabalhadores migrantes em São Miguel Paulista (1945-1966). Rio de Janeiro: Fundação Getúlio Vargas, 2008.

outros partidos políticos. Assim, um partido não democrático constantemente articulava um programa em favor da democracia e elaborava políticas conciliatórias junto aos governantes. Isso não era apenas fruto da política de frente popular dos anos 1930 e início dos anos 1940 ou de outras políticas de Stalin e seus sucessores em favor de uma coexistência pacífica com o capitalismo no final da década de 1950 e na década de 1960. O fenômeno também representava a adaptação do Partido Comunista à cultura política brasileira. As políticas de conciliação e pragmatismo fundamentaram o acordo eleitoral de Prestes com Vargas em 1945, depois de este ter brutalmente reprimido o Partido Comunista por uma década e enviado a esposa daquele, Olga Benário Prestes, para morrer em um campo de concentração na Alemanha. Elas também estavam no centro da aliança com o presidente João Goulart (1961-1964) e com o Partido Trabalhista Brasileiro. O apoio político a Goulart não era uma tática sorrateira do Partido Comunista Brasileiro para infiltrar o governo e depois executar um golpe militar, como afirmavam os ideólogos anticomunistas antes do golpe de Estado de 1964. Tratava-se, na verdade, de uma visão estratégica honesta para estabelecer uma forte aliança com setores progressistas da burguesia nacional e políticos trabalhistas que levaria a um governo democrático e anti-imperialista radical. Uma revolução socialista para comunistas pró-soviéticos, entretanto, não estava na ordem do dia.

A tradicional interpretação do "período populista" de Vargas (1951-1954), quando o desenvolvimentismo virou protagonista, retrata o presidente como alguém que utilizou com sucesso o sentimento nacionalista para ancorar o apoio que tinha entre as classes trabalhadoras e setores das classes médias.[20] Esse modelo para entender o domínio de Vargas vê o poder e as políticas como algo que emana da presidência e escorre em direção às massas populares. Vargas, no entanto, aderiu relutantemente à campanha "O petróleo é nosso", exemplo mais dramático de medida radical do Estado brasileiro nessa época. De maneira semelhante, no segundo período do trabalhismo no poder, no início da década de 1960, Goulart foi pressionado por uma mobilização em massa de marinheiros

---

20 Weffort, F. Origens do sindicalismo populista no Brasil. *Estudos Cebrap*, n.4, abr./jun. 1973.

e soldados rasos, por uma onda de greves políticas promovidas pelo movimento trabalhista, pela radicalização do campesinato no Nordeste e no estado de São Paulo e pela ala radical do PTB, liderada por seu cunhado, Leonel Brizola. Todos eles apoiavam as reformas de base de Goulart, que foram usadas como um dos pretextos para o golpe militar de Estado de 1964. Embora o Departamento de Estado e o embaixador dos Estados Unidos (Lincoln Gordon) tivessem visto os eventos que culminaram em 1964 como um esforço dos soviéticos e dos cubanos para solapar a influência norte-americana na região, políticos civis e militares que apoiaram o golpe de Estado estavam muito mais interessados em expurgar o movimento democrático radical que havia se mobilizado dentro e fora do PTB e que clamava por reforma agrária, democracia popular dentro das Forças Armadas e melhorias no padrão de vida de trabalhadores cujos salários haviam sido corroídos por políticas inflacionárias. O suposto perigo de uma tomada de poder pelos comunistas era um pretexto conveniente no ápice da Guerra Fria e foi empregado pelas Forças Armadas brasileiras para atrair seu aliado ao Norte, embora isso não signifique que o ponto de vista daqueles que lideraram a tomada de poder em 1964 não estivesse imbuído de ideologias anticomunistas. O Estado desenvolvimentista, ligado às políticas do PTB da maneira como Vargas as moldou a partir dos anos 1930, bem como tradições de clientelismo, encorajara sindicatos e movimentos sociais poderosos a lutar por integração social e participação política. O início da década de 1960 marcou o auge desse movimento. Conforme apontado por Skidmore, o golpe de 1964 visava sobretudo obstruir a política e o projeto do PTB e erradicar o legado de Vargas, que havia, de forma tão exitosa, superado estrategicamente forças políticas tradicionais da direita por meio da mobilização e do apoio das classes trabalhadoras, ao lado de nacionalistas da classe média.[21] Goulart estava longe de se tornar o próximo Castro e o Brasil, a próxima Cuba.

---

21 Skidmore, T. E. *Brasil: de Getúlio a Castello (1930-1964)*. São Paulo: Companhia das Letras, 2015.

Governo autoritário (1964-1985)

Na época, a maioria dos analistas políticos supôs que a tomada de poder por parte dos militares, com a anuência de políticos civis, de líderes econômicos e da Igreja Católica, era apenas mais uma tentativa das Forças Armadas de entrar no cenário político, limpar a casa, colocar as coisas em ordem e renunciar ao poder, tentativa essa que estava em curso desde a Proclamação da República, em 1889. Os atos institucionais que se seguiram ao golpe deram continuidade à tradição opressora de um Executivo forte que não era desconhecido dos brasileiros. Ao mesmo tempo, a aparência de uma governança democrática contínua, criada para aplacar as preocupações de Washington e de setores das classes médias brasileiras, logo se tornou insustentável. Os militares mantiveram o frágil controle do sistema político, e ameaças de uma derrubada democrática do regime por meio das eleições para governador e da eleição agendada para presidente levaram a medidas cada vez mais autoritárias. Primeiro veio a eliminação do sistema pluripartidário e a imposição do bipartidarismo com o Ato Institucional n.2, associado a eleições presidenciais indiretas, conforme definido pelo AI-3. Mobilizações populares em 1968, lideradas por estudantes, e um motim no Congresso deram o pretexto para o cancelamento das garantias democráticas remanescentes. O Ato Institucional n.5, de dezembro de 1968, revelou a natureza ditatorial do regime militar. A nova forma que os generais tinham de moderar o poder equivalia ao domínio arbitrário de Vargas durante o Estado Novo. Entretanto, o desejo de se apresentar como um regime democrático demandava que a ditadura preservasse alguma aparência de normalidade política, o que incluía, entre outras medidas, realizar eleições legislativas periódicas, embora controladas, e permitir que algumas instituições democráticas operassem de maneira limitada. Essa estratégia acabou levando à derrocada dos militares.[22]

Entre 1965 e 1968, as Forças Armadas enfrentaram uma séria crise de legitimidade aos olhos de uma grande parcela da população, mas

---

22 Skidmore, T. E. *Politics of Military Rule in Brazil (1964-1985)*. New York: Oxford University Press, 1988.

melhorias na economia e um crescimento recorde entre 1969 e 1974 tranquilizaram as classes médias e motivaram as classes trabalhadoras a acreditar que mesmo governos não democráticos poderiam lhes dar alguma esperança de prosperidade. O crescimento de 11% no PIB entre 1969 e 1973 (o "milagre econômico brasileiro"), aliado a um esforço eficaz de propaganda nacionalista, um direcionamento considerável de recursos para aliados estatais e locais e grandes obras públicas permitiram ao partido político dos militares fortalecer redes de patronagem e clientelismo pelo país. Além disso, embora os dois primeiros generais a assumir o poder tivessem pouco carisma para estabelecer vínculos com a população, o general Médici (1969-1973), que comandou a fase mais repressiva do governo militar, também foi o mais eficaz entre os cinco generais que foram presidentes durante a ditadura em termos de estabelecer uma conexão com o povo.

Para a esquerda estudantil radical, o Ato Institucional n.5 simplesmente confirmou sua visão de que a única maneira de derrotar o regime era por meio da revolta armada, mas suas táticas e a propaganda do governo rapidamente os isolaram do apoio popular. Ironicamente, foram o Partido Comunista e os social-democratas moderados, que a esquerda estudantil radical criticara de forma tão veemente nos anos 1960, que traçaram um percurso rumo à redemocratização. Essa abordagem se beneficiou da crise mundial do petróleo em 1973 e 1974 e de políticas inconsequentes de empréstimos do regime militar. Embora Geisel tivesse anunciado uma política de distensão logo depois de assumir o poder, em 1974, Castelo Branco e Costa e Silva haviam feito o mesmo. Poucos acadêmicos apontam a Revolução dos Cravos, de abril de 1974, como um fator que influenciou a decisão de Geisel de propor um processo de liberalização, mas a insurgência militar e popular em Portugal apresentou um modelo revolucionário de transição de um governo autoritário para uma democracia que certamente moldou as reflexões dos militares concernentes a uma abertura política visando evitar uma radicalização do cenário no Brasil. A vitória decisiva do partido de oposição Movimento Democrático Brasileiro (MDB) nas eleições de 1974 preparou o terreno para um lento retorno definitivo à democracia. Os generais no poder gastaram uma energia imensurável para garantir o controle do processo por meio de uma manipulação constante das regras do jogo a seu favor, mas a ampla coalizão de forças democratizantes – que incluía o MDB, estudantes, a Igreja Católica, intelectuais, artistas e até mesmo o movimento trabalhista – continuou tomando a iniciativa e empurrando os generais para frente e, com o tempo, para fora do poder.[23]

Lula emergiu como um líder do novo sindicalismo; não como partidário de uma visão radical para transformar a sociedade brasileira, mas sim como um praticante pragmático de acordos coletivos eficazes.[24] A legislação trabalhista corporativista de Vargas, adotada pelo regime militar, criminalizou não apenas greves selvagens como também negociações diretas eficazes com diretores da indústria automotiva multinacional, o principal setor no cinturão industrial em torno da Grande São Paulo. A greve de 1978/1980 conseguiu derrubar essas restrições. A personalidade carismática de Lula, seus perspicazes talentos políticos, equiparados apenas por Vargas, sua capacidade de negociação e a importância estratégica desse segmento da indústria para a economia brasileira colocaram os militares em uma sinuca de bico.

Contudo, a transição para a democracia tinha todos os elementos conciliatórios que haviam sido os marcos da política brasileira por mais de um século e meio. O exemplo mais dramático foi a Lei da Anistia

---

[23] É importante notar que a estratégia do Partido Comunista de forjar uma aliança política dentro da oposição legal (MDB) e de colaborar de perto com líderes conservadores de sindicatos (pelegos) tem origem em uma noção verdadeiramente reformista de que "o Brasil não estava pronto para uma revolução". De fato, a trajetória política de antigos líderes do Partido Comunista, como Alberto Goldman, que saiu do grupo radical autêntico do MDB nos anos 1970 para se tornar governador do estado de São Paulo em 2010 – como membro do Partido Social Democrático Brasileiro (PSDB), partido de centro-direita liderado por Fernando Henrique Cardoso –, reflete a trajetória moderada de muitos comunistas brasileiros. Seja uma mudança ideológica honesta ou uma adaptação pragmática a realidades políticas, na década de 1960 o Partido Comunista brasileiro, seus apoiadores e até mesmo alguns de seus dissidentes haviam adotado uma filosofia social-democrata moderada ou até mesmo conservadora distante da Grande Ameaça Vermelha contra a qual o Departamento de Estado dos Estados Unidos vociferava e que setores das Forças Armadas brasileiras usaram para justificar o golpe de Estado de 1964 e o apoio de Washington à tomada de poder pelos militares.

[24] Keck, M. E. *PT: a lógica da diferença – o Partido dos Trabalhadores na construção de democracia brasileira*. São Paulo: Editora Ática, 1991; French, J. D. *Lula e a política da astúcia*: de metalúrgico a presidente do Brasil. São Paulo: Expressão Popular; Fundação Perseu Abramo, 2022.

de 1979, que perdoou a maior parte dos militantes revolucionários de esquerda, mas também assegurou que a hierarquia militar e os torturadores de baixo escalão ficariam imunes a processos pelas atrozes violações de direitos humanos que cometeram em nome do Estado.[25]

Quais são então as raízes democráticas do movimento que se mobilizou contra a ditadura? Elio Gaspari, jornalista especializado no regime militar, afirmou em um relato em quatro volumes sobre os quinze primeiros anos do governo dos generais que o processo rumo à redemocratização foi majoritariamente uma iniciativa vinda de setores moderados das Forças Armadas, que perceberam que precisavam renunciar ao poder ou enfrentar terríveis consequências.[26] Mesmo que não se concorde com esses argumentos abrangentes, os documentos governamentais aos quais Gaspari teve acesso revelam um esforço constante por parte dos militares para firmar acordos políticos que os retirassem dos cargos de poder sem prejudicar o prestígio das Forças Armadas no longo prazo. De maneira semelhante, a análise do historiador Kenneth Serbin sobre as negociações secretas entre os militares e a Igreja Católica durante os dias sombrios do governo Médici revela o quanto a conciliação estava arraigada nas interações cotidianas dos representantes de diferentes instituições, até mesmo aquelas que estavam em conflito naquele momento.[27]

Uma diferença interessante entre os dois momentos políticos de considerável mobilização estudantil contra o regime militar, a saber, 1967-1968

---

25 Estudos comparativos sobre movimentos de direitos humanos no Cone Sul podem revelar importante descobertas sobre a cultura política brasileira. Se a Argentina, por exemplo, tem uma cultura política de confrontação, é possível afirmar que a tradição brasileira de conciliação entre figuras-chave do governo e parlamentares da oposição garantiu a aprovação da Lei da Anistia. Uma análise comparativa sobre como o movimento de direitos humanos argentino conseguiu continuar pressionando pela acusação de torturadores e como movimento brasileiro não teve êxito nessa empreitada lança luz sobre o fato de que há inúmeros resultados possíveis para movimentos de direitos humanos e que o pragmatismo não necessariamente significa renunciar à busca por justiça.

26 Gaspari, E. *A ditadura envergonhada*. São Paulo: Companhia das Letras, 2002; id. *A ditadura escancarada*. São Paulo: Companhia das Letras, 2002; id. *A ditadura derrotada*. São Paulo: Companhia das Letras, 2003; id. *A ditadura encurralada*. São Paulo: Companhia das Letras, 2004.

27 Serbin, K. P. *Diálogos na sombra*: bispos e militares, tortura e justiça social na ditadura. São Paulo: Companhia das Letras, 2002.

e 1977-1978, consiste em como a demanda política "Abaixo a ditadura", principal *slogan* de forças majoritárias dentro do movimento estudantil em 1968, tornou-se "Pelas liberdades democráticas" em 1977, embora o primeiro grito de guerra político não tenha sido completamente abandonado pela ala mais radical dos manifestantes estudantis. Essa não foi simplesmente uma mudança linguística tática no uso dos *slogans*. Em 1968, "Abaixo a ditadura" implicava um de dois objetivos políticos: uma derrubada radical do regime por meio da luta armada e/ou a transformação do movimento antiditatorial em um processo que levaria a uma revolução socialista. Uma década depois, as demandas democráticas se sobrepuseram a uma pauta socialista radical daqueles que se mobilizaram contra o regime em 1968. Isso se deu em parte por conta do êxito que forças de esquerda mais moderadas tiveram nas derrotas eleitorais do partido político dos militares. Além disso, era reflexo de uma década de governo arbitrário severo e de uma nova geração de ativistas que haviam sido influenciados pela contracultura internacional, bem como por diversas novas noções do que as transformações sociais poderiam implicar para o Brasil.

Como já afirmei em outros artigos, o surgimento de movimentos feministas, de consciência negra e LGBTQIA+ no final dos anos 1970, que se desenvolveram em paralelo a e foram influenciados pelo movimento estudantil, pela onda de greves de 1970-1980 e por diversas articulações culturais e intelectuais contra a natureza arbitrária do regime militar, ampliou consideravelmente as noções de democracia e justiça social defendidas pela esquerda que haviam tradicionalmente usado paradigmas de classe arraigados em tradições marxistas em suas argumentações.[28] Nesse contexto, "liberdades democráticas" significava mais do que o fim da proibição de greves ou da prisão de dissidentes. Elas implicavam tolerância, diversidade e pluralismo, embora os ativistas não usassem exatamente essa terminologia naquele período. A noção articulava um amplo desejo de pôr fim a todos os tipos de domínio arbitrário,

---

28 Green, J. N. Rethinking youth culture, politics, and the armed struggle during the Brazilian military dictatorship (1964-1985). Trabalho apresentado no New England Council on Latin American Studies, Dartmouth College, 5 nov. 2011.

fosse ele censura e eleições indiretas ou repressão de gênero, racial ou sexual. A geração estudantil de 1977 também levou os protestos de volta às ruas depois de um hiato de uma década, e é possível afirmar que eles abriram um espaço político para as mobilizações trabalhistas do ano seguinte, que, em última análise, colocaram Lula como um participante--chave da política da oposição.

A abordagem adotada pelo Partido Comunista e pelas forças social--democratas que haviam priorizado a estratégia de oposição de empurrar o regime rumo à redemocratização nas urnas teve êxito suficiente para causar uma resposta por parte do regime militar, a saber, a tática de dividir para conquistar por meio da reorganização dos partidos políticos. Ao dividir a oposição em dois blocos principais – as forças que permaneceram com o partido de oposição tradicional (MDB) e aquelas que formaram o Partido dos Trabalhadores (PT) –, o regime militar fez um grande favor à esquerda. Em grande parte, isso separou o joio do trigo. O reorganizado Partido do Movimento Democrático Brasileiro (PMDB), assim como o Partido Democrático Trabalhista (PDT), tornou-se o refúgio para aqueles políticos que entendiam os partidos como veículos de patronagem e clientelismo e para usar o Estado em benefício próprio.[29] A ideologia política e a coesão do projeto ficaram em segundo plano na mobilização de votos para ascender ao poder. O Partido dos Trabalhadores, com seu programa socialista original e suas políticas de oposição inflexíveis, permaneceu uma força política pequena à medida que o país fazia a transição de volta à democracia, mas manteve uma imagem de moralmente irrepreensível, ao menos até chegar ao poder.

---

29 Leonel Brizola, o carismático ex-governador do Rio Grande do Sul e líder do Partido Democrático Trabalhista (PDT), juntou-se à II Internacional enquanto estava exilado, no final dos anos 1970, e voltou ao Brasil, onde foi eleito governador do Rio de Janeiro em 1982 graças a uma radical proposta trabalhista nacionalista que lembrava as práticas políticas do Partido Trabalhista Brasileiro (PTB), comandado por João Goulart, seu cunhado. Embora mais ideologicamente coerente que o reorganizado PMDB, o PDT ainda enfatizava a viabilidade eleitoral em detrimento de uma proposta política. Ver, por exemplo, Gay, R. *Popular Organization and Democracy in Rio de Janeiro*: A Tale of Two Favelas. Philadelphia: Temple University Press, 1994.

Um novo experimento consolidado com a democracia (1989 até o presente)

O longo e arrastado processo de redemocratização que se estendeu de meados dos anos 1970 até o início dos anos 1990 consolidou a lealdade eleitoral à esquerda brasileira. Lentamente, ao longo de duas décadas, o Partido dos Trabalhadores (PT) construiu uma sólida base de 30% a 35% dos eleitores. Mobilizações da campanha "Diretas Já" a favor de eleições presidenciais diretas, a reorganização de um movimento trabalhista militante, o surgimento de lutas de camponeses sem-terra e as mobilizações em massa pelo *impeachment* de Fernando Collor de Melo, o primeiro presidente do Brasil democraticamente eleito em 39 anos, fortaleceram a posição da esquerda. A ampla gama de lutas que ocorreram na longa década de 1980 também estabeleceu o PT como a força política unificadora em oposição às políticas neoliberais do Consenso de Washington, articulado pelo Partido da Social Democracia Brasileira (PSDB), liderado por Fernando Henrique Cardoso.

Vitórias eleitorais significavam acesso ao poder e aos recursos do Estado e a possibilidade de implementar políticas redistributivas que reforçavam a imagem do Partido dos Trabalhadores como uma força em prol da justiça social e da democracia. Contudo, ao mesmo tempo, à medida que os candidatos do PT começaram a ganhar eleições e assumir cargos no Legislativo e no Executivo, o partido como um todo passou a se adaptar à cultura política brasileira, pautada na patronagem, na distribuição de empregos e cargos para militantes do partido, em uma mentalidade de ganho a qualquer custo e no pragmatismo político e ideológico. Ex-marxistas revolucionários que entraram na política durante a ditadura, em um clima no qual os fins justificavam os meios, agora priorizavam vitórias eleitorais e acesso ao poder estatal como forma de implantar um modelo social-democrata muito mais moderado de justiça social. Cargos políticos como governantes ou assessores, ou até mesmo cargos administrativos, também garantiam emprego estável, benefícios sociais, um plano de aposentadoria e a oportunidade de que ativistas desfrutassem de um estilo de vida de classe média. À medida que Lula e a maioria dentro do partido se afastava de ideias socialistas tradicionais para adotar a histórica concessão social-democrata em relação ao capitalismo, o pragmatismo prevaleceu. Muitos capitalistas, como o próprio Lula se vangloriou em 2010, perceberam que as políticas econômicas do Partido dos Trabalhadores resultaram, na prática, em lucros recorde e políticas redistributivas que fortaleceram o mercado interno e, por conseguinte, aumentaram a riqueza deles próprios. O Lula que antes era temido agora era admirado. Ao menos por um tempo.

Seu tremendo carisma, o simbolismo em potencial em torno de sua história de vida pessoal, sua capacidade de falar a língua dos trabalhadores comuns e uma política governamental que direcionava recursos estatais aos pobres o tornaram imensamente popular. Esses fatores também o blindaram de escândalos de corrupção, sobretudo o Mensalão, que cercaram seu primeiro mandato. Sua habilidade em negociar com diferentes forças também manteve unida uma coalizão política em que alguns dos principais aliados do governo em outros partidos usaram o acesso ao poder de formas meramente utilitárias em benefício próprio ou de suas famílias ou para a manutenção de seu partido como uma corretora de empregos públicos, cargos, acesso a contratos do governo e votos, os quais, por sua vez, os mantinham no cargo.

Se Lula sobreviveu a uma série de escândalos como um presidente antiaderente porque a maioria da população confiava em sua honestidade e em sua integridade, Dilma Rousseff não teve a mesma sorte. Nos primeiros dias de seu mandato e sem o carisma de Lula, Dilma precisou recorrer a uma postura "tolerância zero" em relação à corrupção em seu governo, um posicionamento às vezes apresentado com o tom e a determinação de uma mãe rígida ou de uma professora austera (como ela própria descreveu sua abordagem à questão durante a campanha eleitoral de 2010). Sua promessa de arrancar pela raiz a corrupção no governo implicava confrontar uma tradição de 500 anos arraigada em um sistema político em que partidos menores haviam criado um espaço por meio da patronagem e do populismo (no seu pior sentido) e então barganhado cargos no governo e o direito a nomeações em troca de apoio às políticas do presidente no Congresso.

Mesmo se admitirmos que a Lava Jato foi um esforço da oposição de direita para tirar o PT do poder, como mostrado pelo conluio entre o juiz Sérgio Moro e o procurador Deltan Dallagnol no caso do triplex contra Lula, acredito que ninguém negará que houve corrupção entre empresas e políticos de todos os partidos, incluindo aqueles com acesso direto ao poder e aos recursos do Estado.

Até 2014, a maioria dos analistas do Brasil entendia que dois blocos principais pareciam ter se consolidado no cenário político brasileiro: o bloco de centro-esquerda em torno do Partido dos Trabalhadores (PT) e o bloco de centro-direita em torno do Partido da Social Democracia Brasileira (PSDB). O primeiro mantém uma parceria desenvolvimentista com o capital privado impulsionada pelo Estado, a qual privilegia grandes obras públicas, a ampliação de serviços sociais para os pobres, maior acesso à educação e a serviços de saúde e uma pluralidade democrática de inclusão dos movimentos sociais. A centro-direita também vê um importante papel do Estado no desenvolvimento econômico, mas enfatiza iniciativas privadas. O PMDB e outros partidos menores orbitam em torno desses dois partidos principais, negociando cargos e patronagem junto às dezenas de milhares de indicados políticos em troca de uma maioria no Congresso.

O paradigma parecia ter ruído em 2018, quando os candidatos à presidência do MDB e do PSDB entraram em colapso e Ciro Gomes não conseguiu convencer pessoas suficientes na esquerda de que era um candidato mais viável que Fernando Haddad para derrotar Bolsonaro. Desde as eleições de 1945, o eleitorado brasileiro se dividia em aproximadamente 33% para a esquerda, 33% para a direita e outros 33% no centro, representado pelo PTB/CP, UND e PSD até 1965, mantendo uma configuração parecida após a redemocratização, em 1985. A crise econômica, as acusações de corrupção em torno do PT, a misoginia contra a primeira presidenta do Brasil e o tremendo ódio irracional de setores das classes médias contra as políticas de inclusão dos governos do PT, entre outros fatores, desestabilizaram o equilíbrio de poder em favor da direita. Embora Haddad tenha conseguido subir de 29% dos votos no primeiro turno das eleições – o que representava a base do PT naquele momento – para 45% no segundo turno, uma porcentagem maior de eleitores de centro rumaram à direita. Por conseguinte, Bolsonaro foi eleito presidente.

Os cinco legados da história brasileira que mencionei início deste artigo se apresentam claramente hoje. O atual presidente está se aproveitando de um Executivo forte para implantar as políticas neoliberais do ministro da Economia Paulo Guedes, em uma tentativa de desmantelar o Estado e fortalecer o papel das Forças Armadas, o que se reflete em sua escolha de vice-presidente e nas indicações para seu gabinete. Embora pôr fim à corrupção tenha sido um dos principais *slogans* de campanha, ele claramente não a extirpou de sua própria família, partido ou aliados políticos. É realmente chocante que, depois de todas as revelações referentes ao conluio de Sérgio Moro com o procurador Deltan Dallagnol nos julgamentos da Lava Jato, Moro tenha continuado no cargo de ministro da Justiça. A maioria dos atuais membros do Congresso está, mais do que nunca, envolvida na política de conciliação entre o centro e a direita, visando assegurar o controle do sistema político. O clientelismo e o papel do Estado em atender aos interesses de grupos específicos da elite, como o agronegócio e a indústria bélica, continua, ao mesmo tempo que o atual governo está tentando desmantelar a educação, a pauta ambiental, a separação entre Igreja e Estado e direitos democráticos básicos. Embora as eleições de 2018 talvez não tenham sido uma derrota histórica irreversível para as forças progressistas no Brasil, a tarefa de se reorganizar e resistir não será fácil.

Durante a transição para a democracia no final dos anos 1970, quando os movimentos negro, feminista e de gays e lésbicas emergiram em meio ao processo democrático, havia um acalorado debate entre as forças da oposição sobre o papel das demandas democráticas desses movimentos que hoje podemos chamar de políticas de identidade. Naquele período, muitas forças da esquerda argumentaram que o feminismo, o antirracismo, a defesa dos povos indígenas e a luta por direitos de gays e lésbicas supostamente dividiam a oposição e eram questões secundárias a serem discutidas e resolvidas em algum momento no futuro, quando a democracia fosse restabelecida e um governo progressista estivesse no poder. A batalha principal tinha de ser contra o regime militar. Outras questões dividiam a oposição.

Eu era estudante da USP quando esse debate ganhou destaque em uma discussão sobre o movimento homossexual, como o chamávamos então. O argumento estava errado naquele momento. Infelizmente, algumas forças progressistas importantes estão atualmente revivendo esse raciocínio. "O PT perdeu sua base de apoio entre os evangélicos", apontam alguns. "O feminismo, o movimento negro e os direitos LGBTQIA+ alienam uma base social importante de que a esquerda precisa para retornar ao poder", acrescentam outros. Nesse aspecto, é de certa forma impressionante o quanto alguns setores da esquerda não aprenderam com o passado. Sim, é verdade que a direita conquistou muitos evangélicos com uma pauta conservadora sobre questões sociais e morais. Mas será que isso significa que devemos nos render a seu projeto reacionário?

Na década de 1970, afirmei que a polarização entre a suposta "luta maior" e outras lutas criava uma falsa dicotomia. Hoje, eu diria que a luta por direitos humanos e democráticos tem destaque no campo da resistência, ao lado da oposição a políticas neoliberais para desmantelar o Estado de bem-estar social. Pensar que essas questões não estão no cerne da luta contra a extrema direita significa não entender os objetivos estratégicos dessas forças que uniram o conservadorismo social e econômico em uma única frente.

Voltar aos debates que ocorreram no final dos anos 1970 e início dos anos 1980 significa que não entendemos a expansão da democracia que ocorreu nos últimos quarenta anos. Apesar do pesadelo que o Brasil está vivendo atualmente e da possibilidade de ele durar quatro ou oito anos, continuo otimista, mesmo nessa conjuntura negativa. Embora eu possa estar errado, não acredito que os movimentos sociais e os valores que cercam o projeto social-democrata da esquerda foram destruídos pela extrema direita, embora ela esteja tentando fazê-lo. As mobilizações voltarão e as forças progressistas retomarão o poder. Precisamos ser pacientes.

Quando Herbert Daniel, protagonista de meu último livro, ex-estudante de Medicina e guerrilheiro, descobriu que tinha aids quando não havia cura para a doença, ele propôs um *slogan* que no início parecia um pouco bizarro. Era simples: "A cura para a aids é a solidariedade". Tratava-se da ideia de que o apoio e a solidariedade eram os melhores instrumentos para combater a doença.

Embora eu não queira fazer uma analogia direta entre a aids e o governo atual, um dos melhores veículos que temos no momento é a solidariedade mútua, para oferecer apoio uns aos outros para resistirmos, evitarmos desilusões e nos mantermos unidos nesses tempos difíceis.

"Ouviu a boa notícia? Eu e Dilma vamos nos casar!"
O professor americano James Green fala sobre sua relação com a ex-presidente do país

Flora Thomson-DeVeaux[1]

5 de maio de 2017

    Desde a última quarta-feira, dia 3 de maio, o e-mail, o *inbox* do Facebook e a caixa de mensagens do celular de James Green, professor de história latino-americana da Universidade Brown, estão abarrotados. Em suas postagens nas redes sociais também passaram a transbordar comentários do tipo: "Aeeee Dilminha!", "Cuide bem dela…", "Mais amor, menos golpe.", "Que lindo! Ela merece", "*James, so now you're Dilma's new affair?*".

    Por telefone, ele parecia bem-humorado quando perguntei sobre o assunto. "Não ouviu a boa notícia? Eu e Dilma vamos nos casar!", disse-me em tom de troça. E emendou: "Sabe que a gente realmente se deu muito bem? Ela é tão inteligente, a gente teve conversas maravilhosas.

---

[1] Flora Thomson-DeVeaux, "'Ouviu a boa notícia? eu e Dilma vamos nos casar!'. O professor americano James Green fala sobre sua relação com a ex-presidente do país." *Piauí /UOL* (5 de maio de 2017).

Ela conhece melhor os impressionistas franceses do que eu, e olha que eu conheço bem", disse.

Naquele dia, uma reportagem no portal RD1 dera o tom da balbúrdia: "Saiba detalhes sobre o novo *affair* de Dilma Rousseff". A matéria tinha uma galeria de fotos da dupla – em frente ao Lincoln Center, em Nova York, juntos no sebo The Strand, abraçados num restaurante. O texto, citando "duas fontes [...] que preferem não ser identificadas", dizia que o professor estava "encantado" pela ex-presidente e que os dois ficaram "inseparáveis" durante a turnê dela por várias faculdades norte-americanas. "Mas é claro que estávamos inseparáveis, eu estava ajudando a organizar as palestras, passei vários dias como o intérprete dela", disse James – conhecido como Jim pelos amigos norte-americanos e Jimmy pelos brasileiros. A única resposta que ele deu para os veículos e curiosos querendo saber do romance: "Bobagem".

Os dois haviam se conhecido no dia 7 de junho de 2016. Foi num evento em que um grupo de historiadores foi até o Palácio da Alvorada, residência oficial, para manifestar sua solidariedade com a presidente, afastada da função desde a votação do dia 12 de maio. Green, autor do livro *Apesar de vocês*, sobre a resistência à ditadura brasileira que partiu dos Estados Unidos, e de *Além do carnaval*, uma história da homossexualidade masculina no Brasil, foi o último a falar, sentado ao lado esquerdo de Dilma. "Foi uma mesa lotada de acadêmicos e ativistas incríveis. Estava bem ansioso, como sempre quando falo em português. Tem que acertar o gênero, se é 'o' ou 'a', se tem que usar o subjuntivo... E eu falei da solidariedade internacional e de como, enquanto ela estava sendo submetida à tortura no Brasil, pessoas nos Estados Unidos estavam se mobilizando em solidariedade. Eu estava tão tenso que nem olhava para ela, mas as pessoas comentaram comigo depois que ela estava prestando muita atenção".

Depois das palestras, Green comentou com a ex-presidente que estava escrevendo um livro sobre Herbert Daniel, companheiro de luta com quem ela morou na clandestinidade no Rio de Janeiro em 1969.[2]

---

[2] Green, J. N, *Revolucionário e gay:* a vida extraordinária de Herbert Daniel. Rio de Janeiro: Civilização Brasileira, 2018.

"Ouviu a boa notícia? Eu e Dilma vamos nos casar!"

Dilma ficou encantada ao saber do tema do livro e topou ser entrevistada sobre o amigo e o período da clandestinidade. Duas semanas mais tarde, James voltou ao Alvorada, dessa vez para um encontro particular. Dilma parabenizou-o pelo manuscrito, disse ter passado três noites seguidas lendo. O que era para ser uma entrevista de 45 minutos acabou sendo uma conversa de duas horas e meia.

"Já que eu estou pesquisando esse livro há oito anos, conheço até detalhes que Dilma nem lembrava mais", relembrou Green. "Ela falava: 'Você conhece melhor minha vida em 1969 do que eu!'". Por meio de depoimentos de presos políticos e relatórios policiais, o professor havia reconstruído uma sequência de eventos e encontros sigilosos do grupo revolucionário do qual Dilma e Herbert Daniel participaram. De forma tangencial, a pesquisa dele abriu uma porta para o passado da ex-presidente, para um ano em que ela vivia as suas convicções da forma mais intensa possível. "Ela me contou lá em Brasília que 1969 foi um dos melhores anos da vida dela". Green ficou incrédulo. No ano seguinte, ela seria presa e torturada no Departamento de Ordem Política e Social, o Dops. "Mas estávamos vivendo o que acreditávamos", Dilma explicou.

O que ajudou a aproximar os dois foi o fato de o próprio Green ter militado contra a ditadura dentro do Brasil no final dos anos 1970 e ter ajudado a organizar uma campanha internacional reunindo acadêmicos contrários ao processo de *impeachment*. "Acho que ganhei um amigo novo", Green lembra de ela comentar no final da conversa.

O reencontro dos dois se deu no mês passado. Dilma deu palestras em nove universidades na costa leste norte-americana, entre elas a Brown, onde James dá aula. Depois do evento na Brown, em Providence, Rhode Island, ela discursou na Universidade da Cidade de Nova York. No dia de folga da ex-presidente em Nova York, o estudioso a levou para passear no Central Park ("já que sei que ela gosta de exercício físico"), ao Metropolitan Museum of Art e à ópera, onde assistiram a uma produção de *Eugene Onegin* ("Ela adora ópera e eu também"). Os dois se viram novamente quando a ex-presidente deu uma palestra em Harvard, no final da viagem. Green fez as vezes de intérprete quando Dilma se encontrou com Jane Sanders, mulher de Bernie Sanders, e com o ator Danny Glover. "E foi só isso. Foi uma temporada muito agradável".

FIGURA 6 – Dilma Rousseff na Brown University, 2017. Cortesia da Brown University.

Em conversas com amigos e em textos do Facebook, o professor norte-americano frisa o quanto Dilma não se parece em nada com a imagem que pintam dela, de ser uma mulher severa e inarticulada. "Ela é brilhante", disse enfaticamente. Relatou que Dilma quis comprar um livro sobre Lord Palmerston, primeiro-ministro da Inglaterra durante os anos 1950 e 1960, para entender melhor a política dele em relação à guerra civil norte-americana. Foram para The Strand – daí a foto dos dois folheando livros – e fuçaram nas prateleiras até achar um tomo dedicado ao tema. "Daí ela falou: 'Preciso de mais contexto', e fomos atrás de mais três ou quatro livros sobre a história da Grã-Bretanha no século XIX para que ela pudesse entender melhor a conjuntura política". Green também rejeita a imagem da ex-presidente como durona, descrevendo-a como divertida e engraçada. Foi com o intuito de desfazer essas percepções negativas que ele escreveu uma postagem no dia 23 de abril sobre a visita de Dilma e o tempo que passaram juntos:

> [...] eu sempre tive dúvidas e críticas em relação aos governos de Lula e Dilma. Porém, o que mais me impressionou durante esta semana intensa de eventos, reuniões e interações foi a crença firme de Dilma na democracia.

As pessoas que viveram o choque elétrico do regime militar, a censura da imprensa, os decretos arbitrários e os silêncios impostos sobre a nação compreendem que sem democracia não há justiça e sem justiça real e igualdade socioeconômica não há democracia.

A pessoa que eu tive a honra de conhecer um pouquinho nesta última semana é profundamente honesta e uma pessoa íntegra. Estou muito grato pela oportunidade de compartilhar este tempo com ela. [...]

Ao terminar de relatar o tempo que passaram juntos, o tom de Green mudou. "O curioso sobre esse boato [do namoro] é que reflete toda a misoginia que ronda a Dilma. Tem a percepção de que uma mulher não pode ser livre e independente, que ela tem que ter sempre algum homem para apoiá-la. Daí quando ela aparece com qualquer pessoa, surge essa especulação imediata sobre um relacionamento romântico, se ela vai se casar".

James disse não saber quem poderia estar por trás das informações passadas à RD1. "Não tenho ideia. Ah, vai, é ridículo". Quanto à foto em que os dois aparecem abraçados no restaurante: "Eu tinha passado o dia inteiro fazendo *crowd control* de todas as pessoas que queriam tirar foto com ela. À noite eu me dei conta de que não tinha nenhuma foto com ela, aí pedi para tirarem". E na foto em que ele aparece do lado dela numa das palestras, contemplando-a com evidente admiração: "Claro que admiro ela! Ela foi presidente do Brasil e lutou contra a ditadura. Admiro todos os que lutaram".

Antes de desligar, perguntei de outra pessoa que talvez se interessasse pela notícia dessa nova amizade: Moshe Sluhovsky, o companheiro de Green, com quem tem um relacionamento há 24 anos. "Ele está super ciumento", brincou, "e a Dilma disse que ele tem toda a razão para estar".

Flora Thomson-DeVeaux

Tradutora, escritora, doutoranda na
Universidade Brown e blogueira aposentada.

Parte II
Abaixo a repressão

FIGURA 7 – Manifestação em frente ao Theatro Municipal de São Paulo no primeiro aniversário do protesto de 14 de junho de 1980 contra a repressão policial. Arquivo do autor.

Introdução

Abaixo a repressão

Em 2020, durante o isolamento por conta da pandemia de Covid-19, Jean Wyllys, ex-deputado federal do Rio de Janeiro que abandonou o país no final de 2018 após múltiplas ameaças de morte por setores fascistas e estava vivendo no exílio, organizou uma entrevista ao vivo com Luiz Inácio Lula da Silva. É uma bela conversa. Ambos estão vestindo camisa vermelha, e é possível sentir o carinho mútuo entre eles.

Antes de começar a conversa, Lula comenta com Jean:

> Veja uma coisa, eu trouxe uma foto aqui para te mostrar. [...] Isso aqui é uma passeata do meu sindicato em 1980... 1980, portanto, 22 anos antes de eu chegar à presidência. E a faixa é o seguinte: "Contra a discriminação do trabalhador ou da trabalhadora homossexual". Isso em 1980, numa manifestação de metalúrgicos. Tá? E, na verdade, eu sou resultado de muitos movimentos, Jean. E quando as pessoas às vezes se enganam e falam assim, que Lula fez tal coisa, na verdade quem fez foi o povo brasileiro.[1]

---

[1] Lula participa de *live* com Jean Wyllys, 10 jun. 2020. Disponível em: https://www.youtube.com/watch?v=w2f7Y8hgpZc. Acesso em: 23 dez. 2023.

A imagem que Lula mostrou a Jean foi de fato o registro da participação de cinquenta gays e lésbicas que marcharam sob duas faixas no 1º de Maio de 1980 durante a greve geral dos sindicatos dos metalúrgicos da região do ABC. Lula estava preso, e o sindicato estava ocupado pelo governo militar. A primeira das duas faixas declarava "Contra a intervenção no ABC" e foi assinada pela "Comissão de Homossexuais Pró-1º de Maio". A segunda, como Lula leu corretamente, disse "Contra a discriminação do/a trabalhador/a homossexual".

Lula se orgulha da participação de supostos membros do seu sindicato, que, na sua leitura, defenderam os direitos das suas colegas homossexuais há 35 anos. Embora ele tenha afirmado que muitos movimentos formaram o que hoje é o Lula, nota-se certa satisfação ao dizer a Jean que ele, direta ou indiretamente, foi responsável por esse ato pioneiro, quando o movimento homossexual tinha apenas três anos. O comentário foi, em parte, um ato de revisionismo histórico, ingênuo mas ao mesmo tempo encantador.

Na verdade, quem organizou o contingente de gays e lésbicas para participar no 1º de Maio foi a ala de esquerda do Somos: Grupo de Afirmação Homossexual, o primeiro grupo LGBTQIA+ do Brasil. Sua participação representava um fenômeno que estava acontecendo no país no final dos anos 1970, durante o processo de luta contra a ditadura e a favor da redemocratização. Foi um momento de convergência de vários movimentos sociais (de feministas, negros, povos indígenas e defensores do meio ambiente) com os movimentos sindicais e populares contra o regime autoritário.

O primeiro ensaio nesta seção, "'Mais amor e mais tesão': a construção de um movimento brasileiro de gays, lésbicas e travestis" documenta a história desse novo movimento social, desde suas disputas internas no início sobre os rumos que esse ativismo deveria tomar, passando pela crise da aids nos anos 1980, até a dramática expansão subsequente do movimento no final da década de 1990 e em períodos posteriores. Ele representa uma avaliação inicial da história do movimento e de sua influência sobre a sociedade brasileira, um assunto que explorei mais a fundo em um novo capítulo da terceira edição revisada e ampliada de meu primeiro livro, *Além do carnaval*.

Introdução

"Vozes lésbicas e o feminismo radical no 'movimento homossexual' brasileiro dos anos 1970 e início dos anos 1980" foi o primeiro artigo que escrevi em um novo projeto de pesquisa sobre a Geração de 77, um estudo sobre estudantes e jovens brasileiros que impulsionaram o processo de redemocratização no final dos anos 1970 em São Paulo. Ele enfoca Marisa Fernandes, uma pioneira ativista da causa lésbica e feminista que foi membro importante do Somos e continua sendo uma protagonista notável na luta pelo direito das lésbicas no Brasil.

Em 2013, Paulo Sérgio Pinheiro, um dos sete membros da Comissão Nacional da Verdade, convidou-me para ir a Brasília para apresentar a outros conselheiros e membros da equipe informações sobre o projeto Opening the Archives, patrocinado pela Universidade Brown, que estava digitalizando, indexando e disponibilizando em um site aberto milhares de documentos do governo dos Estados Unidos sobre relações com o Brasil durante o regime militar. (Ver Parte IV, "Abrindo os arquivos do Tio Sam", para mais informações sobre o projeto.) Eu entusiasmadamente me voluntariei para ajudar a comissão a encontrar documentos nos arquivos norte-americanos, mas também expressei a Paulo Sérgio Pinheiro e outros conselheiros e membros da equipe o desejo de me debruçar sobre a questão da repressão patrocinada pelo Estado enfrentada pela população LGBTQIA+ durante o regime militar.

Pouco depois, Rafael Freitas entrou em contato comigo. Ele era um jovem pós-graduando estudando a história da empreitada de 1980 do delegado de polícia Wilson Richetti para "limpar" o centro de São Paulo por meio da prisão de mais de mil travestis, prostitutas, gays, lésbicas e outros que circulavam pela região. Ele esperava levar a documentação que havia coletado sobre as ondas de prisão durante a ditadura para a Comissão da Verdade do Estado de São Paulo, mas enfrentou obstáculos em suas primeiras tentativas. Liguei para um amigo e colega, Renan Quinalha, que havia acabado de ser contratado para trabalhar com a comissão, e pedi ajuda. Elaboramos uma estratégia para organizar uma sessão da comissão sobre o assunto, escrevemos um relatório sintetizando a situação das homossexualidades durante a ditadura – que esperávamos que fosse publicado junto com o relatório final da Comissão Nacional da Verdade – e ao mesmo tempo publiquemos uma coletânea de ensaios com nove acadêmicos e ativistas sobre o tema, intitulada *Ditadura e homossexualidades: repressão, resistência e a busca da verdade*.[2] Aqui, reproduzimos o capítulo que escrevi em coautoria com Renan Quinalha, "Ditadura e homossexualidades", que faz parte do volume 2 do relatório final da Comissão Nacional da Verdade, publicado em dezembro de 2014.

---

2 Green, J. N.; Quinalha, R. H. (Orgs.). *Ditadura e homossexualidades*: repressão, resistência e a busca da verdade. São Carlos: Editora da Universidade Federal de São Carlos, 2014.

"Mais amor e mais tesão": a construção de um movimento brasileiro de gays, lésbicas e travestis[1]

O ano de 1978 foi mágico para o Brasil. Após mais de uma década de regime militar, a queda dos generais parecia iminente. Centenas de milhares de metalúrgicos, após anos de silêncio, cruzaram os braços para protestar contra a política salarial do governo. Estudantes encheram as ruas das maiores cidades brasileiras com gritos de "Abaixo a ditadura!". Estações de rádio começaram a tocar músicas censuradas, e estas se tornaram as canções mais populares no país. Negros, mulheres e até mesmo homossexuais começaram a se organizar, exigindo ser ouvidos.

Durante o longo verão entre 1978 e 1979, uma dúzia de estudantes, escriturários, bancários e intelectuais se reunia semanalmente em São Paulo. Indo de apartamento em apartamento, sentando no chão por falta de móveis suficientes, eles planejaram o futuro da primeira organização pelos direitos dos homossexuais no Brasil. As reuniões se alternavam entre sessões de conscientização e discussões. Os participantes, na

---

[1] Green, J. N. "'Mais Amor e Mais Tesão': a construção de um movimento brasileiro de gays, lésbicas e travestis," *Cadernos Pagu* 15, 2000, p.271-96. Uma versão deste artigo foi publicada em Adam, B. D.; Duyvendak, J. W.; Krouwel, A. *The Global Emergence of Gay and Lesbian Politics*: National Imprints of a Worldwide Movement. Philadelphia: Temple University Press, 1999.

maioria homens gays, mas também algumas lésbicas que iam e vinham, debatiam as últimas matérias contra os homossexuais publicadas pelo jornal escandaloso *Notícias Populares* e a resposta que deveria ser dada pelo novo grupo, Ação pelos Direitos Homossexuais. Eles também liam cuidadosamente cada número da recém-lançada publicação mensal *Lampião da Esquina*. Esse novo jornal, em tamanho tabloide, era produzido por um grupo de escritores e intelectuais do Rio de Janeiro e de São Paulo e se declarava um veículo para discussão de sexualidade, discriminação racial, artes, ecologia e machismo.

Conforme o verão se prolongava, o nome do grupo se tornou o centro das controvérsias. Será que Ação pelos Direitos Homossexuais desencorajava novos membros de participarem porque declarava de forma muito audaciosa a agenda política do grupo? Talvez o caráter político do nome fosse a razão pela qual só dez ou doze pessoas compareciam às reuniões semissecretas. Alguns queriam mudar o nome do grupo para Somos, em homenagem à publicação da Frente de Liberação Homossexual da Argentina, o primeiro grupo pelos direitos gays na América do Sul, que surgiu em Buenos Aires em 1971 e desapareceu na longa noite da ditadura militar, em março de 1976. Outros propunham um nome que claramente expressasse o propósito da organização: Grupo de Afirmação Homossexual. Nomes que incluíssem o termo "gay" eram sumariamente rejeitados, com a justificativa de que imitavam o movimento norte-americano.

O nome final – Somos: Grupo de Afirmação Homossexual – foi o meio-termo que o grupo adotou e estreou durante um debate em 6 de fevereiro de 1979, no Departamento de Ciências Sociais da Universidade de São Paulo. O debate foi parte de uma série de discussões sobre o tema de organização das "minorias" brasileiras – em referência às mulheres, os negros, os povos indígenas, e os homossexuais – e acabou sendo também o evento em que o movimento de gays e lésbicas do Brasil "se assumiu".[2] O painel sobre homossexualidade contou com

---

[2] O termo "minoria" não é mais usado pelos movimentos sociais que lutam contra o sexismo, o racismo e a discriminação contra pessoas LQBTQIA+, em grande parte porque mulheres e pessoas não brancas são grupos majoritários na sociedade brasileira.

FIGURA 8 – Grupo Somos, 1981. Arquivo do autor.

a presença de editores do jornal *Lampião* e de membros do Somos. Mais de 300 pessoas lotaram o auditório. A discussão que se seguiu foi eletrizante, com troca de farpas e acusações entre os estudantes de esquerda e os representantes homossexuais. Pela primeira vez, lésbicas falavam abertamente sobre a discriminação que enfrentavam. Estudantes gays reclamavam que a esquerda brasileira era homofóbica. Defensores de Fidel Castro e da Revolução Cubana afirmavam que a luta por direitos específicos, contra o sexismo, racismo e homofobia, iria dividir a esquerda. Eles argumentavam que o povo deveria se unir na luta geral contra a ditadura.

A primeira controvérsia dentro do movimento homossexual brasileiro começava a se delinear. Os discursos já tinham sido apresentados. Dentro de um ano, questões táticas sobre alinhamento com outros movimentos sociais ou manutenção da autonomia política e organizacional iria rachar o Somos, então o maior grupo de direitos homossexuais no Brasil, deixando outras organizações espalhadas pelo país desanimadas e sem direção.

Poucos dos que participaram do debate poderiam prever, entretanto, a rápida explosão do movimento homossexual na arena política brasileira.

Em pouco mais de um ano, cerca de mil lésbicas e gays lotavam o Teatro Ruth Escobar, no centro de São Paulo, para a cerimônia de encerramento do primeiro Encontro Nacional de Grupos Homossexuais Organizados. Um mês depois, em 1º de maio de 1980, com a cidade cercada pelo 2º Exército e em estado de sítio, cerca de 50 ativistas homossexuais marcharam pelas ruas de São Bernardo do Campo, junto com milhares de outros participantes, unidos em comemoração ao Dia Internacional do Trabalho, durante uma greve geral. Quando o grupo entrou no estádio de futebol da Vila Euclides, foi ovacionado por milhares de participantes.[3] Seis semanas mais tarde, cerca de mil gays, lésbicas, travestis e prostitutas marcharam pelo centro de São Paulo em protesto à violência policial, cantando "Abaixo a repressão, mais amor e mais tesão". Um movimento político tinha nascido.[4]

Quinze anos depois, em junho de 1995, mais de trezentos representantes de grupos homossexuais da Ásia, da Europa, das Américas e do Caribe se encontraram no Rio de Janeiro para participar da 17ª conferência anual da Associação Internacional de Lésbicas e Gays. Na cerimônia de abertura, a deputada federal Marta Suplicy (PT) lançou a campanha nacional pela parceria civil e por uma emenda constitucional proibindo a discriminação com base na orientação sexual. No fim da semana, os

---

[3] Como no debate da USP no ano anterior, a questão de participar do 1º de Maio de 1980 dividiu o Somos e provocou polêmicas no jornal *Lampião*. Aqueles que participaram da passeata argumentaram que a luta pelos direitos de gays e lésbicas e o movimento contra a ditadura militar estavam inter-relacionados. Sem democracia, os objetivos das organizações gays e lésbicas dificilmente seriam alcançados. Os opositores da participação do Somos no Primeiro de Maio organizaram um piquenique no zoológico naquele dia e se separam do grupo algumas semanas depois, argumentando que a classe trabalhadora e os dirigentes sindicais eram homofóbicos e que o Somos era controlado pela esquerda. Em vez de participar na política no Dia Internacional do Trabalho, eles insistiram que gays e lésbicas deveriam aproveitar essa festa com seus amigos como os milhares de trabalhadores que não protestaram contra a política da ditadura militar naquele dia. Ver Green, J. N. The Emergence of the Brazilian Gay Liberation Movement, 1977-1981. *Latin American Perspectives*, v.21, n.1, p.38-55, 1994; MacRae, E. Homosexual Identities in Transitional Brazilian Politics. In: Escobar, Arturo; Alvarez, S. E. (Eds.). *The Making of Social Movements in Latin America*: Identity, Strategy and Democracy. Boulder: Westview Press, 1992, p.185-203; Trevisan, J. S. *Devassos no paraíso*. São Paulo: Max Limonad, 1986.

[4] Ver Mott, L. R. B. The Gay Movement and Human Rights in Brazil. In: Murray, S. O. (Ed.). *Latin American Male Homosexualities*. Albuquerque: University of New Mexico Press, 1995, p.221-30.

representantes, junto com milhares de participantes e simpatizantes, encerraram a convenção celebrando o 26º aniversário da Rebelião de Stonewall com uma caminhada pela Avenida Atlântica. Uma enorme faixa exigindo "Cidadania plena para gays, lésbicas e travestis" abriu a passeata. Um grupo de mulheres carregando uma faixa exigindo "Visibilidade lésbica" se seguiu, arrancando aplausos dos observadores. *Drag queens* provocavam e paqueravam com o público, em cima de um ônibus escolar cor-de-rosa, *à la* Priscilla, e dois caminhões emprestados pelos bancários. Muitos participantes vestiam máscaras e fantasias carnavalescas. Uma bandeira do arco-íris de 125 metros balançava ao vento. No final da passeata, participantes se emocionaram ao cantar o hino nacional e foram finalmente dispersados por uma chuva fina. O movimento chegou à maioridade.

Legal, mas nem tanto

Embora as leis coloniais brasileiras considerassem sodomia um pecado, que podia ser punido pelas chamas da fogueira, o Código Penal Imperial de 1830 eliminou todas as referências à prática.[5] Entretanto, leis dos séculos XIX e XX restringiram o comportamento homossexual. Adultos envolvidos em atos sexuais com outros adultos do mesmo sexo num local público poderiam ser indiciados por

> ofender os bons costumes, com exibições impudicas, atos ou gestos obscenos, atentatórios do pudor, praticados em lugar público ou frequentado pelo público, e que, sem ofensa à honestidade individual de pessoa, ultrajam e escandalizam a sociedade.[6]

Essa provisão, revisada de um código penal anterior, criou bases legais para controlar qualquer manifestação pública de comportamento homoerótico ou homossocial. Com critérios abrangentes, a polícia e

---

[5] Pierangelli, J. H. (Ed.). *Códigos penais do Brasil*: evolução histórica. Bauru: Jalovi, 1980, p.26.
[6] Ibid., p.301.

os juízes podiam punir ações "inapropriadas" ou "indecentes" que não se conformassem com construções heterocêntricas. Outra medida para regular manifestações públicas de homossexualidade consistia em acusar pessoas de vadiagem. A polícia podia prender qualquer um que não tivesse como provar sua subsistência ou domicílio certo, ou "prover a subsistência por meio de ocupação proibida por lei, ou manifestamente ofensiva da moral e dos bons costumes".[7]

Essas duas medidas legais deram à polícia o poder de encarcerar arbitrariamente os homossexuais que expressassem publicamente sua feminilidade, usassem roupas ou maquiagem feminina, ganhassem a vida com a prostituição ou que usassem um cantinho escuro de uma praça pública para um encontro sexual noturno. Códigos criminais com noções de moral e decência pública vagamente definidas e provisões que controlavam estritamente a vadiagem forneceram uma rede jurídica pronta para capturar aqueles que transgredissem as normas sexuais socialmente aprovadas. Embora a homossexualidade em si não fosse tecnicamente ilegal, a polícia brasileira e os tribunais dispunham de múltiplos mecanismos para conter e controlar esse comportamento.

A vida gay e lésbica antes dos anos 1970

O Brasil passou por mudanças dramáticas nos anos 1950 e 1960. Milhões de camponeses e trabalhadores migraram em massa para as grandes metrópoles e a produção industrial se expandiu, oferecendo empregos e novos produtos para o mercado doméstico. Cidades como Recife, Salvador, Rio de Janeiro e São Paulo eram ímãs, atraindo homossexuais do interior que buscavam o anonimato das grandes cidades, longe do controle familiar. Eles se juntaram aos nativos das cidades grandes para formar subculturas homossexuais urbanas.

Naquela época, a construção tradicional de gênero relacionada à homossexualidade era (e em grande parte ainda é) hierárquica e baseada em papéis sexuais. Homens que mantinham atividades sexuais com

---

7 Ibid., p.316.

outros homens se dividiam em duas categorias: o homem "verdadeiro" e a bicha. Essa oposição binária refletia as categorias heterossexuais tradicionais de *homem* e *mulher*, em que o homem era considerado "ativo" nos encontros sexuais e a mulher, sendo penetrada, era "passiva".[8] O antropólogo Richard Parker observou:

> A realidade física do próprio corpo divide assim o universo sexual em dois. As diferenças anatômicas conhecidas são transformadas através da linguagem, nas categorias hierarquicamente relacionadas de gênero definido social e culturalmente: nas classes de masculino e feminino [...]. [C]onstruídas com base na percepção da diferença anatômica, é essa distorção entre atividade e passividade que estrutura mais claramente as noções brasileiras de masculinidade e feminilidade e que têm servido tradicionalmente como o princípio organizador para o mundo muito mais amplo de classificação sexual da vida brasileira atual.[9]

Segundo esse modelo, em atividades eróticas homossexuais tradicionais, o homem – ou, na gíria, o "bofe" – assume o papel ativo no ato sexual e pratica a penetração anal em seu parceiro. O efeminado ("bicha") é o passivo, o que é penetrado. A "passividade" sexual desse último lhe atribui a posição social inferior da "mulher": enquanto o homem "passivo", sexualmente penetrado, é estigmatizado, aquele que assume o papel público (e supostamente privado) do homem, aquele que penetra, não o é. Desde que ele mantenha o papel sexual atribuído ao homem "verdadeiro", ele pode ter relações sexuais com outros homens sem perder seu *status* social de homem.[10]

---

8 Ver Fry, P. *Para inglês ver*: identidade e política na cultura brasileira. Rio de Janeiro: Zahar, 1982.
9 Parker, R. *Corpos, prazeres e paixões*: cultura sexual no Brasil contemporâneo. Trad. Maria Therezinha M. Calvallari. São Paulo: Best Seller, 1992, p.70. Boa parte dos modelos teóricos de Parker se inspiraram na obra pioneira de Peter Fry, antropólogo inglês e antigo residente do Brasil que iniciou o estudo acadêmico da homossexualidade e dos sistemas brasileiros de gênero na metade dos anos 1970. Ver Fry, op. cit.; Fry, P.; MacRae, E. *O que é homossexualidade*. São Paulo: Brasiliense, 1983; Parker, R. *Beneath the Equator*: Cultures of Desire, Male Homosexuality, and Emerging Gay Communities in Brazil. New York: Routledge, 1999.
10 Ver Misse, M. *O estigma do passivo sexual*: um símbolo de estigma no discurso cotidiano. Rio de Janeiro: Achiamé, 1979. O antropólogo Stephen O. Murray questionou a afirmação de que

Similarmente, mulheres que transgrediram as noções tradicionais de feminilidade, manifestando características masculinas, expressando a sua independência ou sentindo desejo sexual por outras mulheres, são marginalizadas. A rejeição, por parte de muitas lésbicas, dos papéis femininos tradicionais, incluindo a "passividade", colocaram-nas fora do paradigma dominante do gênero. A expressão pejorativa "sapatão" reflete esse mal-estar social em relação à mulher forte e masculinizada.[11]

Até o fim dos anos 1950, não existiam bares dirigidos exclusivamente ao público gay ou lésbico. Encontros públicos homossexuais se centravam em parques, praças, cinemas, banheiros públicos ou na ocupação tênue de restaurantes, cafés ou partes de praias. Já que muitas pessoas solteiras moravam com suas famílias até o casamento, encontros sexuais muitas vezes ocorriam em quartos alugados ou em casas de amigos. Pequenas festas, shows de travestis realizados em casas particulares e fins de semana no campo ou na praia ofereciam um espaço livre de controle social.

O carnaval era um momento durante o ano em que gays podiam se expressar livremente. Lésbicas, embora muito mais limitadas por normas sociais, também apropriaram o carnaval para expressar de forma leve seus desejos em público. Durante quatro dias, os bailes de travestis, homens vestidos de mulher em público e comportamento extravagante e audaz, reinavam. Nos anos 1950, o Baile das Bonecas, no Rio, atraía um público internacional. Gays vinham de toda a América do Sul para participar da folia e assistir a homens com plumas e paetês competirem para ser coroados a deusa mais glamorosa e bela das celebrações carnavalescas. O carnaval era um momento único durante o ano, quando tudo era permitido.

---

os homens "verdadeiros" mantêm seu *status* social desde que não transgridam o papel sexual que lhes foi atribuído. Ele argumenta que aventuras homossexuais praticadas por homens que assumem o papel "ativo" podem não estar tão livres de sanções como alguns observaram. Ver Murray, S. O. Machismo, Male Homosexuality, and Latin Culture. In: Murray, S. O. (Ed.). *Latin American Male Homosexualities*. Albuquerque: University of New Mexico Press, 1995, p.59.
11 Fry; MacRae, op. cit., p.101-13.

Homossexualidade durante a ditadura militar

A subcultura gay e lésbica das grandes cidades inicialmente foi pouco afetada pelo golpe militar. Alguns homossexuais que eram militantes de esquerda sofreram repressão não pela sua sexualidade, mas por seu posicionamento ideológico e seu engajamento político. Bares recentemente abertos que serviam a uma clientela gay e lésbica mantiveram um espaço para socialização. Shows de travestis, que se iniciaram nesses bares, atingiram um público mais amplo, com apresentações de teatro, e alguns desses transformistas se tornaram personalidades públicas. Um dos grupos sociais que manteve festas particulares publicou, entre 1963 e 1969, cem números de uma revista chamada *O Snob*. O sucesso desse boletim mimeografado, com colunas de fofocas e figuras de homens vestidos de mulher na capa, inspirou a publicação de outras trinta revistas no Rio e no resto do país, assim como a formação da Associação Brasileira da Imprensa Gay, que durou de 1967 a 1968.[12]

As notícias do surgimento do movimento de liberação gay em 1969, após a Rebelião de Stonewall, em Nova York, chegaram à América Latina no começo dos anos 1970 e incentivaram a formação de grupos na Argentina, no México e em Porto Rico. Contudo, a repressão militar no Brasil impossibilitou a formação de um movimento gay e lésbico no país. A publicação informal de *O Snob* e de seus imitadores parou de circular porque os editores temiam ser confundidos com grupos clandestinos de esquerda, que eram brutalmente reprimidos naquele momento.[13] A censura moralista do governo militar limitava referências à homossexualidade na imprensa. Embora algumas publicações alternativas produzissem matérias ocasionais referentes ao "*gay power*" nos Estados Unidos, a formação de um movimento político no Brasil parecia impossível.

Enquanto os militares controlavam o governo, as transformações sociais e culturais que ocorriam no país iriam afetar as noções de gênero e homossexualidade. Cantores como Caetano Veloso, Maria Bethânia e

---

12 Agildo Guimarães, entrevistado pelo autor, 6 out. 1994.
13 Anuar Farah, entrevistado pelo autor, 25 jul. 1995.

Ney Matogrosso apresentavam uma imagem andrógina que transgredia os papéis sexuais e implicava um desejo bissexual. Valores boêmios e contraculturais que enfatizavam a liberdade sexual individual começaram a influenciar os intelectuais e estudantes. A cultura da juventude que desafiava valores tradicionais de sexualidade e gênero permeava a classe média urbana.

Já em 1974, a ditadura militar enfrentava problemas sérios, incluindo a crise econômica e o crescimento da oposição nas eleições. Nessa época, novas formas de resistência surgiram. Estudantes reativaram os organismos de autogestão nas universidades e se mobilizaram contra a ditadura. O movimento operário se reorganizou, organizando uma onda de greves. Muitas mulheres que tinham participado da oposição clandestina contra os militares começaram a criticar publicamente o sexismo da esquerda, levantando ideais feministas.[14] O movimento negro unificado emergiu, desafiando a ideologia predominante de que o Brasil era uma democracia racial.[15] Em 1978, enfrentando uma oposição mais unida, os militares resolveram acelerar o processo de abertura gradual.

A primeira onda do movimento gay e lésbico

Nesse clima político e social, ativistas gays fundaram primeiro o jornal *Lampião* e logo depois o grupo Somos. Nos dois anos seguintes, o Somos inspirou a formação de pelo menos sete outros grupos, que se reuniram em São Paulo por ocasião do primeiro Encontro Nacional de Grupos Homossexuais Organizados, em abril de 1980. Os grupos, na sua maioria, eram pequenos e dirigidos por estudantes, bancários, funcionários públicos e intelectuais da classe média baixa. Alguns tinham participado de grupos clandestinos da esquerda, que sobreviveram aos piores anos da ditadura. Eles trouxeram para o movimento tanto sua

---

14 Ver Alvarez, S. *Engendering Democracy in Brazil*: Women's Movements in Transition Politics. Princeton: Princeton University Press, 1990.
15 Ver Hanchard, M. G. *Orpheus and Power*: The Movimento Negro of Rio de Janeiro and São Paulo, 1945-1988. Princeton: Princeton University Press, 1994.

experiência como ativistas e organizadores como suas preocupações da crítica frequente da esquerda contra a homossexualidade como produto da decadência burguesa.

Em maio de 1980, o Somos se dividiu quanto à participação nas mobilizações operárias e no papel da esquerda no movimento gay. O entusiasmo de ativistas que tinham conseguido organizar tanto um encontro nacional de sucesso quanto mobilizações contra a repressão policial se dissipou. Aqueles que se opunham à construção de alianças com o movimento operário e a esquerda formaram um novo grupo em São Paulo, que se chamava Outra Coisa: Ação Homossexualista. As lésbicas do Somos, que já tinham organizado um coletivo autônomo dentro da organização, saíram do grupo para formar uma entidade independente, o Grupo de Ação Lésbica-Feminista, onde podiam organizar suas atividades sem se preocupar com sexismo em um grupo dominado por homens. O Somos-Rio de Janeiro, que nasceu inspirado pelo Somos-São Paulo, também se dividiu por causa de disputas na liderança. Os principais editores do *Lampião* atacavam as organizações de ativistas no momento em que a circulação do jornal caía dramaticamente. A publicação parou de sair em meados de 1981, e nos três anos seguintes a maioria dos grupos desapareceu. No auge do movimento, em 1981, vinte grupos existiam no país. Em 1984, somente sete haviam sobrevivido, e apenas cinco participaram do segundo Encontro Nacional de Grupos Homossexuais Organizados, realizado em Salvador.[16]

Vários fatores contribuíram para o declínio do movimento. Com algumas exceções, os grupos nunca passaram de várias dezenas de membros em um determinado momento. Faltavam recursos financeiros e infraestrutura. Alguns dos dirigentes iniciais perderam o estímulo quando os grupos não demonstraram um crescimento significativo. Outros ativistas não tinham experiência prévia para sustentar os grupos durante a "década perdida" de 1980, quando a crescente dívida externa causou inflação galopante e desemprego maciço. O fim da ditadura, em

---

16 Um segundo encontro foi planejando para ser realizado no Rio de Janeiro em 1981, mas nunca foi realizado. Mott, L. A história do EBHO: Encontro Brasileiro de Homossexuais. *Boletim do Grupo Gay da Bahia*, n.27, ago. 1993, p.7.

1985, criou a falsa ideia de que a democracia tinha sido restaurada e que os direitos dos homossexuais e outros setores da sociedade expandir-se-ia sem dificuldades. A imprensa, o rádio e a televisão disseminavam uma imagem mais positiva da homossexualidade e ofereciam um veículo para que as poucas figuras públicas do movimento articulassem seu ponto de vista. O crescente consumo gay, que incluía boates, saunas e bares, também sustentou uma ilusão de que a sociedade se tornava cada vez mais livre e que a organização política de gays e lésbicas não era mais necessária.[17]

Durante esse marasmo, o Grupo de Ação Lésbica-Feminista, fundado em 1981, integrou-se ao movimento feminista. O grupo também manteve um perfil público por meio da publicação do boletim *Chanacomchana* e da participação em conferências lésbicas internacionais.[18] Luiz Mott, professor de Antropologia e fundador do Grupo Gay da Bahia (atualmente o grupo mais antigo do país), assumiu a direção do movimento desnorteado por meio de campanhas importantes, permitindo a expansão do movimento no final dos anos 1980. A primeira vitória do Grupo Gay da Bahia foi seu reconhecimento jurídico. A segunda campanha convenceu o Conselho Nacional de Saúde a abolir a classificação que categorizava homossexualidade como uma forma tratável de desvio sexual. Liderada por Mott, a campanha conseguiu o apoio de organizações profissionais relevantes e várias Assembleias Legislativas. Intelectuais e personalidades importantes assinaram um abaixo-assinado nacional exigindo a revogação da classificação. Em fevereiro de 1985, o conselho removeu a homossexualidade da categoria de doenças tratáveis.[19]

Durante a Assembleia Constituinte de 1987 e 1988, João Antônio de Sousa Mascarenhas, um dos editores do *Lampião* e fundador do Grupo Triângulo Rosa no Rio, organizou uma campanha para incluir uma medida proibindo discriminação baseada na orientação sexual.

---

17 Blander, M. Lucros do lazer gay: os donos da noite descobrem novo filão. *IstoÉ*, 27 abr. 1983, p.76-7.
18 Martinho, M. Brazil. In: Rosenbloom, R. (Ed.). *Unspoken Rules*: Sexual Orientation and Women's Human Rights. San Francisco: International Gay and Lesbian Human Rights Commission, 1985, p.22.
19 Mott, L. R. B. The Gay Movement..., op. cit., p.222-3.

A campanha recebeu o apoio do Grupo Lambda, de São Paulo, e do Grupo Gay da Bahia. Em 28 de janeiro de 1988, 461 dos 559 membros da Constituinte votaram, porém somente 130 apoiaram a provisão que proibia a discriminação. Dos 33 pastores evangélicos da Constituinte, 25 votaram contra a medida. A bancada da esquerda, incluindo o PT, apoiou a proibição desse tipo de discriminação.[20] Desde essa derrota, leis similares têm sido incluídas nas constituições de vários estados e em mais de cem municípios brasileiros, mas até recentemente faltavam a essas medidas mecanismos para punir infratores.

Violência e aids

Embora a maioria dos gays e lésbicas achasse que não era necessária a organização política durante o processo de aparente liberalização que acompanhou a volta à democracia, o crescimento dramático da infecção de HIV e a onda de violência contra gays, travestis e lésbicas revelou que seus direitos eram precários dentro de um regime democrático. O primeiro caso de aids foi diagnosticado no Brasil em 1982, e a maioria dos brasileiros associou HIV e aids a gays ricos com recursos para viajar para os Estados Unidos e para a Europa. A realidade era bem diferente. Segundo Richard Parker, ex-diretor da Associação Brasileira Interdisciplinar de Aids,

> [a] acelerada mudança da transmissão [de HIV] predominantemente homossexual e bissexual para uma transmissão heterossexual cresceu rapidamente depois da primeira década, e torna-se ainda mais marcante quando os casos de aids reportados são vistos durante um longo período de tempo. Enquanto os homens homossexuais representavam 46,7% e bissexuais 22,1% [dos casos], homens e mulheres heterossexuais representavam apenas 4,9% do total nacional entre 1980 e 1986. Em 1991, o número de casos reportados entre homens homossexuais caiu para 22,9%, e os

---

20 Ver Mascarenhas, J. A. de S. *A tríplice conexão*: machismo, conservadorismo político e falso moralismo, um ativista guei *versus* noventa e seis parlamentares. Rio de Janeiro: 2AB Editora, 1997.

casos entre homens bissexuais diminuiu para 11,1%, enquanto casos reportados entre homens heterossexuais cresceu para 20,1%.[21]

Nos primeiros anos da epidemia, a desinformação e homofobia causaram pânico, e a imprensa sensacionalista reportou a chegada da "peste gay". Uma das primeiras respostas organizadas foi iniciada pelo grupo Outra Coisa: Ação Homossexualista, que tinha rachado com o Somos por causa de suas ligações com a esquerda. Seus membros distribuíram um panfleto nos bares gays e áreas de paquera em São Paulo, informando a "coletividade homossexual" como eles poderiam obter informações sobre a doença.[22] Ativistas também se reuniram em 1983 com representantes do Departamento de Saúde do Estado de São Paulo para assegurar que oficiais de saúde pública lutando contra a epidemia não iriam discriminar homossexuais.[23]

Alguns ativistas da primeira onda do movimento começaram a trabalhar em organizações voltadas à aids. Em meados dos anos 1980, quando a segunda geração de organizações gays emergiu, elas integraram a educação sobre aids em suas atividades políticas. O Grupo Gay da Bahia, que sobreviveu o marasmo do movimento, conseguiu se manter em parte porque iniciou a luta contra a aids.[24]

Na década de 1980 também houve um aumento marcante da violência contra gays, travestis e lésbicas. Luiz Mott documentou o assassinato de mais de 1.200 homossexuais masculinos e femininos e travestis no Brasil entre meados dos anos 1980 e meados dos anos 1990.[25] Alguns casos envolveram mulheres assassinadas por parentes que descobriram que elas estavam tendo casos com outras mulheres.[26] Outros assassinos eram jovens prostitutos (michês) que saíram com gays, os roubaram e os

---

21 Parker, R. AIDS in Brazil. In: Daniel, H.; Parker, R. (Eds.). *Aids in Brazil: In Another World?* London: Falmer, 1993, p.11-2 (Tradução do autor.)
22 Outra Coisa: Ação Homossexualista. *Informe à coletividade homossexual de São Paulo.* Panfleto mimeografado, jun. 1983.
23 Teixeira, P. R. *Políticas públicas em aids.* Documento mimeografado, [s.d.], p.2.
24 Veriano Terto Júnior, entrevistado pelo autor, 24 jul. 1995.
25 Grupo Gay da Bahia. Violação dos direitos humanos e assassinato de homossexuais no Brasil – 1997. *Boletim do Grupo Gay da Bahia,* n.37, jan./fev. 1998, p.32-48.
26 Martinho, op. cit., p.18.

mataram. Em 1987, por exemplo, um jovem matou mais de uma dúzia de homens no Parque Trianon, em São Paulo.[27]

A maioria desses assassinatos era cometida por indivíduos ou grupos não identificados que nunca foram processados. Segundo o Grupo Gay da Bahia, doze grupos diferentes estiveram envolvidos em violência e assassinatos contra homossexuais.[28] Alguns esquadrões da morte que sobreviveram na época da ditadura militar participaram dessas ações. Como a Lei da Anistia, de 1979, nunca puniu os grupos que torturaram e mataram a oposição aos militares, nunca houve um debate nacional sobre a violência cometida por agentes do governo. Nos anos 1980, esquadrões da morte e grupo similares ainda operavam com impunidade. Alguns, sem elementos "subversivos" como alvos de suas preocupações, resolveram "limpar" a sociedade brasileira da "imoralidade". Um desses grupos, a Cruzada Anti-Homossexualista, mandou cartas ameaçadoras ao Somos já em 1981.[29]

Apenas 10% desses crimes denunciados resultaram em prisões. Numa entrevista em 1995, Toni Reis, secretário geral e fundador da Associação Brasileira de Gays, Lésbicas e Travestis, observou que em sua cidade natal, Curitiba, ocorreram vinte assassinatos documentados de homossexuais nos dez anos anteriores, com apenas duas condenações.[30] Adauto Belarmino Alves, ganhador do prêmio Reebok Human Rights Award, documentou o assassinato de 23 homens homossexuais no Rio de Janeiro em 1994.[31] O relatório de 1993 do Departamento de Estado dos Estados Unidos sobre os direitos humanos no Brasil também apontou essa violência:

> Continua a haver registros de assassinatos de homossexuais. Os jornais de São Paulo publicaram que três travestis foram assassinados em 14 de março; outros relatórios alegam que 17 travestis foram mortos nos três primeiros meses de 1993. Um policial foi acusado dos assassinatos de

---

27 Casos se repetem em São Paulo. *Folha de S.Paulo*, 17 abr. 1990.
28 Grupo Gay da Bahia. Grupos de extermínio no Brasil. Panfleto, s.d.
29 O Corpo. Um pouco de nossa história. *O Corpo*, n.0, nov. 1980, p.8.
30 Toni Reis, entrevistado pelo autor, 20 jan. 1995.
31 Adauto Belarmino Reis, entrevistado pelo autor, 18 jul. 1995.

14 de março e estava aguardando o julgamento para o final do ano. No entanto, os grupos gays organizados afirmam que a grande maioria dos praticantes de crimes contra homossexuais permanece impune.[32]

O sistema judicial também apoia essas ações arbitrárias contra travestis. Em outubro de 1994, o Tribunal de Justiça Militar reduziu a sentença de Cirineu Carlos Letang da Silva, ex-soldado da Polícia Militar condenado por assassinar a travesti Vanessa. O juiz que reduziu a sentença de doze para seis anos explicou que travestis são perigosas. Vanessa foi atingida por tiros no nariz e nas costas.[33]

O caso que exemplifica de forma mais dramática a violência contra homossexuais no Brasil envolveu o assassinato de Renildo José dos Santos, vereador do município de Coqueiro Seco, no estado de Alagoas. Em 2 de fevereiro de 1993, a Câmara Municipal lhe aplicou uma suspensão de suas atividades por trinta dias porque ele havia declarado num programa de rádio que era bissexual. Ele foi acusado de "praticar atos incompatíveis com o decoro parlamentar". Quando terminou o período de sua suspensão, ele não foi readmitido e teve de pleitear a ordem de um juiz para que pudesse reassumir o posto na Câmara. No dia seguinte, foi sequestrado. Seu corpo foi encontrado em 16 de março. Seus braços e a cabeça haviam sido amputados e o cadáver queimado. Apesar de cinco homens terem sido presos nesse caso, incluindo o prefeito da cidade, eles foram inocentados de qualquer envolvimento no assassinato. Os três homens que cometeram o crime forem julgados somente em 2006 e conseguiram protelar o cumprimento da pena de 19 anos até 2015, ou seja, 22 anos depois de cometerem o crime .[34]

---

32 Estados Unidos. United States Senate, Committee on Foreign Relations. *Country Reports on Human Rights Practices for 1993*. United States Department of State, 103ª legislatura, 2ª sessão. Washington: Joint Committee Print, 1994, p.376.

33 Godoy, M. Justiça reduz pena de matador de travesti. *Folha de S.Paulo*, 9 out. 1994, p.4.

34 Estados Unidos. United States Senate, Committee on Foreign Relations. *Country Reports on Human Rights Practices for 1993*. United States Department of State, 105th Cong., 1st sess. Washington: Joint Committee Print, 1997, p.372-3; id., *Country Reports on Human Rights Practices for 1995*. United States Department of State, 104th Cong., 2nd sess. Washington: Joint Committee Print, 1996, p.348; id., *Country Reports...*, op. cit., p.376; Anistia Internacional. *Breaking the Silence*: Human Rights Violations Based on Sexual Orientation. Nova York: Amnesty

A segunda onda

Apenas seis organizações participaram do terceiro Encontro Nacional de Homossexuais, realizado em janeiro de 1989 no Rio. De qualquer forma, novos grupos estavam presentes. Um deles, Atobá, fundado em 1985 depois do assassinato de um jovem, juntou lésbicas e gays num subúrbio do Rio, longe dos bares e boates da classe média da Zona Sul. Nos quatro anos seguintes, encontros anuais nacionais atraíram um número cada vez maior de grupos. Durante o VIII Encontro Nacional de Gays e Lésbicas, realizado em janeiro de 1995, representantes de mais de trinta organizações fundaram a Associação Brasileira de Gays, Lésbicas e Travestis (ABGLT). Embora a maioria dos grupos ainda seja pequena, a formação de uma organização nacional com afiliados em todas as regiões do país reflete um crescimento dinâmico do movimento.

Alguns acontecimentos colaboraram para o ressurgimento do ativismo gay e lésbico depois do restabelecimento de um regime democrático em 1985. Vários movimentos sociais e o Partido dos Trabalhadores (PT) começaram a questionar como democratizar a participação numa sociedade civil. Ativistas do movimento feminista, grupos de bairro e a esquerda argumentaram que uma verdadeira democracia implicava respeito para cidadãos comuns. Além disso, o movimento pelo *impeachment* do ex-presidente Collor reforçou a importância da mobilização para conseguir objetivos políticos.

Essas experiências politizaram muitos gays e lésbicas. Eles se integraram a grupos existentes como uma forma de apoio, conscientização e debate. Eles também procuraram conseguir a plena cidadania para gays, lésbicas e travestis na luta contra a homofobia, a violência e a discriminação. As lésbicas assumiram um papel de direção na liderança do movimento, levantando uma luta em 1993 para aumentar a visibilidade lésbica por meio da mudança do nome do encontro nacional anual

---

International Publications, 1994, p.13-4; Dignidade, Grupo de Conscientização e Emancipação Homossexual. *News from Brazil*, n.2, p.2-3, jun. 1994; Reclamando nossos direitos. *Jornal Folha de Parreira*, Curitiba, v.3, n.25, p.2, maio 1995; Matadores do vereado Renildo podem ser presos a qualquer momento. *Éassim*, 9 nov. 2015.

para Encontro Brasileiro de Lésbicas e Homossexuais. Em setembro de 1997, ativistas lésbicas se reuniram em Salvador para uma conferência de quatro dias, o Segundo Seminário Nacional de Lésbicas, que enfocou questões de saúde e cidadania. Esse encontro inspirou a organização de eventos similares nos anos seguintes.

Ao mesmo tempo, a mídia aumentou a discussão sobre homossexualidade, e atividades do movimento internacional afetaram o debate dentro do país. Todos os grandes jornais, revistas e programas de televisão cobriram as paradas gays internacionais e debates sobre os gays e as lésbicas nos Estados Unidos e na Europa e sobre a aids. Programas de entrevistas promoveram os poucos ativistas dispostos a se assumir publicamente para discutir a homossexualidade de uma maneira aberta e franca. Cantores famosos, como Renato Russo, anunciaram sua homossexualidade e apoiaram o movimento.

Houve também uma mudança na autoidentidade das pessoas que mantêm relações sexuais com pessoas do mesmo gênero. Embora muitos brasileiros ainda pensem em termos de papéis sexuais ativo e passivo, as identidades gays e lésbicas similares às dos Estados Unidos e da Europa são cada vez mais comuns, especialmente entre a classe média dos grandes centros urbanos. Em 1980, o Somos rejeitou a palavra "gay" por causa de sua associação estreita com o movimento norte-americano. Hoje em dia, o termo em inglês é usado amplamente entre os homossexuais e as lésbicas, assim como pela mídia. Porém, assumir na família ou no trabalho, especialmente entre homens não efeminados e mulheres não masculinizadas, não é tão comum quanto na Europa e nos Estados Unidos. Mesmo assim, cada vez mais ativistas aparecem nos jornais, nas revistas e na televisão, tentando romper o código cultural que diz: "pode fazer o que você quiser, mas não diga nada a ninguém".[35]

Além de aumentar o número de pessoas que se envolveram no movimento buscando informação e apoio, o crescimento de ONGs voltadas à prevenção do HIV-aids aumentou os recursos e a infraestrutura

---

35 A frase "pode fazer o que você quiser, mas não diga nada a ninguém" em geral expressa uma tolerância mediada e reflete a vergonha sentida se um amigo ou parente descobre que um membro da família é gay ou lésbica.

do movimento. Grupos aprenderam a pedir verbas tanto para os governos estadual e federal quanto para organizações internacionais. Esses recursos ofereceram a possibilidade de alugar locais que também servem de ponto de reunião dos ativistas gays e lésbicas.

O crescimento do PT como organização que unificou os movimentos sociais e grupos de esquerda também politizou ativistas gays. O PT se tornou o ponto de referência para a maioria desses ativistas, como um dos poucos partidos políticos que criticavam o *status quo*. Durante os anos 1980, o PT foi o único partido que incluiu os direitos de gays e lésbicas em seu programa. Ativistas gays formaram um grupo dentro do PT para educar seus membros sobre as questões do movimento, porém a aliança do PT com a base da Igreja Católica obrigou Lula a retirar seu apoio à união civil para homossexuais na campanha presidencial de 1994.[36] A introdução da proposta de parceria civil por Marta Suplicy em 1995 em certa medida recuperou o prestígio do PT como um partido que defende os direitos de gays e lésbicas.

O movimento tem se expandido em outras áreas importantes. Dirigentes de sindicatos começam a exigir benefícios para parceiros domésticos em planos de saúde. Em abril de 2000, aconteceu o Primeiro Encontro Nacional de Gays e Lésbicas da CUT, para reivindicar que o sindicalismo incorpore as questões levantadas pelo movimento.

Travestis também se destacaram dentro do movimento nos últimos anos. Desde os anos 1960, travestis, muitas trabalhando como prostitutas, tornaram-se mais visíveis nas ruas dos maiores centros urbanos. Hormônio e silicone aumentaram as possibilidades de homens que se identificam como mulheres transformar seus corpos. Embora travestis sejam um alvo dos assassinos, durante muitos anos sua participação no movimento foi quase inexistente. Em maio de 1993, a Associação de Travestis e Liberados realizou seu primeiro encontro nacional no Rio, com a participação de mais de cem pessoas do Rio, de São Paulo e de outros estados. Representantes de outros grupos recém-organizados convergiram no VIII Encontro Brasileiro de Gays e Lésbicas, em janeiro de 1995,

---

36 Lula se reúne com presidente da CNBB e diz que reconhecimento dos direitos de homossexuais também não será tratado. *Folha de S.Paulo*, 13 abr. 1994.

reivindicando sua incorporação ao movimento. Como resultado, o nome da organização fundada nesse encontro – Associação Brasileira de Gays, Lésbicas e Travestis (ABGLT) – refletiu essa participação ampliada.

Guias turísticos internacionais dirigidos a gays e lésbicas anunciam numerosos bares, boates, praias, bailes carnavalescos e diversas publicações. Porém, visibilidade e folia não necessariamente produzem ativistas. Apesar de todos os sucessos da organização conseguidos nos últimos anos, como a Parada Gay de São Paulo, que reuniu 110 mil pessoas em junho de 2000, o movimento ainda está fraco, envolvendo apenas uma porção reduzida dos milhões de gays, lésbicas e travestis brasileiros. Atualmente, existem mais de sessenta grupos de gays e lésbicas no país e um número comparável de organizações dirigidas a assuntos da aids, mas a maioria desses grupos é pequena, composta de apenas trinta a cinquenta membros. Somente uma dúzia de organizações acumula recursos e membros suficientes para sustentar sedes, infraestrutura e oferecer líderes para dirigir o movimento em nível nacional.

Uma pesquisa realizada em maio de 1993 com amostragem de dois mil homens e mulheres brasileiros revelou um persistente desconforto diante da homossexualidade. Embora 50% dos entrevistados confirmassem ter contato diário com homossexuais no trabalho, em sua vizinhança ou nos bares e clubes que frequentavam, 56% admitiram que mudariam seu comportamento em relação a um colega caso descobrissem que ele ou ela era homossexual. Um em cada cinco romperia de vez o contato com essa pessoa. Dos entrevistados, 36% não empregariam um homossexual, mesmo que ele ou ela fosse a pessoa mais qualificada para o cargo, e 79% não aceitariam que seu filho saísse com um amigo gay.

Dr. Arnaldo Dominguez realizou uma pesquisa reveladora em São Paulo em 1991, enviando duzentos questionários a clínicas e psicólogos e seiscentos a homossexuais. Entre os médicos, 30% consideraram que a homossexualidade merecia condenação, 70% achavam a bissexualidade uma anomalia, e 50% disseram não estarem preparados para conversar sobre o assunto se pacientes homossexuais viessem a seus consultórios.

Mudanças dramáticas no movimento ocorreram desde a sua fundação, no final dos anos 1970. Ele agora é mais aberto à diversidade política e ideológica. Ativistas de organizações da esquerda, como o PT e o PSTU, são considerados integrantes legítimos do movimento. Embora as organizações não tenham endossado candidatos, a maioria dos ativistas apoiou o PT ou outro partido da esquerda nas eleições. Isso não quer dizer, contudo, que o movimento tenha adotado mecanicamente a retórica, a análise ou os métodos de organização da esquerda. Faixas coloridas, milhares de balões e as bandeiras do arco-íris geralmente ressaltam a participação gay e lésbica em manifestações políticas. Grupos de conscientização – uma herança do feminismo e do pedagogo Paulo Freire – são um instrumento básico para a organização interna do movimento. Lésbicas, embora ainda numericamente minoritárias dentro do movimento, desempenharam um papel destacado em sua liderança. Um pequeno mas significativo número de travestis, politizadas por suas experiências com a polícia, conseguiu conquistar espaço dentro do movimento.

Se no passado as atividades políticas eram realizadas por indivíduos corajosos e grupos isolados, agora o movimento desenvolve campanhas nacionais coordenadas contra a violência e a favor da parceria civil e da legislação antidiscriminatória. A mídia tem dado mais cobertura aos assuntos relacionados à comunidade gay e lésbica; algumas novelas de televisão retratam de maneira positiva figuras homossexuais. O movimento internacional tem um impacto significativo no Brasil, com alguns dirigentes viajando para os Estados Unidos, a Europa e a América Latina para participar de reuniões e conferências internacionais. A Associação Internacional de Lésbicas e Gays, por meio da realização de sua 17ª Conferência Internacional no Rio em 1995 e da Conferência Latino-americana em 2000, facilitou um intercâmbio proveitoso entre representantes brasileiros e participantes de outros países.

Em agosto de 1964, Gigi Bryant, um dos membros da rede que editava *O Snob*, concluiu uma série em sete partes sobre a "arte de caçar". Num de seus artigos, ele descreveu o Maracanãzinho, que abrigava eventos como Holiday on Ice e os concursos de Miss Brasil. Depois de ridicularizar os membros dos grupos que frequentavam esses shows, Gigi brincou dizendo que "como veem, a afluência do *top-set* bichal para o Maracanãzinho tende a torná-lo futuramente o centro social da numerosa classe". E ele ainda caçoou:

é bem possível que em dias melhores tenhamos o I Festival de Entendidos, convergindo representantes de outras nações ao nosso país. O que seria uma grande publicidade. E uma grande utopia, também.[37]

Em 1964, as previsões de Gigi eram motivo para risos. Contudo, trinta anos depois, seus comentários se provaram incrivelmente premonitórios.

---

37 Bryant, G. Da arte de caçar. *O Snob*, v.2, n.10, p.6, 15 ago. 1964.

Vozes lésbicas e o feminismo radical no "movimento homossexual" brasileiro dos anos 1970 e início dos anos 1980[1]

Este ensaio faz parte de um projeto de livro temporariamente intitulado *Generation 77: Youth, Politics, and the Demise of the Brazilian Dictatorship* [Geração de 77: juventude, política e o fim da ditadura brasileira]. Ele estuda o papel que jovens e estudantes paulistanos, bem como novos ativistas de movimentos sociais, desempenharam nas mobilizações contra a ditadura militar (1964-1985) no final da década de 1970 e início da década de 1980. Ele também examina a ampliação das noções de democracia, direitos humanos e inclusão social na sociedade brasileira daquele período. O livro terá sete capítulos principais, cada um focado em um indivíduo que representa um dos principais grupos que compunham a juventude politizada (e majoritariamente de classe média) nos anos em torno de 1977. Eles têm diferentes origens sociais, econômicas, políticas, raciais, de gênero e identitárias. Suas histórias de vida serão um meio para analisar e entender a natureza dos diferentes

---

1 Tradução de Giuliana Gramani. Originalmente publicado em "Lesbian Voices and Radical Feminism within the Brazilian 'Homosexual Movement' of the 1970s and Early 1980s". *Hommage à la Casa de Rui Barbosa*. Edição especial de *Brésil(s): Sciences humaines et sociales*. Edição especial n.3, dez. 2020.

movimentos que marcaram esse período, quando novas ideias, ideologias e abordagens à mudança social dialogavam e ao mesmo tempo conflitavam com uma gama de visões de mundo marxistas que haviam dominado o pensamento dos ativistas políticos de 1968 e que ainda eram influentes entre setores da esquerda. Neste ensaio, um dos capítulos do livro, enfoco especificamente os primeiros anos do pequeno movimento lésbico em São Paulo – o primeiro no país –, que se desenvolveu em meio ao processo de redemocratização e que apresentava uma crítica radical tanto de setores de um emergente movimento das mulheres quanto de ideias marxistas tradicionais que ainda tinham aderência entre muitos jovens radicalizados.

Ao estudar esse período de efervescência política, estou usando a clássica definição de geração de Karl Mannheim, que a descreve como aqueles indivíduos que são consideravelmente influenciados por determinado contexto sócio-histórico, principalmente por eventos notáveis em sua juventude que os envolveram ativamente, criando grupos sociais com uma experiência compartilhada e oferecendo a possibilidade de moldar gerações futuras.[2] Uma análise do movimento lésbico que emergiu nesse momento no Brasil e compartilhava de muito desse *éthos* geracional serve como uma das principais janelas para esse período de intensa politização em que novos atores brigavam por mudanças sociais durante os últimos anos do regime autoritário.

Centenas de livros foram escritos sobre a Geração de 1968 no Brasil, orientada em grande medida por ideologias marxistas e revolucionárias e que precedeu a "Geração de 77" em uma década.[3] Muitos desses trabalhos são *sobre* ou *escritos por* aqueles que posteriormente se engajaram na luta armada, que atingiu seu apogeu entre 1968 e 1973.[4] A reorganização gradual do movimento estudantil depois do golpe militar de

---

2 Mannheim, K. *Essays on the Sociology of Knowledge*. Ed. Paul Kecskemeti. New York: Oxford University Press, 1952; New York: Routledge, 1972, p.276-322.

3 O mais famoso desses trabalhos é: Ventura, Z. *1968*: o ano que não terminou, a aventura de uma geração. Rio de Janeiro: Nova Fronteira, 1988.

4 Dois *best-sellers* representam o gênero: Gabeira, F. *O que é isso, companheiro?* Um depoimento. Rio de Janeiro: Coderci, 1979; Sirkis, A. *Os carbonários*: memorias da guerrilha perdida. São Paulo: Círculo do Livro, 1980.

Estado de 1964, as mudanças na composição das universidades em termos de gênero em meados dos anos 1960 e as transformações sexuais, sociais e culturais que ocorreram nos centros urbanos do país se combinaram em 1968 para gerar uma explosão de mobilizações dos jovens contra o regime militar. O apogeu simbólico daquele ano foi a Passeata dos Cem Mil no Rio de Janeiro contra a ditadura, que representou as aspirações de uma geração pelo fim do governo militar. Na esteira do Ato Institucional n.5, em dezembro de 1968, e de uma maior repressão contra a oposição radical, aqueles que optaram pela luta armada para derrubar o regime (uma pequena minoria da juventude politicamente mobilizada) sofreu uma terrível derrota no início da década de 1970. Ocorreu o entrincheiramento político da oposição. Ademais, como afirmou Christopher Dunn, muitos jovens foram atraídos por novas formas de contestação contra um regime moral e culturalmente rígido que não adotava conotações abertamente políticas.[5]

Mannheim aponta que geralmente há uma geração intermediária entre dois grupos separados, um hiato que contribui para distinguir cada geração.[6] Nesse caso, minha hipótese é que os anos de 1969 a 1973 marcam o período intermediário entre dois grupos únicos e diferentes. Essa foi uma época em que opositores de esquerda participavam de atividades semiclandestinas em *campi* universitários para reorganizar o movimento estudantil; militantes do Partido Comunista Brasileiro redirecionaram seu trabalho para operar por meio do Movimento Democrático Brasileiro (MDB); e intelectuais fundaram periódicos como um veículo público para debates políticos, entre outros esforços. Todas essas iniciativas poderiam ser consideradas medidas protetoras depois da brutal repressão do movimento estudantil e da oposição legal no final de 1968. O historiador Kenneth Serbin nos recorda que a primeira manifestação significativa contra a ditadura depois de 1968 só ocorreu em 1973. Nesse protesto público no centro de São Paulo, alguns milhares de estudantes e outros participantes se reuniram na catedral para uma

---

5 Dunn, C. *Contracultura*: Alternative Arts and Social Transformation in Authoritarian Brazil. Chapel Hill: University of North Carolina Press, 2017.
6 Mannheim, op. cit., p.301-2.

missa em homenagem a Alexandre Leme, estudante e revolucionário que foi assassinado. Isso ocorreu dois anos antes de uma missa maior e mais conhecida realizada no mesmo local em memória do jornalista de esquerda Vladimir Herzog depois de seu assassinato enquanto estava sob custódia policial em 1975.[7] Apesar desses bolsões de resistência, em 1973 a oposição ainda estava na defensiva.

A periodização da história é sempre capciosa, mas existe praticamente um consenso de que a "lenta, gradativa e segura distensão" prometida em 29 de agosto de 1974 pelo recém-empossado presidente, o general Ernesto Geisel,[8] aliada à impressionante vitória do MDB nas eleições legislativas de novembro de 1974, marcou o início de uma mudança no equilíbrio de poder entre o regime e a oposição. Entre os muitos fatores que fizeram o sentimento público se voltar contra os generais no poder estavam o fim do crescimento econômico considerável, o aumento da inflação, a crescente dívida externa e o cansaço da classe média com as medidas autoritárias e arbitrárias do regime. Geisel tentou administrar o processo de distensão por meio do fim controlado da censura em 1975, da marginalização simbólica dos setores da extrema direita dentro das Forças Armadas depois da morte de Herzog em 1975 e de Manoel Fiel Filho em 1976 e do Pacote de Abril em 1977, criado para conter os avanços da oposição dentro e fora do Congresso.

No entanto, a abertura continuava no passo de um cabo de guerra entre o governo e a oposição legal, no qual eventos inesperados prejudicavam o ritmo e os termos do processo. Em abril de 1977, estudantes da Liga Operária, um pequeno grupo trotskista, junto com um jovem trabalhador que haviam acabado de conhecer, foram presos enquanto panfletavam na região da Grande São Paulo pedindo aumento salarial e a celebração do 1º de Maio. O movimento estudantil de São Paulo, que estivera organizando protestos cuidadosamente orquestrados contra o regime *dentro* do *campus* da Universidade de São Paulo, mobilizou-se

---

7 Serbin, K. P. The Anatomy of a Death: Repression, Human Rights and the Case of Alexandre Vannuchhi Leme in Authoritarian Brazil. *Journal of Latin American Studies*, v.30, n.1, p.1-33, fev. 1998.

8 Presidente anuncia distensão gradativa e segura. *O Globo*, 30 ago. 1974.

em apoio aos detidos e torturados. Um número cada vez maior de protestos liderados por estudantes culminou em uma enorme passeata pelo centro de São Paulo, a maior manifestação pública desde a Passeata dos Cem Mil de 1968. Uma das faixas mais notáveis que os estudantes carregavam afirmava: "Pelas liberdades democráticas". De repente, o regime não podia impedir a oposição de tomar as ruas. No ano seguinte, funcionários da fábrica da Scania-Saab chegaram ao trabalho e se sentaram em suas máquinas, dando início a uma greve selvagem que se transformou em uma onda nacional de mobilizações da classe trabalhadora que durou três anos e desafiou as políticas trabalhistas e econômicas da ditadura, além de catapultar o líder sindicalista Luiz Inácio Lula da Silva para o cenário nacional.

As mobilizações políticas que tiveram início em 1977 e cuja intensidade cresceu ao longo do tempo foram baseadas em esforços organizacionais dos anos anteriores e recorreram em parte às experiências intermediárias de 1969-1973. Conhecimentos sobre as táticas e tradições do movimento estudantil eram transmitidos a colegas mais novos, e histórias da oposição radical de anos anteriores circulavam nos *campi*. A esse respeito, atribuir o ano de 1977 a uma nova geração de estudantes e jovens politizados é um tanto quanto arbitrário, mas o fato de eles terem tomado as ruas naquele ano sob uma faixa que pedia "liberdades democráticas", na minha opinião, representa o impulso central dessa geração, a saber, a oposição ao regime autoritário e um desejo por maior liberdade.

Nesse aspecto, organizações feministas, o Movimento Negro Unificado (MNU) e grupos gays e lésbicos, todos recém-formados, abraçaram a luta por noções mais amplas de democracia.[9] Essas novas articulações insistiam em repensar perspectivas marxistas tradicionais defendidas por grupos clandestinos de base estudantil sobre o tipo de Brasil que deveria existir com o fim da ditadura. Embora esses conflitos e tensões existissem, como aponta Mannheim, é o compartilhamento de uma ideia

---

9 Há uma vasta gama de trabalhos sobre esses movimentos. Os trabalhos clássicos em inglês são: Alvarez, S. E. *Engendering Democracy in Brazil*: Women's Movements in Transitional Politics. Princeton: Princeton University Press, 1990; Hanchard, M. G. *Orpheus and Power*. The Movimento Negro of Rio de Janeiro and São Paulo, Brazil, 1945-1988. Princeton: Princeton University Press, 1994.

comum de destino que une uma geração.[10] Aqui, foi o sentimento generalizado da juventude mobilizada de São Paulo, compartilhado também por outros jovens em diferentes partes do país, de que os dias da ditadura estavam contados e de que uma nova democracia estava prestes a nascer que representou um *éthos* geracional. Todos os ativistas que estou estudando sentiam que sua participação em diferentes grupos e movimentos estava ligada a uma sensação de que algo novo, positivo e transformador estava acontecendo e de que eles eram agentes essenciais desse processo.

Neste ensaio, conforme dito anteriormente, restrinjo-me ao ativismo lésbico que surgiu no final dos anos 1970 dentro do Movimento Homossexual, como era conhecido naquele período. Meu objetivo é entender a busca dessas mulheres por autonomia e independência e sua interação com feminismos, o movimento trabalhista e diferentes setores da esquerda dentro do contexto de esforços mais amplos por um retorno à democracia. Para isso, analisarei brevemente cinco momentos nos cruciais dois primeiros anos do ativismo lésbico, de 1979 a 1981. Abordarei 1) a organização de um subgrupo lésbico separado dentro do Somos: Grupo de Afirmação Homossexual, o primeiro grupo político LGBTQIA+ do Brasil; 2) a publicação, em maio de 1979, de um conjunto de artigos escritos por lésbicas nas páginas do *Lampião da Esquina*, primeiro periódico politizado com temas LGBT; 3) as interações do subgrupo lésbico-feminista do Somos com feministas que participaram do 2º Congresso da Mulher Paulista em março de 1980; 4) a participação de ativistas lésbicas na manifestação do 1º de Maio de 1980 durante a greve geral no cinturão industrial da Grande São Paulo; e 5) sua separação final do Somos e a formação do Grupo de Ação Lésbica-Feminista em maio de 1980.

Marisa Fernandes, uma das sete protagonistas da Geração de 77, relembra o impacto extraordinário que ter participado do debate sobre minorias realizado em fevereiro de 1979 na Universidade de São Paulo (USP) teve em sua vida, dedicada desde então ao ativismo.

---

10 Mannheim, op. cit., p.303.

Vozes lésbicas e o feminismo radical no "movimento homossexual"...

FIGURA 9 – Marisa Fernandes, ativista lésbica feminista.

A Vilminha me ligou em casa. Ela falou que naquela noite ia ter um debate na USP sobre os homossexuais no prédio das Ciências Sociais e se eu queria ir com ela. E aí eu fui! Lá no auditório estavam na mesa também o Alfredo, o Manuel, o Trevisan, o Piva e o Darci [membros do Somos]. E eles estavam falando sobre homossexualismo, (sic) e eu estava na plateia.[11]

O debate foi um dos quatro eventos noturnos que discutiu os recém--formados movimentos feminista, negro, indígena e homossexual. Eles foram organizados pelo Vento Novo, um novo grupo estudantil na USP que se distanciara da ideologia marxista tradicional que priorizava uma análise de classe como chave para o entendimento da situação política. A mesa-redonda e o debate, que contaram com a participação de cerca de duzentas pessoas, seriam depois descritos por futuros acadêmicos

---

11 Marisa Fernandes, entrevistada por Edward MacRae, 6 maio 1981. Na época, ainda se usava a palavra "homossexualismo" que com o tempo foi substituído por homossexualidade.

como o momento em que o Somos saiu do armário.[12] Marisa relembra suas emoções naquela noite:

> Eu lia muito sobre esse assunto, sobre o que acontecia nos Estados Unidos, porque lá o movimento [homossexual] já era bem avançado. E na Europa também! Imagina que naquela época da minha adolescência, vivendo sob o regime da ditadura militar, eu fui convencida de que não havia movimento nenhum aqui no Brasil! Eu acreditava que não ia acontecer mais nada no Brasil! Nenhum movimento, quanto mais um movimento homossexual! Eu achava que não ia nem viver pra ver... E, de repente, estava acontecendo na minha frente! E eu vivia aquela certeza dentro de mim! Foi uma grande emoção dentro de mim![13]

Naquela época, Marisa, aos 25 anos, trabalhava como secretária e estudava História na USP à noite. Vinda da cidade proletária de Santo André, localizada no cinturão industrial da Grande São Paulo, Marisa se apaixonara por uma vizinha, Miriam, quando tinha 15 anos. O relacionamento delas provocou uma reação radical em ambas as famílias, repleta de drama, separações, encontros secretos, intervenções policiais e, por fim, reconciliação e aceitação do relacionamento por parte dos pais de Marisa, que passaram a amar e a aceitar Miriam.[14] Embora Marisa fosse aluna da USP, ela não tinha participado ativamente do movimento estudantil ou se tornado apoiadora de nenhum dos grupos clandestinos de esquerda no *câmpus*. O evento com membros do Somos e representantes do *Lampião* foi seu primeiro contato com os mais novos movimentos sociais de oposição, que tinham acabado de começar a ganhar visibilidade.

Como já escrevi em outros artigos, a participação do público depois da fala dos palestrantes colocou dois pontos de vista políticos articulados

---

12 Dantas, E. Negros, mulheres, homossexuais e índios nos debates da USP. *Lampião da Esquina*, v.10, mar. 1979, p.9; MacRae, E. *A construção da igualdade*: identidade sexual e política no Brasil da abertura. Campinas: Unicamp, 1990; Simões, J.; Facchini, R. *Na trilha do arco-íris*: do movimento homossexual ao LGBT. São Paulo: Fundação Perseu Abrão, 2008, p.96-7.
13 Marisa Fernandes, entrevistada por Edward MacRae, 6 maio 1981.
14 Lampião da Esquina. Então, por que tanta repressão. *Lampião da Esquina*, v.1, n.12, maio 1979, p.9-10.

e divergentes um contra o outro, sendo uma terceira perspectiva apenas timidamente defendida na época.[15] Uma das posições, defendida por apoiadores de diferentes grupos estudantis de esquerda de inspiração marxista, afirmava que as demandas do movimento homossexual eram controversas e que as suscitar dividia as forças progressistas. Portanto, elas deveriam ser deixadas de lado para alguma data futura, de modo que uma ampla frente unida contra a ditadura pudesse ser forjada. Membros do Somos insistiam que a repressão da homossexualidade era uma prioridade imediata para os que enfrentavam discriminação e que era uma falha da esquerda se recusar a levar a sério as demandas do movimento homossexual. Um terceiro ponto de vista defendia a necessidade de aliar a luta contra a ditadura às demandas democráticas dos movimentos de mulheres, negros e homossexuais.

No final da década de 1970, o movimento estudantil liderado por marxistas era um dos principais pontos de referência para organizações e mobilizações políticas contra o regime militar, porém alguns dos primeiros líderes do Somos rejeitavam seu estilo de liderança, que consideravam hierárquico e suscetível a disputas autoritárias pelo poder. Outros dentro do movimento homossexual, que já haviam tido ligações com setores da esquerda, eram menos hostis à ideia de trabalhar com essas forças dentro de uma oposição mais ampla ao regime militar. A tensão entre apoiadores da esquerda dentro do movimento homossexual e aqueles que defendiam autonomia sem a participação de pessoas com ideologias de esquerda continuou ao longo dos dois anos seguintes e por fim levou a um racha no Somos.[16] Com base em entrevistas nas quais relembra aquela noite, não fica claro se Marisa compreendeu as minúcias dessa parte do debate. No entanto, ela se lembra com clareza que Emanoel, um dos fundadores do Somos, convidou as lésbicas no

---

15 Green, J. N. More Love and More Desire: The Building of the Brazilian Movement. In: Adam, B.; Duyvendak, J. W.; Krouwel, A. (Eds.). *The Global Emergence of Gay and Lesbian Politics*: National Imprints of a Worldwide Movement. Philadelphia: Temple University Press, 1999, p.91-109.

16 Green, J. N. Desire and Militancy: Lesbians, Gays, and the Brazilian Workers' Party. In: Drucker, P. (Ed.). *Different Rainbow*: Same-Sex Sexuality and Popular Struggles in the Third World. London: Gay Men's Press, 2000, p.57-70.

público para se juntar ao grupo e que ela imediatamente lhe deu seu número de telefone. Ela tem a lembrança de que mal podia esperar pela próxima reunião do grupo, no sábado à tarde.[17]

Desde a sua fundação, em maio de 1978, o Núcleo de Ação pelos Direitos dos Homossexuais, como o Somos incialmente se chamava, era dominado por homens gays. Algumas lésbicas individuais passaram pelo grupo, mas poucas permaneceram por muito tempo, pelo fato de que as discussões enfocavam questões centradas nos homens.[18] Depois do debate na USP, essa dinâmica mudou, à medida que Marisa e mais uma dúzia de mulheres se juntou à organização. Marisa se lembra de comparecer à sua primeira reunião em um sábado. "Nós tivemos medo por ser tachada de reunião de 'esquerdistas' contra o governo. E eu sabia que os vizinhos iriam saber que seria uma reunião de homossexuais. E que o 'imoralismo' ia pintar bravo! Chamariam a polícia".[19]

Na Europa Ocidental ou nos Estados Unidos, uma nova geração de grupos lésbicos politicamente ativos surgiu no final dos anos 1960 e início dos anos 1970, no contexto de sociedades democráticas. No Brasil, o primeiro núcleo de ativistas lésbicas se organizou dentro da estrutura de um regime autoritário, que ainda exerce um poder e um controle consideráveis mesmo à medida que afrouxava sua influência sobre a sociedade civil. Além disso, ao contrário do que ocorria no movimento estudantil, não havia uma geração anterior de ativistas lésbicas para transmitir suas experiências de organização política.

Contudo, tornar-se parte de um grupo rapidamente aplacou os medos de Marisa. "Depois que eu entrei, percebi que tinha uma vontade enorme de organizar, que precisava organizar. Era impossível eu ficar quieta, tinha que fazer alguma coisa! Porque era tanta repressão, tanta repressão, que eu não podia ficar calada sem fazer nada!"[20] Encontrar outros homens e mulheres que queriam se engajar em ações políticas

---

17 Marisa Fernandes, entrevistada por Edward MacRae, 6 maio 1981.
18 Green, J. N. The Emergence of the Brazilian Gay and Lesbian Movement, 1977-1983. *Latin American Perspectives*, v.21, n.1, p.38-55, 1994.
19 Marisa Fernandes, entrevistada por Edward MacRae, 6 maio 1981.
20 Ibid.

teve um impacto profundo em seu pensamento. Como ela se lembrou trinta anos depois:

> Eu me tornei ativista feminista porque dentro do Somos eu já encontrei homens, gays, que tinham uma consciência feminista, que liam, que tinham saído do país, que conheciam o movimento fora. Me pegaram pela mão e me jogaram: "Você tem que ir. Você tem que ir. Você não pode ser lésbica só, você tem que ser feminista". Então eu também me tornei uma ativista lésbica-feminista.[21]

As experiências de vários fundadores do Somos, que tinham vivido no exterior, e a circulação de um pequeno número de livros e revistas sobre ideias e organizações gays e lésbicas internacionais deu a Marisa e a outros apoio político e moral suficiente para ganhar confiança e tentar organizar um novo movimento social. Eles o fizeram apesar da conjuntura política, a qual, naquele momento, de forma alguma garantia que o Brasil inequivocamente evoluiria para um regime democrático.

Embora houvesse uma meia dúzia de homens gays apoiadores dentro do Somos que se consideravam feministas, inexistia visibilidade lésbica nas páginas do *Lampião*, a primeira publicação gay do país com conteúdo político. Pressionado por uma jornalista lésbica para abordar a questão, Aguinaldo Silva, editor-chefe *de facto* do *Lampião*, concordou em publicar uma série de artigos, que apareceram na edição comemorativa do primeiro aniversário da publicação.[22] A capa do *Lampião* de maio de 1979 anunciava de forma provocativa: "Amor entre mulheres (Elas dizem onde, quando, como e por quê)". Marisa recorda que 25 lésbicas organizaram o dossiê de cinco páginas.[23] Ele incluía os dramáticos relatos de duas jovens mulheres que enfrentaram estigmatização social e familiar ao sair do armário. Um deles relatava a história

---

21 "Mesa Redonda: Somos: Grupo de Afirmação Homossexual: 24 anos depois". In: Green, J. N.; Maluf, S. (Orgs.). Homossexualidade: sociedade, movimento e lutas. *Cadernos Edgard Leuenroth*, edição especial. Campinas, 2003. 18/19 (2003), p.62.
22 Lampião da Esquina. Nós também somos aí. *Lampião da Esquina*, v.12, n.1, maio 1979, p.7-11.
23 Ibid.

da própria Marisa, embora ela fosse identificada como "M".[24] A edição também incluía um longo relato sobre a importância da visibilidade lésbica. O texto explicava: "Nós estamos atrasadas [em publicar no jornal *Lampião*] porque temos medo, receio, cagaço mesmo de viver o que somos. Porque não construímos o espaço do nosso viver. Porque vivemos na clandestinidade".[25]

As cinco páginas correspondiam a um manifesto lésbico-feminista completo que delineava a natureza e os mecanismos de submissão social das lésbicas e reconhecia as formas como isso havia sido internalizado: "Nós estamos atrasadas porque eu, você, aquele ali, aquela outra, nós, enfim, também assimilamos essa repressão toda". O relato, entretanto, suscitou ressalvas sobre o movimento feminista ao apontar que publicações femininas *também* não tinham conseguido imprimir artigos sobre a sexualidade entre mulheres. O comentário anteviu os conflitos que as lésbicas do Somos enfrentariam ao participar do 2º Congresso da Mulher Paulista, no ano seguinte.

Marisa defende que o conjunto de materiais publicado no *Lampião* fomentou uma confiança considerável entre as mulheres do Somos. Seguindo a prática recém-estabelecida do grupo, os homens e mulheres que entraram para ele depois do debate na USP foram recebidos por um comitê de boas-vindas e depois participaram de grupos de gêneros mistos de tomada de consciência. Alguns também optaram por se juntar a mais subgrupos que enfocavam a divulgação e a ação política. A dispersão das novas lésbicas em grupos de discussão dominados por homens gays causou desconforto entre a maioria das mulheres que havia se juntado ao Somos recentemente e deu a sensação de que suas questões específicas enquanto lésbicas foram soterradas pela maioria masculina nos subgrupos. Em resposta, elas formaram o subgrupo Lésbico-Feminista (LF) para unir forças e abordar especificidades que enfrentavam enquanto mulheres no Somos e enquanto lésbicas na sociedade. Entretanto, o desejo de autonomia dentro da organização causou controvérsia junto a alguns membros homens. Marisa recorda:

---

24 Id. Então, por que tanta repressão, op. cit., p.9-10.
25 Ibid., p.7-8.

Em uma reunião geral do Somos de julho de 1979, auge do grupo, participaram dez lésbicas e oitenta gays. Ainda que claramente minoria, as lésbicas do LF apresentaram suas decisões: encaminhar a discussão sobre machismo e feminismo no Somos, apresentar um temário específico para ser discutido por todos, ter um grupo de acolhimento e afirmação da identidade só para lésbicas e buscar alianças com o movimento feminista.[26]

Durante a reunião, alguns homens gays fizeram comentários hostis sobre a proposta, argumentando que ela dividiria o grupo. Ironicamente, os argumentos desses homens foram semelhantes àqueles dados por alguns ativistas de esquerda no debate da USP sobre o movimento homossexual como um todo, a saber, que um grupo separado de lésbicas estraçalharia uma suposta frente unida contra a opressão de homossexuais, tanto homens quanto mulheres. "Felizmente [as integrantes do LF] receberam apoio de alguns gays do Somos, mais abertos às questões de gênero", refletiu Marisa. "Essa primeira fase da luta do LF não foi nada fácil, pois elas se depararam com empecilhos que não haviam imaginado. O LF era bastante plural, tinha de empregada doméstica a programadora de software, mulheres que não vinham da academia, mas dos 'armários' e do 'gueto'. O ponto comum entre elas era o lesbianismo".[27]

As lésbicas do Somos apresentaram três objetivos ao organizarem um grupo separado: participação igual em um grupo dominado por homens, posição igual no emergente movimento feminista e direitos iguais na sociedade brasileira no geral. De certa forma, todos eles espelhavam os objetivos gerais daqueles que se mobilizavam contra a ditadura, ou seja, o fim de um domínio arbitrário e a expansão da democracia, que implicava direitos iguais. As lésbicas, contudo, estenderam essas demandas para os próprios movimentos homossexual e feminista. Esses esforços se mostraram muito mais difíceis de serem atingidos do que aquelas recém-politizadas ativistas lésbicas haviam esperado.[28]

---

26 Fernandes, M. O movimento das mulheres lésbicas feministas no Brasil. *Revista Cult*, n.235, 12 jun. 2018.
27 Ibid.
28 Id. Lésbicas e a ditadura. In: Green, J. N.; Quinalha, R. (Eds.). *Ditadura e homossexualidades*: repressão, resistência e a busca da verdade. São Carlos: Editora da Universidade Federal de São Carlos, 2014.

Como veremos, a incapacidade da maioria dos membros homens do Somos de compreender a crítica feminista a comentários e atos misóginos por parte de muitos homens da organização, assim como um desejo da maioria das lésbicas de formar um grupo autônomo e independente, levou a maior parte delas a deixar o Somos em maio de 1980. No entanto, mesmo antes de sua partida, elas enfrentaram um enorme desafio em suas tentativas de colaborar com feministas.

Embora um pequeno grupo de ativistas feministas tenha conseguido realizar trabalhos políticos durante os repressivos anos de 1969 a 1974, um movimento feminista se uniu em 1975 em atividades relacionadas à organização, por parte ONU, do Ano das Mulheres.[29] Ele se inspirou parcialmente em mulheres que tinham sido ativas na esquerda em 1968 mas que haviam criticado análises marxistas convencionais que favoreciam questões de classe em detrimento de outras relacionadas a gênero. Ao mesmo tempo, várias organizações semiclandestinas de esquerda, incluindo o pró-soviético Partido Comunista brasileiro, bem como grupos pró-China e pró-Cuba, adaptaram seus planos e atividades públicas para atender a um crescente interesse, entre setores femininos da oposição, por questões relacionadas especificamente às mulheres. Seguindo uma lógica marxista ortodoxa, elas focaram em organizar mulheres pobres e proletárias e promoveram um panorama que insistia que tal trabalho político precisava ser feito dentro do contexto de uma ampla frente democrática unida pelo fim da ditadura. Esses mesmos membros da esquerda também consideravam grupos feministas emergentes como organizações de classe média ou pequeno-burguesas que ignoravam os problemas econômicos imediatos de mulheres de classes menos abastadas. Nesse contexto, feministas que defendiam um movimento autônomo, sem a participação de organizações de esquerda de caráter marxista, acabaram discordando dessas organizações. Um grande confronto aconteceu durante o 2º Congresso da Mulher Paulista, realizado na Pontifícia Universidade Católica de São Paulo (PUC-SP) em março de 1980. De certa forma, as lésbicas do Somos se viram em meio a um fogo cruzado.

---

29 Alvarez, op. cit.; Pinto, C. R. J. *Uma história do feminismo no Brasil*. São Paulo: Editora Fundação Perseu Abrão, 2003.

Entrar para o comitê organizador do congresso e comparecer ao encontro foi a primeira grande atividade política de que as lésbicas do Somos participaram. Para ganhar um pouco de visibilidade, o grupo Lésbico-Feminista decidiu colocar um grande aviso no local do congresso anunciando um painel intitulado "Amor entre mulheres", acompanhado de algumas fotografias. Quase que imediatamente, alguém arrancou o pôster, enviando uma mensagem nada receptiva às lésbica que compareceram ao encontro. Refletindo sobre a participação delas no congresso, Marisa afirmou:

> No primeiro dia, as lésbicas ficaram todas em um único grupo e nele eram a maioria, mas havia oitenta outros grupos acontecendo ao mesmo tempo, então o efeito foi limitado. No segundo dia, a tática foi se espalhar por outros grupos, buscando, assim, dar maior alcance para as suas ideias. Mas foi tudo em vão, pois o clima geral do congresso estava muito difícil. Sendo assim, as reivindicações lésbicas não causavam o impacto desejado e geravam animosidade. A primeira inserção lésbica no movimento feminista, por meio desse 2º Congresso, foi bastante traumatizante.[30]

Como Marisa afirmou muitos anos depois, em uma reflexão por escrito sobre os primeiros anos do movimento, "as lésbicas defendiam que as mulheres lutassem pelo direito ao prazer e à sua sexualidade, que rompessem com o ciclo de opressão e subordinação do masculino que não aceitava o desejo da mulher [...]".[31] Noções de heteronormatividade imposta eram ideias novas tanto para militantes marxistas ortodoxas quanto para muitas feministas independentes, e no início ambos os grupos foram pouco receptivos a essas ideias das lésbicas.

Esse foi especialmente o caso no que concerne a uma facção organizada dentro do congresso, liderada pelo Movimento Revolucionário 8 de Outubro (MR-8). No final dos anos 1960 e início dos anos 1970, essa organização esteve envolvida na luta armada, mas, ao final daquela década, havia mudado o curso da política e estava se

---

30 Fernandes, M. Lésbicas e a ditadura, op. cit.
31 Id., O movimento das mulheres lésbicas..., op. cit.

organizando em comunidades pobres e proletárias. O MR-8 mobilizou apoiadoras para participar do congresso e argumentou que mulheres de áreas de baixa renda de São Paulo não aceitariam a participação de lésbicas assumidas no movimento das mulheres. A organização também insistiu que mulheres "proletárias", que ela acreditava representar, não estavam interessadas em questões relacionadas a sexualidade e prazer.³² O conflito entre ideias marxistas tradicionais da esquerda ortodoxa e as feministas que criticavam o que consideravam ser ideias sectárias resultou em um congresso cindido, com ambos os lados emitindo declarações e manifestos contra o outro. As lésbicas do Somos, rejeitadas pelas marxistas ortodoxas mas não exatamente acolhidas por aquelas que se identificavam como feministas, permaneceram marginalizadas no processo.³³

Essa primeira tentativa de alcançar pessoas fora de grupos exclusivamente lésbicos de tomada de consciência e de discussão não conseguiu obter o apoio do movimento das mulheres. Ela também as colocou em conflito com marxistas ortodoxos, que defendiam, assim como os estudantes no debate na USP ao qual Marisa tinha comparecido, uma frente unida contra a ditadura mas consideravam os movimentos gays e lésbicos como parceiros não adequados nessa empreitada. Infelizmente, a polarização política entre feministas independentes e mulheres afiliadas a grupos de esquerda se intensificou no ano seguinte. Estas últimas, que estavam em vantagem no terceiro congresso, realizado em 1981, chegaram ao ponto de proibir as lésbicas de participar abertamente do evento. Entretanto, um realinhamento do movimento das mulheres com as lésbicas que se juntaram às feministas que se opunham a quaisquer ligações com grupos políticos de esquerda abriu espaço para uma discussão sobre sexualidade feminina e o conceito de diferenças. Contudo, o primeiro ataque ao movimento feminista revelou que certos setores dos movimentos que pediam o fim da ditadura não compactuavam com os valores de democracia e pluralismo

---

32 Ibid.
33 Id., Lésbicas e a ditadura, op. cit.

que as ativistas lésbico-feministas consideravam um elemento essencial em seu próprio trabalho político.[34]

Quase imediatamente depois do 2º Congresso da Mulher Paulista, em 1980, o Somos se envolveu na organização do primeiro Encontro Nacional de Grupos Homossexuais Organizados, evento realizado em São Paulo em abril de 1980. Embora em uma escala muito menor, o encontro enfrentou as mesmas tensões que estavam presentes no evento das mulheres. Elas se centravam no fato de o movimento homossexual dever ou não ter alguma relação com outros movimentos sociais e políticos que lutavam contra a ditadura. Uma das propostas mais controversas, debatida no encontro nacional com cerca de duzentos ativistas, dizia respeito à participação nas comemorações do Dia do Trabalho que estavam previstas para ocorrer em São Bernardo do Campo, um subúrbio proletário de São Paulo, em meio a uma greve geral dos metalúrgicos, liderada por Luiz Inácio Lula da Silva. Apesar de, na cerimônia de abertura do evento de três dias, o grupo ter unanimemente declarado apoio à greve geral, a proposta de o movimento como um todo se juntar ao protesto do 1º de Maio polarizou a assembleia, bem como o Somos. Para evitar um racha neste último, aqueles que queriam participar da passeata formaram a Comissão de Homossexuais Pró-1º de Maio. Cinquenta lésbicas e homens gays viajaram a São Bernardo do Campo e participaram da manifestação carregando uma faixa que dizia: "Contra a discriminação do/da trabalhador/a homossexual".[35] Outros membros do Somos, que eram contra a participação na passeata do Dia do Trabalho, organizaram um piquenique no zoológico.[36]

Marisa estava entre aqueles que participaram da passeata: "Nós também queremos derrubar esta ditadura... Foi uma enorme briga, foi um racha..., quase uma imposição para que nós não fôssemos".[37] Na reunião

---

34 Id. Ações lésbicas. In: Green, J. N.; Quinalha, R.; Caetano, M.; Fernandes, M. (Eds.). *História do movimento LGBT no Brasil*. São Paulo: Alameda Casa Editorial, 2018, p.95-7.

35 Maunder, V.; Mott, L.; Assunção, A. Homossexuais e o 1º de Maio. *Em Tempo*, São Paulo, 14-27 maio 1981, p.14.

36 Trevisan, J. S. *Devassos no paraíso*: a homossexualidade no Brasil da colônia à atualidade. 4. ed. rev. e ampl. Rio de Janeiro: Objetiva, 2018, p.357.

37 Green, J. N.; Maluf, S. Homossexualidade: sociedade, movimento e lutas. *Cadernos Edgard Leuenroth*, edição especial. Unicamp, 18/19, 2003.

de planejamento da comissão *ad hoc* para organizar um contingente, alguns expressaram medo de que a multidão fosse agressiva com um grupo de gays e lésbicas. Isso acabou não acontecendo. Marisa notou que o regime militar não dispersou a multidão, embora a passeata não tivesse sido autorizada pelo governo:

> Eram cem mil pessoas e eles [os militares] não atacaram... Então, eu perdi o medo naquele momento, porque eu tinha corrido muito da polícia. Dentro da USP, era o movimento estudantil de 77, e a gente tinha sido preso. Então eu tinha muito medo da "mão" do Exército, dos operários menos. Mas eu achava que vinha todo mundo, todo mundo. [Eu achei que] a gente ia ser realmente linchado, pelo moralismo. E não foi. Aquela hora se precisava de todas as forças possíveis para se fazer aquilo, e essa compreensão todas as pessoas tiveram quando entraram os homossexuais, éramos nós ali. Então eu acho que isso foi bárbaro. Eu lembro que eu perdi completamente o medo, já entrei [no estádio onde ocorreu o comício] sambando, dançando, a gente andou pulando.[38]

Marisa também admitiu que o fato de ela vir de uma família da classe trabalhadora e ter crescido em Santo André, um município próximo a São Paulo com uma população majoritariamente proletária, era um motivo extra pelos quais ela sentia que era importante participar da manifestação.[39] Embora ela e outras lésbicas tenham enfrentado hostilidade de pessoas da esquerda no Congresso da Mulher Paulista, as quais afirmavam que questões de sexualidade entre mulheres dividiam uma frente unida contra a ditadura, isso não a dissuadiu de escolher se juntar à mobilização, organizada pelo recém-formado Partido dos Trabalhadores e por sindicatos com tendências esquerdistas. Ela entendia a importância política de sua participação justo no momento em que reivindicava o manto do feminismo, embora algumas feministas rejeitassem ou permanecessem distantes do grupo lésbico.

---

38 Ibid.
39 Marisa Fernandes, entrevistada pelo autor, 8 jul. 2018, São Paulo.

Pouco depois da manifestação do Dia do Trabalho, um grupo de doze membros do Somos decidiu se separar da organização, alegando que ela estava sob a irreversível influência da Convergência Socialista, a única organização de esquerda que tinha um posicionamento claro em favor dos direitos homossexuais e que tinha um grupo organizado entre os homens gays e as lésbicas que faziam parte da organização [40]

Ao mesmo tempo, a maioria das mulheres no grupo Lésbico-Feminista deixou o Somos para formar um grupo independente composto apenas por mulheres. Algumas mulheres, no entanto, permaneceram no Somos, preferindo trabalhar com uma organização que não fosse exclusivamente feminina. A divisão no Somos provocou uma controvérsia considerável nas páginas do *Lampião*, levando o recém-formado Grupo de Ação Lésbica-Feminista (Galf) a emitir uma declaração explicando seu posicionamento sobre o assunto: "A autonomia do Galf em relação ao Somos/SP era anterior à divisão do grupo. Foi então mera 'coincidência histórica' ter acontecido no mesmo dia em que algumas pessoas saíram para fundar outro grupo".[41] A declaração esclarecia que a saída das lésbicas do Somos tinha o intuito de

> nos organizar separadamente para atender às nossas especificidades [...]. Isso não significa, porém, que estamos fora do movimento [homossexual] ou que agora sejamos apenas um grupo feminista. Ao efetuarmos um trabalho junto às feministas, estamos buscando atender à outra faceta prioritária de nosso movimento, uma vez que somos um grupo de mulheres. Buscamos, também, ampliar o universo de atuação dos grupos homossexuais, através deste novo espaço conquistado. [...] Em suma, trouxemos para o movimento homossexual o cunho revolucionário do movimento feminista – a busca de uma nova práxis, transformadora da realidade social. Queremos frisar que continuamos a ser um grupo lésbico e que o feminismo apenas nos acrescentou novas frentes de luta.

---

40 Green, J. N. Forjando alianças e reconhecendo complexidades: as ideias e experiências pioneiras do Grupo Somos de São Paulo. In: Green, J. N.; Quinalha, R.; Caetano, M.; Fernandes, M. (Eds.). *História do movimento LGBT no Brasil*. São Paulo: Alameda Casa Editorial, 2018, p.63-78.
41 Lampião da Esquina. A posição do Galf. *Lampião da Esquina*, v.3, n.27, ago. 1980, p.5.

Pouco depois, o Galf começou a publicar o *Chanacomchana*, primeira publicação brasileira com foco lésbico.[42]

No período de um ano e meio desde que Marisa e outras lésbicas tinham entrado para o Somos, no começo de 1979, as mulheres do Galf haviam começado a desenvolver uma perspectiva política que defendia as identidades políticas múltiplas das lésbicas, que tinham experiências em comum com homens gays, mas, ao mesmo tempo, enfrentavam formas diferentes de discriminação e repressão enquanto mulheres e enquanto lésbicas. Embora muitas se identificassem com os esforços do movimento trabalhista e de setores da esquerda para contestar as políticas da ditadura, elas relutavam em aceitar grupos ortodoxos da esquerda, os quais, na opinião delas, na verdade restringiam – em vez de ampliar – uma frente democrática contra o regime.

Setores da esquerda também estavam passando por transições. No congresso de fundação do Partido dos Trabalhadores, em 1981, Lula declarou que defendia o espaço dos homossexuais dentro do partido, acrescentando que "não aceitaremos que em nosso partido o homossexualismo [sic] seja tratado como doença e muito menos como caso de polícia. Defenderemos o respeito que merecem essas pessoas, convocando-as ao empenho maior de construção de uma sociedade".[43] Em 1982, candidatos abertamente gays concorreram a cargos públicos, a maioria filiada ao PT, apesar de nenhum deles ter sido eleito.[44] Enquanto isso, as lésbicas finalmente ganharam um espaço político dentro do movimento feminista. Ademais, em 1983 o Galf organizou um protesto público no Ferro's Bar, importante ponto de encontro de lésbicas em São Paulo, criticando as medidas discriminatórias dos donos, que se recusavam a deixá-las vender a *Chanacomchana* dentro do estabelecimento.[45]

---

42 Lessa, P. Visibilidade e ação lesbiana na década de 80: uma análise a partir do Grupo de Ação Lésbico-Feminista e do boletim *Chanacomchana*. Gênero, v.8, n.2, p.301-33, 2008.
43 Abertura ainda não chegou ao povo. *Folha de S.Paulo*, 28 set. 1981, p.6.
44 Cruz, R. Do protesto de rua à política institucional: a causa homossexual nas eleições de 1982. In: Green, J. N.; Quinalha, R.; Caetano, M.; Fernandes, M. (Eds.). *História do movimento LGBT no Brasil* São Paulo: Alameda Casa Editorial, 2018, p.255-77.
45 Fernandes, M. O movimento das mulheres lésbicas..., op. cit.

Naquele mesmo ano, contudo, houve uma queda considerável no ativismo gay e lésbico em nível nacional. Uma grave recessão frustrou os planos de grupos com finanças precárias e membros que enfrentavam o desemprego e problemas econômicos. As energias entusiasmadas de membros da Geração de 77 se dissiparam, e muitos ativistas se voltaram para preocupações cotidianas para poder sobreviver economicamente. Em grande medida, as expectativas utópicas de que um retorno à democracia daria início a um novo e glorioso período da história brasileira não eram realistas.[46] Mesmo assim, essas lésbicas da Geração de 77 introduziram um novo conjunto de ideias sobre inclusão democrática no corpo político da oposição, bem como um novo arcabouço analítico sobre discriminação e repressão que seria transmitido aos futuros militantes do movimento LGBTQIA+ à medida que ele se reorganizava no final dos anos 1980 e ao longo dos anos 1990.

---

46 MacRae, op. cit.

Comissão Nacional da Verdade

Relatório
Volume II
Textos Temáticos
Dezembro/2014

Ditadura e homossexualidades

Este texto foi elaborado sob a responsabilidade do conselheiro Paulo Sérgio Pinheiro. Pesquisas, investigações e redação foram desenvolvidas pelos pesquisadores James N. Green, professor da cátedra Carlos Manuel de Céspedes de História Latino-Americana na Universidade Brown (EUA), e Renan Quinalha, advogado na Comissão da Verdade do Estado de São Paulo "Rubens Paiva".[1]

A discriminação contra lésbicas, gays, bissexuais, travestis, transexuais e transgêneros (LGBTQIA+) não surgiu durante a ditadura. Suas origens remontam a períodos muito anteriores da história brasileira. A homofobia esteve sempre embutida em diversas esferas e manifestações da cultura em nosso país: nos discursos médico-legais, que consideravam a homossexualidade uma doença; nos discursos religiosos, que condenavam o ato homossexual como pecado; em visões criminológicas conservadoras, que tratavam homossexuais como um perigo social; e em

---

1 Este texto foi baseado em diversos trabalhos inéditos publicados no livro *Ditadura e homossexualidades: repressão, resistência e a busca da verdade*, organizado por James N. Green e Renan H. Quinalha (São Paulo: Edufscar, 2014).

valores tradicionais que desqualificavam e estigmatizavam pessoas que não se comportavam de acordo com os padrões de gênero prevalentes, sendo vistas como anormais, instáveis e degeneradas, caracterizando a homossexualidade como um atentado contra a família.

Embora esses valores sociais e culturais contrários à homossexualidade tenham se afirmado com nitidez e se condensado em postos oficiais do Estado naquele momento, pode-se dizer que existia também certa tolerância, ainda que bastante relativa, de alguns setores às práticas homossexuais, desde que estas se mantivessem dentro de espaços sociais bem demarcados e circunscritos: carnaval, lugares fechados e isolados de sociabilidade LGBT, certas profissões consideradas "delicadas" ou "criativas" para homens, ligadas às noções de gênero sobre a feminilidade tradicional, bem como certos lugares reservados para mulheres masculinizadas.

Vale ressaltar, no entanto, que essa tolerância incipiente não foi fruto do processo político de fechamento que levou à ditadura. Foram as mudanças profundas ocorridas dentro e fora do país, ainda nos anos 1950 e 1960, que possibilitaram a criação de novas atitudes diante da homossexualidade e que levaram a uma maior aceitação das diferenças no campo da sexualidade. São símbolos dessas lutas pela ampliação do reconhecimento de outras identidades e orientações sexuais as ações dos novos movimentos sociais nos EUA, na Europa e na Argentina, que, no final dos anos 1960, já reivindicavam outro tratamento social frente à homossexualidade.

Porém, a eliminação de direitos democráticos e de liberdades públicas desencadeada pelo golpe de 1964, com a instauração de um regime autoritário e repressivo, adiou as possibilidades da constituição de um movimento dessa natureza no Brasil, adiando-se a emergência de atores políticos que pautavam esses temas na cena pública. Paralelamente, a ditadura reforçou o poder da polícia, a censura sobre diversas esferas da vida e as arbitrariedades da repressão estatal, instituindo uma notória permissividade para a prática de graves violações dos direitos humanos de pessoas LGBT.

Por causa da repressão generalizada do regime pós-1964, que dificultava qualquer possibilidade de organização de gays, lésbicas e travestis nos anos 1960 e no começo dos anos 1970, não surgiu uma rede bem estruturada de ativistas para monitorar a situação, documentar as violações de direitos humanos quando elas ocorreram e mesmo fazer as denúncias públicas; afinal, a censura não permitia esse nível de liberdade de expressão e de ação política. O processo de acompanhamento das agressões homofóbicas só aconteceu a partir dos anos 1980, quando coletivos como o Grupo Gay da Bahia (GGB) começaram a coletar e divulgar, sistematicamente, dados sobre as mortes violentas de gays, lésbicas e travestis. A falta de informações e registros de uma ditadura que buscou apagar seus rastros, sobretudo sob o recorte específico LGBT nesse período, torna ainda mais difícil dimensionar o alcance e o sentido das violências praticadas. Somente agora é que historiadores e outros pesquisadores estão recuperando esse passado, a partir da lente peculiar da sexualidade.

Não houve uma política de Estado formalizada e tão coerente no sentido de exterminar os homossexuais, a exemplo de como existia uma campanha anunciada e dirigida para a eliminação da luta armada com repressão de outros setores da oposição ao longo dos anos da ditadura. Porém, também é muito evidente que houve uma ideologia que justificava o golpe, o regime autoritário, a cassação de direitos democráticos e outras violências, a partir de uma razão de Estado e em nome de valores conservadores ligados à doutrina da segurança nacional. Essa ideologia continha claramente uma perspectiva homofóbica, que relacionava a homossexualidade às esquerdas e à subversão. Acentuou-se, portanto, assumida agora como visão de Estado, a representação do homossexual como nocivo, perigoso e contrário à família, à moral prevalente e aos "bons costumes". Essa visão legitimava a violência direta contra as pessoas LGBT, as violações de seu direito ao trabalho, seu modo de viver e de socializar, a censura de ideias e das artes que ofereciam uma percepção mais aberta sobre a homossexualidade e a proibição de qualquer organização política desses setores.

Infelizmente, mesmo os setores progressistas no Brasil demoraram para compreender a relação entre a repressão mais direta da ditadura e os seus efeitos mais gerais na cultura política e nas instituições da sociedade brasileira. Mas não foi somente no Brasil que isso ocorreu. A Anistia

Internacional, organização fundamental nas campanhas internacionais para denunciar a repressão e as torturas no Brasil nos anos 1960 e 1970, demorou para entender que a defesa da comunidade LGBT, vitimada pela repressão do Estado, fazia parte da sua missão.

A Comissão Nacional da Verdade (CNV) tem que aprender com esse passado e ser parte da transformação que ainda hoje se espera da democracia brasileira no sentido de prestigiar a diversidade e o respeito aos direitos humanos.

Usar conceitos como "minorias" para caracterizar genericamente grupos vulneráveis que foram alvos de repressão e de opressão, tais como as mulheres, os negros e os homossexuais, atribuindo-lhes papéis marginais na conquista da democracia, é reproduzir uma leitura da época da ditadura. Pelos critérios mais aceitos, neste país, as mulheres são uma maioria e os negros também. Não sabemos quantas pessoas LGBT há no Brasil, mas são dezenas de milhões. Esses três grupos têm características em comum, sendo marginalizados, oprimidos e estigmatizados a partir de marcadores sociais, mas cada realidade merece um tratamento particular para dar conta das especificidades da opressão, discriminação e violências que vivem, cada um à sua maneira, em uma sociedade que ainda é extremamente machista, racista e homofóbica.

Discurso homofóbico da ditadura: homossexualidade, ideologia e "subversão" no regime militar[2]

A associação entre homossexualidade e subversão foi um dos conceitos básicos a sustentar a ideologia do regime militar e servir como justificativa para os vários tipos de repressão sobre a sociedade brasileira e, especificamente, de gays, lésbicas e travestis nos anos 1960 e 1970. Essa ideologia, que foi adotada oficialmente pelo Estado durante a ditadura

---

2 Seção do relatório derivada do capítulo "Homossexualidade, ideologia e 'subversão' no regime militar", escrito por Benjamin Cowan, que será publicado em 2015 na coletânea *Ditadura e homossexualidades: repressão, resistência e a busca da verdade*, organizada por James N. Green e Renan H. Quinalha (op. cit.).

em nome da segurança nacional, tem as suas origens nas ideias integralistas e católicas ultraconservadoras dos anos 1930. Por exemplo, no seu livro *Maquiavel e o Brasil* (1931), Otávio de Faria alegou que a homossexualidade e a feminilidade constituíam grandes ameaças ao país. Ele atacou o "desregramento sexual dos apologistas de Sodoma de nossos dias", insistiu que esse comportamento era responsável pelas desordens na civilização ocidental e fez uma ligação entre homossexualidade e bolchevismo.[3] Em 1937, o líder integralista Gustavo Barroso publicou o livro *Judaísmo, maçonaria e comunismo*, também relacionando subversão à homossexualidade, ampliando os seus ataques ao "marxismo judaico" e argumentando que "a sodomia ou homossexualismo era um hábito atribuído aos judeus e nisso se celebrizaram Sodoma e Gomorra".[4]

Existiam outras influências nessa ideologia que condenava a homossexualidade como imoral e como uma perversão – discursos médico-legais, ideias católicas tradicionais e valores conservadores sobre comportamento de gênero –, mas a visão de que a homossexualidade representava uma ameaça subversiva à sociedade brasileira permeava os escritos dos defensores do golpe de 1964 e do regime militar. É importante enfatizar que a homossexualidade não chegou a ser a razão principal para a detenção, repressão e tortura dos opositores à ditadura. Porém, a ideologia defendida pelos militares constantemente associava, de maneira íntima, a homossexualidade com a subversão e com as ameaças da sociedade brasileira, tendo isso se materializado em políticas de perseguição dirigidas aos segmentos LGBT.

A *Revista Militar Brasileira*, por exemplo, entusiasta do golpe, publicou artigos lamentando o declínio moral e o perigo da homossexualidade para a sociedade defendida por eles. Em 1968, no artigo "Rumos para a educação da juventude brasileira", o general Moacir Araújo Lopes, membro do conselho editorial da revista, culpou a "infiltração comunista" feito por "pedagogos socialistas radicais" como a causa do "desastre" cultural, religioso e sexual que a juventude vivia: "realmente, como designar a aceitação do homossexualismo, a vulgarização, entre

---

3 Faria, O. de. *Maquiavel e o Brasil*. Rio de Janeiro: Civilização Brasileira, 1933, p.19, 40, 41, 105.
4 Barroso, G. *Judaísmo, maçonaria e comunismo*. Rio de Janeiro: Civilização Brasileira, 1937.

a mocidade, do uso de entorpecentes e de anticoncepcionais, o enaltecimento do adultério, a aceitação pública da troca de esposas por uma noite, etc. etc. etc.".[5] Em 1969, o general Humberto Souza Melo escreveu que "publicações de caráter licencioso [...] poder[ão] despertar variadas formas de erotismo, particularmente na mocidade, [...] contribuindo para a corrupção da moral e dos costumes, [...] sendo uma componente psicológica da Guerra Revolucionária em curso em nosso País e no Mundo".[6] Já em 1970, na revista *A Defesa Nacional*, um autor, que usou um pseudônimo, argumentou que a mídia estava sob a influência da "'menina dos olhos' do PC" e que os filmes e a televisão estavam "mais ou menos apologéticos da homossexualidade".[7] O general Lopes também publicou, em *A Defesa Nacional*, um artigo contra "a subversiva filosofia do profeta da juventude" Herbert Marcuse, que promovia "homossexualismo" junto com "exibicionismo, *fellatio* e erotismo anal" e era parte de um plano de "ações no campo moral e político que [...] conduzirão seguramente ao caos, se antes não levassem ao *paraíso comunista*".[8]

As ideias que relacionavam a homossexualidade à subversão tanto influenciavam os participantes dos cursos da Escola Superior de Guerra, um centro ideológico fundamental para o regime militar, quanto informavam a linha política das agências de repressão, incluindo o Sistema Nacional de Informações (SNI), o Destacamento de Operações de Informações do Centro de Operações de Defesa Interna (DOI-Codi) e o Departamento de Ordem Política e Social (Dops), passando também pelas divisões de censura de televisão, teatro, filmes e imprensa. No final dos anos 1960 e começo dos 1970, os ideólogos ampliaram o raciocínio sobre os perigos da homossexualidade e a associaram a um submundo de degenerados – "pederastas", alcoólatras, prostitutas e outros desviantes e não conformistas –, que representavam uma ameaça à segurança nacional. Agentes do SNI e da Polícia Federal incluíam nos

---

5 Lopes, M de A. Rumos para a educação da juventude brasileira. *Revista Militar Brasileira*, v.89, n.3, p.54-5, 1968.
6 Humberto de Souza Mello para Luiz Antônio da Gama e Silva, 7 jun. 1969, AN/Coreg, Fundo CGI-PM, BR-DFANBSB-AAJ-IPM-0329.
7 Ararigboia. Os Filmes 4R. *Defesa Nacional*, n.632, p.75-94, jul.-ago. 1970.
8 Lopes, M. de A. Liberdade e democracia. *Defesa Nacional*, n.622, p.5-6, 1968.

seus relatórios sobre subversão detalhes sobre pessoas que relacionavam diretamente o comportamento sexual com o perigo que representavam ao Estado. Detalhavam assim as pessoas vistas como ameaçadoras: "consta ser pederasta", "uns afirmam ser o nominado homossexual", "é elemento homossexual" ou "é elemento homossexual passivo".[9]

Um analista da Escola Superior de Guerra comentou que, na "época contemporânea", a sociedade estava ameaçada com "a busca do prazer imediato, o hedonismo coletivo [...], a desagregação familiar [...], a permissividade moral quase sem limites [...], a exacerbação da sexualidade e o quase *incentivo* ao homossexualismo". A ideia do incentivo à homossexualidade, especialmente na época da distensão, quando do surgimento de novos movimentos sociais no Brasil, ficou consolidada como uma das ameaças principais caso houvesse uma volta à democracia e refletia como a visão oficial sobre a homossexualidade estava completamente associada com comunismo e subversão.[10]

Quando surgiu o movimento de gays e lésbicas no final dos anos 1970, o SNI imediatamente enxergou uma conspiração entre, por um lado, os novos jornais e grupos e, por outro, o "Movimento Comunista Internacional".[11] Em 1978, por exemplo, um agente do Centro de Informações do Exército (CEI) escreveu:

> É notado um esquema de apoio à atividade dos homossexuais. Este apoio é baseado, em sua quase totalidade, em órgãos de imprensa sabidamente controlados por esquerdistas. Aliando-se a este fato a intenção dos homossexuais de se organizarem em movimentos e de "ocupar um lugar

---

9   Serviço Nacional de Informações, Agência Niterói. [Nome do suspeito], 24 jul. 1971, AN/Coreg, Fundo SNIG, A0379980-1971; Serviço Nacional de Informações, Agência Salvador. Informe n.0011/116/ASV/79, 22 maio 1979, AN/Coreg, Fundo SNIG P0001211-1979; Brigadeiro General Dióscoro Gonçalvez Vaz. Atividades de [Miguel Santana Xavier] e outros, 6 dez. 1966, Arquivo Público Mineiro, Arquivos da Polícia Política, Documentos Públicos do Dops, Pasta 0064, Reel 006, 51; Centro de Informações da Aeronáutica. [Miguel Santana Xavier], 8 jun. 1966, AN/Coreg BR-AN-BSB-VAZ-096-0203.

10 Moura, P. C. da C. Características da época contemporânea. Discurso na Escola Superior de Guerra, Urca, 30 ago. 1979. Escola Superior de Guerra, Biblioteca General Cordeiro de Farias T230-79, 8.

11 Ver, por exemplo: Centro de Informações do Departamento de Polícia Federal. MCI, tóxico e subversão, 25 jan. 1973, AN/Coreg, Fundo PF, Caixa 04-B, DPF 04-B-0168-0176.

certo – inclusive politicamente –" pode-se estimar alto interesse comunista no proselitismo em favor do tema.[12]

O relatório caracterizou que o *Jornal do Gay* formava "um esquema perfeito, consoante com as teses marxistas-leninistas, que visam à derrocada das instituições, não só políticas como sociais, do mundo ocidental".[13] Para o CIE, o movimento e as suas publicações "promoveram a homossexualidade" para estabelecer "uma imagem socialmente aceita e respeitável"[14] e "encorajamentos aos homossexuais que ainda vivem às escondidas para que assumam a sua condição".[15]

Humberto Simões, da Divisão de Censura de Diversões Públicas (DCDP), argumentava que a publicidade sobre a homossexualidade era "um incentivo muito forte à prática do homossexualismo, sempre lastreado em nome de pessoas que conseguiram celebridade, fama e destaque junto à Sociedade, devido a suas atividades profissionais, apesar de serem homossexuais".[16] O "movimento gay" e, particularmente, a sua relação com a esquerda preocupavam os agentes de inteligência do Estado. Em um relatório do CIE de 1978, relacionava-se claramente "o esquema de apoio à atividade de homossexuais" "esquerdistas" na imprensa e o "alto interesse" que "comunistas" tinham em promover esse "proselitismo".[17] Em 1980, há registro de um relato de que organizações comunistas tinham recrutado "homossexuais" e "prostitutas" para seus "núcleos de base" e várias "entidades de homossexuais estariam integradas aos movimentos de subversão, portanto ligadas às diversas

---

12 Centro de Informações do Exército. Revista *IstoÉ* – apologia ao homossexualismo, 11 jan. 1978, AN/Coreg, Fundo DSI/MJ, BR-AN-RIO-TT-MCP-PRO-1135, 4.
13 Ministério da Justiça, Divisão de Segurança e Informações. Jornalismo a serviço dos homossexuais – "Imprensa gay", 9 jun. 1978, AN/Coreg, Fundo DSI/MJ, BR-AN-RIO-TT-MCP-PRO-1135.
14 Serviço Nacional de Informações, Agência Salvador. Promoção de homossexualismo na imprensa e TV, 13 abr. 1972, AN/Coreg, Fundo SNIG, AC-ACE-4617-72.
15 Centro de Informações do Exército, op. cit.
16 Humberto Ruy de Azevedo Simões para Moacyr Coelho, 20 maio 1978, AN/Coreg, Fundo DSI/MJ, BR-AN-RIO-TT-MCP-PRO-1135; Moacyr Coelho para Superintendente Regional do DPF Rio de Janeiro, 4 jul. 1978, AN/Coreg, Fundo DSI/MJ, BR-AN-RIO-TT-MCP-PRO-1135.
17 Centro de Informações do Exército, op. cit., p.4.

organizações clandestinas atuantes no País".[18] É importante enfatizar que as forças de repressão viam a homossexualidade como parte relevante de uma conspiração comunista mais geral de subverter o Brasil. A diferença entre os discursos tradicionais contra a homossexualidade e os discursos dos militares foi a tendência de alegar que a crescente visibilidade e afirmação da homossexualidade, dentro da sociedade brasileira, levava os militares a associar esse processo com o "movimento comunista internacional". Isso justificava a infiltração dentro de vários grupos e a perseguição a novos jornais, como o *Lampião da Esquina*. Também servia de pretexto para a censura arbitrária e a repressão aos gays, lésbicas e travestis.

Discriminação e direito ao trabalho

Outro tipo de violência bastante grave cometida contra gays, lésbicas e travestis tinha lugar no mercado de trabalho. Muitas pessoas LGBT perderam seus empregos ou cargos públicos pelo simples fato de terem uma orientação ou práticas sexuais contrárias aos padrões hegemônicos de acordo com a moral conservadora da época.

No que se refere à ação específica da ditadura, merece destaque o episódio de expulsão do Itamaraty de membros da carreira diplomática por sua orientação sexual. Em 1969, quinze foram os diplomatas cassados, sendo que sete deles o foram sob a justificativa explícita de "prática de homossexualismo, incontinência pública escandalosa". Conforme matéria publicada pelo jornal *O Globo*, "em vez de perseguir esquerdistas, como fizeram outros ministérios na época, o Itamaraty mirou nos funcionários cujo comportamento na vida privada afrontaria os 'valores do regime'".

Chegou a ser constituída uma Comissão de Investigação Sumária, criada por Magalhães Pinto, que buscou punir pessoas às quais eram atribuídas "prática de homossexualismo", "incontinência pública

---

18 Departamento de Polícia Federal/São Paulo. Organizações clandestinas, 30 set. 1980, AN/Coreg, Fundo PF, DPF 46-A-0001-0056 (CX 46-A).

escandalosa", "embriaguez", "instabilidade emocional" e "uso de entorpecentes", além de funcionários considerados perigosos para a segurança nacional. Mantido em segredo há 40 anos, o relatório da comissão confirma que o ódio contra homossexuais foi o fator mais determinante na escolha dos cassados.[19]

Nessa linha, vale citar alguns casos específicos. O membro da comissão Antônio Cândido de Câmara Canto escreveu: "Ele é um conhecido ponto de contato para os homossexuais que trabalham no [serviço externo do Brasil] na Europa". Em outro caso, um assistente de chancelaria foi descrito como "homossexual, conhecido no círculo de seus pares como 'Anita'". Em mais um relato de Canto, consta que um diplomata declara-se "prostituta". À luz dessas observações, o relatório recomendou o desligamento de pelo menos nove diplomatas por homossexualidade, três por embriaguez pública, três por "insanidade mental" e outro por ter "uma vida irregular e escandalosa, e instabilidade emocional." O documento sugere, ainda, o "exame de cuidado médico e psiquiátrico" a todos os indivíduos considerados suspeitos da prática da homossexualidade". Esse relatório revela uma vigilância pessoal e detalhada.[20] Mas, indo além, sua importância reside na forma como articula embriaguez, homossexualidade, insanidade e outras categorias médico-patológicas depreciativas para a compreensão dos desvios ligados à degeneração e a ameaças à segurança nacional e às políticas diplomáticas do Brasil.[21]

O expurgo de 1969 também prejudicou várias carreiras em ascensão. O primeiro-secretário Raul José de Sá Barbosa, que servia na Embaixada do Brasil em Jacarta, recebeu um telegrama com a notícia de sua aposentadoria compulsória. Ele declarou, já recentemente, ao jornal *O Globo*: "Fui vítima de preconceito. Cortaram minha carreira, destruíram minha

---

19 Franco, B. M. Repressão no Itamaraty: os tempos do AI-5. *O Globo*, 28 jun. 2009.
20 Délcio Monteiro de Lima diminui esses expurgos alegando que seriam relativamente mínimos e se aplicariam apenas aos "funcionários de nível menor, sem proteção política". Lima, contudo, reconhece que as ordens para essas perseguições vinham de cima, do presidente Costa e Silva pessoalmente. Lima, D. M. de. *Os homoeróticos*. Rio de Janeiro: Francisco Alves, 1983, p.59-61, 105-6.
21 Serviço Nacional de Informações. Memorando n.821/S1-Gab, 2 maio 1973, AN/Coreg, Fundo SNIG, A0659356-1973.

vida. Minha turma de Rio Branco tinha quinze pessoas. Todos viraram embaixadores, menos eu".[22]

Censura[23]

Os preconceitos homofóbicos embutidos na ideologia anticomunista e moralista adotada pelo regime militar infiltravam todos os espaços nos quais o estado de exceção operava. Embora houvesse a censura da imprensa e de outros meios de comunicação e expressão antes do golpe de 1964, a preocupação em "moralizar o país" reforçou a intervenção do Estado no controle da cultura sob diversos aspectos.

Um dos casos mais graves e dramáticos de censura durante esse período que merece registro foi a campanha contra as obras de Cassandra Rios, uma escritora cuja ficção sobre a lesbianidade nada agradou os cães de guarda da "moral e dos bons costumes". Com uma produção literária prolífica e milhões de livros vendidos, ela teve 36 de suas obras censuradas durante a ditadura. Dezesseis processos judiciais foram propostos contra o seu livro *Eudemônia*. As acusações iam sempre no sentido de que seus textos continham conteúdo imoral e aliciavam o leitor à homossexualidade. Os danos financeiros para ela e suas editoras eram enormes, pois as forças da repressão e censura retiravam as suas obras das livrarias e apreendiam os seus livros nas gráficas. Infelizmente, artistas e intelectuais que geralmente se mobilizavam contra os atos arbitrários da ditadura não chegaram a se solidarizar com Cassandra Rios na sua luta interminável contra a censura, provavelmente por causa do conteúdo das suas obras. Pode-se afirmar que Cassandra Rios foi a artista mais censurada deste país durante a ditadura militar.

---

22 Franco, op. cit.
23 O conteúdo desta seção é baseado em três capítulos do livro *Ditadura e homossexualidades: repressão, resistência e a busca da verdade*, organizado por James N. Green e Renan H. Quinalha (op. cit.): "Um *Lampião* iluminando esquinas escuras da ditadura", por Jorge Caê Rodrigues; "Lésbicas e a ditadura militar: uma luta contra a opressão e por liberdade", por Marisa Fernandes; e "De Dener a Chrysóstomo, a repressão invisibilizada: as homossexualidades na ditadura", por Rita de Cassia Colaço Rodrigues.

Se livros, jornais, peças de teatro, letras de músicas e filmes sofreram censura durante o regime autoritário, sendo que os autores tinham que driblar representantes do governo que exigiam a eliminação de personagens gays e lésbicas ou cenas, diálogos ou frases "imorais", a televisão talvez tenha sido o alvo prioritário dos guardiões da "moral e dos bons costumes". A expansão dramática das redes de televisão em nível nacional e o seu alcance entre todas as camadas sociais criaram um meio de comunicação que dominava o consumo de cultura no país. O Código Brasileiro de Telecomunicações e a Lei de Imprensa, ambos de 1967, bem como a Lei de Segurança Nacional, de 1969, ofereceram instrumentos formais e legais para controlar o acesso à informação e as possibilidades de moldar o conteúdo de programação dentro dos estreitos parâmetros ideológicos do regime.

Nessa linha, a letra da música "Homossexual", do compositor Luiz Ayrão, foi censurada por funcionária de nome Eugênia com os seguintes dizeres: "Não aprovo, pois a propaganda do homossexualismo é proibida pela Lei Censória". Essa observação contou com respaldo de outros dois funcionários que vistaram e concordaram, apondo um "de acordo" no despacho, que foi proferido em 11 de abril de 1972.[24]

É importante enfatizar que a visão moralista das censuras tinha apoio de parte significativa da sociedade civil – e não vinha somente das senhoras religiosas que se mobilizaram em marchas a favor do golpe em 1964. Os "defensores da civilização cristã" apelavam para a Divisão de Censura de Diversões Públicas para proibir material por eles considerado imoral, como mostra o historiador Carlos Fico no seu trabalho sobre o tema.[25] Nesse sentido, houve uma dinâmica na qual o ministro da Justiça Armando Falcão exigia "ação mais enérgica" contra tudo e todos "que [a seus olhos] ameaçam destruir os valores morais da sociedade brasileira; contra os que desejam promover a subversão social, por meio de impactos negativos lançados na mente da juventude".[26] Ao mesmo tempo, os

---

24 Arquivo Nacional, Serviço de Censura de Diversões Públicas, TN 2.3.12583.
25 Fico, Carlos. Prezada censura: cartas ao regime militar. *Topoi – Revista de História*, Rio de Janeiro, n.5, p.251-86, set. 2002.
26 Ofício n.493/76 do DCDP-BSB, 29 jun. 1976, ao Ministro da Justiça, GEDM, 89.

funcionários que trabalhavam na Divisão de Censura de Diversões Públicas se encarregavam espontânea e diligentemente de zelar para que nada sequer parecesse desrespeitar símbolos da religião e dos valores hegemônicos, internalizando essa dinâmica de controle ideológico e consagrando a lógica repressiva em uma cultura política disseminada nesses espaços.[27]

Talvez o exemplo mais emblemático das campanhas contra a homossexualidade na televisão tenham sido as medidas tomadas em 1972 para retirar várias figuras famosas e efeminadas dos programas de auditório, onde elas participavam como membros dos júris. Os trejeitos femininos e exagerados de Clóvis Bornay, um candidato conhecido nos concursos de fantasias de carnaval no Teatro Municipal do Rio de Janeiro, e de Dener Pamplona de Abreu e Clodovil Hernandes, costureiros de mulheres da elite, serviam para provocar humor e gozações entre o público, sendo parte importante da popularidade desses programas. Os críticos a sua presença na televisão insistiam que "Dener é a negação da masculinidade, sem firmeza de caráter, cuja presença na televisão prejudica a formação da juventude".[28] Para um jornalista da revista *Veja*, que escreveu sobre as expulsões dos programas de televisão pela pressão da censura, "os exageros e o deslumbramento típicos da classe começaram a dar a uma parte do público a impressão de que um lépido e perigoso exército estava tomando conta da TV".[29] Mesmo não sendo opositores públicos do regime militar, eles eram vítimas das campanhas contra a homossexualidade e, especialmente, contra as representações de comportamentos que fugiam das noções tradicionais de gênero.

Se, durante o governo Médici, os meios de comunicação sofreram forte pressão da censura, também na distensão e na abertura dos governos de Geisel e Figueiredo a censura seguia perseguindo as pessoas que ofereciam uma visão mais tolerante da homossexualidade ou que, ao menos, não a ligavam com opiniões depreciativas. Celso Curi, jornalista do jornal *Última Hora*, de São Paulo, que publicou "A coluna do meio" entre fevereiro de 1976 e novembro de 1977, dirigida aos leitores gays,

---

27 Por exemplo, Memo n.37-SCDP-SE, 24 set. 1976, GEDM 89.
28 Sousa Lima, Marco de, "Gente", *Jornal de Minas*, 26 abr. 1972, p.11.
29 Sem autor, Veto ao trejeito. *Veja*, 26 abr. 1972, p.80.

FIGURA 10 – Sessão de 26 de novembro de 2013 da Comissão da Verdade do Estado de São Paulo "Rubens Paiva" sobre repressão e homossexualidades durante a ditadura militar. Da esquerda para a direita: Amelinha Telles, Marisa Fernandes, Adriano Diogo (Presidente da Comissão), James N. Green e Renan Quinalha. Arquivo do autor.

foi processado por "promover a licença de costumes e o homossexualismo especificamente". Na denúncia que a Promotoria Pública ofereceu ao Juiz de Direito da 14ª Vara Criminal da Comarca de São Paulo, o Estado alegou que "o homossexualismo é claramente exaltado, defendendo-se abertamente as uniões anormais entre seres do mesmo sexo, chegando inclusive a promovê-las através da seção Correio Elegante", que funcionava para ajudar jovens a se conhecerem.[30] Infelizmente, como no caso de Cassandra Rios, os setores mais amplos de oposição à ditadura não se mobilizaram na defesa de Curi e ele só foi absolvido em março de 1979.

Enquanto Curi respondia a um processo em São Paulo, um inquérito criminal foi instaurado, também em São Paulo, no ano de 1978, contra os 11 jornalistas da revista *IstoÉ* responsáveis pela matéria "O poder homossexual", sob a acusação de "fazer apologia malsã do homossexualismo". No mesmo ano e na mesma cidade, outro inquérito criminal

---

30 Trevisan, J. S. Demissão, processo, perseguições: mas qual é o crime de Celso Curi?". *Lampião da Esquina*, n.0, abr. 1978, p.6-8.

foi instaurado contra os jornalistas da revista *Interview* por matéria de conteúdo homossexual.[31]

As ameaças recorrentes do Estado contra conteúdos jornalísticos que retratavam a homossexualidade positivamente ou de forma não pejorativa não tiveram o condão de impedir a fundação do jornal *Lampião da Esquina*, cujo número 0 (zero) foi lançado em abril de 1978, precisamente com o caso de Celso Curi na capa. Primeiro jornal que defendia abertamente os direitos dos homossexuais, o *Lampião* imediatamente incentivou a formação do primeiro grupo de ativistas no país, que adotou o nome Somos: Grupo de Afirmação Homossexual. Os agentes da repressão acompanharam de perto tanto o impacto do jornal *Lampião* quanto o emergente movimento e, como citamos anteriormente, um agente do CIE escreveu sobre a imprensa que "pode-se estimar alto interesse comunista no proselitismo em favor do tema [da homossexualidade]".

Dada a repressão contra jornalistas da grande imprensa, não houve muita surpresa quando os editores do jornal *Lampião* – jornalistas, escritores, professores e artistas – começaram a sofrer pressões e assédios. Em agosto de 1978, o jornal foi alvo de inquérito policial que durou doze meses, com a ameaça de serem enquadrados na Lei de Imprensa, segundo a qual eles poderiam receber até um ano de prisão por atentar contra a "moral e os bons costumes". No dia 2 de abril de 1979, cinco editores compareceram à sede da Polícia Federal do Rio de Janeiro para serem indiciados criminalmente. No segundo semestre desse mesmo ano, os editores de São Paulo também foram indiciados criminalmente e, na mesma época, várias bancas de jornal em diferentes cidades do país foram vítimas de bombas de grupos direitistas que deixaram panfletos anônimos exigindo que os jornais alternativos ou revistas pornográficas, entre os quais o jornal *Lampião*, parassem de ser vendidos. O processo foi posteriormente arquivado por sentença do juiz da Vara Federal da Seção Judiciária Federal do Rio de Janeiro, porém a tentativa de silenciar uma voz nacional importante do incipiente movimento

---

31 Conselho Editorial. Sinal de alerta. *Lampião da Esquina*, n.5, out. 1978, p.16.

homossexual afetou o funcionamento do jornal e foi um dos fatores que levaram os editores a fecharem o periódico em 1981.

Hoje em dia, com a ausência de censura do Estado sobre a imprensa e a internet, que oferece uma variedade de fontes de informação ao público, é difícil entender o significado e os efeitos da censura nas vidas de jovens gays e lésbicas, que viviam a experiência política de uma ditadura e que, pessoalmente, estavam descobrindo a sua sexualidade. No entanto, a falta de modelos positivos na mídia para contrapor os preconceitos e os estereótipos tradicionais foi um legado da ditadura para a homolesbotransfobia ainda atual em nosso país. Justamente quando na Europa e nos Estados Unidos novos discursos e imagens da homossexualidade circulavam e também quando movimentos surgiam para contestar conceitos conservadores – para não dizer reacionários – sobre gênero e sexualidade, a censura bloqueava o acesso do público brasileiro a essas novas ideias. Os precursores desse movimento, que tinham a coragem de enfrentar a ideologia homofóbica da ditadura, tinham de encarar o aparelho do Estado, consolidado por meio da censura e do sistema de justiça, criminalizando desejos, perspectivas e opiniões sobre a homossexualidade. Quantos jovens se mataram por não terem entendido a sua sexualidade e por não terem tido acesso a informações sobre essa questão? É uma pergunta de difícil resposta, mas resta claro que a censura serviu como instrumento para a prática de violações de direitos humanos durante a ditadura militar.

Violências do Estado ditatorial contra os segmentos LGBT

Durante todo o período da ditadura, as políticas de controle social e de repressão política adotaram, em muitos casos, um viés conservador em termos morais. O padrão de policiamento que ocorreu no centro da cidade de São Paulo entre 1976 e 1982 é exemplar do ponto de vista de como operou a repressão a setores LGBT. As polícias civis e militares se estruturaram para tais operações, com respaldo da Secretaria de Segurança Pública sob comando do coronel Erasmo Dias. Além disso, o delegado Guido Fonseca elaborou estudos criminológicos de centenas de travestis, recomendando a contravenção penal de vadiagem como instrumento para o combate à homossexualidade. Ainda, durante o governo de Paulo Maluf (1979-1982), rondas de policiamento ostensivo se intensificaram na área central da cidade, região sob o comando do delegado José Wilson Richetti,[32] perseguindo claramente grupos vulneráveis e estigmatizados.

Em 1º de abril de 1980, *O Estado de S. Paulo* publicou matéria intitulada "Polícia já tem plano conjunto contra travestis", na qual registra a proposta das polícias civil e militar de "tirar os travestis das ruas de bairros estritamente residenciais; reforçar a Delegacia de Vadiagem do Deic para aplicar o artigo 59 da Lei de Contravenções Penais; destinar um prédio para recolher somente homossexuais; e abrir uma parte da cidade para fixá-los são alguns pontos do plano elaborado para combater de imediato os travestis, em São Paulo".[33]

A matéria cita uma fala de Paulo Boncristiano, delegado da seccional sul de polícia à época, para quem "estão dando excessiva liberdade a estes homossexuais que tomaram conta das ruas importantes da Capital e de bairros estritamente residenciais".

Ele e o coronel da PM Sidney Gimenez Palácios traçaram juntos esse "esquema de prevenção" após ficarem "impressionados com as reportagens publicadas pelo *O Estado* sobre o perigo que representam os travestis nas ruas da cidade".

A cobrança de medidas mais enérgicas da imprensa em relação às polícias gerou resultados, e a repressão se intensificou a partir de junho de 1980, diante da visita iminente do Papa João Paulo II à cidade de São Paulo. As polícias paulistas conjugam esforços na formulação e execução da política "Limpeza", posteriormente conhecida como "Rondão".

Essas "rondas", comandadas por José Wilson Richetti, chefe da seccional de polícia do centro desde maio de 1980, tinham por objetivo

---

32 Seção do relatório derivada dos capítulos "As rondas policiais de combate à homossexualidade na cidade de São Paulo (1976-1982)", de Rafael Freitas Ocanha; "Por baixo dos panos: repressão a gays e travestis em Belo Horizonte (1963-1969)", de Luiz Morando; e "Lésbicas e a ditadura militar: uma luta contra a opressão e por liberdade", e Marisa Fernandes, publicados na coletânea *Ditadura e homossexualidades*: repressão, resistência e a busca da verdade, organizada por James N. Green e Renan H. Quinalha (op. cit.).

33 Polícia já tem plano conjunto contra travestis, O *Estado de S. Paulo*, 1 abr. 1980, p.20.

"limpar" a área central da presença de prostitutas, travestis e homossexuais.[34] O método utilizado pelas forças de segurança era realizar batidas policiais em locais frequentados pelas pessoas LGBT, especialmente as travestis, que eram levadas "para averiguação" às dependências policiais, tendo por fundamentos legais a contravenção penal de vadiagem e a prisão cautelar prevista no Código de Processo Penal de 1941, então em vigor. Segundo consta de declaração do delegado à imprensa, de trezentas a quinhentas pessoas eram levadas por dia para delegacias.[35]

Em outra matéria de jornal, Richetti afirma que o "lenocínio é um crime social, é um crime contra os costumes. Precisamos tirar das ruas os pederastas, os maconheiros, as prostitutas". E complementa: "Em 1970, não havia travestis e as prostitutas não roubavam como fazem hoje. Perdemos a cidade para eles. Qual é a família que se atreve a sair no centro da cidade à noite? No Largo do Arouche, os travestis param os carros e sentam no capô. É possível uma coisa dessas?".[36]

No dia 31 de maio, dois dias após o diretor do Departamento Estadual de Transito (Detran), Rubens Liberatori, anunciar a extensão das rondas para toda a cidade, a Secretaria de Segurança Pública do Estado publicou nota oficial sobre as operações de rondão do delegado Richetti:

> O Delegado de Polícia José Wilson Richetti é o comandante e chefe de uma guerra sem quartel em toda a área central da cidade, não esperando a queixa que o cidadão possa apresentar, mas indo nos locais suspeitos ou sabidamente condenáveis, para conduzir, a qualquer um dos oito distritos policiais que integram a Seccional Centro, o explorador de lenocínio, o rufião, o travesti, o traficante de tóxicos, o assaltante, o "trombada" ou a prostituta que acintosamente realiza o seu comércio nas vias públicas.[37]

---

34 Dois dias depois de sua posse, em 22 de maio, Richetti anuncia a Operação Cidade, sua primeira grande operação de rondão com o objetivo de limpar a cidade, composta por vinte delegados e cem investigadores que atuavam 24 horas por dia. Tal operação durou somente um dia e teve como resultado 172 pessoas presas, que, segundo o delegado Richetti, eram "homossexuais, prostitutas, travestis e um indivíduo com posse ilegal de arma".
35 Sociólogo detido por "ronda" de Richetti fica preso três dias. *Folha de S.Paulo*, 10 jun. 1980, p.14.
36 Delegado quer "botar pra quebrar". *Folha de S.Paulo*, 27 maio 1980, p.11.
37 Segurança continuará a operação. *Folha de S.Paulo*, 31 maio 1980, p.12.

A nota tem o caráter de legitimar a autoridade do delegado de polícia perante a população e informar que os rondões são uma política de segurança oficial do Estado.

Mas essas iniciativas repressivas geraram indignação em diversos setores. A advogada Alice Soares, do Centro Acadêmico XI de Agosto, da Faculdade de Direito da Universidade de São Paulo, foi uma pessoa fundamental na defesa das prostitutas e travestis perseguidas ao oferecer gratuitamente serviços de assistência judiciária. A Ordem dos Advogados do Brasil, Subseção de São Paulo, conforme matéria publicada na *Folha de S.Paulo*, formou uma comissão de conselheiros para elaborar nota de repúdio "às violências policiais praticadas sob comando do delegado Wilson Richetti, sob pretexto de 'limpar' as áreas centrais da cidade de São Paulo".[38]

Na mesma linha, a capa do jornal *Lampião da Esquina*, em sua 21ª edição, publicada em fevereiro de 1980, aborda o tema da prisão cautelar que já vinha sendo amplamente utilizada como instrumento para perseguição e encarceramento desses grupos vulneráveis. Na matéria, o jornalista João Carlos Rodrigues afirma que "a prisão por 'suspeita' atinge diretamente os homossexuais e outras minorias, como os negros, por exemplo"[39]

O mesmo jornal *Lampião* traz, em sua edição de julho de 1980, textos com denúncias sobre a repressão de Richetti. Vale ainda destacar dois pronunciamentos de parlamentares em repúdio às violências policiais: o do deputado estadual Fernando Morais, em discurso proferido na 65ª sessão ordinária de 12 de junho de 1980, e o do deputado estadual Eduardo Suplicy, em discurso proferido na 77ª sessão ordinária do dia 30 de junho de 1980.

O jornal *Folha de S.Paulo* do dia 6 de junho do mesmo ano noticia a organização de uma manifestação de prostitutas e travestis contra os rondões do delegado Richetti, que aconteceria no dia seguinte, na Praça Júlio Mesquita, às 10 horas da manhã. Segundo a reportagem, estava

---

[38] Documento da OAB critica Richetti. *Folha de S.Paulo*, 13 jun. 1980, p.12.
[39] Rodrigues, J. C. O Governo diz que não. Mas vem aí a prisão cautelar. *Lampião da Esquina* 21 (fev. 1980), p.8.

prevista a queima de um boneco de três metros de altura representando o delegado Richetti. Depois de uma reunião com Rubens Liberatori, o delegado declarou ao jornal: "Vou fazer de conta que não é comigo. Nem vou ficar na cidade. Vou considerar isso uma brincadeira. Estou limpando a cidade com as prisões de prostitutas e travestis e vou continuar fazendo isso. Que protestem e me queimem em praça pública. Não vai adiantar nada."[40]

A repressão de Richetti contribuiu para a unificação dos movimentos sociais que emergiam com mais força nesse momento de abertura política: estudantil, feminista, LGBT e negro. Todos convocaram um ato público contra a violência policial para o dia 13 de junho, na frente do Theatro Municipal. Em carta aberta à população, treze entidades pediam a destituição de Richetti do comando da Delegacia Seccional. Ele e o secretário de Segurança Pública Octávio Gonzaga Junior foram convidados a prestar esclarecimentos aos deputados na Assembleia Legislativa do Estado de São Paulo.

Mesmo com toda essa reação, deve-se notar que, já em 1989, o deputado estadual Afanásio Jazadji encaminhou o Projeto de Lei n.368 visando dar a denominação de "Dr. José Wilson Richetti" à Delegacia Seccional de Polícia Centro, do departamento das Delegacias Regionais de Polícia da Grande São Paulo. Essa homenagem ao delegado Richetti foi aprovada e convertida na Lei n.7.076, de 30 de abril de 1991, que deve ser revogada.

Vale destacar, ainda, outro episódio de violência policial contra as travestis perpetrada pelo delegado Guido Fonseca. É verdade que desde 1976 as travestis já eram alvos privilegiados do policiamento ostensivo na cidade de São Paulo. A Portaria n.390/76, da Delegacia Seccional Centro, autorizava a prisão de travestis da região central da cidade para averiguações.

Segundo essa mesma portaria, o cadastro policial das travestis "deverá ser ilustrado com fotos dos pervertidos, para que os juízes possam avaliar seu grau de periculosidade", dando às imagens importância fundamental no inquérito policial.

A partir dos Termos de Declarações colhidos das travestis com informações sobre profissão, ganho mensal, gastos com hormônios e aluguel,

---

[40] Manifestação contra o delegado Richetti. *Folha de S.Paulo*, 6 jun. 1980, p.8.

além das imagens já referidas, Guido Fonseca fez uma série de estudos criminológicos com esse segmento que ele caracteriza como perversão.[41]

Entre 14 de dezembro de 1976 e 21 de julho de 1977, 460 travestis foram sindicadas para o estudo, sendo lavrados 62 flagrantes. O resultado mostra que 398 travestis foram importunadas com interrogatório sem serem "vadios", tendo sido obrigadas a demonstrar comprovação de trabalho com mais exigências que o restante da população, já que a Portaria n.390/1976, da Delegacia Seccional Centro, estabelecia que travestis deveriam apresentar RG e carteira de trabalho acompanhada de xerocópia, sendo esta última encaminhada pela autoridade seccional para arquivo destinado somente às travestis. Se não tivessem os documentos referidos, as travestis eram encaminhadas ao distrito policial para lavratura do respectivo inquérito por vadiagem.

As lésbicas também foram alvos das ações repressivas do Estado e de estabelecimentos comerciais, mas há ainda menos registros dessas histórias particulares. O jornal *Lampião da Esquina* chegou a publicar informações sobre as operações do delegado Richetti nos bares Ferro's, Bixiguinha e Cachação. A chamada Operação Sapatão, realizada no feriado de 15 de novembro de 1980, deteve todas as frequentadoras desses estabelecimentos. Mesmo portando documentos regularmente, as mulheres foram detidas sob o argumento: "você é sapatão". As lésbicas detidas denunciaram ao jornal que foram extorquidas por agentes públicos para serem liberadas.

Merece ainda destaque um episódio peculiar envolvendo o Ferro's Bar, na Rua Martinho Prado, que ficou conhecido como o "pequeno Stonewall brasileiro", em referência à histórica rebelião de homossexuais ocorrida nos EUA em 1969.

Esse bar sempre foi muito frequentado pelo público lésbico à noite, sendo que ali também os grupos de militância atuavam: discutiam, vendiam os boletins *Chanacomchana*, divulgavam eventos etc. Apesar da má vontade do dono do bar em receber esse público, era um reduto das lésbicas na noite paulista.

---

41 Fonseca, G. *Relatórios da Polícia Civil*. São Paulo: Tomo XXX, 1977.

Na noite de 23 de julho de 1983, um sábado, algumas ativistas estavam vendendo o *Chanacomchana* dentro do Ferro's e, em certo momento, o proprietário, os seguranças e o porteiro quiseram expulsá-las à força. Disseram que elas estavam proibidas de entrar ali e vender os boletins. Graças à resistência das presentes, as militantes puderem permanecer. Mas, nos dois meses que se seguiram, enfrentaram resistência e ameaça por parte do porteiro, que tentava retirá-las dali. Assim, as lésbicas decidiram pela retomada do Ferro's Bar e marcaram essa ação política para a noite de 19 de agosto do mesmo ano. Para tanto, articularam-se com a imprensa, ativistas gays e lésbicas, feministas, ativistas dos direitos humanos e com a vereadora Irede Cardoso e os deputados Ruth Escobar e Eduardo Suplicy, sob organização da militante lésbica Rosely Roth.

Recomendações

- Criminalização da homolesbotransfobia.
- Aprovação de lei garantindo a livre identidade de gênero.
- Construção de lugares de memória dos segmentos LGBT ligados à repressão e à resistência durante a ditadura (ex.: Delegacia Seccional do Centro, na Rua Aurora, Departamento Jurídico XI de Agosto, Teatro Ruth Escobar, Presídio do Hipódromo; Ferro's Bar, escadaria do Theatro Municipal etc.).
- Pedidos de desculpas oficiais do Estado pelas violências, cassações e expurgos cometidos contra homossexuais em ato público construído junto ao movimento LGBT.
- Reparação às pessoas LGBT perseguidas e prejudicadas pelas violências do Estado.
- Convocação dos agentes públicos mencionados para prestar esclarecimentos sobre os fatos narrados no presente relatório.
- Revogação da denominação de "Dr. José Wilson Richetti" dada à Delegacia Seccional de Polícia Centro, do departamento das Delegacias Regionais de Polícia da Grande São Paulo, pela Lei n.7.076, de 30 de abril de 1991.

Parte III
Visto de fora, visto de dentro

FIGURA 11 – Como meio de "lavar a roupa suja da ditadura em público", o Comitê Contra a Repressão no Brasil (CARIB) organizou uma exposição sobre tortura no Brasil no Layfette Park, em frente à Casa Branca, enquanto o Presidente-General Emilio Médici se encontrava do outro lado da rua com o Presidente Richard M. Nixon, em 11 de dezembro de 1971. Arquivo do autor.

Introdução

Visto de fora, visto de dentro

Existe um consenso entre historiadores que estudam a ditadura militar brasileira sobre o papel crucial do governo dos Estados Unidos em planejar e ativamente apoiar o golpe de Estado de 1964, oferecendo posteriormente uma assistência financeira fundamental ao país durante os primeiros anos de governo dos generais. Protagonistas centrais de Washington nesse esforço incluem o embaixador norte-americano Lincoln Gordon, que atuou no Brasil entre 1961 e 1966, e Vernon Walters, adido militar norte-americano designado para a embaixada brasileira e que recebeu de Gordon a tarefa de acompanhar de perto as diferentes facções dentro das Forças Armadas brasileiras que planejaram o golpe militar.

Gordon deixaria seu posto no Brasil para se tornar subsecretário de Estado para Assuntos Interamericanos e depois presidente da Universidade Johns Hopkins. Walters continuou em sua carreira governamental, atuando como diretor adjunto da Agência Central de Inteligência (CIA) de 1985 a 1989, embaixador norte-americano nas Nações Unidas e, por fim, embaixador na República Federal da Alemanha durante um momento crucial no processo de reunificação do país. Ele se aposentou como tenente-general.

Ao longo dos anos, Gordon insistiu que o governo dos Estados Unidos não teve nenhum envolvimento no golpe de Estado de 1964. "Reinventando a história: Lincoln Gordon e as suas múltiplas versões de 1964", escrito em colaboração com Abigail Jones durante um projeto de pesquisa de verão na Universidade Brown, acompanha as explicações cambiantes que Gordon apresentou ao longo de sua vida no que diz respeito ao motivo pelo qual Washington desejava ver a derrocada do presidente esquerdista João Goulart (1961-1964). O artigo também analisa suas justificativas para a Operação Brother Sam, força-tarefa naval do governo norte-americano enviada ao Brasil imediatamente antes do golpe para intervir militarmente caso eclodisse uma guerra civil entre forças pró e anti Goulart. Embora alguns documentos secretos do governo dos Estados Unidos relacionados à violenta transição de poder em 1964 ainda estejam sob sigilo, como mostra o texto, as afirmações de Gordon de que o golpe de Estado de 1964 foi "100% brasileiro" ruíram com o passar dos anos.

No início de minha carreira, decidi documentar a história do movimento de solidariedade dos Estados Unidos com o Brasil durante a ditadura, o que me levou aos arquivos do Ministério das Relações Exteriores (Itamaraty) em Brasília, onde encontrei centenas de documentos diplomáticos sobre a oposição internacional à ditadura nos Estados Unidos e na Europa. Conforme a oposição política aos generais no poder crescia lentamente entre 1966 e 1968, os brasileiros e seus aliados no exterior buscavam diversos veículos para isolar internacionalmente a ditadura. Isso incluía recorrer a organizações internacionais como a Comissão Interamericana de Direitos Humanos (CIDH) da Organização dos Estados Americanos (OEA) para denunciar o uso de tortura como instrumento de terrorismo patrocinado pelo Estado contra a oposição. À medida que ativistas de direitos humanos, advogados e familiares de vítimas de tortura aprenderam a usar esse órgão de forma eficaz, dois casos centrais apresentados à CIDH levaram a comissão, em 1974, a considerar que o Estado brasileiro havia cometido sérias violações de direitos humanos. "Opondo-se à ditadura nos Estados Unidos: direitos humanos e a Organização dos Estados Americanos" documenta o papel da CIDH não apenas em condenar o governo brasileiro por haver torturado e assassinado presos, mas também em isolar o regime internacionalmente. O artigo também afirma que as denúncias de tortura no Brasil levadas à comissão serviram de base para casos semelhantes apresentados à corte depois dos golpes militares de Estado de 1973 no Uruguai e no Chile e de 1976 na Argentina.

A "distensão" iniciada pelo então presidente, o general Ernesto Geisel, em 1974 ficou conhecida como abertura durante a presidência do general João Figueiredo. Ao longo desse processo, opositores do regime militar conseguiram mobilizar uma campanha sólida em favor da anistia de presos políticos brasileiros e daqueles que viviam exilados no exterior. O pequeno grupo de ativistas brasileiros e seus aliados nos Estados Unidos tiveram um papel modesto, mas importante, no esforço de angariar apoio para uma "anistia ampla, geral e irrestrita no Brasil", embora a legislação final não fosse tão abrangente como os ativistas haviam demandado. "Exilados e acadêmicos: a luta pela anistia nos Estados Unidos" relata as diversas maneiras que brasileiros vivendo nos Estados Unidos e seus aliados lutaram para apoiar a campanha de anistia, desempenhando um papel muito mais relevante do que os números podem sugerir.

Reinventando a história: Lincoln Gordon e as suas múltiplas versões de 1964[1]

Nós estamos tomando medidas complementares com os patrocínios disponíveis, visando colaborar com o fortalecimento das forças de resistência. Elas incluem suporte sigiloso para comícios pró-democracia (a próxima grande manifestação será no dia 2 de abril no Rio, e outras estão sendo programadas), discreta referência ao fato de o USG [United States Government] estar profundamente interessado nos eventos, e encorajamento do sentimento democrático e anticomunista no Congresso, nas Forças Armadas, nos grupos de estudantes e líderes sindicais simpáticos à política norte-americana, na Igreja e no mundo dos negócios. Num futuro próximo, poderemos requisitar modestos fundos suplementares para outros programas sigilosos de ação.

Telegrama do Embaixador dos EUA, Lincoln Gordon, para Washington, DC, 27 mar. 1964[2]

---

1 Green, J. N. e Jones, Abigail. "Reinventando a história: Lincoln Gordon e as suas múltiplas versões de 1964," com Abigail Jones. *Revista Brasileira de História* 29:57 (2009): 67-89. Tradução de Adriana A. Marques. Abigail Jones é graduada com distinção em Estudos Latino-Americanos e História da Arte pela Brown.

2 Rio de Janeiro to State Department, Telegram, n.48986, 27 mar. 1964, National Security File, Country File, Brazil, v.2, 3/65, Box 9, Biblioteca Lyndon B. Johnson Library.

> *O movimento que derrubou o presidente Goulart foi 100% – não 99,44%, mas sim 100% – um movimento puramente brasileiro... Nem a embaixada dos Estados Unidos nem eu pessoalmente tivemos qualquer participação no processo.*
>
> Ex-embaixador dos EUA no Brasil, Lincoln Gordon, audiência do senado dos EUA, 7 fev. 1966[3]

Em 1974, Phyllis R. Parker iniciou um programa de mestrado na Lyndon B. Johnson School of Public Affairs, na Universidade do Texas, em Austin. "Eu havia trabalhado no governo como assistente social, e como administradora na Escola de Serviço Social de Texas. Estava exausta, então fui para a pós-graduação", ela recordaria trinta anos mais tarde.[4] Seus interesses eram política externa e educação, e ela precisou fazer um estágio e escrever uma dissertação de mestrado para se titular. Por sugestão de seu marido, visitou a Biblioteca Presidencial Lyndon B. Johnson em busca de algum material que pudesse ser útil:

> Eu estava interessada no Chile (porque meu marido tinha crescido lá), Peru ou Brasil. Eles me disseram que o governo brasileiro tinha passado por mudanças, e haveria disponibilização de documentos até então inacessíveis à consulta. Eu imaginei que seriam papéis sobre economia e política com gráficos, o que não parecia muito interessante, mas pensei que poderia consultá-los. Disseram: "Volte amanhã, e informaremos o que temos aqui".

Ela voltou no dia seguinte, e o arquivista lhe informou que a biblioteca possuía um grande fundo de documentos referentes ao Brasil e recentemente liberados ao acesso público.

> "O que isso significa?" Eles responderam que eu poderia solicitar sua abertura. "Eu poderia requisitar todos os documentos?" Disseram que sim, e

---

3 United States Senate, Committee on Foreign Relations. *Nomination of Lincoln Gordon to be Assistant Secretary of State for Inter-American Affairs*, 89ª legislatura, 2ª sessão, Washington: GPO, 7 fev. 1966, p.44.
4 Phyllis R. Parker, entrevistada pelo autor, 27 jul. 2005. Todas as citações subsequentes de Parker são dessa entrevista.

eu assinei alguns papéis. Então, parti para Washington, DC, para trabalhar com a congressista Barbara Jordan, o que parecia muito mais interessante.

Ao retornar a Austin no final do verão, seu orientador recomendou a leitura da obra de Thomas E. Skidmore, *Politics in Brazil*, para que aprendesse sobre a história do Brasil em meados do século XX.[5] Ela iniciou, então, o exame da referida documentação:

> De início, olhei para os papéis pensando em apenas acrescentar algo ao que Skidmore tinha escrito. À medida que os lia, pensava sobre o porquê de Skidmore não ter incluído as informações em seu livro. Teria ele guardado para o final? Consultei ainda o livro de John Dulles e constatei, nesse meio-tempo, que eles não as conheciam.[6]

Tratava-se da Operação Brother Sam, idealizada por Gordon e integrantes do estado-maior visando oferecer apoio militar e logístico para as forças anti-Goulart. Desde 1964, a esquerda brasileira acusava o governo dos Estados Unidos de ter apoiado ativamente as Forças Armadas quando estas depuseram o governo de Goulart.[7] Phyllis Parker encontrara as provas de que a esquerda estava certa: altos funcionários do governo norte-americano tinham mentido acerca do envolvimento de Washington nos eventos de 1964.[8]

Percebendo ter encontrado, como o historiador Richard Graham lhe disse, um "pote de ouro", Phyllis viajou a Boston para pesquisar na Biblioteca Presidencial John F. Kennedy:

---

5 Skidmore, T. E. *Politics in Brazil, 1930-1964*: An Experiment in Democracy. 2a ed. Prefácio por James N. Green. New York: Oxford University Press, 2007. Nota do tradutor: No Brasil, esse trabalho foi publicado sob o título *Brasil*: de Getúlio a Castelo (1930-64) (Rio de Janeiro: Ed. Saga/Paz e Terra, 1969); 2ª edição (São Paulo: Companhia das Letras, 2010).
6 Parker se referia a Dulles, J. W. F. *Unrest in Brazil*: Political-military Crisis, 1955-1964. Austin: University of Texas Press, 1970.
7 Ver, por exemplo, Morel, E. *O golpe começou em Washington*. Rio de Janeiro: Civilização Brasileira, 1965.
8 Marcos Sá Corrêa, jornalista brasileiro, examinou mais tarde os mesmos documentos e escreveu uma série de artigos, publicados no *Jornal Brasil*: de Getúlio a Castelo *do Brasil* (Rio de Janeiro), sobre as novas revelações ali contidas. Posteriormente, os artigos foram reunidos por ele em livro: Corrêa, M. S. *1964*: visto e comentado pela Casa Branca. Porto Alegre: L&PM, 1977.

Eu fiquei ali poucos dias, peguei alguns documentos e fui para Washington, DC, para entrevistar Lincoln Gordon no Instituto Brookings... Quando ele viu os documentos, pensou que a história estivesse encerrada e que precisava fazer o melhor para contornar a situação. A verdade é que a história não tinha acabado, e eu não entendia algumas coisas. À medida que ele falava, eu compreendia os documentos.

Ironicamente, Gordon acabou expondo o código do Departamento de Estado e ajudou Phyllis a decifrar as abreviações, referências e a obscura linguagem burocrática presente no material que ela tinha coletado. Ele a mandou à Central Intelligence Agency (CIA) para falar com o diretor Vernon Walters, que servira como adido militar norte-americano antes do golpe e atuara como elo de ligação entre o governo dos Estados Unidos e os oficiais militares envolvidos na conspiração para derrubar o governo de Goulart.

Eu era uma jovem inocente de 27 anos. Ele [Walters] me perguntou quais questões específicas eu tinha para fazer. Eu não compreendia os documentos que tinha, então indaguei sobre ações sigilosas. Ele disse que elas existiam por toda parte, o que não era muito esclarecedor... Perguntei sobre a presença de uma força-tarefa naval e ele respondeu: "Oh, isso foi apenas para exibir a bandeira norte-americana e estimular a estabilidade. Estaríamos lá para ajudar a retirada de norte-americanos, caso explodisse uma guerra civil". Naquele tempo, eu não sabia que, ao fim dos documentos, havia uma indicação – em acrônimo – de que a força-tarefa tinha capacidade nuclear.

Em 1977, a editora Civilização Brasileira publicou a dissertação de mestrado de Phyllis Parker sob o título *1964: o papel dos Estados Unidos no golpe de Estado de 31 de março*, editado dois anos mais tarde em inglês como *Brazil and the Quiet Intervention, 1964.*[9] É uma breve

---

9 Parker, P. R. *1964*: o papel dos Estados Unidos no golpe de Estado de 31 de março. Rio de Janeiro: Civilização Brasileira, 1977; id., *Brazil and the Quiet Intervention, 1964*. Austin: University of Texas Press, 1979.

monografia, com cerca de cem páginas. Não obstante, revela uma história importante e até então não contada. No seu prefácio, Parker coloca a contradição entre os valores de justiça, igualdade e liberdade política, tal como defendidos pelos *founding fathers* dos Estados Unidos, e as políticas externas de Washington:

> O programa de ação norte-americano parece estruturado para beneficiar os Estados Unidos – política, econômica e militarmente –, mas, ao que tudo indica, sem maior consideração pelo impacto de seus empreendimentos sobre a integridade das instituições de outros povos. Segundo esse critério, os direitos reivindicados pela Declaração de Independência soam cada vez mais como princípios que se aplicam somente aos Estados Unidos e seus cidadãos, frequentemente à custa do sacrifício desses mesmos direitos em outras nações.[10]

Os documentos que Phyllis Parker usou apontavam Lincoln Gordon como a figura central de todas as análises de apoio governamental dos Estados Unidos à conspiração militar e o imediato suporte ao regime militar instaurado com o golpe de Estado de 31 de março de 1964. Uma conversa na Casa Branca, no dia 30 de julho de 1962, entre o embaixador norte-americano Lincoln Gordon, o subsecretário de Estado para Assuntos Interamericanos Richard Goodwin e o presidente John F. Kennedy, aproximadamente dois anos antes do golpe, indica claramente as intenções de Washington no Brasil. Referindo-se à posição dos militares em relação a Goulart, Gordon disse:

> Creio que uma de nossas tarefas mais importantes consiste em fortalecer a estrutura militar. É preciso deixar claro, porém com discrição, que nós não somos necessariamente hostis a qualquer tipo de ação militar, contanto que fique claro o motivo...

O embaixador não concluiu sua frase, pois foi interrompido por Kennedy, que completou: "Contra a esquerda". Gordon, então, prosseguiu,

---
10 Ibid., p.11.

FIGURA 12 – O Presidente John F. Kennedy (à esquerda) e Lincoln Gordon (à direita) discutem sobre o Brasil na Casa Branca em 21 de setembro de 1961, na véspera da viagem de Gordon ao Brasil para assumir o cargo de embaixador dos Estados Unidos. Cortesia da Biblioteca Presidencial John F. Kennedy.

um tanto quanto exasperado, "Ele [Goulart] está entregando o maldito país aos...", ao que Kennedy completou novamente: "Aos comunistas". Ao longo da conversa, Goodwin chegou a arriscar: "[...] nós podemos muito bem querer que eles assumam o poder até o final do ano, se puderem".[11]

Embora parte dos planos dos Estados Unidos para o Brasil tenha vindo à tona em transcrições e telegramas confidenciais e de acesso até então restrito, como no exemplo aqui citado, ainda há muito a esclarecer sobre o envolvimento norte-americano no golpe. Como muitos documentos – tanto brasileiros quanto norte-americanos – referentes a esse período permanecem inacessíveis, há uma nuvem cinzenta que encobre os estudos sobre o assunto. Por isso, o embaixador Gordon pôde,

---

11 Naftali, T. (Org.). Monday, July 30, 1962. *The Presidential Recordings, John F. Kennedy*: The Great Crisis, v.1. New York: W. W. Norton and Company, 1997, p.18-9.

durante o transcurso de sua carreira, driblar a exposição dos detalhes daqueles acontecimentos.

Gordon se recusou a refletir sobre o seu envolvimento no Brasil, com a intenção de entender suas ações e tirar conclusões. Ele optou, continuamente, por justificar o ocorrido em março de 1964. Este texto mostrará como Gordon modificou seu discurso, com o passar do tempo, para justificar suas ações no passado. Analisaremos, primeiramente, as preocupações que motivaram seu apoio ao general Castelo Branco e os outros conspiradores. Em seguida, examinaremos o envolvimento *indireto* dos Estados Unidos no golpe militar e a Operação Brother Sam. Concluiremos com sua análise sobre a natureza do regime militar.

Cada parte do texto contextualizará brevemente o evento em questão. Comentaremos a percepção de Gordon sobre os fatos na época em que eles ocorreram, e, finalmente, apresentaremos as novas versões da história que ele construiu para preservar seu legado. Acompanhando o discurso diacrônico de Gordon, poderemos compreender melhor como o ex-embaixador entende sua própria história e a história do Brasil. É também uma oportunidade para refletir sobre a política externa dos Estados Unidos para o Brasil e para o restante da América Latina ao longo do século XX.

Anticomunismo e a Guerra Fria

Lincoln Gordon, estudante laureado em Harvard, ganhou uma bolsa Rhodes para fazer o seu doutorado em Economia na Universidade de Oxford, Inglaterra, na década de 1930. Dividiu sua longa carreira entre a academia e o governo. Com o fim da Segunda Guerra Mundial, Gordon trabalhou como diretor da missão do Plano Marshall em Londres. Em seguida, assumiu o posto de Assuntos Econômicos da embaixada norte-americana. De volta aos Estados Unidos, lecionou Política em Harvard. Em 1961, foi nomeado embaixador no Brasil, por Kennedy, após ter participado da formulação da Aliança para o Progresso. Deixou o Brasil em 1966, para assumir o posto de subsecretário de Estado para Assuntos Interamericanos durante a presidência de Johnson, e, dois anos depois, foi indicado para presidente da Universidade Johns Hopkins, em Baltimore.[12]

Para compreender a relação de Gordon com o Brasil durante o período em que foi embaixador, é preciso enquadrá-la no contexto da Guerra Fria. Conforme entrevista concedida por Thomas E. Skidmore: "Lincoln Gordon era realmente um produto da Guerra Fria, e sua missão era, como ele mesmo afirmou, garantir que o Brasil não se tornasse comunista".[13] Como acadêmico em Oxford, Gordon foi testemunha privilegiada dos trágicos acontecimentos que levaram à Segunda Guerra Mundial. A experiência nazista fortaleceu sua convicção de que as ameaças à civilização ocidental deveriam ser aniquiladas, sentimento que estendeu ao comunismo, com a emergência da Guerra Fria.

Assim como muitos de seus pares, Gordon via o mundo em branco e preto: se um país não estava alinhado com os Estados Unidos, era aliado da União Soviética. Consequentemente, as preocupações demonstradas por Gordon em relação ao clima político brasileiro enquanto esteve à frente da embaixada refletiam esses valores. Por exemplo, Gordon se referiu ao golpe que usurpou o mandato legal de Goulart como "revolução", utilizando a mesma terminologia dos militares. Os conspiradores eram chamados de democráticos, apesar de seus propósitos extralegais. Infelizmente, Gordon não reavaliou sua visão míope do golpe ao longo da sua carreira. Desde 11 de setembro de 2001, ele teve sua posição reforçada pela retórica antiterrorista prevalecente no governo Bush e pela perigosa tendência de transferir para a política a lógica simplista do amigo-inimigo. Nem sempre quem não está com você está com os "inimigos" ou vice-versa.

João Goulart governou o Brasil durante um período de intensa agitação social. Contando mais com seu carisma do que com o apoio institucional, esforçou-se para manter o equilíbrio entre todas as facções da sociedade. No entanto, a radicalização de correntes dentro dos partidos

---

12 Black, J. K. Lincoln Gordon and Brazil's Military Counterrevolution. In: Ronning, C. N.; Vannuccci, A. P. *Ambassadors in Foreign Policy*: The Influences of Individuals on U.S.-Latin American Policy. New York: Prager, 1987, p.95-113.

13 Thomas E. Skidmore, entrevistado pelos autores, 28 jul. 2005.

políticos e a polarização das classes sociais se mostrou uma combinação muito volátil para as suas manobras políticas. Goulart tentou consolidar seu mandato popular em meio a hiperinflação, débito fiscal, problemas na balança de pagamentos, produção em baixa, descontentamento dos trabalhadores e do campesinato, conspiração da direita e intervenção clandestina dos Estados Unidos em assuntos internos do país. Diante da pressão decorrente da crise financeira e do impasse político no Congresso, o presidente deu uma guinada à esquerda nos primeiros meses de 1964. Sua retórica ambígua de reformas de base estremeceu o frágil equilíbrio político brasileiro, com a direita tentando manter o *status quo*, os centristas e a esquerda moderada desapontados com a indecisão de Goulart e a esquerda radical exigindo mudanças mais substanciais.

Numa correspondência enviada ao secretário de Estado Dean Rusk no dia 12 de agosto de 1963, Gordon explicitou seu medo de um iminente golpe do presidente Goulart, que, de acordo com a sua percepção, seria sucedido pela tomada do poder pelos comunistas. Gordon acreditava que esse processo político teria duas etapas:

> Ponderando as evidências com o máximo de objetividade possível, parece-me cada vez mais claro que o objetivo de Goulart é se perpetuar no poder por meio de uma repetição do golpe de Vargas em 1937, instaurando um regime semelhante ao peronismo, com seu extremo nacionalismo antiamericano. O perigo da tomada de poder pelos comunistas decorre da total incompetência de Goulart para compreender ou resolver sérios problemas econômicos, administrativos e outros quaisquer. No caso de Goulart servir como testa de ferro para estabelecer um regime autoritário, ele poderá facilmente ser posto de lado, como o general Naguib no Egito, e abrir caminho para algum Nasser comunista.[14]

---

14 Embaixador Lincoln Gordon ao secretário de Estado Dean Rusk, 21 ago. 1963, n.373, Brasil: ago. 1963, Arquivo de Segurança Nacional, Biblioteca John F. Kennedy. Na sua conclusão errônea predileta, Gordon aponta o exemplo dos dois ícones latino-americanos (Perón e Vargas), cuja ascensão ao poder coincidiu com a violenta repressão ao Partido Comunista em seus respectivos países. Teria sido mais adequado na perspectiva do embaixador – e mais convincente em termos da intervenção norte-americana – se Gordon tivesse feito uma comparação explícita com Fidel Castro, que permaneceu uma figura ambígua até 1961, quando se autoproclamou um "marxista-leninista". Por que a reticência em identificar Goulart com

Para reforçar sua tese, Gordon fez um relato enviesado da situação política brasileira. Ele alegou que Goulart tinha se engajado em "uma guerra aberta ou secreta" contra o Congresso, as Forças Armadas, a imprensa, governadores poderosos, conselheiros moderados e os Estados Unidos durante a segunda metade de 1963.[15] O telegrama mencionava episódios nada convincentes para comprovar essa hipótese. Gordon listou o tratamento de Goulart à questão da reforma agrária, a maneira como ele lidou com o inquérito aberto contra o Instituto Brasileiro de Ação Democrática e sua decisão de estabelecer unidades militares adicionais em Brasília como claras evidências da intenção de Goulart de desacreditar o Congresso. Gordon via a remoção do general Amaury Kruel do Ministério da Guerra, a promoção de um contingente de novos oficiais identificados com a esquerda radical e a substituição de comandantes militares hostis a Goulart como indícios de que o presidente estava iniciando uma guerra contra o Exército.

Gordon julgava que Goulart estava censurando a mídia e influenciando a opinião pública por meio de entidades financeiras governamentais, o que prejudicava a liberdade de imprensa. Além disso, ele "projetava Arraes e minava não apenas Lacerda e Adhemar [de Barros], mas todos os governadores de centro-direita e centro-esquerda", o que deixava claro que o desejo de Goulart, segundo Gordon, era enfraquecer os governadores e fortalecer a centralização do poder em suas mãos. Ao substituir conselheiros moderados por "adolescentes irresponsáveis, simpatizantes e prováveis comunistas", Goulart demonstrava que tinha deixado a esquerda infiltrar seu governo. E, finalmente, "atacando a política externa norte-americana ao abandonar o Plano Trienal, negando-se

---

Castro? Gordon admitiu, em inúmeras ocasiões, saber que Goulart não era um comunista, assim como os Estados Unidos acreditaram, no momento da Revolução de 1959, que Castro era um democrata. A lógica é imperfeita. De acordo com os cálculos de Gordon, Goulart assumiria o poder completo do país em 1º de maio de 1964 – Dia do Trabalho – em São Paulo, como ápice de uma série de manifestações iniciadas em 13 de março de 1964 no Rio de Janeiro, em frente ao Ministério da Guerra. Acreditava-se que, após assumir o poder ditatorial ao estilo de Perón e Vargas, tipicamente associados com a repressão da esquerda, seria deposto pelos comunistas. Apenas a paranoia da Guerra Fria poderia apresentar tal sequência de eventos como algo factível.

15 Ibid.

a firmar compromisso com a American and Foreign Power Company (AMFORP) e o Acordo Dantas-Bell, além de lançar ou colaborar para uma campanha contra mim [Gordon]", Goulart deixava claro seu ímpeto antiamericano. Cada um dos exemplos aqui fornecidos apontava para um cenário no qual o presidente iria consolidar seu poder ditatorial.[16]

O Bureau of Intelligence and Research (INR) do Departamento de Estado subsequentemente avaliou as recomendações de Gordon. Após revisar atentamente o telegrama do embaixador, o INR concluiu que

> definitivamente não parece, pela análise destas seis áreas, que Goulart está prestes a estabelecer um regime autoritário no Brasil [...] pelo contrário, as evidências disponíveis levam a crer que ele simplesmente pretende terminar seu mandato e entregar o cargo a um sucessor legitimamente eleito em janeiro de 1966.[17]

Enquanto Gordon se esforçava para demonstrar que a retórica reformista de Goulart era apenas retórica, e não tinha a intenção de ser construtiva, o INR tirava conclusões bem diferentes. Os analistas do Departamento de Estado viam uma crescente "consciência democrática entre o povo brasileiro, o fortalecimento de elementos democráticos em todos os setores da sociedade e uma relativa fraqueza dos comunistas e seus simpatizantes".[18]

Há várias interpretações sobre os propósitos de Goulart durante o último ano em que esteve no poder. A hipótese mais consistente é que ele procurou consolidar seu lugar na história brasileira como herdeiro de Vargas, implementando as reformas de base a fim de angariar apoio para o Partido Trabalhista Brasileiro (PTB). Acreditar que o único objetivo de Goulart era acumular poder para se transformar num ditador é desconsiderar o leque de alternativas que o presidente tinha ao seu dispor naquele período.

---

16 Ibid.
17 Thomas L. Hughes ao Sr. Martin. INR Comments on Embassy Rio Telegram 373 Concerning the Brazilian Political Situation, 29 ago. 1963, Segurança do Brasil 1963, Arquivos Presidenciais, Biblioteca John F. Kennedy.
18 Ibid.

Sem sombra de dúvidas, a posição de Gordon era vista com bons olhos pelo governo norte-americano. Ralph A. Dungan deixou isso bem claro no memorando que enviou ao presidente Kennedy em 28 de agosto de 1963:

> Como você verá no anexo, existem opiniões diferentes sobre a natureza do problema no Brasil e, consequentemente, sobre como cada um se posiciona sobre isso. Eu acho que Linc [apelido de Gordon] tende a ser um pouco mais emocional e se ofende facilmente com possíveis ataques à sua integridade, porém acredito mais na visão dele sobre Goulart e sua administração do que na análise do INR, que atribui muito das aberrações de Goulart ao seu extremo nacionalismo.[19]

Certamente, as principais conclusões de Gordon e sua avaliação geral da situação política brasileira eram perfeitamente compatíveis com a visão de mundo – impregnada pela atmosfera da Guerra Fria – dos políticos de Washington naquele período. Não foi infundado o fato de o governo norte-americano ter se mostrado tão amistoso às suas ideias.

Assim como o clima político nos Estados Unidos evoluiu com a passagem do tempo, Gordon também teve de revisar regularmente suas interpretações sobre o agravamento da crise política no Brasil entre o final de 1963 e o início de 1964. Utilizando sua análise de agosto de 1963 como referência, descreveremos como ele reformula seus argumentos para justificar as razões pelas quais aprovou entusiasticamente a instauração da ditadura em 31 de março de 1964.

Ao longo de sua carreira, a conceitualização de Gordon sobre a ameaça iminente de golpe no país oscila constantemente. Ora parece acreditar que se tratava apenas de um golpe populista, ora parece convicto de que os comunistas iriam tomar o poder num segundo momento. Durante o final da década de 1960, Gordon amenizou suas acusações a Goulart e não fez menção às questões que tanto o preocupavam em 1963. Nos anos 1970, a ameaça de um golpe que desencadearia uma

---

19 Dungan, R. A. Memorandum for the President, 28 ago. 1963, Brasil: ago. 1963, Arquivo de Segurança Nacional, Biblioteca John F. Kennedy.

guerra civil no Brasil se fortificou na memória de Gordon como sua principal preocupação durante a etapa final do mandato de Goulart. Em 1990, o ex-embaixador retomou algumas preocupações anteriormente expressadas em seu telegrama para Dean Rusk. Em suas tentativas mais recentes de justificar o apoio norte-americano às forças anti-Goulart, Gordon, num primeiro momento, ecoou a tese do golpe e, a seguir, acrescentou a ideia do complô comunista.

O que chama a atenção na evolução do discurso de Gordon é que ele nunca usa as *evidências* que apresentou em 1963, e que apontavam para um golpe, para justificar sua posição posterior. Se inicialmente o embaixador sustentava suas hipóteses recorrendo a eventos ocorridos principalmente entre outubro de 1963 e março de 1964, com o passar do tempo ele muda suas referências históricas, incorporando, por exemplo, a Revolução Constitucionalista de 1932 e a tentativa de golpe em 1961 à sua análise, eventos que não estavam presentes nos seus argumentos de 1963. Fica evidente, na análise que faremos a seguir, que Gordon reconstruiu sua linha de defesa em decorrência das críticas que recebeu sobre suas informações pouco confiáveis de 1963.

Linhas de defesa

Em 1966, Gordon depôs no Comitê de Relações Exteriores do senado dos Estados Unidos, logo após ser nomeado subsecretário de Estado para Assuntos Interamericanos. Durante seu depoimento, os senadores solicitaram que comentasse a situação política brasileira durante o período em que esteve à frente da embaixada. Gordon então declarou: "Com o rumo que as coisas haviam tomado, acredito que haveria uma tragédia muito séria e talvez muito prolongada na nação mais importante da América Latina".[20] Seu depoimento é notável, pois não menciona em nenhum momento a inevitável tomada do poder pelos comunistas no Brasil. Em vez disso, Gordon ressaltou a inevitabilidade de um golpe no qual Goulart criaria uma ditadura personalista nos mol-

---

20 United States Senate, op. cit., p.45.

des da que foi criada por Perón ou por Vargas durante o Estado Novo. Sob juramento, Gordon afirmou:

> Com o início da quarta fase do mandato – de julho de 1963 até o fim do regime, em março de 1964 –, ficou cada vez mais claro que a intenção do presidente era, de fato, subverter o regime em favor de uma ditadura personalista, implementada anteriormente por Perón e Vargas, seu mentor, em 1945. Era um tipo de ditadura populista, como a de Perón e como a de Vargas, com um verniz protetor que oferecia grande benefício para as massas. Ninguém sabe o que ele teria feito se de fato tivesse sido bem-sucedido. Mas acredito que ele tinha essa intenção em mente, e certamente muitos brasileiros responsáveis também acreditavam firmemente nisso nos últimos meses de 1963 e, particularmente, nos três primeiros meses de 1964.[21]

Gordon então reforçou sua convicção mencionando algumas atitudes de Goulart, tais como a declaração de estado de sítio em outubro de 1963; a tentativa abortada de prender Carlos Lacerda no mesmo mês;[22] sua leniência com Brizola e com a esquerda radical; e sua utilização de decretos para expropriar terras em março de 1964, o que, segundo Gordon, "não tinha base nas leis nem na Constituição".[23] Excluindo-se a tolerância de Goulart com Brizola e a esquerda do PTB, cada um dos exemplos de Gordon eram incidentes que ocorreram após o envio de seu telegrama para Washington.[24]

Esse depoimento não corrobora sua versão dos eventos de 1963, além de utilizar argumentos anacrônicos para justificá-la. Um ano mais tarde, Gordon defendeu novamente a inevitabilidade do golpe populista em uma conferência sobre intervenção e estados em desenvolvimento, na Universidade de Princeton:

---

21 Ibid., p.34.
22 Gordon não mencionou que uma unidade militar simultaneamente prenderia Miguel Arraes, governador de Pernambuco, de esquerda. Removendo os dois governadores que simbolizavam a mobilização à direita e à esquerda, Goulart desejava conferir ao estado de sítio um caráter de neutralidade política. Skidmore, T. E. *Politics in Brazil...*, op. cit., p.263.
23 United States Senate, op. cit., p.35.
24 Ver a citação na epígrafe deste artigo.

[...] nós aprovamos a revolução brasileira por nossa convicção de que o presidente estava planejando acumular poderes ditatoriais no padrão de seus dois mentores, Getúlio Vargas e Juan Perón. Para embasar essa convicção, nós temos bem mais evidências sólidas do que acusações na imprensa brasileira antigovernista. Eu nunca tive motivos para duvidar disso...[25]

Se as evidências às quais Gordon está se referindo são aquelas que citou em seu depoimento no Congresso, teremos de continuar refletindo sobre os motivos reais que o levaram a suspeitar que Goulart buscava essencialmente a centralização do poder em suas mãos, hipótese essa refutada pelo INR.

No final de década de 1970, Gordon reconceitualizou sua proposição inicial sobre as intenções de Goulart. Com a liberação à consulta pública de documentos relacionados ao plano de contingência dos Estados Unidos para o golpe militar de 1964, ele teve de retomar essa questão para se justificar perante a opinião pública, tanto norte-americana como brasileira. Numa entrevista concedida por telefone ao jornal *The New York Times* em 1976, Gordon enfatizou que, depois de estudar a guerra civil de 1932 no Brasil e tendo em vista o "rápido crescimento das forças comunistas e outras forças de esquerda sob o comando de Goulart, em março de 1964", desenvolveu a hipótese de uma guerra civil com forças brasileiras igualmente divididas.[26] Nessa entrevista, Gordon não mencionou nem o golpe de Goulart nem o assalto ao poder pelos comunistas.

Um ano depois, voltou à sua linha de defesa habitual, alegando que Goulart desejava seguir os passos de Perón e Vargas, agregando a hipótese da guerra civil:

> Minha convicção era que Goulart estava determinado a se transformar num ditador comunista, à imagem de seus dois heróis políticos, Getúlio

---

25 Gordon, L. Talk for a Princeton Conference on Intervention and Developing States, 11 nov. 1967. Office of the President, Speeches and Statements, Lincoln Gordon, 1967-1968, Series 10, Box 1, Projeto de História Oral da Biblioteca Lyndon B. Johnson, p.18-9.
26 Binder, D. U.S. Assembled a Force in 1964 for Possible Use in Brazil Coup. *New York Times*, 30 dez. 1976, p.7.

Vargas e Juan Perón, e que isso seria irreversível se ele continuasse na presidência. Cheguei a compartilhar essa ideia, especialmente depois do discurso de Goulart na sexta-feira de 13 de março, no comício para uma imensa aglomeração de extrema esquerda. A hipótese de guerra civil surgiu em parte da precedente Revolução Constitucionalista de 1932, deflagrada por São Paulo contra Vargas, e em parte de crises mais recentes, como a de agosto de 1961, que levou à renúncia de Jânio Quadros.[27]

Até esse momento, o argumento de Gordon se baseava na ideia de que Goulart estava buscando poderes ditatoriais, e, consequentemente, a conflagração de uma guerra civil era inevitável. Em 1990, reformulou esse argumento para inserir ideias previamente articuladas por ele em agosto de 1963.

Nesse ano, escreveu uma resenha criticando o livro de Ruth Leacock, *Requiem for Revolution: The United States and Brazil, 1961-1969*.[28] No ensaio, comentou:

> O que eu temia era um golpe de duas etapas no qual primeiramente Goulart assumiria o poder nos moldes de Perón ou Vargas e em seguida seria substituído por uma figura com personalidade mais forte – como aconteceu no Egito com Naguib e Nasser. Esse sucessor, por sua vez, provavelmente imitaria Fidel Castro, buscando aliança e apoio na União Soviética. As evidências que sustentavam a primeira etapa do golpe não só eram convincentes naquele tempo como foram reforçadas pelas memórias de Gorender e de Samuel Wainer, amigo íntimo de Goulart e editor do jornal *Última Hora*.[29]

O abandono do Plano Trienal de Dantas e Furtado, em julho de 1963, a declaração de estado de sítio e o complô abortado para sequestrar Carlos Lacerda – ambos em outubro de 1963 –, além de uma política

---

27 Gordon, L. Made in Brazil: The 1964 Revolution. Manuscrito. Jan. 1977, p.3-6.
28 Leacock, R. *Requiem for Revolution: The United States and Brazil, 1961-1969*. Kent: Kent State University Press, 1991.
29 Gordon, L. US-Brazilian Reprise. *Journal of Interamerican Studies and World Affairs*, v.32, n.2, p.169, 1990.

clara de apoio aos setores de esquerda dentro das Forças Armadas e dos sindicatos, convenceram Gordon, naquele tempo, de que Goulart iria se tornar um ditador. Mas as evidências que ele apresenta para refutar Leacock têm pouco a ver com seus argumentos de 1963, e, além disso, Gordon não tem êxito na apresentação de elementos que sustentem a inevitabilidade de os comunistas tomarem o poder em 1964.

Recentemente, ele teve duas oportunidades para reelaborar suas percepções sobre a queda de Goulart. Em 2003, o ex-embaixador veio a público novamente para justificar o apoio dos Estados Unidos à derrubada de Goulart, com a publicação de um dos capítulos do livro *A segunda chance do Brasil: a caminho do Primeiro Mundo*.[30] Em 2005, ele nos concedeu uma entrevista em Washington, DC.

A linha de defesa utilizada por Gordon no seu livro é muito parecida com aquela que ele utilizou em 1977. Menciona a Revolução Constitucionalista de 1932 e a tentativa de golpe em 1961 como exemplos de um padrão a partir do qual é possível inferir que a guerra civil era iminente no Brasil. Contudo, deve-se atentar que em 1932 a guerra civil foi rapidamente reprimida e em 1961 ela foi evitada.

Em 2005, Gordon retomou suas ideias de 1990, apresentando menos evidências consistentes e reconhecendo que suas conclusões eram meramente especulativas:

> eu achava que havia uma grande possibilidade de um regime totalitário... Num primeiro momento, certamente não seria um regime do Partido Comunista, embora os comunistas estivessem fortemente infiltrados nesse regime. Depois disso, é muita especulação.[31]

Em seguida, Gordon afirmou ter baseado suas conclusões em rumores que circulavam pelo país:

---

30 Id.. *A segunda chance do Brasil*: a caminho do Primeiro Mundo. São Paulo: Editora Senac, 2002.
31 Lincoln Gordon, entrevistado pelos autores, 3 ago. 2005.

Todas as notícias de jornais diziam, eu não sei se nós tínhamos alguma confirmação definitiva, mas parecia provável à luz do que aconteceu na sexta-feira de 13 de março. Ele supostamente faria um comício por mês em cidades diferentes. O último comício supostamente seria no Primeiro de Maio, o tradicional Dia do Trabalho da esquerda radical, em São Paulo, a cidade com a maior concentração de sindicatos, a maior concentração de comunistas no país, e o maior colégio eleitoral. Se você revisasse a imprensa brasileira, veria todo tipo de rumores. A impressão geral era de que aquele comício seria o definitivo. No Primeiro de Maio ele anunciaria que estava assumindo plenos poderes, o que seria equivalente ao discurso de Vargas em 1937 instaurando o Estado Novo. As histórias soavam como se eles fossem percorrer um caminho que nós já conhecíamos, mas eu não tenho nenhuma informação privilegiada de como isso aconteceria.[32]

Contradizendo completamente suas afirmações de 1967 de que "nós tínhamos bem mais evidências sólidas do que acusações na imprensa brasileira antigovernista", o ex-embaixador mostra os pés de barro de seu argumento.[33]

Gordon nunca mencionou, no seu discurso diacrônico, os argumentos iniciais de 1963. Ele modificou levemente as conclusões com regularidade, mas nunca justifica as suas deduções de que Goulart estava engajado numa "guerra aberta ou secreta" contra o Congresso, as Forças Armadas, a imprensa, os governadores mais poderosos, os conselheiros mais moderados e os Estados Unidos como fez durante a segunda metade de 1963 no telegrama que enviou a Dean Rusk.[34] Parece no mínimo duvidoso que Gordon tivesse evidências consistentes naquele tempo para substanciar suas conclusões. Em 2005, ele finalmente reconheceu as limitações de seus argumentos, ao admitir que o golpe de duas etapas era meramente um exercício especulativo baseado em rumores. Ele teve de voltar aos fatos e recriar evidências concretas que justificassem historicamente seu apoio ao regime militar.

---

32 Ibid.
33 Gordon, L. Talk for a Princeton Conference..., op. cit., p.18-9.
34 Ibid.

A operação secreta norte-americana batizada de Operação Brother Sam era um plano de contingência concebido em 1964 para responder ao agravamento da crise política no Brasil. A operação incluía uma força-tarefa naval e fornecimento de petróleo, gasolina e derivados, além de armas e munição, para os conspiradores.[35] Em 27 de março, Gordon alegava que essa ação dos Estados Unidos tinha como objetivo "garantir a vitória das forças amigas, mas não prestar apoio logístico ou participar militarmente da ação... Nossa capacidade de mostrar comprometimento em um grau moderado de força com grande rapidez poderia ser crucial".[36]

Gordon negava que a Operação Brother Sam tivesse existido, até que a disponibilização ao público, em 1975, de inúmeros documentos da Biblioteca Presidencial Lyndon B. Johnson tornaram sua versão insustentável. A partir de então ele tem negado veementemente que os Estados Unidos tenham desempenhado um papel direto no planejamento ou no financiamento do golpe. Gordon sustenta, desde 1964, quando o plano foi originalmente concebido, que a Operação Brother Sam tinha como finalidade "mostrar a bandeira norte-americana". Quando sua existência veio a público, anexou-lhe um componente diplomático: evacuar os cidadãos norte-americanos no caso de uma guerra civil. Essa justificativa não é nem convincente nem plausível.

No depoimento prestado ao senado norte-americano em 1966, Gordon proferiu a famosa frase de que o movimento que derrubou Goulart foi "100% – não 99,44%, mas sim 100% – um movimento puramente brasileiro" e reiterou que nem ele nem outros funcionários do governo norte-americano estiveram envolvidos "ajudando, incitando ou participando" da derrubada de Goulart.[37]

Depois que documentos pertencentes à Operação Brother Sam vieram a público, Gordon nunca mais negou calorosamente o envolvimento norte-americano no golpe militar. Ele passou a usar uma

---

35 Ver, Fico, C. *O grande irmão*: da Operação Brother Sam aos anos de chumbo. O governo dos Estados Unidos e a ditadura militar brasileira. Rio de Janeiro: Civilização Brasileira, 2008.
36 Gordon, L. Lincoln Gordon: História Oral, 27 mar. 1964. Projeto de História Oral da Biblioteca John F. Kennedy.
37 United States Senate, op. cit., p.44.

linguagem mais modalizada e focada em pontos específicos do plano de contingência, como fez em 1976, quando declarou que a CIA não desempenhou nenhum papel no golpe, "dirigindo-o ou financiando-o".[38] Ele nunca esclareceu essa ambiguidade.

Quando a Operação Brother Sam veio à luz, em 1977, Gordon passou a focar seu discurso nos propósitos da operação, não em suas especificidades:

> A força-tarefa não foi criada para uma intervenção militar, com força de combate. Ela foi criada para tornar possível uma forma limitada de ação norte-americana em uma contingência hipotética específica, uma guerra civil no Brasil dividida segundo linhas geográficas, com forças equilibradas e com um dos lados reconhecido por nós. Dentro dessa hipótese, a força-tarefa teria tido três propósitos: a) dar apoio logístico, especialmente em derivados de petróleo, para o lado que em nossa opinião representava a moderação e a democracia; b) desestimular o lado adversário mostrando a bandeira dos Estados Unidos em um navio de guerra; e c) *ajudar, se necessário, na evacuação de cidadãos norte-americanos das regiões envolvidas no combate civil.*[39]

É curioso que, em 1977, Gordon relembre sua preocupação com a evacuação de civis norte-americanos do Brasil, já que isso nunca foi mencionado em nenhuma correspondência entre o embaixador e o secretário de Estado em 1964. Usar esse argumento em retrospecto chama atenção. Se o contingente naval foi enviado ao Brasil para resgatar todos os norte-americanos no país naquele momento, isso nunca teria sido feito de uma maneira eficiente, dado o número de navios e a imensidão do Brasil. Em seu livro publicado em 2003, Gordon reiterou sua já famosa posição:

> Em caso de guerra civil, em minha opinião, "mostrar a bandeira dos Estados Unidos" serviria a dois propósitos: a) exercer pressão psicológica

---

38 Binder, op. cit., p.7.
39 Gordon, L. Made in Brazil: The 1964 Revolution. Manuscrito. Jan. 1977, p.5 (grifos nossos).

em favor do lado anti-Goulart; e (b) ajudar na evacuação dos milhares de civis norte-americanos que viviam no Brasil ou estavam visitando quaisquer de suas regiões.[40]

Nessa época, o ex-embaixador parecia ter-se convencido de que, em março de 1964, estava preocupado com a vida dos cidadãos norte-americanos no Brasil. Isso pode ser plausível. Essa preocupação, porém, nunca foi mencionada em 1964, mas capciosamente se tornou uma linha de defesa para Gordon depois que a opinião pública norte-americana tomou conhecimento da existência da operação naval.

Ele próprio expôs a fragilidade do seu argumento. Na entrevista que nos concedeu em 2005, conta como seu filho passou o período de 1963 a 1964 lecionando no Brasil, antes de ingressar na faculdade, nos Estados Unidos. Ao ser questionado sobre sua possível preocupação com a segurança do filho, em março de 1964, ele respondeu:

> Não. Não creio que essa questão fosse relevante. Não havia um antiamericanismo significativo... Eu estava bastante certo de que naquela época as coisas não eram como no Iraque... Eu não me lembro de isso ter passado pela minha cabeça... Nós realmente não tínhamos uma sensação de agitação civil.[41]

Gordon, então, começou a descrever o plano de evacuação:

> Tínhamos um plano de mostrar a bandeira [dos Estados Unidos] e também de evacuar nossos civis no caso de a situação chegar a esse ponto, o que teria sido uma tarefa gigantesca. Creio que havia cerca de 15 mil pessoas. Teria sido uma operação de grande escala. E, naturalmente, não tínhamos a sensação de que as coisas fossem piorar muito... mas [a guerra civil] não era uma ameaça política à comunidade norte-americana.[42]

---

40 Gordon, L. *A segunda chance do Brasil*: a caminho do Primeiro Mundo. São Paulo: Editora Senac, 2002, p.109.
41 Lincoln Gordon, entrevistado pelos autores, 3 ago. 2005.
42 Ibid.

A ênfase atual do ex-embaixador na evacuação dos cidadãos norte-americanos talvez sirva para reforçar o legado que ele buscou construir para si. Porém, isso não nos ajuda a compreender as motivações de Washington ao enviar aquela força-tarefa ao Brasil.

Defensor eterno do golpe de 1964

Gordon nunca questionou sua decisão de apoiar o general Castelo Branco e os conspiradores. Mesmo diante do fato de que isso levou a uma ditadura que durou 21 anos, Gordon defende veementemente sua posição histórica. Recentemente, em 2005, o embaixador declarou: "Eu continuo acreditando na devoção de Castelo à ideia de restaurar rapidamente as instituições democráticas... Acho que sua devoção era verdadeira".[43] Em 1966, em depoimento ao senado norte-americano, disse estar convencido de que "o principal propósito da revolução de 31 de março e 1º de abril de 1964 era preservar, e não destruir, a democracia no Brasil", complementando que "o histórico daquele período deixa isso claro".[44] O embaixador ainda elencou a manutenção da liberdade de imprensa e o funcionamento do Congresso, com a realização de eleições "livres", como indícios de um regime de exceção, e não de uma ditadura militar.

Em 1966, Gordon defendeu o Ato Institucional n.2 (AI-2), promulgado no ano anterior, como necessário para "garantir a posse dos governadores eleitos em outubro de 1965, dois dos quais eram opositores do regime".[45] Em 1967, ele reiterou essa posição, clamando energicamente que "está acima de qualquer suspeita o fato de que as práticas democráticas estão mais enraizadas no Brasil hoje, e as perspectivas de sua completa restauração e consolidação são bem maiores agora do que seriam se a revolução de 1964 não tivesse ocorrido".[46] Em outubro de

---

43 Ibid.
44 United States Senate, op. cit., p.7-8.
45 Ibid., p.8.
46 Gordon, L. Talk for a Princeton Conference..., op. cit., p.18-19.

1968 – dois meses antes de o Ato Institucional n.5 (AI-5) ser promulgado –, Gordon reconheceu a natureza semiautoritária do regime, mas intercalou suas críticas com referências positivas às conquistas obtidas pelos militares. Nessa ocasião, alegou que "em casos como o do Brasil, o caráter semiautoritário do regime é combinado com uma imprensa livre bastante crítica, Congresso eleito e um conjunto de legislaturas estaduais e municipais, bem como uma vida política intensa".[47]

Gordon só se distanciou do governo brasileiro sob a forte pressão das denúncias internacionais contra as novas medidas arbitrárias após o AI-5. Em maio de 1969, quando assinou a petição condenando a aposentadoria compulsória de professores das universidades brasileiras, efetivada no mês anterior, comentou: "Minha objeção à remoção de professores é parte de minhas preocupações mais profundas sobre o uso arbitrário do poder pelos militares desde dezembro [de 1968]".[48]

No final de 1969, membros da oposição brasileira uniram forças com clérigos, acadêmicos e ativistas norte-americanos, e também com alguns brasileiros residentes nos Estados Unidos, para denunciar a tortura no Brasil.[49] Em uma das primeiras campanhas, foi publicada uma série de artigos em diversos jornais progressistas e liberais, documentando a expansão do uso da violência física contra os opositores do regime. Um desses artigos – matéria de capa publicada em 24 de abril de 1970 na revista *Commonweal*, sob o título "Tortura no Brasil", assinada por Ralph Della Cava – afirmava a cumplicidade de Lincoln Gordon ao defender um regime que torturava seus cidadãos.[50] Della Cava escreveu um texto enérgico, apontando diretamente o apoio do governo dos Estados Unidos ao regime. Gordon escreveu uma carta ao editor da referida revista, na qual usou seus argumentos de sempre para justificar sua defesa das forças que depuseram Goulart.

---

47 Id., Lecture at Scarritt College, Nashville, TN, 23 out. 1968, Office of the President, Speeches and Statements, Lincoln Gordon, 1968-1969, Series 10, Box 1, Projeto de História Oral da Biblioteca Lyndon B. Johnson.

48 The New York Times. Ex-U.S. Aid joins protest to Brazil: Gordon and other experts assail faculty purges. *The New York Times*, 1 jun. 1969, p.24.

49 Green, J. N. Clergy, exiles, and academics: opposition to the Brazilian military dictatorship in the United States, 1964-1974. *Latin American Politics and Society*, v.45, n.1, p.87-117, 2003.

50 Della Cava, R. Torture in Brazil. *Commonweal*, v.62, n.6, p.129ss. 24 abr. 1970.

Gordon, então presidente da Johns Hopkins University, em Baltimore, Maryland, insistiu em que o primeiro Ato Institucional foi uma "monstruosa mudança do princípio democrático básico" e clamou ter "cogitado uma retirada simbólica de Washington".[51] Entretanto, considerando que Castelo Branco provavelmente seria eleito presidente e que o general seria "moderado e constitucionalista", rejeitou a ideia. Ao mesmo tempo, argumentou que "havia vários candidatos que falavam abertamente de si mesmos como 'Fidel Castros' do Brasil", trazendo o risco de que, tendo em vista o tamanho e a localização do país, "tal curso de eventos – evidentemente hipotético, mas não implausível – poderia levar toda a América Latina a regimes totalitários de esquerda". O ex-embaixador se esquivou de qualquer responsabilidade pela caixa de Pandora que ajudou a abrir, a qual levou às flagrantes violações dos direitos humanos em 1969.

Em resposta à carta de Gordon, Ralph Della Cava, na época professor de História da América Latina na City University of New York, em Queens, apontou que a tortura ocorrera no Brasil sob sua vista e que, na ocasião e ainda em 1969, o embaixador se recusava a se pronunciar contra essa prática. Demonstrando que, em 1964, os jornais já faziam cobertura de casos de tortura contra os opositores do novo regime, Della Cava argumentou: "É inconcebível que esses relatos públicos e oficiais não tenham alcançado o embaixador ou seu *staff*.[52] Ele ainda indagou "em que bases a embaixada do Rio formulou a política norte-americana a respeito da tortura, sem falar das decisões que levaram ao monumental aumento da ajuda dos Estados Unidos ao Brasil em 1964, 1965 e 1966". Della Cava listou, então, uma longa série de violações dos direitos constitucionais e políticos ocorridos no Brasil enquanto Gordon era embaixador e posteriormente subsecretário de Estado para Assuntos Interamericanos. O autor concluía que "a carta do dr. Gordon deve ser lida como um exemplo do que tem acometido a política externa dos Estados Unidos".[53]

---

51 Gordon, L. Letter to the Editor. *Commonweal*, v.62, n.14, p.378, 7 ago. 1970.
52 Della Cava, R. Reply. *Commonweal*, v.62, n.14, p.398, 7 ago. 1970.
53 Ibid., p.399.

Em 1977, Gordon buscou se distanciar do regime: "Pressões para restabelecer o governo constitucional [...] continuaram no Brasil pelos treze anos seguintes, com retrocessos em 1965 e 1968, mas sem nunca terem sido abandonadas".[54] O retrocesso de 1965 ao qual ele se refere é a promulgação do AI-2, ainda sob a presidência de Castelo Branco. Gordon foi progressivamente recuando a data de sua desilusão com os militares brasileiros. Em 2005, disse que o regime militar mudou de natureza em 1965:

> O segundo Ato Institucional foi a mudança decisiva... Quem poderia imaginar... Afinal de contas, o motivo do AI-2 foi o protesto dos jovens oficiais, a volta de Kubitschek e a eleição de dois governadores [de oposição] totalmente inofensivos do ponto de vista da revolução. Eles foram usados como bodes expiatórios pela linha dura para encurralar Castelo Branco, disseram-me, e então... eu sabia que os meus amigos tinham perdido.[55]

Mas as mudanças no discurso de Gordon sobre a natureza do regime militar, de democrático para semiautoritário e, finalmente, para ditatorial, nunca afetaram sua admiração pelo general Castelo Branco. Ele só concordou em denunciar o regime militar, no abaixo-assinado que condenava as aposentadorias compulsórias nas universidades brasileiras, em 1969, porque Castelo Branco já havia deixado a presidência. Continuou equivocadamente defendendo a fé democrática do general, apesar de este ter assinado o AI-2, alegando que representantes da *linha dura*, como Costa e Silva, pressionaram-no a tomar essa medida antidemocrática.

As mudanças no discurso do embaixador Lincoln Gordon nos ajudam a compreender como ele queria construir sua imagem histórica. Em vez de reconsiderar a sua participação nos eventos de 1964, adotando uma postura mais sofisticada e imparcial desse período conturbado, preferiu justificar e defender seu passado. Prendendo-se aos parâmetros da Guerra Fria, Gordon se negou a reavaliar suas ações. As múltiplas versões que ele apresenta ao longo de sua trajetória política e intelectual a

---

54 Gordon, L. Made in Brazil: The 1964 Revolution. Manuscrito. Jan. 1977, p.7.
55 Lincoln Gordon, entrevistado pelos autores, 3 ago. 2005.

respeito dos eventos de março de 1964 não são muito diferentes da sua formulação original. Recentemente, reiterou: "Eu não creio que pudesse ter feito algo diferente"[56]. Na realidade, o que mudou, ao longo dos anos, foram os argumentos utilizados por Gordon como desculpa para legitimar sua visão anticomunista e sua política golpista.

---

56 Lincoln Gordon, entrevistado pelos autores, 3 ago. 2005.

Opondo-se à ditadura nos Estados Unidos: direitos humanos e a Organização dos Estados Americanos[1]

Existe uma história não contada sobre a trajetória da oposição ao governo militar brasileiro. Os estudiosos escreveram sobre exilados brasileiros na Europa, que estabeleceram ligações entre os dilemas ideológicos que polarizaram a esquerda e organizaram campanhas unificadas para denunciar a ditadura e pedir anistia para todos os presos políticos.[2] No entanto, o público brasileiro sabe pouco sobre as atividades de um punhado de exilados brasileiros e seus aliados que se envolveram em inúmeras iniciativas nos Estados Unidos para pressionar o governo brasileiro a cessar as violações aos direitos humanos. Este capítulo examina um aspecto dessa história, mais precisamente os esforços para conseguir que a Comissão Interamericana de Direitos Humanos (CIDH) da Organização dos Estados Americanos (OEA) investigasse a tortura e os maus-tratos sofridos por presos políticos brasileiros.[3]

---

1 Green, J. N. Opondo-se à ditadura nos Estados Unidos: direitos humanos e a Organização dos Estados Americanos. In *Relações Brasil-Estados Unidos: séculos XX e XXI*, eds. Sidnei J. Munhoz e Francisco Carlos Teixeira da Silva, p.495-524. Maringá: Eduem, 2011. Tradução de Alexandre Busko Valim e Fabiano Dawe.
2 Rollemberg, D. *Exílio*: entre raízes e radares. Rio de Janeiro: Record, 1999.
3 O espaço não me permite escrever sobre outro caso importante que ocorreu diante da Comissão Interamericana de Direitos Humanos, envolvendo a tortura e a morte do sindicalista

No final de 1969, os ativistas protestantes Jether Ramalho e Domício Pereira levaram clandestinamente aos Estados Unidos uma coleção de documentos e depoimentos sobre o tratamento brutal sofrido por presos políticos brasileiros. Dezenas de brasileiros juntaram material para comprovar as alegações que apareceram na capa da revista *Veja* em dezembro daquele ano. Com o apoio do reverendo Bill Wipfler, do Conselho Nacional de Igrejas de Cristo nos EUA (NCC, sigla em inglês) e de representantes da Conferência Nacional dos Bispos Católicos nos EUA (NCCB, sigla em inglês), de estudiosos americanos da história e da cultura brasileiras e de outras pessoas preocupadas com violações dos direitos humanos no Brasil após o AI-5, um pequeno grupo de ativistas dedicados, incluindo o historiador Ralph Della Cava e o professor universitário norte-americano Brady Tyson, encabeçou uma campanha de sucesso na mídia dos Estados Unidos para fazer que o público americano tomasse conhecimento a respeito da situação no Brasil. Em abril de 1970, no 2º congresso da Associação de Estudos Latino-Americanos, realizado em Washington, DC, os membros da organização, que foi fundado nos Estados Unidos em 1966, apoiaram uma resolução apresentada pelo historiador Thomas E. Skidmore, que denunciou a tortura e repressão no Brasil. No mês seguinte, enquanto estudantes universitários nos Estados Unidos organizavam a primeira greve estudantil nacional de sucesso em oposição à escalada da guerra no Vietnã, Márcio Moreira Alves, o ex-deputado, casado pelo AI-5, realizou um circuito de palestras nos *câmpus* estudantis criticando as políticas do regime militar. Em junho, o peso das evidências da grotesca violação dos direitos humanos pelo regime militar brasileiro se tornou indiscutível. Editoriais no *The Washington Post* e no *The New York Times* indicaram que esses dois formadores de opinião pública já não tinham dúvidas de que a tortura havia se tornado uma prática comum contra os esquerdistas nas prisões brasileiras. Conceituados membros do clero, acadêmicos e líderes

---

paulista Olavo Hansen. Nesse caso, n.1683, as autoridades brasileiras alegaram que Hansen havia cometido suicídio ingerindo veneno enquanto estava na prisão. Em última análise, a comissão não acreditou na versão do governo brasileiro e declarou que Hansen tinha sido morto enquanto estava detido. Esse caso representa tanto uma situação individual detalhada quanto uma acusação coletiva referente ao tratamento de presos políticos.

dos direitos civis norte-americanos tinham se manifestado e assinado petições. Recentes relatórios vindos do Brasil reforçavam as conclusões dos dossiês. O momento era propício para uma campanha mais ampla e unificada nos Estados Unidos para pressionar o governo brasileiro a respeitar os direitos humanos.

Com o presidente Richard M. Nixon na Casa Branca e os funcionários do Departamento de Estado relutantes em romper o relacionamento acolhedor do governo dos Estados Unidos com o regime militar brasileiro, os ativistas recorreram a aliados no congresso norte-americano, bem como à Comissão Interamericana de Direitos Humanos (CIDH) da Organização dos Estados Americanos (OEA). Em ambos os casos, levou mais de três anos por longas, penosas e tortuosas rotas até essas duas instâncias se posicionarem publicamente contra as violações dos direitos humanos no Brasil. Durante todo o processo, representantes do governo brasileiro negaram veementemente que as agências de segurança torturassem rotineiramente os presos políticos. Além disso, insistiram que praticamente todos os oposicionistas presos eram na verdade terroristas e, consequentemente, criminosos comuns. Mesmo quando uma campanha internacional significativa manchou a imagem do Brasil no exterior, o regime militar só conseguiu dar respostas desajeitadas, baseando-se sobretudo na demora burocrática, em mentiras claras e em uma retórica ineficaz da Guerra Fria para acabar com as críticas. Em 1974, porém, o governo brasileiro estava totalmente na defensiva. A Comissão Interamericana de Direitos Humanos considerou que graves violações dos direitos humanos tinham ocorrido no Brasil. Naquele mesmo ano, o congresso norte-americano aprovou uma lei limitando ajuda externa a países cujos governos torturavam seus cidadãos. Em retrospecto, as campanhas travadas em nome de presos políticos brasileiros serviram como base para os ativistas abordarem a onda de violações dos direitos humanos que ocorreram nos governos uruguaios, chilenos e argentinos, à medida que os regimes militares tomaram o poder nesses países entre 1973 e 1976. Elas também estabeleceram algumas das bases para a política de direitos humanos de Carter no final dos anos 1970. Medidas modestas começaram a ser implantadas no Brasil, finalmente colhendo resultados colossais em toda a América Latina.

Uma iniciativa católica e protestante

Em 26 de maio de 1970, a Comissão de Assuntos Internacionais do CNCB emitiu uma declaração sobre o Brasil. A data foi simbólica, já que marcou o primeiro aniversário do assassinato, em Recife, do padre Antônio Henrique Pereira Neto por membros da direita. O pronunciamento ligou a morte do padre a "uma imagem mais abrangente do terror sistemático do Estado contra a Igreja Católica brasileira. A declaração chamou atenção de "organismos internacionais, quer das Nações Unidas ou da Organização dos Estados Americanos, para realizar uma minuciosa investigação *in loco* sobre as acusações de terror do Estado e tortura sistemática". Ela também pediu "a cessação imediata de toda assistência norte-americana, tanto pública quanto privada, ao governo do Brasil se essas graves acusações tivessem realmente fundamento".[4]

A força motriz por trás das afirmações foi o reverendo Louis M. Colonnese, na época o dinâmico e dedicado diretor do Bureau Latino-americano do NCCB. Em uma declaração pessoal anexada à declaração oficial, Colonnese expressou sua frustração devido ao fato de tão poucas medidas terem sido tomadas para conter a violência no Brasil: "O meu profundo amor pelo povo do Brasil me obriga a perguntar se tais afirmações da Igreja poderiam se tornar rituais sem sentido com quase nenhum potencial pragmático". Ele voltou a contar que tinha visitado o papa em 1969 e lhe apresentado um documento sobre a tortura e a repressão no Brasil, e que desde então a Santa Sé tinha recebido informações de que bispos, sacerdotes, religiosos e líderes seculares brasileiros estavam sendo injustamente presos, torturados e em alguns casos até mesmo assassinados. Apesar de Colonnese ter reconhecido que o papa Paulo VI tinha manifestado o seu "interesse e preocupação", o padre ativista pressionou por novas medidas a serem tomadas, sugerindo que a Igreja Católica norte-americana considerasse o encaminhamento ao Vaticano de recomendação de cortar todas as relações com o governo brasileiro.

---

4 Comissão de Assuntos Internacionais da Conferência Nacional dos Bispos Católicos nos Estados Unidos. Statement on Brazil, 26 maio 1970, USCCB, Divisão da América Latina, arquivos não processados.

A declaração da NCCB foi seguida por uma declaração semelhante sobre "repressão política e terror do Estado no Brasil" feita pelo Departamento Latino-americano do NCC, emitida na semana seguinte. Em um prefácio que apresenta o complexo envolvimento dos Estados Unidos na América Latina, o pronunciamento do NCC destacou que o Brasil foi o terceiro maior beneficiário de ajuda norte-americana no mundo, que cerca de 600 indústrias norte-americanas operavam no Brasil e que quase 3.000 norte-americanos missionários protestantes e católicos trabalhavam no país. "Apesar da magnitude de tal participação", a declaração continua, "o povo dos Estados Unidos não foi avisado a respeito da repressão, do terror do Estado e da tortura pelos quais o Brasil é governado hoje".[5] Comentando que o governo brasileiro frequentemente negava as notícias de tortura, a declaração da NCC contrapôs que "os relatórios foram muito numerosos, e também amplamente documentados e reconhecidos por muitas fontes fidedignas para serem desconsiderados". Depois de manifestar a sua solidariedade com a declaração do NCCB sobre o Brasil, o Departamento Latino-americano da NCC fez uma série de propostas de ação, que incluíram um apelo ao congresso norte-americano para realizar uma audiência sobre os efeitos da política governamental dos Estados Unidos no Brasil e a sugestão de que o Vaticano, a Comissão Interamericana de Direitos Humanos e o Conselho de Direitos Humanos das Nações Unidas investigassem as violações dos direitos humanos. As declarações do NCC e do NCCB definiram a agenda para pressionar as entidades governamentais a entrarem em ação.

Em 25 de junho de 1970, Louis M. Colonnese endereçou uma carta ao Gabino Fraga, presidente da CIDH. A correspondência explicou como o Departamento Latino-americano do NCC e o Bureau Latino-americano do NCCB estavam solicitando em conjunto que a comissão "realizasse uma profunda investigação *in loco* das acusações de tortura e repressão no Brasil", em conformidade com o artigo II, § c, dos

---

5 Departamento Latino-americano, Divisão de Missionários no Exterior, Conselho Nacional de Igrejas de Cristo nos EUA. Statement on Political Repression and Terror in Brazil, 5 jun. 1970. Cópia do arquivo pessoal do autor.

documentos básicos da Comissão Interamericana de Direitos Humanos.[6] Documentação em anexo forneceu o nome de dezenas de presos políticos que haviam sido espancados ou torturados e incluiu o nome e a patente nas forças policiais e militares dos agressores. O material, apresentado juntamente com a petição, também incluía os documentos "Dossiê sobre o Brasil", apresentado à Pontifício Conselho Justiça e Paz, em Roma, "Terror no Brasil: um dossiê", distribuído no encontro da Associação de Estudos Latino-Americanos em abril de 1970, e *Terreur et torture au Brésil*, que havia circulado na Europa, assim como numerosos artigos publicados nos Estados Unidos, no Brasil e na Alemanha.[7] Bill Wipfler recordou a reação inicial, quando ele contatou a Comissão Interamericana de Direitos Humanos:

> Fui a Washington para conversar com Luiz Reque, o secretário da comissão. Até aquele momento, eles tinham apenas lidado com casos na República Dominicana, em Cuba e no Haiti. Quando eu falei sobre violações dos direitos humanos no Brasil, Reque ficou nervoso. O Brasil era o maior país da América do Sul. Ele não tinha certeza se nós sabíamos o que estávamos fazendo. Quando o padre McGuire, Tom Quigley e eu mais tarde apresentamos a documentação em grossas pastas, ele ficou estarrecido. Nós tínhamos documentos originais, depoimentos assinados, material impresso, e tudo isso tinha sido meticulosamente conferido e verificado para mostrar que havia várias fontes denunciando casos específicos. Foi tudo muito organizado. Lá estavam representantes das maiores organizações católicas e protestantes dos Estados Unidos, trazendo evidências e apresentando uma denúncia formal. Ele não pôde nos ignorar.[8]

---

6 Rev. Louis M. Colonnese para o dr. Gabino Fraga, 25 jun. 1970. USCCB, Divisão da América Latina, arquivos não processados.

7 "Initial List of Documentation Presented to the Interamerican Comission on Human Rights of the Organization of American States" [Lista inicial da documentação apresentada à Comissão Interamericana de Direitos Humanos da Organização dos Estados Americanos], Washington, DC, 25 jun. 1970. US Conference of Catholic Bishops, Divisão da América Latina, arquivos não processados.

8 William L. Wipfler, entrevistado pelo autor, 8 set. 2004.

Ao longo dos três anos e meio seguintes, o Ministério das Relações Exteriores faria um esforço considerável para negar as acusações apresentadas pela Igreja Católica dos Estados Unidos e pelo Conselho Nacional de Igrejas junto à Comissão Interamericana de Direitos Humanos (processo n.1684).

Comissão Interamericana de Direitos Humanos: uma breve história

A fundação da Organização dos Estados Americanos (OEA) em Bogotá, Colômbia, em 1948 deu início a um maior interesse coletivo na promoção dos direitos humanos nas Américas. O preâmbulo do documento afirma que "o verdadeiro significado da solidariedade americana e da boa vizinhança só pode resultar na consolidação, neste continente, no âmbito das instituições democráticas, de um regime de liberdade individual e justiça social, fundado no respeito dos direitos essenciais do homem .[9] Pautada pela Declaração Universal dos Direitos Humanos das Nações Unidas, durante a década seguinte a OEA debateu a melhor forma de garantir que eles fossem respeitados nas Américas. Na décima Conferência Interamericana, realizada em Caracas em 1954, o órgão aprovou uma resolução propondo a criação de uma Corte Interamericana para a proteção dos direitos humanos. Tal como aconteceu com muitos outros eventos, programas e políticas dos anos 1960, a Revolução Cubana deu o impulso final para o estabelecimento de tal organismo. Não há dúvida de que muitos Estados membros da OEA calcularam que mais atenção para a violação dos direitos humanos poderia erradicar causas que talvez levassem indivíduos ao radicalismo ou ao comunismo. Ao mesmo tempo, no contexto da Guerra Fria, tal tribunal poderia se tornar um fórum para denunciar os excessos dos governos de esquerda. Por iniciativa dos representantes de Brasil, Chile, Peru e Estados Unidos, ministros das Relações Exteriores do conselho da OEA,

---

[9] Apud Sohn, L. B.; Buergenthal, T. *International Protection of Human Rights*. Indianapolis: Bobbs-Merrill Company, 1973, p.1274.

que se reuniram em Santiago do Chile em agosto de 1959, votaram para estabelecer a Comissão Interamericana de Direitos Humanos (CIDH).[10]

Como foi constituída em 1959, a comissão é composta por sete membros, considerados autoridades no campo dos direitos humanos. Eles são eleitos para mandatos de quatro anos a partir de uma lista de três nomes apresentados pelos respectivos governos, tendo o direito de serem reeleitos. Apenas uma pessoa de determinado país pode servir à comissão ao mesmo tempo. Teoricamente, os membros da comissão exercem suas funções no nível pessoal, e não como representantes dos respectivos governos.[11] Inicialmente, a OEA apenas autorizou a CIDH a promover o respeito pelos direitos humanos, fazendo recomendações aos governos dos Estados membros "para a adoção de medidas progressivas em prol dos direitos humanos no âmbito da sua legislação interna e em conformidade com os preceitos constitucionais".[12] A comissão podia preparar estudos ou relatórios, estimular os Estados membros a fornecer informações sobre as medidas adotadas por eles em matéria de direitos humanos e servir como um órgão consultivo da OEA.

Quase imediatamente surgiu um debate sobre se seria ou não necessário expandir os poderes da comissão para que pudesse examinar as denúncias feitas por pessoas, grupos de pessoas ou associações com reconhecimento jurídico em um dos Estados membros no que diz respeito a graves violações dos direitos humanos. Na época, Durward V. Sandifer, o membro norte-americano da CIDH, opôs-se à alteração no âmbito das suas atividades, alegando que conceder poder à comissão para examinar casos individuais serviriam para enfraquecer, em vez de fortalecer, sua posição como um organismo preocupado com os direitos humanos. Ele defendeu seu ponto de vista diretamente:

> Atribuir competência à comissão sobre as queixas individuais e de grupos colocá-la-ia no meio das disputas mais polêmicas dentro dos Estados membros. Em virtude dessa competência, a comissão tornar-se-ia de fato

---

10 Ibid., p.1278.
11 Farer, T. J. *The Grand Strategy of the United States in Latin America*. New Brunswick: Transaction Books, 1988, p.71.
12 Sohn; Buergenthal, op. cit., p.1285.

uma agência de fiscalização do Executivo e das ações judiciais dos Estados membros. Mesmo que a comissão tivesse amplos recursos e autoridade à sua disposição para o desempenho de tais funções, seria difícil realizar essa tarefa sem gerar ressentimento e uma falta de confiança, por parte tanto dos indivíduos quanto dos governos. É provável que isso resultaria para a comissão em grande acúmulo de críticas e resistência dos Estados membros, que prejudicariam gravemente a sua eficácia como uma agência para incentivar e estimular a ação construtiva tanto econômica e social quanto política, promovendo um maior respeito pelos direitos humanos.[13]

Sandifer, advogado internacional com uma longa carreira dedicada à política exterior dos Estados Unidos, serviu como secretário-geral e perito técnico principal da delegação dos Estados Unidos na reunião de fundação da Organização das Nações Unidas (ONU) em 1945 em São Francisco. Ele também foi o principal colaborador de Eleanor Roosevelt na elaboração da Declaração Universal dos Direitos Humanos das Nações Unidas em 1948. Nomeado durante o governo Eisenhower como um candidato para servir na Comissão Interamericana de Direitos Humanos, naquele momento ele via o desenvolvimento econômico e social como a maior garantia aos direitos humanos.[14] Durante a próxima década, mudaria radicalmente a sua posição sobre o papel da comissão na investigação de abusos.

A Segunda Conferência Interamericana Extraordinária, realizada no Rio de Janeiro em novembro de 1965, expandiu os poderes da comissão. A OEA permitiu que a organização recebesse queixas específicas de violações dos direitos humanos, pediu a ela que "realizasse um estudo contínuo a respeito dos direitos humanos fundamentais em cada um dos Estados membros da organização" e ordenou que ela apresentasse um

---

13 Sandifer, D. V. Statement by Dr Durward V. Sandifer, member of the Comission Concerning Proposal to Amend Statutory Provisions Regarding Competence [Declaração do dr. Durward V. Sandifer, membro da comissão, relativa à proposta de emenda de provisão legal sobre a competência], Washington, DC, Organização dos Estados Americanos, 28 out. 1960.

14 Sobre a participação de Durward V. Sandifer nos primeiros dias das Nações Unidas, ver "Oral History Interview with Durward V. Sandifer". Biblioteca Presidencial Harry S. Truman. Disponível em: https://www.trumanlibrary.gov/library/oral-histories/sandifer. Acesso em: 26 dez. 2023.

relatório anual à Conferência Interamericana ou à Reunião de Consulta dos Ministros das Relações Exteriores.[15] O governo brasileiro apoiou as modificações no escopo e nos deveres da comissão. Apesar de relatos de tortura no Brasil terem aparecido em 1964, o regime militar recém-estabelecido parecia confiante de que a ampliação da competência e das responsabilidades da CIDH não afetariam ou interfeririam na forma como os governantes lidavam com a oposição.

Durante os anos 1960, a comissão lidou com as queixas contra o Haiti e a República Dominicana, tanto antes quanto depois da invasão dos Estados Unidos a este último em 1965. Os abusos da ditadura Duvalier, no Haiti, foram severamente condenados pela comissão, assim como os excessos do regime de Trujillo, na República Dominicana. Em 1963, a comissão realizou parte de sua sexta sessão na ilha, aproveitando a oportunidade para entrevistar pessoas sobre supostas violações dos direitos humanos. Depois da invasão da República Dominicana patrocinada pela OEA em 1965 – liderada pelos Estados Unidos com o apoio de tropas brasileiras –, a CIDH foi novamente chamada para atender às queixas de violações dos direitos humanos, o que estabeleceu o precedente para interrogações e fiscalizações *in loco*. O presidente da comissão e o secretário executivo visitaram o país para realizar investigações, com o apoio dos membros da Costa Rica, do Brasil e dos Estados Unidos, que atuaram como representantes da CIDH em momentos diferentes em 1965 e 1966. A comissão atuou como observadora na eleição de 1º de junho de 1966, que elegeu Joaquin Balaguer à presidência, e em seguida se retirou da ilha.

Até petições contra o Brasil serem apresentadas em junho de 1970, a CIDH só tinha tratado com o Brasil em um outro caso. Pouco antes de deixar o cargo em março de 1967, o presidente Castelo Branco enviou uma nova Lei de Imprensa ao Congresso, "para regular a liberdade de pensamento e de informação". Em outubro do mesmo ano, a CIDH recebeu uma solicitação para analisar se a nova legislação violava ou não os direitos humanos no Brasil. No início de 1968, Gonzalo Escudero, relator designado para o caso, informou à comissão que ela deveria

---

15 Ibid., p.1291.

considerar a possibilidade de pedir ao governo brasileiro "que aprovasse medidas progressivas em sua atual Lei de Imprensa, em conformidade com o poder da comissão de fazer recomendações aos governos dos Estados membros da OEA".[16] Naquela sessão, a comissão solicitou uma cópia da Lei de Imprensa do governo brasileiro e informações gerais sobre o assunto. O Ministério das Relações Exteriores do Brasil ignorou o pedido, e, assim, o assunto foi levantado novamente na 20ª sessão da comissão, realizada em Washington, DC, entre os dias 2 e 12 de dezembro de 1968. Após deliberar sobre o caso, a comissão considerou que a petição era "inadmissível como caso individual, tendo em vista o fato de que ela não se referia a acontecimentos ou situações específicas que estivessem relacionados à violação de direitos humanos por parte do governo contra o qual a queixa é dirigida".[17] Ironicamente, a comissão se pronunciou sobre o caso na véspera da promulgação do Ato Institucional n.5 (AI-5). No dia seguinte ao encerramento da sessão da CIDH, o governo Costa e Silva fechou o Congresso, ampliou a censura e iniciou o período mais severo da ditadura.

O dossiê de denúncias apresentado à CIDH pelo reverendo William Wipfler, do Conselho Nacional de Igrejas, e pelo padre Frederic McGuire, da Igreja Católica Americana, em 25 de junho de 1970, juntamente com material complementar apresentado posteriormente, continha uma forte acusação ao governo brasileiro.[18] Durante uma conferência de imprensa realizada na sede da OEA em Washington, DC, quando Wipfler e McGuire entregaram o material que haviam reunido, o ministro episcopal comentou: "Nós estamos preocupados, desde 1969, com a utilização de instrumentos de repressão, mas mais ainda depois de a imprensa no Brasil ter sido neutralizada pela censura do governo por ter feito tentativas de relatar as torturas... A alternativa foi que indivíduos

---

16 Comissão Interamericana de Direitos Humanos. Report on the Work Accomplished during its Twentieth Session, Dec. 2nd through 12th 1968 [Relatório sobre os trabalhos realizados na sua vigésima sessão, 2 a 12 de dezembro, 1968]. Washington, DC: Organização dos Estados Americanos, 1969, p.15.
17 Ibid.
18 Comissão Interamericana de Direitos Humanos. *Dez anos de atividades, 1971-1981*. (Washington, DC: Organização dos Estados Americanos, 1982).

de confiança no Brasil relatassem secretamente a seus amigos no estrangeiro esses fatos. Sentimos que temos um compromisso pessoal com eles de divulgar o que dizem, para falar dos direitos e da dignidade da pessoa no Brasil e para protestar contra a tortura".[19] A CIDH solicitou ao governo brasileiro que fornecesse informações pertinentes e, "em vista da gravidade e da urgência das denúncias", pediu a Durward V. Sandifer, representante norte-americano da comissão e relator das denúncias, que fosse autorizado a visitar o Brasil para analisar as acusações.

Enquanto o Ministério da Justiça preparava uma ampla refutação das acusações levantadas contra o governo, no final de julho de 1970, o ministro da Justiça, Alfredo Buzaid, insistiu em dizer em uma reunião com quarenta correspondentes estrangeiros que não estava sendo praticada tortura contra presos políticos. Narrativas de jornalistas sobre suas observações durante o almoço apresentaram versões ligeiramente diferentes da sua declaração, mas a ideia geral era a mesma. O *Jornal do Brasil* informou que Buzaid proclamou: "Reafirmo mais uma vez que não há tortura no Brasil. O trabalho oficial do governo não pode ser questionado, principalmente porque os inimigos do governo, através de mentiras, criam uma incompatibilidade entre o nosso regime e as outras nações".[20] O jornal *O Estado de S. Paulo* citou Buzaid como tendo declarado: "Ninguém no Brasil é preso por ter pensamentos diferentes [daqueles] do governo. No Brasil, não há presos políticos, mas, sim, terroristas detidos".[21] Ele passou a explicar que essas pessoas não foram detidas simplesmente porque elas não concordavam com as políticas gerais do governo. Todos os presos, segundo ele, eram criminosos, responsáveis por sequestros de diplomatas, roubos a banco e outros atos revolucionários.

Aparentemente, confiantes de que essa abordagem de recusa contínua e consistente fosse uma resposta eficaz aos ataques de fontes estrangeiras, Buzaid se preparou para uma turnê europeia. Em setembro, a

---

19 Fonseca, J. US Church Groups Act on Behalf of Brazil Persecuted [Grupos da Igreja dos Estados Unidos agem em favor dos perseguidos no Brasil]. *NC News Service*, 30 jun. 1970, p.1.
20 Buzaid afirma que não há torturas no Brasil. *Jornal do Brasil*, 1 ago. 1970), p.3; Buzaid garante a opinião divergente. *O Estado de S. Paulo*, 1 ago. 1970, p.3.
21 *O Estado de S. Paulo*. Buzaid garante..., op. cit., p.3.

FIGURA 13 – Reverendo William Wipfler, Conselho Nacional de Igrejas, Padre McGuire, Conferência dos Bispos Católicos dos Estados Unidos, e Luiz Reque, representante da Organização dos Estados Americanos em Washington, D.C., junho de 1970. Arquivo do autor.

imprensa brasileira informou que o ministro da Justiça havia aceitado um convite para participar de um congresso de juristas em Madri. Em seguida, ele pretendia viajar para a Alemanha para falar na Sociedade Teuto-Brasileira, a fim de dar uma "resposta clara e firme em relação à campanha que estava sendo feita contra o Brasil no exterior". Um porta-voz do Ministério da Justiça explicou que o desejo de Buzaid de responder a essas acusações era natural, porque "[u]ma das coisas que mais irrita o ministro Buzaid é essa campanha difamatória".[22] Após as visitas oficiais do governo à Espanha e à Alemanha, o ministro planejava fazer uma turnê por Itália, França e Inglaterra, de maneira não oficial, embora, segundo a imprensa, ele não se recusaria a esclarecer as ações do governo brasileiro.[23] No dia seguinte, no entanto, o Ministério da Justiça voltou atrás e o porta-voz de imprensa esclareceu que Buzaid não tinha intenções de debater ou se envolver em polêmica com ninguém,

---

22 Buzaid desmentirá difamação. *Jornal do Brasil*, 10 set. 1970, p.3.
23 Buzaid vai esclarecer. *O Estado de S. Paulo*, 10 set. 1970, p.5.

embora ele estivesse disposto a explicar informalmente todas as questões levantadas em torno das críticas ao governo.[24] A razão pela qual o Ministério da Justiça alterou sua explicação sobre o objetivo da turnê é clara. Talvez fosse para enfatizar que o governo Médici não tinha necessidade de se defender no exterior. No entanto, ao mesmo tempo, isso é exatamente o objetivo pelo qual o passeio parecia ter sido projetado.

Depois de participar da conferência de Madri, Buzaid voou para Bonn (Alemanha), onde se encontrou com funcionários do governo, que agradeceram a ele por sua ação em nome do embaixador alemão sequestrado. Enquanto estava em Bonn, o ministro da Justiça tinha uma palestra agendada no Museu do Estado intitulada "Objetivos e diretrizes da revolução brasileira". No último minuto, porém, ele cancelou. Um comunicado de imprensa explicou por que a palestra tinha sido abruptamente cancelada:

> Durante a tarde, foram distribuídos folhetos chamando as pessoas para participar de uma manifestação de protesto em frente ao local onde a palestra deveria ser realizada. Mesmo que os manifestantes tivessem anunciado em seus panfletos o desejo de estabelecer um diálogo com o ministro, a forma agressiva com que eles se reuniram naquele local deixou claro que a verdadeira intenção era impedir que a conferência ocorresse em um ambiente de ordem que respeitasse o estimado professor. Como resultado, a palestra foi cancelada.[25]

A polícia alemã informou que cem pessoas participaram da manifestação, na sua maioria estudantes, mas também membros da Ordem Dominicana, que apoiava o grupo de paz católico não violento Pax Christi.[26] Buzaid também cancelou sua viagem a Berlim sem dar maiores explicações, embora funcionários do Departamento de Estado norte-americano no Brasil tivessem informado a Washington que ele tinha

---

24 Buzaid esclarece sua viagem. *Jornal do Brasil*, 11 set. 1970, p.3.
25 Nota oficial. *Jornal do Brasil*, 29 set. 1970, p.4.
26 Cancelada palestra de Buzaid. *O Estado de S. Paulo*, 29 set. 1970, p.6.

recusado essa parte da turnê "a fim de evitar o que temia ser uma recepção hostil".[27]

Quando Buzaid viajou para Londres, jornalistas britânicos o pressionaram sobre a questão da tortura. Referindo-se às acusações sob investigação da CIDH, ele argumentou: "Quando eles se referem a torturas, eles citam apenas trinta nomes, e o governo está investigando com cuidado esses casos. O orgulho brasileiro tem sido ferido com o anúncio [das acusações] antes que nós tenhamos tido a oportunidade de refutá-las". O ministro reiterou que as alegações de tortura eram infundadas: "No Brasil, ninguém é preso por suas convicções políticas ou sua oposição ao governo. Temos um sistema bipartidário em que a oposição pode criticar o governo, o que na verdade ela faz".[28] Buzaid também informou aos jornalistas que o governo estava preparando um *Livro branco* para refutar as denúncias de tortura.

No mês seguinte, a delegação brasileira no 58º Conferência Interparlamentar em Haia teve que enfrentar uma pequena manifestação de protesto na recepção do hotel onde ela estava hospedada O deputado federal Flávio Marcílio, presidente da Comissão de Relações Exteriores, chefiou a delegação. Em uma reunião privada com o presidente Médici logo após retornar a Brasília, ele ressaltou a sua preocupação com essa amostra significativa do sentimento antibrasileiro. De acordo com um memorando do Departamento de Estado norte-americano, "o que aparentemente mais impressionou os congressistas foi que, sempre que eram identificados como brasileiros, eles quase invariavelmente eram bombardeados com perguntas hostis sobre tortura e repressão".[29] Aqueles que já haviam visitado a Europa observaram que "o interesse no Brasil nunca tinha sido tão grande e todo esse novo interesse tinha como foco central a suposta natureza repressiva do governo".[30]

---

27 "Increasing Concern over Brazil's Image Abroad" [Crescente preocupação com a imagem do Brasil no exterior], Airgram 68 de Brasília para Washington, 3 de nov. 1970, FRUS, Box 1362.
28 O Estado de S. Paulo. Buzaid nega as torturas. *O Estado de S. Paulo*, 3 out. 1970, p.1.
29 "Increasing Concern over...", op. cit.
30 Ibid.

Obstáculos e táticas evasivas

O processo de investigação da CIDH é lento. Os seus procedimentos exigem que o país em questão apresente documentação em resposta à petição ou denúncia de violações dos direitos humanos. O país acusado geralmente tem 180 dias para entregar o material. No que viria a ser prática corrente, Carlos Dunshee de Abranches, membro brasileiro da CIDH, apresentou uma resposta oficial ao pedido da comissão apenas uma semana antes de o prazo se esgotar. Em uma nota datada de 11 de janeiro de 1971, o governo brasileiro respondeu às correspondências da CIDH. A nota expressava "grande surpresa" ao pedido de visita de Durward V. Sandifer e negava o pedido de uma investigação *in loco*. Dunshee de Abranches insistiu que "mandar um observador constitui uma medida excepcional que deve ser aplicada apenas quando a comissão não tem outros meios para verificar os fatos". Além disso, o governo brasileiro alegou que a comissão tinha feito o pedido para visitar o país em julho de 1970. Pelo fato de o prazo de 180 dias para o governo brasileiro fornecer informações não ter se esgotado quando o pedido foi feito, isso teria violado os procedimentos internos da comissão. A carta também refutou com veemência as acusações de que havia presos políticos nas prisões brasileiras. Mais do que isso, insistiu novamente que aquelas pessoas eram terroristas e criminosos comuns, que, aliás, tinham recebido o tratamento apropriado e adequado durante a reclusão. Como prova, a carta citava o fato de que todos os presos libertados em troca de embaixadores estrangeiros sequestrados "apareceram em público completamente saudáveis". Para embasar suas alegações, o governo brasileiro anexou um relatório em vários volumes com a correspondência trocada com a CIDH.

A carta refutando as acusações feitas contra os brasileiros na CIDH no processo n.1684 correu em paralelo à estratégia global utilizada pelo governo Médici para combater a "campanha internacional para difamar o Brasil no exterior", a qual era composta de cinco vertentes fundamentais para desviar as acusações de violação dos direitos humanos. Primeiro, o governo continuou a insistir em uma série de declarações públicas de que não torturava os cidadãos detidos. Em segundo lugar, ele usou todos os meios possíveis para atrasar, adiar ou anular qualquer determinação feita pela CIDH, ou qualquer outro organismo internacional, sobre a questão da tortura e outras violações dos direitos humanos. Em terceiro lugar, como tinha indicado em Londres, o ministro da Justiça, Alfredo Buzaid, encomendou o *Livro branco*, em oito volumes, para refutar as acusações específicas contidas nas petições à CIDH. Em quarto lugar, depois de considerar o estabelecimento de uma nova agência de propaganda do governo com poderes para desenvolver uma campanha publicitária internacional em favor do regime militar, o governo optou por uma medida mais modesta para estimular jornalistas estrangeiros compreensivos a visitar o Brasil, a fim de elaborar um relatório favorável sobre o país. Finalmente, os representantes do Brasil manobraram a OEA de forma agressiva, fazendo que a organização adotasse um conjunto de resoluções condenando os atos terroristas de organizações revolucionárias da América Latina. Embora isso constituísse um plano global, acabou sendo uma estratégia que falhou.

O *Livro branco* de Médici

A resposta apresentada pelo governo brasileiro para refutar as alegações de que ele estava envolvido em graves violações dos direitos humanos tinha um tom defensivo e frio, para dizer o mínimo. O título oficial do relatório era "Informações do governo brasileiro para esclarecer supostas violações de direitos humanos relatadas em comunicações transmitidas pela Comissão Interamericana de Direitos Humanos, da Organização dos Estados Americanos". Pode-se supor que a sua designação oficial como *Livro branco* refletiu uma tentativa de compensar o impacto do *Livre noir* [Livro negro], que circulava na Europa em 1969, discriminando os abusos do regime militar. Em termos clássicos maniqueístas, todo o trabalho foi uma exposição da bondade pura do governo brasileiro em sua batalha contra o comunismo, o terrorismo e críticas internacionais. Adotando a estratégia de que a melhor defesa é um bom ataque, o prefácio do relatório deu o tom:

Esta informação visa oferecer fatos importantes sobre as origens e as fontes de insidiosa campanha de difamações contra o Brasil vinda do exterior e, além disso, fornecer esclarecimentos documentados sobre a calúnia contra diferentes autoridades brasileiras a respeito da prática de suposta tortura como uma forma sistemática de repressão.[31]

O dossiê, em seguida, apresentava uma série de pontos que pretendia provar no relatório. Eles constituíram o esboço da contraofensiva internacional do governo. Não havia presos "políticos" no Brasil. Aqueles presos, segundo o documento, estavam mais interessados na realização de atos terroristas criminosos – realizados de forma bárbara – do que em alcançar qualquer objetivo político possível. O governo afirmava ter tratado todos os presos humanamente. Os "terroristas", na verdade, receberam um tratamento melhor (devido às suas origens sociais e recursos próprios) do que os outros presos. Não havia tortura no Brasil.

O relatório também atacava a "campanha de difamações contra o Brasil". Suas origens e as fontes das denúncias eram "falsas, ilegais e clandestinas". A empreitada faria parte de uma guerra psicológica do movimento comunista internacional e teria sido parcialmente financiada pelas organizações internacionais alinhadas com os grupos terroristas. O relatório, em seguida, analisava casos específicos de suposta tortura. Eles incluíam o assassinato do padre Antônio Henrique Pereira da Silva Neto, ocorrido em 1969 e a morte do sindicalista Olavo Hansen no ano seguinte, bem como os maus-tratos sofridos por outros acusados de serem membros de grupos envolvidos em ações armadas para derrubar o governo. Por fim, o texto mostrava exemplos da legislação brasileira, incluindo a "Carta Magna do Brasil, uma das constituições mais perfeitas do mundo", como prova de que o país operava dentro dos limites da lei.

É de se perguntar por que o governo brasileiro adotou uma abordagem tão desastrosa para se defender na arena internacional. Com certeza, foi a ideologia central dos militares no poder, estreitamente

---

31 Brasil. Informações do governo brasileiro para esclarecer supostas violações de direitos humanos relatadas em comunicações transmitidas pela Comissão Interamericana de Direitos Humanos, da Organização dos Estados Americanos. DSI, Arquivo Nacional, Rio de Janeiro, 1970.

identificada com a retórica simplista anticomunista, que justificou a sua longa permanência no comando do Estado. No entanto, o uso da linguagem, como o Movimento Comunista Internacional (MCI), para descrever uma conspiração internacional que incluía intelectuais de prestígio, organizações não governamentais e até setores da Igreja Católica, embora fosse familiar aos defensores do regime, deve ter soado arcaica e monótona para os estrangeiros, incluindo os membros da CIDH. O conceito de que o MCI estava difamando a honra do Brasil, repetia as campanhas ultranacionalistas promovidas pelo governo Médici, que variavam entre o *slogan* "Brasil: ame-o ou deixe-o" (copiado de uma campanha pró-Nixon nos Estados Unidos) e o *jingle* otimista de que "este é um país que vai pra frente".[32] Entretanto, o conteúdo do volumoso relatório era dirigido a um público internacional, bastante improvável de se tornar um movimento ultranacionalista. Esse dossiê tampouco era resumido em um breve relato que poderia ter sido vendido ou mesmo distribuído no Brasil ou no exterior para reforçar a campanha do governo contra o terrorismo e promover a sua imagem fora do país. Os argumentos centrais apresentados na resposta à CIDH constituíram os pontos de argumentação das declarações oficiais do governo sobre a oposição armada, as acusações de tortura e denúncias internacionais. Eles pareciam menos um conjunto eficaz de defesa e mais uma resposta retórica necessária, embora desajeitada.

Este foi especialmente o caso da seção que abordava a tortura, a principal acusação contra o governo brasileiro e o principal fator motivador para o aumento da condenação internacional do regime. O relatório afirmou que as alegações de tortura foram uma cortina de fumaça e parte da "guerra psicológica prevista pelo Movimento Comunista Internacional". Na luta contra os terroristas, de acordo com a defesa contida no relatório, os subversivos inevitavelmente responderam à sua detenção com tiros, causando-lhes ferimentos quando resistiram à prisão. Enquanto na prisão, as autoridades forneceram tratamento médico adequado, inclusive atendimento odontológico. Nas seções do *Livro branco* onde alegações

---

[32] Ver especialmente Fico, C. *Reinventando o otimismo*: ditadura, propaganda e imaginário social no Brasil. Rio de Janeiro: Fundação Getúlio Vargas, 1997.

a respeito de indivíduos foram refutadas, o relatório, em muitos casos, apenas listou as datas em que os presos receberam tratamento médico como uma resposta às acusações de que eles tivessem sido torturados, sendo esta dificilmente uma refutação convincente. Em outros casos, a réplica foi simplesmente que o próprio prisioneiro tinha feito a acusação.

Uma vez que a CIDH deliberou a portas fechadas, apenas anunciando as suas conclusões em relatórios e comunicados ocasionais publicados na imprensa, jornalistas dispostos a cobrir esses processos tinham material escasso na mão para examinar as acusações e contra-argumentos. Como resultado, houve poucas oportunidades para que a imprensa cobrisse o curso do processo e exigisse explicações do governo brasileiro. Os denunciantes, neste caso a da Conferência Nacional dos Bispos Católicos nos EUA e o Conselho Nacional de Igrejas, no entanto, tinham o direito de resposta ao relatório do governo brasileiro. Eles o fizeram, escrevendo para Luis Reque, secretário executivo da CIDH. Devido à natureza confidencial do processo, ao mesmo tempo, a sua contestação à defesa do regime militar se manteve dentro dos limites das deliberações da comissão. No entanto, suas respostas, em geral, desmontaram o caso do governo brasileiro. Wipfler e McGuire afirmaram de forma inequívoca que "a resposta do governo do Brasil, representada nos documentos transmitidos para nós e em sua resposta negativa ao pedido da comissão para ser autorizada a visita ao país para coletar informações [...] [foi] insuficiente e insatisfatória".[33] Assim como o *Livro branco* serviu de ponto de argumentação para diplomatas brasileiros, o raciocínio por trás do material apresentado pelo NCC e por representantes do NCCB resumiu sua abordagem para resolver a questão das violações de direitos humanos cometidas no Brasil. Algumas dos seus argumentos apareceram nos relatórios da comissão.

Respondendo à afirmação de que "não há prisioneiros políticos no Brasil", os denunciantes primeiro salientaram que a Lei de Segurança Nacional de 1967, bem como os Atos Institucionais n.5 e n.6, suspendeu o direito ao *habeas corpus*, ampliou os critérios para categorias de

---

33 Carta de Frederick A. McGuire e William L. Wipfler a Luis Reque, 6 dez. 1971, Arquivos da USCCB, arquivos não processados.

crime e deu aos tribunais militares a jurisdição sobre casos que eram anteriormente julgados nos tribunais civis. Mesmo descontando os presos envolvidos em atos violentos, assaltos a bancos, sequestros e sequestros de aviões, o depoimento argumentou que pelo menos nove, se não mais, das vítimas originais citadas na petição à CIDH não tinham envolvimento em qualquer uma das referidas atividades. Eles, então, ofereceram mais exemplos, como a sentença de prisão do historiador Caio Prado Júnior por um período de quatro anos por ter dado uma entrevista "subversiva", as detenções arbitrárias de advogados de defesa de presos políticos e os maus-tratos a eles, a perseguição e detenção de escritores e jornalistas e as represálias sofridas por aqueles acusados de enviarem denúncias ao exterior.[34]

Referindo-se ao capítulo no documento do governo brasileiro intitulado "A questão da tortura", os denunciantes observaram que, "se o Partido Comunista (brasileiro ou não) revelou ou não uma acusação, isto não afeta a verdade da acusação".[35] Por que um leque tão amplo de católicos proeminentes, do papa ao cardeal Alfrink, da Holanda, se pronunciou contra a tortura no Brasil? Seriam eles uma parte do movimento comunista internacional? Depois de analisar os exemplos específicos de tortura da petição inicial e da resposta do governo brasileiro, o comunicado à CIDH indicou que a melhor maneira de verificar as acusações seria por meio de uma investigação *in loco* conduzida pela comissão, pela Cruz Vermelha Internacional ou por outra agência amplamente respeitada internacionalmente. Se essa possibilidade não fosse aceita, a carta afirmava, a resposta do governo brasileiro teria falhado em responder às alegações específicas. Em um ponto, os reverendos McGuire e Wipfler observaram que "é provável que o 'diálogo de surdos' entre a comissão e o governo brasileiro continue. A primeiro traz à luz as mais graves acusações de violação dos direitos humanos pelas autoridades brasileiras, e os últimos simplesmente negam tais acusações sem que qualquer alteração substancial ocorra nessa triste situação".[36]

---

34 Ibid., p.2-17.
35 Ibid., p.18.
36 Ibid., p.16-7.

Como era de se esperar, o governo brasileiro afirmou que a resposta seria um pedido para adiar qualquer ação sobre o caso até que mais documentação pudesse ser enviada.

Perdendo a propaganda de guerra

Em dezembro de 1970, após dois anos de constantes desmentidos oficiais de que os presos não eram torturados, o ministro da Educação, Jarbas Passarinho, admitiu a prática em um programa de televisão: "Dizer que não há tortura seria evitar a verdade. No entanto, dizer que a tortura é uma política sistemática do governo não seria apenas evitar a verdade, seria infâmia". O ministro acrescentou: "[...] dizer que não há tortura, mesmo nos países que nos acusaram disso, também seria uma mentira, porque em algumas prisões, tortura e violência existem. É a violência policial com a qual todos estamos familiarizados a partir do momento que lemos *Os miseráveis*, de Victor Hugo". Mais uma vez o governo brasileiro estava na defensiva. Embora tendo admitido que a prática ocorria, Passarinho tentou atenuar o impacto de sua declaração com um contra-ataque. O Brasil não era pior do que os países acusadores, uma aparente referência aos Estados Unidos de Kennedy e à França do *Livre noir*. É certo que ele tinha que voltar à França do século XIX para fundamentar sua declaração. No entanto, Passarinho finalmente havia reconhecido que a onda de denúncias que veio à tona nos Estados Unidos e na Europa tinha validade. No entanto, o ministro da Educação se equivocou com a sua admissão sobre a tortura no Brasil, ao dizer que, embora tais práticas existissem, elas não eram sancionadas pelo governo nem eram sistemáticas. A observação de Passarinho foi também uma justificativa que poderia tirar a culpa de seu governo e a colocar em forças militares linha-dura e em um grupo de policiais fora de controle.

Foi simplesmente pouco demais e tarde demais. O governo brasileiro arrastaria as acusações de violações dos direitos humanos na CIDH por mais dois anos, mas os danos à imagem do país tinham sido feitos. Recusando-se a deixar os observadores realizar investigações no local, apresentando um *Livro branco* artificial, que mascarou as acusações, atrasando as respostas aos pedidos de mais informações até o último minuto e com objeções legais enganadoras, o governo apenas adiou o inevitável. A comissão colocou a culpa nos ombros dos generais brasileiros. O relatório à Assembleia Geral da OEA declarou que "as provas recolhidas no caso n.1684 levaram à conclusão de que, no Brasil, casos graves de tortura, abuso e maus-tratos foram cometidos contra pessoas de ambos os sexos, enquanto eles eram privados de sua liberdade".[37] A resolução da CIDH também criticou severamente o governo brasileiro por se recusar a "adotar as medidas recomendadas pela comissão, que visavam determinar se os atos de tortura, abuso ou maus-tratos foram realizados contra as pessoas detidas nos estabelecimentos indicados; verificar se os militares e policiais das entidades cujos nomes foram indicados tinham ou não participado desses atos e, em caso afirmativo, tornar possível a punição dos responsáveis".[38] Tal como em relatórios anteriores sobre o assunto, Dunshee de Abranches votou contra a resolução do relator e apresentou uma explicação do seu voto.

Em um aspecto, porém, o regime militar tinha sido bem-sucedido. Suas manobras dilatórias, que tiraram vantagem do tempo alocado para responder às acusações, bem como numerosos apelos, protelaram a resolução final da investigação por quase quatro anos. Médici deixou o cargo antes que a CIDH conseguisse fazer sua recomendação final à Assembleia Geral da OEA em abril de 1974, a qual, como no caso Hansen, apenas recebeu e arquivou o relatório. Nessa época, a atenção internacional para a tortura e as violações de direitos humanos saiu do Brasil para se concentrar nas batidas policiais em massa e nas execuções de pessoas da esquerda no Chile, depois que os militares tomaram o poder no país em 11 de setembro de 1973. Os generais brasileiros deixaram de ser os párias número um da América Latina.

Apenas um mês antes da reunião da Assembleia Geral, em Atlanta, o general Geisel assumiu a presidência em Brasília e sugeriu que iria seguir uma política de liberalização gradual e controlada. Um editorial

---

37 Comissão Interamericana de Direitos Humanos. Relatório Anual da Comissão Interamericana de Direitos Humanos para o Ano de 1973, p.80. OEA/Ser.L/V/II.32 doc. 3 rev. 2 14 fev 1974.
38 Ibid.

do *The New York Times* intitulado " Brazil's New Chance", lembrou aos leitores que os últimos dois presidentes prometeram um retorno semelhante à democracia no início dos seus mandatos e, em seguida, renegaram os seus compromissos. No entanto, o editorial sugeria que Geisel tinha uma oportunidade de corrigir a imagem internacional do Brasil:

> Se o presidente vai usar sua atual posição para aliviar a repressão e tomar medidas para ampliar a participação política, ele talvez possa ficar espantado com a resposta favorável que terá em casa e no exterior. Talvez ele consiga desviar às "graves acusações de "tortura, abuso e maus-tratos", programadas para serem feitas contra o Brasil pela Comissão Interamericana de Direitos Humanos na Assembleia Geral da Organização dos Estados Americanos no mês que vem.[39]

Uma semana após a posse de Geisel, o *Miami Herald*, o *The New York Times* e o *The Washington Post* lamentaram o fato de que o novo governo continuava a censurar a imprensa. Na avaliação desses jornalistas, a democratização, se realmente viesse, seria lenta.[40]

Um pouco antes do anúncio da resolução da CIDH, o reverendo McGuire, da Igreja Católica dos Estados Unidos, mostrou sua satisfação com o procedimento da comissão. "O governo brasileiro está sensibilizado com a opinião pública internacional adversa. Esperamos que esse ultraje público seja efetivamente traduzido em sanções econômicas".[41] O padre também pediu o fim da ajuda externa dos Estados Unidos e de outros países ao Brasil. O embaixador junto à OEA, no entanto, foi menos entusiasta do que o padre McGuire sobre condenar o seu parceiro gigante ao sul. Ao contrário de Durward V. Sandifer, que não havia

---

[39] The New York Times. Brazil's New Chance [A nova chance do Brasil]. *The New York Times*, 23 mar. 1974, p.30.

[40] Howe, M. Brazil Press Faces New Curbs [Imprensa do Brasil enfrenta novas restrições]. *The New York Times*, 25 mar. 1974, p.9; Anderson, J. Press Suppression [Supressão da imprensa]. *The Washington Post*, 18 mar. 1974; Miami Herald. After Week of New Regime, Brazil Censorship Remains" [Após uma semana do novo regime, censura no Brasil permanece]. *Miami Herald*, 25 mar. 1974.

[41] Diuguid, L. H. Brazil Torture Goes to OAS [A tortura no Brasil vai para a OEA]. *The Washington Post*, 20 mar. 1974, p.A-18.

tomado partido, assim como o relator da comissão, William S. Mailliard, o embaixador dos Estados Unidos junto à OEA seguiu a postura do governo Nixon de continuar a aproximação com a América Latina, apoiando regimes autoritários por todo o continente. Após a CIDH ter apresentado o seu relatório à Assembleia Geral da OEA, ele se recusou a tomar a iniciativa de dar início a uma nova votação para acompanhar os resultados da comissão. Segundo um funcionário da Câmara dos Deputados, o governo dos Estados Unidos tinha decidido que não iria pressionar a OEA em qualquer ação a menos que houvesse um consenso sobre o assunto. Obviamente, o Brasil teria sido um obstáculo à unanimidade. Em abril de 1974, o deputado Donald M. Fraser, presidente do subcomitê da câmara sobre organizações internacionais, tinha começado a incitar a CIDH a investigar alegações de violações dos direitos humanos no Chile. Assim, os homens de Pinochet em Washington também teriam bloqueado qualquer possibilidade de um consenso da OEA. Como resultado, o relatório global da comissão permaneceu secreto. O público em geral acabou recebendo apenas dispersos relatos jornalísticos sobre as investigações e resultados da OEA. Então, todos os esforços em preencher petições, elaborar respostas, relatórios com contra-argumentos e emissão de comunicados de imprensa tiveram algum efeito real sobre os presos políticos no Brasil?

Tom J. Farer, que esteve a serviço da Comissão Interamericana de Direitos Humanos de 1976 a 1983, levantou a mesma questão depois de completar seu mandato, embora o tenha feito em termos mais gerais:

> Os governos ainda não admitem delitos. Se os indivíduos são postos em liberdade, a sua libertação, quando é anunciada a todos, é apresentada como um ato de favor oficial. Também é difícil medir as conquistas longe do mundo de papel dos relatórios e comunicações, porque a comissão não tem direito absoluto de acesso aos prisioneiros, campos de detenção e centros de interrogatório onde a esperança é esmagada e a identidade extinta.[42]

---

42 Farer, op. cit., p.77.

Na verdade, nenhum rastro de papel leva alguém dos relatórios da comissão até blocos de celas brasileiras para verificar se menos correntes elétricas ou violência física ocorreram por causa das petições apresentadas em Washington, DC, em junho de 1970. Em abril de 1974, pode ter parecido que o efeito do relatório final da CIDH tenha sido simplesmente um outro tapinha na mão de um regime que simplesmente ignorou tais reprimendas e seguiu em frente com seu dia a dia de governo autoritário.

No entanto, os documentos espalhados encontrados nos arquivos do Itamaraty indicam um corpo diplomático particularmente nervoso com o que parecia ser um bem-sucedido esforço crescente para isolar o país no exterior. Essencialmente, as conclusões da comissão haviam condenado o regime militar, embora em termos diplomáticos. Apesar de a OEA ter falhado em acompanhar a publicação de um relatório ou fazer que ações futuras ocorressem contra o regime militar, as conclusões da CIDH se tornaram mais uma na longa sequência de denúncias de práticas abomináveis cometidas sob vigilância dos generais. O efeito cumulativo finalmente chegou ao auge em meados da década de 1970, forçando o regime militar a perceber que estava pagando um preço muito alto para permitir que notórias violações grotescas dos direitos humanos ocorressem. Mais de uma década depois de sair do governo, Ernesto Geisel, sucessor do presidente Médici, admitiu que a tortura tinha sido necessária durante o regime militar, mas finalmente os generais tiveram de pôr um fim à sua prática.[43]

Mesmo que nenhuma causalidade direta e imediata possa ser extraída das denúncias examinadas pela CIDH, os casos registrados em nome de centenas de presos políticos abriram um precedente que foi além das fronteiras do país. Desde que a CIDH encerrou suas deliberações finais sobre o caso n.1684, repreendeu fortemente o governo por sua falta de cooperação e encontrou elementos de prova *prima facie* de graves violações dos direitos humanos, a comissão foi inundada com centenas e milhares de petições sobre os presos políticos do Uruguai,

---

43 D'Araújo, M. C.; Castro, C. (Eds.). *Ernesto Geisel*. Rio de Janeiro: Fundação Getúlio Vargas, 1997, p.223-35.

do Chile e da Argentina. Apesar de Dunshee de Abranches ter mantido uma conhecida fachada diplomática consistentemente ao proclamar a inocência de seu governo, essa defesa não soou muito bem para outros membros da comissão. A decisão quase unânime da CIDH (tirando o voto do Brasil) enfatizou que seus membros não ficaram convencidos com as frágeis negações e atrasos de Dunshee de Abranches.

O Brasil impediu investigações *in loco* em 1972 e conseguiu protelar as considerações finais por mais dois anos. O aparente sucesso do país em diluir o impacto do trabalho da comissão provavelmente influenciou a decisão do presidente chileno Augusto Pinochet de pacificar a CIDH permitindo a realização de uma sessão no país e investigar supostas violações. Seu plano deu errado. Ao contrário dos casos do Brasil, as investigações da comissão e relatórios posteriores sobre o Chile chegaram à Assembleia Geral e produziram uma série de acusações a respeito da ditadura chilena.[44] Posteriormente, investigações sobre a Argentina também atraíram significativa atenção internacional para a situação de milhares de prisioneiros políticos.[45] Embora aqueles que sofreram nas prisões brasileiras não tenham tido a sua dor reduzida com a investigação da comissão, a documentação da tortura serviu para mostrar que ela de fato ocorria de uma forma sistemática e generalizada, sendo sancionada pelo Estado. O exemplo do Brasil fez que fosse mais difícil para outros governos se justificar, alegando incidentes "isolados".

---

44 Comissão Interamericana de Direitos Humanos. *Dez anos...*, op. cit., p.252-7, 261-5.
45 Farer, op. cit., p.87-9.

Exilados e acadêmicos: a luta pela anistia nos Estados Unidos[1]

Quase ninguém nos Estados Unidos levantou objeções contra o golpe de Estado do 1º de abril de 1964. A imprensa norte-americana apoiou quase unanimemente o rapidíssimo reconhecimento dado pelo presidente Johnson ao novo governo militar e à agenda anticomunista dos líderes do novo regime. Os relatos na imprensa deixaram de lado, em grande parte, as inúmeras detenções de adversários do regime, considerando a mudança no poder como um "golpe incruento" que evitara uma guerra civil.[2] As notícias vindas do Brasil deram ao público desinformado a impressão de que o novo governo defendera a democracia de um ataque comunista. Essa noção nada mais fez do que reforçar o arraigado sentimento público de 80% dos cidadãos norte-americanos

---

[1] Green, J. N. "Exilados e acadêmicos: a luta pela anistia nos Estados Unidos". In: *A luta pela anistia,* ed. Haike R. Kleber da Silva, 145-56. São Paulo: Editora Unesp, Arquivo do Estado de São Paulo, 2009. Este artigo é baseado no livro de minha autoria *Apesar de vocês*: oposição à ditadura brasileira nos Estados Unidos, 1964-1985. São Paulo: Companhia das Letras, 2009.

[2] Weis, W. M. Government News Management, Bias and Distortion in American Press Coverage of the Brazilian Coup of 1964. *Social Science*, v.34, p.35-55, 1997.

que temiam a ameaça comunista em 1964, recorde histórico nas pesquisas de opinião sobre política externa.[3]

Até mesmo senadores que costumavam expressar em voz alta suas posições, como Wayne Morse, do Oregon, que já questionara a política de Johnson na Guerra do Vietnã, elogiou a mudança de regime, descartou acusações de intervenção de parte dos Estados Unidos e negou que os militares tivessem instaurado uma ditadura.[4] Em tom e estilo típicos da maior parte dos debates no congresso, o senador Morse subiu à tribuna no senado norte-americano, em 3 de abril de 1964, para "parabenizar o presidente dos Estados Unidos" por declarações atribuídas a este e publicadas em um despacho da Associated Press sobre acontecimentos recentes no Brasil.[5] Após solicitar consentimento unânime do senado para que o artigo intitulado "LBJ Sends Warm Note to Mazzilli" fosse incluído nos anais (*Congressional Record*) do Legislativo, o senador continuou a elogiar o presidente: "Nesse aspecto, o presidente Johnson agiu com o mesmo extremo cuidado, tranquilidade e ponderação que caracterizaram seus demais atos e merece nossos agradecimentos pela mensagem enviada ao novo presidente do Brasil". Naturalmente, Morse se referia ao rápido reconhecimento do novo regime brasileiro por parte de Johnson, no dia anterior.

O senador destacou em seguida que o governo norte-americano não estivera envolvido na tomada do poder pelos militares.

> Quero deixar bem claro que posso afirmar, com base no conhecimento de que disponho – e creio que os membros da Comissão de Relações Exteriores do senado têm sido integralmente informados, com todos os detalhes, dos acontecimentos no Brasil –, que os Estados Unidos de forma alguma intervieram nem foram responsáveis em qualquer medida pelos fatos ocorridos no Brasil. Estou convencido de que os acontecimentos foram completamente brasileiros e que resultaram de uma longa preparação.

---

3 Schoultz, L. *Human Rights and United States Policy Toward Latin America*. Princeton: Princeton University Press, 1981, p.25.
4 Congressional Record. Senado, 3 abr. 1964, p.6851-2; id. Senado, 10 ago. 1964, p.18834-5.
5 Id. Senado, 3 abr. 1964, p.6851-2.

Confiando que fora adequadamente informado pelo governo, Morse passou a repetir o relato fornecido pelo embaixador Lincoln Gordon e por funcionários da CIA e do Departamento de Estado, acrescentando sua própria interpretação ao que tinha acabado de ocorrer na semana anterior.

> Os acontecimentos no Brasil não resultaram de atos ou de um golpe de uma junta militar. Ao contrário, a derrubada do presidente do Brasil foi consequência de acontecimentos nos quais a força motriz foi o Congresso brasileiro, agindo segundo a Constituição do país e sustentado por um grupo militar que apoiou o respeito ao sistema constitucional brasileiro.

Morse argumentou que Goulart poderia ter permanecido no Brasil e ter sido julgado pelas acusações que lhe fossem imputadas, mas reiterou: "Não se poderia esperar que o Congresso, os governadores e o povo brasileiros ficassem inertes vendo seu governo e suas forças sendo gradualmente, passo a passo, entregues a um aparato comunista". O senador pelo Oregon emitiu então a opinião de que o presidente Johnson havia "muito pertinentemente esperado até que o sistema jurídico e constitucional do Brasil seguisse seu curso", enviando em seguida uma "mensagem calorosa" ao novo presidente do país. A "bela declaração", a prudência e a liderança de Johnson, afirmou Morse, mereciam suas congratulações.

Em seguida, o senador passou a ler um longo discurso expressando sua opinião a respeito da "guerra de McNamara no Vietnã do Sul". Anteriormente, naquele ano, ele e Ernest Gruening, do Alasca, tinham sido os dois únicos senadores a votar contra a resolução de Johnson sobre o Golfo de Tonkin, dando poderes ao presidente para intensificar a Guerra no Vietnã. Ironicamente, embora disposto a questionar sozinho a política externa do governo no sudeste asiático, Morse apoiou a Casa Branca no que se referia ao Brasil.

Em comentários feitos posteriormente no mesmo ano a seus colegas senadores, ele reiterou suas conclusões:

> Esta noite, nenhum senador poderá citar o Brasil como exemplo de ditadura militar, porque esse não é o caso. O povo brasileiro continua a

se autogovernar. Se alguém acreditar que isso não é verdade, que veja o que está ocorrendo no Brasil quanto ao intercâmbio de pontos de vista no Congresso, na imprensa e em muitas fontes e forças da opinião pública.[6]

Membros da Câmara dos Representantes repetiram a opinião de seus colegas do senado.[7]

No ano seguinte, o senador Morse mudou de opinião sobre o regime militar quando Castelo Branco decretou o Ato Institucional n.2. O AI-2 aboliu os partidos políticos existentes, substituindo-os por duas agremiações: a Aliança Renovadora Nacional (Arena), favorável ao governo, e o Movimento Democrático Brasileiro (MDB), partido de oposição. Novas medidas autoritárias também tornaram indiretas as futuras eleições para presidente, vice-presidente e todos os governadores.

Mais uma vez, o senador Morse se levantou no senado, mas desta vez para criticar o apoio do governo norte-americano à ditadura militar:

> A notícia de que a junta militar brasileira assumiu poder ditatorial significa um desastroso retrocesso para a liberdade na América Latina. Ainda pior do que isso é a continuidade do apoio financeiro dos Estados Unidos a esse regime. Ao fazê-lo, estamos rapidamente transformando a Aliança para o Progresso em uma aliança para um progressivo militarismo no hemisfério ocidental. A semântica que ouvimos de Washington e da camarilha brasileira, que procura dissipar o temor pelo futuro das instituições democráticas naquela grande nação, somente engana àqueles que desejam ser enganados.[8]

Morse pode ter-se decepcionado com o governo brasileiro ao receber em seu gabinete em Washington, DC, a notícia do Ato Institucional n.2, mas para a maioria dos observadores menos atinados, inclusive muitos jornalistas estrangeiros, o novo regime às vezes parecia ser apenas moderadamente autoritário. Essa ilusão ajudou a conseguir endosso

---

6 Id. Senado, 10 ago. 1964, p.18835.
7 Id. Câmara, 14 abr. 1964, p.7916.
8 Id. Senado, 29 out. 1965.

internacional e a manter o poder dos militares no país durante os três primeiros anos. No final de 1967 e início de 1968, no entanto, uma nova geração de jovens brasileiros contestou o *status quo* político e exigiu o fim do governo militar. As mobilizações estudantis de 1968 e a ampla oposição à ditadura militar que terminou no AI-5 marcou o começo dos anos mais duros do regime autoritário. A repressão e a tortura se tornaram as caraterísticas principais dos governos de Costa e Silva e Médici.

Se a situação no Brasil se voltou para a direita a partir de 1969, o processo político nos Estados Unidos criava novas condições para construir um movimento que contestava o apoio incondicional aos militares brasileiros. Entre 1969 e 1974, um pequeno grupo de dedicados ativistas da Igreja Católica e das Igrejas Evangélicas tradicionais, de brasileiros exilados nos Estados Unidos, de acadêmicos norte-americanos que pesquisavam assuntos relacionados à América Latina e de esquerdistas introduziu a questão dos direitos humanos no discurso público e criticou duramente a política internacional do governo norte-americano. Essa rede de ativistas moldou uma campanha sistemática para educar jornalistas, oficiais do governo e o público sobre os abusos que ocorriam sob o domínio dos militares. As atividades desse grupo ajudaram a isolar o regime militar e lançaram as bases para um movimento mais amplo de solidariedade nos Estados Unidos com as lutas populares latino-americanas no final das décadas de 1970 e 1980. (Na Europa, uma campanha paralela contra a tortura e as violações de direitos humanos no Brasil e, posteriormente, em outros países da América Latina se desenvolveu no mesmo período, embora esse movimento esteja além do escopo deste artigo.)

A construção de uma rede nacional de ativistas nos Estados Unidos que tinham conexões internacionais, a documentação da tortura e da opressão sistemáticas, o posicionamento público de figuras eminentes contra as violações de direitos humanos e o paciente estabelecimento de contatos com aliados no congresso e com a imprensa: tudo isso contribuiu para forjar uma imagem do Brasil sob o regime militar como um país marcado pela tortura e pelo terror. Também acentuou a percepção de que o governo dos Estados Unidos não deveria apoiar o regime. Relatos gráficos do tratamento de presos políticos criaram símbolos poderosos para um debate acerca da repressão política na América Latina sob regimes militares autoritários apoiados pelo governo dos Estados Unidos.

Nos Estados Unidos, esses esforços iniciaram uma mudança gradual na opinião pública e oficial que forneceu as bases para campanhas mais amplas contra a repressão, a tortura e os desaparecimentos na América Latina após o golpe no Chile. Enfrentando uma Casa Branca hostil que abertamente deu suporte aos regimes militares na América Latina durante os anos Nixon-Ford (1969-1976), uma ampla base de ativistas tinha como alvo o congresso norte-americano para promulgar medidas limitando o suporte do governo dos Estados Unidos aos regimes repressivos no exterior. Vitórias legislativas no que diz respeito à América Latina incluíram o seguinte trecho no Ato de Assistência Estrangeira de 1974: "O congresso compreende que o presidente deveria negar qualquer ajuda militar ou econômica ao governo de qualquer país estrangeiro que pratica o confinamento ou aprisionamento dos cidadãos desses países por motivos políticos".[9] Em 1975, a Emenda Harkin ao Ato de Assistência Estrangeira deu ao congresso o poder de limitar a ajuda econômica dos Estados Unidos a "qualquer país que se engaje num padrão consistente de graves violações dos direitos humanos internacionalmente reconhecidos".[10] No ano seguinte, essa restrição foi expandida para incluir a ajuda militar. Após Jimmy Carter ter adotado e popularizado a questão dos direitos humanos como o critério que orientaria a política externa norte-americana durante a campanha eleitoral de 1976, aquilo que tinha sido uma vez uma crítica política um tanto isolada da política externa norte-americana por esquerdistas e certos liberais de repente se tornou parte das discussões nacionais sobre o rumo das políticas governamentais no exterior.

No auge da repressão no Brasil, poucos brasileiros participaram das campanhas contra a ditadura militar nos Estados Unidos. O governo

---

9 Apud Schoultz, op. cit., p.95.
10 Bertoli, A. et al. Human Rights... "In the Soul of Our Foreign Policy". *NACLA Report on the Americas*, 25 set. 2007. https://nacla.org/article/human-rightsin-soul-our-foreign-policy. Acesso em: 25 jan. 2024.

Nixon (1969-1974) não cedeu asilo político aos brasileiros fugindo da repressão no Brasil ou escapando de uma possível morte no Chile depois do golpe contra Salvador Allende em 11 de setembro de 1973. Contudo, alguns brasileiros que não poderiam ficar no Brasil por causa da repressão lograram entrar nos Estados Unidos com apoio de esquerdistas de igrejas progressistas ou de redes familiares. Assim foi o caso de Jovelino Ramos, Marcos Arruda e Anivaldo Padilha, todos opositores do regime militar que não poderiam permanecer no Brasil. Nos Estados Unidos, eles formaram pequenos grupos de oposição à ditadura. Marcos Arruda, por exemplo, fundou o Comitê contra a Repressão no Brasil em Washington, DC, em 1971, para organizar um protesto contra a vista do então presidente, o general Médici, à Casa Branca em dezembro daquele ano. Anivaldo Padilha ajudou a publicar o *Brazilian Information Bulletin* em Berkeley, que sistematicamente divulgava notícias sobre as torturas e as medidas arbitrárias praticadas pelo regime.

Em meados dos anos 1970, esse pequeno grupo de exilados políticos não oficiais nos Estados Unidos, somado ao número crescente de estudantes de pós-graduação que recebiam bolsas de estudo do governo brasileiro, gerou um contingente mais amplo de ativistas brasileiros no país. Os estudantes que recebiam apoio governamental permaneciam em geral bastante discretos, e a maioria evitava se manifestar em público, porém muitos ainda participavam sem alarde de campanhas antiditadura.[11] Outros encontraram recursos alternativos para estudar no exterior.

Clóvis Brigagão foi um desses. As autoridades haviam-no detido em 1971 sob alegação de atividades subversivas. Em setembro daquele ano, ele saiu do país e foi para o México, onde estudou no Colégio do México com uma bolsa da Fundação Ford. Em seguida, candidatou-se ao programa de doutorado em Ciência Política na Universidade de Chicago, para estudar com Philippe Schmitter, cientista político que organizou uma campanha nos Estados Unidos em 1969 contra a aposentadoria compulsória de professores universitários brasileiros. Depois de terminar os seus estudos no México, a Fundação Ford lhe concedeu apoio financeiro para que estudasse nos Estados Unidos. Em Chicago, ele conheceu

---

11 Evelina Dagnino, entrevistada pelo autor, 2 jun. 1999.

pessoas que trabalhavam com uma organização anti-imperialista conhecida como Grupo da Área de Chicago para a Libertação das Américas (CAGLAS, na sigla em inglês) e formou a Liberation Brazil (Libra) para denunciar a repressão em vigor no Brasil.

Assim como outros grupos pequenos espalhados pelo país que trabalhavam com o Brasil no início da década de 1970, a Libra organizou eventos em universidades e em instituições de Ensino Superior do Centro-oeste norte-americano. Clóvis recorda haver convidado Paulo Freire, educador exilado que tinha acabado de publicar *Pedagogia do oprimido*, para falar de sua obra e da situação no Brasil. Ajudou também a organizar um evento importante na Universidade de Chicago com o arcebispo Hélder Câmara diante de um auditório lotado.[12] Com o apoio do Comitê de Voluntários que Retornaram, organização de ex-voluntários radicais do Corpo da Paz, a Caglas produziu também um livreto de informação intitulado *Brazil: Who Pulls the Strings? Or: Alliance for Repression* [Brasil: quem manda realmente? Ou: aliança para a repressão].[13] Com 84 páginas, essa coletânea que reproduziu artigos que criticavam a situação política, social e econômica no Brasil servia de útil instrumento educativo para indivíduos e grupos em todo o país que procuravam informar o público a respeito do Brasil e ao mesmo tempo fazer uma crítica coerente do apoio norte-americano ao regime militar.

Essa rede de brasileiros também organizou cuidadosamente uma série de reuniões discretas de âmbito nacional para coordenar o trabalho sobre o Brasil entre 1973 e 1977. Clóvis recorda uma reunião com cerca de trinta brasileiros para planejar atividades concatenadas, realizada na Universidade de Princeton. Marcos Arruda, Anivaldo Padilha, Jovelino Ramos, Rubem César Fernandes, Maria Helena Moreira Alves, Tetê de Moraes, Pedro Celso Uchôa Cavalcanti, Abdias do Nascimento e outros estiveram presentes.[14]

---

12 Clóvis Brigagão, entrevistado pelo autor, 17 jun. 2003.
13 Committee of Returned Volunteers. *Brazil*: Who Pulls the Strings? Or Alliance for Repression, 1977.
14 Clóvis Brigagão, entrevistado pelo autor, 17 jun. 2003.

Dessas reuniões e de outros debates surgiu a ideia de produzir um livro documentando a experiência dos exilados como parte de um esforço de promoção de uma noção de anistia. Segundo Pedro Celso Uchôa Cavalcanti, exilado político e professor na Universidade de Washington em St. Louis, Rubem César Fernandes foi quem iniciou a ideia de documentar a experiência do exílio. Ambos haviam fugido do Brasil na década de 1960 e acabaram estudando na Polônia. Em seguida, Pedro Celso se tornou professor nos Estados Unidos e Rubem César foi a Nova York a fim de completar o doutorado na Universidade de Columbia. "A ideia começou no ano da revolução em Portugal, e acho também que em grande parte por causa da vitória do MDB nas eleições de 1974", recorda Pedro Celso.[15] De Nova York, Rubem César conseguiu dinheiro da Fundação Ford para financiar o projeto, e Pedro Celso e Jovelino Ramos deram seus nomes como editores porque já haviam legalizado seu *status* nos Estados Unidos. Clóvis Brigagão, Rubem César Fernandes, Valentina da Rocha Lima e Marcos Arruda colaboraram nos bastidores. Paulo Freire, Abdias do Nascimento e Nelson Werneck Sodré, eminente intelectual de esquerda, "patrocinaram" o projeto, porque seus nomes eram mais conhecidos no Brasil e entre os exilados que viviam no exterior.

Embora ninguém saiba o número exato, segundo as estimativas, cinco a dez mil brasileiros haviam sido exilados desde 1964. O governo baniu alguns, proibindo-os de regressar. Outros ainda enfrentavam acusações judiciais de subversão, enquanto muitos outros simplesmente fugiram do país temendo prisão e tortura, caso regressassem. Desde o século XIX, os governos brasileiros mantinham longa tradição de conceder anistia a adversários do regime. A proposta de preparar um livro a fim de promover a ideia também coincidiu com esforços de organizar no Brasil uma campanha em favor da anistia. Therezinha Zerbini, Branca Moreira Alves, Regina von der Weid e outros parentes de exilados ou presos políticos haviam formado corajosamente o Movimento Feminino pela Anistia, a fim de pressionar o governo a oferecer alguma

---

15 Pedro Celso Uchôa Cavalcanti, entrevistado pelo autor, 18 jul. 2003.

FIGURA 14 – Capa de *Memórias do exílio, Brasil 1964-19?: Obra Colectiva*, organizada em grande parte por exilados brasileiros que viveram nos Estados Unidos. Os testemunhos daqueles que viveram no exílio desempenharam um papel importante na campanha pela anistia. Arquivo do autor.

forma de reconciliação com opositores do regime, ainda nas prisões ou no exterior.[16]

Em dezembro de 1974, o grupo, sediado nos Estados Unidos, enviou 1500 convites em pequenos pacotes a exilados brasileiros na América Latina, Europa Oriental e Ocidental, África e Ásia, pedindo aos destinatários que escrevessem quinze a vinte páginas sobre suas experiências no exílio. Quando as respostas tardaram, uma equipe procurou exilados no mundo inteiro para que colaborassem. Isso encareceu o projeto, porque os participantes tinham de viajar para coligir as narrativas e depoimentos das pessoas, mas também fez que as respostas fossem mais espontâneas e menos formais. Além disso, obrigou os organizadores do volume a tomarem decisões sobre quem deveria ser entrevistado de maneira a assegurar equilíbrio político e uma ampla gama de experiências. Os coordenadores acabaram coligindo duas mil páginas de entrevistas e textos escritos.[17]

Memórias do exílio, Brasil, 1964-19?? foi publicado inicialmente em Portugal, em novembro de 1976, e uma segunda edição apareceu no Brasil em setembro de 1978, à medida que a censura se abrandava e o processo de abertura progredia. A data incompleta no título do livro colocava uma pergunta urgente ("Quando terminará a experiência do exílio?") e sugeria também que a anistia era possível. O livro servia de importante instrumento educativo para os iniciadores da campanha no Brasil e no exterior.[18] *Memórias do exílio* fornecia ampla gama de descrições pessoais e experiências sobre pessoas de gerações, correntes políticas e origens sociais diversas. As narrativas pessoais humanizavam os que viviam no exterior e retificavam imagens anteriores de comunistas e terroristas que o regime militar havia projetado no Brasil e em outros países. Embora houvesse um visível desequilíbrio de gênero no livro,

---

16 Regina von der Weid, entrevistada pelo autor, 30 jun. 2006; Movimento Feminino pela Anistia e Liberdades Democráticas. *Origens e Lutas*. Exposição de 15 anos de atividades (1975-90). Rio de Janeiro, 1991, p.20-2.
17 Calvacanti, P. C. U et al. (Orgs.). *Memórias do exílio, Brasil, 1964/19??* São Paulo: Editora e livraria Livramento, 1978, p.10-20.
18 Jovelino Ramos, entrevistado pelo autor, 24 ago. 2006; Pedro Celso Uchôa Cavalcanti, entrevistado pelo autor, 18 jul. 2003.

os organizadores do primeiro volume, junto com novos colaboradores, corrigiram a ausência de material significativo sobre mulheres publicando um segundo volume em 1980, depois da concessão de anistia política pelo governo.[19]

Oito meses após o aparecimento em Portugal da primeira edição das *Memórias do exílio*, o governo uruguaio revogou abruptamente a permissão de permanência no país concedida a Leonel Brizola, causando especulação na imprensa de que o Brasil estivesse por trás da ordem para dar fim a seu exílio naquele vizinho ao sul. Brizola, cunhado do presidente deposto João Goulart, era um dos exilados particularmente indesejáveis, do ponto de vista dos militares. Assim como Luís Carlos Prestes – secretário-geral do Partido Comunista Brasileiro que vivia na União Soviética – e Miguel Arraes – ex-governador de Pernambuco exilado na Argélia –, Brizola representava as correntes políticas anteriores a 1964, que condenavam os objetivos da "revolução". Segundo Clóvis Brigagão, que mais tarde trabalhou junto a Brizola, o ex-governador do estado do Rio Grande do Sul conseguiu obter um visto para ir aos Estados Unidos mediante a intervenção de Brady Tyson, pastor metodista que foi expulso do Brasil em 1966 e participou ativamente de campanhas contra a repressão, e Andrew Young, embaixador dos Estados Unidos nas Nações Unidos e ex-ativista do movimento negro pelos direitos civis.[20]

Embora Brizola pudesse ser ainda uma *bête noire* para o regime militar, ele havia passado por uma transformação ao longo dos anos que levou a uma aliança com social-democratas europeus. Ao chegar a Nova York, foi residir em uma espaçosa suíte no Hotel Roosevelt. O saguão do hotel se transformou repentinamente em sala de espera e lugar de encontro de exilados de todos os matizes políticos, ansiosos por organizar uma estratégia para acabar com o governo militar. Nova York era uma encruzilhada internacional que facilitava os contatos de Brizola com adversários norte-americanos do regime militar, assim como com os que viviam em exílio na Europa.

---

19 Costa, A. de O. et al. (Orgs.). *Memórias das mulheres no exílio*. Rio de Janeiro: Paz & Terra, 1980.
20 Clóvis Brigagão, entrevistado pelo autor, 17 jun. 2003.

Pouco depois de chegar aos Estados Unidos, Brizola transmitiu sua primeira mensagem ao Brasil em treze anos. Seu fervoroso nacionalismo durante o tempo em que governara o estado do Rio Grande do Sul nos primeiros anos da década de 1960 e a nacionalização da International Telephone and Telegraph (ITT), de propriedade norte-americana, provocaram uma crise nas relações com Washington durante o governo Kennedy. Quase uma década e meia depois, ele expressou gratidão aos Estados Unidos por lhe oferecer asilo e elogiou a ênfase do presidente Carter nos direitos humanos como "uma mensagem que penetrou profundamente no povo latino-americano".[21] A partir de Nova York e, mais tarde, de Lisboa, Brizola trabalhou incansavelmente para forjar, sob sua liderança, uma coalizão de ativistas políticos de todas as convicções em preparação para a esperada anistia, seu retorno ao Brasil e a retomada do governo democrático.

No final do ano de 1977, a lenta e irregular abertura política estruturada por Geisel e seu principal assessor, o general Golbery, assim como a mudança na Casa Branca com a eleição de Jimmy Carter, ofereciam novas oportunidades do ponto de vista dos ativistas que trabalhavam na costa leste dos Estados Unidos. Incansável em sua dedicação à causa, Ralph Della Cava, professor de História do Brasil na Universidade da Cidade de Nova York (CUNY), Queens, continuava a integrar pessoas em sua rede de indivíduos preocupados com os acontecimentos no Brasil. Por exemplo, Bela Feldman-Bianco, que estava estudando Antropologia na Universidade de Columbia e atualmente é professora na Unicamp, em Campinas, recorda que a jornalista brasileira Judith Patarra, pouco depois de sua chegada a Nova York para a função de correspondente da revista *Veja*, começou discretamente a os ajudar, transmitindo informações vindas do Brasil sobre as diversas estratégias que a oposição brasileira desenvolvera para acabar com o governo militar.[22] Patarra também desempenhou papel fundamental em conseguir a publicação

---

21 Hovey, G. U.S. Broadcast to Brazil Appears to Add to the Strains in Relations. *The New York Times*, 7 nov. 1977, p.3.
22 Bela Bianco-Feldman, entrevistada pelo autor, 24 jul. 2003; Judith Patarra, entrevistada pelo autor, 21 jun. 2003.

no *The New York Times* de um artigo de Thomas M. Capuano, um dos dois missionários norte-americanos que haviam sido presos e torturados em Recife naquele ano.[23] O texto, publicado na página de opinião, contava em detalhes seu tratamento na prisão e era acompanhado por uma sombria ilustração, mostrando um homem amarrado e amordaçado e pendurado em um guarda-sol de praia, enquanto outros gozavam os raios de sol. Surgindo imediatamente antes do último fim de semana das férias de verão, era mais uma forma de dramatizar o rude tratamento dispensado aos presos políticos brasileiros e deve ter sido uma imagem perturbadora para os leitores.[24]

Uma nova legião de acadêmicos que trabalhavam com o Brasil enriquecera as atividades na costa leste dos Estados Unidos. Na área de Nova York, diversos ativistas, incluindo Ralph Della Cava, o professor de Ciência Política Kenneth Erickson e o antropólogo Sandy Davis, organizaram um evento no Centro de Pós-graduação da Universidade da Cidade de Nova York com o título "Retorno à democracia no Brasil", a fim de debater as mudanças políticas que ocorriam no maior país da América do Sul.[25] Maria Helena Moreira Alves, que fazia doutorado em Ciência Política no MIT com foco no regime militar, também se envolveu nas atividades da organização antiditadura.[26] Joan Dassin, na época professora da Faculdade Amherst e pesquisadora de pós-graduação na Universidade de São Paulo durante os piores anos da opressão política, ia e vinha todos os fins de semana de Amherst a Nova York a fim de colaborar naquela nova explosão de energia sobre o Brasil.[27] Kenneth Erickson colaborou com Della Cava na redação de uma série de resoluções apoiando a transição para a democracia, destinadas a uma reunião da Associação de Estudos Latino-Americanos (LASA, na sigla em inglês) que se realizaria em pouco tempo.[28] A presença de Brizola em Nova

---

23 Judith Patarra, entrevistada pelo autor, 21 jun. 2003.
24 Capuano, T. M. Scenes and Echoes of Torture in Brazil. *The New York Times*, 1 set. 1977, p.21.
25 Ralph Della Cava, correspondência com o autor, 8 mar. 2008.
26 Maria Helena Moreira Alves, entrevistada pelo autor, 11 jul. 2003.
27 Joan Dassin, entrevistada pelo autor, 8 maio 2003.
28 Ralph Della Cava, correspondência com o autor, 8 mar. 2008.

York também serviu de catalisador para repensar a forma que poderia tomar um regime pós-ditatorial.

Clóvis Brigagão recorda haver organizado um encontro entre Brizola e Abdias do Nascimento, veterano intelectual e ativista negro, que era professor em Buffalo. Segundo Brigagão,

> [o] Brizola não entendia da questão negra. Achava que aquilo [racismo] não existia no Brasil. Então eu coloquei o Abdias do Nascimento na casa onde eu morava, com Zé Almino [de Alencar], Lélia Gonzalez, que era uma liderança negra nova no Brasil, e [outros novos dirigentes]... E durante a noite inteira o Abdias contou a história do Brasil do ponto de vista do negro e da escravidão, e aí acendeu uma luz na cabeça do Brizola, entendendo o trabalho do negro na construção do Brasil. Foi a partir daí que o Abdias passou a ser uma figura ali ao lado dele quando ele veio para o governo no Rio de Janeiro [em 1982]. Ele teve cinco secretários negros.[29]

Em 1985, a Arquidiocese de São Paulo patrocinou a publicação de *Brasil: nunca mais*, versão abreviada do relatório de sete mil páginas preparado entre 1979 e 1984.[30] O subtítulo "Nunca mais" sugeria outras tragédias humanas, como o Holocausto e genocídios. Recordava igualmente o imperativo moral e a responsabilidade individual incorporados na primeira petição pública surgida nos Estados Unidos denunciando a tortura no Brasil, "Não podemos nos calar", que circulou em 1970.

Apoiados em uma rede internacional que havia se formado na década anterior, ativistas brasileiros no campo dos direitos humanos organizaram a publicação de uma versão em inglês de *Brasil: nunca mais*. Alfred Stepan, professor de Ciência Política na Universidade de Columbia, recorda ter recebido um telefonema do Brasil perguntando se poderia procurar um editor que fizesse a revisão da tradução do livro para o inglês. Por acaso, na parada de ônibus próxima à universidade, encontrou-se com Joan Dassin, que desempenhara atividades antiditadura em Nova York no final da década de 1970. Ela imediatamente

---

29 Clóvis Brigagão, entrevistado pelo autor, 17 jun. 2003.
30 Arquidiocese de São Paulo. *Brasil*: nunca mais. Petrópolis: Vozes, 1985.

concordou em revisar a tradução. Também por sorte, Dassin havia acabado de receber uma bolsa da Fulbright para viajar ao Brasil. Durante cinco meses, ela trabalhou com Jaime Wright em São Paulo, acertando a linguagem da tradução para o inglês de um texto que documenta o horrendo tratamento dado aos presos políticos.[31] *Torture in Brazil*, título da edição em inglês de *Brasil: nunca mais,* lembrava uma combinação do panfleto de dezesseis páginas produzido uma década e meia antes por Ralph Della Cava, pelo reverendo William Wipfler (do Conselho Nacional de Igrejas) e por outros, intitulado "Terror in Brazil", que documentava a tortura cometida pelo regime militar, com o documentário de Saul Landau e Haskell Wexler, *Brazil: A Report on Torture*, filmado com brasileiros exilados no Chile em 1971. O livro registrava os sofrimentos de milhares de pessoas que haviam lutado contra a ditadura. Continha também uma duradoura mensagem implícita de que tal tratamento jamais seria aceitável.

---

31 O cardeal dom Paulo Evaristo Arns também fez questão de que a extensa documentação coligida fosse guardada no exterior a fim de impedir que o material sobre o Brasil fosse destruído. O arquivo completo foi copiado pelo Projeto Latino-americano de Microfilmagem e depositado no Centro de Pesquisas em Bibliotecas, em Chicago. Arquidiocese de São Paulo. *Torture in Brazil.* Austin: University of Texas Press, 1998, p.ix-xii; Joan Dassin, entrevistada pelo autor, 8 maio 2003.

Parte IV
Dentro dos arquivos

FIGURA 15 – Documentos armazenados no Arquivo Público do Estado de São Paulo. Cortesia do Arquivo Público do Estado de São Paulo.

Introdução

Dentro dos arquivos

O tema original da minha tese de doutorado na Universidade da Califórnia, Los Angeles, era um estudo comparativo dos primeiros movimentos gays e lésbicos no Brasil e na Argentina nos anos 1970. Quando cheguei a São Paulo em 1994 para começar minha pesquisa, Lauro Ávila, que trabalhava no Arquivo Público do Estado de São Paulo, me apresentou o prédio e seus itens. Entre os arquivos que ele me mostrou estavam os prontuários do Sanatório Pinel de 1929 a 1944. "Deve haver pelo menos um caso de uma pessoa internada compulsoriamente por ser homossexual", pensei. E eu tinha razão. Na verdade, encontrei oito casos. Essas fontes me forçaram a repensar meu tema de pesquisa. Então, impulsionado pelo meu orientador, José C. Moya, historiador social da Argentina, a voltar no tempo, comecei a olhar para outras fontes sobre a homossexualidade masculina antes do surgimento do movimento organizado, no final da década de 1970. Durante esse processo, abandonei a ideia de um estudo comparativo.

Documentos organizados em arquivos são a base da profissão de historiador. Pesquisadores recorrem amplamente a essas fontes escritas para elaborar seus argumentos sobre o passado. Como usar as escassas fontes sobre sexualidade entre pessoas do mesmo sexo e identidades de gênero não normativas para escrever a história das homossexualidades no Brasil? "Abrindo os arquivos e os armários: pesquisando a homossexualidade no Arquivo Público do Estado de São Paulo" aborda essa questão por meio do estudo de um caso encontrado nos prontuários do Sanatório Pinel, que documenta a internação em um hospital psiquiátrico de um jovem diretor de uma escola particular por seus pais quando eles descobriram que ele estava se relacionando com um dos professores da escola. O ensaio também destaca como histórias individuais podem revelar padrões sociais mais amplos quando lidas atentamente.

É sempre empolgante quando um jovem pesquisador ou um historiador experiente descobre algo inesperado em um arquivo. Essa foi minha experiência ao verificar os registros do Sanatório Pinel. Contudo, tive uma sensação completamente diferente quando convidei Anivaldo Padilha, ex-preso político e protagonista de meu segundo livro, *Apesar de vocês*, para visitar comigo o Arquivo Público do Estado de São Paulo e olhar pela primeira vez sua ficha policial, que estava nos arquivos do Departamento Estadual de Ordem Política e Social de São Paulo (Deops). À medida que passava pelas páginas que resumiam seus interrogatórios, ele começou a notar a completa dissonância entre os relatórios que estava lendo nos arquivos da polícia política e as sessões de tortura que havia sofrido. "A proteção da privacidade com a abertura plena dos arquivos" usa esse encontro surreal com o passado para promover uma discussão mais ampla que ocorria no Brasil no início dos anos 2000 entre acadêmicos ligados ao projeto Memórias Reveladas, do Arquivo Nacional, sobre quando e em que condições os arquivos do aparato de repressão do Estado deveriam ser disponibilizados à população.

Esse ensaio nos lembra que devemos ter cuidado em relação ao conteúdo de certos documentos e aos propósitos que os levaram a integrar os arquivos oficiais, um alerta que todos os pós-graduandos em História recebem em cursos sobre métodos e historiografia. "Não é porque isso está registrado por escrito que é verdade" é um dos mantras básicos daqueles que estão aprendendo os pormenores da profissão de historiador. Encontrar o meu próprio nome nos arquivos brasileiros é um bom exemplo. Quando o governo abriu ao público os arquivos do Deops de São Paulo, no início dos anos 1990, pesquisei diligentemente para ver se o Estado havia montado um dossiê sobre mim, por conta de minha atuação no "movimento homossexual" e na esquerda brasileira. Fiquei surpreso ao não encontrar nada, o que pode ter sido resultado do meu cuidado excessivo ao me envolver em tais atividades ou um exemplo da incompetência dos informantes que talvez estivessem infiltrados em diferentes organizações que o regime considerava subversivas para monitorar suas atividades. Acredito que o crescimento das atividades de oposição no final da década de 1970 foi tamanho que o aparato repressivo não tinha uma quantidade suficiente de pessoas capacitadas para acompanhar tantas atividades diversas contra o regime que de repente estavam ocorrendo ao mesmo tempo.

Entretanto, muitos anos depois, um colega, Ben Cowan, enviou-me uma cópia de um breve relatório que encontrou nos arquivos do Serviço Nacional de Informações (SNI) em Brasília que se baseava em um artigo da publicação gay mensal *Lampião da Esquina*. Em seu comentário, o analista de segurança me confundiu com Fernando Gabeira, ex-revolucionário que participou do sequestro do embaixador norte-americano e que teve uma bem-sucedida carreira como escritor, político e jornalista. O relatório dizia:

> JIM GREEN, certamente pseudônimo do conhecido intelectual paulista Gabeira, dirigente da Convergência Socialista do Estado do Rio, sendo um dos organizadores da força homossexualista [sic] do país, escreve sobre aquele movimento e sobre os debates havido [sic] no I Encontro Brasileiro de Grupos de Homossexuais Organizados [...].[1]

Embora eu tivesse de fato escrito e assinado o artigo no periódico que serviu de base para o relatório, Gabeira nunca foi membro da Convergência Socialista. O fato de ele ter defendido o movimento homossexual quando retornou do exílio, em 1979, levou muitos a especularem

---

1 "Convergência Socialista em BH e Homossexualismo". Informe n.1083/300 ABH/80. Serviço Nacional de Inteligência, 22 jul. 1980, ABH_ACE_3116_81.

sobre sua (homo)sexualidade, mas, até onde sei, ele nunca foi ativista do movimento nem um homem gay. O salto especulativo do autor do relatório é um exemplo emblemático que alerta que devemos ler cuidadosamente as fontes.

 O último ensaio desta sessão, "Abrindo os arquivos do Tio Sam", conta a história de um esforço que durou uma década, patrocinado pelas bibliotecas da Universidade Brown e que contou com o apoio da Associação Bem-te-vi Diversidade, para digitalizar, indexar e disponibilizar em um site aberto mais de 70 mil documentos do governo dos Estados Unidos e outros arquivos referentes ao Brasil durante as décadas de 1960 e 1970 e início dos anos 1980, no auge da Guerra Fria. Esse recurso, concebido originalmente como um meio de fomentar pesquisas sobre a ditadura militar entre acadêmicos brasileiros que talvez não tivessem recursos para viajar aos Estados Unidos e fazer pesquisas no Arquivo Nacional ou nas bibliotecas presidenciais, forneceu uma ampla gama de documentos facilmente acessíveis que permitirão aos historiadores ter uma compreensão muito mais detalhada e sofisticada das complexas relações entre os Estados Unidos e o Brasil durante o período.

Abrindo os arquivos e os armários: pesquisando a homossexualidade no Arquivo Público do Estado de São Paulo[1]

No dia 16 de janeiro de 1935, oficiais da polícia conduziram Napoleão B., solteiro, 25 anos, professor, ao Sanatório Pinel, em São Paulo.[2] Ao dar entrada na instituição, ele gozava de perfeita saúde mental, ainda que estivesse um pouco agitado porque fora seu pai que o mandara internar.

Os profissionais especialistas consideravam o comportamento homoerótico como patológico, necessitando de assistência médica ou psicológica para modificar a conduta e curar o indivíduo.

Segundo os registros médicos dos formulários de admissão, Napoleão havia fundado, com a ajuda de sua irmã, uma escola particular que prosperava. No entanto, sete meses antes de sua internação, ele dispensara o auxílio da irmã para se apoiar unicamente na opinião de outro professor, João Cândido F., de 28 anos, que passou a ajudá-lo a administrar a escola. Pouco depois, Napoleão saiu da casa dos pais

---

1 Green, J. N. "Abrindo os arquivos e os armários: pesquisando a homossexualidade no Arquivo do Estado de São Paulo." *Revista Histórica* (São Paulo, Brasil) 5 (dezembro de 2001), p.72-5.
2 Caso n.1126, Napoleão B., Sanatório Pinel, Pirituba, São Paulo, Arquivo Público do Estado de São Paulo.

para dividir um quarto alugado com João Cândido num bairro operário de São Paulo. Desconfiando que seu filho estivesse envolvido em práticas homossexuais com João Cândido, os pais de Napoleão o mandaram internar.

Ao contrário da maioria dos registros dessa instituição psiquiátrica, que compreendem apenas o histórico de caso, as observações psiquiátricas e os resultados dos exames médicos, a pasta relativa a Napoleão inclui três cartas manuscritas. A primeira, datada de 25 de janeiro de 1935 (nove dias depois de sua internação no sanatório), é endereçada a João Cândido. O hospital interceptou a carta, que jamais chegou a suas mãos. Seu conteúdo era mais ou menos o seguinte: "Amigo e mano F., não perca a coragem, faça ver que tudo que está acontecendo é devido a minha família. Não deixe ninguém tomar conta do liceu, eu lhe dei a autorização necessária. Você há de reagir, custe o que custar". Em seguida, Napoleão dá a seu amigo alguns conselhos sobre assistência jurídica e a folha de pagamento da escola. E prossegue: "F., não suporto as saudades, mas tenho coragem de sofrer e de lutar ainda, custe o que custar. Só a morte nos separará". E assinava, misturando inglês e português: "*Your, your brother and friend*, Napoleão. Lembranças a todos". Ao final, acrescentava: "Não telefone e nem mande cartas para cá, pois, se eles descobrem que pessoas estranhas a minha família sabem que estou aqui, são capazes de me mudarem para outro lugar. Não conte a ninguém de que maneira vieram as cartas. *Your brother*, Napoleão".

Embora sua correspondência fosse interceptada, Napoleão conseguiu contratar um advogado, que moveu uma ação contra seu pai a fim de conseguir sua alta. Segundo o relato de um jornal sobre o julgamento, o dr. Antônio Carlos Pacheco e Silva, investido de sua autoridade como diretor do sanatório, testemunhou em prol da família, defendendo a necessidade médica da hospitalização de Napoleão.[3] O juiz indeferiu a petição do paciente, que permaneceu no hospital por mais sete meses.

O último registro em sua ficha médica sugere que Napoleão, depois de perder a batalha legal com a família e o hospital, caiu num estado moderado de depressão:

---

3 Diário de São Paulo. Fórum Criminal. *Diário de São Paulo*, 19 fev. 1935, p.3.

FIGURA 16 – Sanatório Pinel de Pirituba, São Paulo, foto sem data, Fundo Pacheco e Silva do Museu Histórico "Carlos da Silva Lacaz" da FMUSP.

A princípio revoltava-se contra a internação. Vendo, porém, que os seus esforços e o do companheiro interessado na sua saída tinham sido infrutíferos, acomodou-se com a situação. A não ser por certa apatia e indolência, nada mais notamos durante a estada no sanatório do sr. Napoleão, que se dizia arrependido da conduta que tivera e disposto a se regenerar depois de volver à vida comum.[4]

Ironicamente, Napoleão recebeu alta no Dia da Independência, 7 de setembro de 1935. Não se sabe se voltou para o seu amigo João Cândido ou se tentou "mudar". Provavelmente, as pressões sobre ele exercidas pela família, a sociedade e o Estado pesaram demais, e ele cortou as relações com seu "amigo e mano".[5]

---

4 Caso n.1126, Napoleão B., op. cit.
5 Embora os arquivos não forneçam nenhuma prova explícita de que Napoleão e João Cândido mantivessem um relacionamento homoerótico, as evidências circunstanciais apontam fortemente para outra conclusão.

Códigos de moralidade

A provação de Napoleão e João Cândido é emblemática dos diferentes modos pelos quais a profissão médica, as instituições legais e psiquiátricas, a família e as pressões sociais contribuíram para aviltar homens envolvidos em práticas homossexuais nas décadas de 1930 e 1940. Códigos de moralidade tradicionais, amparados pela Igreja Católica, condenavam a homossexualidade. Os profissionais especialistas consideravam o comportamento homoerótico como patológico, sendo necessária assistência médica ou psicológica para modificar a conduta e curar o indivíduo. Muitos membros da família tentavam reprimir e controlar o que consideravam uma conduta embaraçosa e imprópria de parentes envolvidos em relações sexuais "perversas". Quando fracassavam, às vezes recorriam à intervenção do Estado. A polícia, a justiça e a medicina trabalhavam em uníssono para conter e controlar esse "desvio". Presume-se que esse tipo de pressão institucional a fim de desencorajar atividades homossexuais servia para disciplinar e desmoralizar alguns indivíduos, que acabariam por reverter a um estado de "normalidade" heterossexual. Alguns, contudo, como Napoleão e João Cândido, tentavam resistir, mesmo que apenas por algum tempo. Outros, ainda, ao que parece, atravessavam o período de internação relativamente sem mudanças e continuavam a expressar seus desejos homossexuais durante o confinamento, para serem enfim liberados, declarados "incuráveis".

Pesquisar a história social da homossexualidade no Brasil exige uma criatividade na busca de fontes que podem revelar tanto as várias formas de discriminação contra práticas sexuais não normativas como as distintas maneiras de resistência forjadas por pessoas que amavam pessoas do mesmo sexo. O Arquivo Público do Estado de São Paulo tem um rico acervo com mais de cinco mil relatórios médicos do Sanatório Pinel, de 1929 até 1944. Entre eles, há uma dúzia de casos relacionados ao homoerotismo que servem para recuperar o processo pelo qual várias instituições sociais tentaram controlar e/ou curar práticas consideradas até pouco tempo atrás como doentes e imorais.

A proteção da privacidade com a abertura plena dos arquivos[1]

Não sou advogado nem especialista na legislação que regula os arquivos no Brasil. Sou historiador que trabalha com os documentos do Estado durante a ditadura militar brasileira. Quero fazer aqui as perguntas complexas relacionadas ao acesso de dados pessoais dentro dos arquivos da repressão no país. Quero abordar esse tema do ponto de vista do historiador, que está comprometido em recuperar e analisar as atividades de cidadãos na oposição à ditadura militar, que se instalou ilegalmente no dia 1º de abril de 1964 e utilizou a força militar para manter a sua legitimidade por 21 anos. Antes de entrar no assunto sobre o acesso e uso de dados pessoais, queria contar uma experiência de um ex-preso político relacionada às leituras dos documentos do Deops de São Paulo e os silêncios presentes nesse vasto arquivo, para concretizar este debate.

Em 18 de junho de 1998, encontrei-me com Anivaldo Padilha, conhecido como Niva, na estação Tietê do metrô, próxima ao Arquivo Público do Estado de São Paulo (Apesp), onde estão depositados os

---

1 Green, J. N. "A proteção da privacidade com a abertura plena dos arquivos." *Acervo*, Rio de Janeiro, v. 24, no 1 (jan./junho 2011), p.205-16.

registros da polícia política, o Departamento Estadual de Ordem Política e Social de São Paulo (Deops). Enquanto caminhávamos, ele falou de suas experiências nas atividades clandestinas, quando era militante da Ação Popular (AP), organização revolucionária considerada subversiva durante a ditadura militar. Explicou que a disciplina era indispensável para a sobrevivência da organização. Era também preciso ocultar os grupos sob um espesso véu de sigilo. A sobrevivência de uma organização clandestina exigia uma limitação estrita das informações que cada membro possuía a respeito de outros militantes. Ocultar os nomes verdadeiros, endereços residenciais, locais de trabalho e outras pistas do paradeiro e identidade alheios era essencial para a proteção aos indivíduos, caso algum deles fosse preso, torturado e obrigado a dar informações à polícia. Por isso, os pontos, encontros rápidos em lugares públicos e não em casas particulares, mantinham o conhecimento compartimentalizado e a organização intacta. O não comparecimento a um encontro poderia significar a perda de contato com a organização. A ausência de alguém a um encontro marcado poderia significar que fora preso. Nessa eventualidade, medidas estritas de segurança exigiam que, se essa pessoa soubesse onde outros moravam ou trabalhavam, estes teriam de abandonar imediatamente suas casas ou empregos ou se arriscarem a ser igualmente apanhados.

Ao chegarmos ao arquivo do estado, seguimos para uma pequena sala a fim de examinar os registros policiais relativos à detenção de Niva em 28 de fevereiro de 1970 e a seu interrogatório durante as semanas seguintes. Quando o controle exercido pelo regime militar se abrandou no início da década de 1980 e eleições para governador trouxeram os partidos de oposição ao poder na maioria dos principais estados, decretos executivos determinaram que os militares entregassem os arquivos da polícia política às autoridades civis, para que as vítimas da repressão governamental pudessem ter acesso aos documentos do regime. Milhões de folhas de papel conservadas naqueles arquivos registram, ou parecem registrar, a história da repressão. No entanto, como sabem os historiadores, palavra escrita pode tanto ocultar quanto revelar.

Ao lermos juntos os documentos, com um gravador ao lado, Niva e eu encontramos uma série de mentiras e enganos registrados nos

A proteção da privacidade com a abertura plena dos arquivos

FIGURA 17 – Anivaldo Padilha no exílio em Berkeley, Califórnia, por volta de 1974, cortesia de Anivaldo Padilha.

documentos de aparência oficial, nos quais escribas mais recentes haviam feito cuidadosas anotações, devidamente assinadas por um funcionário encarregado da investigação. Os gritos de dor causados pelos choques elétricos no corpo dos prisioneiros não aparecem nos registros policiais. Na verdade, uma leitura superficial dos documentos poderia dar a impressão de que os policiais haviam tido interações corteses e bastante educadas com os detidos, esclarecendo questões em entrevistas subsequentes até poderem reconstituir uma narrativa final e coerente e decidir pelo indiciamento ou não. Alguns relatórios parecem tão inocentes que se poderia imaginar o policial oferecendo um cafezinho antes de um interrogatório de seis ou sete horas, ao fim do qual o prisioneiro confirmou seu depoimento e "nada mais tinha a declarar".

Em suma, os policiais haviam apagado todos os sinais de tortura. No entanto, os documentos continham também outros subterfúgios, pois o papel de qualquer prisioneiro detido, e até mesmo seu dever moral, era se comportar cuidadosamente, como num jogo de gato e rato com o inquisidor, a fim de ocultar informações e desviar o interrogatório em uma direção que evitasse outras prisões. Ao percorrermos os registros policiais, percebemos os hiatos entre as mentiras.

Os documentos indicam que a polícia prendeu Niva e Eliana, outra companheira da Ação Popular, às nove horas da manhã de um sábado, 28 de fevereiro. Niva recorda que os dois foram empurrados para o assento traseiro de um Fusca e levados à Operação Bandeirantes, onde os torturadores reinavam com poderes absolutos. Ele se lembra de que, no carro, Eliana retirara a aliança de casamento a fim de desestimular perguntas sobre o marido. Ao mesmo tempo, Niva rasgou a folha de papel que continha o ritual semanal de pontos, os encontros clandestinos com outros militantes da AP. Conseguiu também enfiar os pedaços do papel em um rasgão do estofamento. Por descuido dos policiais que os prenderam, ele e Eliana ficaram a sós por alguns minutos ao chegarem à sede policial. Os dois rapidamente inventaram uma história para explicar como se conheciam.

Conforme registrado nos documentos da polícia política, o "interrogatório preliminar A-2" começou às dez horas e terminou ao meio-dia e quinze.[2] "No primeiro dia só sofri golpes no estômago e no peito. Eles usaram a palmatória, um método medieval, um pedaço de pau com o qual batiam em sua mão. A mão ficava totalmente inchada e acaba afetando a circulação", recordou Niva.[3] A história inicial contada por ele, e que um funcionário anotou cuidadosamente no relatório, argumentava que ele era membro ativo da Igreja Metodista e alertara outros colegas para o fato de que havia jovens abandonando a Igreja. Por isso, explicou aos interrogadores que havia procurado conseguir material de leitura e organizar um grupo de debate com algumas pessoas, a fim de tratar do

---

2 Arquivo Público do Estado de São Paulo, 50-Z-9-13798.
3 Anivaldo Padilha, entrevistado pelo autor, 18 jun. 1998. As citações subsequentes são dessa entrevista.

problema. Em nossa conversa enquanto examinávamos as fichas, Niva me confidenciou que inventara aquela história a fim de justificar os documentos da organização contidos no pacote que ele e Eliana pretendiam ir buscar naquela manhã. Durante o "interrogatório preliminar", ele disse também à polícia que havia conhecido Eliana por acaso na estação de ônibus na semana anterior. Tinham conversado sobre política. Também por acaso haviam se encontrado na rua naquela manhã, quando ele ia buscar o pacote. Era uma tentativa débil de ocultar provas circunstanciais bastante incriminadoras. A história não resistiu muito tempo.

Em seguida, a polícia interrogou Eliana. Segundo o relatório escrito por extenso e depois cuidadosamente datilografado em formato oficial, ela fez uma narrativa semelhante. No entanto, os outros dois membros do grupo, cujo tio havia denunciado, capitularam durante a primeira sessão do interrogatório e revelaram informações que desmentiam a versão dos acontecimentos fornecida por Niva e Eliana. "Eram muito mais jovens e inexperientes nesse tipo de coisa", refletiu Niva, sem mostrar ressentimento a respeito do fato de que as rápidas confissões dos dois resultaram em métodos de interrogatório mais brutais pela polícia. Como as narrativas eram contraditórias, os policiais levaram os quatro à mesma sala e os fizeram enfrentar os diferentes relatos sobre o motivo pelo qual se conheciam e a natureza de suas atividades políticas. Naquela noite, foi usada a "cadeira do dragão". Niva foi amarrado a uma cadeira forrada de metal e uma corrente elétrica lhe foi aplicada ao corpo, provocando violentas convulsões destinadas a extrair a "verdade". A sessão durou até a manhã de domingo. Enquanto folheávamos os documentos, ele disse: "Faziam as perguntas e, se você não respondia da forma que eles esperavam, aí eles torturavam".

Em nossa conversa, passamos a comentar o filme de Bruno Barreto, *O que é isso, companheiro?*, que trata do sequestro do embaixador norte-americano em setembro de 1969 por revolucionários brasileiros. Muita gente da esquerda havia criticado o filme por mostrar um dos torturadores tendo ideias contraditórias sobre seu trabalho.[4] Meus

---

4 Reis Filho, D. A. *Versões e ficções*: o sequestro da história. São Paulo: Fundação Perseu Abramo, 1997. A obra de Huggins sobre 23 policiais brasileiros que facilitaram a tortura de "subversivos",

comentários levaram Niva a recordar seu principal adversário durante aqueles dias de confinamento:

> O capitão Albernaz foi uma das pessoas que me torturou bastante. Tocou o telefone, e alguém atendeu e falou que era a filha dele. Ele pegou o telefone e disse: "Oi, querida como é que você está, meu bem? Não, pode deixar, papai vai chegar em casa hoje a tempo e vamos celebrar o seu aniversário". Aí terminou, desligou o telefone, olhou para mim e gritou: "Vai falar, safado, seu filho da puta, porque eu tenho pressa de ir embora porque a minha filha está esperando". Eu percebi que estava diante de um louco, um esquizofrênico. Então, no caso do filme, eu acho que [Bruno] Barreto não conseguiu retratar exatamente. Muita gente dizia que o torturador era bonzinho. Não acho que era bonzinho nesse sentido, mas eles tinham outro lado da vida deles.

Após a primeira sessão de tortura, Niva caiu em profunda depressão:

> Me deu um desespero mesmo e vontade de suicídio. Era a dor e o medo de abrir, medo de não conseguir manter a lucidez para controlar a situação. Apesar da tortura, era fundamental que eu tivesse controle da situação... Pensei: bom, a única maneira é o suicídio, mas eu não tinha como me suicidar. Não tinha cinto. Tiraram os meus óculos. Eu tinha que enfrentar isso.

Ele recorda que passava horas sem dormir e começou a ter muitas recordações de seu passado. "Pensei: não estou aqui por acaso. Estou aqui porque me comprometi há muitos anos a lutar pela justiça e liberdade neste país." Lembra-se de que, durante as sessões de tortura, um dos membros da equipe de "interrogadores" gritava para ele: "Fale tudo, porque a guerra acabou para você." Naquela noite, na cela,

---

ou diretamente os torturaram e assassinaram, revela que a maioria não era de sádicos nem fanáticos, como se poderia imaginar. Ao contrário, o sigilo da campanha, a insularidade profissional, a fragmentação da organização e o isolamento pessoal lhes possibilitava executar as ordens recebidas. Huggins, M. K.; Haritos-Fatouros, M.; Zimbardo, Philip G. *Operários da violência*: policiais torturadores e assassinos reconstroem as atrocidades brasileiras. Brasília: UnB, 2006.

entre visões do passado e introspecção, ele concluiu que a prisão era também uma das frentes de batalha. "Lembro-me de haver pensado: a guerra não acabou, para mim só vai acabar quando eu morrer... Deixe que eles assumam a responsabilidade pela minha morte, não eu. Pensei que até a minha morte poderia ser útil para chamar atenção e despertar a consciência de muitas pessoas no Brasil." Com esses pensamentos correndo por sua mente, ele reverteu a situação psicológica, responsabilizando seus adversários.

> Pensei: "Por que eles estão me torturando? São muito mais fortes do que eu. Não estão isolados. Eles têm todas as Forças Armadas brasileiras os apoiando." Aí eu viajei, pensando que, mesmo com as Forças Armadas dos Estados Unidos, o país mais poderoso do mundo, se com este poder e força precisam me torturar é porque são mais fracos, moralmente mais fracos. Pode chamar isso de racionalização, chamar do que for, mas o fato é que esse mecanismo funcionou. A partir do momento que eu pensei dessa forma e pensei que a minha morte pudesse não ser em vão, entrei numa tranquilidade tremenda. Com medo, mas fiquei mais tranquilo. Superei aquela crise inicial.

Naturalmente, ninguém anotou esse diálogo interno nos registros da detenção de Niva. Num cenário invisível, ele explica como conseguiu enganar seus captores e manter coerentes suas declarações. O relato de sua narrativa quatro décadas mais tarde também poderia ser uma reelaboração daqueles dias terríveis para explicar a si mesmo como conseguiu sobreviver àqueles horríveis momentos, mais do que um reflexo preciso ou exato de seus processos mentais ao enfrentar a constante tortura. Seja como for, à medida que ia dando explicações aos inquisidores, Niva finalmente admitiu que tinha ligações superficiais com a Ação Popular, mas continuou a descrever seu envolvimento no contexto de pertencer à ala liberal da Igreja Metodista e procurar compreender os problemas contemporâneos do Brasil.

Niva conseguiu sair da prisão e, antes de ser processado pela Lei de Segurança Nacional, decidiu fugir do país, chegando, por fim, aos Estados Unidos. Na Califórnia, foi editor do *Brazilian Information Bulletin*, que denunciava os excessos da ditadura. Niva se tornou um importante dirigente do movimento pelos direitos humanos no Brasil.

Eu quis contar com detalhes a sua história porque ela revela justamente os problemas contidos nos documentos da repressão. Esse pequeno relato sobre o tratamento sofrido por ele na prisão nos ajuda a lembrar que o debate hoje não é abstrato, mas tem a ver com pessoas reais, que sofreram dores concretas, como vítimas de um regime de exceção.

Quando analisamos os documentos no Deops, notamos que os papéis contidos nos arquivos da repressão são cheios de mentiras. Cabe ao pesquisador procurar os "espaços" entre as mentiras para conseguir usar essa fonte na análise sobre o período da ditadura.

No livro *Silencing the Past: Power and the Production of History* [Silenciando o passado: poder e a produção de história], que aborda a maneira como os historiadores escrevem sobre a Revolução Haitiana, Michel-Rolph Trouillot nos lembra como a história pode ser silenciada.[5] Mesmo com documentos, fatos e material conservado e guardado em arquivos, no final das contas o historiador cumpre um papel fundamental na criação de certos discursos históricos. Mas, ao mesmo tempo que se cria determinados discursos, também se pode eliminar outros. Os historiadores participam na produção de história como atores e narradores. Cumprem um papel ativo na coleção, organização e divulgação de leituras do passado. Se documentos depositados em um arquivo são apenas alguns dos vestígios do passado, teoricamente cabe ao historiador o papel de usar esse material incompleto para recuperar e criar narrativas sobre o passado. O profissional sempre tem o desafio de buscar e conseguir essa documentação, avaliar o seu valor e depois usá-la cuidadosamente para transmitir para um público geral a sua interpretação do passado.

Trouillot enfatiza que existem vários processos na produção de história que o profissional deve levar em conta. Primeiro, tudo que acontece não necessariamente está anotado em documentos. Segundo, há um

---

[5] Trouillot, M.-R. *Silencing the Past*: Power and the Production of History. Boston: Beacon Press, 1995.

processo de silenciar o passado na criação de arquivos. Sempre existe uma arbitrariedade na decisão de quais documentos entram nos arquivos e são conservados e quais ficam de fora e são destruídos. A determinação de estabelecer um arquivo ou colecionar certos documentos e depositá-los em um arquivo é uma decisão política, e não uma mera medida automática, burocrática, técnica e neutra. A narração do passado baseada em determinados documentos e com a ausência de outros vai influenciar o tipo de história produzida. Trouillot também nos lembra que o próprio historiador participa do processo de silenciar aspectos do passado na sua decisão de selecionar entre milhões de documentos, em razão do que resolve usar, citar e enfatizar.

Como podemos entender e enfrentar os problemas e os dilemas que Trouillot nos apresenta na sua avaliação dos desafios no uso de arquivos e documentos e das possibilidades de silenciar o passado? Desde o estabelecimento da profissão de historiador moderno na primeira metade do século XIX pelo alemão Leopold von Ranke, que é considerado o "pai da história científica", existe um certo acordo que o método correto de prosseguir é por meio de uma cuidadosa atenção a fontes. Suponha-se que o historiador vai ter livre acesso às fontes. Ele ou ela vai poder ler e analisar esses documentos, considerando o contexto em que foram produzidos. Vai selecionar o material que apoia os seus argumentos, mas não vai ignorar os documentos que contradizem o que ele ou ela quer dizer. Os resultados, seja um trabalho apresentado em uma conferência, um artigo publicado em uma revista acadêmica ou um livro impresso por uma editora, vão oferecer uma interpretação do passado em que o historiador vai citar as fontes que usou, as notas de rodapé com as indicações dos documentos consultados e uma transcrição fiel do material citado no texto. Suponha-se que qualquer outro historiador possa consultar os mesmos arquivos, ler os mesmos documentos e verificar a veracidade do trabalho, como parte de um processo de debate da interpretação, dos argumentos e da leitura das fontes. Ou seja, existe um acordo entre historiadores sobre a necessidade de livre acesso aos mesmos documentos e arquivos para que, à luz da consideração de outros historiadores, determinado trabalho possa ser avaliado. Se entendermos que a história é a interpretação do passado, baseada em documentos ou outras fontes, o livre acesso a esses materiais é fundamental para escrever ou avaliar o valor do que está escrito.

Que fazemos então com os documentos que são baseados em mentiras? Como chegamos aos espaços entre as mentiras?

Antes de responder a essas questões, quero fazer uma constatação que talvez seja um pouco radical. Quero afirmar que os documentos das forças de repressão – e aqui me refiro aos documentos da polícia política, ou seja, dos Departamentos de Ordem Política e Social (Dops) – são, no seu conjunto, cheios de mentiras. Qualquer pessoa que entra nos arquivos tem que partir do pressuposto que um documento pode trazer mais decepções do que verdades.

Com isso, não quero dizer que não se pode confiar em nada escrito. Anivaldo Padilha foi, de fato, preso no dia 28 de fevereiro de 1970, como consta num documento no Deops. Podemos confirmar isso, porque ele está vivo e tem uma memória desse dia traumático. Mas podemos confiar em um documento que diz que um preso desaparecido fora apanhado e tentou fugir em determinado dia quando outros presos confirmam que a pessoa fora torturada e morreu no pau de arara?

Para quem trabalha com as fontes da polícia política e sabe bem a história da ditadura militar, isso não é novidade, mas é importante enfatizar. Sabemos que o torturador nunca vai pedir ao escrivão para botar no papel: "Depois de um interrogatório de duas horas, onde o preso ficou na cadeira do dragão trinta minutos, ele confessou tal coisa." Existe um silêncio total a respeito da tortura nos milhões de documentos, interrogatórios, relatórios e informes produzidos pelos Dops em nível nacional. Da mesma maneira, não podemos confiar nas declarações dos presos políticos sobre as suas atividades na clandestinidade porque o jogo no interrogatório era confundir e despistar o torturador.

Também temos que lembrar que os arquivos do Dops, em seu conjunto, são mentiras, pelo fato de que há uma ausência de documentos. Sabemos que, antes de entregar os arquivos aos governos dos estados, as forças de repressão limparam pelo menos uma parte da documentação. Também especulamos que ainda existam arquivos guardados pelas Forças Armadas aos quais os historiadores não têm acesso. Ou seja, o pesquisador tem acesso limitado aos documentos existentes.

A proteção da privacidade com a abertura plena dos arquivos

Como trabalhamos, então, com os dados pessoais que estão dentro dos milhões de documentos contidos nos arquivos da repressão? Até hoje cada estado tem uma interpretação distinta da lei que regulamenta o acesso aos arquivos da polícia política. Alguns estados oferecem livre acesso aos arquivos da repressão para qualquer pessoa interessada, contanto que ela assine um termo de responsabilidade para o uso da informação contida nos documentos. Os administradores dos arquivos têm a responsabilidade de documentar quem consultou qual material em que data, assim como a de preservar os documentos. Outros estados interpretam as leis sobre o acesso à documentação de maneira distinta. Os diretores desses arquivos limitam o acesso do pesquisador apenas aos documentos genéricos de determinada organização considerada subversiva, permitindo o acesso aos materiais sobre um indivíduo apenas com a sua autorização ou, no caso de a pessoa já ter morrido, com a autorização do parente mais próximo.

Essa diferenciação no acesso aos documentos cria uma situação complicada para os historiadores. Se, por acaso, o pesquisador está trabalhando focado em um indivíduo que atuava ou foi preso num estado onde o arquivo permite livre acesso, pode recriar uma leitura do passado mais completa. Se a pessoa pesquisada atuava, foi presa ou foi morta em um estado onde os administradores do arquivo têm uma interpretação estrita da lei de acesso, o pesquisador enfrenta enormes desafios para reconstruir o passado dessa pessoa baseado em documentos de tal estado. Pode existir a situação surrealista de um pesquisador ter acesso a uma documentação em um arquivo de um estado e não ter acesso à mesma documentação no arquivo de outro estado.

Quais são os argumentos colocados em praça pública para limitar o acesso aos documentos com dados pessoais? De novo, quero enfatizar que não sou advogado e a minha intenção é levantar essa questão do ponto de vista do pesquisador, e não das várias interpretações da lei. Como temos arquivos com procedimentos distintos, constatamos que existem, por enquanto, várias maneiras de se entender as proteções à privacidade. Consigo identificar basicamente duas considerações sobre a questão de se dever ou não oferecer aos pesquisadores livre acesso contanto que eles assinem um termo de responsabilidade para o uso profissional da documentação. Argumenta-se que os arquivos podem conter informações da intimidade da pessoa, que não deve ser revelada sem autorização. Também existe o argumento de que os arquivos podem conter informações falsas que podem causar danos à imagem da pessoa mencionada se forem reveladas e usadas de maneira inapropriada.

A suposição do primeiro argumento é que existem informações nos arquivos do Dops de âmbito muito pessoal, que dão à pessoa mencionada o pleno direito de as proteger contra uma inspeção pública. Suponha-se que os documentos mencionam que a pessoa teve um amante, era homossexual, entregou um companheiro na tortura ou sofreu humilhações nos interrogatórios que não devem ser reveladas. Se essas possibilidades fossem falsas, invenções das forças de repressão, calúnias para desqualificar os presos políticos, elas já teriam circulado nos porões da ditadura e em histórias contadas sobre as pessoas. Nada melhor do que colocar esses rumores ou mentiras à luz do dia para revelar a sua falsidade. Se fosse verdade que um militante teve um amante, era homossexual, entregou companheiros ou sofreu humilhações, estaríamos enfrentando fatos verídicos. Mas a questão vai muito além de um pudor pessoal.

Os documentos do Dops foram produzidos pelo Estado, por um órgão público e oficial. Hoje em dia, podemos e devemos criticar as arbitrariedades da ditadura que produziu essa documentação para que nunca mais haja outro regime ditatorial. É só à luz do dia, na revelação dessas arbitrariedades, que poderemos enfrentar e eliminar essa mancha autoritária na história brasileira. Esconder os excessos do regime e não permitir que os historiadores ou os cidadãos tenham acesso à documentação pública estatal é manter o silêncio e preservar o poder arbitrário do Estado.

Se apoiarmos o regulamento do acesso aos arquivos da repressão baseados no segundo argumento, de que os arquivos podem conter informações falsas que podem causar danos à imagem da pessoa mencionada se reveladas e usadas de maneira inapropriada, é melhor simplesmente fecharmos os arquivos do Dops. Como argumentei no começo do artigo, é raro o documento que não contém mentira, distorção, falsificação ou silêncio. Essas mentiras são culpa e responsabilidade das forças de repressão, e não do arquivo do estado que guarda a documentação. Se alguém quer processar outra pessoa por ter publicado ou produzido mentiras contidas na documentação do Dops, não é a guardiã dos documentos que é responsável por essas mentiras. A responsabilidade cai nos ombros da pessoa que produziu as mentiras ou, no caso de um historiador, jornalista, pesquisador ou cidadão, da pessoa que utilizou o material de maneira inapropriada.

Há outras considerações a favor do livre acesso à documentação do Dops. Atualmente, estou fazendo uma pesquisa para escrever uma biografia sobre a vida de Herbert Daniel, militante do Comando de Libertação Nacional (Colina) e da Vanguarda Armada Revolucionária (VAR-Palmares) e dirigente da Vanguarda Popular Revolucionária (VPR). Tenho autorização da família para fazer a biografia e estou entrevistando muitas pessoas que o conheceram durante a sua militância. Daniel, que nunca foi preso, morreu em 1992. Ficou clandestino no Brasil de janeiro de 1969 até setembro de 1974, quando foi para o exílio. Entre setembro de 1971 e março de 1973, com a VPR desmantelada, viveu escondido primeiro por Leo Valentin e depois pelo seu primo Cláudio Mesquita, os dois já falecidos. Como Daniel nunca foi preso, e embora tenha a autorização dos seus pais para acessar os documentos do Dops no Rio de Janeiro, onde ele atuava, há pouca informação sobre ele nesse arquivo. Tendo em vista que Leo Valentin e Cláudio Mesquita estão mortos e ninguém sabe o paradeiro dos seus parentes, não tenho acesso a qualquer documento no Rio de Janeiro sobre eles que possa ajudar a reconstruir a vida de Herbert Daniel nesse período. Ou seja, existem documentos, existe um arquivo, mas a falta de livre acesso contribui para silenciar uma parte da história dele.

Há ainda uma última consideração que talvez seja a mais importante neste debate. Se um papel fundamental do historiador é avaliar, debater, revisar e questionar os seus colegas, que é um tipo de controle de qualidade, o acesso diferenciado aos arquivos elimina essa possibilidade. Se alguém escreve uma biografia de um militante da esquerda com acesso único à documentação por ter a autorização oficial da pessoa ou da sua família mas esse acesso é vetado aos outros, como outro historiador pode verificar o uso das fontes, a interpretação dos fatos e a leitura dos documentos, com os seus silêncios e mentiras? Isso elimina o procedimento mais básico da profissão do historiador: a possibilidade de submeter uma pesquisa à avaliação dos outros.

Se não queremos voltar para um período nefasto como era o regime ditatorial de 1964 a 1985 ou o Estado Novo de 1937 a 1945, o nosso dever como historiadores, arquivistas e cidadãos é fazer tudo para que todas as memórias, documentos e informações sejam revelados.

Abrindo os arquivos do Tio Sam[1]

Em 16 de agosto de 2012, a Comissão Nacional da Verdade (CNV) enviou uma solicitação ao presidente Barack Obama.[2] A carta pedia a desclassificação de documentos do governo dos Estados Unidos relacionados à ditadura, incluindo arquivos do Departamento de Estado, do Departamento de Defesa e da Agência Central de Inteligência (CIA). Em junho de 2014, o Itamaraty enviou à comissão 43 documentos desclassificados do Departamento de Estado norte-americano que recebeu durante uma visita do vice-presidente Joseph Biden ao Brasil. Em dezembro de 2014, o governo dos Estados Unidos entregou mais 113 documentos desclassificados. Um conjunto final de 538 documentos foi dado ao gabinete da presidência em 30 de junho de 2015, durante uma visita de Dilma Rousseff aos Estados Unidos. Muitos dos documentos traziam informações particularmente banais sobre diversas atividades realizadas pela embaixada dos Estados Unidos e seus consulados espalhados pelo Brasil

---

1 Tradução de Giuliana Gramani.
2 Comissão Nacional da Verdade. Documentos recebidos dos EUA. 14 ago. 2015. Disponível em: http://cnv.memoriasreveladas.gov.br/todos-volume-1/648-documentossss-eua-i-6.html. Acesso em: 30 dez. 2023.

ou relatórios sobre diferentes eventos que ocorreram no país. Outros continham relatórios detalhados, entre outros itens, sobre a prisão e tortura de opositores do regime, permitindo compreender a natureza da repressão durante a ditadura e revelando o quanto o governo norte-americano estava ciente dessas graves violações de direitos humanos que ocorreram no final da década de 1960 e início da década de 1970.

Este ensaio delineia, em termos gerais, a história do projeto Opening the Archives [Abrindo os arquivos], iniciativa da Universidade Brown, um valioso instrumento de pesquisa para acadêmicos que escrevem a história da ditadura militar brasileira. O projeto digitalizou e disponibilizou ao público geral um vasto conjunto de materiais pesquisáveis que permite aos estudiosos mergulhar fundo nos documentos do governo dos Estados Unidos sobre o Brasil nos anos 1960, 1970 e 1980 sem os custos de viajar a Washington, DC.[3] Ele inclui os "documentos Biden" entregues à CNV como um gesto de reconciliação por parte do governo Obama à presidenta Rousseff depois que foi revelado que serviços de inteligência dos Estados Unidos haviam grampeado seus dispositivos.[4] O ensaio também apresenta um panorama dos tipos de documento contidos nessa coleção como forma de encorajar os acadêmicos brasileiros a acessar esses recursos, principalmente aqueles interessados em analisar o entendimento do governo norte-americano sobre o regime militar à medida que elaborava diversas políticas em relação aos generais no poder.

Além disso, para exemplificar a utilidade do arquivo, incluí um exemplo de como estudiosos que trabalham com a questão da ditadura podem usar esse material em pesquisas acadêmicas apresentando a análise de um documento da CIA sobre os protestos estudantis ao redor do mundo em 1968 extraída de um artigo acadêmico intitulado

---

3 Os arquivos do projeto Opening the Archives estão disponíveis em: https://library.brown.edu/create/openingthearchives/en/ (acesso em: 30 dez. 2023).

4 The New York Times. Romero, S. Brazil: Biden and Rousseff Meet. *The New York Times*, 18 jun. 2014, p.A-6. Os documentos Biden no banco de dados do projeto Opening the Archives estão disponíveis em: https://repository.library.brown.edu/studio/collections/bdr:318399/?selected_facets=mods_location_physical_location_ssim%3ABiden+documents&selected_facets=mods_location_copy_info_note_box_name_ssim%3ABiden+Documents (acesso em: 30 dez. 2023).

"'Restless Youth': The 1968 Brazilian Student Movement and Its Aftermath as Seen from Washington". Apresentei essa pesquisa pela primeira vez em uma conferência da Associação de Estudos Brasileiros (BRASA, na sigla em inglês) em 2008, e ela ganhou o prêmio de melhor trabalho do evento. Concluo o ensaio discutindo uma campanha iniciada em 2023 pelo Washington Brazil Office (WBO) e por ONGs brasileiras associadas que visa solicitar ao governo norte-americano a liberação do restante dos documentos secretos relacionados à ditadura militar brasileira em diversos arquivos nos Estados Unidos.

Pesquisando sobre a ditadura militar brasileira com documentos norte-americanos

É fácil se sentir sobrecarregado pela enorme quantidade de papéis que são cuidadosamente catalogados e então colocados em pastas e armazenados em caixas cinza à prova de fogo para que pesquisadores possam solicitar acesso a eles e cuidadosamente estudá-los, registro a registro. Essa foi minha experiência quando viajei a College Park, Maryland, no verão de 2002 para fazer pesquisa para meu livro *Apesar de vocês: oposição à ditadura brasileira nos Estados Unidos, 1964-1985*. Eu tinha a simples missão de encontrar qualquer material que documentasse como o governo norte-americano respondeu às campanhas internacionais que denunciavam a tortura e a repressão no Brasil no final dos anos 1960 e início dos anos 1970. Eu estava buscando correspondências entre Washington e Brasília que pudessem me ajudar a medir a eficácia das iniciativas de direitos humanos organizadas por exilados brasileiros e seus aliados que condenavam prisões arbitrárias, torturas e o desaparecimento de opositores do regime militar. Será que as petições, as cartas a funcionários do governo, os protestos e os outros esforços que criticavam o apoio do governo dos Estados Unidos ao regime militar brasileiro afetaram os formuladores de políticas públicas de Washington? Será que eu conseguiria encontrar algumas informações em meio a essa documentação que revelassem alguma nova percepção sobre a relação entre os governos Kennedy, Johnson, Nixon, Ford, Carter e Reagan e os cinco generais de exército que governaram o Brasil durante 21 anos? Havia alguma "prova cabal" ou clara de outros conluios entre os formuladores de políticas públicas de Washington e o regime militar que os pesquisadores ainda não tinham descoberto?

Nunca tendo trabalhado com esses registros, fui guiado por um dos arquivistas de pesquisa dos Arquivos Nacionais e Administração de Documentos (NARA, na sigla em inglês) para começar pelo Grupo de Registro 59, que incluía aerogramas, telégrafos, memorandos e outras comunicações entre a "Brazil Desk" no Departamento de Estado em Washington, DC, e a embaixada dos Estados Unidos no Rio de Janeiro (e posteriormente em Brasília). À medida que eu lia lentamente milhares de documentos buscando materiais específicos sobre violações de direitos humanos no Brasil, encontrava materiais fascinantes sobre uma ampla gama de assuntos: a análise da CIA sobre a agitação estudantil pela América Latina em 1968, à qual me referirei posteriormente neste ensaio, relatórios do adido trabalhista sobre atividades sindicais, avaliações políticas semanais da complexa e cambiante situação do país e infindáveis relatórios econômicos, para citar apenas alguns tópicos. Comecei a fotocopiar esse material, o que, a US$ 0,15 a página, era uma tarefa cara. Terminei com cinco grandes caixas repletas de documentos que eu pretendia usar em estudos futuros sobre as mudanças sociopolíticas, econômicas e culturais que ocorreram no Brasil durante o regime militar a partir da perspectiva de burocratas, diplomatas e unidades de inteligência do governo norte-americano, para mencionar apenas três dos muitos elaboradores desses documentos.

Alguns anos depois que terminei de escrever *Apesar de vocês*, percebi que minhas prioridades de pesquisa muito provavelmente não me permitiriam escrever uma nova história da ditadura em um futuro próximo. Ciente do fato de que poucos pesquisadores brasileiros que estudam esse período, sobretudo aqueles em começo de carreira, conseguem obter os recursos necessários para viajar a Washington, DC, e passar cerca de um mês nos Arquivos Nacionais, tive a ideia de desenvolver um projeto piloto para digitalizar, indexar e disponibilizar de 2.000 a 3.000 documentos. Pensei em trabalhar no projeto durante o verão com um ou dois alunos de graduação da Universidade Brown.

Na mesma época, fui convidado para trabalhar em um dos subcomitês do projeto Memórias Reveladas, uma colaboração entre o Arquivo Nacional brasileiro e a Secretaria de Direitos Humanos da Presidência da República. A iniciativa foi criada em 2005 para coordenar nacionalmente a coleta e preservação de arquivos para a "valorização desse patrimônio documental e [o] resgate histórico das lutas políticas ocorridas entre 1964 e 1985".[5] O subcomitê foi responsável por identificar arquivos estrangeiros que incluíam documentação sobre o Brasil durante o período da ditadura que pudesse estar ligada de alguma forma a materiais nacionais que estavam sendo identificados, coletados e compartilhados. Quando entrei em contato com Sidnei Muñoz, na época professor de História da Universidade Estadual de Maringá, Paraná, e um dos membros do subcomitê, contei a ele sobre meu projeto. Ele imediatamente se ofereceu para obter recursos junto à sua universidade de modo a realizar uma empreitada muito mais ambiciosa do que simplesmente identificar e digitalizar alguns milhares de documentos.

Essa foi a gênese do projeto Opening the Archives, que até o presente digitalizou, indexou e disponibilizou ao público geral, em um site de acesso livre, 70.000 documentos sobre o Brasil de 1961 até o início da década de 1980 que estão armazenados em arquivos nos Estados Unidos. Eles são facilmente pesquisáveis e podem ser baixados para computadores pessoais. Um generoso subsídio da Universidade Brown e da Universidade Estadual de Maringá nos permitiu financiar dois alunos brasileiros de pós-graduação e dez alunos de graduação da Universidade Brown, que passaram o verão de 2012 na majestosa sala de leitura dos Arquivos Nacionais II em College Park, Maryland, com suas altas paredes de vidro que se abrem para uma exuberante mata verde ao redor do prédio. O esforço deles deu origem a uma coleção inicial de 10.000 documentos, que foram disponibilizados em um site hospedado pela Universidade Brown. Em anos posteriores, as contínuas doações generosas da Associação Bem-te-vi Diversidade continuaram

---

5 Brasil. Ministério da Gestão e da Inovação em Serviços. Histórico. Disponível em: https://www.gov.br/memoriasreveladas/pt-br/acesso-a-informacao/institucional/historico. Acesso em: 30 dez. 2023.

Escritos de um viado vermelho

FIGURA 18 – Arquivo Nacional II, College Park, Maryland, EUA (Cortesia do National Archive and Record Administration).

financiando o projeto, permitindo que sucessivas equipes de alunos da Universidade Brown – mais de cem até o momento – passassem parte do verão trabalhando no projeto. Também conseguimos digitalizar milhares de documentos das Bibliotecas Presidenciais John F. Kennedy (Boston, Massachusetts), Lyndon B. Johnson (Austin, Texas), Nixon (Yorba Linda, California) e Jimmy Carter (Atlanta, Georgia).

Documentos no banco de dados do projeto Opening the Archives

Há literalmente centenas de milhares, se não milhões, de documentos do governo norte-americano relacionados ao Brasil nos Arquivos Nacionais I (localizado em Washington, DC) e nos Arquivos Nacionais II (localizado em College Park, Maryland). Eles incluem, entre outros itens, correspondências diplomáticas ligadas ao reconhecimento do Brasil por parte dos Estados Unidos, quando o presidente James Monroe recebeu José Silvestre Rebello como encarregado brasileiro de negócios para os Estados Unidos em 26 de maio de 1824. Há, por exemplo, importantes registros sobre o tráfico de escravizados africanos para as Américas e outros relacionados ao impacto da guerra civil e da proclamação de emancipação dos Estados Unidos em 1863 sobre as revoltas de escravizados no Brasil. Inúmeros documentos registram a cooperação brasileira com os Estados Unidos durante a Segunda Guerra Mundial, e há também documentos do governo norte-americano sobre o Brasil produzidos durante o intervalo democrático de 14 anos depois do fim do Estado Novo, em 1945. Trocas recentes entre o Departamento de Estado norte-americano e representantes da embaixada dos Estados Unidos sobre as eleições presidenciais brasileiras de 2022, bem como análises dos governos Lula, Dilma, Temer e Bolsonaro, também se encontram nos Arquivos Nacionais e Administração de Documentos (Nara), embora só possam ser consultadas por funcionários do governo e possivelmente só sejam desclassificadas daqui a 25 anos, com base em orientações presidenciais e do congresso.

Além disso, documentos sobre o Brasil podem ser encontrados em 15 bibliotecas presidenciais, começando pela primeira, a Biblioteca Presidencial Franklin Delano Roosevelt, criada em 1941 e localizada em Hyde Park, Nova York. Também administrada pelo NARA, ela contém "registros e materiais históricos de presidentes – desde memorandos enviados dentro da Casa Branca até cartas que os presidentes escreveram a cidadãos, incluindo registros de decisões sobre políticas que mudaram a forma como o governo opera e objetos protocolares e pessoais referentes ao mandato do presidente e à sua vida pessoal e política".[6] À medida que registros eletrônicos se tornaram o meio de comunicação padrão entre funcionários do governo, os Arquivos Nacionais e as novas bibliotecas presidenciais agora também preservam e disponibilizam essas fontes documentais.

Além dos arquivos e registros do Departamento de Estado em diferentes bibliotecas presidenciais, o Opening the Archives contém outras duas coleções importantes de materiais produzidos pelo governo dos Estados Unidos. Uma contém arquivos da unidade de inteligência militar

---

6 Barack Obama Presidential Library. Nara & the Presidential Libraries. Disponível em: https://www.obamalibrary.gov/about-us/nara-presidential-libraries. Acesso em: 30 dez. 2023.

do Departamento de Defesa que foram compilados ao longo dos anos para monitorar as visões políticas, a carreira e a vida pessoal de militares brasileiros. Essas informações foram coletadas de diferentes fontes, incluindo matérias de jornal, relatórios de adidos militares norte-americanos alocados no Brasil, registros da participação de funcionários brasileiros em treinamentos nos Estados Unidos ou visitas ao país e outras fontes obtidas por funcionários do governo norte-americano que trabalhavam no Brasil. O material varia de descrições banais das predileções de funcionários brasileiros por certos tipos de bebidas alcoólicas a suas visões políticas sobre disputas internas dentro das Forças Armadas. Esses documentos constituem uma rica fonte de informações sobre o interior das forças militares brasileiras a partir da perspectiva de diferentes estrangeiros. Eles também revelam que, apesar da estreita colaboração entre as Forças Armadas dos dois países durante o regime militar, os militares norte-americanos não tinham acesso irrestrito a informações sobre seus pares brasileiros e frequentemente recorriam a formas particularmente frágeis de obter informações para entender os conflitos e discussões que ocorriam entre funcionários brasileiros. Infelizmente, os documentos sobre os cinco generais de exército que assumiram o poder como presidentes do país entre 1964 e 1985 não constam nos arquivos da unidade de inteligência militar do Departamento de Defesa.

Burocracias governamentais em grande escala são conhecidas por gerar montanhas de papel, zelosamente copiadas e distribuídas entre diferentes agências e órgãos para garantir uma circulação eficiente de informações para aqueles que possam precisar delas para tomar decisões administrativas ou relativas a políticas públicas, acompanhar determinado assunto ou para outras finalidades. No caso das relações entre Brasil e Estados Unidos, o fluxo de materiais entre Washington, DC, e a embaixada no Rio de Janeiro, e depois Brasília, representa a maior parte dos documentos nos arquivos do Departamento de Estado. Entretanto, dada a importância geopolítica do Brasil durante a Guerra Fria, quando os formuladores de políticas públicas norte-americanos temiam que a situação política polarizada no país, principalmente no Nordeste, pudesse levar a uma segunda Revolução Cubana, os governos Kennedy e Johnson dedicaram recursos consideráveis para suas operações diplomáticas, militares, econômicas e culturais no Brasil. Isso incluía a Aliança para o Progresso, um enorme programa criado para conquistar "o coração e a mente" de brasileiros pobres cujas condições sociais terríveis os deixavam vulneráveis, segundo formuladores de políticas públicas norte-americanos, à propaganda comunista e de esquerda. Programas de desenvolvimento criados para diminuir a pobreza e melhorar a vida cotidiana de camponeses e trabalhadores urbanos, com base nessa perspectiva, seriam um escudo eficaz contra mudanças revolucionárias. Para garantir a implantação eficaz desse programa de auxílio multimilionário, o governo dos Estados Unidos utilizou seus nove consulados espalhados pelo Brasil – Porto Alegre, Curitiba, Rio de Janeiro, São Paulo, Belo Horizonte, Salvador, Recife, Belém e Brasília. Embora emitir vistos a brasileiros que desejavam viajar aos Estados Unidos e atender às necessidades dos cidadãos norte-americanos que viviam em determinada área sob a jurisdição de um dos nove consulados em um país de dimensões continentais fossem tarefas importantes dos funcionários do Departamento de Estado, outros funcionários ficaram responsáveis por diversas atividades, incluindo escrever relatórios semanais ou mensais sobre políticas locais, a oposição ao regime, o movimento trabalhista e outros acontecimentos que pudessem ser do interesse do governo norte-americano. Muitos desses documentos, localizados no Grupo de Registro 84, são cópias de correspondências entre Washington e o Rio de Janeiro e/ou Brasília, que se encontram nos arquivos do Grupo de Registro 59 do Departamento de Estado.[7] Outros contêm detalhes exclusivos sobre eventos locais que possibilitam ricas interpretações sobre ocorrências regionais.

Além de documentos do governo norte-americano, o projeto Opening the Archives digitalizou e disponibilizou materiais de arquivos não governamentais que podem ser valiosos para pesquisadores que trabalham com a história das relações entre Brasil e Estados Unidos durante

---

7 Tanto o Grupo de Registro 84 quanto o 59 estão listados como arquivos do Departamento de Estado nos Arquivos Nacionais e Administração de Documentos. O Grupo de Registro 59 é chamado de "Arquivos Gerais do Departamento de Estado" e o Grupo de Registro 84 de "Registros dos Postos Estrangeiros de Serviço do Departamento de Estado".

a ditadura. Eles incluem os materiais dos arquivos George Meany Memorial AFL-CIO Archives, que se relacionam sobretudo ao Instituto Americano para o Desenvolvimento de Sindicalismo Livre (IADSL). A organização foi fundada em 1961 pela Federação Americana do Trabalho e Congresso de Organizações Industriais (AFL-CIO, na sigla em inglês), a maior federação sindical dos Estados Unidos, sendo 90% de seu orçamento oriundo do governo norte-americano por meio da Agência dos Estados Unidos para o Desenvolvimento Internacional (USAID, na sigla em inglês).[8] Ela também recebeu apoio de grandes empresas com investimentos na América Latina. O envolvimento dos Estados Unidos em sindicatos latino-americanos não era novo, mas o IADSL marcou uma tentativa revigorada de influenciar sindicatos trabalhistas com fortes tendências esquerdistas.[9] Philip Agee, ex-agente da CIA na América Latina, afirmou – dando nomes e detalhes – que agentes secretos trabalharam no instituto para promover objetivos do Departamento de Estado referentes a políticas públicas.[10]

O IADSL promovia a ideologia do "sindicalismo de negócios" ou a harmonia de interesses entre capital e movimento trabalhista. Ele também se opunha veementemente à influência de comunistas, socialistas e nacionalistas dentro de sindicatos. O programa cobria toda a América Latina, mas o IADSL deu especial atenção ao Brasil. Seu principal objetivo era treinar líderes trabalhistas e jovens membros promissores em práticas modernas de relações trabalhistas que incluíam negociações contratuais e acordos coletivos. O histórico do instituto enfatizava o anticomunismo em vez de um sindicalismo militante e adaptações em vez de confrontos. Contudo, treinamentos em práticas sindicais eram a principal missão do IADSL.

Em 1963, o Instituto Cultural do Trabalho, base organizacional do IADSL em São Paulo, enviou 33 influentes líderes sindicalistas brasileiros

---

8   Senado dos Estados Unidos. Comitê de Relações Exteriores. *American Institute for Free Labor Development*. Audiência, 91ª legislatura, 1ª sessão, com George Meany, presidente, AFL-CIO, 1 ago. 1969, p.22.
9   Welch, C. Labor Internationalism: U.S. Involvement in Brazilian Union, 1945-1965. *Latin American Research Review*, v.30, n.2, p.61-90, 1995.
10 Agee, P. *Inside the Company*: CIA Diary. New York: Bantam Books, 1976, p.255.

aos Estados Unidos para um curso de três meses.[11] De acordo com o que o próprio IADSL admitiu, ao retornarem, muitos fizeram parte da conspiração que depôs o governo Goulart em 1964. Alguns meses depois de os militares assumirem o poder, os jornalistas Harry Conn e Tad Szulc questionaram William Doherty, à época diretor de Projetos Sociais do IADSL, sobre sua avaliação da eficácia da missão da organização em educar sindicalistas latino-americanos nos valores do movimento trabalhista norte-americano. Doherty enalteceu os esforços bem-sucedidos do instituto.

> Bem, sendo muito sincero, dentro dos limites impostos a eles pelo governo João Goulart, quando retornaram a seus respectivos países, eles atuaram muito ativamente para organizar trabalhadores e ajudar os sindicatos a introduzir sistemas de acordos coletivos e conceitos modernos de relações trabalhistas. Na verdade, alguns deles foram tão ativos que se envolveram de perto em algumas das operações clandestinas da revolução antes de ela ocorrer, em 1º de abril. [...] O que aconteceu no Brasil não simplesmente aconteceu; foi planejado, e planejado meses antes. Muitos dos líderes sindicalistas – alguns dos quais foram treinados em nosso instituto – estavam envolvidos na revolução e na derrubada do governo Goulart.[12]

Na esteira do golpe, a declaração de Doherty pode ter sido apenas uma ostentação burocrática para inflar a importância do IADSL visando aumentar os fundos recebidos do governo norte-americano. Ou pode ter sido uma descrição precisa sobre mais uma área de influência nos esforços sistemáticos do governo dos Estados Unidos para apoiar a derrubada de Goulart.

Infelizmente, é difícil avaliar com precisão a real influência que o instituto pode ter exercido em moldar políticas de líderes trabalhistas brasileiros que ativamente apoiaram a tomada de poder pelos militares e então lideraram a expulsão de forças pró-Goulart e de outras forças de

---

11 Romualdi, S. *Presidents and Peons*: Recollections of a Labor Ambassador in Latin America. New York: Funk & Wagnalls, 1967, p.289.
12 AFL-CIO, Labor News Conference, Washington, DC. Text of panel broadcast on the Mutual Broadcast System, July 12, 1964. Comunicado de imprensa, 13 jul. 1964, p.3.

esquerda dos sindicatos brasileiros em 1964. Artigos da AFL-CIO sobre questões latino-americanas dão poucas pistas que podem confirmar ou pôr em xeque o pronunciamento de Doherty sobre as operações da instituição no Brasil no início dos anos 1960. Uma documentação volumosa, armazenada em arquivos muito grossos, delineia as operações diárias do IADSL no Brasil entre 1960 e 1963. Elas incluem correspondências entre Washington, DC, e o escritório de São Paulo, memorandos descrevendo brigas internas entre sindicalistas brasileiros e planos para organizar viagens "informativas" aos Estados Unidos patrocinadas pelo IADSL. Apenas *sete* páginas de conteúdo inofensivo permanecem nos arquivos de 1964. Talvez nunca saibamos o que essas pastas continham e o que foi excluído. Entretanto, uma documentação extensa ressurge em 1965 e continua até o final da década, revelando intensas atividades de sindicalistas norte-americanos em nome de seus pares no Brasil.

O estudo abrangente de Larissa Corrêa, historiadora focada em questões trabalhistas, sobre o IADSL no Brasil, *Disseram que voltei americanizado: relações sindicais Brasil-Estados Unidos na ditadura militar*, afirma que, apesar dos milhões de dólares investidos em influenciar sindicatos brasileiros, incluindo o fomento a mudanças de rígidas legislações trabalhistas para acordos coletivos feitos diretamente entre sindicatos e empresas, o regime militar preservou políticas trabalhistas que mantinham os sindicatos fortemente unidos ao Estado.[13] Enquanto centenas de líderes sindicalistas visitavam os Estados Unidos com todas as despesas pagas para que fossem convertidos ao "*American way of life*" [estilo de vida norte-americano], o IADSL parecia bastante ineficaz em suas tentativas. Usar esse arquivo junto com os relatórios da coleção do Departamento de Estado escritos pelos adidos trabalhistas é uma excelente maneira de entender como os formuladores de políticas públicas de Washington viam o movimento trabalhista no Brasil durante o regime militar.

Outro importante conjunto de documentos no projeto Opening the Archives é aquele da Comissão Interamericana de Direitos Humanos (CIDH)

---

13 Correa, L. *Disseram que voltei americanizado*: relações sindicais Brasil-Estados Unidos na ditadura militar. Campinas: Editora Unicamp, 2017.

da Organização dos Estados Americanos (OEA).[14] Ele inclui as atas da CIDH na análise de dezenas de casos levados a ela por brasileiros no que concerne a diversas acusações de violação de direitos humanos. O ensaio deste volume intitulado "Opondo-se à ditadura nos Estados Unidos: direitos humanos e a Organização dos Estados Americanos" apresenta uma análise detalhada de como brasileiros e seus aliados usaram a comissão para denunciar tortura, repressão, assassinatos e desaparecimentos.

A maioria dos pesquisadores que trabalha com a ditadura pode utilizar documentos que foram disponibilizados no Arquivo Nacional brasileiro por meio do Memórias Reveladas,[15] em arquivos estaduais[16] e em projetos como o Brasil: Nunca Mais, que digitalizou mais de um milhão de documentos de casos de opositores que foram julgados pelo Superior Tribunal Militar.[17] Esse material permite analisar as políticas do regime militar e suas relações com a política, a sociedade, a economia, a cultura e os seus opositores. O projeto Opening the Archives abre um caminho para se entender como o governo dos Estados Unidos analisou e interagiu com o Brasil imediatamente antes e durante o regime militar. Os olhares de funcionários norte-americanos para o Brasil por meio dos empregados da embaixada e de consulados, bem como de agentes clandestinos, abrem novas leituras dessa realidade a partir de uma perspectiva externa, que pode revelar mais informações sobre a ditadura e sobre como Washington estava interpretando os eventos no Brasil e respondendo a eles.

---

14 Durante a escrita deste artigo, o projeto Opening the Archives está obtendo autorizações junto aos parentes daqueles que apresentaram casos à comissão para conseguir disponibilizar os materiais ao público. Nesse meio-tempo, o pesquisador pode consultar a documentação pessoalmente nas bibliotecas da Universidade Brown.

15 Brasil. Ministério da Gestão e da Inovação em Serviços. Memórias Reveladas. Disponível em: https://www.gov.br/memoriasreveladas/pt-br. Acesso em: 30 dez. 2023.

16 Ver, por exemplo, uma discussão sobre os arquivos da polícia política do estado de Pernambuco em: Romão, A. L. da S.; Vilela, A. H.; Silva, C. G. da; Silva, L. F. M. e. DOPS-Pernambuco (PE): um olhar arquivístico com restringes de repressão. *Revista da Biblioteconomia e Ciência da Informação*,7, n.2, p. 194-210, maio/ago. 2021.

17 Brasil: Nunca Mais. Disponível em: https://bnmdigital.mpf.mp.br/pt-br/. Acesso em: 30 dez. 2023.

Nesse aspecto, o projeto serviu como uma ferramenta pedagógica para estudantes nos Estados Unidos que não eram fluentes em português mas queriam fazer pesquisas sobre alguns aspectos do Brasil durante as décadas de 1960, 1970 e 1980. Desde que os primeiros 10.000 documentos foram disponibilizados, em 2014, no 50º aniversário do golpe de Estado de 1964, designei alunos em meu curso na Universidade Brown intitulado "Politics and Culture during the Brazilian Dictatorship" [Política e cultura durante a ditadura brasileira] para escolher um tema de pesquisa sobre como burocratas e formuladores de políticas públicas de Washington interpretaram eventos no Brasil durante esses anos de governo autoritário. Para ilustrar as possibilidades de usar documentos norte-americanos para esse propósito, dei a eles um artigo que eu havia escrito como modelo de como utilizar essa fonte.[18] O texto analisa como a imprensa norte-americana, junto da Agência Central de Inteligência (CIA), do Departamento de Estado e da Casa Branca, entendeu as mobilizações estudantis no Brasil em 1968 e o Ato Institucional n.5, decretado no final do ano. Ele também examina debates dentro dos governos Johnson e Nixon sobre alternativas adequadas de políticas. Usando documentos no banco de dados do projeto Opening the Archives aliados a outras fontes, uma avaliação de como a mídia e o governo dos Estados Unidos responderam às agitações estudantis no Brasil em 1968 dá um exemplo de como esse recurso de pesquisa pode ser usado para aprofundar nossa compreensão desse período da história brasileira.

Juventude inquieta

Quando os alunos voltaram às aulas depois do carnaval em março de 1968, poucos poderiam prever que uma manifestação contra a baixa qualidade da comida desencadearia protestos nacionais que ameaçariam

---

18 Seções do artigo e o subsequente material sobre agitação estudantil no Brasil também foram incorporados no capítulo 3 de *We Cannot Remain Silent: Opposition to the Brazilian Military Dictatorship in the United States* (Durham: Duke University Press, 2010), bem como à edição em português.

desestabilizar o regime. No entanto, uma complexa cadeia de circunstâncias ligava a morte de Edson Luis em 28 de março ao Ato Institucional n.5 em 3 de dezembro. Funcionários dos Estados Unidos espalhados pelo Brasil acompanharam de perto os eventos daquele ano e forneceram inúmeros documentos aos formuladores de políticas públicas de Washington. Por outro lado, os principais veículos de imprensa norte-americanos, mesmo aqueles que tinham correspondentes no Brasil, não conseguiram acompanhar com precisão ou dar muitos detalhes sobre os complexos eventos políticos que se desenrolavam no país.

Embora o movimento estudantil brasileiro tivesse crescido nos últimos 18 meses, no geral os eventos do começo de 1968 pegaram a mídia norte-americana de surpresa e foram divulgados de forma imprecisa. Um breve artigo no *The New York Times* no final de março afirmou que 20.000 pessoas acompanharam o corpo de Edson Luis ao cemitério para um sepultamento sombrio. Já a maior parte dos jornais brasileiros divulgou que 50.000 pessoas participaram da procissão fúnebre.[19] A *Newsweek*, a *Time* e o *Christian Science Monitor*, entre outros veículos, publicaram notícias curtas descrevendo a agitação estudantil que havia abalado o Rio no final de março e começo de abril.[20] Paul Montgomery, correspondente do *The New York Times* no Rio, também escreveu uma série composta sobretudo de notas mencionando os protestos estudantis. Nenhum desses artigos situava o movimento dentro de um contexto maior de contestação política em plena atividade e de apoio da classe média aos militares.[21]

---

19 The New York Times. 20,000 March in Rio at Youth's Funeral. *The New York Times*, 30 mar. 1968, p.3. A maioria dos jornais brasileiros registrou 50.000 participantes. Ver, por exemplo, Folha de S.Paulo. Uma grande multidão no sepultamento. *Folha de S.Paulo*, 30 mar. 1968. Seção 1, última página; Cruzeiro. Edson Luis morreu. *Cruzeiro*, 13 abr. 1968, p.25.

20 Christian Science Monitor. Students Rap Brazil Education. *Christian Science Monitor*, 6 abr. 1968, p.2; Time. Link of Violence. *Time*, 12 abr. 1968, p.40-1; Newsweek. Out of the Dungeon. *Newsweek*, 22 abr. 1968, p.57.

21 The New York Times. Army Acts in Rio to Halt Disorders. *The New York Times*, 2 abr. 1968, p.4; id. Students in Brazil Get Stern Warning. *The New York Times*, 4 abr. 1968, p.3; id. Police in Rio Protect Youths from Police. *The New York Times*, 5 abr. 1968, p.2; id. Student Disorders Continue in Brazil. *The New York Times*, 5 abr. 1968, p.44; id. Police in Brazil Score Government. *The New York Times*, 7 abr. 1968, p.29; id. Brazil's President Demands Students Release Hostages. *The New York Times*, 4 maio 1968, p.3.

Embora as manifestações estudantis nos Estados Unidos tivessem virado notícia de capa ao longo de 1967 e 1968, fontes norte-americanas ofereciam uma cobertura escassa dos protestos brasileiros, talvez por não entenderem por completo as implicações das manifestações estudantis no exterior. Entretanto, os eventos na França em maio mudaram a importância da agitação dos jovens à medida que os estudantes ameaçavam derrubar o governo de De Gaulle. Na esteira de maio de 1968, os protestos estudantis no exterior pareciam replicar a agitação que explodira nos *câmpus* de Columbia a Berkeley. Os protestos dos estudantes franceses e as greves gerais pareciam indicar que uma revolta mundial estava em curso.

Ao final de junho, a mídia dos Estados Unidos já dava maior atenção ao movimento estudantil brasileiro. Curiosamente, no entanto, Montgomery, correspondente do *The New York Times* que havia escrito artigos de certa forma críticos ao regime, elaborou um relatório comedido sobre a manifestação de 26 de junho no Rio, imediatamente chamada pela imprensa brasileira de Passeata dos Cem Mil. O artigo de Montgomery, intitulado "10,000 Marchers in Rio Demand End of Regime", consideravelmente subnotificou a participação popular na manifestação.[22] A revista *Time* também publicou um artigo de página inteira que descrevia o movimento estudantil e afirmava que 25.000 pessoas haviam protestado contra a ditadura naquele dia. O *Christian Science Monitor* publicou uma nota estimando a presença de apenas 15.000 estudantes.[23] A discrepância entre a cobertura norte-americana e a brasileira é notável, principalmente porque a imprensa do Brasil se referia à manifestação como a Passeata dos Cem Mil. Visto que os jornalistas norte-americanos que cobriram o evento viviam no Rio, pode-se supor que eles liam a imprensa local. A omissão crucial de um dígito foi um erro tipográfico? As estatísticas reduzidas foram cortes de revisão, relatos descuidados ou uma decisão editorial de diminuir a importância desse evento político? Essas falhas ou equívocos jornalísticos refletiam o fato

---

22 Id. 10,000 Marchers in Rio Demand End of Regime. *The New York Times*, 27 jun. 1968, p.14.
23 Christian Science Monitor. About 15,000 Students and Sympathizers. *Christian Science Monitor*, 28 jun. 1968, p.2; Time. Surpassing All Limits of Unpopularity. *Time*, 5 jul. 1968, p.34.

de que a mídia dos Estados Unidos, e mesmo aqueles correspondentes que tinham acesso direto às fontes, não entendiam ou percebiam por completo o impacto dos protestos estudantis em curso sobre a crescente crise política.

Contudo, funcionários de Washington acompanharam de perto a agitação estudantil no Brasil. Em 18 de setembro, Richard Helms, diretor da CIA, fez observações ao presidente Johnson e a seu gabinete em uma reunião que discutiu, entre outros itens, o movimento mundial de protestos de estudantes e outros jovens. Os comentários de Helms se baseavam em um relatório da CIA, que pode ser encontrado na coleção do projeto Opening the Archives e que analisava o assunto em um tom ousado, abrangente e analítico:

> A dissidência dos jovens, que envolve estudantes e não estudantes na mesma medida, é um fenômeno mundial. Em todos os casos, ela é moldada pelas condições locais, porém há semelhanças impressionantes, principalmente nos países mais desenvolvidos. À medida que os países subdesenvolvidos progridem, essas semelhanças provavelmente se tornarão ainda mais difundidas.[24]

O documento secreto descrevia as razões subjacentes da agitação estudantil. Embora em certos pontos fosse superficial nos detalhes, o relatório apresentou uma análise abrangente das complexidades do ativismo pelo mundo. Ele também continha um sumário por país "para ilustrar a influência das condições locais sobre a evolução da dissidência e das muitas formas que ela assume".[25] Embora o documento da CIA enfoque principalmente a Europa (tanto Oriental quanto Ocidental),

---

[24] Ver relatório da CIA, "Restless Youth," Intelligence File, National Security File, caixa 3, LBJ Library, p.10-1. Reports on Youth and Student Movements Worldwide. *Opening the Archives*: Documenting U.S.-Brazil Relations, 1960s-1980s. Brown Digital Repository. Brown University Library. 1968. Disponível em: https://repository.library.brown.edu/studio/item/bdr:662379/. Acesso em: 31 dez. 2023; Memorandum from Richard Helms to W. Thomas Johnson, Jr., 18 set. 1968. Anexo n.1, "Restless Youth", 9/68, n.0613/68, LBJ.

[25] "Restless Youth", op. cit., p.vii.

alguns países do "Terceiro Mundo" estavam presentes. Argentina e Brasil representaram a América Latina.

O autor anônimo da seção sobre o Brasil apresentou uma história sucinta do movimento estudantil desde 1964, enfocando os ativistas "radicais" ligados à União Nacional dos Estudantes (UNE). Usando a linguagem do regime militar, o relatório comentava que "[a] revolução [de 1964] enfraqueceu mas não destruiu completamente a eficácia desses grupos" e reconhecia que ativistas estudantis haviam conseguido se reorganizar na clandestinidade.[26] O analista da CIA estimava o nível de apoio às mobilizações estudantis:

> Embora a maioria dos estudantes brasileiros seja apática e apolítica – apenas 10% a 20% já participaram da política estudantil –, eles e os ativistas têm muitas posições em comum. Uma delas é uma fé desmedida no destino do Brasil e uma profunda decepção com a realidade presente – pobreza e analfabetismo, recursos naturais subdesenvolvidos e falta de oportunidades.[27]

O relatório também apontava que a repressão policial dos protestos estudantis "levou a acusações de brutalidade e foi responsável por um aumento geral no apoio popular às demandas legítimas dos estudantes".[28] No final, o documento previa que "as manifestações estudantis, independentemente de quão bem organizadas e disseminadas sejam, não derrubarão o governo". O analista da CIA estava certo.

Na segunda metade de 1968, a cobertura do destino do movimento estudantil foi escassa na mídia dos Estados Unidos, embora o Departamento de Estado tenha monitorado de perto os eventos. Em um telegrama sobre uma pesquisa Gallup de julho de 1968 realizada em São Paulo indicando que havia cada vez mais apoio popular às manifestações estudantis, um funcionário norte-americano comentou que "as respostas à pesquisa indicam que o aumento do apoio pelas manifestações

---

26 Ibid., Brazil, p.1.
27 Ibid., p.3-4.
28 Ibid., p.9.

estudantis está ligado a uma crescente insatisfação com o governo".[29] Da mesma forma, o analista que escreveu a seção sobre o Brasil no relatório da CIA "Restless Youth" comentou convincentemente, na sessão intitulada "Prospects", que "o apoio popular aos estudantes não teria se consolidado se o governo tivesse implantado as reformas necessárias". Na sequência, o relatório comentava que, embora as manifestações estudantis talvez não derrubassem o governo, "elas podem causar discórdia junto aos militares sobre como lidar com a constante desordem. A insatisfação dos militares com o desempenho inepto do presidente Costa e Silva e alguns de seus principais ministros provavelmente aumentará à medida que crescem as perturbações". A seção se encerrava com o seguinte comentário: "A crescente frustração de estudantes e militares com a inércia do governo, entretanto, não é um bom sinal para a estabilidade, mesmo que no curto prazo, do Brasil".[30]

É improvável que detalhes sobre o movimento estudantil brasileiro tenham surgido na discussão quando Helms, diretor da CIA, encontrou-se com o gabinete de Johnson.[31] Contudo, a "agitação dos jovens" no Brasil, aliada a críticas cada vez mais ruidosas feitas por políticos, colocava o aliado mais poderoso do governo dos Estados Unidos na América Latina em rota de colisão com seus opositores. Em vez de examinar os eventos que levaram ao AI-5, uma análise de algumas das respostas da mídia norte-americana e dos formuladores de políticas públicas de Washington às novas medidas abusivas implantadas em 13 de dezembro, bem como da reação dos generais brasileiros a essas respostas, revela a situação tensa provocada pelo decreto.

Embora antes do AI-5 a cobertura da mídia dos Estados Unidos sobre o Brasil fosse um tanto superficial, os eventos de dezembro marcaram

---

29 Polls Show Growth in Support for Student Demonstrations. Dept. of State Airgram from São Paulo to State Department, aerograma A-3386, 6 set. 1968, FRUS, caixa 1904. Disponível em: https://repository.library.brown.edu/studio/collections/bdr:318399/?q=Polls+Show+Growth+in+Support+for+Student+Demonstrations&search-scope=id_bdr%3A318399. Acesso em: 31 dez. 2023.
30 Ibid,.p.11.
31 Richard Helms a W. Thomas Jr., 18 set. 1968. Disponível em: https://library.brown.edu/create/wecannotremainsilent/wp-content/uploads/sites/43/2012/09/Restless-Youth-1.pdf. Acesso em: 31 dez. 2023.

uma notável mudança no discurso jornalístico norte-americano sobre o regime militar. William Montalbano, que escrevia para o *Miami Herald*, chamou as medidas das Forças Armadas brasileiras de uma "reação exagerada de uma revolução que azedou" e uma "aposta desesperada de um governo que perdeu a confiança do povo". O *Christian Science Monitor* abriu um artigo sobre a repressão informando seus leitores que "os líderes militares do Brasil impuseram um domínio severo e ditatorial ao maior país da América Latina".[32] Esses comentários resumiram o tom geral da imprensa norte-americana.

No dia seguinte ao decreto, William Belton, encarregado de negócios da embaixada dos Estados Unidos, mapeou uma postura política que recomendava que os formuladores de políticas públicas de Washington adotassem. Ele fez várias sugestões substanciais. Primeiro, como não se tratava de reconhecer ou não um novo governo, Washington não tinha de anunciar a suspensão de programas de auxílio, de assistência militar e de outros tipos de ajuda, como era de costume em "casos de derrubada de governos". Segundo, a melhor política para os interesses de longo prazo de Washington deveria ser evitar qualquer medida evidente ao mesmo tempo que segurava qualquer pagamento ou compromisso de ajuda pendente. Terceiro, Washington deveria emitir uma declaração pública vinda do alto escalão do governo norte-americano "lamentando o contratempo no desenvolvimento da democracia brasileira" visando "encorajar os aliados da democracia no Brasil". Tais declarações não deveriam "apontar o dedo muito precisamente às pessoas ou grupos responsáveis", uma vez que eles são, "na essência, favoráveis aos Estados Unidos e que podemos contar com eles para ficar do nosso lado, sentimental ou manifestamente, em qualquer confronto Leste-Oeste". Por fim, era "muito provável" que os militares continuassem no comando do Brasil "por vários anos". Sendo assim, Belton sugeria que o governo dos Estados Unidos precisava "obter cooperação em empreitadas de interesse mútuo e por meio delas [...] atuar para ajudar o Brasil a emergir do subdesenvolvimento, sendo suas próprias atitudes

---

32 Goodsell, J. N. Brazil Military Cracks Down. *Christian Science Monitor*, 17 dez. 1968, p.4.

uma manifestação deste".[33] Com o tempo, essas recomendações obtiveram o apoio do Departamento de Estado e da Casa Branca.

Enquanto funcionários dos Estados Unidos desenvolviam uma resposta dúbia e em cima do muro que criticava o AI-5 ao mesmo tempo que apoiava o regime, políticos e ex-funcionários do governo brasileiro próximos a Washington tentavam convencer representantes norte-americanos a adotar uma postura mais firme contra a ditadura. Manuel Francisco do Nascimento Brito, diretor do *Jornal do Brasil*, e José Sette Câmara, chefe da delegação do Brasil na ONU, reuniram-se com o encarregado de assuntos políticos da embaixada para persuadir o governo norte-americano a fazer uma declaração formal indicando "no mínimo falta de entusiasmo" com o decreto do governo. José Sette Câmara apontou nas conversas que uma declaração contundente também neutralizaria uma "crença disseminada de que os Estados Unidos não apenas apoiava tais medidas rígidas do governo como talvez até tivessem as promovido".[34] Funcionários da embaixada apontaram a sinceridade de sua oposição em um relatório a Washington, mas não reviram sua postura.

Seguindo o conselho de Beltran, o governo dos Estados Unidos reviu o auxílio norte-americano. Um memorando secreto de Washington despachado no dia seguinte revela uma discussão diplomática interna sobre a decisão. O memorando afirmava:

> Uma ditadura militar desorientada e repressiva teria graves consequências para o Brasil e desencadearia uma séria erosão das relações entre Brasil e Estados Unidos, o que devemos fazer todos os esforços para evitar. Sabemos que pode ser necessário enfrentar temporariamente essa erosão para continuarmos não sendo identificados com o governo Costa e Silva e que, para nossos interesses de longo prazo no Brasil, pode ser mais benéfico trabalharmos junto daqueles que se tornaram os grupos insatisfeitos no país.[35]

---

33 Ibid.
34 Joint Embassy-USIA message. Telegrama n.14373, Rio de Janeiro a Washington, 16 dez. 1968, FRUS, caixa 1910. Disponível em: https://repository.library.brown.edu/studio/collections/bdr:318399/?q=Joint+Embassy-USIA+message&search-scope=id_bdr%3A318399. Acesso em: 31 dez. 2023.
35 Telegrama n.289961, Washington ao Rio de Janeiro, 19 dez. 1968, FRUS, caixa 1900. Disponível em: https://repository.library.brown.edu/studio/item/bdr:363891/. Acesso em: 31 dez. 2023.

O "roteiro" que o Departamento de Estado sugeriu para os funcionários da embaixada incentivava aqueles que estavam em contato com funcionários brasileiros a apelar para a "aliança dentro da aliança". Em conversas, eles deveriam enfatizar que "[a]inda há tempo e boas oportunidades para evitar a consolidação da opinião pública nos Estados Unidos de forma que fosse muito difícil para o governo norte-americano continuar tal grau de cooperação e assistência mútua [...]". A manobra arriscada recomendada pelos funcionários do Departamento de Estado visava discretamente tentar convencer alas dos militares brasileiros a moderar suas medidas de modo que a situação política não colocasse o governo norte-americano em uma posição de ter de se distanciar do regime. Apesar da proposta de formuladores de políticas públicas de Washington de se cogitar trabalhar junto a "grupos insatisfeitos no país", a embaixada aparentemente não fez nenhum esforço orquestrado além de se encontrar periodicamente com algumas figuras proeminentes da oposição para obter suas avaliações da crise política em curso.

Ao mesmo tempo, o governo brasileiro mantinha uma postura pública austera que parecia indicar que os generais poucos se importavam com a opinião internacional sobre as novas medidas repressivas. Relatórios de encontros entre funcionários do governo norte-americano e brasileiros do alto escalão, no entanto, provam que os militares na verdade estavam preocupados com as repercussões internacionais de suas ações. Em 20 de dezembro, o adido do exército dos Estados Unidos designado para a embaixada se encontrou com o general Orlando Geisel, chefe de estado-maior das Forças Armadas, porque este queria discutir os editoriais na imprensa norte-americana sobre a situação no Brasil. Embora Geisel, irmão do futuro presidente Ernesto Geisel, fosse um apoiador do ex-presidente Castelo Branco e não fizesse parte do círculo mais exclusivo do governo Costa e Silva, ele ainda era uma figura poderosa dentro das forças militares brasileiras. De acordo com o adido das forças militares dos Estados Unidos, quando Geisel terminou de ler um arquivo que continha editoriais do *The New York Times*, *The Washington Post* e *Christian Science Monitor* criticando o AI-5, seu rosto "ficou vermelho de raiva". Geisel então defendeu as medidas de Costa e Silva e questionou as menções dos editoriais à democracia. Conforme relatado pelo funcionário norte-americano, Geisel afirmou:

> Escritores que se referem às angústias e aspirações democráticas de 80 milhões de brasileiros estão sonhando se acham que a maior parte de nossa população ao menos suspeita qual é a ideia de democracia dos Estados Unidos. Nosso povo não demonstrou a menor preocupação em relação às medidas recentes. A maioria deles aceita e deseja quaisquer medidas que lhes permitam trabalhar em paz sem ter de se preocupar com agitação e exploração.

Ao avaliar o relatório, o embaixador Tuthill comentou com Washington que a reação de Geisel provavelmente refletia o sentimento de grande parte dos militares brasileiros, notando que o general era geralmente "calmo, moderado e comedido" ao abordar crises.[36]

Há outros indicativos de que as forças militares brasileiras olharam para o exterior para medir a reação internacional a suas medidas. Pouco depois que o AI-5 foi decretado, o Itamaraty ordenou a suas embaixadas que enviassem relatórios detalhados sobre as reações políticas e da imprensa à "situação política interna no Brasil".[37] Obedientemente, funcionários das embaixadas enviaram notícias e relatórios com suas análises sobre o impacto do AI-5 no país em que estavam servindo.[38] Essa era uma iniciativa nova, e não uma prática rotineira, dos corpos diplomáticos, indicando que de fato o alto escalão do governo brasileiro estava preocupado com a reação internacional às novas medidas repressivas.

Existem até alguns indícios de que os generais no poder realmente mudaram algumas políticas em resposta à opinião pública internacional. O general Golbery, ex-chefe do Serviço Nacional de Informações

---

36 Brazilian Military Views of U.S. Press Reactions to Institutional Act No. 5. Telegrama n.14544, Rio de Janeiro a Washington, 20 dez. 1968, FRUS, caixa 1910.
37 Situação política interna no Brasil. Repercussão no exterior. Circular n.7831, Brasília a todas as embaixadas, 3 fev. 1969, SERE 591.71, IHA.
38 Infelizmente, a pasta referente aos Estados Unidos não pôde ser localizada. Resumos de notícias de diferentes países europeus e latino-americanos são particularmente grossos e contêm uma vasta documentação, o que indica que os arquivos dos Estados Unidos são/eram igualmente extensos.

(SNI) e principal conselheiro do ex-presidente Castelo Branco, relatou a uma "fonte confiável da embaixada" que "atualmente as únicas restrições a elementos militares imoderados têm sido a ferocidade da reação da imprensa estrangeira, particularmente a norte-americana, aos eventos desde 13 de dezembro".[39] Em outras palavras, foram os editoriais dos Estados Unidos, e *não* suas conversas diplomáticas ou "revisão da ajuda", que restringiram os militares brasileiros. No entanto, Golbery aconselhou funcionários de embaixadas contra uma forte pressão internacional, especialmente de Washington, porque isso poderia forçar os militares a se unir em apoio ao nacionalismo extremo. Embora Golbery fosse contrário ao governo Costa e Silva, essas observações não parecem ter sido motivadas por qualquer conflito intramilitar. De acordo com o relatório do Departamento de Estado sobre a reunião com Golbery, ele insistiu que "elementos extremistas entre os militares que pressionam por uma ação revolucionária mais dura foram abalados pela dura condenação universal por parte dos meios de comunicação norte-americanos, o que tem lhes feito hesitar". O embaixador Tuthill confiou na avaliação de Golbery, comentando com o Departamento de Estado que, embora o antigo chefe do Serviço Nacional de Informações estivesse naquele momento "do lado de fora", ele continuava sendo "uma das figuras mais equilibradas e inteligentes em torno de Castelo Branco e [mantinha] uma série de contatos militares, tornando sua avaliação sensata à luz das informações disponibilizadas à embaixada por outras fontes".

Embora o general Orlando Geisel tenha ficado indignado com os comentários editoriais dos Estados Unidos sobre o Brasil e o general Golbery tenha demonstrado que a cobertura da imprensa internacional contivera a mão de ferro da ditadura, as críticas da imprensa norte-americana às novas medidas autoritárias não reverteram por completo uma análise antiga e corriqueira feita pela mídia sobre a natureza do

---

39 Former SNI Chief Views Crisis. Telegrama n.14713, Rio de Janeiro a Washington, 28 dez. 1968, FRUS, caixa 1910. Disponível em: https://repository.library.brown.edu/studio/collections/bdr:318399/?q=Former+SNI+Chief+Views+Crisis&search-scope=id_bdr%3A318399. Acesso em: 3 jan. 2024.

regime brasileiro. O editorial do *Times* de 18 de dezembro, que aumentou a fúria de Geisel contra a cobertura da imprensa norte-americana por condenar o AI-5, também ofereceu um panorama histórico dos acontecimentos políticos no Brasil que lembrava o tom e o conteúdo da maior parte da mídia dos Estados Unidos depois do golpe militar de 1964. O editorial do *Times* dizia: "Os militares têm boas razões para derrubar o governo corrupto do presidente Goulart em 1964, pois o Brasil estava então chafurdando na anarquia política e no caos econômico. Eles não podem justificar a eliminação da limitada democracia permitida por Costa e Silva para satisfazer um grupo de funcionários hipersensíveis que reivindicam o monopólio do patriotismo e da honestidade".[40]

No mesmo dia que o editorial foi publicado, Robert M. Levine, jovem professor assistente da Universidade do Estado de Nova York em Stony Brook, escreveu uma resposta crítica à avaliação do jornal sobre o governo Goulart. A breve carta de Levine ao editor foi a primeira de uma série de pronunciamentos públicos de estudiosos brasileiros que viviam nos Estados Unidos contra a ditadura militar após o AI-5. Vale a pena citá-la na íntegra.

> Gostaria de me opor a uma declaração no seu editorial sobre o Brasil (18 de dezembro) que afirma que os militares tinham "boas razões" para derrubar o governo constitucionalmente eleito de João Goulart em 1964.
> Desde quando as Forças Armadas de qualquer país têm esse direito? E quanto à repressão e ao terror cultural que se seguiram à chamada revolução de 1º de abril de 1964 – as prisões em massa, a censura e o anti-intelectualismo em nome do anticomunismo? Ou quanto ao novo regime, supostamente contra a corrupção, que mantém no poder alguns dos políticos mais corruptos do Brasil porque eles apoiaram o golpe?
> Isso lembra a charge publicada em um jornal do Rio de Janeiro em meados de 1964 que mostrava operários construindo prisões. A revolução está agora passando "de uma fase destrutiva para uma fase construtiva", dizia a legenda. E, por fim, somos lembrados da pressa com que

---

40 The New York Times. Retreat in Brazil. *The New York Times*, 18 dez. 1968, p.46.

o governo Johnson agiu para reconhecer esse regime. O povo brasileiro merece mais.[41]

Os comentários de Levine criticaram a tendência geral da mídia dos Estados Unidos e dos políticos e formuladores de políticas públicas de Washington desde 1964 de explicar os acontecimentos no Brasil por meio de uma narrativa simples. Um Goulart corrupto levara a nação à beira do caos político e econômico, e os militares tiveram razão em depô-lo, a fim de trazer a nação de volta à normalidade. O governo Costa e Silva excedera a instrução popular inicial de derrubar Goulart e trazer ordem ao país quando limitou o regime democrático anterior. A promulgação do AI-5 merecia ser fortemente repreendida. Essa leitura tradicional da situação política no Brasil pelos editores do *Times* não foi diferente da resposta do Departamento de Estado às novas medidas autoritárias dos militares. Levine e um número cada vez maior de acadêmicos, clérigos, intelectuais, ativistas e exilados criticariam o governo norte-americano por oscilar entre ressalvas sobre a nova situação política no Brasil e apoio ao regime.

Exigindo a desclassificação de documentos

Como este estudo de caso mostra, a mídia dos Estados Unidos tinha uma compreensão bastante limitada do movimento estudantil no Brasil em 1968, e formuladores de políticas públicas dentro do governo norte-americano inicialmente hesitaram em relação a como responder ao Ato Institucional n.5. Então, após uma pausa no auxílio ao Brasil, o governo Nixon reafirmou seu apoio ao regime militar. Hoje, à medida que os funcionários do governo norte-americano lentamente desclassificam documentos cerca de quatro décadas depois de eles terem sido originalmente produzidos, estudiosos podem desenvolver novas interpretações e produzir novas formas de compreender as relações Brasil-Estados Unidos durante o regime militar.

---

41 Levine, R. M. Brazil's Coup, carta aos editores do *The Times New York Times*, 3 jan. 1969, p.26.

Apesar do gesto simbólico do governo Obama em 2014 e 2015 para desclassificar e divulgar 694 registos do governo dos Estados Unidos produzidos durante a ditadura, ainda existem centenas de documentos parcial ou totalmente confidenciais. Por conseguinte, um Grupo de Trabalho de organizações afiliadas ao Washington Brazil Office, incluindo o Instituto Vladimir Herzog, a Comissão Arns para defesa dos direitos humanos e o Centro de Pesquisa Econômica e Política (CEPR, na sigla em inglês), estão pressionando pela divulgação completa de todos os registros ainda mantidos nos arquivos do governo dos Estados Unidos produzidos entre 1961 e 1988, a fim de promover maior transparência sobre as complexas, e às vezes conturbadas, relações entre os dois países. O senado norte-americano também tem o poder de solicitar a diferentes agências governamentais a divulgação das transcrições completas do depoimento do diretor da CIA, Richard Helms, e de Theodore D. Brown, chefe do programa de segurança pública da Agência dos Estados Unidos para o Desenvolvimento Internacional (USAID) no Brasil, que foram apresentados em uma audiência do congresso sobre ajuda policial ao Brasil organizada pelo senador Frank Church em 1971.[42] Após o procedimento usual de ocultar o nome das fontes, o que poderia comprometer as operações de espionagem internacional do governo norte-americano, não há razão para que o resto do conteúdo desses documentos não seja disponibilizado aos pesquisadores e à população. A desclassificação desse material é um componente importante para que estudiosos possam lançar uma nova luz sobre esse período da história brasileira, o que, ao mesmo tempo, poderia melhorar as relações entre os dois países.

Anos depois de o regime militar brasileiro ter aprovado no Congresso a Lei da Anistia de 1979, contendo uma provisão que foi interpretada como uma proteção aos agentes envolvidos em graves violações de direitos humanos contra quaisquer ações legais futuras, como

---

42 Comissão de Relações Exteriores do Senado, Subcomissão de Assuntos do Hemisfério Ocidental. *United States Policies and Programs in Brazil*: Hearing before the Subcommittee on Western Hemisphere Affairs of the Committee on Foreign Relations. 92ª legislatura, 1ª sessão, 4, 5, 11 maio 1971, Washington: U.S. Government Printing Office, 1971.

aconteceu na Argentina, defensores do regime militar afirmam que é hora de "virar a página" em relação aos eventos que ocorreram durante a ditadura. Ativistas de direitos humanos contra-argumentam que é preciso primeiro ter um relato completo das diversas formas como diferentes instituições e governos locais, nacionais e internacionais apoiaram o regime autoritário. Quando essa informação estiver prontamente disponível para acadêmicos e para a população, então, talvez, seja apropriado "virar a página", mas certamente não antes disso.

Parte V
O tempo não para

FIGURA 19 – Militares mobilizados no centro do Rio de Janeiro em 1º de abril de 1964, durante o desenrolar do golpe militar. Fundo Correio da Manhã, Arquivo Nacional.

Introdução

O tempo não para

No início de 2016, participei de uma manifestação na Union Square, na cidade de Nova York, organizado por Defend Democracy in Brazil/New York, um grupo composto majoritariamente de brasileiros que vivem, trabalham e estudam nos Estados Unidos. Desde 2015, o movimento de direita que surgiu em meio aos protestos de junho de 2013 clamava pelo *impeachment* da presidenta Dilma Rousseff. Ativistas brasileiros e seus aliados nos Estados Unidos se opuseram a esse ataque à democracia ao mesmo tempo que ensinavam aos norte-americanos sobre a situação no Brasil.

Um dos membros do grupo me reconheceu e, depois de um abraço caloroso, entregou-me o megafone para que eu dissesse algumas palavras de incentivo às cerca de cem pessoas reunidas perto da Rua 14. Não acho que fiz um discurso muito inspirador naquele dia. Entretanto, logo depois que terminei, um jovem negro brasileiro se identificou como jornalista e nos disse que estava nos Estados Unidos com uma bolsa de pós-graduação patrocinada pelo governo brasileiro. Ele explicou àqueles reunidos que só tivera a oportunidade de ir à universidade por conta das políticas educacionais dos governos Lula e Dilma, que ampliaram radicalmente as oportunidades para pessoas negras pobres. Ele alertou o público atento que o possível *impeachment* de Dilma Rousseff significaria o fim de todas as medidas progressistas dos governos do Partido dos Trabalhadores. Ele estava completamente certo, e seu discurso me inspirou a me juntar à luta pela democracia no Brasil mais uma vez.

Dois meses depois, durante os preparativos para a 13ª Conferência Internacional da Associação de Estudos Brasileiros (BRASA, na sigla em inglês), realizada na Universidade Brown, Renan Quinalha, que havia colaborado comigo na escrita do capítulo sobre homossexualidades e a ditadura para o relatório final da Comissão Nacional da Verdade (reproduzido na Parte II desta coleção), rascunhou uma petição intitulada "Brazilian Democracy Is Seriously Threatened" [A democracia brasileira está seriamente ameaçada]. Ela recebeu a assinatura de 2.500 acadêmicos de todo o mundo. Embora o voto na Câmara dos Deputados para o *impeachment* de Dilma Rousseff fosse iminente, nossa atenção estava voltada para as investigações da Operação Lava Jato sobre supostos casos de corrupção e os excessos do juiz Sérgio Moro, encarregado das acusações contra o ex-presidente Lula. Escrevemos:

> A Operação Lava Jato [...] foi manchada por repetidos excessos e medidas injustificadas, como prisões preventivas arbitrárias, acordos de delação premiada dúbios e problemáticos, vazamento seletivo de informações para a mídia com propósitos políticos e escutas ilegais tanto da atual presidenta da República quanto do mais recente ex-presidente do país.[1]

A declaração terminava de forma bastante contundente:

> A violação do procedimento democrático representa uma séria ameaça à democracia. Quando as Forças Armadas depuseram o governo do presidente João Goulart em 1964, elas usaram o combate à corrupção

---

1 Green, J. N.; Quinalha, R. Brazilian Democracy Is Seriously Threatened, mar. 2016. Disponível em: https://dowbor.org/2016/03/james-green-brasilian-democracy-is-seriously-threatened-marco-2016-2-p.html. Acesso em: 25 dez. 2023.

como uma de suas justificativas. O Brasil pagou um preço alto pelos 21 anos de governo militar. A luta por um país democrático tem sido longa e árdua. Hoje, todos aqueles que acreditam em um Brasil democrático precisam se posicionar abertamente contra essas medidas arbitrárias que ameaçam erodir o progresso feito ao longo das últimas três décadas.

Uma plenária dos participantes da conferência Brasa endossou a declaração, que foi posteriormente ratificada pelo voto de todos os membros. Alguns anos depois, as comunicações que vazaram entre o juiz Sérgio Moro e o procurador Deltan Dallagnol revelaram o conluio para garantir que Lula ficasse inelegível para as eleições presidenciais de 2018. Em retrospecto, a declaração foi extremamente visionária.

Pouco depois do voto na Câmara dos Deputados que decidiu a favor do *impeachment* da presidenta Rousseff, Michael Fitzpatrick, embaixador norte-americano na Organização dos Estados Americanos (OEA), emitiu um comunicado afirmando que o processo de *impeachment* não violava as normas democráticas. Li a declaração enquanto iniciava minha jornada semanal de trem entre Providence, Rhode Island, e a cidade de Nova York. Enfurecido pela posição tacanha do governo dos Estados Unidos, que proclamava neutralidade frente à situação crítica no Brasil, escrevi uma carta aberta para Fitzpatrick durante o trajeto de trem, publicada aqui, que acabou circulando amplamente no Brasil, representando a voz de um aliado norte-americano defendendo a democracia em um período de grave crise interna no país.

O ensaio "Golpes e intervenções: 1962, 1964 e 2016 e os olhares norte-americanos" amplia o tema da carta aberta, a saber, as maneiras como os generais brasileiros que tomaram o poder em 1964 e aqueles que usaram a Operação Lava Jato 50 anos depois para supostamente lutar contra a corrupção violaram procedimentos democráticos básicos e empregaram a linguagem da legalidade para legitimar a tomada de poder. Infelizmente, como foi muito bem documentado, as ações do então embaixador norte-americano Lincoln Gordon no período que antecedeu o golpe de Estado de 1964, sua campanha para garantir que Washington reconhecesse imediatamente o novo regime autoritário e a defesa do governo de Castelo Branco ecoaram na maneira como o governo

Obama acabou apoiando por omissão o processo de *impeachment* da presidenta Rousseff em 2016.

Em 1º de dezembro de 2018, pouco depois de Jair Bolsonaro ter sido eleito presidente, duzentos brasileiros, acadêmicos que estudam o Brasil e outros interessados se reuniram na Faculdade de Direito da Universidade de Columbia para fundar a Rede nos Estados Unidos pela Democracia no Brasil (USNDB, na sigla em inglês), visando organizar nos Estados Unidos uma oposição nacional, democrática e não partidária ao novo governo de extrema direita e apoiar os movimentos sociais e universidades, que inevitavelmente sofreriam ataques. Durante os quatro anos seguintes, a USNDB organizou ou apoiou centenas de atividades nos Estados Unidos em defesa da democracia no Brasil.

Uma das moções aprovadas na reunião que fundou a USNDB consistia na criação de um escritório em Washington, DC, com o intuito de informar ao congresso e à população norte-americana ameaças à democracia no Brasil. "Cinquenta e cinco anos de solidariedade internacional, as eleições de 2022 e a tentativa de golpe em 2023" documenta o desenvolvimento de atividades políticas relacionadas ao Brasil que ocorreram em Washington, DC, ao longo de mais de cinco décadas, culminando na fundação do Washington Brazil Office (WBO), que promoveu ações no congresso, sobretudo a campanha de 2022 para defender o processo eleitoral brasileiro. Como prova desse trabalho, é possível citar as diversas cartas escritas por congressistas norte-americanos defendendo a democracia brasileira, os esforços de uma delegação de vinte representantes de movimentos sociais brasileiros, que foram a Washington, DC, em julho de 2022 para explicar as iminentes ameaças ao processo eleitoral feitas por Bolsonaro, e uma resolução aprovada unanimemente pelo senado norte-americano ameaçando cortar todo o auxílio dos Estados Unidos ao Brasil caso as Forças Armadas brasileiras apoiassem um golpe militar de Estado. Apesar de a extrema direita ter tentado um golpe de Estado depois da vitória de Lula nas eleições, culminando na invasão de prédios do governo em 8 de janeiro de 2023, as Forças Armadas pareciam divididas, e a tentativa não foi bem-sucedida, em parte por conta da pressão internacional contra um golpe de Estado.

Carta aberta ao embaixador Michael Fitzpatrick Representante dos Estados Unidos na Organização dos Estados Americanos (OEA)[1]

19 de maio de 2016

Caro embaixador Fitzpatrick,

Fiquei extremamente desapontado ao ler que você afirmou que o processo de *impeachment* atualmente em curso no Brasil é inequivocamente democrático e legítimo. Mesmo considerando os perigos existentes na comparação histórica de eventos ocorridos em diferentes períodos, digo que o governo dos Estados Unidos está correndo o risco de repetir o trágico erro feito em abril de 1964, quando o presidente Lyndon B. Johnson reconheceu a ditadura militar que havia tomado o poder e que terminou governando o país por 21 anos.

Você declarou o seguinte: "Há um claro respeito pelas instituições democráticas e uma clara separação de poderes. No Brasil, é evidentemente a lei que prevalece, emergindo com soluções pacíficas para as disputas". Você também afirmou: "Nós não acreditamos que isso seja um

---

[1] "Carta Aberta ao Embaixador Michael Fitzpatrick," eds. Hebe Mattos, Tânia Bessone e Beatriz G. Mamigonian, 173-80. In *Historiadores pela Democracia*: o golpe de 2016 e a força do passado. São Paulo: Alameda Editorial, 2016. Tradução de James N. Green e Renan Quinalha.

exemplo de um 'golpe brando' ou, para todos os efeitos, um golpe de qualquer tipo. O que aconteceu no Brasil cumpriu rigorosamente o procedimento legal constitucional e respeitou totalmente as regras democráticas".

Esses são precisamente os argumentos que o embaixador Lincoln Gordon usou, 52 anos atrás, quando insistiu que o governo Johnson imediatamente endossasse a tomada do poder pelos militares, que foi legitimada pela aplicação formal da Constituição e pela votação majoritária do Congresso.

Tenho certeza que você conhece a história recente do Brasil. Mesmo assim, vale certamente a pena uma revisão, dada a situação atual. Peço desculpas se minhas observações são extensas. Sou um historiador e, honestamente, acredito que o entendimento do passado é importante para compreender o presente. E, como o compositor brasileiro Tom Jobim uma vez gracejou, "o Brasil não é para principiantes".

Em 1960, Jânio Quadros, um candidato de centro-direita, foi eleito presidente. João Goulart, um político de centro-esquerda, tornou-se vice-presidente, porque se votava separadamente para presidente e vice-presidente. Sete meses depois, Quadros repentinamente renunciou ao cargo. Setores militares tentaram, sem sucesso, impedir Goulart de assumir a presidência.

A direita, infeliz com o fato de que Goulart assumiu o cargo, organizou uma ampla coalizão para tirá-lo do poder. Ela incluiu a Igreja Católica, empresários, a grande mídia e amplos setores das classes médias. Esses eventos ocorreram em um contexto de crise econômica, inflação e movimentos de base de trabalhadores, camponeses e marinheiros clamando por maior inclusão econômica e social.

Como já foi extensamente documentado e revelado pelos arquivos liberados pelo Departamento de Estados dos Estados Unidos, o embaixador Lincoln Gordon e o seu adido militar Vernon Walters apoiaram ativamente a conspiração para depor Goulart. Eles usaram argumentos da Guerra Fria segundo os quais Goulart estava sendo manipulado pelo Partido Comunista Brasileiro, que ele era corrupto e que queria assumir um poder ilimitado. Eles garantiram aos generais brasileiros que, caso estes forçassem a saída de Goulart do cargo, o governo norte-americano daria apoio ao novo governo que assumisse. A administração de Johnson chegou a organizar a Operação Brother Sam, que mandaria porta-aviões, armas e suprimentos para apoiar as tropas rebeldes caso uma guerra civil eclodisse.

No dia 31 de março, tropas marcharam no Rio de Janeiro para depor Goulart. No dia seguinte, o presidente voou do Rio de Janeiro para Brasília para mobilizar apoio político contra essa tomada ilegal do poder. Ele queria evitar derramamento de sangue, então não convocou seus apoiadores a resistir ao golpe de Estado. Assim que o avião decolou, o presidente do Senado, argumentando que estava seguindo os procedimentos constitucionais, empossou Ranieri Mazzilli, presidente da Câmara dos Deputados, como presidente em exercício. De acordo com a Constituição, o Congresso tinha trinta dias para escolher um novo presidente. Hoje, todo mundo, exceto os que defendem a ditadura militar, chamam esses eventos de *golpe de Estado,* o golpe de 1964.

Em vários telegramas para a Casa Branca, o embaixador Gordon argumentou que o que ocorreu no Brasil cumpria perfeitamente com os procedimentos legais constitucionais e respeitava totalmente as regras democráticas. Ele trabalhou duro para convencer o presidente Johnson a reconhecer o novo governo, o que foi feito no dia 2 de abril, legitimando o golpe e colocando o selo de aprovação do governo dos Estados Unidos nessa mudança ilegal de poder que foi implementada de acordo com "os procedimentos legais constitucionais".

No dia 11 de abril, os 295 membros do Congresso elegeram o general Castelo Branco como presidente do Brasil. Isso completou a transição "democrática" de um governo legalmente eleito para uma ditadura militar ilegítima.

Imediatamente depois de reconhecer o governo de Mazzilli, no dia 3 de abril, o presidente Johnson chamou os líderes do congresso para a Casa Branca para convencê-los que o governo dos Estados Unidos estava apoiando a democracia no Brasil. O senador democrata Wayne Morse, do estado de Oregon, deixou o encontro e declarou para a imprensa:

> Os acontecimentos no Brasil não resultaram de atos ou de um golpe de uma junta militar. Ao contrário, a derrubada da presidência do Brasil foi consequência de acontecimentos nos quais a força motriz foi o Congresso

brasileiro, agindo segundo a Constituição e sustentado por um grupo militar que apoiou o respeito ao sistema constitucional brasileiro.

Em comentários para seus colegas senadores mais tarde naquele mesmo ano, Morse reiterou suas conclusões:

> Esta noite, nenhum senador poderá citar o Brasil como exemplo de ditadura militar, porque esse não é o caso. O povo brasileiro continua a se autogovernar. Se alguém acredita que isso não é verdade, que veja o que está ocorrendo no Brasil quanto ao intercâmbio de pontos de vista no Congresso, na imprensa e em muitas fontes e forças da opinião pública.

Um ano depois, em outubro de 1965, quando o governo militar aboliu as eleições presidenciais, Morse chegou a uma conclusão diferente. Percebendo que as armadilhas do regime democrático eram só para manter as aparências, ele afirmou:

> A notícia de que a junta militar brasileira assumiu poder ditatorial significa um desastroso retrocesso para a liberdade na América Latina. Ainda pior do que isso é a continuidade do apoio financeiro dos Estados Unidos a esse regime [...]. A semântica que ouvimos de Washington e da camarilha brasileira, que procura dissipar o temor pelo futuro das instituições democráticas naquela grande nação, somente engana àqueles que desejam ser enganados.

Muitos que lutaram contra o regime militar e muitos outros que se lembram do regime autoritário ou estudaram sobre ele têm sustentado que a manobra política em curso para expulsar o governo eleito democraticamente da presidenta Dilma Rousseff é *um outro* golpe de Estado. Você afirmou vigorosamente que "há um claro respeito pelas instituições democráticas e uma clara separação de poderes" no Brasil hoje. Mas será que isso é mesmo verdade? Estaria você, como o senador Wayne Morse em 1964, talvez sendo enganado pelas aparências de procedimentos democráticos e separação de poderes no processo de *impeachment* porque não há tanques nas ruas e nem generais no comando do governo?

Como pode ter havido procedimento democrático na Câmara dos Deputados quando Eduardo Cunha, que controlava totalmente essa instituição, foi afastado do seu cargo uma semana após a votação de admissão do processo do *impeachment?* Um pedido para seu afastamento do cargo havia sido feito em dezembro do ano passado por desvio de finalidade e abuso de poder, mas os membros do Supremo Tribunal Federal (STF) sentaram sobre esse pedido até que Cunha tivesse garantido que a oposição teria os dois terços necessários para aprovar o seguimento do processo do *impeachment* da presidenta Dilma. Quantos congressistas Cunha e seus aliados compraram ou ganharam com suas promessas de um novo governo? Como um processo conduzido por uma pessoa que é processada por lavagem de dinheiro e por recebimento de propina pode ser legítimo?

Como pode haver separação de poderes quando integrantes do STF fazem afirmações públicas sobre casos que estão sob sua alçada, revelando suas opiniões políticas na mídia, pré-julgando casos e, com isso, influenciando o debate público e os atores políticos? Além disso, o STF tem sido excessivamente arbitrário ao decidir quais casos analisar, levando quase seis meses para julgar o afastamento de Eduardo Cunha e proferindo uma decisão veloz contra a indicação de Lula para um cargo no governo Dilma. Esses casos são exemplos, entre tantos outros, das maneiras perversas como o Judiciário se enredou com a política, em vez de permanecer separado dela.

Como você pode dizer que houve procedimentos democráticos quando agentes da polícia e do sistema de justiça vazam seletivamente informações da Operação Lava Jato para criar um clima hostil ao governo e a seus aliados? Por que era um desvio de finalidade a presidenta Dilma nomear o ex-presidente Lula como seu ministro da Casa Civil sob alegação de que ele estaria supostamente se esquivando das investigações quando o presidente interino Michel Temer indicou sete pessoas sob investigação para ministérios? Não estaria ele abusando do seu poder em um esforço para proteger seus aliados?

Por que a presidenta Rousseff está sendo acusada de violação da Lei de Responsabilidade Fiscal, por prática de "pedaladas", quando o presidente interino Michel Temer fez exatamente a mesma coisa enquanto

Escritos de um viado vermelho

FIGURA 20 – Representantes de uma delegação com mais de 200 membros do "Historiadores pela Democracia" se encontram com a Presidenta Dilma Rousseff no Palácio da Alvorada em 6 de junho de 2016, durante o processo de seu impeachment. Da esquerda para a direita: Marco Aurélio Garcia (assessor presidencial), Dulce Pandolfi, Hebe Mattos, Dilma Rousseff, James N. Green, Wlamyra Albuquerque e Tânia Bressone. Foto de Roberto Stuckert.

substituía a presidenta em viagens dela? E os antecessores, os presidentes Lula e Fernando Henrique Cardoso, que também praticaram atos semelhantes, além de pelo menos dezesseis governadores, incluindo Aécio Neves, que também fizeram as pedaladas?

Você também falhou em assinalar no seu discurso outra deficiência na situação política contemporânea do Brasil, ou seja, a liberdade de imprensa (e dos veículos de comunicação em massa em geral), que existe apenas para os que são proprietários de seus veículos. Hoje, as forças conservadoras que controlam os maiores jornais, revistas e canais de televisão sistematicamente apresentam visões parciais dos acontecimentos apenas para influenciar a opinião pública. É como se a Fox News pudesse controlar todos os canais da grande mídia dos Estados Unidos. Felizmente, as mídias sociais estão servindo como uma fonte alternativa de informação, mas elas não têm o mesmo peso da mídia hegemônica.

Carta aberta ao embaixador Michael Fitzpatrick

A primeira semana do novo governo revelou uma agenda radicalmente nova, mas verdadeiramente antiga, para o Brasil, a qual pretende retroceder grande parte dos avanços sociais dos últimos trinta anos, desde o fim da ditadura. Aqueles que se sentiram ultrajados pelo fato de Michel Temer não ter indicado nenhuma mulher ou pessoa negra para posições ministeriais não estão clamando por demagogia. Esse ato não é trapalhada de relações públicas. Isso simboliza a intenção desse governo. Temer culpou seus aliados por não indicarem nomes de mulheres e negros, em um esforço para se eximir da responsabilidade. Ao menos seus comentários falam alto sobre a natureza dos aliados que o levaram ao poder e sobre a natureza desse novo governo "democrático". Na primeira semana de sua gestão, ele já anunciou que vai reduzir direitos sociais, com cortes no sistema de seguridade social, na educação e em moradia que afetam amplamente os setores mais pobres da sociedade brasileira.

Em 1964, o governo norte-americano estava no lado errado da história. Ele nunca pediu desculpas ao povo brasileiro por ter apoiado uma ditadura militar. Agora, cinco décadas depois, receio que, mais uma vez, ele esteja endossando um processo ilegítimo. Aqueles que não aprendem com a história estão fadados a repeti-la.

Respeitosamente,

James N. Green
Professor da cátedra Carlos Manuel de Céspedes de História Latino-Americana na Universidade Brown e diretor da Brazil Initiative, da mesma universidade

Golpes e intervenções: 1962, 1964 e 2016 e os olhares norte-americanos[1]

A eleição de Donald Trump para a presidência dos Estados Unidos está causando um pânico mundial. Como é possível que uma pessoa tão imatura e despreparada possa ser eleita para a Casa Branca? Para uma pessoa que adora publicar *tweets* a qualquer hora da noite atacando a imprensa, as famílias de soldados que morreram no Iraque, personalidades icônicas do movimento pelos direitos civis ou as estrelas de Hollywood, fica realmente estranho o carinho que Trump tem por Vladimir Putin, o autoritário presidente da Rússia. Nesse sentido, as demandas por uma investigação sobre o envolvimento da Rússia nas eleições presidenciais norte-americanas de 2016 parecem justas. No clamor, os democratas têm insistido constantemente que a intervenção de estrangeiros nas eleições norte-americanas é uma aberração antidemocrática que deve ser amplamente condenada.

Em vez de simplesmente criticar a memória fraca ou a falta de conhecimento sobre a história das intervenções dos Estados Unidos em

---

1 "Golpes e intervenções: 1962, 1964 e 2016 e os olhares norte-americanos," orgs., André Roberto de A. Machado and Maria Rita de Almeida Toledo, 32-48. In *Golpes na História e na Escola:* o Brasil e a América Latina nos séculos XX e XXI. São Paulo: Cortez Editora, ANPUH/SP, 2017. Tradução por James N. Green e André Roberto de A. Machado.

outros países (Irã em 1953, Guatemala em 1954, Cuba em 1961, Brasil em 1962 e 1964 e Chile entre 1971 e 1973, para citar alguns exemplos), devemos aplaudir esse sentimento anti-intervencionista e insistir que os opositores das políticas nefastas de Donald Trump aprendam com a história para não repetir os erros do passado.

Será que é necessário repetir que tanto os democratas quanto os republicanos participaram ativamente das preparações para o golpe de 1964 no Brasil e apoiaram o governo autoritário após o AI-5? Nesse processo, os militares brasileiros e os seus defensores civis se preocuparam em criar uma fachada democrática para justificar as suas ações e convencer Washington de que os objetivos dos generais no poder eram justos.

Os golpistas de 2016 contra o governo legítimo da presidenta Dilma Rousseff também insistiram que o *impeachment* cumpriu a lei, usando, para justificar a derrubada do governo eleito em 2014, os mesmos discursos e métodos que os generais Castelo Branco e Costa e Silva, entre outros, utilizaram em 1964.

Infelizmente, a "neutralidade" do governo de Barack Obama sobre o *impeachment* da presidenta acabou favorecendo mais uma medida antidemocrática na América Latina. Ainda é cedo para saber exatamente sobre articulações clandestinas do governo norte-americano em 2016, mas a atitude pública "neutra" de Obama certamente beneficiou os golpistas. Espero que esse novo sentimento que se opõe às intervenções estrangeiras em assuntos norte-americanos sensibilize os políticos e a opinião pública sobre outras violações de soberania nacional cometidas em outros países ao longo dos anos.

O apoio norte-americano ao golpe de 1964

Sabemos que o governo de John F. Kennedy (1961-1963) adotara uma atitude de "esperar para ver" em relação a Goulart quando este assumiu o cargo em agosto de 1961. Onze meses depois, o embaixador Lincoln Gordon, o subsecretário de Estado para Assuntos Interamericanos Richard Goodwin e o presidente Kennedy já tinham chegado a uma decisão sobre o novo governo. Em uma reunião na Casa Branca em

30 de julho de 1962, Gordon disse: "Creio que uma de nossas tarefas mais importantes é fortalecer a espinha dorsal dos militares. Deixar claro, discretamente, que não somos contrários a nenhum tipo de ação militar, qualquer que seja, caso esteja claro que o motivo dessa ação militar é ..." O presidente completou a frase: "Contra a esquerda." Gordon prosseguiu: "Ele, [Goulart], está entregando o diabo do país aos ..." Novamente, Kennedy completou: "Comunistas." Poucos instantes depois, Goodwin comentou: "[...] podemos muito bem desejar que eles [os militares brasileiros] tomem o poder no fim do ano, se puderem."[2]

Embora Gordon, Goodwin e Kennedy possam ter desejado um rápido fim para Goulart, levaria mais tempo do que previram para que os generais brasileiros se juntassem em um grupo coerente capaz de levar a cabo um golpe bem-sucedido. Enquanto isso, Washington executou uma política de estímulo às forças anti-Goulart. Financiamento clandestino à oposição política e sinais ostensivos à direita estimularam os que se inclinavam pela tomada do poder pelos militares. Os recursos da recém-consolidada Agência dos Estados Unidos para o Desenvolvimento Internacional (USAID), assim como um complexo conjunto de programas que forneciam assistência ao Brasil como parte da Aliança para o Progresso – desde os programas do Corpo da Paz e Alimentos para a Paz até o Instituto Americano para o Desenvolvimento do Sindicalismo Livre, além do financiamento para treinamento de militares e policiais –, formavam uma muralha de apoio para fortalecer os Estados Unidos contra a suposta guinada iminente do Brasil em direção ao comunismo.

Estudiosos documentaram as maneiras como os fundos clandestinos canalizados por meio da CIA forneciam recursos às forças conservadoras brasileiras que tinham agendas antiesquerdistas.[3] As eleições de 1962 se tornaram um dos alvos dessa campanha. O acesso parcial a documentos da CIA e a outros registros de segurança nacional permite aos pesquisadores identificar somente de maneira geral as iniciativas conjuntas com

---

2 Naftali, T. (Org.). *The Presidential Recordings*, John F. Kennedy: The Great Crisis. New York: W.W. Norton, 1997, v.1, p.18-9.
3 Dreifuss, R. A. *1964*: a conquista do Estado. Ação política, poder e golpe de classe. Petrópolis: Vozes, 1981; Black, J. K. *United States Penetration in Brazil*. Philadelphia: University of Pennsylvania Press, 1977.

a embaixada norte-americana para executar um plano governamental de desestabilização apoiado em ações sigilosas.

Em uma entrevista em março de 1977, o ex-embaixador Gordon estimou que o governo norte-americano gastou até US$ 5 milhões nas eleições de 1962 para apoiar candidatos anti-Goulart.[4] Em valores atualizados, esse montante hoje atingiria US$ 33,7 milhões, soma nada pequena na batalha para conquistar os corações e mentes dos eleitores brasileiros. Gordon justificou o esforço argumentando que não foi o suficiente para afetar o resultado das eleições. "Não tentarei negar que havia dinheiro norte-americano. Se você analisar bem, não era muito por congressista. Basicamente, era dinheiro para pagar horários de rádio, para impressão de cartazes, esse tipo de coisa."[5]

Conforme documentou Ruth Leacock, os recursos norte-americanos e outros esforços para derrotar candidatos populistas ou de esquerda deram resultados desiguais. O dinheiro da Aliança para o Progresso, destinado a projetos de desenvolvimento de elevado impacto no Nordeste que pudessem ser atribuídos a políticos anti-Goulart, não conseguiu reverter o resultado das cruciais eleições para governador de Pernambuco, e Miguel Arraes, prefeito esquerdista do Recife, venceu facilmente o pleito contra um candidato apoiado pelos funcionários do Departamento de Estado.[6] Entretanto, grande parte do dinheiro canalizado por projetos legais favoreceram os governos anti-Goulart da Guanabara, de São Paulo e de Minas Gerais.[7]

A crescente desconfiança do governo Kennedy em relação a Goulart também desencadeou uma nova política de ajuda elaborada em uma reunião do Conselho de Segurança Nacional em 11 de dezembro de 1962. O objetivo era assinar contratos de assistência diretamente com entidades estaduais e locais, ignorando o governo federal brasileiro. Essa política, conhecida como "ilhas de sanidade administrativa", violava

---

4 Gordon, L. Castelo perdeu a batalha. Entrevista a Roberto Garcia. *Veja* (São Paulo), 9 mar. 1977.
5 Ibid., p.5.
6 Leacock, R. *Requiem for Revolution*: The United States and Brazil, 1961-1969. Ohio: Kent State University Press, 1990, p.120-2.
7 Loureiro, F. The Alliance for Progress For a Few? US Economic Aid to Brazil's States during the Administration of João Goulart (1961-1964). *Brazil Initiative*, Brown University, 14 fev. 2017.

dispositivos da Constituição brasileira. Mesmo assim, deu a Washington a oportunidade de canalizar recursos significativos a Carlos Lacerda, aspirante às eleições presidenciais de 1965 e o mais eloquente crítico público de Goulart.[8]

O embaixador Lincoln Gordon e o seu adido militar Vernon Walter foram elementos-chave no processo para consolidar as forças anti-Goulart no Brasil. Ao chegar ao Rio, em 1962, como novo adido militar, Vernon Walters foi recebido por treze oficiais brasileiros que haviam servido com ele na Itália durante a Segunda Guerra Mundial. Na manhã seguinte, esteve com o embaixador. Segundo Walters, Gordon lhe deu instruções de forma sucinta: "Quero três coisas de você: primeiro, saber o que está acontecendo nas Forças Armadas; segundo, quero poder ter alguma influência nelas por seu intermédio; terceiro, mais do que tudo, não quero jamais ter surpresas."[9] Walters lhe obedeceu escrupulosamente.

Na época, Castelo Branco comandava o Quarto Exército, no Nordeste, mas visitou o adido em pelo menos duas ocasiões no Rio. O norte-americano afirma que nunca trataram de assuntos internos brasileiros. Ao regressar ao Rio como chefe do Estado-Maior do Exército, Castelo Branco esteve frequentemente com Walters. Em suas memórias, este faz questão de ressaltar repetidas vezes que, embora tivera muitas conversas, reuniões e encontros sociais informais com Castelo Branco no período em que o general chefiou a conspiração para o golpe, ambos nunca discutiram política.[10]

Em março de 1964, o presidente Lyndon B. Johnson (1963-1968) indicou Thomas C. Mann para subsecretário de Estado para Assuntos Interamericanos. Mann tinha sido subsecretário de Estado para Assuntos Econômicos no governo Eisenhower e embaixador no México durante o governo Kennedy. Da série de reuniões por ele convocadas imediatamente ao assumir o cargo, que duraram três dias, participaram o presidente Johnson, funcionários do alto escalão do governo e todos

---

8 Leacock, op. cit., p.135.
9 Walters, V. A. *Silent Missions*. New York: Doubleday, 1978, p.374-5.
10 Ibid.

os embaixadores e diretores da USAID na América Latina. Nessas consultas, Mann apresentou sua visão da política a ser adotada para o hemisfério sul. Logo apelidada Doutrina Mann, seus pontos essenciais foram revelados à imprensa norte-americana. Os jornalistas estrangeiros publicaram a notícia no Brasil. Atribuía-se a Mann a seguinte fala: "No futuro, os Estados Unidos não tomarão posições *a priori* contra governos oriundos de golpes militares."[11] Era um recado óbvio para as forças militares brasileiras que conspiravam para derrubar Goulart.

Johnson pediu a Gordon que permanecesse em Washington, DC, após as reuniões convocadas por Mann, a fim de participar com todo o gabinete de um exame de alternativas de política em relação ao Brasil. O embaixador insistiu para que fosse acelerado o planejamento militar de uma operação naval norte-americana para apoiar o golpe.[12] O secretário de Estado, Dean Rusk, determinou ao embaixador que avaliasse a situação no Brasil e preparasse um relatório no prazo de uma semana. Gordon voltou depressa ao país, onde o clima político continuava a se polarizar. Setores da Igreja Católica, organizações de classe média e forças políticas conservadoras aumentaram as mobilizações de rua para protestar contra as políticas de Goulart. Rebeliões subsequentes no final do mês entre oficiais subalternos e soldados das Forças Armadas em favor da democratização dos militares – que Goulart não abafou e parecia apoiar – alarmaram mais ainda a oposição. Em 27 de março, Gordon remeteu a Washington um telegrama que instava o Executivo a "se preparar sem demora para a eventualidade de uma intervenção ostensiva necessária em um estágio posterior".[13] Quatro dias depois, o governo norte-americano lançou a Operação Brother Sam.

---

11 What Is the Mann Doctrine? *The New York Times*, 21 mar. 1964, p.24
12 Gordon, L. *Brazil's Second Chance*: En Route Toward the First World. Supplement, Brazil, 1961-1964: The United States and the Goulart Regime. Washington: Brookings Institution, 2003, p.34.
13 Rio de Janeiro ao Departamento de Estado. Telegrama n.48986, 27 mar. 1964, NSF, arquivo por país, Brasil, v.2, 3/65, caixa 9, Biblioteca Presidencial Lyndon B. Johnson.

Não foi golpe, não é uma ditadura: a insistência na legalidade do novo governo

Em 2 de abril de 1964, mediante insistência de Gordon, Johnson reconheceu o novo governo provisório. A imprensa norte-americana apoiou quase unanimemente o rapidíssimo reconhecimento dado por Johnson ao novo governo militar e à agenda anticomunista dos líderes do golpe. Os relatos da imprensa deixaram de lado, em grande parte, as maciças detenções de adversários do regime, considerando a mudança no poder como um "golpe incruento" que evitara uma guerra civil.[14] As notícias vindas do Brasil deram ao público desinformado a impressão de que o novo governo defendera a democracia contra um ataque comunista. Essa noção nada mais fez do que reforçar o arraigado sentimento de 80% dos cidadãos norte-americanos, que temiam a ameaça comunista em 1964, recorde histórico nas pesquisas de opinião sobre temas de política externa.[15]

O congresso norte-americano também ofereceu o seu apoio à política da Casa Branca. Em tom e estilo típicos da maior parte dos debates no congresso, o senador Wayne Morse, do estado de Oregon, subiu à tribuna no senado norte-americano, em 3 de abril de 1964, para "parabenizar o presidente dos Estados Unidos" por declarações atribuídas a este e publicadas em um despacho da Associated Press sobre acontecimentos recentes no Brasil".[16] Após solicitar consentimento unânime do senado para que o artigo intitulado "LBJ Sends Warm Note to Mazzilli" fosse incluído nos anais (*congressional record*) do Legislativo, o senador continuou a elogiar o presidente: "Nesse aspecto, o presidente Johnson agiu com o mesmo extremo cuidado, tranquilidade e ponderação que caracterizaram seus demais atos e merece nossos agradecimentos pela mensagem enviada ao novo presidente do Brasil".

---

14 Weis, W. M. Government News Management, Bias and Distortion in American Press Coverage of the Brazilian Coup of 1964. *The Social Science Journal*, v.34, n.1, p.35-55, 1997.
15 Schoultz, L. *Human Rights and United States Policy Toward Latin America*. New Jersey: Princeton University Press, 2014.
16 Morse, W. Congressional Record. Senado, 3 abr. 1964, p.6851-2.

O senador destacou em seguida que o governo norte-americano não estivera envolvido na tomada do poder pelos militares.

Quero deixar bem claro que posso afirmar, com base no conhecimento de que disponho – e creio que os membros da Comissão de Relações Exteriores do senado têm sido integralmente informados, com todos os detalhes, dos acontecimentos no Brasil –, que os Estados Unidos de forma alguma intervieram nem foram responsáveis em qualquer medida pelos fatos ocorridos no Brasil. Estou convencido de que os acontecimentos foram completamente brasileiros e que resultaram de uma longa preparação.

Confiando que fora adequadamente informado pelo governo, Morse passou a repetir o relato fornecido pelo embaixador Lincoln Gordon e por funcionários da CIA e do Departamento de Estado, acrescentando sua própria interpretação ao que tinha acabado de ocorrer na semana anterior.

Os acontecimentos no Brasil não resultaram de atos ou de um golpe de uma junta militar. Ao contrário, a derrubada do presidente do Brasil foi consequência de acontecimentos nos quais a força motriz foi o Congresso brasileiro, agindo segundo a Constituição do país e sustentado por um grupo militar que apoiou o respeito ao sistema constitucional brasileiro.

Morse argumentou que Goulart poderia ter permanecido no Brasil e ter sido julgado pelas acusações que lhe fossem imputadas, mas reiterou: "Não se poderia esperar que o Congresso, os governadores e o povo brasileiros ficassem inertes vendo seu governo e suas forças sendo gradualmente, passo a passo, entregues a um aparelho comunista". O senador pelo Oregon emitiu então a opinião de que o presidente Johnson havia "muito pertinentemente esperado até que o sistema jurídico e constitucional do Brasil seguisse seu curso", enviando em seguida uma "mensagem calorosa" ao novo presidente do país. A "bela declaração", a prudência e a liderança de Johnson, afirmou Morse, mereciam suas congratulações.

Em seguida, o senador passou a ler um longo discurso expressando sua opinião a respeito da "guerra de McNamara no Vietnã do Sul".

Anteriormente, naquele ano, ele e Ernest Gruening, do Alasca, tinham sido os dois únicos senadores a votar contra a resolução de Johnson sobre o Golfo de Tonkin, dando poderes ao presidente para intensificar a guerra no Vietnã. Ironicamente, embora disposto a questionar sozinho a política externa do governo no sudeste asiático, Morse apoiou a Casa Branca no que se referia ao Brasil. Em comentários feitos posteriormente no mesmo ano a seus colegas senadores, ele reiterou suas conclusões:

> Esta noite, nenhum senador poderá citar o Brasil como exemplo de ditadura militar, porque esse não é o caso. O povo brasileiro continua a se autogovernar. Se alguém acreditar que isso não é verdade, que veja o que está ocorrendo no Brasil quanto ao intercâmbio de pontos de vista no Congresso, na imprensa e em muitas fontes e forças da opinião pública.[17]

Membros da Câmara dos Representantes repetiram a opinião de seus colegas do senado.[18]

Em seus conselhos, o embaixador norte-americano Lincoln Gordon sabiamente destacara a importância de que fosse demonstrada uma legitimidade aparente na transferência de poder depois que os militares expulsaram Goulart do cargo, em 1º de abril de 1964. Esse verniz de legalidade e as tentativas em curso de parte dos generais no poder para controlar a desconformidade política dentro da estrutura de um sistema parlamentar durante os primeiros anos de governo afastaram os temores da maioria dos políticos norte-americanos. Eles se impressionaram com os aspectos democráticos formais no Brasil e deixaram de lado o fato de que os generais tinham utilizado a autoridade arbitrária de Atos Institucionais para garantir que a constante mudança das regras do jogo os mantivesse no poder. Nos primeiros quatro anos de governo militar no Brasil, houve, no Congresso norte-americano, um acordo geral, quase unânime, de que os Estados Unidos deveriam apoiar o novo regime.

A Operação Brother Sam, plano militar de contingência desenvolvido pelo Pentágono e pela Casa Branca, foi deflagrada em 31 de

---

17 Id. Congressional Record. Senado, 10 ago. 1964, p.18835.
18 Id. Congressional Record. Câmara, 14 abr. 1964, p.7916.

março.[19] O porta-aviões Forrestal, acompanhado por seis destróieres de apoio e quatro navios-tanque, zarpou em direção a águas brasileiras e deveria ter chegado em 11 de abril. Outros navios de suprimentos de petróleo, munição e provisões para ataque se juntaram à força-tarefa. Ao mesmo tempo, o Estado-Maior das Forças Armadas ordenou o transporte aéreo para Porto Rico de 250 canhões calibre 12 e enviou 110 toneladas de armas ligeiras e munição à Base McGuire, da Força Aérea, em Nova Jersey, para serem trazidas ao Brasil.[20] Além disso, os militares prepararam grandes quantidades de gasolina, combustível para aviões a jato, óleo diesel e querosene, também para transporte ao Brasil.

O plano de contingência não passou de contingência. A rapidez com que as Forças Armadas brasileiras tomaram o poder e a debilidade da resistência permitiu que os militares em breve consolidassem o controle do país. Com a escolha do presidente interino, uma legitimidade de fachada para as ações militares e os calorosos votos enviados pelo presidente Johnson, além da calma aparente em todo o país, a Casa Branca cancelou as ordens que instruíam a força-tarefa a seguir para o Brasil. O governo dos Estados Unidos e seus defensores desprezaram os rumores e especulações que circularam no Brasil de que Washington tinha responsabilidade no golpe, tachando-os de histeria esquerdista e nacionalista. Gordon podia afirmar confortavelmente que o golpe fora cem por cento brasileiro. Em um sentido bastante estrito e formal, ele tinha razão. A dinâmica política interna do governo Goulart gerara ampla oposição de setores significativos da sociedade brasileira, ao mesmo tempo que se dissipava a confiança na capacidade de Goulart para governar, mesmo no entendimento de seus antigos partidários. Esses fatores desempenharam um papel essencial na determinação do

---

19 Fico, C. *O grande irmão*: da Operação Brother Sam aos anos de chumbo. O governo dos Estados Unidos e a ditadura militar brasileira. Rio de Janeiro: Civilização Brasileira, 2008.
20 Memorando de conversação com A. Johnson, R. Adams e outros. 28 mar. 1964, NSF, arquivo por país, Brasil, v.2, 3/64, caixa 9; Memorando de Chase a Bundy, 31 mar. 1964, NSF, arquivo por país, Brasil, v.2, 3/64, Caixa 9; Estado-Maior das Forças Armadas a USCINSO, n.5593, n.5594, n.5595; This Is a Brother Sam Message, 31 mar. 1964, NSF, arquivo por país, Brazil, Caixa 10; Teleconferência entre Ball, Johnson, Burton, Sloan, U.S. Policy toward Brazil and other general topics, NSF, reuniões do NSC, v.1, tab 6, 2 abr. 1964, Biblioteca Presidencial Lyndon B. Johnson.

Golpes e intervenções

FIGURA 21 – Tanques mobilizados para ocupar locais estratégicos no centro do Rio de Janeiro durante a tomada militar do país em 31 de março a 1º de abril de 1964. Fundo Correio da Manhã, Arquivo Nacional.

resultado dos acontecimentos de 1964. Não obstante, os formuladores de políticas em Washington ainda assim preferiram intervir nos bastidores, impelindo de inúmeras maneiras o resultado na direção desejada por eles. As Forças Armadas brasileiras tomaram o poder sem ter de solicitar apoio direto ou ostensivo às forças norte-americanas, mas sua assistência clandestina estimulou e tornou mais ousada a oposição a Goulart.

Quando, em 1976, vieram à tona os documentos que revelaram a Operação Brother Sam, o ex-embaixador Gordon publicou uma declaração de seis páginas afirmando que a "revolução" de 1964 tinha sido, como o título de seu documento fazia questão de dizer, "feita no Brasil" ("*made in Brazil*"). Criticando os "historiadores revisionistas" que "se opunham ao impacto integral da política norte-americana durante a Guerra Fria", Gordon defendia a afirmação que fizera ao senado em fevereiro de 1966 de que "o movimento que derrubou o presidente Goulart foi 100% – não 99,44%, mas sim 100% – um movimento puramente brasileiro". Deixou, no entanto, de citar a frase seguinte de seu testemunho ao senado: "Nem a embaixada dos Estados Unidos nem eu pessoalmente tivemos qualquer participação no processo". Em defesa da força-tarefa, Gordon argumentou que se destinava a uma "forma limitada de ação norte-americana em uma contingência hipotética específica, uma guerra civil no Brasil dividida segundo linhas geográficas, com forças equilibradas e com um dos lados reconhecido por nós".[21] Caso essa hipótese tivesse se materializado, argumentou ele, a força-tarefa tinha três objetivos:

> a) dar apoio logístico, especialmente em derivados de petróleo, ao lado que em nossa opinião representava a moderação e a democracia; b) desestimular o lado adversário mostrando a bandeira dos Estados Unidos em um navio de guerra; e c) ajudar, se necessário, na evacuação de cidadãos norte-americanos das regiões envolvidas no combate civil.[22]

Vinte e cinco anos depois, Gordon manteve essa linha de argumentação ao publicar um suplemento especial de seu livro *Brazil's Second Chance*, que defendia suas ações e as razões que apresentara ao observar a tomada do poder pelos militares em 1964.[23]

Embora dissesse, em seu artigo "Made in Brazil", de 1977, ter-se preocupado com a evacuação de cidadãos norte-americanos, Gordon nunca mencionou tal ideia em nenhum dos telegramas e despachos trocados com o Departamento de Estado em 1964. Além disso, se Washington havia enviado uma força-tarefa naval para evacuar todos os norte-americanos do país naquela época, jamais poderia tê-lo feito de maneira eficiente, dado o número limitado de navios e as enormes dimensões do país. Em 2003, ele novamente reiterou essa justificativa:

> Em caso de guerra civil, em minha opinião, "mostrar a bandeira dos Estados Unidos" serviria a dois propósitos: a) exercer pressão psicológica

---

21 Gordon, L. Made in Brazil: The 1964 Revolution. (Artigo não publicado.)
22 Ibid.
23 Id. *Brazil's Second Chance...*, op. cit., p.68.

em favor do lado anti-Goulart; b) ajudar na evacuação dos milhares de civis norte-americanos que viviam no Brasil ou estavam visitando quaisquer de suas regiões.[24]

Nessa época, o ex-embaixador parecia ter-se convencido de que, em março de 1964, estava preocupado com a vida dos cidadãos norte-americanos no Brasil. Isso pode ser plausível, embora, novamente, ele jamais tivesse mencionado esse argumento em 1964, parecendo suspeito que isso se transforme em linha de defesa somente depois que o público norte-americano teve conhecimento da existência da operação naval, mais de uma década depois.

O reconhecimento por parte do próprio Gordon, no entanto, acaba derrubando o argumento. Em uma entrevista em 2005, ele conta que seu filho passou o ano letivo de 1963-1964 dando aula no Brasil para o equivalente ao atual Ensino Médio e para o Ensino Superior. Seguindo essa linha de raciocínio, foi-lhe perguntado se recordava ter-se preocupado com a segurança do filho em março de 1964. Ele respondeu:

> Não. Não creio que essa questão fosse relevante. Não havia um anti-americanismo significativo... Eu estava bastante certo de que naquela época as coisas não eram como no Iraque... Eu não me lembro de isso ter passado pela minha cabeça... Nós realmente não tínhamos uma sensação de agitação civil.[25]

O ex-embaixador continuou a falar sobre a parte do plano relativa à evacuação, caso tivesse sido necessária:

> Tínhamos um plano de mostrar a bandeira [dos Estados Unidos] e também de evacuar nossos civis no caso de a situação chegar a esse ponto, o que teria sido uma tarefa gigantesca. Creio que havia cerca de 15 mil pessoas. Teria sido uma operação de grande escala. E, naturalmente, não tínhamos a sensação de que as coisas fossem piorar muito... mas [a guerra civil] não era uma ameaça política à comunidade norte-americana.

---

24 Lincoln Gordon, entrevistado por James N. Green e Abigail Jones, 3 ago. 2005.
25 Ibid.

Quatro anos depois do golpe de 1964, a emissão do AI-5 provocou um debate dentro do governo Johnson e foi objeto de artigos de primeira página nos jornais dos Estados Unidos, representando uma brusca mudança no discurso jornalístico a respeito do governo brasileiro. Durante as semanas seguintes, centenas de artigos descreveram e analisaram o fechamento indefinido do Congresso, a suspensão do direito de *habeas corpus*, o aumento da censura à imprensa, a detenção do ex-presidente Kubitschek e do ex-governador Carlos Lacerda e a cassação dos direitos políticos de membros da Arena, partido favorável aos militares, e do oposicionista MDB. No *Miami Herald*, o jornalista William Montalbano considerou as medidas tomadas pelas Forças Armadas brasileiras como "reação convulsiva de uma revolução que azedou" e "jogada arriscada e desesperada de um governo que perdeu a confiança do povo". O *Christian Science Monitor* iniciou um artigo sobre a repressão informando a seus leitores que "os líderes militares do Brasil impuseram regras restritivas e ditatoriais à maior nação da América Latina".[26] Esses comentários resumem o tom geral da imprensa norte-americana em resposta ao que muitos analistas chamaram de "um golpe dentro do golpe", ou o início dos anos mais repressivos da ditadura militar.

O Ato Institucional n.5 e os decretos complementares expedidos durante os seis meses seguintes deixaram claro que o governo brasileiro não toleraria dissidência O encarregado de negócios dos Estados Unidos, William Belton, que assumira a chefia da embaixada porque na semana anterior o Departamento de Estado havia chamado o embaixador Tuthill para consultas, rapidamente previu o significado do novo Ato Institucional: "De agora em diante, deve-se esperar que qualquer resistência real ou imaginária ao governo seja vigorosamente reprimida".[27] No dia seguinte à promulgação do ato, Belton esboçou uma avaliação preliminar da situação política. O Ato Institucional n.5, argumentou, "assinala a falência de um esforço de parte dos militares brasileiros para demonstrar que têm mais capacidade do que os elementos civis

---

26 Goodsell, J. N. Brazil Military Cracks Down. *The Christian Science Monitor*, 17 dez. 1968, p.4.
27 Institutional Act. Telegrama 14303, Rio de Janeiro a Washington, 14 dez. 1968, Departamento do Estado dos Estados Unidos, caixa 1910.

[para caminhar] em direção aos objetivos de desenvolvimento e estabilidade política por meios democráticos".[28] Em seguida, alinhou a postura que recomendava que os formuladores de políticas em Washington adotassem. Fez várias sugestões essenciais, entre as quais a de que o governo norte-americano deveria fazer um pronunciamento público em nível elevado "lamentando o atraso no desenvolvimento da democracia brasileira" a fim de "estimular os amigos da democracia no Brasil". Tais declarações não deveriam "fazer acusações diretas a pessoas ou grupos responsáveis" porque eram "fundamentalmente favoráveis aos Estados Unidos, e podemos contar com eles para ficar ao nosso lado tanto sentimental quanto abertamente em uma confrontação Leste-Oeste". Além disso, era "altamente provável" que os militares mantivessem o controle no Brasil "durante vários anos ainda". Por isso, Belton sugeria que o governo norte-americano precisava "obter cooperação em iniciativas de interesse mútuo e por meio delas [...] trabalhar a fim de ajudar o Brasil a emergir do subdesenvolvimento, que se manifestava em suas próprias atitudes".[29]

Belton recomendou também que o Departamento de Estado fizesse um comentário público durante a coletiva de imprensa diária para indicar a reação de Washington às novas medidas governamentais.[30] O roteiro que preparou para o porta-voz do Departamento de Estado propunha a orientação geral para a política dos Estados Unidos em resposta àqueles novos acontecimentos. Caso houvesse perguntas, Belton sugeria que o porta-voz explicasse que os acontecimentos no Brasil eram assunto de ordem interna. Recomendou, ainda, que não houvesse menção que desse a entender o prosseguimento ou a suspensão de ajuda ou provisões semelhantes em qualquer outro programa cooperativo de assistência.

Na coletiva de imprensa do Departamento de Estado, no dia 18 de dezembro, o porta-voz do governo, Robert McCloskey, seguiu as linhas

---

28 Preliminary Assessment of Brazilian Political Situation in Light of 5th Institutional Act. Telegrama 14310, Rio de Janeiro a Washington, 14 dez. 1968, Departamento do Estado dos Estados Unidos, caixa 1910.
29 Ibid.
30 Proposed U.S. Statement on Brazilian Situation. Telegrama 14338, Rio de Janeiro a Washington, 15 dez. 1968, Departamento do Estado dos Estados Unidos, caixa 1910.

gerais dos pontos preparados no roteiro de respostas às perguntas dos jornalistas. Foi sucinto, no entanto, nas ressalvas sobre a situação política. "Temos perfeita consciência, como amigos sinceros do Brasil e de seu povo, de que os acontecimentos recentes colocam graves problemas quanto à liberdade individual... e ao ritmo de desenvolvimento econômico do país", afirmou cautelosamente. Durante o relato, um jornalista perguntou se o governo norte-americano pretendia suspender as relações diplomáticas, pois os brasileiros haviam "suspendido as garantias constitucionais". O representante do Departamento de Estado respondeu negativamente, reiterando o argumento de Belton no sentido de que não era necessário suspender as relações diplomáticas porque não tinha havido golpe de Estado com deposição de autoridades do país.[31]

As recomendações de política do Departamento de Estado transmitidas secretamente à embaixada e aos consulados no Brasil eram discretas quanto a pronunciamentos públicos contra o regime, mas consideravam seriamente a ideia de suspender temporariamente a ajuda ao país. Um memorando propunha que cinco ou seis funcionários norte-americanos de alto escalão no Brasil pensassem em se dirigir individual ou coletivamente a algumas dezenas de brasileiros influentes para indicar não oficialmente o fato de que Washington estava "aflita" com os acontecimentos no Brasil sem "publicamente fazermos acusações ao governo brasileiro". O memorando recomendava que funcionários da embaixada passassem a mesma mensagem a representantes selecionados da imprensa norte-americana e estrangeira, a título de "informação básica".[32]

No dia seguinte, o Departamento de Estado redigiu um memorando para Walt Rostow, assistente especial do presidente para assuntos de segurança nacional, recomendando que fossem temporariamente suspensas duas decisões já aprovadas – a venda de aviões a caças Douglas A-4 para o Brasil e a autorização para iniciar negociações com o país para um pacote de assistência econômica no valor de US$ 143 milhões

---

31 Department Spokesman's Replies to Questions on Brazil. Washington ao Rio de Janeiro, 16 dez. 1968, Departamento do Estado dos Estados Unidos, caixa 1910.

32 Developments in Brazil. Telegrama secreto expedido, Washington ao Brasil, 17 dez. 1968, Departamento do Estado dos Estados Unidos, caixa 1910.

para o ano de 1969. O memorando reiterava a política de que o governo dos Estados Unidos lamentasse "discretamente" a redução de liberdades civis ocorrida no Brasil e, "simultaneamente, sem crítica ou admoestação pública", atrasasse ou suspendesse atos econômicos que pudessem ser interpretados como indícios de aprovação norte-americana às ações do governo brasileiro".[33]

Talvez por haver recebido a notícia de que o governo dos Estados Unidos estava considerando a revisão dos pacotes de ajuda ao Brasil, o ministro da Fazenda do Brasil, Delfim Netto, fez uma declaração pública em São Paulo sobre a questão de um possível congelamento da ajuda. O ministro, que entusiasticamente votara a favor do AI-5 na reunião do Conselho Nacional de Segurança de 13 de dezembro de 1968, afirmou não esperar que Washington restringisse a ajuda em consequência do AI-5, "porque tanto eles quanto nós conhecemos os motivos que obrigaram o governo a adotar essa medida".[34] Delfim Netto manifestou também "otimismo de que os investimentos estrangeiros não sejam afetados porque seriam mantidas as condições de segurança, a oportunidade de lucros e a liberdade de ação [para] tornar o Brasil atraente ao capital estrangeiro". O presidente da Câmara de Comércio dos Estados Unidos em São Paulo corroborou a confiança do ministro da Fazenda na adequação do AI-5 e sua relação com investimentos dos Estados Unidos no Brasil. Comentou confiantemente ao cônsul-geral que "as empresas norte-americanas em São Paulo apoiam o governo brasileiro e consideram [o] AI-5 a melhor coisa que poderia ter acontecido ao país".[35]

No final de dezembro de 1968, os funcionários do Departamento de Estado enfrentaram um dilema. Os editoriais dos principais jornais dos Estados Unidos acusavam o regime brasileiro de ser uma ditadura

---

33 U.S.-Brazil relationships. Memorando para Walt W. Rostow, Casa Branca, 17 dez. 1968, Departamento do Estado dos Estados Unidos, caixa 1910.
34 Finance Minister Forecasts Faster Progress in Economic-Financial Front: Says U.S. Aid Will Continue. Telegrama 14456, Rio de Janeiro a Washington, 18 dez. 1968, Departamento do Estado dos Estados Unidos, caixa 1910. Sobre o apoio de Delfim Netto ao AI-5, ver: Gaspari, E. *A ditadura envergonhada*. São Paulo: Companhia das Letras, 2002, p.336, 339.
35 Business Reactions to AI-5. Telegrama 13359, Rio de Janeiro a Washington, 21 dez. 1968, Departamento do Estado dos Estados Unidos, caixa 1910.

militar absoluta e pressionavam o departamento a reagir de alguma forma. No dia seguinte ao da previsão de Delfim Netto de que Washington não suspenderia a ajuda, um representante do Departamento de Estado indicou que os programas de assistência dos Estados Unidos ao Brasil estavam "sob exame".[36] Não houve censura pública ao regime com esse anúncio.

Aparentemente, os diplomatas norte-americanos avaliaram que a suspensão de ajuda ao Brasil constituiria a pressão adequada a ser exercida sobre Costa e Silva para que o presidente brasileiro mudasse o rumo que adotara para o país. Os funcionários do Departamento de Estado, no entanto, continuaram a debater a atitude que deveria ser seguida ao se dirigir a funcionários do governo brasileiro.[37] O "roteiro" sugerido pelo Departamento de Estado para o pessoal da embaixada estimulava os que tivessem contato com funcionários brasileiros a apelar à "aliança dentro da aliança". Nas conversas, deveriam dar ênfase a que "ainda há tempo e boas oportunidades para evitar a consolidação da opinião pública nos Estados Unidos segundo linhas que tornariam muito difícil ao governo de nosso país prosseguir com o mesmo grau de cooperação e assistência". O memorando assinalava que os funcionários norte-americanos não deveriam dizer aos brasileiros como deviam se portar, e o estilo da abordagem deveria ser "tranquilo, amistoso e franco – sem histrionismos, sem ameaças e sem *nuances* de tutela ou de instrução". Essa manobra em corda bamba recomendada pelo Departamento de Estado implicava uma tentativa discreta de convencer setores militares no Brasil a moderar as medidas tomadas a fim de que a situação política não viesse a colocar o governo dos Estados Unidos na posição de ter de se distanciar do regime. Ao mesmo tempo, apesar da proposta dos formuladores de políticas em Washington de considerar a possibilidade de trabalhar com "grupos insatisfeitos no país", a embaixada aparentemente não realizou esforços articulados, a não ser reuniões periódicas

---

36 Spokesman's Press Briefing Wednesday December 18. Telegrama de Washington ao Rio de Janeiro, 18 dez. 1968, Departamento do Estado dos Estados Unidos, caixa 1910.
37 Telegrama 289961. Washington ao Rio de Janeiro, 19 dez. 1968, Departamento do Estado dos Estados Unidos, caixa 1900.

com algumas figuras eminentes da oposição a fim de obter a avaliação delas sobre a crise política em curso.

A ausência de um posicionamento claro e público contra o endurecimento do regime militar brasileiro no final de 1968 significava legitimar tudo o que veio depois: a censura, as prisões arbitrárias, a tortura e os assassinatos de opositores. No final das contas, o governo norte-americano, supostamente "neutro", estava totalmente alinhado com a ditadura.

2016 revisitando 1964: a questão da legitimidade

Essa "neutralidade" que de fato resultou no apoio aos militares no poder se manifestou mais uma vez durante o processo de *impeachment* de Dilma Rousseff. No primeiro momento, o governo Obama não se posicionou publicamente sobre os acontecimentos. No entanto, no dia 19 de maio de 2016, o Departamento de Estado utilizou o embaixador Michael Fitzpatrick, representante do país na OEA, para articular a sua posição. Ele declarou: "Há um claro respeito pelas instituições democráticas e uma clara separação de poderes. No Brasil, é evidentemente a lei que prevalece, emergindo com soluções pacíficas para as disputas".[38] Ele também afirmou: "Nós não acreditamos que isso seja um exemplo de um 'golpe brando' ou, para todos os efeitos, um golpe de qualquer tipo. O que aconteceu no Brasil cumpriu rigorosamente o procedimento legal constitucional e respeitou totalmente as regras democráticas".

Esses são precisamente os argumentos que o embaixador Lincoln Gordon usou, 53 anos antes, quando insistiu que o governo Johnson imediatamente endossasse a tomada do poder pelos militares, que foi legitimada pela aplicação formal da Constituição e pela votação majoritária do Congresso. Gordon utilizou os argumentos da Guerra Fria, segundo os quais Goulart estava sendo manipulado pelo Partido Comunista Brasileiro, que ele era corrupto e que queria assumir um poder ilimitado. A embaixada norte-americana garantiu aos generais brasileiros que, caso eles forçassem a saída de Goulart do cargo, os Estados Unidos

---

38 Green, op. cit.

dariam apoio ao novo governo que assumisse. A Operação Brother Sam foi outra indicação do apoio incondicional aos golpistas.

No dia 31 de março de 1964, tropas marcharam no Rio de Janeiro para depor Goulart. No dia seguinte, o presidente voou do Rio de Janeiro para Brasília para mobilizar apoio político contra essa tomada ilegal do poder. Ele queria evitar derramamento de sangue, então não convocou seus apoiadores a resistir ao golpe de Estado. Assim que o avião decolou, o presidente do Senado, argumentando que estava seguindo os procedimentos constitucionais, empossou Ranieri Mazzilli, presidente da Câmara dos Deputados, como presidente em exercício. De acordo com a Constituição, o Congresso tinha trinta dias para escolher um novo presidente. Hoje, todo mundo, exceto os que defendem a ditadura militar, chamam esses eventos de *golpe de Estado*, o golpe de 1964.

Em vários telegramas para a Casa Branca, o embaixador Gordon argumentou que o que ocorreu no Brasil cumpria perfeitamente os procedimentos legais constitucionais e respeitava totalmente as regras democráticas. Ele trabalhou duro para convencer o presidente Johnson a reconhecer o novo governo, o que foi feito no dia 2 de abril, legitimando o golpe e colocando o selo de aprovação do governo dos Estados Unidos nessa mudança ilegal de poder que foi implementada de acordo com "os procedimentos legais constitucionais".

No dia 11 de abril, os 295 membros do Congresso elegeram o general Castelo Branco como presidente do Brasil. Isso completou a transição "democrática" de um governo legalmente eleito para uma ditadura militar ilegítima.

O governo Johnson conseguiu enganar todos os congressistas em 1964, até mesmo uma personalidade como Wayne Morse, que se opôs à política norte-americana no Vietnã. Um ano depois, em outubro de 1965, quando o governo militar aboliu as eleições presidenciais, Morse chegou a uma conclusão diferente. Percebendo que as armadilhas do regime democrático eram só para manter as aparências, ele afirmou:

> A notícia de que a junta militar brasileira assumiu poder ditatorial significa um desastroso retrocesso para a liberdade na América Latina. Ainda pior do que isso é a continuidade do apoio financeiro dos Estados Unidos

a esse regime [...]. A semântica que ouvimos de Washington e da camarilha brasileira, que procura dissipar o temor pelo futuro das instituições democráticas naquela grande nação, somente engana àqueles que desejam ser enganados.[39]

Ao afirmar que "há um claro respeito pelas instituições democráticas e uma clara separação de poderes"[40] no Brasil, Fitzpatrick caiu na mesma trampa do senador Wayne Morse em 1964, sendo enganado pelas aparências de procedimentos democráticos e separação de poderes no processo de *impeachment* porque não há tanques nas ruas nem generais no comando do governo. Para quem assistiu à votação na Câmara dos Deputados em junho de 2016, é difícil insistir que houve um procedimento democrático quando o deputado Eduardo Cunha, que controlava totalmente essa instituição, encabeçava o processo. A essa altura, Cunha tinha contra si um pedido de afastamento da presidência da Câmara, feito em dezembro de 2015, por desvio de finalidade e abuso de poder, mas os membros do Supremo Tribunal Federal (STF) sentaram sobre esse pedido até que Cunha tivesse garantido que a oposição teria os dois terços necessários para aprovar o seguimento do processo do *impeachment* da presidenta Dilma. É difícil considerar legítimo um processo conduzido por uma pessoa que é processada por lavagem de dinheiro e por recebimento de propina.

Também houve problemas relacionados à separação de poderes, pois integrantes do STF fizeram afirmações públicas sobre casos que estavam sob sua alçada, revelando suas opiniões políticas na mídia, pré-julgando casos e, com isso, influenciando o debate público e os atores políticos. Além disso, o STF foi excessivamente arbitrário ao decidir quais casos analisar, levando quase seis meses para julgar o afastamento de Eduardo Cunha e proferindo uma decisão veloz contra a indicação de Lula para um cargo no governo Dilma. Esses casos são exemplos, entre tantos outros, das maneiras perversas como o Judiciário se enredou com a política, em vez de permanecer separado dela.

---

39 Morse, Wayne. Congressional Record. Senado. 29 out. 1965, p.13405.
40 Green, J. N. Carta aberta ao embaixador..., op. cit.

É difícil entender as afirmações do representante do governo norte-americano quando agentes da polícia e do sistema de justiça vazam seletivamente informações da Operação Lava Jato para criar um clima hostil ao governo e a seus aliados. Ademais, fica evidente a contradição entre a acusação de um desvio de finalidade em a presidenta Dilma nomear o ex-presidente Lula como seu ministro da Casa Civil sob alegação de que ele estaria supostamente se esquivando das investigações quando o presidente interino Michel Temer indicou sete pessoas sob investigação para ministérios.

A falta de imparcialidade fica evidente no fato que a presidenta Rousseff foi afastada do cargo por violação da Lei de Responsabilidade Fiscal, por prática de "pedaladas", quando o presidente Michel Temer fez exatamente a mesma coisa enquanto substituía a presidenta em viagens dela. Isso sem falar dos antecessores, os presidentes Lula e Fernando Henrique Cardoso, que também praticaram atos semelhantes, além de pelo menos dezesseis governadores, incluindo Aécio Neves.

O embaixador também falhou em assinalar no seu discurso outra deficiência na situação política contemporânea do Brasil, ou seja, a liberdade de imprensa (e dos veículos de comunicação em massa em geral), que existe apenas para os que são proprietários de seus veículos. Hoje, as forças conservadoras que controlam os maiores jornais, revistas e canais de televisão sistematicamente apresentam visões parciais dos acontecimentos apenas para influenciar a opinião pública. É como se a Fox News pudesse controlar todos os canais da grande mídia dos Estados Unidos.

Na primeira semana do novo governo, o presidente Temer revelou uma agenda para o Brasil radicalmente nova, mas verdadeiramente antiga, que pretende retroceder grande parte dos avanços sociais dos últimos trinta anos, desde o fim da ditadura. Aqueles que se sentiram ultrajados pelo fato de Michel Temer não ter indicado nenhuma mulher ou pessoa negra para posições ministeriais não estão clamando por demagogia. Esse ato não é trapalhada de relações públicas. Isso simboliza a intenção desse governo. Na primeira semana de sua gestão, ele já anunciou que reduziria direitos sociais, com cortes no sistema de segurança social, na educação e em moradia que afetam amplamente os setores mais pobres da sociedade brasileira.

Em 1964, o governo norte-americano estava no lado errado da história. Ele nunca pediu desculpas ao povo brasileiro por ter apoiado uma ditadura militar. Agora, cinco décadas depois, mais uma vez, endossou um processo ilegítimo. Aqueles que não aprendem com a história estão fadados a repeti-la.

Cinquenta e cinco anos de solidariedade internacional, as eleições de 2022 e a tentativa de golpe em 2023[1]

Às vésperas do primeiro turno das eleições presidenciais de 2022 no Brasil, os senadores norte-americanos Bernie Sanders, que se autodenomina um socialista democrático e que representa o pequeno estado de Vermont, na região da Nova Inglaterra, e Tim Kaine, um democrata moderado da Virgínia que foi candidato a vice-presidente na chapa de Hillary Clinton nas eleições de 2016, apresentaram uma resolução sobre o Brasil no plenário do senado dos Estados Unidos. Ela instava o governo brasileiro "a garantir que as eleições de outubro de 2022 fossem conduzidas de maneira livre, justa, confiável, transparente e pacífica".[2]

A resolução afirmava que "as relações bilaterais entre os Estados Unidos e o Brasil estão assentadas em um compromisso mútuo com a democracia, a prosperidade e a promoção internacional da paz, da segurança, do respeito aos direitos humanos e da gestão ambiental,

---

[1] Tradução de Giuliana Gramani.
[2] Estados Unidos. United States Senate. S.Res.753 – A resolution urging the Government of Brazil to ensure that the October 2022 elections are conducted in a free, fair, credible, transparent, and peaceful manner. Disponível em: https://www.kaine.senate.gov/imo/media/doc/brazil_resolution.pdf. Acesso em: 2 jan. 2024.

incluindo a proteção da Amazônia brasileira".[3] O texto alertava sobre o perigo de uma incitação à violência política que poderia encorajar as Forças Armadas brasileiras a intervir na condução do processo eleitoral, questionando ou subvertendo as instituições democráticas e eleitorais do país antes das eleições de 2 de outubro de 2022. Para respaldar o pedido, a resolução apontou o fato de que "brasileiros de todos os setores da sociedade" haviam expressado "sérias preocupações em relação aos esforços em curso para minar a democracia no Brasil" por meio de uma carta aberta assinada por um milhão de cidadãos e divulgada em 22 de julho de 2022, a qual defendia as instituições democráticas e o Estado de direito. Ela acrescentava que "proeminentes líderes empresariais, religiosos, políticos e da sociedade civil brasileiros" haviam divulgado uma declaração expressando confiança nos sistemas eleitorais do Brasil em 5 de agosto de 2022.[4]

Qualquer pessoa que conheça minimamente a complexa relação entre o Brasil e os Estados Unidos ao longo dos últimos 60 anos poderá, em um primeiro momento, ter uma reação cínica à resolução. Afinal de contas, quando as Forças Armadas brasileiras depuseram o governo de João Goulart em 1964, o presidente Lyndon B. Johnson, um democrata liberal, reconheceu imediatamente o novo regime, e o congresso norte-americano aprovou rapidamente milhões de dólares em ajuda econômica para fortalecer a economia oscilante, agora sob controle militar. Embora tanto as Forças Armadas brasileiras quanto o governo dos Estados Unidos tenham justificado o golpe de Estado de 1964 como sendo meramente uma medida temporária – supostamente para erradicar a corrupção e o comunismo no governo Goulart e implantar um governo democrático –, o fato de os militares terem permanecido no poder durante mais de duas décadas desmentiu esse argumento.[5]

Dada a história do apoio bipartidário dos Estados Unidos à ditadura sob cinco governos diferentes (Johnson, Nixon, Ford, Carter e Reagan),

---

3 Ibid.
4 Ibid.
5 Fico, C. *O grande irmão*: da Operação Brother Sam aos anos de chumbo. O governo dos Estados Unidos e a ditadura militar brasileira. Rio de Janeiro: Civilização Brasileira, 2008.

dois dos quais comandados por democratas e três por republicanos, pode-se legitimamente perguntar que direito o senado norte-americano tinha de comentar a política interna brasileira contemporânea. Afinal, o Congresso brasileiro não julgou ser de sua alçada apresentar uma resolução semelhante na Câmara dos Deputados ou no Senado expressando preocupação com o fato de o presidente Donald Trump ter se recusado a reconhecer os resultados das eleições de 2020, que elegeram Joseph Biden o 46º presidente do país. Além disso, muitos membros da esquerda brasileira poderiam apontar que, em julho de 2015, a WikiLeaks revelou que a Agência Nacional de Segurança dos Estados Unidos havia grampeado o telefone de 29 membros do governo liderado pelo Partido dos Trabalhadores (PT), incluindo o dispositivo usado pela presidenta Dilma Rousseff para chamadas nacionais e internacionais quando estava no avião presidencial.[6] Estariam os Estados Unidos mais uma vez exercendo de forma inadequada sua influência na América Latina? Essa resolução seria um exemplo de postura retórica em apoio à democracia enquanto os formuladores de políticas públicas de Washington continuavam realizando ações antidemocráticas clandestinas em relação ao Brasil?

A resolução apresentada pelos senadores Sanders e Kaine foi bastante explícita quanto a suas intenções imediatas. Ela insistia que a Casa Branca reconhecesse imediatamente o resultado das eleições se "observadores e organizações internacionais" considerassem que elas foram "livres e justas". Se, por outro lado, alertava a resolução, as Forças Armadas ou quaisquer interesses antidemocráticos interferissem no resultado por meio de um golpe militar, o congresso dos Estados Unidos deveria "rever e reconsiderar" sua relação com esse governo, "incluindo qualquer assistência bilateral de segurança ou de outra natureza".[7]

Para que a medida passasse rapidamente pelo senado norte-americano, Kaine e Sanders pediram consentimento unânime, um

---

6 G1. EUA grampearam Dilma, ex-ministros e avião presidencial, revela WikiLeaks. G1, 4 jul. 2015. Disponível em: https://g1.globo.com/politica/noticia/2015/07/lista-revela-29-integrantes-do-governo-dilma-espionados-pelos-eua.html. Acesso em: 2 jan. 2024.

7 Estados Unidos, op. cit.

procedimento parlamentar que permite aos membros do Senado apresentar resoluções e aos senadores votá-las rapidamente, sem passar pelo demorado procedimento de aprovação em diferentes subcomissões e sem seguir as regras habituais de debate antes de uma votação. Se ninguém se opuser à resolução, ela é imediatamente aprovada. No entanto, se ao menos um senador se mostrar contrário, o processo é interrompido e a resolução terá de passar por um procedimento muito mais complicado antes de ser votada. Como nenhum republicano se opôs à resolução, ela foi aprovada por unanimidade.

Sanders explicou posteriormente a importância da votação: "É fundamental que o senado norte-americano deixe claro, por meio dessa resolução, que apoiamos a democracia no Brasil. Seria inaceitável os Estados Unidos reconhecerem um governo que chegou ao poder de forma antidemocrática, o que passaria uma mensagem terrível ao mundo inteiro".[8]

O senador Kaine reforçou a mensagem de Sanders: "Em um momento em que a democracia está sob ataque no Brasil, nos Estados Unidos e em outros países ao redor do mundo, todos temos a responsabilidade de defender os direitos fundamentais dos povos de terem voz em seu governo, sem medo de represálias ou retaliações políticas". E acrescentou: "Com essa votação, o senado enviou uma mensagem importante de que estamos comprometidos em unir forças com o povo brasileiro em apoio à democracia do país, e continuamos confiantes de que as instituições eleitorais do Brasil garantirão uma votação livre, justa e transparente".[9]

A resolução aprovada pelo senado dos Estados Unidos representa um pequeno porém importante passo que fez parte de um esforço muito maior que contou com o apoio de brasileiros e seus aliados norte-americanos para defender a democracia no Brasil nos últimos anos. Ele teve início durante o processo de *impeachment* da presidenta Dilma Rousseff, em 2016, e continuou organizando a oposição às políticas implementadas

---

[8] Tim Kaine. Kaine & Sanders Statements on Passage of Resolution in Support of Brazilian Democracy Ahead of October Election. Disponível em: https://www.kaine.senate.gov/press-releases/kaine-and-sanders-statements-on-passage-of-resolution-in-support-of-brazilian-democracy-ahead-of-october-election. Acesso em: 2 jan. 2024.

[9] Ibid.

no governo de seu antigo companheiro de chapa, Michel Temer. Ele incluía respostas à prisão do ex-presidente Lula, em 2018, que o tornou inelegível para as eleições presidenciais daquele ano.[10] No entanto, tal esforço atingiu seu ápice durante os quatro anos do governo Bolsonaro.

Em 1º de dezembro de 2018, 200 brasileiros que moravam, estudavam e trabalhavam nos Estados Unidos, acadêmicos residentes no país e outros interessados fundaram a Rede nos Estados Unidos pela Democracia no Brasil (USNDB, na sigla em inglês) na Faculdade de Direito da Universidade de Columbia. Com a perspectiva de quatro anos de governo de direita no Brasil (depois de dois anos da presidência de Trump), ativistas brasileiros e acadêmicos foram impulsionados a denunciar as políticas de Bolsonaro e, ao mesmo tempo, defender a garantia da democracia no Brasil.[11]

Durante o encontro na Universidade de Columbia, foi aprovada por unanimidade uma proposta para estabelecer um escritório na capital norte-americana para tratar de questões relacionadas ao Brasil. O Washington Brazil Office (WBO) foi fundado em 2020 e lançado oficialmente em janeiro de 2022.[12] Ele reuniu pessoas em Washington, DC, com outras que já haviam participado de diversas atividades de direitos humanos e justiça social. Como este ensaio mostrará, a WBO desempenhou um papel importante nos Estados Unidos para defender a democracia no Brasil durante as eleições de 2022 e após os ataques à Praça dos Três Poderes pelos apoiadores de Bolsonaro em 8 de janeiro de 2023.

Esses empreendimentos dos últimos anos em defesa da democracia brasileira estavam inseridos em uma história muito maior e mais antiga de solidariedade norte-americana com o Brasil, que começou em 1969, com uma campanha coordenada contra a tortura e a repressão no país e uma crítica às políticas socioeconômicas dos militares. Aqueles

---

10 Silverman, J.; Gacek, S. From Union Networks to *Lula Livre*: An Analysis of US-Brazil Trade Union Solidarity Movements in the 21st Century. *Journal of Labor and Society*, v.26, p.277-309, 2023.

11 Washington Brazil Office. The Defense of Democracy in Brazil with Natalia de Campos. *Brazil Unfiltered with James N. Green*, 17 ago. 2023. Disponível em: https://www.youtube.com/watch?v=4u38L5lbAfI. Acesso em: 2 jan. 2024.

12 Washington Brazil Office. Disponível em: https://www.braziloffice.org/. Acesso em: 2 jan. 2024.

primeiros anos de solidariedade com o Brasil, em que alguns exilados se juntaram ao clero norte-americano, a acadêmicos e a outras pessoas ligadas ao país, foram documentados no livro *Apesar de vocês: oposição à ditadura brasileira nos Estados Unidos, 1964-1985*, mas ainda merecem um breve resumo neste ensaio.[13] Outros esforços, especialmente aqueles realizados entre o fim da ditadura, na década de 1980, e a derrota eleitoral de Bolsonaro em 2022, ainda não foram estudados pelos acadêmicos. Portanto, antes de considerar os esforços recentes para defender a democracia no Brasil, este ensaio apresentará um panorama das atividades de solidariedade com o país que ocorreram nos Estados Unidos nas últimas cinco décadas, especialmente em relação ao congresso norte-americano e aos formuladores de políticas públicas de Washington. Em seguida, apresentar-se-á um exame dos esforços que levaram à resolução de Sanders e Kaine no senado, às declarações do governo Biden contra a interferência das Forças Armadas brasileiras no processo eleitoral e à resposta dos Estados Unidos à invasão das sedes dos poderes Executivo, Legislativo e Judiciário em Brasília por apoiadores de Bolsonaro em 8 de janeiro de 2023.

É importante notar que o autor deste ensaio não é um observador neutro desses processos.[14] Pelo contrário. Ele tem sido protagonista em atividades de solidariedade com o Brasil desde 1973. Esse envolvimento com diversos esforços para defender a democracia, a justiça social e os direitos humanos no país inevitavelmente leva a uma interpretação particular, moldada por uma posicionalidade subjetiva específica. Fica difícil alegar distância e desinteresse pessoal como proteções contra uma interpretação unilateral e tendenciosa das campanhas norte-americanas de solidariedade com as forças progressistas no Brasil. Mesmo assim, a descrição e a análise a seguir procuram oferecer uma contribuição

---

13 Green, J. N. *We Cannot Remain Silent*: Opposition to the Brazilian Military Dictatorship in the United States. Durham: Duke University Press, 2010. Edição em português: *Apesar de vocês*: oposição à ditadura militar brasileira nos Estados Unidos, 1964-1985. São Paulo: Companhia das Letras, 2009.

14 Quando o artigo foi escrito, o autor era coordenador nacional da Rede nos Estados Unidos pela Democracia no Brasil (USNDB) e cofundador e presidente da diretoria do Washington Brazil Office.

preliminar para a compreensão da história de cinco momentos diferentes nos Estados Unidos, quando brasileiros e pessoas ligadas ao Brasil dedicaram tempo e energia consideráveis para instruir a população norte-americana sobre a situação socioeconômica e política do Brasil e influenciar os formuladores de políticas públicas dos Estados Unidos a implantar uma pauta progressista de política externa para o Brasil. Outras narrativas futuras inevitavelmente oferecerão diferentes interpretações, perspectivas e percepções sobre a história da solidariedade dos Estados Unidos com as forças democráticas brasileiras.

Primeiro momento: denúncia à ditadura (1969-1974)

Pode-se afirmar que a solidariedade dos Estados Unidos com forças democráticas brasileiras começou em 1969 com o deputado Márcio Moreira Alves, que acabara de ser destituído do cargo pelo Ato Institucional n.5. Quando era um jovem jornalista, Alves escreveu um livro, *Torturas e torturados*, que expôs a grave violação dos direitos humanos de militantes de esquerda no Nordeste logo após a tomada do poder pelos militares em 1964.[15] Em 1966, foi eleito ao Congresso e era um dos poucos membros mais radicais do Movimento Democrático Brasileiro (MDB), o novo partido de oposição formado no início de 1966, quando os militares proibiram todos os partidos políticos que existiam anteriormente. Um discurso tarde da noite no plenário da Câmara dos Deputados, em setembro de 1968, denunciando a invasão da Universidade de Brasília pelo governo militar e a tortura dos oposicionistas detidos levou a uma crise política em que os generais no poder insistiram na perda dos direitos políticos dele e de outro deputado. Uma votação subsequente inesperada por parte da maioria dos membros do Congresso (incluindo membros do partido do governo) para questionar o plano dos militares de expurgar dois críticos declarados do regime deu ao governo Costa e Silva (1967-1969) o pretexto para emitir seu quinto ato institucional, que fechou temporariamente o Congresso, limitou *habeas*

---

15 Alves, M. M. *Torturas e torturados*. 2.ed. Rio de Janeiro: P.N., 1967.

corpus, aumentou a censura e deu carta branca a diferentes forças do regime para levar a cabo a tortura e o desaparecimento sistemáticos de seus opositores mais radicais.[16]

Enquanto os generais no poder eliminavam todas as liberdades democráticas no país, Alves passou à clandestinidade e depois se exilou no Chile. De lá, apoiou esforços internacionais que denunciavam a ditadura e inclusive viajou a Washington, DC, em 1969 para se encontrar com o líder da maioria democrata no senado, Mike Mansfield, e com o senador Edward Kennedy, entre outros, visando lhes explicar a natureza dessa guinada cada vez mais autoritária do regime militar.[17] Embora o novo governo republicano de Richard M. Nixon (1969-1974) tenha suspendido temporariamente o auxílio econômico e militar dos Estados Unidos ao "reavaliar" o apoio oficial aos generais no poder, em maio de 1969 o governo norte-americano já havia retomado a assistência.[18] Além disso, em dezembro de 1971, Nixon recebeu calorosamente Emílio G. Médici, o terceiro general de exército a exercer a presidência, em visita oficial de Estado a Washington, DC, enquanto um pequeno grupo de ativistas brasileiros e norte-americanos organizava um protesto na Praça Lafayette, bem em frente à Casa Branca.[19]

Alves retornou a Washington, DC, em abril de 1970 para fazer lobby no congresso e para participar da segunda conferência da recém-formada Associação de Estudos Latino-Americanos (LASA, na sigla em inglês). Ele falou em uma reunião de acadêmicos e endossou uma resolução da LASA denunciando o apoio militar dos Estados Unidos à ditadura. Seu trabalho foi coordenado com um pequeno grupo de acadêmicos especializados no Brasil, que incluía o historiador Ralph Della Cava e o cientista político Brady Tyson, entre outros, que, junto com

---

16 Ver, por exemplo, a avaliação do governo dos Estados Unidos sobre o Ato Institucional n.5, telegrama n.14369, "Institutional Act No. 5", Rio de Janeiro a Washington, 16 dez. 1968, FRUS, caixa 1910.
17 "Chegada a Washington do ex-deputado Márcio Moreira Alves", telegrama n.12616, Washington a Brasília, 6 jun. 1969, SERE, DSI/DAS/500, IHA
18 "U.S.-Brazil Relationships", memorando para Walt W. Rostow, Casa Branca, 17 dez. 1968, FRUS, caixa 1900.
19 Brazilian Information Bulletin. Rap Brazilian Torture in Letter to General. *Brazilian Information Bulletin*, n.6, p.11, fev. 1971.

brasileiros exilados em Nova York, prepararam um dossiê denunciando a prática generalizada de tortura pelo regime. O objetivo era informar acadêmicos da América Latina, membros do congresso norte-americano e interessados em geral sobre a repressão política em curso no Brasil.[20]

Em 1971, Brady Tyson, professor da American University e ex-missionário que havia sido expulso do Brasil pela ditadura em 1966, organizou com Alves (que agora havia se exilado na Europa) e membros da Comissão de Relações Exteriores do Senado a realização de uma audiência especial de três dias no congresso sobre os programas de ajuda dos Estados Unidos à polícia brasileira. Liderada pelo senador Frank Church, democrata liberal do estado de Idaho, a audiência documentou como o governo norte-americano financiou e treinou policiais por meio da Agência dos Estados Unidos para o Desenvolvimento Internacional (USAID, na sigla em inglês) em um momento em que os generais no poder haviam autorizado os militares e a polícia a recorrer à tortura e à execução sumária de membros da resistência organizada ao regime militar.[21]

Outros "Amigos Americanos do Brasil", como eles chamavam seus esforços vagamente organizados, começaram a produzir o *Brazilian Information Bulletin*, que foi enviado a membros e funcionários do congresso, acadêmicos norte-americanos focados na América Latina e outros interessados em aprender mais sobre a realidade do Brasil sob a ditadura. O envio de cartas direcionadas aos editores dos principais veículos de imprensa e a publicação de artigos sobre o Brasil em jornais religiosos e de grande circulação ajudaram a disseminar informações sobre violações de direitos humanos, o que lentamente levou a uma noção generalizada da gravidade da situação política no Brasil entre políticos liberais, editores de jornais de destaque e aqueles que acompanhavam os acontecimentos internacionais.

---

20 "Entrevista à imprensa do ex-deputado Márcio Moreira Alves", Embaixada brasileira ao Itamaraty, telegrama n.3057, 19 abr. 1970, SERE 591.71 (22), IHA.
21 Comissão de Relações Exteriores do Senado, Subcomissão de Assuntos do Hemisfério Ocidental. *United States Policies and Programs in Brazil*: Hearing before the Subcommittee on Western Hemisphere Affairs of the Committee on Foreign Relations. 92ª legislatura, 1ª sessão, 4, 5, 11 maio 1971.

A partir de 1972, isso encorajou deputados e senadores a apresentar projetos de lei que tentavam cortar o auxílio econômico e militar à ditadura. Embora a legislação proposta não tenha sido aprovada, essas iniciativas abriram novas oportunidades para denunciar o apoio do governo Nixon ao regime militar.[22] Como resultado dessas atividades e de muitas outras organizadas nos Estados Unidos, em meados da década de 1970, formuladores de políticas públicas, jornalistas e pessoas bem-informadas compreenderam que os brasileiros estavam vivendo sob um regime autoritário que torturava, assassinava e fazia desaparecer oposicionistas.

Segundo momento: aberturas democráticas e solidariedade trabalhista (1975-1985)

Em 1974, Ernesto Geisel, o quarto general de exército escolhido por seus pares para assumir a presidência, anunciou uma distensão política criada para gradualmente renunciar ao poder de forma controlada, o que, entre outras questões, evitaria qualquer punição a funcionários do governo que haviam cometido graves violações de direitos humanos. Embora tenha sido uma iniciativa que veio de cima, o processo foi acelerado pela crise internacional do petróleo daquele ano e por uma surpreendente vitória eleitoral no Congresso do partido da oposição, o MDB. No ano seguinte, acadêmicos, clérigos e outros ativistas norte-americanos se manifestaram contra o assassinato do jornalista Vladimir Herzog enquanto ele estava detido.[23] Após a eleição do presidente Jimmy Carter, em 1976, eles pressionaram seu governo para que aplicasse a pauta de direitos humanos ao Brasil. O fato de Brady Tyson, importante defensor das forças democráticas no Brasil, ter ingressado no governo Carter como membro da equipe da missão dos Estados Unidos da ONU de 1977 a 1980 também abriu novas portas para articulações nos bastidores com oposicionistas no Brasil.[24]

---

22 *Congressional Record – House*, 3 ago. 1971, p.29119.
23 Morse, R. M.; Skidmore, T. E.; Stein, S.; Stepan, A.; Wagley, C. Brazil: The Sealed Coffin. *The New York Review of Books*, v.22, n.19, 27 nov. 1975, p.45.
24 Schoultz, L. The Carter Administration and Human Rights in Latin America. In: Graham, M. E. (Ed.). *Human Rights and Basic Needs in the Americas*. Washington, DC: Georgetown University Press, 1982, p.301-40.

Durante esse período, o movimento trabalhista, especialmente no cinturão industrial em torno da cidade de São Paulo, adotou uma postura dinâmica sob um grupo de novos líderes que incluía Luiz Inácio Lula da Silva, presidente do sindicato dos metalúrgicos de São Bernardo do Campo. Quando Lula assumiu a liderança de uma greve selvagem dos metalúrgicos na indústria automobilística em 1978, ela libertou anos de frustrações reprimidas dos trabalhadores, cujos salários não tinham acompanhado a inflação devido às políticas governamentais. Nos dois anos seguintes, sindicatos de todo o país entraram em greve exigindo salários mais altos e melhores condições de trabalho, culminando, em 1981, na condenação de Lula e outros líderes trabalhistas por violarem a Lei de Segurança Nacional.

Em resposta, um novo conjunto de participantes nos Estados Unidos se juntou a veteranos empenhados na organização de solidariedade trabalhista entre sindicatos norte-americanos e brasileiros. No final da década de 1970, o United Auto Workers (UAW), sindicato da indústria automobilística, estabeleceu contatos diretos com Lula e com a nova liderança sindical, mais militante. Stan Gacek, na época advogado trabalhista do United Food and Commercial Workers Union, sindicato da indústria alimentícia e do comércio, juntou-se ao UAW e à German Trade Union Confederation, confederação sindical alemã, "em uma delegação de solidariedade internacional que viajou a São Paulo em fevereiro de 1981 em apoio a Lula e outros líderes trabalhistas sendo julgados pela ditadura militar por seu papel na grande greve de trabalhadores automobilísticos e metalúrgicos de 1980".[25] Em 1982, o Superior Tribunal Militar brasileiro absolveu Lula e o outro réu. Pelo menos um observador desse período atribui a decisão em grande parte à pressão dos sindicatos internacionais, incluindo alguns dos Estados Unidos.[26]

Para essa solidariedade trabalhista, que foi o início, mas não a única atividade realizada por esses "amigos do Brasil", foram fundamentais os esforços de Margaret Keck e Larry Wright, entre outros, que formaram o Brazil Labor Information and Resource Center e coordenaram

---

25 Silverman; Gacek, op. cit., p.284-5.
26 Morais, F. *Lula, volume 1*: biografia. São Paulo: Companhia das Letras. 2021, p.386.

suas atividades nos Estados Unidos a partir de Washington, DC. Entre as muitas campanhas que organizaram, havia uma viagem de Lula aos Estados Unidos para se encontrar com dirigentes sindicais na capital do país. À medida que o Brasil avançava em direção à democracia com a saída dos generais do poder e a reorganização do movimento trabalhista brasileiro, incluindo a fundação da Central Única dos Trabalhadores (CUT), Keck, Wright e outros envolvidos perceberam que seu trabalho não era mais necessário. Keck lembrou: "Antes de 1983, não havia porta-voz oficial do movimento trabalhista brasileiro, então podia haver vozes *ad hoc* dizendo que estavam falando em nome dos brasileiros. Depois, havendo pessoas oficialmente designadas para isso, que foram eleitas, não nos sentíamos confortáveis em falar em nome dos brasileiros".[27] Wright acrescentou: "A parte mais difícil do nosso trabalho foi não termos uma posição formal em nenhum dos lados desse processo de construir pontes. Havia muitos laços de amizade e confiança, mas estava claro que, à medida que esse processo terminasse, nosso trabalho iria se encerrar e a CUT assumiria diretamente muitos dos contatos. Os novos departamentos internacionais [dos sindicatos] no país também iriam querer fazer seus próprios contatos diretos".[28] À medida que a transição de uma ditadura para uma democracia prosseguia, em meados da década de 1980, a necessidade e a motivação nos Estados Unidos para mostrar solidariedade com o Brasil pareciam diminuir.

Terceiro momento: justiça ambiental e socioeconômica (1987-1993)

No entanto, as questões socioeconômicas denunciadas pela primeira e segunda gerações de brasileiros exilados e ativistas de solidariedade em suas críticas ao regime militar não foram imediatamente resolvidas, como muitos esperavam, com o retorno a um regime democrático. As forças de esquerda, agrupadas em grande parte em torno do Partido

---

27 Margaret Keck, entrevistada pelo autor, 21 abr. 2003.
28 Larry Wright, entrevistado pelo autor, 21 abr. 2003.

dos Trabalhadores (PT), buscaram entrar na política eleitoral e impulsionar a mudança social. Contudo, forças contrárias, que tinham sido elementos-chave na transição controlada, permaneceram fortemente ligadas ao poder. Após a morte de Tancredo Neves, em 1985, que levou à presidência José Sarney, antigo aliado próximo do regime militar, os brasileiros viveram uma série de crises políticas e econômicas que não foram resolvidas pela primeira eleição presidencial direta desde 1960. O presidente Fernando Collor de Mello (1990-1992), que derrotou Lula no segundo turno da disputa de 1989, prometeu acabar com a corrupção no governo e implantar reformas econômicas, incluindo a privatização de indústrias estatais, mas suas medidas deixaram o país em ruínas. Cumprindo menos de três anos de mandato, ele deixou o cargo em dezembro de 1992, às vésperas de uma condenação por *impeachment* no Senado. Durante esse período tumultuado, novos movimentos sociais que haviam surgido no processo de transição pressionaram por uma expansão da pauta democrática, levantando questões referentes a meio ambiente, distribuição de terras a camponeses pobres e justiça socioeconômica e racial.

Foi nesse contexto que uma nova geração de ativistas nos Estados Unidos, que tinham ligações com o Brasil, junto com alguns veteranos do primeiro e do segundo momentos, formaram a Brazil Network. A antropóloga Linda A. Rabbin foi a primeira coordenadora da organização. Em uma carta a um grupo de pessoas na Inglaterra que cogitava formar uma organização semelhante, ela explicou que um "grupo de funcionários de ONGs e igrejas, a maior parte dos quais vivia na região do Meio-Atlântico (Nova York-Filadélfia-Washington, DC)" havia fundado a rede em meados de 1987, depois de aproximadamente trinta pessoas terem se reunido em dois encontros seguidos. Eles decidiram contratar Rabbin como funcionária de meio período para coordenar as atividades da rede, que incluíam a produção de um boletim informativo, publicado a cada seis semanas, mais ou menos, com notícias sobre o Brasil, principalmente sobre seus movimentos sociais.[29]

---

29 "Memorando" de Linda Rabbin, ex-coordenadora da Rede Brasil/Estados Unidos à diretora, Rede Brasil/Reino Unido, abr. 1991, arquivo do autor.

Como parte de um esforço para explicar a Rede Brasil à população, seus membros produziram um folheto simples que descrevia o contexto de sua formação:

> O Brasil atualmente é moldado por uma pobreza generalizada e pela violência correlata, por conflitos entre pessoas que precisam de terra para cultivar e grandes proprietários de terra que se opõem à reforma agrária, pela repressão do movimento trabalhista ao mesmo tempo que os trabalhadores tentam garantir um salário digno em uma sociedade na qual dois terços dos trabalhadores ganham menos de 100 dólares por mês, pela devastação da Amazônia e pela violência contra o povo indígena e seringueiros que lá vivem.[30]

Depois de apresentar esse panorama sombrio de alguns dos problemas do país, o folheto trazia uma análise esperançosa centrada na organização da sociedade civil por meio de um "movimento forte, diversificado e criativo em prol da democracia e da justiça social" com "milhares de organizações progressistas, compostas por trabalhadores urbanos e rurais, feministas, estudantes, intelectuais, indígenas e negros".[31]

O panfleto da rede então delineava quatro tarefas principais: *coalizões* entre o movimento brasileiro pela democracia e justiça e grupos norte-americanos que trabalhavam com questões semelhantes; *ligações* entre líderes de movimentos no Brasil e formuladores de políticas públicas nos Estados Unidos; *diálogo* entre líderes de movimentos do Brasil e a população nos Estados Unidos; e *instrução* da população norte-americana sobre o que "realmente" estava acontecendo no Brasil. Para atingir esses objetivos, a rede publicou um boletim – *Contact: The Newsletter of the Brazil Network*; organizou conferências e outros eventos com líderes de movimentos sociais brasileiros; respondeu a consultas sobre a situação no país; e criou um programa regular para rádios públicas sobre o Brasil. Além de um órgão de coordenação que supervisionava as operações diárias da rede, a organização convidou vários

---

30 "Brazil Network: Your link to Brazil", [s.d.], arquivo do autor.
31 Ibid.

brasileiros proeminentes envolvidos na mudança social para um conselho consultivo. Essas figuras incluíam o cardeal dom Paulo Evaristo Arns, de São Paulo, e Jaime Wright, da Igreja Presbiteriana Unida do Brasil, bem como representantes nos Estados Unidos da Federação Nacional da Vida Selvagem (NWF, na sigla em inglês), da Conferência dos Bispos Católicos dos Estados Unidos (USCCB, na sigla em inglês) e do Escritório de Washington para a América Latina (WOLA, na sigla em inglês).[32]

Entre 1988 e 1993, a Rede Brasil manteve cerca de 200 membros, a maior parte vivendo na costa leste dos Estados Unidos. Como Rabbin observou em um relatório sobre uma viagem ao Brasil, a mídia norte-americana dava pouca cobertura ao Brasil, e a crise econômica no país levou a uma redução de jornalistas e agências de notícias estrangeiros.[33] O *Contact* tentou preencher essa lacuna. Assim como o *Brazilian Information Bulletin*, produzido por exilados brasileiros e seus aliados entre 1970 e 1975, o boletim informativo veiculava trechos da grande imprensa, artigos de grupos de pensadores e de movimentos sociais brasileiros e notícias da organização.

Apesar de suas limitações financeiras, a Rede Brasil conseguiu ter uma presença robusta em Washington, DC. Ao aproveitar as visitas aos Estados Unidos de líderes proeminentes dos movimentos sociais brasileiros e de figuras públicas, ela podia copatrocinar eventos para alcançar estudantes e professores em universidades da região, bem como formuladores de políticas públicas. Essas apresentações públicas, para citar apenas um exemplo, incluíram palestras do ex-líder estudantil e preso político Jean Marc van der Weid, diretor executivo de consultores em projetos agrícolas alternativos, com copatrocínio do Fundo de Defesa Ambiental e da Federação Nacional da Vida Selvagem.[34] A rede ajudou a organizar uma delegação de lideranças indígenas da Aliança dos Povos da Floresta, liderada por Ailton Krenak e patrocinada pelo Fundo de Defesa Ambiental.[35] Em julho de 1991, ela também apoiou um

---

32 Ibid.
33 Rabin, L. Report on Brazil Trip, June 21-August 12, 1990, 28 ago. 1990, arquivo do autor.
34 *Contact*, v.III, n.8, 1 dez. 1990, p.7.
35 *Contact*, v.IV, n.3, 15 abr. 1991, p.5-6.

grande contingente de ativistas negros que visitou Atlanta, Washington, DC, e Nova York chefiado pela líder do PT, Benedita da Silva. Durante a visita, a delegação se reuniu com parlamentares, organizações negras e representantes da Federação Americana do Trabalho e Congresso de Organizações Industriais (AFL-CIO, na sigla em inglês), entre outras entidades, interessados em conhecer mais sobre o Brasil.[36]

Em suas reuniões nacionais semestrais, realizadas em diferentes cidades da costa leste, a rede também organizou apresentações para seus membros. Um desses eventos contou com a participação da feminista brasileira Jacqueline Pitanguy, que falou sobre o contexto político do movimento de mulheres,[37] da cientista política Maria Helena Moreira Alves, que discutiu a atual situação política, e da ativista negra e acadêmica Josefina da Silva, que delineou uma análise do racismo no Brasil e como combatê-lo.[38] O fato de três mulheres terem falado em uma reunião de membros em Boston em junho de 1990 refletiu o foco da rede em questões relacionadas a gênero, bem como a crescente proeminência das mulheres em papéis de liderança de movimentos por justiça social no Brasil.

Durante os cinco anos em que foi publicado, o boletim informativo *Contact* parece ter preenchido uma grande lacuna de informação. Ele era predominantemente direcionado a acadêmicos que estudavam o Brasil, funcionários de ONGs que tinham programas internacionais no Brasil e alguns brasileiros que viviam nos Estados Unidos. Conforme descrito no panfleto de divulgação da rede mencionado anteriormente, o boletim cobriu uma ampla gama de tópicos, com foco em meio ambiente, Amazônia, povos negros e indígenas, dívida externa e violações de direitos humanos, sobretudo envolvendo o assassinato do líder seringueiro Chico Mendes.

O fim da Rede Brasil em 1993 pareceu seguir o mesmo curso dos acontecimentos que o Brasil estava vivenciando. Muitos foram iludidos pelas possibilidades de verdadeiras transformações sociais durante o

---

36 *Contact*, v.IV, n.5, 1 ago. 1991, p.4-5.
37 *Contact*, v.III, n.3, 18 abr. 1990.
38 *Contact*, v.III, n.4, 1 jun. 1990.

governo Collor e desmoralizados pela crise econômica resultante que continuou sob seu sucessor, Itamar Franco, incluindo problemas de hiperinflação. Havia também uma sensação generalizada no Brasil de que seria muito mais difícil para o Partido dos Trabalhadores vencer as eleições nacionais e mais difícil para os movimentos sociais alcançarem alguns de seus objetivos básicos. Esses fatores podem ter pesado para os membros mais ativos da rede. Embora a organização pouco unida tenha reunido acadêmicos e ativistas comprometidos em apoiar a mudança social no Brasil e informar as pessoas nos Estados Unidos sobre a situação, parece ter havido uma falta de liderança que pudesse sustentar a organização durante sua contínua crise financeira e a situação desmoralizante no Brasil. E, assim, a rede chegou ao fim em 1994. No entanto, velhas e novas forças voltariam a se unir menos de dez anos depois da vitória eleitoral de Luiz Inácio Lula da Silva e do Partido dos Trabalhadores em 2002.

Quarto momento: apoio a um governo progressista (2003-2006)

A eleição de Lula em novembro de 2002 marcou uma mudança significativa na política brasileira, já que essa foi possivelmente a primeira vez que a esquerda, em seu sentido mais amplo, chegou ao poder desde que João Goulart assumiu a presidência, em 1961. Para muitos veteranos do movimento de solidariedade – incluindo este autor –, a eleição de Lula corria o risco de provocar uma política agressiva em relação ao Brasil por parte do governo George W. Bush, que se preparava para uma segunda invasão do Iraque após os ataques de 11 de setembro de 2001 às Torres Gêmeas, em Nova York, e ao Pentágono, em Washington, DC.

Entre o primeiro e o segundo turno das eleições presidenciais brasileiras de 2002, o autor se reuniu em São Paulo com Stanley Gacek, na época diretor-adjunto de assuntos internacionais e diretor para a região das Américas da AFL-CIO, maior entidade trabalhista norte-americana. Os dois concordaram em estabelecer uma rede nos Estados Unidos que pudesse oferecer solidariedade ao Brasil caso o governo Bush assumisse uma postura agressiva para com o novo governo Lula. A longa história de colaboração de Gacek com os sindicatos brasileiros, aliada ao histórico de ativista do autor e seus contatos acadêmicos com estudiosos nos Estados Unidos graças a sua atuação como presidente da Associação de Estudos Brasileiros (BRASA, na sigla em inglês), possibilitou reunir forças díspares interessadas em apoiar as políticas progressistas do novo governo. Gacek organizou uma reunião nacional na sede da AFL-CIO, em Washington, DC, a poucos quarteirões da Casa Branca, que ocorreu em 15 de março de 2003, mesmo dia de uma grande mobilização na capital do país contra a Guerra do Iraque.

Cerca de quarenta pessoas participaram da reunião, que durou um dia, incluindo especialistas no Brasil, representantes de diversas ONGs que trabalhavam com o Brasil e, muito importante, um grupo de brasileiros que vinha se organizando pelos seus direitos como imigrantes nos Estados Unidos. O encontro foi aberto pelo embaixador do Brasil, Rubens Barbosa, pela vice-presidente da AFL-CIO, Linda Chavez-Thompson, e por Ralph Della Cava e presidido por Gacek e pelo autor. Durante as deliberações, os participantes debateram como seria possível apoiar as forças de esquerda no Brasil. Alguns, incluindo o autor, avaliaram equivocadamente que o governo Bush ameaçaria a estabilidade do novo governo Lula, enquanto outros afirmaram que uma intervenção ativa era improvável.

Ao final da reunião, o grupo havia concordado em alguns pontos e proposto um nome para a recém-criada organização:

> A Brazil Strategy Network (BSN) é uma associação independente de acadêmicos, ativistas de organizações não governamentais, jornalistas, estudiosos, sindicalistas, grupos religiosos e outras organizações e indivíduos interessados que queiram apoiar as medidas progressistas do governo brasileiro do presidente Luiz Inácio Lula da Silva e dos movimentos sociais que trabalham pela justiça econômica e social no Brasil.[39]

O encontro também estabeleceu a missão da rede:

---

39 Green, J. N. Report of the BSN, 2003, arquivo do autor.

unir forças e desenvolver estratégias para 1) informar funcionários públicos e a população dos Estados Unidos sobre a atual situação no Brasil; 2) encorajar relatos precisos referentes a eventos sobre o Brasil na mídia; e 3) trabalhar para evitar políticas públicas norte-americanas que pudessem prejudicar a pauta progressista do novo governo e dos movimentos sociais do Brasil.[40]

Durante os seis meses seguintes, a BSN estabeleceu uma lista de correio dos afiliados, constituiu grupos de trabalho e começou a desenvolver projetos como a Nourish the New Brazil Campaign [Campanha Nutrir o Novo Brasil], que atuou em conjunto com a campanha Fome Zero, do governo brasileiro, que depois se tornou o programa Bolsa Família. Um segundo encontro nacional de acompanhamento foi realizado na cidade de Nova York em 20 de setembro de 2003, com a participação de cerca de cinquenta pessoas, incluindo um número considerável de brasileiros. Reconheceu-se que o ritmo das atividades da rede era mais lento do que o inicialmente previsto, em grande parte porque a Guerra do Iraque havia desviado a atenção dos progressistas, tirando-a do Brasil, e devido ao ritmo muito menos dinâmico do que muitos apoiadores de esquerda haviam inicialmente previsto das mudanças que estavam ocorrendo sob o novo governo brasileiro. No entanto, os participantes concordaram que a BSN conseguira reunir diferentes grupos, como os Amigos do Movimento Sem Terra (MST), além de brasileiros residentes nos Estados Unidos interessados em se debruçar sobre questões relacionadas ao Brasil. Como resultado dessa reunião e de outros esforços, representantes da BSN e ativistas brasileiros residentes nos Estados Unidos se reuniram com o presidente Lula enquanto ele participava de um encontro das Nações Unidas no final de setembro de 2003 para discutir como o governo do Brasil poderia melhorar seu apoio aos imigrantes brasileiros.[41]

---

40 Ibid.
41 Feldman-Bianco, B. Caminos de ciudadanía: emigración, movilizaciones sociales y políticas del Estado brasileño. In: Feldman-Bianco, N.; Sánchez, L. R.; Stefoni, C.; Martínez, M. I. V. (Orgs.). *La construcción social del sujeto migrante en América Latina*: prácticas, representaciones y categorías. Quito: Flacso, Sede Ecuador: Consejo Latinoamericano de Ciencias Sociales, Clacso: Universidad Alberto Hurtado, 2011, p.264.

Embora o grupo tenha realizado um terceiro encontro em Nova York, em 13 de novembro de 2004, ficou claro que, além do apoio aos Amigos do MST (que promoveu um encontro nacional no dia seguinte) e do trabalho com imigrantes brasileiros nos Estados Unidos, foi difícil sustentar a BSN. A visita amigável do presidente Lula à Casa Branca de Bush em 20 de junho de 2003 dissipou quaisquer receios de relações hostis entre os dois países.[42] Além disso, os organizadores descobriram que progressistas nos Estados Unidos consideravam que, desde que um governo de esquerda fora eleito no Brasil, o país estava no caminho certo e não precisava da solidariedade norte-americana. Apesar dos valentes esforços de Mark Langevin, cientista político e especialista no Brasil que se tornou organizador nacional em 2004 e promoveu um encontro nacional em Washington, DC, em 2006 na tentativa de revitalizar o movimento, a rede lentamente se dissipou em termos de energia e interesse.[43]

Talvez o maior legado desse período tenha sido o papel que os imigrantes brasileiros desempenharam na BSN. A primeira National Conference on Brazilian Immigration to the United States [Conferência Nacional sobre Imigração Brasileira para os Estados Unidos], realizada na Universidade de Harvard em março de 2005 e organizada por Clémence Jouët-Pastré, professora sênior de português, deu mais visibilidade à questão dos milhões de brasileiros que vivem nos Estados Unidos, muitos dos quais migraram durante as crises econômicas da década de 1980 e início da década de 1990. Os membros brasileiros da BSN também participaram ativamente da organização da Summit of Brazilian Leadership [Cúpula de Liderança Brasileira] nos Estados Unidos, realizada em Boston de 21 a 22 de novembro de 2005, para discutir "uma pauta comum de organização para imigrantes brasileiros nos Estados Unidos e uma rede de organizações comunitárias que representam os diversos interesses desses imigrantes".[44] Como veremos, ativistas veteranos envolvidos em

---

42 President Bush Welcomes Brazilian President to White House. Comunicado à imprensa, 20 jun. 2003.
43 *BSN National Newsletter*, v.1, n.3, nov. 2004.
44 Call for the Summit of Brazilian Leadership in the United States, [s.d.], arquivo do autor. Ver também Feldman-Bianco, op. cit., p.264.

grupos, coletivos e organizações em defesa dos imigrantes brasileiros nos Estados Unidos tornar-se-iam uma força mobilizadora fundamental na defesa da democracia no Brasil na segunda década do século XXI.

Quinto momento: defesa da democracia (2016-2023)

Dilma Rousseff, ex-ministra de Minas e Energia e da Casa Civil de Lula, além de sucessora escolhida a dedo, nunca havia concorrido a nenhum cargo quando foi apresentada na campanha eleitoral presidencial de 2010 como herdeira de Lula, após seu bem-sucedido período de oito anos no governo. Lula deixou a presidência com 80% de aprovação. O país parecia ter evitado a crise econômica mundial de 2008/2009, e, em 2010, Dilma Rousseff venceu por 12 pontos de diferença no segundo turno das eleições. No entanto, em 2012, a recessão global atingira o Brasil e essa crise coincidiu com uma série de mobilizações em junho de 2013. Os protestos começaram como uma campanha contra o aumento das tarifas de ônibus em São Paulo, mas rapidamente se espalharam por todo o país, com forças diversas e pautas diferentes. No início, os manifestantes exigiam que o governo cumprisse suas promessas eleitorais de melhoria dos serviços públicos – transporte, educação, saúde etc. –, mas também questionavam as prioridades de gastos do governo federal para financiar megaprojetos de construção para a Copa do Mundo e os Jogos Olímpicos. Embora estudiosos e observadores políticos ainda debatam as causas e a formação das mobilizações, a maioria concorda que elas começaram como protestos de jovens radicais e críticos de esquerda do Partido dos Trabalhadores (PT), porém rapidamente forças de direita que perceberam que o governo Dilma era politicamente vulnerável se apropriaram delas.[45] E, pela primeira vez desde o retorno à democracia, um pequeno mas crescente contingente de manifestantes defendia publicamente a ditadura militar.

---

45 Ver, por exemplo, Alonso, A. *Treze*: a política de rua de Lula a Dilma. São Paulo: Companhia da Letras, 2023.

Embora Dilma Rousseff tenha conseguido desviar das críticas contra seu governo e obter uma vitória de 3,3% sobre seu adversário nas eleições de 2014, a consolidação de um discurso de extrema direita e um movimento por seu *impeachment* se uniram às investigações da Lava Jato, lideradas pelo juiz Sérgio Moro, sobre supostos casos de corrupção do ex-presidente Lula, entre outros. Além disso, notícias diárias do envolvimento e prisão de executivos de grandes empresas privadas e estatais brasileiras em pagamentos de propina e outros esquemas fraudulentos, muitos dos quais incluíam aliados da coalizão do governo Dilma, corroeram a popularidade do PT.

A ameaça de *impeachment* de Dilma Rousseff gerou mobilizações internacionais, em grande parte lideradas por brasileiros que viviam na Europa e nos Estados Unidos, que forjaram pactos com aliados, especialmente partidos políticos de esquerda e acadêmicos em todo o mundo que estudavam o Brasil. A explosão no número e na variedade de atividades iniciadas em 2016 apenas nos Estados Unidos foi tão grande que é impossível resumir mesmo as atividades mais importantes na seção final deste ensaio. Em vez disso, concentrar-me-ei no trabalho realizado por brasileiros e seus aliados principalmente em Washington, DC, entre o *impeachment* de Dilma Rousseff em 2016 e as eleições de 2022.

Os cerca de 1,5 milhão ou mais de brasileiros que residem atualmente nos Estados Unidos vêm de diversas origens sociais e têm trabalhos variados. Um número relativamente pequeno mas significativo de brasileiros que vive em Washington, DC, trabalha nas agências multilaterais que operam na capital do país, estava empregado em outras áreas ou cursava pós-graduação. A maior parte dos brasileiros mais jovens concordava com a pauta geral da esquerda brasileira, mas restrições de visto e medo de problemas relacionados ao trabalho fizeram a maioria relutar em participar de protestos públicos. No entanto, no período que antecedeu a votação do *impeachment* na Câmara dos Deputados, em abril de 2016, os brasileiros que viviam na Europa e nos Estados Unidos apelaram a seus compatriotas ao redor do mundo para se mobilizarem em frente às embaixadas e consulados no dia 31 de março, aniversário da tomada de poder pelos militares em 1964. O objetivo dos protestos era denunciar o que os organizadores consideravam ser um golpe parlamentar contra a presidenta Dilma Rousseff com base em acusações de irregularidades fiscais que serviram de pretexto para destituí-la do cargo.

Em Washington, DC, jovens brasileiras atenderam ao chamado e organizaram um evento em frente à embaixada do país. Elas ficaram surpresas ao ver que mais de oitenta pessoas compareceram, dada a cautela normal da maioria dos brasileiros de esquerda que trabalhava ou estudava na região. A manifestação marcou a origem de um grupo que viria a ser conhecido como Brazilians for Democracy and Social Justice (BDSJ) [Brasileiros pela Democracia e Justiça Social]. Ele era composto quase inteiramente por brasileiros que viviam, trabalhavam e/ou estudavam na região de Washington, DC, e era liderado por mulheres, como a maioria das organizações focadas no Brasil e que surgiram a partir de 2016 nos Estados Unidos. Nos três anos seguintes, o BDSJ organizou diversos protestos e eventos, incluindo uma palestra pública na Universidade George Washington com o congressista assumidamente gay Jean Wyllys em 2016 e outras aparições públicas com a ex-presidenta Dilma em 2017, além de oposição a Bolsonaro nas eleições presidenciais de 2018.[46]

Ao mesmo tempo, membros do grupo procuraram forjar um relacionamento com o Centro de Pesquisa Econômica e Política (CEPR, na sigla em inglês), um grupo de pensadores progressista, que, entre outras atividades, colabora com deputados, senadores e seus assessores para gerar documentos, conhecidos como "cartas caros colegas", com o apoio de outros membros do congresso e geralmente dirigidos à Casa Branca, a uma agência federal ou a um representante estrangeiro do governo sobre uma política específica ou visando coletar informações. A primeira dessas cartas, datada de 26 de julho de 2016 e dirigida ao secretário de Estado John Kerry, continha a assinatura de 43 deputados. O texto levantou questões sobre a posição do governo dos Estados Unidos em relação ao *impeachment* de Dilma Rousseff, que seria votado em breve pelo Senado brasileiro. A carta dizia: "[...] em vez de mostrar preocupação com esses desenvolvimentos inquietantes, nosso governo deu sinais que poderiam ser interpretados como apoio à campanha de

---

[46] Juliana de Moraes Pinheiro, entrevistada pelo, 23 ago. 2023.

impeachment."⁴⁷ E continuava: "Como muitos brasileiros rotularam o processo de *impeachment* como um 'golpe' contra a presidenta eleita do país, é especialmente importante que as ações norte-americanas não sejam percebidas como apoio ao *impeachment*." Embora a carta revelasse uma voz pequena mas clara entre deputados apreensivos com as ameaças à democracia no Brasil, o governo Obama não deu atenção ao aviso.

Outra carta, de 18 de janeiro de 2017, assinada por uma dezena de membros do congresso, incluindo membros seniores do Comitê Judiciário da Câmara, do Congressional Progressive Caucus e do Congressional Black Caucus, foi endereçada ao embaixador brasileiro nos Estados Unidos. Ela mostrava preocupação com os acontecimentos recentes no Brasil, sob a presidência de Michel Temer, e instava o governo brasileiro a proteger os direitos humanos de manifestantes pacíficos e líderes de movimentos sociais, entre outros, incluindo o ex-presidente Lula.⁴⁸ Um ano depois, em resposta à condenação de Lula à prisão no início do período de eleições presidenciais, quando ele liderava as pesquisas, outra carta, apoiada por doze deputados, foi enviada à embaixada brasileira. Ela dizia: "Estamos extremamente preocupados com as crescentes evidências de violações flagrantes do direito de Lula ao devido processo legal e com o que parece ser uma campanha de perseguição judicial com motivação política".⁴⁹ Na época, a maior parte da grande mídia brasileira, bem como a imprensa internacional que cobria os acontecimentos no Brasil, abraçou sem criticar as acusações que o juiz Sergio Moro fez contra Lula; alguns anos depois, comunicações hackeadas entre Moro e o procurador Deltan Dallagnol revelaram um grave conluio para garantir a condenação de Lula.⁵⁰

---

47 "Letter to the Honorable John Kerry, Secretary of State, from Forty Congressional Representatives", 25 jul. 2016, arquivo do autor.
48 "Letter to Ambassador Sergio Silva do Amaral from Twelve Members of Congress", 18 jan. 2017, arquivo do autor.
49 "Letter to Ambassador Sergio Silva do Amaral from Twelve Members of Congress", 19 jan. 2018, arquivo do autor.
50 Martins, R. M.; Neves, R.; Demori, L. PQP. Matérias furadas na internet. *Intercept*, 11 mar. 2021. Disponível em: https://www.intercept.com.br/2021/03/11/lava-jato-mentira-de-internet-prender-lula-em-flagrante/. Acesso em: 5 jan. 2024.

O assassinato político da vereadora negra do Rio de Janeiro Marielle Franco, em 14 de março de 2018, e a prisão de Lula três semanas depois geraram outra carta, assinada por 29 deputados, apresentando "preocupações relativas aos assassinatos de ativistas brasileiros, às políticas antitrabalhadores do atual governo e à negação do direito ao devido processo legal ao ex-presidente do Brasil, Luiz Inácio Lula da Silva".[51] Ademais, às vésperas das eleições de 2018, o deputado da Califórnia Ro Khanna, acompanhado de mais de uma dezena de colegas progressistas na Câmara, enviou uma carta ao secretário de Estado Mike Pompeo instando-o a deixar claro ao governo brasileiro que os Estados Unidos consideravam inaceitáveis as posições e declarações do candidato brasileiro à presidência líder nas pesquisas, Jair Bolsonaro. A carta foi endossada pelas seguintes organizações: Centro de Pesquisa Econômica e Política (CEPR), Just Foreign Policy (JFP), Federação Americana do Trabalho e Congresso de Organizações Industriais (AFL-CIO, na sigla em inglês), Escritório de Washington para a América Latina (WOLA, na sigla em inglês), United Steelworkers e United Auto Workers. Ela dizia:

> Estamos extremamente preocupados com as crescentes ameaças à democracia, aos direitos humanos e ao Estado de direito no Brasil. Um extremista de direita chamado Jair Bolsonaro é o candidato que lidera as pesquisas para as eleições presidenciais, em 28 de outubro, e está se beneficiando de uma campanha eleitoral marcada por violência política e uma avalanche de notícias falsas e desinformação...[52]

---

51 "Letter to Ambassador Sergio Silva do Amaral from 29 Members of Congress", 25 jul. 2018. A carta recebeu o apoio das seguintes organizações: AFLCIO, American Federation of Teachers, Communication Workers of America, Center for Economic and Policy Research, Washington Office on Latin America, Brazilians for Democracy and Social Justice, United Food and Commercial Workers Union, United Automobile Workers, Center for International Policy Americas Program, Just Associates (JASS), Just Foreign Policy, Amazon Watch, United Steelworkers, Defend Democracy in Brazil (DDB-NY), Grassroots Global Justice Alliance, Friends of the Earth USA, National Family Farm Coalition, Latin America Working Group Education Fund, Coalition of Black Trade Unionists, Coalition of Black Trade Unionists e International Association of Machinists.

52 "Letter to Secretary of State Mike Pompeo from 12 Members of Congress", 26 out. 2018, arquivo do autor.

Nesse período, Andrew Miller, da Amazon Watch, e a Federação Americana do Trabalho e Congresso de Organizações Industriais (AFL-CIO), juntaram-se a Alex Main (CEPR), Erik Sperling (JFP) e Juliana de Moraes Pinheiro, Aline Piva, Maureen Turcatel, Bárbara Amaral e Veronica Slobodian (BDSJ) no apoio a essas cartas de deputados. A partir de 2019, Daniel Brindis, do Greenpeace, passou a se envolver com esse grupo de defensores de questões relacionadas ao meio ambiente. O trabalho dessas organizações progressistas em Washington, DC, estabeleceu a base para a criação de um escritório na capital do país focado inteiramente no Brasil.[53]

Conforme mencionado no início deste ensaio, a proposta de criação do que viria a ser o Washington Brazil Office (WBO) foi aprovada por unanimidade pelos 200 participantes da reunião de fundação da Rede nos Estados Unidos pela Democracia no Brasil (USNDB, na sigla em inglês) na Faculdade de Direito da Universidade de Columbia, em dezembro de 2018. A ideia de montar um escritório em Washington, DC, fazia parte da estratégia de incentivo às mobilizações ao redor do mundo contra o novo governo Bolsonaro e os esperados ataques aos movimentos sociais e às conquistas políticas da década anterior. Entretanto, somente após uma série de esforços bem-sucedidos de arrecadação de fundos em 2019 foi possível contratar Juliana de Moraes Pinheiro, pós-graduada em Estudos Internacionais pela American University e que trabalhara no Banco Interamericano de Desenvolvimento (BID) e na Comissão Interamericana de Direitos Humanos (CIDH, na sigla em inglês), como primeira diretora-executiva do Washington Brazil Office em fevereiro de 2020. O CEPR patrocinou o Projeto Brasil, como foi chamado, até que o escritório pudesse alcançar sustentabilidade econômica, estabelecer o *status* legal 501.C3 e se tornar uma organização independente.[54]

Entre as primeiras iniciativas do WBO estava a organização, em colaboração com a Amazon Watch, de uma delegação de três deputadas brasileiras para visitar Washington, DC, em fevereiro de 2020, convidadas pelas deputadas Ilhan Omar, de Minnesota, e Deb Haaland, do

---

53 Juliana de Moraes Pinheiro, entrevistada pelo autor, 23 ago. 2023.
54 Ibid.

Novo México. (Em 2021, Haaland seria nomeada pelo presidente Biden a primeira indígena secretária do Interior.) As deputadas Erika Kokay, do PT, Joenia Wapichana, da Rede, e Fernanda Melchionna, do PSOL, participaram de reuniões do congresso e de coletivas de imprensa, além de eventos com a Comissão Interamericana de Direitos Humanos (CIDH), o movimento trabalhista e universidades locais.[55] Parcialmente como resultado da visita, em maio de 2020, os deputados Hank Johnson, da Geórgia, e Deb Haaland, do Novo México, enviaram uma carta ao secretário de Estado norte-americano, Mike Pompeo, assinada por 54 membros do congresso, expressando graves preocupações referentes ao desprezo do presidente Bolsonaro pelos direitos das comunidades indígenas e negros, ao mesmo tempo que apelava ao governo dos Estados Unidos para colocar os direitos humanos como prioridade de seu relacionamento com o Brasil.[56] Um mês depois, a deputada Deb Haaland e dezoito de seus colegas divulgaram uma carta do congresso enviada a Rodrigo Maia, presidente da Câmara dos Deputados brasileira, opondo-se ao "PL da Grilagem", que ameaçava os direitos de indígenas às terras e milhões de hectares da Amazônia.[57]

A eleição de Joe Biden, em novembro de 2020, deu início a uma nova fase nas atividades do WBO. O aliado presidencial de Jair

---

55 "Report of Activities, February-July 2020", Washington Brazil Office, jul. 2020, arquivos do autor.

56 Escritório de Washington para a América Latina (Wola). 54 Members of Congress Stand in Solidarity with Indigenous and Afro-Brazilian Communities Amidst Human Rights Violations. Disponível em: https://www.wola.org/2019/05/54-members-of-congress-stand-in-solidarity-with-indigenous-and-afro-brazilian-communities-amidst-human-rights-violations/. Acesso em: 5 jan. 2024.

57 House Members Ring the Alarm Amidst Human Rights Violations in Brazil. Comunicado à imprensa, Jamie Raskin. Disponível em: https://raskin.house.gov/2020/6/house-members-ring-alarm-amidst-human-rights-violations-brazil. Acesso em: 5 jan. 2024. Outros esforços apoiados pelo WBO durante seus primeiros 18 meses de atividades incluíram uma carta do Comitê de Formas e Meios da Câmara se opondo a um acordo de livre comércio discutido pelos presidentes Trump e Bolsonaro em sua reunião presencial em Washington, DC, em março de 2019; duas cartas, uma em 2019 e outra em 2020, enviadas ao Departamento de Justiça dos Estados Unidos solicitando esclarecimentos sobre o envolvimento do governo norte-americano nas investigações da Operação Lava Jato; uma emenda à Lei de Autorização de Defesa Nacional se opondo à ampliação do Centro Espacial de Alcântara, que invadia territórios quilombolas; e quatro outros informes do congresso sobre temas diversos.

Bolsonaro nos Estados Unidos havia sido derrotado, e alguns observadores viram isso como um sinal de esperança de que o líder direitista brasileiro também poderia ser derrotado nas urnas, apesar de ainda ter apoio popular e controlar a máquina pública. Além disso, um ano antes, Lula havia sido solto da prisão, depois de cumprir 580 dias de pena, e, em abril de 2021, o Supremo Tribunal Federal anulou suas condenações, abrindo-lhe a porta para concorrer à presidência contra Bolsonaro. No entanto, a invasão do Capitólio dos Estados Unidos em 6 de janeiro de 2021 por apoiadores de Trump em uma tentativa de invalidar as eleições presidenciais norte-americanas foi um sinal nefasto para aqueles que entendiam que Bolsonaro buscava em Trump e em outros aliados próximos em Washington, como Steve Bannon, orientações sobre como fazer política no Brasil.

Em resposta ao novo panorama político nos Estados Unidos, o WBO, em colaboração com a Rede nos Estados Unidos pela Democracia no Brasil, preparou um *policy paper* [58] de 30 páginas intitulado "Recommendations on Brazil to President Biden and the New Administration" [Recomendações sobre o Brasil para o presidente Biden e o novo governo], que foi distribuído entre membros do congresso e grupos de pensadores em Washington. O documento também recebeu ampla cobertura na imprensa brasileira e nos noticiários na televisão. Ao longo de 2021, o WBO organizou informes para deputados e funcionários do seu gabinete e produziu o programa on-line "Diálogos pela Democracia", que reuniu especialistas sobre os Estados Unidos e o Brasil para discutir diversos temas relacionados às políticas do governo Bolsonaro.[59] Em meados de 2021, financiamentos da Open Society Foundations e de outros apoiadores permitiram ao WBO passar por uma reestruturação e expansão de suas atividades. Em fevereiro de 2022, Juliana de Moraes Pinheiro tirou licença acadêmica, mas continuou trabalhando

---

58 Trata-se de um documento que apresenta os resultados de uma pesquisa e, com base neles, recomendações a formuladores de políticas públicas.

59 Entre os participantes dos "Diálogos pela Democracia" estavam o ex-deputado e exilado político Jean Wyllys, Sônia Guajajara, que mais tarde foi nomeada ministra dos Povos Originários, e Fernando Haddad, candidato à presidência pelo PT em 2018, que posteriormente, 2023, foi nomeado ministro da Fazenda.

meio período como assessora de relações institucionais, e Paulo Abrão, advogado e importante ativista de direitos humanos, que recentemente havia sido secretário executivo da Comissão Interamericana de Direitos Humanos, assumiu o cargo de novo diretor-executivo do WBO. Iman Musa Jadallah, formada em Economia e História pela Universidade de Brown, foi contratada como especialista em assuntos públicos para continuar o trabalho do WBO com o congresso.

No final de 2021, o WBO criou o Observatório da Democracia, com foco nas eleições de 2022, começou a publicar um boletim informativo eletrônico semanal, patrocinou o podcast em inglês *Brazil Unfiltered* e deu início a um programa de pesquisa com um grupo de acadêmicos como o primeiro passo para se tornar um *think tank*. Mais importante ainda, iniciou conversas com organizações de movimentos sociais brasileiros para convidá-los a se filiar ao WBO como um veículo de apoio para a realização de atividades internacionais nos Estados Unidos visando promover seus objetivos. No final do ano, quase quarenta organizações haviam se juntado ao WBO, desde movimentos históricos de direitos humanos a associações ligadas aos movimentos negro, indígena, de mulheres, LGBTQIA+ e ambiental.[60] O WBO então organizou um lançamento oficial em janeiro de 2022 e publicou seu segundo relatório nacional, "Quatro temas cruciais para as eleições de 2022" em abril do mesmo ano.[61]

Durante os quatro anos em que ficou no cargo, Trump conseguiu polarizar o corpo político dos Estados Unidos. Sua negação dos resultados eleitorais de 2020 e a tentativa de golpe de Estado antes da e durante a invasão do Capitólio em 6 de janeiro de 2021 chocaram a nação e o mundo. O fato de que Bolsonaro parecia pretender seguir a cartilha de Trump, alegando que o sistema eleitoral brasileiro, com suas urnas eletrônicas, era falho e mobilizando seus apoiadores dentro das Forças Armadas e entre a população no geral, alarmou as forças democráticas dentro e fora do Brasil.

---

60 Washington Brazil Office. Report to the Board of Directors, 12 dez. 2022, arquivo do autor.
61 Id. The Brazil Report: Four Crucial Themes for the 2022 Elections, abr. 2022.

A esse respeito, membros-chave do governo Biden, que continuou enfrentando uma oposição hostil dos apoiadores de Trump no congresso dos Estados Unidos e entre a população, compreenderam o perigo que uma extrema direita semelhante no Brasil representava para eleições livres e justas no país. Já em 2021, a Casa Branca começou a enviar mensagens nos bastidores por meio da CIA às Forças Armadas brasileiras indicando que o governo Biden não apoiaria qualquer tentativa de subverter o processo democrático no Brasil.[62] Quando Bolsonaro sugeriu publicamente em diversas ocasiões que as Forças Armadas talvez precisassem proteger a nação contra possíveis fraudes eleitorais e repetiu sua falta de confiança no sistema eleitoral eletrônico em uma reunião de embaixadores estrangeiros em Brasília, a Casa Branca e o Departamento de Estado emitiram declarações públicas afirmando sua confiança no processo democrático brasileiro e na capacidade do país de realizar eleições livres e justas.[63] Tendo em vista que Lula liderava as intenções de voto em todas as pesquisas sérias em 2022, essa campanha meticulosa via mensagens de funcionários do governo dos Estados Unidos estava claramente sinalizando a Bolsonaro que, caso Lula ganhasse, como previam os analistas, o governo Biden opor-se-ia a qualquer esforço militar ou civil para anular o resultado das eleições. Em outras palavras, apesar da interferência de Washington nas eleições brasileiras no início da década de 1960 e de seu apoio ao golpe de 1964, quase 60 anos depois, o governo Biden, juntamente com líderes de todo o mundo, afirmava seu apoio à democracia brasileira.

No entanto, a escalada da retórica antidemocrática da direita no Brasil, a violência contra os apoiadores de Lula e as aberturas não tão sutis de Bolsonaro às Forças Armadas alarmaram as organizações de direitos humanos e da sociedade civil, incluindo as afiliadas ao WBO. Em resposta, o WBO criou uma delegação de representantes de dezoito organizações membros para visitar Washington, DC, em julho de 2022 em

---

62 Stargardter, G.; Spetalnick, M. CIA Chief Told Bolsonaro Government Not to Mess with Brazil Election, Sources Say. Reuters, 6 maio 2022.
63 Stott, M.; Pooler, M.; Harris, B. The Discreet U.S. Campaign to Defend Brazilian Elections. *Financial Times*, 21 jun. 2023.

parceria com o WOLA, o Atlantic Council, o CEPR, a Amazon Watch e a Action for Democracy.[64] O objetivo da missão era conversar com membros do congresso e representantes tanto da Casa Branca e do Departamento de Estado quanto da CIDH sobre a ameaça contínua à democracia no Brasil.

A missão tinha dois objetivos principais. Em primeiro lugar, apelou às autoridades norte-americanas para "se informarem sobre a situação no Brasil, onde o presidente da República, Jair Bolsonaro, põe em dúvida o sistema eleitoral e os resultados das urnas, atacando a independência dos poderes por meio de ações contra o Tribunal Superior Eleitoral e o Supremo Tribunal Federal".[65] Em segundo lugar, apelou a essas mesmas autoridades norte-americanas e a outras para que "se manifestassem, dentro de suas áreas de atuação e influência, reconhecendo a confiabilidade do sistema eleitoral brasileiro e a validade do resultado das urnas, independentemente do vencedor, em outubro de 2022". Entre as vinte reuniões organizadas que ocorreram em Washington, DC, a delegação se reuniu com o deputado Jamie Raskin, que liderou o segundo processo de *impeachment* contra Trump e atuou no comitê especial da Câmara dos Estados Unidos sobre o ataque de 6 de janeiro. A missão também se reuniu com o senador Bernie Sanders, que, junto com o senador Tim Kaine, apoiaria a resolução do Senado pedindo o fim de qualquer auxílio dos Estados Unidos ao Brasil caso os militares tentassem interferir no resultado das eleições. Na reunião de 26 de julho, Sanders declarou:

---

[64] As organizações que viajaram a Washington, DC, em ordem alfabética, foram: 342 Artes/342 Amazônia; Associação Brasileira de Lésbicas, Gays, Bissexuais, Travestis, Transexuais e Intersexos (ABGLT); Articulação dos Povos Indígenas do Brasil (Apib); Artigo 19; Comissão Arns; Conectas Direitos Humanos; Coordenação Nacional de Articulação das Comunidades Negras Rurais Quilombolas (Conaq); Geledés – Instituto da Mulher Negra; Greenpeace Brasil; Grupo Prerrogativas; Instituto Clima e Sociedade; Instituto de Referência Negra Peregum; Instituto Marielle Franco; Instituto Vladimir Herzog; Nave; Pacto pela Democracia; Transparência Internacional – Brasil; Uneafro; Voz das Comunidades.

[65] Washington Brazil Office. Sanders urges US to break ties with Brazil if Bolsonaro disrespects the elections. Comunicado à imprensa, 12 ago. 2022. Disponível em: https://www.braziloffice.org/press-releases/sanders-urges-us-to-break-ties-with-brazil-if-bolsonaro-disrespects-the-elections. Acesso em: 5 jan. 2024.

O que ouvi [da delegação] infelizmente me parece muito familiar devido aos esforços de [Donald] Trump e seus amigos para minar a democracia norte-americana. Não estou surpreso que Bolsonaro esteja tentando fazer o mesmo no Brasil. Realmente esperamos que o resultado das eleições [brasileiras] seja reconhecido e respeitado e que a democracia de fato prevaleça no país.[66]

Nos meses seguintes, o WBO organizou a publicação de uma declaração internacional em apoio à democracia no Brasil, em ação coordenada com a USNDB, o Common Action Forum, a Rede Europeia pela Democracia no Brasil e o Coletivo Passarinho, a qual foi assinada por artistas, intelectuais e políticos de destaque.[67] O texto apoiava um grupo de 31 deputados e oito senadores, que enviaram uma carta em 9 de setembro de 2022 ao presidente Biden lhe pedindo que deixasse "inequivocamente claro a Bolsonaro, ao seu governo e às forças de segurança que o Brasil ficará isolado dos Estados Unidos e da comunidade internacional de democracias se houver tentativas de subverter o processo eleitoral do país".[68] O WBO também participou de uma delegação internacional que acompanhou o processo eleitoral no Brasil e fez uma cobertura ao vivo na noite do primeiro e segundo turnos da eleição. Conforme a delegação havia solicitado a Washington em julho de 2022, o presidente Biden telefonou para parabenizar o presidente Lula pela vitória nas eleições menos de uma hora após o anúncio dos resultados oficiais.[69]

---

66 Ibid.
67 Os nomes incluíam o músico britânico Roger Waters, ex-membro do Pink Floyd; o ator norte-americano Danny Glover; os filósofos Michael Löwy e Noam Chomsky; Anne Hidalgo, prefeita de Paris; Pablo Iglesias, antigo vice-presidente da Espanha; e Estela de Carlotto, presidente da associação Abuelas de Plaza de Mayo.
68 Washington Brazil Office. US Congressmen Urge Biden to Press Bolsonaro for Democracy. Comunicado à imprensa, 9 set. 2022. Disponível em: https://www.braziloffice.org/press-releases/us-congressmen-urge-biden-to-press-bolsonaro-for-democracy. Acesso em: 5 jan. 2024.
69 Waldron, T. Biden Quickly Congratulates Leftist Lula on Victory in Brazil Presidential Election. *Huffington Post*, 31 out. 2022.

Cinquenta e cinco anos de solidariedade internacional...

FIGURA 22 – Delegação do Escritório Brasil em Washington (WBO) em reunião em Washington, DC, em julho de 2022, com o Congressista Jaime Raskin para discutir ameaças às eleições brasileiras e à democracia no Brasil. Cortesia do Escritório Brasil em Washington.

No entanto, tal como nos Estados Unidos, os apoiadores de Bolsonaro não aceitaram os resultados das eleições, inicialmente bloqueando estradas em todo o país e depois acampando em frente a quartéis do Exército e exigindo que os militares interviessem para anular os resultados das urnas. Uma semana após a posse do presidente Lula, em 1º de janeiro de 2023, os telespectadores da tarde de domingo ficaram chocados ao acompanhar ao vivo a cobertura dos jornais sobre a invasão da Praça dos Três Poderes. O governo Biden imediatamente emitiu uma nota condenando a tentativa de golpe de Estado.[70] Três dias depois, sessenta legisladores norte-americanos e brasileiros divulgaram uma declaração conjunta na qual condenavam os "membros autoritários e antidemocráticos da extrema direita", referindo-se aos ataques ao Capitólio dos Estados Unidos em 6 de janeiro de 2021 e aos três poderes do governo brasileiro em Brasília em 8 de janeiro de 2023. Eles também afirmaram:

---

70 "Biden Condemns 'Assault on Democracy' in Brazil. Reuters, 9 jan. 2023.

"Não é segredo que agitadores de extrema direita no Brasil e nos Estados Unidos estão coordenando esforços", citando reuniões entre o deputado brasileiro Eduardo Bolsonaro e ex-assessores de Donald Trump, como Jason Miller e Steve Bannon, que "encorajaram Bolsonaro a contestar o resultado das eleições no Brasil".[71]

Enquanto em 1964 o governo Johnson apoiou a derrubada do governo Goulart, desta vez o governo Biden e muitos membros do congresso norte-americano estavam do lado certo da história, em grande parte devido às experiências traumáticas tanto da presidência de Trump como da insurreição de 6 de janeiro que quase anulou o resultado das eleições presidenciais dos Estados Unidos de 2020, mas também em parte devido à pressão de organizações da sociedade civil brasileira. Apesar dos interesses geopolíticos e econômicos divergentes que possam existir entre os dois países, a ameaça de uma tomada de poder quase fascista nos Estados Unidos sensibilizou os formuladores de políticas externas norte-americanos, fazendo a prática coincidir com a retórica. Dado o relacionamento próximo de longo prazo entre os militares brasileiros e o governo dos Estados Unidos, podemos presumir que as mensagens de Washington fizeram um setor das Forças Armadas parar antes de se comprometer com um golpe para anular o resultado das eleições. Embora o WBO não tivesse canais diretos com o governo Biden para influenciar ou moldar sua política em relação às eleições, suas articulações no congresso no período que antecedeu a votação certamente reforçaram a diplomacia da Casa Branca. Relatos de suas atividades em Washington, DC, muitos dos quais amplamente cobertos pela imprensa brasileira, também encorajaram forças pró-democracia no Brasil, dado o peso dos Estados Unidos no cenário internacional.

Com o passar do tempo, historiadores, cientistas políticos e outros observadores poderão avaliar melhor até que ponto a solidariedade internacional com as forças democráticas no Brasil, sobretudo movimentos

---

[71] Washington Brazil Office. In an Unprecedented Action, Lawmakers from BRAZIL and the US Unite Against Attacks on Democracy. Comunicado à imprensa, 11 jan. 2023. Disponível em: https://www.braziloffice.org/press-releases/in-an-unprecedented-action-lawmakers-from-brazil-and-the-us-unite-against-attacks-on-democracy. Acesso em: 5 jan. 2024.

sociais e organizações da sociedade civil, desempenhou um papel na prevenção de um golpe militar de Estado em 2023. Nesse sentido, será importante avaliar o trabalho realizado em Washington, DC, aliado a atividades nos Estados Unidos lideradas por imigrantes brasileiros, estudiosos do Brasil e ONGs. A partir de uma perspectiva subjetiva (e possivelmente tendenciosa) de alguém que estudou a história das relações entre Estados Unidos e Brasil durante e depois da ditadura militar e que atua como um protagonista de longa data em ações de solidariedade, as campanhas do WBO em 2022 (juntamente com o trabalho realizado em todo o país desde 2016), bem como as denúncias de tortura e repressão nos anos 1970, a solidariedade trabalhista dos Estados Unidos com sindicatos brasileiros no início da década de 1980 e o apoio a movimentos sociais no final dessa década estão entre os esforços mais bem-sucedidos de solidariedade internacional com o Brasil dos últimos 55 anos.

Parte VI
Revoluções dentro das revoluções

Brazilian Military Dictatorship
James N. Green
Spring 2019

Hist 1967L Sec. 01
Politics and Culture under the Brazilian Military Dictatorship, 1964-85
Dr. James N. Green   Office Hours:
Seminar: Mon. 3:00-5:20 Barus & Holley 157   Tues. 10-12:00
E-mail: James_Green@brown.edu   59 Charlesfield St., Room 101

This seminar focuses on the political, social, economic, and cultural changes that took place in Brazil during the dictatorship that ruled the country from 1964 to 1985. We will examine the context in which the generals took power; the role of the U.S. government in backing the new regime; the political, social, economic, and cultural transformations that took place during this period; and the process that led to redemocratization.

This is going to be a fun *and* an extremely challenging seminar. Join us if you want to delve into the reality of Brazil during the dictatorship, use your creative energies, expand your intellectual horizons, read intensely and critically, view films analytically, carry out interesting research, and write elegant prose. Otherwise, I would suggest you not take this course. You **must** to do **all** of the readings prior to the seminar (an average of 200 pages per week), participate in **all** seminar sessions, lead seminar discussions, view six films outside the classroom, write short reflections on the films, view screenings of two films at the Brazil Initiative Film Series, attend at least two Brazil Initiative events about contemporary Brazil, and write a final research paper based on Opening the Archives documents. **You cannot get an A in this class unless you excel in all aspects of the seminar.**

FIGURA 23 – Programa do seminário da Universidade Brown, "Política e cultura durante a ditadura militar brasileira". Arquivo do autor.

Introdução

Revoluções dentro das revoluções

Em um ano na Universidade Brown, geralmente ministro um curso introdutório para vários alunos sobre a história do Brasil no primeiro semestre do ano acadêmico e depois um curso para cerca de uma dúzia de alunos intitulado "Politics and Culture during the Brazilian Military Dictatorship" [Política e cultura durante a ditadura militar brasileira] no segundo semestre. O primeiro curso é aberto a qualquer um que tenha interesse em aprender sobre os cinco séculos de história do Brasil, ao passo que o segundo é voltado para estudantes que tenham algum conhecimento prévio sobre o país, seja por já terem feito algum curso sobre o tema ou pelo fato de sua história pessoal ou familiar ter relação com o Brasil. A maioria dos alunos que faz o curso tem uma curiosidade intelectual e romântica sobre o regime militar e a radical oposição aos generais no poder. Entretanto, como apontei nesta introdução, muitos começam tendo pouco ou nenhum conhecimento sobre a história do país durante a ditadura, com algumas raras exceções.

Ao longo dos anos, embora nunca haja mais do que algumas dezenas de alunos brasileiros estudando na Universidade Brown ao mesmo tempo, surpreendentemente mais de meia dúzia tem uma relação pessoal direta com a oposição radical ao regime militar. A tia-avó de um aluno brasileiro participou da mesma organização revolucionária que Dilma Rousseff. O primo e a esposa do primo de outro aluno, que atuaram em uma guerrilha diferente, foram mortos pela polícia. O avô de um dos estudantes desapareceu durante o regime militar, e sua avó e sua mãe foram forçadas a fugir para Cuba. Outro estudante tinha um tio-avô que foi um importante jornalista da oposição e deputado, tendo perdido seus direitos políticos em 1968, ao passo que a avó de seu primo de segundo grau, também aluno da Universidade Brown, era opositor do regime militar nos Estados Unidos. Os pais de outro estudante estiveram ativamente envolvidos no movimento estudantil nos anos finais da ditadura. Alguns dos meus alunos na Universidade Brown vêm de famílias proeminentes, ao passo que outros são de classe média. Tendo em vista que apenas cerca de 5 mil pessoas de fato pegaram em armas contra o regime nos anos 1960 e no início da década de 1970 – embora alguns milhares tenham oferecido apoio logístico a eles e dezenas de milhares tenham participado de diversas outras formas de oposição ao regime militar –, é de fato impressionante que tantas relações com esse período tenham surgido enquanto eu lecionava sobre a ditadura na Universidade Brown.

Um dos fenômenos que examinamos quando estudamos a natureza do regime militar são as mudanças culturais que estavam ocorrendo no Brasil durante esse período e como elas afetaram as ideias da esquerda brasileira, principalmente da oposição radical. Isso inclui o surgimento de novas ideias sobre gênero e sexualidade que iam de encontro às noções tradicionais presentes na sociedade brasileira, desde discursos médico-legais conservadores e ensinamentos católicos moralistas sobre homossexualidade até conceitos marxistas revolucionários sobre a suposta decadência burguesa de relações eróticas entre pessoas do mesmo sexo e uma *performance* de gênero não normativa.

Essa tensão se tornou um de meus principais interesses de pesquisa depois que me deparei com o assunto ao entrevistar Ivan Seixas, ex-preso político, sobre a defesa de seu caso por parte da Anistia Internacional. Em um comentário tangencial sobre suas experiências de encarceramento, ele me contou a história de dois militantes revolucionários que tiveram relações sexuais na prisão, o que causou um escândalo entre outros ativistas de esquerda que estavam presos. "'Quem é o macho que quer me matar?': homossexualidade masculina, masculinidade revolucionária e luta armada brasileira nos anos 1960 e 1970" investiga como a oposição radical ao regime militar lidou com essa prática sexual historicamente marginalizada e com construções de gênero não normativas entre seus participantes. O artigo ganhou três prêmios acadêmicos: o Prêmio Joseph T. Criscenti de Melhor Artigo do Conselho da Nova Inglaterra para Estudos Latino-Americanos, o Prêmio Audre Lorde do Comitê para História Gay e Lésbica da Associação Histórica Americana de melhor artigo publicado sobre história lésbica, gay, bissexual, transgênero e/ou *queer* e o Prêmio Carlos Monsiváis de Ciências Sociais do Setor de Estudos de Sexualidade da Associação de Estudos Latino-Americanos (LASA, na sigla em inglês).

Em uma tentativa de extrapolar essa anedota sobre amantes encarcerados para um artigo, busquei diversas fontes. Entre elas estavam dois trabalhos semiautobiográfico sobre Herbert Daniel, que havia decidido reprimir seus incipientes desejos homossexuais para se juntar a uma organização revolucionária em 1967.[1] "Herbert Daniel: política, homossexualidades e masculinidades no Brasil nas últimas décadas do século XX" apresenta um breve panorama de sua vida e as estratégias que ele usou para lidar com seus desejos sexuais e com as restrições socioculturais que encontrou enquanto líder revolucionário de guerrilha.

Embora sejam relativamente poucos, os sobreviventes da luta armada produziram um número considerável de memórias, histórias, peças e filmes, incluindo um longa-metragem indicado ao Oscar, *O que é isso, companheiro?*, baseado no relato do ex-revolucionário Fernando Gabeira sobre o sequestro do embaixador norte-americano em 1969 com o intuito de obter, em troca, a liberação de quinze presos políticos. Visto que um dos panos de fundo do filme são as relações entre Estados Unidos e Brasil durante o período, utilizei a obra em meus cursos

---

1 Daniel, H. *Passagem para o próximo sonho*: um possível romance autocrítico. Rio de Janeiro: Codecri, 1982; id., *Meu corpo daria um romance*. Rio de Janeiro: Rocco, 1984.

de história brasileira, apesar das imprecisões históricas do roteiro e das escolhas problemáticas feitas pelo diretor ao narrar o fato.

Quando me pediram que escrevesse um ensaio sobre o filme para uma coletânea de artigos sobre retratos da América Latina no cinema, decidi que queria compará-lo a outro longa-metragem, *Marighella*, que também retrata a luta armada no Brasil na década de 1960. "Sequestros de diplomatas e política revolucionária no Brasil autoritário: a história de dois filmes, *O que é isso, companheiro?* e *Marighella*" analisa como os dois filmes promovem uma interpretação semelhante da oposição violenta à ditadura por parte da esquerda revolucionária. Embora obras cinematográficas, como outras formas criativas de expressão, reflitam uma interpretação sobre determinado assunto, o poder desse meio tende a criar imagens duradouras que influenciam fortemente a maneira como espectadores que não conhecem determinado período da história imaginam o que nele ocorreu. O artigo busca desconstruir a glorificação da luta armada da forma como ela tem sido retratada por historiadores, escritores e cineastas ao longo dos últimos trinta anos.

"Quem é o macho que quer me matar?": homossexualidade masculina, masculinidade revolucionária e luta armada brasileira nos anos 1960 e 1970[1]

No início de 1972, Carlos e Mário, membros de um pequeno grupo revolucionário brasileiro, foram condenados a vários anos de prisão por atividades subversivas.[2] Como muitas outras organizações radicais de esquerda, o grupo entrou em colapso no início de 1970, durante a sistemática campanha governamental para rastrear e eliminar a resistência armada ao regime militar. Enquanto cumpriam pena na prisão de Tiradentes, no estado de São Paulo, Carlos e Mário dividiam a mesma cela. Entre os presos políticos de diferentes organizações revolucionárias que estavam naquela prisão, havia rumores de que a dupla estava tendo relações sexuais. "Foram automaticamente isolados, como se tivessem tido um comportamento inadequado", lembrou Ivan Seixas sobre o

---

1 Green, "Quem é o macho que quer me matar?": Homossexualidade masculina, masculinidade revolucionária e luta armada brasileira dos anos 1960 e 1970, *Revista Anistia Política e Justiça de Transição*, no. 8 (julho/dezembro 2012). Brasília: Ministério da Justiça, 58-93. Este artigo é uma tradução de "'Who Is the Macho Who Wants to Kill Me?': Male Homosexuality, Revolutionary Masculinity, and the Brazilian Armed Struggle of the 1960s and 1970s". *Hispanic American Historical Review*, v.92, n.3, p.437-69, ago. 2012. Meus agradecimentos a Moshe Sluhovsky por sua valiosa assistência editorial. Tradução pela equipe da *Revista Anistia Política e Justiça de Transição* sob supervisão técnica de Marcelo Torelly.

2 A pedido de Carlos, utilizei um nome diferente para esconder sua identidade.

Escritos de um viado vermelho

FIGURA 24 – O governador de São Paulo Laudo Natel durante visita na ala de presos políticos do Presídio Tiradentes, 27 ago. 1971. Arquivo Público do Estado de São Paulo.

evento cerca de trinta anos mais tarde. Na época, Seixas também estava cumprindo pena por seu envolvimento em atividades de luta armada. Foram tratados "como se fossem doentes", acrescentou Antônio Roberto Espinosa, outro preso político e ex-líder revolucionário que cumpriu na mesma cela durante o começo da década de 1970.[3]

No início, Carlos e Mário negaram os rumores do caso, mas depois decidiram admitir abertamente que estavam tendo um relacionamento e deixaram que os outros presos políticos enfrentassem a notícia. A intenção do casal em assumir as relações sexuais provocou uma intensa discussão entre os diferentes grupos que mantinham uma aparência de disciplina, estrutura organizacional e coesão interna durante o encarceramento. Para muitos dos guerrilheiros presos e outros revolucionários, o relacionamento homossexual gritante de Carlos e Mário representava

---

3 Ivan Seixas e Antônio Roberto Espinosa, entrevistados pelo autor, 1 abr. 2004, São Paulo.

um comportamento "contrarrevolucionário". A pergunta era: o que os diferentes grupos revolucionários naquela prisão deveriam fazer sobre a questão? De acordo com Ivan, um membro de uma das tendências políticas que permaneceram organizadas dentro da cadeia propôs que os dois homens que tiveram relações sexuais deveriam ser condenados à morte.[4] Um debate clandestino se seguiu entre os prisioneiros. Eles devem ser mortos? Quem deve fazer isso? Como deve ser feito?[5]

A ameaça de realizar um "justiçamento" (julgamento e execução sumária) não era descartada. Nesse período, camaradas de prisão executaram pelo menos quatro membros de grupos de luta armada sob acusações de traírem suas organizações, embora nenhuma dessas execuções tenha ocorrido na prisão.[6] José Carlos Giannini, membro da Ação Libertadora Nacional (ALN) e depois da organização dissidente Movimento de Libertação Popular (Molipo), relembrou o processo que levou à execução sumária de Márcio Leite de Toledo por membros de sua organização. De acordo com Giannini,

> [u]ma das questões que apressaram a ruptura [dentro da ALN] foi o justiçamento de um dos militantes da organização, que já tinha sido até da direção nacional. Ele começou a questionar as formas como estavam sendo encaminhadas as coisas, a própria proposta [guerrilheira] e, num certo momento, resolveu sair da organização. A organização alegava que ele estava sofrendo um processo de desestruturação e que, portanto, a qualquer momento, ele podia se entregar e fazer um acordo com a polícia, abrindo uma grande quantidade de informações. Então, não se encarou como um processo de divergência política, mas como um "desbunde" dessa cara. Ninguém aceitou isso, no nosso grupo.[7]

---

4 Ivan Seixas não quis revelar o nome da organização cujo membro propôs a execução sumária.
5 Ivan Seixas, entrevistado pelo autor, 13 nov. 2002, São Paulo.
6 Gorender, J. *Combate nas trevas*. São Paulo: Editora Ática, 1998, p.278-83. Marcelo Ridenti, um historiador da luta armada brasileira, cita outros exemplos de "justiça revolucionária" (justiçamentos) realizada pela esquerda. Ridenti, M. *O fantasma da revolução brasileira*. 2.ed. rev. e amp. São Paulo: Editora Unesp, 2010, p.270-3.
7 Apud Ridenti, op. cit., p.272.

Na época, o termo "desbunde" significava abandonar a luta e voltar a um estilo de vida de sexo, drogas e talvez até mesmo *rock and roll*.[8] A expressão tem até uma conotação parcialmente sexual incomum, por derivar da palavra "bunda", ou nádega, que tem um tom erótico na linguagem popular e até mesmo uma possível associação com as relações homossexuais.[9] Sair de um estado de graça revolucionário, abandonando a luta, ou, no caso de Carlos e Mário, engajar-se em relações homossexuais, merecia expulsão e, na pior das circunstâncias, até mesmo execução.

De acordo com Seixas, Carlos e Mário, por fim, receberam a notícia sobre um possível justiçamento. Percebendo que a situação estava se tornando crítica, Carlos solicitou seus arquivos da Justiça Militar (Auditoria Militar) e juntou cópias de todos os documentos lá disponíveis. Eles incluíam declarações assinadas após sessões de tortura detalhando a informação que o prisioneiro havia "confessado" a seus interrogadores. De acordo com Seixas, Carlos foi destemido para a área da prisão onde se alojavam os presos políticos que defendiam a sua execução, pronto para uma luta. Foi até o lado direito da cela dos prisioneiros que o tinham ameaçado com "justiça revolucionária", apontou para cada um deles e gritou:

> "Quem é o machão que vai me matar? Eu quero saber, porque eu conheço a vida de todos vocês. Você abriu isso, isso e isso. Você falou isso. Você entregou fulano. Tá aqui o meu depoimento." E jogou os papéis na cara deles. "Vê se vocês encontram alguém que caiu por minha causa. Vê se eu traí! Vê se eu sou traidor. A minha opção sexual não me impediu de ter um comportamento revolucionário. E vocês, machões, foram os que entregaram."[10]

De acordo com Seixas, a veemência com que Carlos lançou dúvidas sobre a virilidade revolucionária de seus potenciais executores silenciou as ameaças.

---

8 Gabeira, F. *O crepúsculo do macho*. Rio de Janeiro: Codecri, 1980, p.125.
9 Green, J. N. O desbunde e a política no Brasil nos anos 60 e 70. Documento apresentado na reunião da Associação de Estudos Latino-Americanos (Lasa), Rio de Janeiro, 2009.
10 Ivan Seixas, entrevistado pelo autor, 13 nov. 2002, São Paulo.

Então foi uma loucura, um puta mal-estar, não sabia o que fazer, o cara tornou político um negócio de ponto de vista moral fantasiado, travestido de ideologia, na realidade era moralista, e ele desmontou o negócio, dizendo: "Se vai me matar, que seja já, e vai ter que enfrentar uma bicha muito decidida a se defender. Não vai ser assim não. Quero ver se tem macho para me enfrentar. Enfrentei a repressão, enfrento qualquer macho aqui. Sou viado mesmo, sou bicha, mas ninguém tem nada a ver com isso. Quem quiser vai ter que me enfrentar, porque não vou morrer feito uma galinha, não. Quero deixar bem claro isso. Mas quero ver qual dos machões aqui que entregou tudo vai matar uma bicha que teve coragem de enfrentar a ditadura. Vocês não tiveram, e eu tive..." E acabou a conversa, desconversaram.[11]

De acordo com Seixas, após esse confronto, a ideia de executar Carlos se evaporou, e aqueles que tinham falado de um possível justiçamento simplesmente o deixaram em paz.

Este artigo estuda as tensões entre os desejos sexuais não normativos de membros da esquerda revolucionária brasileira e as organizações às quais eles pertenciam. O artigo considera a dinâmica interna das organizações marxistas radicais do final dos anos 1960 e início dos anos 1970. O objetivo é entender como os jovens revolucionários brasileiros, que foram presos por suas ideologias políticas da época – e pelo desejo por seus companheiros ou outras pessoas do mesmo sexo –, conseguiram enfrentar a situação, diante do emaranhado de autodúvida e aversão, confusão, hostilidade clara, rejeição e possivelmente até mesmo uma execução sumária.

É uma história complexa, na qual alguns membros de grupos revolucionários receberam o apoio de seus companheiros de luta quando discutiram discretamente seus desejos sexuais, enquanto outros meticulosamente esconderam suas orientações sexuais por medo do ostracismo. O episódio contado por Seixas sobre a possível implementação de uma "justiça revolucionária" baseada em preceitos morais vagos de comportamento "contrarrevolucionário" é o exemplo mais dramático

---

11 Ibid.

da constelação de reações à homossexualidade masculina. As atitudes variavam de tolerância benigna, ou até mesmo empatia, por parte de alguns, até a marginalização pela maioria, e, em um caso, inclusive uma possível ameaça de morte. Como um todo, no entanto, a esquerda revolucionária considerava a homossexualidade um comportamento sexual "inapropriado" e inaceitável.

A relação entre a política latino-americana de esquerda e a política sexual no final do século XX continua a ser um tema relativamente inexplorado. A literatura nos Estados Unidos é mais extensa. Os estudiosos que têm investigado as origens do movimento de gays e lésbicas nos Estados Unidos identificaram uma estreita ligação entre os militantes da esquerda e os principais fundadores desse movimento.[12]

Inclusive, Harry Hay e outros membros fundadores da Sociedade Mattachine, a primeira organização de direitos dos homossexuais nos Estados Unidos (criada em 1949), já tinham sido membros do Partido Comunista. Hay e outros radicais propuseram que os homossexuais eram uma minoria oprimida. Esta ideia criava uma analogia entre os homossexuais e os negros. A inspiração para esta análise remonta ao envolvimento de Hay e outros na esquerda progressista que apoiava o movimento pelos direitos civis de negros. Esta analogia ofereceu um modelo político às primeiras organizações homossexuais nos Estados Unidos. Duas décadas depois, inúmeros membros de movimentos de liberação de gays e lésbicas participaram da Nova Esquerda (New Left), título que englobava os movimentos sociais que surgiram nos anos 1960, movimentos antiguerra e movimentos em defesa das mulheres e dos direitos civis, que serviram como formação política e organizacional para se envolverem, mais tarde, como ativistas gays.[13]

Autores têm sugerido uma ligação semelhante entre ativistas gays e lésbicas na Argentina, no Brasil, no México e em Porto Rico e suas experiências anteriores na esquerda latino-americana durante os anos

---

12 Ver, especificamente, D'Emilio, J. *Sexual Politics, Sexual Communities*: The Making of a Homosexual Minority in the United States, 1940-1970. Chicago: University of Chicago Press, 1983.
13 Ver, por exemplo, Duberman, M. *Stonewall*. New York: Dutton, 1993; Lekus, I. *Queer and Present Dangers*: Homosexuality and American Antiwar Activism, 1964-1973. 2003. Tese (Doutorado), Duke University, 2003.

1960 e 1970.[14] O ponto de vista da maioria desses estudos, no entanto, foi a partir da perspectiva de esquerdistas que haviam sido expulsos de grupos revolucionários marxistas ou socialistas, entre outros, ou que deixaram tais organizações para construir grupos de ativistas gays ou de liberação gay. Poucos estudos, exceto aqueles que analisam como a Revolução Cubana tem lidado com a homossexualidade nos últimos cinquenta anos, exploram a vida interior das organizações revolucionárias latino-americanas quanto ao comportamento sexual.[15] Este artigo é um esforço para incentivar a pesquisa sobre um aspecto pouco estudado dentro dos estudos de gênero e sexualidade no Brasil, mais especificamente, e na América Latina em geral.

Para isso, esta análise direciona o olhar para o interior da esquerda brasileira, visando descobrir como os militantes radicais compreendiam a

---

14 Para o Brasil, consultar Green, J. N. More Love and More Desire: The Building of the Brazilian Movement. In: Adam, B.; Duyvendak, J. W.; Krouwel, A. (Eds.) *The Global Emergence of Gay and Lesbian Politics*: National Imprints of a Worldwide Movement. Philadelphia: Temple University Press, 1999, p.91-109; id. Desire and Militancy: Lesbians, Gays, and the Brazilian Workers' Party. In: Drucker, P. (Ed.). *Different Rainbow*: Same-Sex Sexuality and Popular Struggles in the Third World. London: Gay Men's Press, 2000, p.57-70; Silva, A. Compromissos, queridinhas? Nem morta! *Lampião da Esquina*, v.3 n.26, p.10-1, jul. 1980. Para a Argentina, consultar Perlongher, N. Historia del Frente de Liberación Homosexual de la Argentina. In: Acevedo, Z. (Ed.). *Homosexualidad*: hacia la destrucción de los mitos. Buenos Aires: Del Ser, 1985, p.272-8; Sebrelli, J. J. Historia secreta de los homosexuales em Buenos Aires. In: *Escritos sobre escritos, ciudades bajo ciudades, 1950-1997*. Buenos Aires: Editorial Sudamericana, 1997, p.275-370. Para o México, consultar Mejía, M. Mexican Pink. In: Drucker, op. cit., p.43-57. Para Porto Rico, consultar Negrón-Munaner, F. Echoing Stonewall and Other Dilemmas: The Organizational Beginnings of a Gay and Lesbian Agenda in Puerto Rico, 1972-1977 (Parts I and II). *Centro de Estudios Puertorriqueños Bulletin*, v.4, n.1, p.76-95; n.2, p.98-115, 1992.

15 Para estudos sobre Cuba, consultar Young, A. *Gays under the Cuban Revolution*. San Francisco: Grey Fox Press, 1981; Arguelles L.; Rich, B. R. Homosexuality, Homophobia and Revolution: Notes toward an Understanding of the Cuban Lesbian and Gay Male Experience. In: Duberman, M. B.; Vicinus, M.; Chauncey, G. (Eds.) *Hidden From History*: Reclaiming the Gay and Lesbian Past. New York: Meridan, 1989, p.441-55; Leiner, M. Sexual Politics in Cuba: Machismo, Homosexuality and AIDS. Boulder: Westview, 1992; Epps, B. Proper Conduct, Renaldo Arenas, Fidel Castro and the Politics of Homosexuality. *Journal of the History of Sexuality*, v.6, n.2, p.237-41, out. 1995; Lumsden, I. *Machos, Maricones, and Gays*: Cuba and Homosexuality. Philadelphia: Temple University Press, 199); Quiroga, J. *Tropics of Desire*: Interventions from Queer Latino America. New York: New York University Press, 1999; Bejel, E. *Gay Cuban Nation*. Chicago: University of Chicago Press, 2001; Guerra, L. Gender Policing, Homosexuality and the New Patriarchy of the Cuban Revolution, 1965-1970. *Social History*, v.35, n.3, p.268-89, 2010.

homossexualidade e como lidavam com membros de suas organizações que estavam em relacionamentos amorosos e sexuais com pessoas do mesmo sexo. Além disso, o artigo investiga como revolucionários com desejos homossexuais lidaram com as atitudes da esquerda em relação à homossexualidade. É uma história complexa que desafia categorias puras de "mocinhos" e "bandidos". Embora as reações e opções de vida diante da homossexualidade sejam algo muito pessoal e individual, que reflete uma ampla gama de possibilidades, aqueles dentro da esquerda revolucionária que reconheciam seus próprios desejos homossexuais ou que reagiam à homossexualidade de seus colegas esquerdistas agiam dentro de um rígido quadro político e ideológico que, por fim, desdenhou a prática.

Estudiosos enfrentam vários desafios ao escrever uma história cultural e social que se opõe à maioria das memórias e tratamentos históricos desse período. Dezenas de ex-revolucionários brasileiros que aderiram à luta armada na década de 1960 e início da década de 1970 escreveram sobre suas experiências, mas resta um silêncio sobre a sexualidade, especialmente a homossexualidade, entre quase todos os autores dessas obras.[16] A exceção notável são as memórias de Herbert Daniel, *Passagem para o próximo sonho*, que trata bastante das experiências do próprio autor como um guerrilheiro urbano e de sua homossexualidade reprimida, sendo uma importante fonte para este artigo.[17]

Os volumes escritos por estudiosos e jornalistas, que focaram especificamente nas mulheres e na luta armada, mencionam a sexualidade de forma superficial, uma vez que não desenvolvem uma análise mais profunda das relações entre gênero, sexualidade e a esquerda revolucionária.[18] Embora tenha havido várias mulheres brasileiras dentro do movi-

---

16 Para referências bibliográficas de outras memórias e relatos históricos, consultar Ridenti, M. As esquerdas em armas contra a ditadura (1964-1974): uma bibliografia. *Caderno Arquivo Edgard Leuenroth*, v.8, n.14/15, p.259-95, 2001; Fico, C. *Além do golpe*: versões e controvérsias sobre 1964 e a ditadura militar. Rio de Janeiro: Record, 2004, p.139-206.

17 Daniel, H. *Passagem para o próximo sonho*: um possível romance autocrítico. Rio de Janeiro: Codecri, 1982.

18 Para trabalhos sobre mulheres no movimento revolucionário, consultar, entre outros, Costa, A. O.; Moraes, M. T. P.; Marzola, N.; Lima, V. da R. (Eds.). *Memórias das mulheres no exílio*. Rio de Janeiro: Paz & Terra, 1980; Manfredini, L. *As moças de Minas*: uma história dos

mento revolucionário secreto que tiveram relações sexuais e românticas com outras mulheres durante seus anos de militância ou depois desse período, elas são relutantes em contar suas histórias e se recusaram a deixar publicar seu nome ou qualquer outra informação que as identifique. Em várias ocasiões, ao entrevistar pessoas que participaram dos eventos daqueles anos, elas me pediram que desligasse meu gravador e concordasse em não publicar histórias, boatos ou fofocas sobre *companheiros* e, especificamente, sobre *companheiras*.[19]

Existem muitas explicações possíveis para essa relutância, por parte de ex-militantes da esquerda revolucionária, em documentar aspectos da história sexual e social de forças oposicionistas radicais durante a ditadura, ou, por parte de lésbicas e gays, em falar sobre o seu passado revolucionário. Para alguns, a dor ou o trauma relacionado à hostilidade ou rejeição que sofreram de seus camaradas de luta nas décadas de 1960 e 1970 permanece ainda muito evidente. Um líder bem conhecido do movimento estudantil de esquerda na década de 1960, entrevistado por mim em 2010, ainda se preocupava com a possibilidade de que ex-companheiros fariam comentários pejorativos sobre suas práticas sexuais de 40 anos atrás.

Dois militantes que tiveram relações homoeróticas durante a clandestinidade e que depois se engajaram em relações heterossexuais mostraram preocupações em revelar publicamente informações sobre suas

---

anos 60. São Paulo: Editora Alfa e Ômega, 1989; Patarra, J. L. *Iara, reportagem biográfica*. Rio de Janeiro: Rosa dos Tempos, 1992; Ferreira, E. F. X. *Mulheres, militância e memória*. Rio de Janeiro: Fundação Getúlio Vargas, 1996; Paiva, M. *Companheira Carmela*: a história da luta de Carmela Pezzuti e seus dois filhos na resistência ao regime militar e no exílio. Rio de Janeiro: Mauad, 1996; Colling, A. M. *A resistência da mulher à ditadura militar no Brasil*. Rio de Janeiro: Record/Rosa dos Tempos, 1997; Carvalho, L. M. *Mulheres que foram à luta armada*. São Paulo: Globo, 1998; Vianna, M. *Uma tempestade como a sua memória*: a história de Lia, Maria do Carmo Brito. Rio de Janeiro: Record, 2003; Ridenti, M. *O fantasma da revolução brasileira*, op. cit., p.195-202.

19 Mais de meia dúzia de ex-revolucionárias discutiram ou especularam sobre o erotismo entre pessoas do mesmo sexo no caso de mulheres envolvidas na luta armada em conversas para a pesquisa deste artigo; no entanto, nenhuma delas me autorizou a usar qualquer informação ou história que revelasse que elas me relataram tais fatos. O único registro publicado que eu identifiquei que inclui uma lésbica é uma história oral de Madalena, que foi militante do pró-soviético Partido Comunista Brasileiro na década de 1970. Patai, D. *Brazilian Women Speak*: Contemporary Life Stories. New Brunswick: Rutgers University Press, 1988, p.248-69.

experiências pessoais e sexuais na esquerda revolucionária, pois isso poderia complicar suas vidas atuais. Depois de uma longa entrevista, dois militantes muito importantes de uma organização revolucionária contaram, de forma extraoficial, um relato sexual (incluindo a suposta homossexualidade) de um importante membro de sua organização que "desapareceu" por meio da ação das forças repressivas. No entanto, eles não autorizaram o uso da informação sobre tal líder, argumentando que, já que ele escolheu não revelar publicamente sua sexualidade enquanto era vivo, eles sentiam não terem o direito de o fazer para fins de registro histórico. Espero que a visibilidade desta pesquisa possa atrair outros indivíduos dispostos a conceder entrevistas e, ainda, a refletir sobre o assunto, gerando fontes adicionais para recriar um estudo mais profundo sobre esse tema, como parte de uma história social e cultural mais complexa e completa da oposição ao regime militar que governou o Brasil de 1964 a 1985.

Um ponto de partida óbvio para investigar a relação entre a esquerda revolucionária latino-americana e a homossexualidade da década de 1960 pode ser o romance *O beijo da Mulher-Aranha*, de Manuel Puig.[20] O romance retrata o choque de um rígido revolucionário machão que é "amolecido" pela bondade de um homossexual assumido, mas não explora as contradições internas da esquerda revolucionária que defendia a liberdade, a libertação e uma transformação radical da sociedade ao mesmo tempo que marginalizava homens ou mulheres que não seguiam comportamentos sexuais e de gênero normativos.

Da mesma forma, o livro de Silviano Santiago, *Stella Manhattan*, muito bem escrito e imaginativo, não é uma fonte útil.[21] A obra oferece apenas uma percepção limitada sobre os dilemas e dramas enfrentados pelos homens brasileiros que desejaram sexualmente outros homens enquanto participavam ativamente da luta armada contra o regime militar.

Diante das limitações dessas fontes literárias, do número escasso de memórias disponíveis que abordam o tema e da falta de registros escritos

---

20 Puig, M. *O beijo da mulher-aranha*. Rio de Janeiro: José Olympio, 2003.
21 Santiago, S. *Stella Manhattan*. Rio de Janeiro: Nova Fronteira, 1985). A edição em inglês foi traduzida por George Yudice (Durham: Duke University Press, 1994).

produzidos pela esquerda (ou até mesmo por representantes do regime militar) sobre o assunto, as histórias orais continuam sendo a fonte mais acessível para descobrir as questões fundamentais referentes ao tema. No entanto, até mesmo esse tipo de fonte deve ser questionado, diante das possíveis falhas de memória e pela possibilidade de que o entrevistado tenha reformulado o passado para refletir as mudanças que têm ocorrido em sua própria sociedade, ou na sociedade brasileira, em relação à homossexualidade nos últimos anos.

Mesmo diante desses desafios, que proporcionaram um breve histórico contextual sobre a política radical no Brasil nos anos 1960 e 1970, este artigo esboça os vários conceitos sobre homossexualidade, especificamente, e sobre identidade e contracultura políticas, em geral, que circularam na esquerda brasileira durante esse período, dentro dos contextos mais amplos das relações e tensões entre a esquerda revolucionária e as tendências de oposição contraculturais. O artigo, depois, investiga como os revolucionários com desejos homossexuais lidaram com essa rede de ideias e as práticas relacionadas.

Caminhos diferentes entre a juventude rebelde

Em meados dos anos 1960, a esquerda brasileira se reorganizou lentamente como consequência da tomada de poder pelos militares em 31 de março de 1964. A fraca reação do Partido Comunista Brasileiro ao golpe de Estado acelerou a criação de grupos dissidentes. Os maoistas pró-chineses já haviam rompido com a organização pró-soviética em 1962, para formar o Partido Comunista do Brasil, mas a derrocada dessas duas organizações se intensificou em 1966 e 1967, uma vez que os militantes deixaram ambos os partidos comunistas e suas áreas de influência para apoiarem o que eles consideravam os caminhos cubanos e chineses da luta armada revolucionária para derrubar o regime militar.[22]

---

22 Reis Filho, D. A. *A revolução faltou ao encontro*: os comunistas no Brasil. São Paulo: Brasiliense, 1989, p.45-76.

No final de 1967 e durante 1968, uma confluência de diversas forças de oposição criou uma sensação de que a ditadura militar estava sob controle e poderia, de fato, ser derrubada. Mobilizações estudantis, greves e pronunciamentos cada vez mais ousados da oposição legal desafiaram o governo do presidente Costa e Silva.[23] No entanto, no final daquele ano, os militares proibiram todos os protestos civis ao decretarem o Ato Institucional n.5, que fechou o Congresso, aumentou a censura, suspendeu o *habeas corpus* e expandiu o poder dos militares e da polícia. A tortura como uma ferramenta para aterrorizar os adversários do regime e como um meio para desmantelar sistematicamente os grupos revolucionários que se voltaram contra os militares se tornou uma prática cada vez mais generalizada.[24]

Frustrados com a repressão das formas legais de protesto, milhares de estudantes, bem como alguns trabalhadores, ex-membros das Forças Armadas, camponeses e profissionais liberais se juntaram ou se tornaram defensores da miríade de organizações de luta armada que surgiu após 1964 para desafiar o regime militar.[25] Entre 1968 e 1971, o aumento de assaltos a bancos, ataques a quartéis militares em busca de armas, sequestros de embaixadores estrangeiros para forçar a libertação de presos políticos e tentativas de estabelecer bases de guerrilha rurais levou a uma série de prisões e torturas até que quase todos os remanescentes da resistência armada fossem esmagados até 1973.[26]

---

[23] Martins Filho, J. R. *Movimento estudantil e ditadura militar, 1964-1968*. Campinas: Editora Papirus, 1987; Valle, M. R. do. *1968*: O diálogo e a violência – movimento estudantil e ditadura militar no Brasil. Campinas: Editora da Unicamp, 1999.

[24] Sattamini, L. P. *A Mother's Cry*: A Memoir of Politics, Prison, and Torture under the Brazilian Military Dictatorship. Trad. Rex P. Nielson; James N. Green. Durham: Duke University Press, 2010.

[25] É importante ressaltar que várias organizações já estavam envolvidas em atividades militantes da luta armada antes da emissão do Ato Institucional n.5, em 5 de dezembro de 1968, mas as rígidas políticas do governo contribuíram para a adesão de mais pessoas às diferentes organizações revolucionárias que já eram ativas.

[26] Consultar, entre muitos livros sobre o tema, Gorender, op. cit.; Caso, A. *A esquerda armada no Brasil, 1967-1981*. Lisboa: Editora Moraes, 1976; Ridenti, M. *O fantasma da revolução brasileira*, op. cit.

Estudiosos enfrentam vários desafios ao escrever uma história cultural e social que se opõe à maioria das memórias e tratamentos históricos desse período. Dezenas de ex-revolucionários brasileiros que aderiram à luta armada na década de 1960 e início da década de 1970 escreveram sobre suas experiências, mas resta um silêncio sobre a sexualidade, especialmente a homossexualidade, entre quase todos os autores dessas obras.

É importante lembrar que os participantes da luta armada representavam uma minoria de jovens que se rebelavam contra o regime autoritário. Entrar em uma organização revolucionária implicava risco de vida, e muitos que simpatizavam com a esquerda radical hesitavam em se comprometer com um projeto tão perigoso. A determinação do governo em reprimir qualquer oposição radical geralmente forçou militantes de organizações proscritas a abandonarem suas famílias e amigos e agirem clandestinamente.

As perseguições policiais, detenções e apreensões levavam inevitavelmente à tortura. As autoridades usavam métodos de interrogatório brutais, não só para desestruturar as organizações revolucionárias, mas também para espalhar o medo entre aqueles que simpatizavam com suas ações, como um meio de diminuir o recrutamento para tais grupos. A natureza das atividades clandestinas e a repressão severa também isolaram a maioria das organizações revolucionárias, em comparação com um segmento bem maior do movimento estudantil e de outros movimentos que haviam se mobilizado contra o regime militar entre 1966 e 1968.

Ao mesmo tempo que a oposição radical se voltava para atividades de guerrilha urbana e rural, na tentativa de derrubar a ditadura, novas expressões culturais e práticas sociais tomaram conta de setores substanciais da juventude brasileira. Em grande parte, isso se devia à intensificação da urbanização e à expansão da classe média na década de 1960, à crescente entrada de mulheres de classe média no Ensino Superior e no mercado de trabalho e à apropriação e transformação de tendências internacionais sobre comportamento e cultura.[27]

---

27 Veja. As submissas prisioneiras do lar. *Veja* (Rio de Janeiro), n.137, 21 abr. 1971, p.44-9. Alvarez, S. E. *Engendering Democracy in Brazil*. Princeton: Princeton University Press, 1990.

O dramático crescimento da economia brasileira entre 1969 e 1974, apelidado de pelo regime militar "milagre econômico brasileiro", beneficiou significativamente as classes médias urbanas e alimentou a cultura de consumo. A maior disponibilidade da pílula e de outros métodos contraceptivos, juntamente com a mudança das normas sexuais, influenciadas em parte pelos conceitos transnacionais que favoreciam a liberação sexual, resultou em mais sexo pré-marital entre os jovens.

O movimento Tropicália, liderado por cantores e compositores como Caetano Veloso e Gilberto Gil, uniu o rock brasileiro inovador aos conceitos de liberação e ruptura pessoal e sexual no cenário cultural em 1967. A juventude brasileira também pegou emprestadas ideias da contracultura norte-americana divulgadas na imprensa do país. Conceitos europeus, como o *slogan* dos estudantes franceses m 1968, "*Il est interdit d'interdire*," traduzido como "É proibido proibir", circulou nos câmpus, nos meios de comunicação e na música.[28]

Durante os tumultuosos anos de 1967 e 1968, para citar apenas um exemplo, estudantes e intelectuais discutiram sobre os méritos relativos da música politicamente engajada em comparação com canções que enfocavam questões pessoais ou existenciais. Participantes de atividades políticas às vezes rejeitavam outros menos interessados na mobilização contra a ditadura, chamando-os de "alienados". Aqueles jovens que focavam em questões pessoais ou culturais refutavam as acusações, afirmando que os esquerdistas envolvidos na política eram intolerantes e até mesmo autoritários. Os conflitos sobre música e cultura refletiam uma discussão maior sobre os melhores meios de acabar com a ditadura e uma discussão ainda maior e menos explícita sobre as afinidades e tensões entre a política e liberações pessoais.[29]

O comprometimento com a luta armada não significava que um jovem revolucionário deveria automaticamente desprezar o rock, as ideias

---

28 Para uma melhor visão geral desse período, consultar Almeida, M. H. T. de; Weis, L. Carro--Zero e pau-de-arara: o cotidiano da oposição de classe média ao regime militar. In: Schwarcz, L. M. (Ed.). *História da vida privada no Brasil*, v.4. São Paulo: Companhia das Letras, 1998, p.319-409.

29 Dunn, C. *Brutality Gardens*: Tropicalia and the Emergence of a Brazilian Counterculture. Chapel Hill: University of North Carolina Press, 2001.

da contracultura ou as últimas tendências culturais internacionais. Aretuza Garibaldi lembra que, quando o disco dos Beatles *Sergeant Pepper's Lonely Hearts Club Band* chegou às lojas em Belo Horizonte, no final de 1967 ou início de 1968, seu namorado, Ângelo Pezzuti, que estava no terceiro ano da faculdade de Medicina, comprou uma cópia e, em seguida, conheceu-a, na porta da escola onde ela estudava.[30] Nas próprias palavras de Aretuza: "Ele falou: 'Hoje, você não vai trabalhar, vamos ouvir este disco'. Compramos queijo, algumas coisas, fomos para o seu apartamento – não tinha muitos móveis na sala – e fizemos um piquenique pra ouvir *Sergeant Pepper*. Ele disse que aquele disco ia revolucionar a música".

Na época, Pezzuti era um membro da liderança do Comandos de Libertação Nacional (Colina). Em 1968, ele e outros integrantes de sua organização roubaram uma série de bancos para levantar fundos para criar um movimento de guerrilha rural. Ele estava totalmente comprometido com uma revolução socialista no Brasil, ainda que apreciasse a música dos Beatles. Pezzuti não era exceção. Apesar da politização intensa entre os estudantes e os jovens de classe média em 1967 e 1968, as pessoas não poderiam simplesmente ser classificadas em politicamente "envolvidas" ou "alienadas". As preferências dos consumidores e as apropriações culturais entre os jovens rebeldes eram muito mais confusas e mais complexas do que pareciam à primeira vista.

No entanto, todos esses valores e comportamentos inconstantes entraram em conflito com as atitudes sociais e morais conservadoras dos generais no poder. A censura cultural e da imprensa e outras medidas draconianas implementadas pelo regime militar não foram direcionadas somente contra a produção cultural com conteúdo político de oposição. A censura do governo também proibiu canções, peças de teatro, livros, filmes e outros trabalhos criativos que supostamente ofendiam "a moral e os bons costumes". Nudez na mídia impressa, "manifestações de homossexualidade" em excesso durante o carnaval e produção literária "obscena" eram desaprovados pelos guardiões da moralidade pública.[31]

---

30 Aretuza Garibaldi, entrevistada pelo autor, 9 jun. 2009, Rio de Janeiro.
31 Green, J. N. *Além do carnaval*: a homossexualidade masculina no Brasil do século XX. 3.ed. São Paulo: Editora Unesp, 2022 p.242-66.

Entre outras medidas, os decretos repressivos do final de 1968 aumentaram as censuras e forçaram famosos incentivadores de ideias libertárias, como os compositores e artistas Caetano Veloso e Gilberto Gil, a se exilar. No entanto, envolvimento com drogas, uma cultura *hippie* emergente e maior liberdade sexual continuaram acontecendo ao longo da década de 1970. Alfredo Sirkis, que participou do sequestro dos embaixadores alemão e suíço em 1970, exigindo em troca a libertação de 110 presos políticos, resumiu as divisões entre os jovens de classe média brasileira durante aquele período:

> Na verdade, foi uma geração, como eu gosto de dizer, que se trifurcou, no Brasil. Uma parte dela, após o AI-5, quando a ditadura se transformou em ditadura total, foi para a luta armada, foi para a clandestinidade; outra parte resolveu ir fundo na questão da contracultura, procurando criar um universo à parte, em que fosse possível se viver: foram para as comunidades rurais, passaram a fazer uso de drogas, sobretudo uso de alucinógenos, como a [sic] LSD. As pessoas passaram a viver juntas em comunidade, em pequenas famílias, tentando não ler o jornal, para sair daquela realidade, sair daquele "bode", como se dizia na época. Foram as pessoas que se tornaram *hippies*. E, ainda, houve um terceiro segmento daquela geração, que acabou, rapidamente, se integrando àquilo que o sistema oferecia.[32]

Notícias da contracultura internacional alcançavam a juventude brasileira por diversas fontes, mas um dos locais mais populares era uma coluna chamada "Underground", escrita por Luiz Carlos Maciel e publicada no semanário alternativo *O Pasquim* no início da década de 1970.[33] *O Pasquim* era um tabloide voltado para a juventude redigido e editado no Rio de Janeiro. Criticava o Exército e a sociedade brasileira e surgiu pela primeira vez nas bancas em 1969. A publicação quase que

---

32 Sirkis, A. Os paradoxos de 1968. In: Garcia, M. A.; Vieira, M. A. (Eds.). *Rebeldes e contestadores*: Brasil, Franca, Alemanha. São Paulo: Fundação Perseu Abramo, 1999, p.112.

33 Capellari, M. A. *O discurso da contracultura no Brasil*: o *underground* através de Luiz Carlos Maciel, c. 1970. 2007. Tese (Doutorado em História) – Faculdade de Filosofia, Letras e Ciências Humanas, Universidade de São Paulo, São Paulo, 2007.

imediatamente atingiu uma grande circulação nacional, que, por vezes, era maior que a da *Veja*, a mais importante revista semanal no país. Ao longo dos anos 1970, os editores de *O Pasquim* travaram uma batalha contínua com a censura em seus esforços para falar sobre política, cultura, sexo, drogas e *rock and roll*.[34]

Embora o semanário oferecesse uma leitura não convencional e crítica da sociedade brasileira, isso não significava que os editores e colaboradores da publicação apoiassem as ideias emergentes dos movimentos de liberação de gays e lésbicas que vieram à tona no cenário internacional após a Rebelião de Stonewall, em 1969, na cidade de Nova York. Como mencionado anteriormente, poucas informações sobre esse novo movimento social chegavam aos leitores brasileiros, em grande parte devido à censura da mídia no país.

Além dessas restrições, no começo os editores de *O Pasquim*, juntamente com a maioria dos intelectuais que se posicionavam à esquerda, viam com desdém o feminismo e os direitos dos homossexuais.[35] Seja pelo fato de que os conceitos de liberação feminista e homossexual ameaçavam as práticas patriarcais tradicionais incorporadas nos círculos intelectuais dominados por homens, seja por conta do ceticismo de longa data cultuado entre a maioria dos esquerdistas sobre certos aspectos da cultura dos Estados Unidos, que parecia estar em conflito com os valores brasileiros, até mesmo aqueles que promoviam a insubordinação despreocupada de *O Pasquim* diante dos códigos morais e culturais em geral não defendiam essas ideias.[36]

Se, por um lado, os rebeldes iconoclastas que eram contra as políticas da ditadura relutavam em apoiar as novas ideias sobre feminismo e liberação homossexual no início de 1970, por outro, o isolamento da esquerda revolucionária, dentro de uma dinâmica turbulenta de

---

34 Braga, J. L. *O Pasquim e os anos 70*: mais para epa que para oba... Brasília: Editora Universidade de Brasília, 1991.

35 Quando as feministas norte-americanas e liberalistas gays vieram ao Brasil no final de 1970, por exemplo, os editores de *O Pasquim* os desprezaram sarcasticamente. Consultar Green, J. N. Madame Satan, the Black 'Queen' of Brazilian Bohemia. In: Beattie, P. M. (Ed.). *The Human Tradition in Modern Brazil*. Wilmington: Scholarly Publications, 2004, p.267-86.

36 Braga, op. cit., p.193-7; Kucinski, B. *Jornalistas e revolucionários nos tempos da imprensa alternativa*. São Paulo: Página Aberta, 1991, p.159.

sobrevivência, criou uma mentalidade em que a maioria dos militantes era ainda menos suscetível a formas inovadoras de pensar sobre comportamentos sociais e sexuais não normativos.

    Na década de 1930, as leis de sodomia que foram retiradas dos livros nos primeiros anos da Revolução Soviética foram reintroduzidas no código penal [...].

Rodeados por uma crescente repressão do Estado, os defensores da esquerda revolucionária geralmente viam aqueles que não se juntavam a eles nas ações armadas como uma juventude alienada e aqueles que decidiam deixar suas organizações como traidores da causa. Como mencionado anteriormente, o medo dos companheiros revolucionários de Márcio Leite de Toledo de ele chegar a abandonar a organização, "desbundar" e revelar informações à polícia levou à sua execução sumária em 1972. Quando Alfredo Sirkis decidiu deixar a Vanguarda Popular Revolucionária (VPR) e ir para o exílio, em maio de 1971, os membros do seu grupo também o criticaram por ter "desbundado".[37] Para as organizações revolucionárias que foram isoladas e se mantinham na defensiva, a decisão de um membro de deixar o envolvimento político era sinônimo de adesão à contracultura, de se drogar e possivelmente até mesmo de praticar sexo não normativo.

    Daniel Aarão Reis, líder estudantil e membro da organização revolucionária que sequestrou o embaixador dos Estados Unidos em 1969, lembrou: "Desbundado foi uma palavra inventada pelos caras 'duros' de vanguarda que, assim, se referiam, desprezivelmente, a todos que não viam com bons olhos a aventura das esquerdas armadas. Depois, passaram a se referir, especificamente, às pessoas que cediam diante da tortura [...]".[38] Em tempo: os torturadores gostavam muito de utilizá-lo. De acordo com Reis, um termo que uma vez significava apenas que um membro de uma organização tinha abandonado a causa passou a significar que alguém tinha de fato se tornado um traidor e passara para o outro lado.

---

37 Tereza Angelo e Adair Gonçalves dos Reis, entrevistados pelo autor, 7 ago. 2010, Belo Horizonte.
38 Apud Kushnir, B. Desbundar na TV: militantes da VPR e seus arrependimentos Públicos. Trabalho apresentado no XXIV Simpósio Nacional de História, 2007.

Homofobia e a esquerda brasileira

Como, então, a esquerda revolucionária entendia a homossexualidade? O discurso sobre a "moral revolucionária", articulado, entre outros, pelos presos políticos que supostamente queriam condenar Carlos e Mário por se engajarem em relações sexuais na prisão, estava profundamente enraizado em pelo menos cinco enquadramentos ideológicos paralelos e complementares, amplamente compartilhados pela esquerda brasileira em 1960.

O primeiro ligava a homossexualidade ao comportamento burguês e, portanto, à contrarrevolução. O segundo concordava com conceitos médicos e psiquiátricos segundo os quais a homossexualidade era uma degeneração física e emocional. Outra atitude, embora provavelmente inconsciente, baseava-se nos ensinamentos católicos tradicionais que consideravam a homossexualidade uma abominação moral. O terceiro dizia respeito a um sentimento anti-imperialista que associava o comportamento homossexual e as críticas à homofobia com influências alheias e estrangeiras (leia-se: Estados Unidos).

Além disso, os esquerdistas propagavam conceitos populares que rejeitavam a homossexualidade masculina, uma vez que isso implicava a feminização da masculinidade e ia de encontro à construção de masculinidade revolucionária, que estava no centro da autoimagem dos militantes. Uma quinta perspectiva se relacionava com o pró-soviético Partido Comunista Brasileiro, bem como suas várias ramificações na década de 1960, que vão desde o Partido Comunista do Brasil até grupos guerrilheiros pró-cubanos. Todos estes grupos seguiam a perspectiva tradicional sobre a homossexualidade, compartilhada pelo movimento comunista internacional. De acordo com essa visão, a homossexualidade era fruto da decadência burguesa e desapareceria quando o capitalismo fosse derrubado e uma sociedade comunista fosse estabelecida.[39]

---

39 Green, J. N. (Homo)sexuality, Human Rights, and Revolution in Latin America. In: Wasserstrom, J. N.; Hunt, L.; Young, M. B.; Grandin, G. (Eds.). *Human Rights and Revolutions*. Lanham: Rowman and Littlefield, 2007, p.139-54.

Atribuindo-se uma classe à homossexualidade e ligando-se a sexualidade entre pessoas do mesmo sexo à burguesia, aqueles que se envolviam em tal comportamento se tornavam inimigos. Na década de 1930, as leis de sodomia que foram retiradas dos livros nos primeiros anos da Revolução Soviética foram reintroduzidas no código penal, e a homossexualidade foi considerada incompatível com o comportamento revolucionário.[40]

A Revolução Cubana perpetuou essa tradição. No início dos anos 1960, muitos homens e mulheres homossexuais foram submetidos a acampamentos militarizados para "reformarem" seus "comportamentos antissociais". O Primeiro Congresso Nacional de Educação e Cultura, realizado em Cuba em 1971, declarou que a homossexualidade era uma "patologia social". Homens e mulheres homossexuais tiveram o seu acesso barrado em atividades culturais ou educacionais.[41]

Militantes brasileiros revolucionários e líderes de uma série de organizações que receberam treinamento em Cuba certamente absorveram – ou talvez até mesmo aprovaram – essa perspectiva, que era paralela aos conceitos sobre a homossexualidade prevalentes no Brasil naquela época. Da mesma forma, a ideologia maoista do Partido Comunista do Brasil, da Ação Popular e de outras organizações revolucionárias menores considerou que a homossexualidade era fruto da decadência burguesa e que desapareceria com a revolução socialista.[42]

Quase todas as organizações guerrilheiras se consideravam marxistas. E essa ideologia avaliava que a classe operária conduziria à revolução. No entanto, os grupos de luta armada, compostos em grande parte por jovens de classe média, mantiveram-se isolados de qualquer contato

---

40 Engelstein, L. Soviet Policy toward Homosexuality: Its Origins and Historical Roots. *Journal of Homosexuality*, v.29, n.2, p.155-78, 1995.
41 Guerra, op. cit., p.269.
42 A esquerda brasileira não publicou documentos afirmando esses posicionamentos, mas eles estavam refletidos em discussões internas e nas noções sobre homossexualidade generalizadas pelas diferentes organizações. Durante a abertura política no final dos anos 1970 e início dos anos 1980, representantes das diferentes correntes de esquerda articularam suas opiniões sobre a homossexualidade, mantendo a ideia central de que ela era fruto da decadência burguesa. Ver entrevistas na obra de Okita, H. *Da opressão à libertação*. São Paulo: Proposto, 1981, p.63-73.

concreto com a classe trabalhadora.[43] Esse fato, no entanto, não impediu as várias tendências de articular um discurso político que repetia *slogans* revolucionários para combater o que eles classificavam como desvios políticos que atrapalhavam o curso correto da revolução brasileira.

Entre os estudantes de classe média que se juntaram às correntes da luta armada revolucionária, o combate ao "desvio do pequeno-burguês" se tornou um código para determinar quem era mais puro e mais revolucionário e quem não alcançava os padrões. Desafiar as origens de classe "defeituosas" e orientações de outros camaradas estava entre as maneiras mais fáceis de repudiar um adversário político ou de ganhar uma batalha ideológica. Engajar-se em autocrítica também foi uma das maneiras preferidas para combater a sua própria origem e o comportamento "pequeno-burguês".

No meio da mudança para relações sexuais mais permissivas entre os jovens de classe média brasileira na década de 1960, muitas organizações revolucionárias ainda estavam ligadas à linguagem e ideologia marxistas ortodoxas. Seus membros, envolvidos em lutas pessoais internas para superar as suas próprias origens sociais, consideravam o sexo como uma autoindulgência do "pequeno-burguês". Herbert Daniel lembra que, após se juntar a uma organização revolucionária, ele lidava com sua sexualidade simplesmente reprimindo-a:

> Meus problemas pequeno-burgueses me preocupavam, como empecilhos que eu tivesse para poder me tornar um bom revolucionário. Entre eles a sexualidade, mais explicitamente, a homossexualidade. Desde que comecei a militar, senti que tinha uma opção a fazer: ou eu levaria uma vida sexual regular – e transtornada, secreta e absurda, isto é, puramente "pequeno-burguesa", para não dizer "reacionária", ou então faria a revolução. Eu queria fazer a revolução. Conclusão: deveria "esquecer a minha sexualidade".[44]

---

[43] A exceção notável foram as ligações do Vanguarda Popular Revolucionária com a greve de Osasco em 1968, com a participação de várias correntes da esquerda na greve de Contagem em abril de 1968. Ridenti, M. *O fantasma da revolução brasileira*, op. cit., p.177-94; Miranda, N. A cidade operária símbolo. *Teoria e Debate Especial 1968*, p.24, maio 2008.

[44] Daniel, H., op. cit, p.96.

A tentativa de se purificar de um comportamento ligado a uma classe e considerado desviante por meio do autossacrifício levou Daniel a reprimir seus desejos pessoais e sexuais para então se adaptar a uma norma do grupo. Nota-se que essa estratégia para lidar com a homofobia não era incomum dentro da esquerda.

Discursos médico-legais sobre a natureza degenerativa da homossexualidade em grande parte permaneceram inquestionáveis durante esse período. Médicos, psicólogos, educadores sexuais e jornalistas continuaram a propagar conceitos emprestados da Europa e dos Estados Unidos, no início do século XX, adaptando-os às condições brasileiras nas escolas de Medicina, nos cursos universitários de Psicologia, na literatura popular sobre sexo e nos meios de comunicação.

Especialistas atribuíam a homossexualidade a um desequilíbrio hormonal que poderia até levar um indivíduo à criminalidade. A natureza biologicamente degenerativa dessa condição tinha como resultado pessoas com personalidades instáveis, que neuroticamente desejavam possuir o corpo de uma pessoa do sexo oposto. Alguns médicos sugeriam a internação como forma de curar a doença, enquanto outros insistiam que o Estado deveria simplesmente policiar o comportamento. Em suma, os homossexuais eram biológica e psicologicamente doentes e precisavam de tratamento médico para serem curados.[45]

Concepções católicas de imoralidade e da natureza pecaminosa da sexualidade entre pessoas do mesmo sexo também foram hegemônicas no Brasil até a década de 1960.[46] Embora o comparecimento à Igreja tenha diminuído lentamente nos anos 1960, o catolicismo permaneceu a religião predominante no país. A maioria dos esquerdistas cresceu sob essa tradição.

Para muitos revolucionários brasileiros, inclusive, o caminho para a politização foi por meio da esquerda da Igreja Católica. A Ação Popular, a principal força política dentro do movimento estudantil na década de 1960, surgiu a partir do catolicismo progressista. Alguns padres, irmãos,

---

45 Consultar Green, J. N. *Além do carnaval*, op. cit., especificamente capítulos 3 e 6.
46 Ibid.

irmãs e membros ativos leigos da Igreja Católica se juntaram ou apoiavam ativamente as organizações da luta armada.[47]

Os movimentos feministas e de gays e lésbicas dos Estados Unidos e da Europa eram vistos como fenômenos de "pequeno-burgueses" que se preocupavam com questões pessoais e discordavam da política revolucionária.

No entanto, a Teologia da Libertação, como ficou conhecida, não desenvolveu uma avaliação crítica dos ensinamentos católicos tradicionais sobre a homossexualidade, com uma única exceção.[48]

Embora todas as organizações de luta armada tenham aderido a uma variação da ideologia marxista, o que implicou algum tipo de ruptura com a teologia religiosa convencional, não houve, na esquerda, uma abordagem alternativa aos ensinamentos tradicionais da Igreja sobre a sexualidade entre pessoas do mesmo sexo.

Sentimentos nacionalistas e anti-imperialistas de longa data que criticavam as influências econômicas, políticas e culturais dos Estados Unidos na América Latina e seu apoio à ditadura eram profundamente incorporados na esquerda brasileira. Esses radicais tendiam a rejeitar as ideias inovadoras do feminismo e do "poder gay" à medida que elas se desenvolviam no final dos anos 1960 e início dos anos 1970 e eram retratadas na mídia brasileira.

A maior parte dos brasileiros recebia uma visão caricaturada dos movimentos homossexuais e das mulheres dos Estados Unidos. Jornalistas descreviam as feministas como hostis aos homens e as exigências por direitos dos homossexuais como tolas, se não absurdas.[49] Os movimen-

---

47 Serbin, K. P. *Needs of the Heart*: A Social and Cultural History of Brazil's Clergy and Seminaries. Notre Dame: University of Notre Dame Press, 2006.

48 Essa voz dissidente na Igreja Católica brasileira foi a de Jaime Snoek, padre e teólogo católico nascido na Holanda mas residente no Brasil desde 1951 que escreveu um artigo com uma visão positiva da homossexualidade em uma "revista da cultura católica". Snoek, J. Eles também são da nossa estirpe: considerações sobre a homofilia. *Revista Vozes*, n.9, p.792-802, set. 1967.

49 Braga, op. cit., p.26; Branco, J. C. A homossexualidade do *Pasquim*. *O Beijo*, n.2, p.3-4, dez. 1977; Veja. Os alegres revoltosos. *Veja* (Rio de Janeiro), n.158, p.61-2, 15 set. 1971; id. O quarto sexo. *Veja* (Rio de Janeiro), n.295, p.76-7, 1º maio 1974.

tos feministas e de gays e lésbicas dos Estados Unidos e da Europa eram vistos como fenômenos de "pequeno-burgueses" que se preocupavam com questões pessoais e discordavam da política revolucionária. Alguns esquerdistas argumentavam que tais movimentos "estrangeiros" desviaram a atenção dos problemas sociais, econômicos e políticos de países como o Brasil, que viviam sob regimes militares.[50]

Além disso, embora os textos de Wilhelm Reich sobre sexo e revolução e as obras de Herbert Marcuse, como *Eros e civilização*, já tivessem sido traduzidos, publicados e divulgados no Brasil na década de 1960, eles pareciam ter pouco impacto sobre a juventude brasileira de classe média em geral. Isso sem falar naqueles que decidiram aderir à luta armada. Esses pensadores europeus e norte-americanos de origem marxista elaboraram teorias que discutiam a repressão sexual no contexto da análise de classe.

Apesar de alguns jornalistas, como Luiz Carlos Maciel, colunista de *O Pasquim*, refletirem sobre as teorias de Reich, o psiquiatra e psicanalista austríaco-americano recebeu pouca (ou nenhuma) atenção no mundo acadêmico e intelectual para além de um pequeno círculo de pessoas interessadas em psicologia alternativa.[51] Herbert Marcuse, que era uma inspiração intelectual para as rebeliões estudantis europeias de 1968 e cujo trabalho preencheu a lacuna que separava a política de classe e a política sexual, estava intrinsecamente associado à contracultura internacional. A esquerda brasileira, como um todo, colocou de lado suas ideias como sendo muito distantes da realidade política do país.[52]

Normas de gênero dominantes contribuíram ainda mais para uma tendência anti-homossexual dentro da esquerda brasileira. Cerca de 20%

---

50 Posteriormente, na década de 1970, quando a luta armada foi derrotada e a oposição legal ao regime tomou a frente, uma afirmação comum entre os marxistas da maioria das tendências foi a ideia de que a esquerda deveria construir uma "oposição unida" contra o regime militar, sem deixar que outros assuntos interferissem nessa união. Esse argumento de que a luta maior era contra o regime militar e seu leal apoiador, os Estados Unidos, refletiu-se, por exemplo, no debate sobre homossexualidade realizado na Universidade de São Paulo em fevereiro de 1979. Consultar Dantas, E. Negros, mulheres, homossexuais e índios nos debates da USP. *Lampião da Esquina*, v.2, n.10, p.9-10, mar. 1979.
51 Capellari, op. cit., p.110-30.
52 Loureiro, I. Herbert Marcuse: anticapitalismo e emancipação. *Trans/Form/Ação*, v.28, n.2, p.7-20, 2005.

dos militantes de organizações guerrilheiras do Brasil eram mulheres. Várias delas desempenharam papéis de liderança nos diferentes grupos e muitas se envolveram em ações armadas. Essas mulheres quebraram muitos papéis tradicionais enquanto viviam no precário e perigoso mundo clandestino. A ideologia do movimento se baseou nos conceitos comunistas soviéticos, cubanos e chineses sobre a igualdade dos sexos.

Vera Sílvia Magalhães, que ajudou a planejar e executar o sequestro do embaixador dos Estados Unidos em setembro de 1969 para obter a libertação de quinze líderes revolucionários presos, lembra a dificuldade que era participar da liderança de uma das duas organizações que realizaram a ação armada: "Eu era a única mulher no meio de sete homens. Fiz um puta esforço para chegar lá [na direção]. A minha militância política foi uma batalha, porque, além de tudo, havia o preconceito machista".[53] Ao refletir sobre esses anos com a ex-guerrilheira Yedda Botelho Salles em um documento intitulado "Balanço sem perspectiva – 1968: os que não se esqueceram, os que não se arrependeram", as duas escreveram:

> Para nós, mulheres, a militância era uma faca de dois gumes; era uma forma de afirmação social e era, também, a vivência de confusão entre a recusa à dominação e o reconhecimento das diferenças. A tentativa de uma troca igual quase sempre dava em uma troca desigual. Chamávamos nossos namorados de companheiros e essa palavra significava tudo que desejávamos. Mesmo que nem nós, mulheres, nem eles, homens, tivéssemos conseguido realizar o companheirismo e muitas frustrações tivessem se acumulado.[54]

Os esforços para obstar algum tipo de igualdade entre os sexos dentro das relações e organizações revolucionárias deixavam as mulheres que aspiravam à liderança em uma posição ambígua. Como mencionado

---

53 Carvalho, L. M., op. cit., p.172. Vera Sílvia Magalhães repetiu um comentário muito semelhante em uma entrevista realizada por mim em 2003, o que indica que esse foi um ponto forte em suas reflexões sobre o papel das mulheres no movimento estudantil e nas organizações revolucionárias. Vera Sílvia Magalhães, entrevistada pelo autor, 17 jul. 2003, Rio de Janeiro.
54 Carvalho, L. M., op. cit., p.173.

anteriormente, os membros da "geração de 1968", levados por um otimismo que prometia o fim da ditadura por meio da luta armada, foram influenciados pela série de mudanças culturais e sociais que ocorreram entre os jovens em todo o mundo na década de 1960. No entanto, o imperativo revolucionário compensatório aos impulsos libertários da época exigia disciplina, ordem e coesão. A tentativa de reorganização dos papéis de gênero descrita por Magalhães e Salles se manteve como um avanço arriscado dentro dos tensos confins de pequenas organizações sob ataque.

A noção de igualdade revolucionária dos sexos foi baseada na modificação de modelos de longa data das relações de gênero entre homens e mulheres. Essa não foi uma tarefa fácil entre os revolucionários da classe média, muitos dos quais tinham crescido em famílias tradicionais, nas quais as mães geralmente assumiam papéis femininos convencionais e provavelmente tiveram empregadas para fazer as tarefas domésticas braçais. Dentro das organizações clandestinas, as batalhas enfrentadas pelas mulheres para mudar o comportamento desigual de gênero dos companheiros do sexo masculino enfrentavam muita resistência. Inevitavelmente, os membros de grupos de luta armada retrocediam às normas masculinas e patriarcais tradicionais.

Algumas mulheres podem ter conseguido papéis de liderança, mas, na medida em que isso foi possível, foi devido à sua masculinização. Elas tiveram que lutar muito, chegando a serem agressivas em debates, e, como Vera lembrou, tiveram que ser capazes de colocar o seu "pau na mesa", como os outros caras.[55]

Em um meio dominado por homens, a incorporação de um comportamento rígido e determinado fez que Vera Sílvia Magalhães ganhasse respeito e capital político dentro de sua organização. Ao mesmo tempo, havia uma onda de desconfiança e de rejeição sutil a essas mulheres que circulavam entre os militantes, que especulavam sobre a possibilidade de tal comportamento excessivamente masculino também significar que elas eram lésbicas enrustidas.[56]

---

55 Vera Sílvia Magalhães, entrevistada pelo autor, 17 jul. 2003, Rio de Janeiro.
56 Para outro exemplo da tendência dos jovens revolucionários do sexo feminino em assumir uma personalidade masculina a fim de adquirir legitimidade política dentro da ala revolucionária

Masculinidade revolucionária

Se a masculinização de algumas militantes lhes permitiu assumirem papéis de liderança na organização da luta armada, a feminização dos revolucionários masculinos, no entanto, estava fora de questão. A cultura brasileira em geral rotulava homossexuais masculinos como efeminados, passivos, hesitantes e pouco confiáveis, enquanto os marxistas os viam como burgueses mesquinhos por natureza e traidores em potencial. Essas duas tradições juntas excluíram a possibilidade de homens homossexuais se tornarem revolucionários.

Nada simbolizava mais a ideia de que um homem revolucionário precisava ter uma forma específica de masculinidade do que as imagens de Che Guevara, a figura emblemática do movimento de guerrilha latino-americano nas décadas de 1960 e 1970. "*El hombre nuevo*" promovido por Che e imitado por seus seguidores era viril, barbudo, agressivo e tinha só um objetivo em mente: o sacrifício pela causa, adiando prazeres mundanos momentâneos em busca de um futuro socialista glorioso.

A Revolução Cubana, de 1959, teve um impacto profundo sobre a esquerda latino-americana. A derrubada da ditadura de Batista e o estabelecimento de um Estado socialista fez da ilha um farol de esperança em todo o continente.

Os trabalhos do jornalista e revolucionário francês Régis Debray, preso na Bolívia depois de entrevistar Che Guevara em 1967, ofereciam uma justificativa teórica para a realização de uma luta armada contra o regime militar brasileiro. Apontando o sucesso de Fidel e seu grupo de revolucionários na luta em Sierra Maestra, no final de 1950, a obra de Debray, *Révolution dans la révolution?*, sistematizou a teoria do

---

do movimento estudantil no final na década de 1970, consultar o depoimento oral de Célia em Patai, op. cit., p.237. Madalena, que era membro de uma célula estudantil do Partido Comunista do Brasil na década de 1970, afirma que outros companheiros sabiam que ela era lésbica e não a discriminavam, mas ela também achava essa questão uma luta secundária, que não justificava ser discutida nos círculos do partido (ibid., p.260-2). Diante da falta de outras pesquisas, é difícil saber se essa aparente tolerância da homossexualidade feminina por estudantes membros do Partido Comunista brasileiro era uma anomalia, um entendimento diferente da homossexualidade masculina e feminina dentro da esquerda brasileira ou fruto da liberação social e cultural de meados e final dos anos 1970.

foquismo e argumentou que um pequeno grupo dedicado de revolucionários poderia estabelecer uma base rural, desmoralizar um regime ditatorial, inspirar as massas rurais e os camponeses a se levantarem e, por último, derrubar um governo reacionário.

Para quem havia rompido com o que eles consideravam ser o programa moderado e reformista do Partido Comunista brasileiro, bem como para a nova geração de jovens que se juntou ao movimento estudantil após 1964, a Revolução Cubana – e especialmente Che Guevara – materializava o caminho revolucionário para o Brasil e para o restante da América Latina.

Sabe-se que, em 1965, Che Guevara deixou seu posto de ministro da Indústria de Cuba para apoiar o movimento revolucionário no Congo.[57] Quando essa tentativa fracassou, mudou-se para a Bolívia, onde foi morto em 8 de outubro de 1967, durante a tentativa de construir uma base revolucionária na área rural, em uma região estrategicamente localizada perto da Argentina e do Brasil mas totalmente inóspita para uma campanha militar.

O impacto de sua morte foi profundo para revolucionários brasileiros. Herbert Daniel lembra:

> A morte de Che nos pesaria como uma iluminação, uma tragicamente alegre evidência de que não importa onde, não estaríamos sós: éramos nós as outras mãos do Che; depois, se nós sofrêssemos a mesma morte infinitamente pura, nada senão o desmedido gozo de partilhar da lenda. Porque o Che morreu na sua lenda, como parte do seu mito, inevitável e compreensível.[58]

Em vez de ser desmoralizado pelo fim da campanha de guerrilha rural de Che, nas mãos de forças de contrainsurgência treinadas pelos Estados Unidos, Daniel lembrou que "a sua morte e derrota na Bolívia foi vivida como uma vitória e sua justificativa, ou uma certeza da inevitabilidade de um futuro vitorioso. Foi uma morte plena de esperança".[59]

---

57 Ver, por exemplo, Castañeda, J. G. *Compañero*: The Life and Death of Che Guevara. Trad. Marina Castañeda. New York: Alfred A. Knopf, 1997.
58 Daniel, op. cit., p.94.
59 Ibid.

"Quem é o macho que quer me matar?"

Em uma coletânea de ensaios publicados no Brasil sobre o 20º aniversário da morte de Che Guevara, Daniel Aarão Reis, que participou da luta armada duas décadas antes, comentou sobre a importância simbólica do revolucionário argentino que adotou para si a Revolução Cubana: "Alguns comunistas eram notórios ao se prepararem para sofrer, para morrer. Nossa opção foi diferente: em vez de sofrer, tornarmos prisioneiros, morrer, preparávamos para matar. Nossa escolha era a luta". Para aqueles que fizeram essa escolha, Che personificava aquela postura militante. Reis lembrou que, durante as manifestações estudantis de 1966, 1967 e 1968, enquanto diversas tendências criticavam Fidel, Mao, Lenin e Stalin, a admiração por Che era unânime, e sua morte não abalou o mito.[60]

Em todo o mundo, a imagem popularizada de Che Guevara com o longo cabelo solto, barba por fazer e boina preta com estrela vermelha se tornou um símbolo da juventude rebelde. Estudantes de cabelos compridos, que desafiavam os modelos tradicionais de gênero, com seus cabelos despenteados, imitavam sua imagem. A barba de Che poderia ser tanto um sinal de rejeição à burguesia como um símbolo do sacrifício do conforto da domesticidade para a dura vida do guerrilheiro lutando na selva. Ele era um rebelde com uma causa, que estava disposto a abandonar o país e os amigos, pegar um rifle e oferecer sua vida à revolução.

O retrato estilizado de Che que se tornou tão onipresente no final da década de 1960 também se fundiu com o símbolo mais antigo, mais poderoso e mais difundido na civilização ocidental, ou seja, o sacrifício, sofrimento e martírio de Cristo. O corpo seminu do revolucionário assassinado, esparramado em uma maca rudimentar na Bolívia rural, resultou em mais significados, simbólicos e fortes. Essa imagem cristã, lançada em cima da figura de um revolucionário marxista, também teve um forte apelo às centenas, se não milhares, de jovens brasileiros que se juntaram à esquerda por meio de suas experiências na Juventude Universitária Católica (JUC) e, mais tarde, na Ação Popular.

---

60 Koutzii, F.; Leite, J. C. *Che*. 20 anos depois; ensaios e testemunhos. São Paulo: Busca Vida, 1987, p.213.

Assim como o padre colombiano revolucionário Camilo Torres entrou na luta armada por um mundo melhor, os frades dominicanos no Brasil também ofereciam ajuda e assistência às organizações revolucionárias.

Os ex-seminaristas, jovens criados nas tradições da Igreja Católica, assim como os frades, freiras e padres que prestaram apoio à luta armada, foram motivados por ideias que viam os ensinamentos de Cristo como uma mensagem para os pobres e oprimidos. Assim como o padre colombiano revolucionário Camilo Torres entrou na luta armada por um mundo melhor, os frades dominicanos no Brasil também ofereciam ajuda e assistência às organizações revolucionárias. Como os padres que viviam e trabalhavam para e entre os pobres, Che Guevara se tornou um símbolo ecumênico da figura revolucionária dedicada aos povos da América Latina em revolta.[61]

A historiadora Florencia Mallon documentou o impacto da imagem de Che entre os apoiadores, militantes e líderes do Movimento da Esquerda Revolucionária (MIR) que participaram da luta armada no Chile nas décadas de 1960 e 1970. De acordo com Mallon,

> As imagens desta jovem geração que, diante de uma forte ênfase em propaganda política (agitprop) dos primeiros anos do partido, foi uma ferramenta política extremamente importante, baseada diretamente na combinação do cubano barbudo, o romântico jovem barbudo e de cabelos compridos simbolizado por Ernesto "Che" Guevara, e dos *hippies* rebeldes emergentes que pregavam o amor livre, dançavam rock e invadiam as barricadas do Estado burguês.[62]

Mallon argumenta que a liderança central do MIR cultivou, entre seus membros, uma associação entre a personificação do que se chama

---

61 Para um relato mais detalhado do apoio dado pelos frades dominicanos à luta armada e da relação entre Teologia da Libertação e movimentos revolucionários no Brasil, consultar a obra de Frei Betto, *Batismo de sangue*: a luta clandestina contra a ditadura militar. 11.ed. rev. São Paulo: Casa Amarela, 2000.

62 Mallon, F. E. Barbudos, Warriors, and Rotos: The MIR, Masculinity, and Power in the Chilean Agrarian Reform 1965-1974. In: Gutmann, M. C. (Ed.). *Changing Men and Masculinities in Latin America*. Durham: Duke University Press, 2003, p.180.

de masculinidade revolucionária e imagens de Che. Eles ganharam prestígio político com esta apresentação. Combinando a personalidade de Che e a "boa aparência, estilo e masculinidade impetuosa" do roto macanudo, outro comportamento masculino dos homens chilenos da classe trabalhadora, a liderança do MIR moldou um comportamento de gênero que atraía a juventude para a organização revolucionária.

Em seu estudo sobre os esforços de organização entre os ativistas locais do MIR engajados no movimento agrário no sul do Chile, Mallon observa que, "ironicamente, os organizadores e agitadores mais bem sucedidos, que foram atraídos para o MIR mais precisamente por causa de suas características intensas de confronto e de conduta, também foram aqueles que a liderança central era incapaz de controlar".[63] Além disso, como nos lembra Mallon, os imitadores de Che, ao cultivar essa imagem revolucionária, estabeleciam a heterossexualidade compulsória e rejeitavam o comportamento transgressivo de gênero.[64]

Assim como os líderes da esquerda chilena se apropriaram da imagem de Guevara para promover uma imagem radical e rebelde, a juventude brasileira também se identificou com sua personalidade, principalmente com sua barba e seus cabelos longos, que eram sinais de masculinidade rebelde. Ivan Seixas lembrou o impacto que Che tinha sobre ele como um menino vivendo em um bairro de classe operária no Rio Grande do Sul em 1966 ou 1967: "Eu tinha cabelo comprido. Era um pouco por causa da geração Beatles, mas era muito porque eu adorava a figura de Che, que tinha cabelo grande, e nem por isso ele era considerado mulher ou viado". Ivan lembrou de um incidente no qual sofreu um ataque físico por causa do seu cabelo. Ao ir a pé de sua casa até os Correios no centro, ele passou pelas docas da cidade.

> Tinha uns portuários lá, e eu com meu cabelo assim, e um deles disse: "Será que é menino ou menina? Guri ou guria?" E os outros riram. E eu, muito porra louca como sempre fui, virei para trás e, com uma naturalidade

---

63 Ibid., p.183.
64 Ibid., p.194.

dos insensatos, falei para ele "Nem guri, nem guria, é a puta que te pariu" e continuei andando feito um maluco.

Os dois estivadores correram atrás dele e o seguraram, exigindo que ele voltasse atrás no que disse, mas Ivan, que tinha 13 ou 14 anos na época, recusou-se a ceder e pedir desculpas.[65]

Embora Ivan considere ter sido influenciado principalmente pela imagem de Che, o comentário de que seu cabelo longo o ligava de alguma forma à geração dos Beatles era significativo, uma vez que provavelmente foram os elementos da indefinição de gênero trazidos pelo *rock and roll*, pelo movimento *hippie*, pela Tropicália brasileira e por outras contestações culturais da década de 1960 que provocaram a inquietação e a ira dos estivadores. Enquanto Ivan achava que imitava seu herói revolucionário e entendia que seu cabelo longo não comprometia sua masculinidade, seus agressores tinham uma leitura muito mais simples de sua aparência.

Para eles, o cabelo comprido, a ambiguidade de gênero ou o traje colorido questionavam um comportamento de gênero normativo "apropriado". Bem abaixo da superfície dessa inquietação, estava a crença de que um homem que se apresentava daquela maneira deveria ser "viado". Ivan insistiu que alguém poderia ter cabelo comprido e ser masculino, como Che Guevara, não se tornando uma "bicha". Seus agressores, evidentemente, não conseguiam fazer essa distinção. Embora a cultura da juventude internacional, tal como se desenvolveu no Brasil, possa ter quebrado alguns indicadores tradicionais de gênero, para que assim alguns jovens pudessem usar cabelos longos e roupas coloridas sem que esses estilos ameaçassem suas masculinidades, um novo comportamento cultural não eliminava um desprezo generalizado pela homossexualidade masculina, que foi confundida com efeminação.

---

65 Ivan Seixas, entrevistado pelo autor, 13 nov. 2002, São Paulo.

Armários revolucionários

No final da década de 1960, Herbert Daniel, um estudante de Medicina em Belo Horizonte, vivia entre dois mundos. Por um lado, começou a ter encontros sexuais furtivos com as pessoas que encontrava nas ruas ou em uma área do Parque Municipal, conhecido por ser um ponto de encontro para os homossexuais.[66] Por outro lado, queria desesperadamente ser um membro de uma organização revolucionária e, implicitamente, sabia que a maioria dos membros do grupo em que ele queria entrar não aceitariam seus desejos sexuais.

Um dia, Laís Pereira, sua melhor amiga desde o Ensino Médio e membro ativo do movimento estudantil na Faculdade de Medicina, cautelosamente se aproximou dele com uma pergunta.[67] Alguém da esquerda tinha dito a ela que vira Daniel deixar o Parque Municipal tarde da noite, o que foi considerado "estranho". Conforme Pereira lembra, ela foi até Daniel e fez uma pergunta à "queima-roupa", como se fosse verdade que ele tinha de fato ido ao parque à noite, com a sugestão implícita de que isso significava que andava procurando um parceiro sexual entre as sombras das árvores.

Daniel, conhecido por sua mente e língua rápidas, ofereceu uma explicação imediata. Ele estava participando de um grupo de estudo marxista clandestino no parque e escolheu o local por ser escondido e discreto. Em uma época em que o sigilo sobre os detalhes de atividades políticas prevalecia, as pessoas evitavam perguntas sobre reuniões clandestinas. Pereira lembrou, ainda, que ela caiu nessa explicação e tirou de sua mente a possibilidade de Daniel ser homossexual ou estar sexualmente envolvido com outros homens.

É difícil saber se a aceitação de Pereira da justificativa inverossímil de Daniel sobre seu paradeiro noturno foi uma maneira fácil para que ela acalmasse suas próprias suspeitas e não tivesse que lidar com a dura realidade, pois, como ela admitiu, 35 anos é muito para sua memória recordar o conto. Essa história, no entanto, indica a clara compreensão

---

66 Daniel, H. *Meu corpo daria um romance*. Rio de Janeiro: Rocco, 1984, p.157-60.
67 Laís Pereira, entrevistada pelo autor, 6 jan. 2008, Belo Horizonte.

de Daniel de que ele precisava ser cauteloso ao revelar sua homossexualidade, mesmo para sua melhor amiga.

Outro exemplo também ilustra esse ponto. Na década de 1960, um proeminente líder da União Nacional dos Estudantes (UNE) que tinha sido preso pelo regime militar fez um passeio de trem à noite com outro membro da Ação Popular (AP).[68] Embora a AP não tivesse optado pela luta armada naquela década, a ditadura militar ainda proibia a organização.[69]

O líder, a quem chamaremos de João, admitiu para si mesmo que se sentia atraído por outros homens, mas guardava muito bem esse segredo. Durante a viagem tediosa para um encontro clandestino de militantes da AP, Marcos, companheiro de viagem de João e também membro da AP, dentro de um monólogo sinuoso sobre psicologia e sexualidade, finalmente perguntou como João reagiria se descobrisse que um outro membro da organização era homossexual. Embora João tenha ficado nervoso, porque temia que sua resposta pudesse revelar algo sobre seus próprios desejos sexuais secretos, respondeu que não faria nenhuma diferença para ele. Seu colega, em seguida, concordou com a sua resposta. A discussão acabou ali. Nenhum dos dois confessou suas inclinações sexuais por homens.

Até hoje, João não sabe se seu companheiro estava testando-o para então preparar o terreno para uma revelação, tentando descobrir se João era homossexual ou se estava simplesmente em uma discussão teórica. No entanto, o pavor que João enfrentou quando seu camarada cautelosamente colocou a questão reflete o temor constante que ele sentia sobre a possibilidade de ser "exposto". O grande receio de ser rejeitado e condenado ao ostracismo pela rede social coesa dos amigos do movimento estudantil, que os havia aproximado mais ainda na vivência *underground* na oposição à ditadura, agiu como um eficaz mecanismo de silenciamento. Se um militante revelasse seus desejos sexuais por um camarada, correria o risco de ser expulso da organização e se

---

68 Carlos (pseudônimo), entrevistado pelo autor, 17 maio 1995.
69 Lima, H.; Arantes, A. *História da Ação Popular:* da JUC ao PCdoB. São Paulo: Alfa-Ômega, 1984.

tornar um pária. O ethos da organização impunha heterossexualidade obrigatória ou pelo menos a aparência desta.

Esses dois exemplos, assim como o episódio contado no início deste artigo, proporcionam uma imagem unilateral, onde esquerdistas brasileiros pareciam incapazes de aceitar os homossexuais dentro de sua categoria. Em 1967, Daniel se juntou ao Colina. Naquele mesmo ano, ele se apaixonou por Erwin Duarte, um jovem membro da organização, mas sem sucesso. Em seu livro de memórias, Daniel menciona sua paixão por outro companheiro em seu grupo revolucionário, sem oferecer detalhes sobre o caso.

Duarte, no entanto, recontou confortavelmente a história de sua amizade com Daniel, três décadas mais tarde. Certa noite, os dois estavam dividindo um quarto, embora em camas separadas. Antes de adormecer, Daniel começou um monólogo longo que insinuava sua paixão por Duarte, sem explicitamente indicar tal sentimento. Em certo ponto, Duarte cortou o discurso de Daniel e perguntou-lhe diretamente: "Você tá querendo dizer o quê? Você tá apaixonado por mim?" Daniel confessou que sim. E Duarte explicou que, embora ele não sentisse atração por outros homens, isso não significava que eles não poderiam continuar sendo amigos.

Essa solução ainda pareceu causar a Daniel muita dor, e, conforme mencionado rapidamente em seu livro de memórias, ele procurou Ângelo Pezzuti, seu melhor amigo na organização e líder no Colina, para o consolar. Nenhum dos outros cinco membros homens do grupo que entrevistei sabia sobre a homossexualidade de Daniel quando estavam envolvidos na luta armada em Belo Horizonte, ou pelo menos não se lembram, hoje, se sabiam disso na época. No entanto, a única mulher que participou de uma unidade de combate da organização suspeitava da homossexualidade de Daniel, mas o assunto nunca surgiu entre eles. Daniel, como Carlos, líder estudantil e membro da Ação Popular, sentiu que tinha que guardar o segredo de seus desejos pessoais, embora tenha encontrado pelo menos um confidente que lhe ofereceu apoio. Daniel, mais tarde e com cautela, encontraria outros.

Independentemente da empatia de Pezzuti, a decisão final de Daniel, como mencionado anteriormente, foi pela abstinência sexual.

Na obra *Passagem para o próximo sonho*, ele lembra que era um "sacrifício" que ele estava disposto a enfrentar para ser um revolucionário. Ao relatar sobre o tempo em que estava em um treinamento de guerrilha no Vale do Ribeira, em 1970, Daniel escreveu: "Eu era feliz em Ribeira porque *não* me sentia reprimido. Sentia, como todos deviam sentir, que a ausência do sexo era uma necessidade da luta, assim como os desconfortos que sofríamos, a falta de comida, por exemplo."

Em seu livro de memórias, Daniel contou esse incidente a um ex-companheiro de combate para explicar seus próprios desejos reprimidos enquanto estava no movimento guerrilheiro. "Sabe, meu amigo, eu não era exatamente um militante homossexual. Era um homossexual exilado."[70] Daniel descreveu o exílio como interno, no qual ele fugia de suas próprias necessidades de sexo, amor e carinho.

A censura de notícias, incluindo informações sobre a homossexualidade e o movimento internacional em desenvolvimento, foi particularmente dura entre 1969 e 1973, precisamente no momento em que a luta armada estava em seu apogeu.

Durante os cinco anos em que Daniel foi militante e, em seguida, líder, ao participar de três organizações diferentes da luta armada, ele conseguiu compartilhar seu segredo com pelo menos três militantes mulheres, mas, como ele afirmou em seu livro de memórias, o ethos da esquerda havia criado um clima em que ele ainda sentia que sua homossexualidade era incompatível com a práxis revolucionária. Ele permaneceu abstinente por cinco anos.

Por que Daniel foi capaz de revelar seus desejos sexuais reprimidos para poucas pessoas ao longo dos anos passados na luta armada? Por que João se recusava a revelar seus sentimentos mais profundos para outro companheiro que parecia disposto a falar sobre a questão? Por que o romance de Mário e Carlos na prisão os levou ao ostracismo e até mesmo a um possível justiçamento? Por que as estruturas ideológicas que se preocupavam com a sexualidade por meio dos desvios dos

---

70 Daniel, op. cit., p.221.

pequeno-burgueses e da homossexualidade como uma manifestação de decadência burguesa eram tão difíceis de serem derrotadas? Em parte, a dinâmica da luta armada deixou pouco espaço para debates pessoais ou existenciais coletivos.

No início da década de 1970, a maioria dos grupos ficou presa em um círculo vicioso. As unidades clandestinas precisavam planejar assaltos a banco e outras ações visando obter fundos suficientes para refúgios seguros e para ficar um passo à frente da polícia. Em vez de acumular armas e recursos para realizarem atividades de guerrilha rural, que a esquerda radical concordava fortemente ser o meio estratégico para derrubar o regime, a maioria das organizações acabou se concentrando na sobrevivência diária. Dentro dessa dinâmica de sobrevivência pela própria sobrevivência, a esquerda revolucionária ficou cada vez mais isolada na clandestinidade. Nesse contexto, tentar levantar novas questões sobre os papéis de gênero e sexualidade parecia impossível.

Igualmente importante era o fato de que os militantes de esquerda, no meio de grandes esforços para se manterem vivos, tinham pouco acesso a ou tempo para elaborar ou absorver novas ideias sobre como enquadrar questões de sexualidade dentro dos discursos da esquerda. De certa forma, eles não tinham a linguagem ou não podiam imaginar a possibilidade de enfrentar membros de suas organizações que haviam baseado suas atitudes homofóbicas em um quadro complexo de discursos profundamente enraizados sobre homossexualidade, comuns na esquerda e na sociedade brasileira como um todo.

Como mencionado anteriormente, poucos relatos sobre o "poder gay" chegaram à imprensa brasileira. A censura de notícias, incluindo informações sobre a homossexualidade e o movimento internacional em desenvolvimento, foi particularmente dura entre 1969 e 1973, precisamente no momento em que a luta armada estava em seu apogeu. Herbert Daniel e outros esquerdistas revolucionários com desejos homoeróticos que se envolveram em batalhas contra a ditadura simplesmente não tinham fácil acesso a essas ideias na década de 1960.

Pelo contrário, o ethos da masculinidade revolucionária prevaleceu como a personificação da própria revolução. A luta armada de oposição ao regime exigiu extremo sacrifício pela causa, mas parecia oferecer um caminho para derrotar a ditadura e para o início de uma reestruturação radical da sociedade brasileira.

Esse foi, também, um meio de autorrealização para a juventude radical. A revolução brasileira pedia um "novo homem", que ignorava preocupações pessoais e estava disposto a se transformar para se tornar um autêntico revolucionário. A dinâmica interna das diferentes organizações exigia que aqueles que vinham da classe média, origem social da maioria das organizações, precisavam provar seu valor como revolucionários autênticos ao se transformar em encarnações humanas do ideal revolucionário. As pressões de grupos sociais, o desejo de pertencer ou de se ajustar e os modelos revolucionários disponíveis conspiravam para reforçar essa construção da masculinidade revolucionária.

Reavaliações

Tudo isso iria mudar depois que o governo desestruturou com sucesso as organizações de luta armada. Na prisão, no exílio ou totalmente afastados da atividade revolucionária e na clandestinidade, os militantes começaram a repensar seus passados e construir novos caminhos políticos e pessoais para o futuro.

Alípio Freire, um dos líderes da organização maoísta Ala Vermelha, e seus companheiros presos em São Paulo, por exemplo, passaram por um longo processo de autocrítica e concluíram que a luta armada tinha sido uma estratégia fracassada.[71] Da mesma forma, Carlos lembrou, quando estava na prisão: "Nós tínhamos perdido a batalha e o essencial, agora, era pensar como sair da cadeia e encontrar outra forma de militância, entrar em contato com a sociedade, saber o que se passa em vez de ficar aqui cantando a Internacional e fazendo o jogo de preso político."[72]

---

[71] Alípio Freire, entrevistado pelo autor, 27 nov. 2009, São Paulo. Freire publicou uma coleção de memórias sobre as experiências de prisão de revolucionários que documenta os debates e discussões que aconteceram na prisão. Freire, A.; Almada, I.; Ponce, J. A. de G. *Tiradentes*: um presídio da ditadura – memórias de presos políticos. São Paulo: Scipione Cultural, 1997.

[72] Carlos (pseudônimo), entrevistado pelo autor, 22 jun. 2004.

Da mesma forma, Espinosa começou uma reavaliação de suas atividades políticas no passado enquanto cumpria pena por atuar como líder de organização revolucionária e percebeu que a estratégia de guerrilha não iria derrubar a ditadura. Quando foi libertado da prisão, voltou para sua cidade natal, de classe operária, onde se envolveu no trabalho político e se tornou jornalista.[73]

A reavaliação de Carlos e Mário da prática política do passado forneceu também a estrutura para desafiar aqueles que seriam seus executores. Parecia que a relutância de Carlos em continuar escondendo sua vida pessoal enquanto estava na prisão também contribuiu para sua postura de ataque. Ele de fato virou o jogo sobre seus agressores, ao inverter estereótipos tradicionais sobre homossexualidade masculina e, ao mesmo tempo, reforçar e apelar para o ideal de masculinidade revolucionária, alegando ser mais macho do que seus agressores. O fato de não ter revelado informações sob tortura o colocou em uma posição superior àqueles que o condenaram. Ao desmasculinizar os que falaram em justiçamento, ele neutralizou suas forças.

Daniel também começou a reavaliar seu envolvimento político do passado, embora sob circunstâncias bem diferentes. Depois que praticamente todos os membros de sua organização tinham sido presos ou ido para o exílio, ele permaneceu isolado em um apartamento até que Cláudio Mesquita, simpatizante da luta armada, ofereceu-lhe assistência. Enquanto estava escondido, os dois começaram um longo diálogo sobre questões pessoais e políticas, incluindo sua homossexualidade.[74] Em 1974, eles conseguiram passaportes falsos e fugiram do país.

Começaram um relacionamento em 1975 e permaneceram no exílio na Europa por sete anos. Em 1979, Daniel e Mesquita organizaram um debate sobre homossexualidade em Paris, o centro dos exilados brasileiros na Europa, o qual criou uma nítida divisão entre várias centenas de ex-dirigentes e militantes do movimento revolucionário que viviam no exterior. Alguns revolucionários exilados se recusaram a discutir o assunto, argumentando que era algo pessoal e uma questão secundária que desviava a

---

73 Espinosa, R. *Abraços que sufocam*. São Paulo: Viramundo, 2000.
74 Daniel, H. *Meu corpo daria um romance*. Rio de Janeiro: Codecri, 1982.

atenção do que deveria ser o foco principal: exigir anistia para todos os presos políticos e exilados. A maioria desses esquerdistas também mantinha conceitos tradicionais sobre a homossexualidade, outros defendiam uma discussão aberta sobre o tema entre a esquerda brasileira, e uma minoria crescente apoiava as ideias dos movimentos feminista e de gays e lésbicas.[75] Para esse evento, Daniel escreveu um documento, intitulado "Homossexual: defesa dos interesses?", que apresentou uma discussão teórica radical sobre a política da homossexualidade.[76]

Os tempos haviam mudado no Brasil, bem como entre os exilados brasileiros que viviam na Europa. Em 1974, com a eliminação dos últimos remanescentes da luta armada, uma crise econômica e o surgimento de uma forte oposição política legal ao regime, Ernesto Geisel, o quarto presidente militar, iniciou um movimento em câmera lenta em direção à democracia. Mais uma vez, os estudantes tomaram as ruas, em 1977, para exigir o fim da ditadura militar. Políticos da oposição venceram as eleições de 1978 na maioria dos grandes centros urbanos. Ativistas de esquerda clamavam por uma lei de anistia, que foi aprovada em 1979, permitindo o retorno dos exilados e a libertação da maioria dos presos políticos. Muitos deles se reintegraram à política durante o processo de democratização e se tornaram líderes importantes da esquerda brasileira reorganizada.

Um ambiente politicamente mais aberto deu espaço para novos movimentos sociais. Organizações feministas, negras e de gays e lésbicas se formaram. Em abril de 1978, um grupo de intelectuais começou a publicar o *Lampião da Esquina*, um jornal mensal que provocou um debate nacional sobre questões de gays e lésbicas. A revista também se promoveu como um veículo para defender as mulheres, os negros, os indígenas e o meio ambiente. Reportagens de capa do jornal traziam notícias do movimento das mulheres, do Movimento Negro Unificado (MNU) e de outros movimentos políticos e sociais.[77]

---

[75] Rollemberg, D. *Exílio: entre raízes e radares*. Rio de Janeiro: Record, 1999, p.224-7; Jean Marc van der Weid, entrevistado pelo autor, 13 ago. 2010, Rio de Janeiro; Gloria Ferreira, entrevistada pelo autor, 10 out. 2010, Rio de Janeiro.

[76] Daniel, H. Homossexual: defesa dos interesses? *Gênero*, v.8, n.2, p.15-21, 2008.

[77] Ver, por exemplo, *Lampião da Esquina*, n.8 (jan. 1979); n.11 (abr. 1979); n.15 (ago. 1979); n.30 (nov. 1980).

Em 1979, um setor de esquerda surgiu dentro do movimento de gays e lésbicas, buscando um diálogo com a esquerda brasileira e com o movimento sindical sobre a homofobia e a discriminação.[78] Da mesma forma, as feministas e ativistas negros debatiam novas ideias sobre gênero e raça, dentro das várias novas organizações e publicações e, mais amplamente, entre grandes setores de oposição ao regime militar, uma vez que o país se moveu lentamente em direção a um regime democrático.[79]

Muitos esquerdistas começaram a repensar as estratégias políticas e, em 1980, em coligação com sindicalistas e ativistas da Igreja, fundaram o Partido dos Trabalhadores (PT). Na sua primeira convenção, em setembro de 1981, o líder dos trabalhadores, Luiz Inácio Lula da Silva, declarou: "Não aceitaremos que, no PT, o homossexualismo seja tratado como doença e muito menos como caso de polícia".[80] Embora não significasse que a esquerda brasileira tinha repensado por completo questões de gênero e sexualidade, isso marcou o início de uma mudança de atitudes em relação à homossexualidade, entre outras questões.[81]

Alguns membros da geração politizada de 1968 não apoiaram facilmente essas novas ideias. Muitos esquerdistas ainda argumentavam que o feminismo dividia homens e mulheres. Outros insistiam que discutir racismo no Brasil criava hostilidade entre brancos e negros, o que era estranho à cultura brasileira. Em debates públicos sobre a homossexualidade, alguns argumentavam que a luta pela igualdade de direitos para gays e lésbicas dividia a ampla oposição contra a ditadura militar.[82]

Um ex-revolucionário que retornou graças à Lei da Anistia de 1979 acabou imerso em controvérsias. Fernando Gabeira, que participou do sequestro do embaixador dos Estados Unidos em 1969, começou a conceder entrevistas apoiando ideias feministas, o movimento ambiental e

---

78 Green, J. N. Desire and Militancy..., op. cit.
79 Ver Alvarez, op. cit.; Hanchard, M. G. *Orpheus and Power*: The Movimento Negro of Rio de Janeiro and São Paulo, 1945-1988. Princeton: Princeton University Press, 1994.
80 Abertura política ainda não chegou ao povo, diz Lula. *Folha de S.Paulo*, 28 set. 1981, p.6. Na época a palavra "homossexualismo" foi usada amplamente, porém ativistas do movimento LGBTQIA+ criticaram a expressão por ser associada homossexualidade com uma doença.
81 Para mais detalhes sobre esse processo, consultar Green, J. N. Desire and Militancy..., op. cit.
82 Dantas, op. cit., p.9-10; Green, J. N. Desire and Militancy..., op. cit., p.57-70.

o emergente movimento gay. Muitos de seus ex-companheiros logo o rejeitaram. Para eles, Gabeira não fazia mais parte da luta. Ele tinha "desbundado". Para completar, ele usava uma tanga escandalosa na praia de Ipanema, e imediatamente se espalhou por toda a esquerda o rumor de que ele provavelmente era homossexual.

Gabeira lembrou dessa reação em uma entrevista que concedeu ao *Lampião da Esquina* logo depois de voltar do exílio:

> Creio que, depois dessa entrevista, aumentaram os rumores a meu respeito. Alguns velhos amigos me cumprimentavam pela sinceridade e achavam até que meu depoimento poderia ajudá-los numa reavaliação de sua trajetória de machos. Outros não acompanharam meu rito. Aceitavam-me como terrorista, não como homossexual.[83]

O fato de Gabeira não ser realmente gay não parece importar muito àqueles que se sentiram desconfortáveis com as novas políticas e personalidade do ex-guerrilheiro.

Em 1981, Herbert Daniel, que reprimia sua homossexualidade ao participar da esquerda revolucionária, retornou do exílio na Europa e se tornou escritor. Em 1986, ele se candidatou à Assembleia Legislativa do Estado do Rio de Janeiro em uma plataforma de esquerda, que incluía uma forte defesa dos direitos de gays e lésbicas, com a expectativa de ser eleito com o apoio de novos eleitores.[84] No entanto, ele foi derrotado. Embora os grupos de gays e lésbicas tenham se organizado por todo o país, o movimento permaneceu pequeno, concentrando-se mais na crise da aids. O Partido dos Trabalhadores (PT) tinha formalmente afirmado ser contra a discriminação de gays e lésbicas, mas ativistas dentro do partido se sentiram frustrados com a falta de apoio concreto à sua causa.[85] Levaria mais uma década para uma segunda e mais forte onda de ativismo surgir para, por fim, construir alianças estratégicas com o

---

83 Gabeira, F. *Entradas e bandeiras*. Rio de Janeiro: Codecri, 1981. P.99; Fernando Gabeira fala, aqui e agora, diretamente dos anos 80. *Lampião da Esquina*, v.2, n.18, p. 5-8, nov. 1979.
84 Liszt Vieira, entrevistado pelo autor, 28 jun. 2006, Rio de Janeiro.
85 Roberto de Oliveira Silva, entrevistado pelo autor, 19 jul. 1997, São Paulo. Naquela época, Silva era líder do Grupo de Gays e Lésbicas do PT, em São Paulo.

PT e com outros setores de uma esquerda transformada em financiadora de campanhas nacionais contra a homofobia e a discriminação.

Posfácio

Qualquer um que narra eventos que ocorreram há décadas enfrenta uma série de questões teóricas e metodológicas relacionadas com a memória e a história. Embora essas questões estejam fora do escopo principal deste artigo, vale a pena apresentar uma memória alternativa da história de Carlos e Mário, sem tentar desvendar todas as razões, motivações e truques envolvidos nas diferentes versões do incidente.

Seria razoável questionar se Ivan Seixas se lembrou com precisão dos acontecimentos que ocorreram em sua cela há quarenta anos. Na época, ele tinha 16 anos, seu pai havia sido morto sob tortura, e ele era um prisioneiro político intratável e teimoso.[86] Embora alegue que era tolerante em relação à homossexualidade entre seus companheiros esquerdistas, é bem provável que Seixas, que permanece politicamente ativo, tenha mudado suas atitudes pessoais sobre o erotismo entre pessoas do mesmo sexo, uma vez que a sociedade brasileira se tornou mais tolerante em relação à homossexualidade na década de 1990. A partir daí, um movimento de massa mobilizou milhões nas ruas para exigir igualdade de direitos e o fim da discriminação.

Realizei duas entrevistas com Ivan Seixas sobre os acontecimentos que ocorreram na prisão de Tiradentes em 1972 e uma breve entrevista, que confirmou os detalhes de sua história, com Alípio Freire, que também permanece politicamente ativo e testemunhou o confronto, concordando com a versão de Seixas sobre os eventos.[87]

---

86 Ivan Seixas, entrevistado pelo autor, 13 nov. 2002, São Paulo. Até hoje, Seixas considera que a sua decisão de se juntar a seu pai no Movimento Revolucionário Tiradentes foi um esforço nobre, apesar de toda a sua família ter sido presa, seu pai ter sido morto durante o interrogatório e sua mãe ter sido forçada a ouvir a agonia da morte do marido da cela onde estava detida.
87 Alípio Freire, entrevistado pelo autor, 14 jun. 2006.

Posteriormente, realizei uma longa entrevista com Freire para confirmar que um líder de outra organização política, preso na mesma cela que ele naquela época, de fato ameaçou uma execução sumária. Se essa pessoa realmente levaria isso adiante em 1972 ou se estava apenas agindo com falsa bravura, provavelmente nunca saberemos. O fato é que, no início de 1970, um grande segmento da esquerda brasileira manteve os conceitos tradicionais sobre a natureza reacionária e imoral da homossexualidade.

No entanto, eu estava ansioso para ouvir as memórias de Carlos sobre esses eventos e finalmente consegui localizá-lo e realizar uma longa entrevista.[88] Sem contar de antemão a versão de Ivan Seixas sobre o passado, pedi-lhe que narrasse o que se lembrava sobre quaisquer conflitos com os envolvidos no caso enquanto estava na prisão. Durante a entrevista, Carlos admitiu que teve um caso com Mário e que tinha sido descoberto enquanto estavam cumprindo pena.

O relacionamento sexual e romântico com Mário tinha começado em 1967, quando ambos eram estudantes universitários. Logo depois, Carlos se juntou ao movimento revolucionário, mas mantiveram o caso em segredo. Depois de Carlos deixar a prisão, exilou-se, casou-se e deixou de ter relações sexuais com homens. "Até conhecer a minha mulher, com quem estou legalmente casado há vinte e cinco anos, Mário era o grande amor da minha vida", afirmou.[89]

De acordo com Carlos, quando chegou pela primeira vez à prisão de Tiradentes, os membros de outros grupos revolucionários o trataram bem: "Era uma tática deles, chamar pessoas que estavam chegando e eram de outros grupos para eles conhecerem. Mas eles só chamavam pessoas que eles sabiam que não tinham fraquejado sob tortura. Eles sabiam do meu bom comportamento." Como Ivan havia relatado em sua história, Carlos de fato não revelou nenhuma informação importante ao ser torturado durante os interrogatórios.[90] No entanto, ele, Mário e

---

88 Carlos (pseudônimo), entrevistado pelo autor, 22 jun. 2004.
89 Ibid.
90 O fato de Carlos não ter revelado informações sobre seus companheiros é confirmado por um comentário nos documentos da polícia política no Arquivo Público do Estado de São Paulo,

outros membros de sua organização que haviam sido presos, condenados e estavam cumprindo pena começaram a questionar seus ideais revolucionários. De acordo com Carlos, ele, Mário e outros companheiros se afastaram dos outros presos políticos.

> Você passa a ser malvisto, te taxam de estar largando a militância e depois você vira duas coisas muito claras; ou você vira bicha ou você vira policial, e foi o que aconteceu conosco. Teve um cara que passou a puxar papo comigo, me perguntando o que eu achava da situação revolucionária e tal. Por sorte, ou sei lá, eu não disse nada e depois fiquei sabendo que era uma armação, que qualquer coisa que eu falasse seria pretexto para ele e outros que estavam esperando me agredirem por ser contrarrevolucionário. A história é essa.

Nesse ponto, contei o episódio de Seixas. Carlos riu e exclamou "Que barato!", indicando que tinha gostado desse conto. "Então não aconteceu como Ivan me contou?", perguntei. "Acho que não", ele respondeu. Quando insisti no assunto, ele continuou: "Não foi assim que aconteceu, mas pode ser a soma de uma série de histórias do nosso cotidiano, que foi comprido, e faz sentido, porque isso poderia ter certamente acontecido. [...] Eu devo ter falado isso para uma ou duas pessoas em particular. Mas de eu ter entrado em uma cela e falado para todos, por certo que não fiz." Depois, Carlos comentou: "Na verdade, eu gostaria que tivesse acontecido isso. Seria muito maior o orgulho. O passado é totalmente subjetivo... um caleidoscópio... e foi assim que ficou na memória dele. Na verdade, eu gostaria que tivesse acontecido isso. Seria muito maior o orgulho [se fosse assim]."

---

segundo o qual ele tinha sido particularmente intransigente e não cooperativo ao ser interrogado, um comentário raro de ser encontrado em registros escritos. Documentos em posse do autor.

Herbert Daniel: política, homossexualidades e masculinidades no Brasil nas últimas décadas do século XX[1]

Nos anos 1960, pelo menos duas novas construções de masculinidade na juventude das classes médias urbanas entraram em circulação no Brasil. Essas novas maneiras de representar o masculino conviveram e se misturaram em parte com outras formas mais tradicionais de representação. Essa constelação de características incluía uma valorização da virilidade e da conquista de mulheres, uma noção patriarcal de proteger e sustentar o feminino, entendido como mais fraco e vulnerável, uma valorização da honra como parte integrante da identidade, uma ocupação masculina do espaço público e político e uma diferenciação rígida entre símbolos de gênero facilmente reconhecidos socialmente. Muitos desses significados do masculino dependiam de uma "outra" feminina, representada por uma mulher ou por um homem efeminado, que simbolizavam o oposto do macho.

Antropólogos e historiadores (como Fry e MacRae, Green e Parker) que estudam as construções dos discursos médico-legais sobre a

---

[1] Green, J. N. "Herbert Daniel: Política, homossexualidades e masculinidades no Brasil nas últimas décadas do século XX". In: *Masculinidades: teoria, crítica e artes*, eds. José Gatti e Fernando Penteado, 131-149. São Paulo: Estação das Letras e Cores, 2011. Tradução por José Gatti.

homossexualidade no Brasil no século XX e os imaginários mais divulgados sobre os homens que mantiveram relações sexuais com outros homens notam um claro ponto de convergência nas representações sobre as pessoas que têm relações homossexuais. Apesar da realidade vivida por milhões de pessoas, existe um estereótipo prevalente que entende que o homossexual é exclusivamente um homem efeminado, que gosta de ter relações passivas com homens viris, que, por sua vez, não necessariamente se consideram homossexuais. O ativo (macho) e o passivo (feminino) estruturam todos os conceitos tradicionais sobre gênero e sexualidade e são ainda uma potência forte no imaginário brasileiro.

A partir dos anos 1970, e especialmente com o surgimento de um movimento politizado de gays e lésbicas no final da década, com o processo da abertura política e a redemocratização do país, novos discursos públicos começaram a questionar essa visão unilateral da homossexualidade masculina que entendia a bicha ou o viado como uma pessoa fraca, feminil, irracional, emocional e pouco estável. Uma dialética dinâmica produzia novas ideias, conceitos, linguagens e propostas sobre o que seria um homossexual masculino. O jornal mensal *Lampião da Esquina* (1978-1981) oferecia um foro público para debater a questão "o que é a homossexualidade no Brasil". Reportagens em jornais e revistas de grande circulação sobre os movimentos de gays e lésbicas no exterior e no Brasil provocavam novos olhares e leituras sobre os significados de ser um homem que amava ou gostava de ter relações sexuais com outros homens.[2]

Hoje em dia, é difícil para um jovem gay compreender as transformações nas noções sobre homossexualidade que ocorreram no Brasil nos últimos trinta anos. Uma geração que tem acesso constante à internet e a informações do mundo inteiro, que pode ler a coluna GLS na revista *Veja* e que pode se juntar a cerca de 3 milhões de pessoas para participar da parada do Orgulho LGBT em São Paulo não pode entender

---

2 Ver, por exemplo, Veja. Um gay power à brasileira. Veja, 24 ago. 1977, p.66-7; IstoÉ. Os "gays" saíram à luz". IstoÉ, 28 dez. 1977, p.8-15; Saffoiti Filho, J. Os acordos da liberação gay. Manchete, n.1325, 10 set. 1977, p.88-93; Nóbrega, V. A explosão do homossexualismo. Nova, ago. 1977, p.84-7.

como mudaram as atitudes no país sobre a homossexualidade. Mesmo para quem participou da primeira mobilização encabeçada pelo movimento de gays e lésbicas, em junho de 1980, contra a repressão policial a homossexuais, travestis e prostitutas no centro de São Paulo, não é fácil acreditar como houve tantas transformações no país (Green, 1999). Atualmente, diversos grupos organizam mais de 300 mobilizações semelhantes à Parada LGBT de São Paulo em todo o país ao longo do ano. São festas carnavalescas fora de época. Além de gays e lésbicas, de travestis e *drag queens*, famílias inteiras, aparentemente heterossexuais, aparecem para ver e curtir o espetáculo. A sensação é de uma tolerância total. Apesar de a violência contra os homossexuais continuar, de ainda existir discriminação em todos os setores sociais e de uma homofobia velada prevalecer nas escolas, entre outros espaços públicos, seria difícil negar que houve grandes mudanças nas atitudes sobre a homossexualidade nos últimos anos.

Quando a imprensa faz reportagem sobre essas celebrações de diversidade sexual, invariavelmente os jornalistas entrevistam os organizadores das paradas LGBTQIA+, como são popularmente conhecidas, sobre as origens da ideia. Em geral, nas suas respostas, os entrevistados repetem uma narrativa quase ritual que oferece uma procedência internacional às mobilizações brasileiras. Contam aos jornalistas sobre os enfrentamentos no dia 28 de junho de 1969 entre a polícia de Nova York e os fregueses do bar Stonewall, em Greenwich Village, então bairro boêmio da cidade, onde havia uma grande concentração de homossexuais. Nessa leitura do passado, a vontade de gays, lésbicas, travestis e outros jovens norte-americanos de brigar com os representantes municipais da moral e dos bons costumes naquela noite quente de verão, há mais de 40 anos, marca o começo de um novo movimento social internacional, que reivindica os plenos direitos para gays e lésbicas.

Segundo essa compreensão histórica, o movimento se espalhou pelo mundo inteiro a partir de Nova York nos anos 1970, chegando ao Brasil na época da abertura, no final da década, e influenciando o lançamento do jornal *Lampião da Esquina*, no Rio de Janeiro, e a formação do Somos: Grupo de Afirmação Homossexual, em São Paulo. Essa história semioficial conta que o movimento brasileiro se manteve durante a crise da aids nos anos 1980 com uma dúzia de pequenas organizações, como o Grupo Gay da Bahia, o Triângulo Rosa, o Atobá, no Rio de Janeiro, o Lambda e o Grupo de Ação Lésbica-Feminista em São Paulo, entre outros grupos. Nessa leitura, o movimento se consolidou nos anos 1990, depois do 17º congresso da Associação Internacional de Gays e Lésbicas em 1995, no Rio de Janeiro, que terminou com a realização de uma passeata com 2 mil participantes na Avenida Atlântica.

Essa cronologia das origens do movimento no Brasil repete a mesma tendência do próprio movimento norte-americano, que entende a Rebelião de Stonewall de 1969 como a fonte de tudo o que veio depois. Já nos anos 1980, o historiador John D'Emilio questionou essa leitura do passado, com o seu livro pioneiro, *Sexual Politics, Sexual Communities* (1983), que mapeou as formas de articulação políticas de gays e lésbicas nos anos 1940, 1950 e 1960 nos Estados Unidos. D'Emilio argumenta que as atividades culturais e sociais das redes de sociabilidade de gays e lésbicas durante as décadas antes de Stonewall e os espaços públicos que eles conquistaram criaram as condições para uma explosão política de homossexuais em Nova York, São Francisco, Los Angeles e outras cidades no final dos anos 1960. D'Emilio também revela como ex-membros e simpatizantes do Partido Comunista norte-americano fundaram, em 1949, a Sociedade Mattachine, primeiro grupo politizado de gays e lésbicas. Ele explica como as experiências dessas militantes da esquerda influenciaram os rumos das atividades no primeiro momento. Sua análise oferece uma explicação convincente para entender como os vários tipos de atuação política nos anos 1950 criaram as bases para o surgimento da "liberação gay" nos anos 1960. A pré-história do movimento brasileiro também indica que existiam complexas formas de sociabilidade entre homens que amavam ou mantinham relações sexuais com pessoas do mesmo sexo (Green, 2000a).

Este artigo pretende contextualizar a versão "oficial" da história do movimento LGBTQIA+ brasileiro com uma análise das mudanças nas noções sobre a masculinidade, a homossexualidade e a heteronormatividade no Brasil no final do século XX e a sua relação com os movimentos contestatórios ao regime militar e os processos que se abriram a partir da redemocratização do país nos anos 1980.

Não há dúvida que houve influências importantes de forças internacionais na formação do movimento brasileiro. Winston Leyland, responsável pela editora Gay Sunshine Press, visitou o Brasil em 1977 e incentivou a fundação do jornal *Lampião da Esquina*. Vários dirigentes do primeiro movimento tiveram experiências internacionais que trouxeram para o Brasil (Green, 1999, 2000b; Trindade, 2002). Mobilizações, músicas e modas internacionais faziam parte de um imaginário criado no Brasil sobre uma São Francisco ou Amsterdã mais "avançadas" e mais "iluminadas", onde gays e lésbicas viviam num paraíso de liberdades sexuais e sociais. Entretanto, o conteúdo do movimento brasileiro e os seus rumos foram principalmente moldados pela realidade nacional. As noções de homossexualidade e masculinidade prevalentes na sociedade brasileira influenciaram a maneira como o movimento entendia a sua atuação e moldavam as respostas da sociedade brasileira a ele.

Para examinar essa história, o artigo vai enfocar três personagens: Herbert Daniel, Caetano Veloso e Fernando Gabeira. Nos anos 1970 e 1980, Caetano se recusava a falar sobre a sua vida sexual, mas sempre se apresentava como heterossexual. Já nos anos 1990, em sua autobiografia, "confessou" seu tesão por Toquinho (Veloso, 1997). Gabeira, apesar de rumores sobre a sua sexualidade que circulavam nos anos 1980, não transava com homens. Mas se Caetano e Gabeira são muito conhecidos, não é o caso de Herbert Eustáquio de Carvalho, conhecido como Herbert Daniel, opositor revolucionário à ditadura e ativista a favor das pessoas com HIV e aids que morreu de aids em 29 de março de 1992. Esquecido pelas novas gerações de ativistas, Herbert Daniel foi um dos mais importantes e brilhantes pensadores brasileiros sobre a relação entre política, ativismo, homossexualidade e masculinidade. Foi uma pessoa excepcional, representante da juventude politizada da sua geração.

Os anos 1960 são conhecidos como uma década de transformações políticas, sociais e culturais no mundo inteiro. Nos Estados Unidos, a juventude se mobilizava contra a Guerra do Vietnã, mas também contestava o consumismo, o racismo e os valores sexuais tradicionais. Na Europa, estudantes se rebelaram de Paris a Praga, questionando regimes autoritários e um sistema universitário conservador, exigindo mais liberdades políticas e mais autonomia sobre seus corpos, suas ideias e suas vidas.

No Brasil, as mobilizações estudantis, que aumentaram de forma crescente em 1966 e 1967, contra o regime militar, chegaram ao seu auge na famosa Passeata dos Cem Mil, em 26 de junho de 1968, quando artistas, como Caetano Veloso, Gilberto Gil, Chico Buarque e Edu Lobo, juntaram-se a setores radicalizados da Igreja Católica e a milhares de secundaristas e universitários para exigir o fim da ditadura. Papel picado voava em cima da passeata, que lentamente caminhava pelo centro do Rio de Janeiro, indicando certo apoio entre as secretárias, os porteiros e os funcionários dos edifícios da Cinelândia, que observavam os acontecimentos.

Sabemos o final do filme sobre 1968: discursos acalorados de congressistas rebeldes, greves derrotadas em Contagem e Osasco, um fracassado congresso da UNE e o Ato Institucional n.5 para brindar o ano-novo. Aumentou a tortura, intensificou-se a oposição armada contra o regime e propagou-se o ufanismo a favor dos projetos dos generais. Em 1969, um congresso fechado, um presidente substituído, um embaixador sequestrado, militantes exilados e o povo calado. Nos anos seguintes, houve a expansão econômica, o crescimento das classes médias e o aumento do consumismo. As oposições mais radicais perderam terreno para as forças políticas comprometidas em enfrentar o regime nas urnas. Em 1974, no mesmo ano em que o regime acabou com a última tentativa da luta armada na Guerrilha do Araguaia, o partido do governo perdeu as eleições nos grandes centros urbanos do país. O ano de 1974 marcou um momento decisivo no processo de redemocratização do país.

Dois anos antes, no começo de 1972, Caetano Veloso voltou do seu exílio na Inglaterra junto com o seu parceiro musical Gilberto Gil. Chegando ao Rio de Janeiro, Caetano realizou quatro concertos no Teatro João Caetano. Vestido com "uma modesta calça cor de areia estilo 'tomara que caia' e um blusão de jeans muito curto, desabotoado, com o umbigo de fora",[3] o baiano entrou no palco, deu um grande sorriso e pegou o violão. Manteve o público cativado durante noventa minutos. O seu show incluía bossa nova, música britânica e novas canções que ele compôs quando estava fora do país. Durante o concerto, moveu-se

---

3 Veja. Caetano no templo do caetanismo. Veja 19 jan. 1972, p.65.

no palco, balançando e imitando Carmen Miranda. Não falou uma palavra. Depois, quando conversou com jornalistas, Caetano declarou: "Eu não quero assumir nenhum tipo de liderança. Quero só cantar as minhas músicas, para as pessoas verem que continuamos cantando e trabalhando. Não existe mais nenhuma esperança de organizar as pessoas em torno de um ideal comum."

De fato, Caetano não cumpriu um papel de liderança política durante o processo de abertura e as novas mobilizações que explodiram a partir do movimento estudantil em 1977, que seguiram com as greves do ABC de 1978, 1979 e 1980 e que colocaram em xeque a política econômica e sindical do regime autoritário. Mesmo assim, o cantor simbolizava uma revolução cultural e sexual que explodiu no Brasil durante a ditadura. Sua composição "É proibido proibir", apropriada do francês *"Il est interdit d'interdire"*, da rebelião parisiense de maio de 1968, era um manifesto libertário. Durante sua apresentação num festival, fez um discurso de desabafo contra uma juventude que ele considerava rígida nos seus gostos culturais e musicais e autoritária nas suas práticas políticas. Seu gesto simbolizava a polarização da juventude das classes médias entre os "politizados" e os "alienados" (Dunn, 2001). Enquanto Caetano reivindicava a liberdade de comportamento e de expressão, outros exigiam um engajamento político nas letras de músicas e na atuação dos artistas. O comportamento andrógino de Caetano, a sua sexualidade ambígua e o seu jeito suave e efeminando atraíam e repeliam.

A nova masculinidade, que Caetano projetava, desafiava diretamente as noções tradicionais de gênero embutidas na cultura brasileira e reforçadas constantemente nos meios de comunicação, nos estádios de futebol, e no recreio entre meninos e meninas nas escolas e em outros espaços. A masculinidade diferenciada que Caetano projetava no palco, nas músicas, nas entrevistas e em suas imagens encontrou eco em setores das classes médias urbanas brasileiras, que buscavam novas formas de comportamento, novas estéticas e novas perspectivas na vida. De fato, sua *performance* em parte representava influências internacionais, como o movimento hippie, o rock, o uso de drogas e as críticas ao capitalismo consumista, mas também refletia mudanças no Brasil durante os anos 1950 e 1960, que se intensificaram nos anos 1970. Entre elas estavam a crescente urbanização e a expansão das classes médias a partir dos anos 1950, o aumento do número de mulheres das classes médias nas universidades e na esfera pública do trabalho e as crescentes influências das culturas da Europa e dos Estados Unidos na juventude brasileira. Vale notar, também, o maior acesso das mulheres da classe média aos anticoncepcionais, o que, combinado com mudanças nas normas sexuais, com o declínio da influência dos códigos morais da Igreja Católica e com a apropriação de atitudes transnacionais, levava a uma liberalização da sexualidade heteronormativa, resultando em sexo antes do casamento entre a juventude das camadas médias.

O cabelo comprido e desajeitado de Caetano, sua maneira sensual e sensível de cantar e falar, sua roupa unissex e seu jeito carismático e sexual de se relacionar com o público criaram ligações fortes com um setor de jovens que buscava novas formas de comportamento e expressão. Ele oferecia outro modelo de ser, outra possibilidade de masculinidade. Mas Caetano não era o único cantor que mexia com gênero e ganhava popularidade com suas músicas. A capacidade que Chico Buarque possuía de escrever letras sob a perspectiva de uma personagem feminina também brincava com os papéis rígidos de gênero ainda prevalentes (Fontes, 2003). Por isso, Chico ganhou um grande público de mulheres e homens apaixonados por essa sensibilidade masculina. Mas ele não transgredia outras normas de comportamento como Caetano fazia e mantinha uma presença masculina, mesmo tímida, que se conformava aos modelos predominantes.

No começo dos anos 1970, os Dzi Croquettes e os Secos e Molhados seguiram Caetano Veloso, mostrando uma masculinidade fluida e pouco estável em suas apresentações. Caetano botava batom e brilhava, mas era casado, um fato que sempre minimizava rumores sobre sua sexualidade. Mas se Caetano permeava as fronteiras entre o masculino e o feminino, os Dzi Croquettes levaram o carnaval para o palco, com plumas e purpurina, misturando os símbolos de gênero nas apresentações (Lobert, 1979).[4] Os Dzi Croquettes lotavam os teatros com os seus

---

[4] Ver também o documentário Dzi Croquettes, dirigido por Tatiana Issa e Raphael Alvares, Tria Productions e Canal Brasil, 2009.

shows, mas depois saíram do país e a sua influência cultural quase desapareceu. Ney Matogrosso, vocalista dos Secos e Molhados, ficou. Ele cantava com uma voz aguda e usava fantasias que combinavam Lampião *e* Maria Bonita, o macho e a fêmea. Conquistou um espaço cultural e um público que se identificava com as mudanças flexíveis das suas representações de gênero, além de construir uma sólida carreira de intérprete, com o endosso da crítica especializada.

Mas frequentemente circulava a pergunta sobre a sexualidade de cada um desses artistas: "É ou não é?" A dúvida sobre a heterossexualidade dessas figuras públicas e as ambiguidades de suas respostas às perguntas curiosas sobre as suas vidas sexuais eram uma constante. Caetano se manteve ambíguo sobre suas experiências homossexuais até o final dos anos 1980,[5] e Ney Matogrosso não negava, mas também não falava muito sobre o assunto no começo de sua carreira.[6] Somente nos anos 1990, cantores como Renato Russo e Cazuza sentiram o espaço social, político e cultural propício para assumir publicamente sua homossexualidade. Mas foram Caetano, os Dzi Croquettes e Ney Matogrosso que abriram alas para eles passarem.

A partir de 1968, surgiram oportunidades para algumas figuras públicas brincarem com sua masculinidade e oferecerem alternativas para as pessoas se apropriarem, mas a situação não era a mesma para muitos jovens que participaram dos movimentos contestatórios daquele período. Aguinaldo Silva, atualmente um conhecido escritor e autor de telenovelas, contou, nas páginas do *Lampião da Esquina*, em 1980, como era difícil ser um jovem intelectual da esquerda em Recife nos anos 1960.[7] Ele sofreu discriminação, entre os círculos culturais dominados pelo Partido Comunista Brasileiro (PCB) no começo da década, por ser efeminado. Já no final dos anos 1960, depois do AI-5, quando foi

---

5 Quando um jornalista de uma revista gay norte-americana perguntou a Caetano Veloso sobre as suas experiências homossexuais, ele respondeu: "Eu nunca neguei ter tido uma experiência gay. Mas, como sabem, eu sou casado, e não acho correto falar especificamente sobre sua vida sexual em público" (Andrusia, D. Caetano Veloso, the Most Popular Singer/Songwriter in Brazil, Talks about Music, Sexuality, AIDS, and Creating a New Pop Nationally. New York Native, n.222, 20 jul. 1987, p.38.

6 Interview. Ney Matogrosso fala sem make-up. Interview, n.5, maio 1978, p.5-7.

7 Silva, A. Compromissos, queridinhas? Nem morta! Lampião da Esquina, n.26, julho 1980, p.10-1.

detido na Ilha das Flores durante 45 dias sob acusação de subversão, ele sentia o desprezo dos presos políticos das novas correntes revolucionários. Seu comportamento pouco viril não combinava com o imaginário sobre a masculinidade construído por um setor da juventude politizada das classes médias. Essa marginalização levou Silva a se distanciar da esquerda. Outro jovem de Belo Horizonte respondeu de maneira diferente a esse desafio.

Em 1967, Herbert Eustáquio de Carvalho, que viria a ser conhecido como Herbert Daniel, era estudante na Faculdade de Medicina da Universidade Federal de Minas Gerais e resolveu entrar numa organização revolucionária clandestina. No movimento estudantil e na faculdade se discutiam veementemente os caminhos para derrubar a ditadura militar que tomou o poder em 1º de abril de 1964. Herbert optou pela luta armada e, junto com Dilma Rousseff e outros jovens universitários, ajudou a fundar o Comando de Libertação Nacional (Colina) em meados de 1968 (Leite, 2009).

Ao mesmo tempo, Herbert percebia seus desejos eróticos por homens, mas manteve os crescentes sentimentos escondidos de quase todos os seus amigos e camaradas de luta, pois percebia que a homossexualidade era malvista tanto dentro da esquerda quanto na sociedade brasileira como um todo. Mas os olhares trocados entre transeuntes nas ruas do centro de Belo Horizonte e as paqueras discretas entre os homens que frequentavam o Parque Municipal abriram outro mundo clandestino para Herbert. Um dia, um jovem, uma transa e depois um sentimento de culpa que não desaparecia. Outro dia, outros olhares, outros momentos de paixão e mais uma vez o isolamento de um segredo que ele dificilmente poderia compartilhar com os colegas na faculdade ou da organização revolucionária (Daniel, 1984, p.157-60).

Em um momento de 1967 ou 1968, um camarada do movimento estudantil chegou a perguntar a Laís Pereira se ela sabia "qual era a do Herbert".[8] Laís, que estudava com Herbert na Faculdade de Medicina, o conhecia desde o Colégio Tiradentes, participou do movimento estudantil e foi uma das estudantes presas no congresso clandestino da UNE,

---

8 Laís Pereira, entrevistada pelo autor, 6 jan. 2008, Belo Horizonte.

realizado em Ibiúna em outubro de 1968. A pessoa que conversou com Laís tinha visto Herbert saindo do Parque Municipal à noite, justamente na área conhecida como um lugar frequentando por homossexuais que buscavam prazeres proibidos na escuridão, entre os arbustos e as árvores. Confusa sobre as alegações de que o seu melhor amigo pudesse ser um "viado", Laís perguntou diretamente a Herbert sobre suas perambulações noturnas. Ele, sempre muito vivo, inteligente e de boa lábia, imediatamente explicou que tinha organizado um grupo de estudos clandestinos para ler e analisar documentos revolucionários e que tinha realizado o encontro no parque, à noite, para evitar qualquer perseguição política. Naquela época, no movimento estudantil, não se perguntava sobre reuniões secretas. A dúvida despertada sobre a possível homossexualidade de Herbert foi abafada. Ou talvez Laís não quisesse ver o que estava na sua frente. De qualquer modo, Herbert tentou manter seu segredo e, em 1968, resolveu se abster de qualquer relação sexual com outra pessoa (Daniel, 1982, p.96).

Do movimento estudantil às expropriações de bancos, da sala de aula à clandestinidade, dos encontros libidinosos à castidade, Herbert mergulhou num processo revolucionário sem saída entre 1967 e 1971. Participou da fundação da Vanguarda Armada Revolucionária (VAR-Palmares) em 1969 e da reorganização do Vanguarda Popular Revolucionária (VPR) no mesmo ano. Juntou-se ao capitão Carlos Lamarca para fazer treinamento guerrilheiro no Vale do Ribeira no começo de 1970 e logo em seguida participou do sequestro do embaixador alemão com o intuito de libertar 40 presos políticos, entre eles seus camaradas de Belo Horizonte. Assumiu a direção da VPR junto com Lamarca, Inês Etienne Romeu e outros em junho de 1970. Participou de outro sequestro de um diplomata no final do ano, dessa vez o embaixador suíço, para reivindicar a libertação de 70 presos políticos. Depois de 40 dias de duras negociações com o governo Médici, os revolucionários detidos foram postos em liberdade e viajaram para o Chile, onde receberam asilo político em janeiro de 1971. A partir desse momento, a organização de Herbert entrou numa desestruturação total, com prisões dos companheiros militantes. Ele foi obrigado a viver clandestino e isolado para evitar sua prisão, até sair do país, em setembro de 1974. Entre 1968 e 1972, ele reprimiu a sua homossexualidade e evitou contato íntimo e sexual com outras pessoas. Por quê?

Para entender Herbert e seu contexto, é preciso compreender como funcionaram as teias ideológicas que tachavam a homossexualidade de doença, pecado ou perversão e os homens que mantinham relações com outros homens como maricas, bichas ou viados. Também é preciso entender como a esquerda brasileira repetia estas ideias e inventava outras justificativas para marginalizar os homossexuais. As noções normativas de masculinidade estão nas raízes dessa construção. As ideologias que sustentavam a discriminação contra os homossexuais na sociedade brasileira eram densas e extensivas.

Algumas ideias eram antigas e estavam profundamente arraigadas nos conceitos cotidianos do cidadão comum, como o preceito da Igreja Católica que considerava a homossexualidade um pecado nefasto. Apesar do enfraquecimento relativo da influência da Igreja no pensamento e no comportamento da juventude brasileira que participava dos movimentos políticos nos anos 1960 e 1970, o moralismo católico não desaparecia imediatamente com uma leitura do *Manifesto comunista*, de Karl Marx e Friedrich Engels, ou *Révolution dans la révolution?*, de Régis Debray, dois textos obrigatórios para qualquer jovem militante nos anos 1960. A opção pela revolução brasileira significava uma oposição armada à ditadura, uma crítica ao capitalismo e uma idealização de um futuro socialista. Se militantes questionavam as relações de classe na sociedade brasileira, poucos interrogavam as suas bases ideológicas e como mecanismos de gênero, raça e sexualidade haviam mantido o *status quo* social. Transformação sociais no cotidiano somente aconteceriam *depois* da revolução, não antes.

Se a Igreja Católica pregava castigos no inferno para os praticantes de sodomia, a medicina, a psicologia, a psiquiatria e o sistema legal vestiam o seu rechaço às práticas homoeróticas em roupagem científica dos anos 1930, prática que pouco foi renovada nas décadas seguintes. Um ou outro psicólogo apresentava uma visão mais aberta sobre a homossexualidade, mas em geral as teorias sobre a sexualidade não normativa se baseavam na ideia do que o homossexual sofria uma confusão de gênero, por razões biológicas ou psicológicas. A noção popular, reforçada com esses discursos "científicos", mantinha a ideia do que o homem que gostava de ter relações com outro homem era na verdade uma mulher presa num corpo masculino. Por isso, uma suposta falta de uma masculinidade apropriada em um jovem ou um homem servia para medir ou detectar quem era e quem não era homossexual.

Se a falta de gestos e comportamentos masculinos predizia quem era homossexual, dentro da esquerda revolucionária criaram-se critérios adicionais para determinar quem era um verdadeiro lutador para derrubar a ditadura militar e fazer uma revolução socialista no Brasil. Predominava uma noção pouco elaborada, mas amplamente divulgada, de que a homossexualidade era um produto da decadência capitalista e acabaria com a revolução socialista (Okita, 1981). Esse conceito se baseava em parte nas heranças ideológicas soviéticas, chinesas e cubanas, que influenciavam quase todas as organizações revolucionárias que se opuseram à ditadura (Guerra, 2010; Lumsden, 1996). Não que um comissário cubano ou maoista tenha vindo com ordens de Havana ou Pequim para purgar os homossexuais das fileiras do Partido Comunista do Brasil, da Ação Libertadora Nacional, da Vanguarda Popular Revolucionária, da Ação Popular ou de qualquer outra organização revolucionária: existia um código entre os militantes de que homossexuais simplesmente não poderiam ser bons revolucionários.

No final dos anos 1960, Herbert Daniel sentia e internalizava esse código. Apesar do apoio pessoal de certos militantes do Colina, como seu grande amigo Ângelo Pezzuti, que conhecia os desejos homoeróticos de Herbert, o clima interno da organização não permitia esse espaço.[9] Na medida em que essas pequenas organizações tentavam seguir ideias marxistas, as transformação pessoais que se pregavam entre os militantes foram reduzidas à necessidade de se purgarem as influências "pequeno-burguesas" de seus membros, uma noção bastante ambígua e fluida. Nas suas memórias sobre a sua militância revolucionária, Herbert explicava como ele se dava com a sua própria homossexualidade:

---

9 Aretusa Garibaldi, entrevistada pelo autor, 9 jun. 2009, Rio de Janeiro.

Meus problemas pequeno-burgueses me preocupavam, como tantos empecilhos que eu tivesse para poder me tornar um bom revolucionário. Entre eles a sexualidade, mais explicitamente, a homossexualidade. Desde que comecei a militar, senti que tinha uma opção a fazer: ou eu levaria uma vida sexual regular – e transtornado, secreta e absurda, isto é, puramente "pequeno-burguesa", para não dizer "reacionária" – ou então faria a revolução. Eu queria fazer a revolução. Conclusão: deveria "esquecer" minha sexualidade. (Daniel, 1982, p.96)

No fundo, porém, ser homossexual não era ser apenas pequeno-burguês. Também implicava a impossibilidade de cumprir o conjunto de comportamentos associados à masculinidade. A ausência de masculinidade na condição de ser homossexual implicava uma suposta falta de virilidade, personalidade fraca e características femininas, que tornavam o militante incapaz de ser um bom revolucionário. Não faltavam modelos de militantes que simbolizavam essa determinação revolucionária, que pressupunha uma masculinidade adequada. Várias figuras incorporavam e representavam o tipo de militante capaz de assumir o papel da vanguarda da revolução brasileira. Entre eles, Carlos Marighella e Carlos Lamarca, dois líderes vistos como seguidores fiéis do seu grande líder revolucionário, Che Guevara.

Carlos Marighella foi eleito deputado federal constituinte pelo Partido Comunista Brasileiro (PCB) em 1946 e rompeu com o PCB em 1967 para organizar a luta armada contra o regime militar. Ele representava no seu próprio corpo a masculinidade revolucionária, que era o ideal para as organizações que pegavam em armas no final dos anos 1960. Alto, forte, combatente, ele fez da sua resistência ao militares, em maio de 1964, quando a polícia tentou prendê-lo, um manifesto de rebeldia contra a ditadura e contra a política pouco audaz do próprio Partido Comunista. Elaborou uma estratégia que mantinha a ideia de que resistir ao novo regime e organizar militantes para acabar com os militares no poder exigiam pequenos grupos de combatentes dispostos a se sacrificar para a revolução por meio de ações armadas. O fuzil predominava, e a ação (e não o partido) era a prioridade. Nessa noção de atuação política, o viril, o ativo e o mais frio e contido nas emoções era o mais capaz de cumprir o seu dever revolucionário com o povo brasileiro. A hipermasculinidade do soldado revolucionário em combate era o modelo para os militantes da sua organização, e ele mesmo, como Che Guevara, morreu no combate com o inimigo implementando essa prática revolucionária.

Outra personificação dessa construção de masculinidade revolucionária era Carlos Lamarca, líder da Vanguarda Popular Revolucionária. Em meados de 1970, com sua organização em crise e dezenas de seus militantes presos, Herbert foi cooptado para se juntar a Lamarca e dois outros militantes na direção da organização. Lamarca possuía uma série de características típicas de comportamento masculino tradicional, como outros brasileiros heterossexuais da sua classe e origem social, mas sofreu transformações na clandestinidade quando conheceu e se apaixonou por Iara Iavelberg, uma jovem psicóloga de classe média que se preocupava com as questões individuais e pessoais entre os militantes e expressava muito amor e carinho pelo capitão (Patarra, 1992). A noção de honra que Lamarca possuía e a determinação de levar a luta armada até as últimas consequências levaram Herbert a tentar organizar a guerrilha no sertão da Bahia, num lugar tão hostil à estratégia revolucionária quanto a selva boliviana onde Che enfrentou o inimigo e morreu em 1967. Não há dúvida de que Herbert admirava Lamarca: um soldado talentoso, atirador premiado e homem totalmente dedicado à causa revolucionária. Não sabemos se Lamarca desconfiava dos desejos homossexuais que Herbert sentia nessa época, quando conviveram num aparelho onde esconderam o embaixador suíço. Porém, fica claro que Daniel não sentia ter espaço psicológico ou político dentro da sua organização para assumir a sua homossexualidade nesse momento. Ele só compartilhou os seus sentimentos com uma jovem militante em maio de 1971, quando a organização basicamente tinha desaparecido.[10]

Herbert tentou seguir esse imaginário de masculinidade revolucionária apesar de todos os limites pessoais. Ele só veio a repensar sua homossexualidade quando ficou isolado e escondido num apartamento durante alguns meses. Nesse período, Cláudio Mesquita, um

---

10 Lúcia Velloso, entrevistada pelo autor, 25 maio 2010, Rio de Janeiro.

FIGURA 25 – Herbert Daniel no exílio na França, cerca de 1979, arquivo do autor.

simpatizante do movimento revolucionário, ajudava-o e, a partir de longas conversas e intensa convivência, forjou com ele uma forte amizade. Tanto Cláudio quanto Herbert confessaram seus desejos homoeróticos e viveram uma cumplicidade de apoio mútuo durante os quase três anos em que permaneceram clandestinos no Brasil. Em setembro de 1974, os dois saíram do país para o exílio na Europa, onde começaram um relacionamento que duraria 18 anos, até a morte de Herbert, em 1992.

Em março de 1978, quando Herbert e Cláudio já viviam exilados em Paris, apareceu no Rio de Janeiro o primeiro número do jornal *Lampião da Esquina*. No editorial inicial, com o título "Saindo do gueto", os editores declararam que os homossexuais "devem não apenas se assumirem e serem aceitos", mas também "resgatar esta condição que todas as sociedades construídas em bases machistas lhes negaram: o fato de que os homossexuais são seres humanos e que, portanto, têm todo o direito de lutar por sua plena realização enquanto tal".[11]

---

11 Lampião da Esquina. Saindo do gueto. Lampião da Esquina, a.1, n.0, mar. 1978, p.2.

Era outro momento político, eram outras possibilidades políticas. Em 1977, os estudantes ganharam as ruas depois de dez anos de repressão, gritando "abaixo a ditadura" e exigindo "liberdades democráticas". Em 1978, metalúrgicos da empresa Saab-Scania entraram em greve, desencadeando um processo que levaria Luiz Inácio Lula da Silva a encabeçar a reorganização do movimento sindical e a fundação do Partido dos Trabalhadores. Ao mesmo tempo, surgiu, em São Paulo, o Somos: Grupo de Afirmação Homossexual, que colocava em prática as ideias dos editores do *Lampião da Esquina*. Em fevereiro de 1979, representantes do grupo participaram de um debate na Universidade de São Paulo, onde discutiram os rumos do processo de democratização em curso no país e sua relação com os emergentes movimentos de homossexuais, feministas, negros e indígenas.[12]

Quase ao mesmo tempo, do outro lado do Atlântico, Herbert e Cláudio participaram, na Casa do Brasil, em Paris, de um debate sobre a homossexualidade, originalmente proposto pela comissão de cultura do Comitê Brasileiro de Anistia. Nesse encontro, o ex-guerrilheiro assumido e seu companheiro militante enfrentaram o machismo e o preconceito de um setor de exilados brasileiros e o apoio de outros (Rollemberg, 1999, p.24-7).[13] A comunidade de exilados se dividiu, mas isso significou mudanças para muitos ex-guerrilheiros, que começaram a compreender a discriminação e mudaram suas atitudes.

O lento processo de abertura proposto pelo presidente Geisel em 1974, que eventualmente levou à anistia, ao retorno dos exilados e a novos espaços políticos onde surgiram novos movimentos sociais, culminaria no fim da ditadura. Mas, antes disso, em abril de 1980, oito grupos de gays e lésbicas se juntaram em São Paulo para o primeiro Encontro Nacional de Grupos Homossexuais Organizados. A primeira resolução do encontro foi o apoio à greve deflagrada no ABC, que paralisou a produção metalúrgica e automobilística. Uma semana depois, cinquenta gays e lésbicas participaram do 1º de Maio em São Bernardo do Campo,

---

12 Dantas, E. Negros, mulheres, homossexuais e índios no debate na USP: felicidade também deve ser ampla e irrestrita. Lampião da Esquina, a.1, n.10, mar. 1979, p.9.
13 Jean Marc van der Weid, entrevistado pelo autor, 13 ago. 2010, Rio de Janeiro; Gloria Ferreira, entrevistada pelo autor, 10 out. 2010, Rio de Janeiro.

durante a greve. Eles levaram duas enormes faixas vermelhas. Uma reivindicava o fim da intervenção do governo militar nos sindicatos do ABC; a outra proclamava: "Contra a discriminação do/a trabalhador/a homossexual" (Green, 2000b).

O processo que levou à politização de gays e lésbicas, um segmento social marginalizado durante tantos anos, também abriu espaços na academia, especialmente na antropologia, e entre intelectuais militantes (como Daniel, Míccolis, Fry, MacRae, Guimarães, Okita, Trevisan e outros). Eles enfrentaram as velhas ideias sustentadas por criminalistas, médicos, advogados e psicólogos, que consideravam a homossexualidade ou uma doença a ser curada ou um problema social a ser contido pela polícia. Outras figuras também contribuíram para o debate sobre sexualidade, gênero e política dentro do âmbito das esquerdas. O exemplo mais visível foi o de Fernando Gabeira, que tinha participado do sequestro do embaixador norte-americano em setembro de 1969 para exigir a libertação de 15 presos políticos e passara quase dez anos no exílio. Os seus livros *O que é isso, companheiro?* e *O crepúsculo do macho* questionavam noções de masculinidade ainda ubíquas entre setores da esquerda brasileira. Quando Gabeira afirmou em entrevistas que apoiava ideias feministas, ambientalistas e a emergência do movimento gay, muitos dos seus camaradas de luta armada rapidamente o abandonaram. De acordo com eles, Gabeira não estava à altura das lutas (Gabeira, 1981b, p.99). Para piorar, ele usou uma sunga considerada escandalosa na praia de Ipanema, e o rumor de que ele poderia ser homossexual se espalhou pela esquerda. Gabeira lembra a reação a uma entrevista que concedeu ao *Lampião*, uma publicação gay, logo depois de retornar do exílio:

> Creio que depois dessa entrevista aumentaram os rumores a meu respeito. Alguns velhos amigos me cumprimentavam pela sinceridade e achavam até que meu depoimento poderia ajudá-los numa reavaliação de sua trajetória de machos. Outros não acompanharam meu rito. Aceitavam-me como terrorista, não como homossexual.[14]

---

14 Lampião da Esquina. Fernando Gabeira fala, aqui e agora, diretamente dos anos 80. Lampião da Esquina, a.2, n.18, nov. 1979, p.5-8.

Se no começo dos anos 1970 Caetano entrou em choque com a moral e os bons costumes da esquerda revolucionária que o considerou alienado, com os seus trejeitos pouco masculinos e as suas roupas efeminadas, uma década depois, um militante da própria esquerda causava espanto entre os seus companheiros. Ironicamente, Gabeira não era gay, e inclusive os seus amigos brincavam que ele conseguia transar com mais mulheres por ser visto como um hétero "sensível".[15]

Outro livro que saiu nessa época e que não teve o impacto dos escritos de Gabeira, mas continua uma elaboração inovadora sobre a homossexualidade, foi um pequeno volume escrito por Leila Míccolis e Herbert Daniel com o título *Jacarés & lobisomens: dois ensaios sobre a homossexualidade* e com capa desenhada por Claudio Mesquita. Míccolis e Daniel se conheceram no Rio de Janeiro, e imediatamente houve uma identificação entre os dois. Leila Míccolis rejeitava as categorias rígidas de hétero e homo, considerando que a sexualidade era muito mais fluida e os papéis de gênero mais flexíveis do que as normas sociais impostas.[16] Desde os seus escritos sobre a homossexualidade em Paris, em 1978, Daniel também questionava a noção de homossexualidade como um conceito construído pelo discurso médico-legal. Seu ensaio articulava várias ideias que se aproximavam de elementos fundamentais dos pensamentos de Michel Foucault e da teoria queer. Ele levou essas ideias à prática quando se candidatou a deputado estadual no Rio pelo Partido dos Trabalhadores, em 1986. Sua campanha eleitoral oferecia um novo olhar sobre o prazer, o corpo e a sexualidade, combinado a uma discussão socioeconômica sobre desigualdade, condições de trabalho, meio ambiente e justiça social.

Herbert Daniel e seus colaboradores na campanha eleitoral apostaram na possibilidade de uma grande votação de gays e lésbicas, e líderes do movimento – como João Antônio Mascarenhas, do grupo Triângulo Rosa – apoiaram sua candidatura. Mas os resultados foram piores do que os próprios organizadores da campanha haviam previsto, e Daniel recebeu poucos votos. Há várias explicações para essa derrota, entre

---

15 Alfredo Sirkis, entrevistado pelo autor, 17 maio 2009, Rio de Janeiro.
16 Leila Míccolis, entrevistada pelo autor, 4 dez. 2010, Maricá.

elas as divisões dentro do Partido dos Trabalhadores e o fato do que, nesse momento, os grupos de gays e lésbicas contavam com poucos membros e tinham uma projeção ainda fraca. Daniel partiu para outra atividade, participando na Associação Brasileira Interdisciplinar de Aids, em 1987. Dois anos depois, descobriu que era soropositivo e logo em seguida fundou o Grupo pela Valorização, Integração e Dignidade do Doente de Aids (Pela Vidda), que articulava uma política inovadora e afirmativa para as pessoas vivendo com HIV/aids. Seu trabalhou ajudou a transformar o discurso sobre aids no país ainda antes de sua morte, em março de 1992.

Os fatores que permitiram novos discursos sobre a homossexualidade, inclusive dentro do Partido dos Trabalhadores, surgiram nos movimentos LGBTQIA+ nos anos 1980 e, paralelamente, em setores da esquerda nos quais militantes de organizações questionavam os conceitos e os mecanismos sociais que marginalizavam os homossexuais. A linguagem de direitos humanos e cidadania ofereceu um vocabulário que abriu um diálogo entre os diversos movimentos. Ao mesmo tempo, a visibilidade da homossexualidade fora da época do carnaval ampliou as opções para masculinidades alternativas, como proposto por Caetano Veloso e outros ao longo dos anos. O que era exótico se tornou comum. As masculinidades tradicionais não desapareceram, mas outras alternativas se legitimaram.

Referências

Daniel, H. *Meu corpo daria um romance*. Rio de Janeiro: Rocco, 1984.
_____. *Passagem para o próximo sonho*: um possível romance autocrítico. Rio de Janeiro: Codecri, 1982.
D'Emilio, J. *Sexual Politics, Sexual Communities*: The Making of a Homosexual Minority in the United States, 1940-1970. Chicago: University of Chicago Press, 1983.
Dunn, C. *Brutality Garden*: Tropicália and the Emergence of a Brazilian Counterculture. Chapel Hill: University of North Carolina, 2001.
Fontes, M. H. S. *Sem fantasia*: masculino e feminino em Chico Buarque. Rio de Janeiro: Graphia Editorial, 2003.
Fry, P.; MacRae, E. *O que é homossexualidade*. São Paulo: Brasiliense, 1983.
Gabeira, F. *O crepúsculo do macho*. Rio de Janeiro: Codecri, 1981a.

_____. *Entradas e bandeiras*: depoimento. Rio de Janeiro: Codecri, 1981b.

_____. *O que é isso, companheiro?* Rio de Janeiro: Codecri, 1979.

Green, J. N. *Além do carnaval*: a homossexualidade masculina no Brasil do século XX. 3.ed. São Paulo: Editora Unesp, 2022.

_____. Desire and Militancy: Lesbians, Gays, and the Brazilian Workers' Party. In: Drucker, P. (Ed.). *Different Rainbow*: Same-Sex Sexuality and Popular Struggles in the Third World. London: Gay Men's Press, 2000b, p.57-70.

_____. More Love and More Desire: The Building of the Brazilian Movement. In: Adam, B.; Duyvendak, J. W.; Krouwel, A. (Eds.). *The Global Emergence of Gay and Lesbian Politics*: National Imprints of a Worldwide Movement. Philadelphia: Temple University Press, 1999, p.91-109.

Guerra, L. Gender Policing, Homosexuality and the New Patriarchy of the Cuban Revolution, 1965-1970. *Social History*, v.35, n.3, p.268-89, 2010.

Guimarães, C. D. *O homossexual visto por entendidos*. 1977. Dissertação (Mestrado) –Museu Nacional, Universidade Federal do Rio de Janeiro, Rio de Janeiro, 1977.

Leite, I. C. *Colina*: oposição armada à ditadura militar em Minas Gerais. Dissertação (Mestrado) – Departamento de História, Universidade Federal de Minas Gerais, 2009.

Lobert, R. *A palavra mágica Dzi*: uma resposta difícil de se perguntar. Dissertação (Mestrado) – Departamento de Antropologia, Universidade Estadual de Campinas, Campinas, 1979.

Lumsden, I. *Machos, Maricones, and Gays*: Cuba and Homosexuality. Philadelphia: Temple University Press, 1996.

MacRae, E. *A construção da igualdade*: identidade sexual e política no Brasil da "abertura". Campinas: Editora da Unicamp, 1990.

Míccolis, L.; Daniel, H. *Jacarés & lobisomens*: dois ensaios sobre a homossexualidade. Rio de Janeiro: Achiamé, 1982.

Okita, H. *Homossexualismo*: da opressão à libertação. São Paulo: Proposta, 1981.

Parker, R. *Corpos, prazeres e paixões*: cultura sexual no Brasil contemporâneo. Trad. Maria Therezinha M. Cavallari. São Paulo: Best Seller, 1992.

Patarra, J. L. *Iara*: reportagem biográfica. Rio de Janeiro: Rosa dos Tempos, 1992.

Rollemberg, D. *Exílio*: entre raízes e radares. Rio de Janeiro: Record, 1999.

Trevisan, J. S. *Devassos no paraíso*. Rio de Janeiro: Record, 2000.

Trindade, J. R. Histórias de vida e produção acadêmica dos escritores da homossexualidade no Brasil. *Cadernos do Campo*, n.10, 2002.

Veloso, C. *Verdade tropical*. São Paulo: Companhia das Letras, 1997.

Sequestros de diplomatas e política revolucionária no Brasil autoritário: a história de dois filmes, O que é isso, companheiro? e Marighella[1]

No início de setembro de 1969, duas organizações revolucionárias brasileiras sequestraram Charles Burke Elbrick, embaixador dos Estados Unidos alocado no Rio de Janeiro, e o mantiveram em cativeiro por quatro dias. Para libertá-lo, exigiram que o governo militar, que havia chegado ao poder em 1964, divulgasse um manifesto revolucionário para ser publicado em jornais e lido em rádios e emissoras de televisão de todo o país. Também ameaçaram executar o embaixador se as Forças Armadas não libertassem imediatamente 15 presos políticos e garantissem que eles chegariam em segurança a um terceiro país.[2]

A ideia dessa ação nasceu de um grupo de militantes, sediados no Rio de Janeiro, que em sua maioria haviam rompido com a ala jovem dissidente do Partido Comunista Brasileiro (PCB) por considerarem que este não havia conseguido oferecer uma resistência efetiva à tomada

---

1 Green, J. N. "Kidnappings of Diplomats and Revolutionary Politics in Authoritarian Brazil: The Tale of Two Films." Donald Stevens, ed. In *Latin American History at the Movies:* The Sequel. Lanham, MD: Rowman & Littlefield, 2022. Tradução de Giuliana Gramani.
2 Entrevistas com os participantes da ação e os presos políticos que foram soltos podem ser encontradas em Da-Rin, S. *Hércules 56:* o sequestro do embaixador americano em 1969. Rio de Janeiro: Jorge Zahar, 2007.

de poder e ao subsequente governo autoritário dos militares. Pouco antes do sequestro, adotaram o nome de Movimento Revolucionário 8 de Outubro (MR-8), uma referência à data em que Che Guevara, revolucionário argentino e líder da Revolução Cubana, foi assassinado na Bolívia em 1967 enquanto organizava um movimento de guerrilha rural naquele país. Reconhecendo sua inexperiência militar logística, uniram forças com membros da Ação Libertadora Nacional (ALN), um grupo dissidente comunista semelhante em São Paulo, para levar a cabo o sequestro. Após tensas negociações entre os militares e os guerrilheiros urbanos, o governo brasileiro libertou 15 revolucionários presos de diferentes organizações e os levou ao México, onde prontamente realizaram uma coletiva de imprensa denunciando a tortura de presos políticos no Brasil.[3] Por sua vez, Elbrick foi libertado, sofrendo apenas um leve ferimento na cabeça do momento em que foi capturado.

Quase trinta anos depois, o diretor brasileiro Bruno Barreto capturou o drama dessa ação revolucionária em um filme intitulado *O que é isso, companheiro?* A produção contou com elenco brasileiro, com o ator norte-americano Alan Arkin no papel de Elbrick, e foi um dos cinco finalistas ao Oscar de Melhor Filme Estrangeiro em 1998. Vagamente baseado no *best-seller* brasileiro homônimo, escrito por Fernando Gabeira, um dos participantes do sequestro, enquanto estava no exílio, o lançamento do filme no Brasil provocou um vivo e intenso debate entre os membros da "Geração de 68", incluindo ex-integrantes do MR-8 que planejaram e executaram o sequestro.[4] Os críticos contestaram a precisão histórica do filme e questionaram suas premissas subjacentes.[5]

Duas décadas depois, o diretor brasileiro Wagner Moura concluiu um longa-metragem sobre Carlos Marighella, fundador da ALN, que na verdade estava escondido no Rio de Janeiro quando o embaixador norte-americano foi sequestrado na cidade em setembro de 1969.[6]

---

3 Onis, J. de. Freed Brazilians Charge "Tortures" by Regime. *The New York Times*, 9 set. 1969, p.8.
4 Gabeira, F. *O que é isso, companheiro?* Um depoimento. Rio de Janeiro: Editora Codecri, 1979.
5 Ensaios e artigos de jornal criticando o filme foram coletados e publicados em Reis, D. et al. *Versões e ficções*: o sequestro da história. São Paulo: Editora Fundação Perseu Abramo, 1997.
6 O filme *Marighella* se baseou fortemente em Magalhães, M. *Marighella*: o guerrilheiro que incendiou o mundo. São Paulo: Companhia das Letras, 2012.

Marighella foi um preso político de esquerda na década de 1930 e início da década de 1940, deputado pelo Partido Comunista entre 1946 e 1948 e líder de longa data do PCB antes de sair para formar a ALN. Sem que Marighella soubesse, Joaquim Câmara Ferreira, outro comunista veterano e segundo no comando da ALN, conhecido pelo codinome Toledo, aprovou e participou do sequestro, decisão que Marighella posteriormente criticou.

O filme *Marighella* se concentra principalmente nos últimos anos da vida do protagonista – desde sua desilusão com o PCB após o golpe de Estado de 1964 e a formação da maior organização de luta armada do Brasil até o assassinato do líder guerrilheiro em novembro de 1969, em uma emboscada feita pelo aparato repressivo do governo. *Marighella* foi concluído às vésperas da eleição presidencial de 2018, cujo vencedor foi Jair Bolsonaro, ex-capitão do Exército de extrema direita que defendeu publicamente a tomada de poder pelos militares em 1964 e o uso de tortura pela ditadura contra opositores, incluindo a ex-presidenta Dilma Rousseff, veterana da luta armada e vítima de tortura no início dos anos 1970. O clima político polarizado que persistiu após as eleições de 2018, os vínculos burocráticos com a Agência Nacional do Cinema (Ancine) e as restrições de exibição de filmes no Brasil por conta da pandemia de covid-19 forçaram Moura a adiar o lançamento comercial de *Marighella* por dois anos. No entanto, mesmo antes de sua estreia, apoiadores de Bolsonaro atacaram o filme, argumentando que ele promovia o terrorismo. Forças da direita também usaram *bots* para reduzir sua avaliação on-line, apesar de ele ainda nem ter sido lançado.[7] Sem dúvida, *Marighella*, como foi o caso de *O que é isso, companheiro?*, provocará controvérsias e debates entre cinéfilos e críticos. Os dois filmes, que às vezes coincidem na representação de eventos históricos, incluindo personagens da vida real inscritos na trama, dois dos quais os protagonizam, oferecem versões distintas, mas em alguns aspectos semelhantes e, às vezes, problemáticas, do período revolucionário da década de 1960 no Brasil, quando milhares de jovens radicalizados e outros participantes pegaram em armas para contestar o regime militar.

---

7 Veja. Após ação coordenada anti-*Marighella*, IMDB apaga críticas ao filme. *Veja*, 18 fev. 2019.

O contexto histórico

Antes de analisar elementos dos dois filmes, é fundamental compreender o contexto histórico do período em que se passam, a saber, as agitações sociopolíticas que ocorreram no Brasil e em toda a América Latina na esteira da Revolução Cubana de 1959; as lutas de libertação nacional que se desenrolaram na Argélia, na África Subsaariana e no Vietnã; e a Revolução Cultural que eclodiu na República Popular da China. Esses processos inspiraram uma geração de estudantes e outras pessoas no Brasil e em outros lugares a imaginar possíveis transformações revolucionárias bem-sucedidas, que superariam desigualdades socioeconômicas de longa data. No Brasil, no início da década de 1960, uma juventude politicamente mobilizada, especialmente estudantes universitários de classe média, na sua maioria brancos, abraçou ideologias marxistas e se juntou a organizações de esquerda que prometiam um caminho rumo a essa mudança revolucionária.

O golpe militar de Estado de 1964 que depôs o governo do presidente reformista moderado João Goulart radicalizou ainda mais um setor do movimento estudantil politizado influenciado pelo Partido Comunista Brasileiro e por outros grupos de esquerda. Os setores dissidentes do PCB consideravam que a decisão do partido de recuar para a clandestinidade e se reagrupar, em vez de resistir militarmente à tomada de poder pelas Forças Armadas, era uma abdicação da sua obrigação histórica de liderar uma resistência revolucionária ao novo regime. Entre os dissidentes, Carlos Marighella liderou forças rebeldes no estado de São Paulo, onde teve considerável influência entre a juventude do Partido Comunista. Em 1967, ele rompeu definitivamente com o PCB e fundou uma nova organização, cuja estratégia consistia em preparar um movimento de guerrilha rural que derrubasse o regime. No entanto, para implantar esse plano, seu grupo realizou ações de guerrilha urbana, como assaltos a banco, atentados a bomba, expropriações de armas e assassinatos dirigidos. Rejeitando a estrutura organizacional centralizadora do PCB, Marighella também incentivou iniciativas autônomas de diferentes unidades armadas. Embora não haja estatísticas precisas, no seu auge a ALN talvez tenha contado com cerca de 2 mil militantes e apoiadores. Outros grupos dissidentes do PCB, como o MR-8, além de novas organizações fundadas em grande parte por estudantes radicalizados de outras origens políticas, também surgiram em todo o país. Durante o mesmo período, o Partido Comunista do Brasil, pró-maoísta, enviou dezenas de militantes para uma área da Amazônia para se misturarem com a população rural local e prepararem um movimento de guerrilha rural.[8]

Enquanto essa acumulação de militantes revolucionários e a infraestrutura clandestina que a acompanha tomavam forma, 1968 se mostrou um ano marcante no Brasil, tal como o foi em todo o mundo. Os estudantes saíram às ruas para se mobilizar contra o regime militar; greves selvagens contestaram as políticas econômicas e trabalhistas dos militares; intelectuais e artistas criticaram a censura; e políticos de esquerda questionaram o regime arbitrário. Como resultado, os militares decidiram reprimir todas as forças de oposição, incluindo as organizações revolucionárias que estavam realizando ou se preparando para realizar ações armadas contra a ditadura e seus apoiadores. Em 13 de dezembro de 1968, o regime militar emitiu o Ato Institucional n.5, que fechou o Congresso, suspendeu os direitos políticos de muitos políticos e figuras públicas, aumentou a censura e deu carta branca para que agentes do Estado torturassem opositores. Com as vias legais de protesto cortadas, os estudantes mais radicalizados optaram por aderir às organizações revolucionárias emergentes para confrontar o regime com armas. Entretanto, no final de 1969, o aparato repressivo criado pela ditadura, bem como o uso generalizado de tortura para obter informações dos militantes a fim de desmantelar organizações e desencorajar a colaboração, cortou o recrutamento fácil para grupos clandestinos que lutavam contra o regime. Embora cerca de 5 mil pessoas, 20% das quais eram mulheres, tenham se juntado a grupos clandestinos de luta armada nesse período como militantes ou apoiadores próximos, em 1974 o regime militar havia conseguido dizimar todas

---

8 Para uma análise abrangente da luta armada no Brasil, ver Gorender, J. *Combate nas trevas*. São Paulo: Editora Ática, 1999.

essas organizações revolucionárias por meio de prisões sistemáticas, assassinatos ou exílios forçados.[9]

Nesse mesmo ano, Ernesto Geisel, o quarto dos cinco generais a ocupar o cargo de presidente durante a ditadura, anunciou um processo de liberalização gradual (distensão). Esse retorno em câmera lenta ao regime civil levaria onze anos e seria por vezes acelerado devido a vitórias eleitorais da oposição legal, instabilidade econômica e um ressurgimento de manifestações estudantis, greves trabalhistas e outras mobilizações contra as políticas do regime. Em 1979, o Congresso aprovou uma lei de anistia que libertou a maioria dos presos políticos (mas não aqueles que estiveram envolvidos em ações armadas em que morreram pessoas), reduziu as penas para os julgados *in absentia* e suspendeu as restrições aos exilados, permitindo que milhares de pessoas regressassem à vida civil. A lei, no entanto, incluía uma provisão que seria interpretada como uma proibição de qualquer processo contra agentes do Estado envolvidos em tortura ou outras violações graves de direitos humanos.

Durante esse período de liberalização política e fim da censura, ex-participantes de movimentos revolucionários, principalmente ex-exilados, publicaram memórias sobre seu tempo na clandestinidade. Várias foram *best-sellers*. O livro de Fernando Gabeira, publicado pela primeira vez em 1979, foi reimpresso dezenas de vezes nos dois primeiros anos após o lançamento. A obra de Alfredo Sirkis, *Os carbonários: memórias da guerrilha perdida*, lançada em 1981, também foi um sucesso instantâneo. Sirkis escreveu sobre seu envolvimento nos sequestros dos embaixadores alemão e suíço em junho e setembro de 1970, respectivamente, nos quais guerrilhas urbanas obtiveram a libertação de 110 presos políticos em troca da libertação dos dois enviados estrangeiros.[10] Em 1992, o livro serviu de inspiração para a popular série de televisão *Anos rebeldes*, que retratava o movimento de guerrilha urbana sob uma luz relativamente favorável. O programa foi produzido pelo megaconglomerado de mídia TV Globo, que,

---

9 Ridenti, M. *O fantasma da revolução brasileira*. São Paulo: Editora Unesp, 1993, p.197.
10 Sirkis, A. *Os carbonários*: memórias da guerrilha perdida. São Paulo: Globo, 1980.

ironicamente, durante os anos mais repressivos da ditadura, apoiou entusiasticamente o regime militar e condenou os militantes da luta armada como terroristas.[11]

Para uma nova geração de jovens, a que chamo de "Geração de 77", que se juntou às mobilizações contra o regime militar no final dos anos 1970 e início dos anos 1980, esses trabalhos responderam a uma curiosidade sobre o que realmente tinha acontecido uma década antes, quando os canais de informação estiveram sob rígida censura. A animada narrativa de Gabeira apresentou um relato quase cômico da inocência e dos pontos fracos de um pequeno grupo de jovens rebeldes idealistas envolvidos em esforços ousados, porém ingênuos, para derrubar o regime. Em seu depoimento, ao dar o subtítulo "Um depoimento" à edição original de sua obra, insinuando seu rigor histórico sob sua perspectiva, Gabeira leva o leitor a crer que foi ele quem teve a ideia de sequestrar o embaixador dos Estados Unidos e que escreveu o manifesto revolucionário da guerrilha. No início da década de 1980, Gabeira também se tornou uma figura pública e estrela da mídia por abraçar o feminismo, os direitos dos gays e as questões ambientais e por criticar atitudes conservadoras da esquerda brasileira. A história de Sirkis sobre suas aventuras como estudante do Ensino Médio que se tornou revolucionário evocou um sentimento semelhante de esforços nobres, porém tolos daqueles que, como afirma o subtítulo de seu livro, "perderam" a guerra de guerrilha.

Na década de 1990, novos trabalhos históricos sobre o regime militar suscitaram uma série de debates sobre a natureza da luta armada no Brasil. Estariam setores da esquerda absolvidos por pegar em armas contra um regime que tinha declarado sua legitimidade por meio de uma tomada ilegal do poder em nome de uma "revolução"? A luta armada foi um esforço para transformar as mobilizações radicais contra o regime militar em um processo que levaria a uma revolução socialista, como ocorreu em Cuba, ou foi apenas uma resistência democrática destinada a devolver o país ao Estado de direito sem

---

11 Martins Filho, J. R. The War of Memory: The Brazilian Military Dictatorship According to Militants and Military Men. *Latin American Perspectives*, v.36, n.5, p.89-107, 2009.

uma reestruturação radical da ordem socioeconômica e política? Será que as ações dos movimentos de guerrilha em que civis foram feridos ou mortos e indivíduos foram assassinados por supostamente serem "inimigos do povo" representaram um lado de uma dicotomia maligna em que as forças opositoras, ou seja, as Forças Armadas e o aparelho policial, foram igualmente culpadas por sua participação na repressão, tortura e desaparecimento de opositores?[12]

Defendendo o movimento de guerrilha

Embora nenhum dos dois filmes aborde diretamente todas essas questões, ambos defendem que a luta armada foi uma resposta legítima ao golpe de Estado de 1964 e ao regime então estabelecido. *O que é isso, companheiro?* começa com fotos em preto e branco da vida descontraída do Rio de Janeiro no início dos anos 1960, com uma versão do sucesso internacional da bossa nova "Garota de Ipanema" tocando suavemente ao fundo. De repente, essa cena tranquila é interrompida por um texto explicando: "Em 1964, o governo democrático brasileiro é deposto por um golpe de Estado militar." A ele se segue outro texto informando aos espectadores: "Em dezembro de 1968, a junta militar que governa o Brasil decreta o Ato Institucional n.5, pondo fim à liberdade de imprensa e todos os direitos do cidadão". Cantos dos *slogans* "O povo unido jamais será vencido" e "Abaixo a ditadura" fornecem a trilha sonora para imagens antigas do centro do Rio durante a Passeata dos Cem Mil, em junho de 1968, contra o regime militar. Fotografias aéreas históricas de manifestantes se transformam em uma cena de estudantes, que o espectador logo compreenderá serem os jovens protagonistas revolucionários do filme, carregando uma faixa. A polícia então ataca os manifestantes estudantis, que resistem atirando pedras, novamente mesclando imagens reais de batalhas de rua de 1968 com a participação "autêntica" simulada dos personagens do filme. As imagens transmitem uma

---

[12] O trabalho mais importante a levantar essas questões é Reis, D. A. *A revolução faltou ao encontro*: os comunistas no Brasil. São Paulo: Brasiliense, 1990.

mensagem clara. Depois de terem protestado de forma pacífica e de não terem conseguido resistir à repressão, os opositores do regime só tinham uma opção: recorrer a medidas mais radicais. É também o sinal do diretor de que os eventos se baseiam em fatos históricos, embora, como veremos, muitos sejam aplicados de forma imprecisa para se adequarem à narrativa do filme.

Em *Marighella*, a ilegitimidade do regime de 1964 e a radicalização do protagonista começam imediatamente após o golpe, quando o líder do Partido Comunista resiste à prisão durante uma batida policial voltada a opositores do regime. (Marighella mais tarde escreveu um livro, *Por que resisti à prisão*, explicando as razões pelas quais decidiu lutar contra o regime em vez de recuar para a clandestinidade, como a liderança do partido ordenou a seus membros que fizessem.)[13] Tal como *O que é isso, companheiro?*, *Marighella* começa com imagens em preto e branco do início dos anos 1960, o que também sugere que a história é baseada em fatos históricos. No entanto, ao contrário do filme de ação sobre o sequestro do embaixador dos Estados Unidos, segundo o qual a resistência ao regime ocorreu após o fracasso das mobilizações estudantis de 1968, em *Marighella* os cidadãos já resistem ao novo regime em 1964, atirando pedras nos tanques que rolavam pelas ruas do Rio de Janeiro. Essa é uma distinção importante, uma vez que Marighella e outros grupos revolucionários tinham efetivamente começado a organizar o movimento de guerrilha e a realizar ações armadas antes do Ato Institucional n.5, em dezembro de 1968, enquanto a narrativa mais popular sobre a oposição à ditadura, explicitamente articulada em *O que é isso, companheiro?*, argumenta que só quando os canais legais foram encerrados, no final de 1968, é que os estudantes e outras pessoas, sem opção, recorreram a ações armadas para derrubar o regime.

Em 1967, Marighella fundou a ALN para lançar um movimento de guerrilha, derrotar a ditadura e inaugurar um processo que levasse a um governo imperialista, antifeudal, nacionalista e democrático, como era

---

13 Marighella, C. *Por que resisti à prisão*. São Paulo: Editora Brasiliense, 1995.

o plano da ALN,[14] ou, como prometia uma declaração conjunta com o MR-8, para acabar com "o regime dos grandes exploradores" e constituir "um governo que liberte os trabalhadores de todo o país da situação em que se encontram".

Desse ponto em diante, *O que é isso, companheiro?* retrata uma perspectiva em que ambos os lados – os revolucionários e os torturadores – são igualmente culpados de excessos. Entretanto, no final das contas, os líderes guerrilheiros são os fanáticos insensíveis. Por outro lado, Henrique, chefe das forças de segurança que está tentando encontrar os guerrilheiros, é um homem sensível assombrado por seu envolvimento em torturas. Ele até demonstra arrependimento sobre toda a empreitada: "Abrimos uma caixa de Pandora. Não deveríamos ter feito isso. As coisas saíram do controle." Embora seja possível que durante a ditadura alguns membros das forças repressivas tenham se questionado sobre seu trabalho, a escolha de fazer Henrique se entregar a tais pensamentos faz dele uma personagem compassiva e talvez uma exceção à regra. Além disso, embora cenas curtas de violência estatal comuniquem aos espectadores que o regime militar está envolvido em flagrantes violações hediondas de direitos humanos, o embaixador Elbrick é gentil e sensato, até mesmo compreendendo as motivações dos guerrilheiros. Ele pessoalmente se opõe ao regime militar e se distancia da política oficial dos Estados Unidos, que apoiou o golpe militar de 1964. Ele é talvez o personagem mais simpático do filme.

Em contrapartida, em *O que é isso, companheiro?*, Virgílio Gomes da Silva, conhecido pelo codinome Jonas e que atua como comandante da guerrilha na ação, promete matar quaisquer camaradas que não cumpram as ordens. A certa altura, ele ameaça agressiva e inexplicavelmente o embaixador de o executar. Posteriormente, ele cria uma situação em que o personagem de Gabeira, Paulo, a quem ele parece odiar irracionalmente, será forçado a assassinar o embaixador caso o governo brasileiro não atenda às exigências dos guerrilheiros. Ao utilizar o pseudônimo de Gomes da Silva (Jonas), que o revolucionário da

---

14 Id. *For the Liberation of Brazil*. Trad. John Butt; Rosemary Sheed. Harmondsworth: Penguin Books, 1971, p.19-27.

vida real usou ao participar do sequestro, os cineastas insinuam que essa foi a forma como ele de fato se comportou. No entanto, em uma série de ensaios escritos por participantes do evento, esse retrato das ações de Jonas durante o sequestro é contrariado por seus antigos camaradas.[15] Da mesma forma, Toledo, codinome de Joaquim Câmara Ferreira, líder político do sequestro, é retratado como um comunista obstinado, insensível e distante que dedica seu tempo livre a ouvir taciturnamente uma gravação de "A internacional", hino revolucionário adotado pela Revolução Russa. Novamente, ao utilizarem o verdadeiro pseudônimo do personagem, os cineastas sugerem que essa era a real natureza de Toledo, diminuindo as chances de o público ter empatia por ele. Ambos os personagens personificam uma esquerda revolucionária malévola e fora de controle.

Essas duas figuras históricas são retratadas de forma bastante diferente em *Marighella*. Na vida real, Virgílio Gomes da Silva, chamado de Jorge no filme, que era um entre milhões de pobres que trabalhavam duro, migrou do Nordeste para São Paulo na década de 1950 em busca de uma vida melhor e acabou encontrando emprego como operário de fábrica. Ele se tornou ativista sindical e membro do Partido Comunista, saindo com Marighella em 1967 para fundar a ALN. Franklin Martins, outro participante do sequestro, descreveu-o como "valente e determinado, tranquilo e atento, entusiasmado mas com os pés no chão" durante a ação.[16] Essas características se destacam na forma como o personagem de Gomes da Silva é retratado em *Marighella*. Ele é dedicado tanto a sua família quanto à causa revolucionária e é morto brutalmente nas mãos de torturadores. Longe do maníaco enfurecido que aparece em *O que é isso, companheiro?*, seu compromisso com a revolução vem de suas duras experiências de vida como migrante e trabalhador pobre. Suas últimas palavras, reproduzidas no filme, com base no depoimento de presos políticos que entreouviram as sessões de tortura em sua cela, foram: "Vocês estão matando um brasileiro." *Marighella*

---

15 Reis, D. et al. *Versões e ficções*, op. cit.
16 Martins, F. As duas mortes de Jonas, originalmente publicado em *O Globo*, 10 maio 1997, e reimpresso em Reis, D. et al. *Versões e ficções*, op. cit., p.119.

FIGURA 26 – Presos políticos trocados com a libertação do Embaixador norte-americano Charles Elbrick, set. 1969.

também humaniza Joaquim Câmara Ferreira, conhecido como Branco no filme, que é inteligente, gentil, sensato e afetuoso, mesmo depois de ele e Marighella discordarem fortemente sobre a participação de Toledo no sequestro, o que Marighella prevê que levará a um aumento da vigilância e da repressão. Gomes da Silva e Câmara Ferreira são personagens tridimensionais com emoções e motivações para suas escolhas revolucionárias. São agentes cientes de seus próprios destinos, em vez de fanáticos tolos com estratégias inapropriadas para mudar o mundo.

Ao retratar Jonas e Toledo como fanáticos irracionais caricatos em *O que é isso, companheiro?*, os cineastas optam por tornar Henrique, o oficial de inteligência e torturador, um personagem complexo. Ele tem insônia por causa do trabalho. Quando questionado pela namorada sobre estar envolvido em tortura, explica: "Ou você os tortura e logo ou sua investigação não avança. Essa é a lógica do movimento guerrilheiro. Se você não os tortura, eles vencem. E se você o fizer, eles ainda vencerão. Eles acusam você de ser bárbaro. É uma hipocrisia completa, mas funciona. Realmente funciona." Embora aparentemente sinta alguma compaixão por suas vítimas, ele acaba justificando o uso da violência praticada pelo Estado: "A maioria deles são crianças inocentes cheias de sonhos. Crianças sendo usadas por uma escória perigosa. E se esta escória chegar ao poder, não haverá apenas tortura, mas execuções sumárias." Em suma, a tortura é uma necessidade política para evitar o terror revolucionário em uma ordem futura na qual se imagina uma esquerda revolucionária vitoriosa. Embora formalmente ambos os lados sejam representados como forças do mal lutando entre si, Jonas e Toledo são personagens-tipo engajados em uma empreitada fanática sem nenhuma ambivalência perceptível sobre sua missão, e Henrique é humanizado em conversas quase ternas e íntimas com a namorada. Da mesma forma, Elbrick e sua esposa têm uma parceria calorosa e íntima, e ele é atencioso e sensato em suas interações com os sequestradores revolucionários.

Em *Marighella*, Wagner Moura é menos ambíguo ao retratar Lúcio, o investigador de polícia que tenta encontrar o líder da ALN. O personagem parece em grande parte inspirado na figura histórica de Sérgio Paranhos Fleury, chefe do Departamento Estadual de Ordem Política e Social de São Paulo (Deops) e notório torturador que também esteve envolvido em execuções extrajudiciais de indigentes e negros suspeitos de terem cometido crimes. Lúcio é implacável: sádico no tratamento dispensado aos revolucionários detidos e seus apoiadores – incluindo frades dominicanos que ofereceram ajuda logística à ALN –, mas calmo e confortável em casa com a esposa e a filha enquanto assiste à leitura do manifesto revolucionário na televisão após o sequestro do embaixador dos Estados Unidos. Ele não suscita empatia e é claramente o contraponto perverso ao comportamento jovial de Marighella, sua compaixão pelos colegas e sua dedicação revolucionária.

A culpabilidade de Washington e o terrorismo revolucionário

Lúcio também é aliado de Bob, representante do governo dos Estados Unidos que se junta a ele na perseguição aos guerrilheiros. Há quase um consenso entre os historiadores sobre o papel dos governos

Kennedy e Johnson em ajudar os militares brasileiros a planejar o golpe de Estado de 1964. Em 1962, Kennedy deu carta branca a funcionários do governo norte-americano para apoiar as Forças Armadas brasileiras caso elas decidissem derrubar o governo democraticamente eleito de João Goulart. Dois anos depois, Johnson autorizou o envio de armas, munições, do porta-aviões Forrestal e de navios de apoio ao Brasil para intervir no golpe caso a resistência armada à tomada de poder pelos militares resultasse em uma guerra civil.[17] Em parte, a decisão do Partido Comunista Brasileiro de não mobilizar seus membros e a relutância de Goulart em supervisionar um banho de sangue de seus apoiadores significou que a ação secreta dos Estados Unidos, conhecida como Operação Brother Sam, poderia ser cancelada.[18] Seguindo o conselho e a orientação do embaixador norte-americano Lincoln Gordon, que atuou no Brasil de 1962 a 1966, quando se tornou secretário-adjunto de Estado para Assuntos do Hemisfério Ocidental, Johnson reconheceu imediatamente o novo governo e autorizou assistência financeira crucial para garantir a estabilidade econômica do novo regime.[19] Em 1969, o presidente Richard Nixon continuou a apoiar a ditadura após a repressão a toda oposição por meio do poder ilimitado contido no Ato Institucional n.5, recebendo o terceiro general de exército a assumir a presidência, Emílio Garrastazu Médici, na Casa Branca em dezembro de 1971. Na mesma época, do outro lado da rua, na Praça Lafayette, a mãe de um preso político brasileiro recentemente libertado que fora detido e torturado no ano anterior, juntou-se a um pequeno grupo de clérigos e ativistas contra a Guerra do Vietnã para protestar contra a repressão política no Brasil.[20]

Assim, existe uma lógica entre os revolucionários de querer responsabilizar o embaixador dos Estados Unidos e seu governo pelo apoio à

---

17 Ver capítulo 1 em Green, J. N. *We Cannot Remain Silent*: Opposition to the Brazilian Military Dictatorship in the United States. Durham: Duke University Press, 2010.
18 Parker, P. *Brazil and the Quiet Intervention, 1964*. Austin: University of Texas Press, 1979.
19 Leacock, R. *Requiem for Revolution: The United States and Brazil, 1961-1969*. Kent: Kent State University Press, 1990.
20 Sattamini, L. P. *A Mother's Cry*: A Memoir of Politics, Prison and Torture under the Brazilian Military Dictatorship. Trad. Rex P. Nielson; James N. Green. Durham: Duke University Press, 2010.

ditadura. No entanto, em *O que é isso, companheiro?*, quando os guerrilheiros entrevistam Elbrick durante o sequestro sobre o papel dos Estados Unidos no apoio ao regime, incluindo a interferência da CIA em assuntos internos, o embaixador nega qualquer conhecimento de suas ações e afirma que é pessoalmente contra a tortura. Essa foi precisamente a postura adotada pelo embaixador Gordon, seu antecessor, que também se dissociou dos fatos e alegou que não tinha qualquer informação de que o governo brasileiro estivesse cometendo graves violações de direitos humanos.[21] Por outro lado, *Marighella* não deixa espaço para dúvidas no que concerne à cumplicidade oficial dos Estados Unidos no apoio à ditadura. O personagem Wilson Chandler, representando Charles Chandler, militar que estudava no Brasil e foi acusado de apoiar o regime, faz um discurso aos militares brasileiros sobre a importância de capturar os guerrilheiros. Quando é morto na frente de seu filho por militantes da ALN em um assassinato político, Bob oferece ajuda norte-americana para apoiar Lúcio e o aparato repressivo estatal na captura dos guerrilheiros.

Nesse sentido, *Marighella* não recua diante do fato de a ALN usar a linguagem do terrorismo revolucionário para justificar sua causa. Logo após sua morte, Marighella se tornou famoso em toda a Europa por seus escritos, que foram censurados na França em 1970 e depois publicados na Grã-Bretanha em 1971. Sua obra *For the Liberation of Brazil* inclui "The Handbook of the Urban Guerrilla Warfare" [Manual da luta de guerrilha urbana], que Marighella concluiu em junho de 1969 enquanto vivia na clandestinidade e dirigia as iniciativas da ALN. Na introdução, ele afirma:

> Meu objetivo é recrutar o maior número possível de apoiadores. As palavras "agressor" e "terrorista" já não significam o que significavam antes. Em vez de suscitar medo ou censura, são um chamado à ação. Ser tachado de agressor ou terrorista no Brasil é hoje uma honra para qualquer cidadão,

---

21 Ver Cava, R. D. Torture in Brazil. *Commonweal*, v.92, n.1, p.135-41, 24 abr. 1970. Para sua comunicação com Lincoln Gordon, ver Commonweal. Letter to the Editor. *Commonweal*, p.378-9, 398, 7 ago. 1970; Cava, R. D. Reply. *Commonweal*, p.398-9, 7 ago. 1970.

pois significa que ele está lutando, de arma em punho, contra a monstruosidade da atual ditadura e o sofrimento que ela causa.[22]

Em outro documento sobre táticas de guerrilha, sua posição é inequívoca: "A tática do terrorismo revolucionário e da sabotagem deve ser usada para combater o terrorismo usado pela ditadura contra o povo brasileiro."[23]

Marighella também não esconde o fato de a ALN ter bombardeado escritórios do governo dos Estados Unidos e realizado "execuções revolucionárias", como o já mencionado assassinato de Charles Chandler. No filme, um dos militantes envolvidos na ação fica com medo após o assassinato. Paralisado pela confusão, ele é capturado pela polícia. Sob tortura, revela o esconderijo da ALN, levando a uma batida policial e à morte de vários camaradas. A mensagem subjacente parece ser que, se ele não tivesse hesitado em relação ao ato de "justiça revolucionária", poderia não ter sido preso e seus camaradas poderiam não ter morrido.

Marighella também tenta mostrar uma ligação entre o movimento revolucionário no Brasil e outras insurgências nacionais e internacionais. A cena de abertura do filme é um ataque cheio de ação a um trem para obter armas, provavelmente inspirado na ação bem-sucedida da ALN de assalto ao trem pagador em agosto de 1968. Na trilha sonora, Chico Science canta: "Viva Zapata! Viva Sandino! Viva Zumbi! Antônio Conselheiro. Todos os Panteras Negras. Lampião, sua imagem e semelhança. Eu tenho certeza, eles também cantaram um dia."[24] A fusão do funk rock e do maracatu na canção e a escolha eclética de figuras insurgentes, desde revolucionários mexicanos e nicaraguenses até um líder escravo rebelde, uma figura religiosa milenária, militantes negros e um bandido rural brasileiro passam a mensagem de que a luta dos guerrilheiros urbanos não está congelada no tempo, mas sim faz parte de uma luta internacional mais longa por justiça social para os mais marginalizados e oprimidos.

---

22 Marighella, C. Handbook of Urban Guerrilla Warfare. *For the Liberation of Brazil*, op. cit., p.62.
23 Id. Guerrilla Tactics and Operations. *For the Liberation of Brazil*, op. cit., p.112.
24 Science, C. "Monólogo ao pé do ouvido". *Da lama ao caos*, 1994.

Empatia dos espectadores e precisão histórica

Como era de se esperar pelo fato de o filme ser uma cinebiografia, ao longo de *Marighella* o personagem principal é retratado como uma pessoa nobre. Ele tem cenas íntimas e amorosas com Clara, sua parceira, que dolorosamente se recusa a se juntar a ele na luta armada, mas apoia a causa revolucionária. Ele também tem um relacionamento próximo com o filho, Carlinhos, de quem sente muita falta enquanto vive na clandestinidade. Em meio ao golpe militar de 1964, o pai abandona cuidados de segurança para levar o filho à praia e, quatro anos depois, quase corre o risco de ser capturado ao marcar um encontro clandestino com ele. Enquanto está escondido, grava uma mensagem carinhosa para o filho, explicando por que precisam estar separados e por que ele sacrificou o tempo com o filho para tornar o mundo um lugar melhor para ele. Em troca, Carlinhos corrige seu professor que classificou a tomada de poder pelos militares em 1964 como uma "revolução" e afirma em sala de aula que foi um golpe. Ele é espancado pelos colegas quando descobrem de quem ele é filho. Além disso, ele avisa o pai sobre uma emboscada iminente quando Marighella dirige até Salvador para lhe ver, o que acontece durante o sequestro do embaixador dos Estados Unidos (quando na verdade Marighella estava escondido no Rio de Janeiro na época). Apesar de todas as adversidades, Marighella segue em frente, percebendo que a luta pode levar à sua morte.

A representação racial de Marighella também tem um papel importante no filme. O diretor Wagner Moura fez uma escolha consciente ao escalar Jorge Mário da Silva, conhecido pelo nome artístico de Seu Jorge, ator e músico negro retinto, para o papel principal, embora Marighella tivesse pele clara e fosse filho de uma descendente de africanos escravizados e de um imigrante italiano. Nos últimos anos, mobilizações de ativistas negros e seus aliados denunciaram ideias hegemônicas de que o país é uma democracia racial. Eles também criticaram o fato de as noções de raça serem organizadas em torno de uma hierarquia de cores que favorece as pessoas de pele mais clara em detrimento das de pele mais escura. Escolher Seu Jorge para o papel principal do filme parece ser uma afirmação consciente que coloca os pretos no centro da resistência radical à ditadura, embora na verdade o movimento revolucionário, incluindo sua liderança, fosse composto majoritariamente de jovens de classe média de ascendência europeia. No entanto, a escolha parece ser a afirmação de uma nova forma de compreender a raça no Brasil, na qual cada vez mais pessoas de ascendência mista africana, europeia e/ou indígena se identificam como negras para enfatizar sua origem africana.

Longas-metragens baseados em acontecimentos históricos são inevitavelmente forçados a amalgamar personagens, mudar cronologias e brincar com fatos para criar uma produção artística sucinta que faça sentido para o público. Um filme não pode ser um livro de história extenso, com prolixas introduções, extensas argumentações e volumosas notas de rodapé. Portanto, certas falhas factuais no cinema são compreensíveis, se não perdoáveis. No entanto, apenas para constar, em relação a *O que é isso, companheiro?*, na vida real Fernando Gabeira (representado no filme pelo personagem Paulo) não teve a ideia do sequestro nem escreveu o manifesto revolucionário. Vera Sílvia Magalhães (representada no filme pela personagem Renée), uma das integrantes da equipe envolvida nos assaltos a banco e no sequestro, não dormiu com o responsável pela segurança da embaixada dos Estados Unidos para obter informações sobre o dia a dia do embaixador. Como Vera Sílvia Magalhães comentou em uma entrevista com o autor deste ensaio há mais de quinze anos: "Não precisava, os homens são tão ingênuos e facilmente manipuláveis."[25] As duas personagens femininas do filme são baseadas nela. Porém, Andréia, a endurecida comandante do MR-8 que curiosamente veste um boné militar, o que a torna uma figura ridícula, tem poucas semelhanças com a única líder mulher do MR-8 na vida real. Na verdade, embora Vera Sílvia Magalhães tenha participado do sequestro, nenhuma mulher ficou na casa com o embaixador. Lá se vão as cenas de sexo entre Andréia e Paulo durante aqueles tensos quatro dias de setembro, embora Magalhães e Gabeira tenham sido um casal por um tempo após o sequestro, enquanto estavam no exílio. Da mesma forma, nenhuma mulher participou do assalto ao trem pagador da ALN. Contudo, as mulheres de fato desempenharam papéis de liderança em

---

25 Vera Sílvia Magalhães, entrevistada pelo autor, 17 jul. 2003, Rio de Janeiro.

muitas das organizações revolucionárias do período, incluindo participações em ações armadas. Por fim, em *O que é isso, companheiro?*, deve-se simplesmente desconsiderar elementos incompreensíveis da trama, como a improvável perseguição de Henrique e escuta de suas conversas por Paulo ou o fato de o chefe da segurança escalar um poste telefônico para vigiar o esconderijo do revolucionário, bem como a improvável cena de aliciamento de novos recrutas no início da história.

Uma grande falha de ambos os filmes é sua incapacidade de capturar totalmente o isolamento dos guerrilheiros em relação à população em geral. Embora um motorista de táxi tenha expressado a Paulo entusiasmo pelo corajoso sequestro do embaixador dos Estados Unidos e os brasileiros tenham ouvido atentamente a transmissão das declarações de Marighella quando os guerrilheiros conseguiram invadir as ondas públicas de rádio e, ao que tudo indica, ler o manifesto que o editor do jornal de esquerda publicara, há apenas um leve indício em uma curta cena entre Paulo e Andréia, imediatamente antes de serem presos, de que eles estão isolados do povo. Lúcio é mais explícito em *Marighella*, ao explicar a campanha do governo para transformar os revolucionários em perigosos terroristas. A ditadura foi de fato muito bem-sucedida em garantir apoio popular por meio de propaganda governamental, censura, domínio da mídia e uma economia em expansão, de modo que as guerrilhas tinham poucas oportunidades de transmitir uma mensagem positiva à população. Embora a ousada aventura de sequestrar o representante diplomático do país mais poderoso do mundo possa ter suscitado alguns sentimentos temporários de empatia para com esses revolucionários urbanos, eles foram, em grande medida, efêmeros.

Ainda assim, ambos os filmes terminam com uma cena otimista, embora, logo após a libertação dos quinze presos políticos, a maioria dos envolvidos no sequestro do embaixador dos Estados Unidos tenha sido presa, torturada ou morta pelo regime militar e, dois meses depois da ação, Marighella tenha sido assassinado em São Paulo. No entanto, na cena final de *O que é isso, companheiro?*, sobreviventes revolucionários do sequestro que foram presos se reúnem em frente a um avião com destino à Argélia após a libertação do embaixador alemão sequestrado em junho de 1970 em troca da liberdade de 40 presos políticos. A cena é filmada em preto e branco para simular imagens históricas e lembra a imagem icônica de treze dos quinze prisioneiros do sequestro do embaixador norte-americano posando para um fotógrafo na frente de um avião pouco antes de serem levados rumo a liberdade. No filme, há alegria e alívio ao ver quem sobreviveu e poderá deixar o país, uma imagem manchada apenas pela figura solene de Andréia sendo trazida ao local em uma cadeira de rodas, temporariamente aleijada pelos torturadores.

Em *Marighella*, após o líder da ALN ser capturado em uma emboscada e morto pela polícia, a cena final mostra uma das guerrilheiras, a quem Marighella ordenou que abandonasse as operações na cidade, chegando a uma igreja rural onde um padre a cumprimenta. Eles entram no prédio e abrem uma caixa com armas. Ela pega uma metralhadora, manuseia-a com cuidado e depois olha para a câmera. O significado é claro: a luta continua. O kit de imprensa do filme também é claro: "seus ideais [de Marighella] vivem por meio dos jovens revolucionários que continuam sua luta."[26] Em outras palavras, a última cena do filme não é apenas uma alusão aos jovens que continuaram a luta como militantes da ALN até o desmantelamento da organização, em 1974. Ela também homenageia uma nova geração que se mobilizou recentemente para resistir ao governo autoritário de Bolsonaro, não necessariamente por uma revolução socialista, mas certamente por democracia e justiça social. O tema da dedicação revolucionária é reforçado depois que os créditos principais de *Marighella* aparecem na tela. No que parece uma cena cortada do filme, cinco guerrilheiros da ALN, o núcleo do grupo de Marighella, porém sem a presença de seu líder, dão as mãos em um círculo fechado e cantam com entusiasmo o hino nacional brasileiro. Uma frase soa particularmente apropriada: "Mas, se ergues da justiça a clava forte, / Verás que um filho teu não foge à luta, / Nem teme, quem te adora [Brasil], a própria morte". Há determinação, alegria e orgulho na forma como demonstram paixão por seu país. Em vez de terroristas enlouquecidos ou jovens tolos, eles são patriotas leais lutando por uma causa nobre.

---

26 Kit de imprensa de *Marighella*. Disponível em: https://static1.squarespace.com/static/5d821cf67566a2183227d7c8/t/5e6095ad9f9a545c227a5256/1583388258410/MARIGHELLA+-+Press+Kit.pdf. Acesso em: 30 jun. 2021.

Parte VII
Passados e presentes

FIGURA 27 – Uma charge que retrata homens efeminados na Praça Tiradentes na revista *O Malho* (Rio de Janeiro), v.3, n.93, jun. 1904, p.31, cortesia da Biblioteca Nacional, Rio de Janeiro.

Introdução

Passados e presentes

Inspirado pelo trabalho pioneiro de John D'Emilio sobre os primórdios do movimento pelo direitos de homossexuais nos Estados Unidos, que teve início no final da década de 1940,[1] e pela pesquisa de George Chauncey sobre homens gays na Nova York do início do século XX,[2] quando comecei a pesquisar material para a tese de doutorado, tentei buscar mais fontes antigas sobre a homossexualidade masculina no Rio de Janeiro e em São Paulo. Meu palpite era que o bairro da Lapa, no Rio, frequentado por sambistas, prostitutas e boêmios *bons vivants* de classe média, provavelmente concentraria a sociabilidade homoerótica. Compartilhei esse pensamento com uma pessoa que trabalhava no Arquivo Nacional, no Rio de Janeiro, e ela me apontou para a Praça Tiradentes, no centro da cidade.

---

1 D'Emilio, J. *Sexual Politics, Sexual Communities*: The Making of a Homosexual Minority in the United States, 1940-1970. 2.ed. Chicago: University of Chicago Press, 1998.
2 Chauncey, G. *Gay New York*: Gender, Urban Culture, and the Making of the Gay Male World, 1890-1940. New York: Basic Books, 1994.

À medida que redirecionava o foco da minha pesquisa, comecei a encontrar menções a "frescos", "pederastas" e "sodomitas" que frequentavam a praça, rodeada de teatros e cinemas. Uma charge, que encontrei em uma edição de 1907 de *O Malho*, mostrando um homem efeminado com uma imagem da estátua do imperador D. Pedro I ao fundo, confirmou que esse era de fato um local muito importante de sociabilidade para homens que desejavam ter relações sexuais com outros homens. A charge revelava que ao menos o público letrado associava o espaço a um local onde homens poderiam encontrar parceiros sexuais e românticos ao se demorar em um banco ou caminhar pelo pequeno parque. Assim começou meu fascínio com o Rio de Janeiro do século XIX e início do século XX, principalmente com a zona de entretenimento na região central da cidade.

Depois que terminei de fazer a pesquisa para *Além do carnaval* e de escrever o livro, continuei coletando materiais sobre o período da *belle époque* na capital brasileira. Um de meus interesses consistia na gama de personalidades internacionais que visitou o Rio de Janeiro nessa época, incluindo Sarah Bernhardt, que, no final do século XIX, era a atriz mais famosa da França. Ela viajou à América do Sul três vezes, onde apresentou seu repertório em francês nos palcos brasileiros, recebendo um clamor entusiasmado das elites da capital. Em "O joelho de Sarah Bernhardt: negociando a 'respeitabilidade' feminina no palco carioca, 1880-1910", analiso como ela foi recebida, sua imagem como uma "Nova Mulher" e sua autopromoção como uma estrela moderna da mídia. Também descobri uma grande inconsistência nos diferentes relatos biográficos sobre a lesão no seu joelho durante uma apresentação no Rio de Janeiro em 1960 que refletia o processo de construção de um mito empreendido pela própria diva francesa.

O mistério sobre como Bernhardt machucou seu joelho foi apenas um dos muitos desafios na tentativa de recriar a história de pessoas famosas que tinham casos pessoais que queriam esconder do público ou reconstruir aos olhos dele. Isso certamente foi o que ocorreu à medida que eu buscava diferentes fontes para escrever a história social da homossexualidade masculina no Rio de Janeiro e em São Paulo, ao tentar reconstruir a vida privada de vários homossexuais renomados.

Introdução

"Contestando heróis e mitos nacionais: homossexualidade masculina e história brasileira" trata de duas dessas figuras: o jornalista, contista e dramaturgo João do Rio (1881-1921) e o poeta, romancista, musicólogo, historiador de arte e crítico Mário de Andrade (1893-1945). Enquanto muitos de seus colegas fofocavam maliciosamente sobre sua homossexualidade, eles deixaram poucos vestígios de suas vidas sexuais, e, no caso de Mário de Andrade, até recentemente alguns acadêmicos tentavam preservar uma imagem esterilizada dessa icônica figura literária.

Esse não é tanto o caso de Madame Satã, artista negro e contraventor que vivia no bairro da Lapa, no centro do Rio de Janeiro, nos anos 1930 e declarava abertamente sua sexualidade. Redescoberto na década de 1970 por escritores do semanário esquerdista *O Pasquim*, Madame Satã foi entrevistado por esses boêmios do final do século XX e apresentou sua história de vida para uma nova geração, que pouco sabia sobre ele. Em "*O Pasquim* e Madame Satã, a 'rainha' negra da boemia brasileira", afirmo que a *persona* de Madame Satã tanto como um viado extravagante quanto como um malandro viril o tornou uma figura confortável para alguns intelectuais que continuavam fazendo comentários homofóbicos em seus escritos ao mesmo tempo que acolhiam travestis bem conhecidas que pretendiam emular uma noção ideal do feminino.

Esperamos que esses projetos de pesquisa que examinam as representações de gênero e as sexualidades não normativas de figuras conhecidas sirvam como exemplos de como podemos reler a história do Brasil através desses indivíduos proeminentes, que não se enquadraram em papéis tradicionais, mas deixaram um registro documental que podemos estudar. Analisar a vida de pessoas aparentemente incomuns ou excepcionais, no entanto, não nos fornece necessariamente *insights* sobre a vida de pessoas comuns, que são menos visíveis no arquivo. Um dos desafios de uma nova geração de historiadores será realizar o árduo trabalho de garimpar minuciosamente em busca de um conjunto disperso de materiais que permita aos pesquisadores estudar com maior precisão esses membros da sociedade brasileira.

O joelho de Sarah Bernhardt: negociando a "respeitabilidade" feminina no palco carioca, 1880-1910[1]

No clássico *Belle Époque tropical*, obra que examina a cultura da elite carioca no final do século XIX e começo do século XX, o historiador Jeffrey Needell descreveu assim as condições sociais da mulheres privilegiadas antes desse período:

> As vidas das mulheres da elite eram estreitas. Geralmente suas mãos eram dadas aos seus pretendentes (normalmente homens estabelecidos, com cerca de trinta anos ou mais) quando elas ainda estavam entrando na adolescência. Elas eram educadas dentro do que a sociedade esperava delas. Podiam falar um pouco de francês, ler português, tocar piano, dançar e cantar [...]. As mulheres aprendiam essas coisas em casa, com seus tutores estrangeiros. Nas poucas ocasiões em que as meninas deixavam suas casas, um parente masculino as acompanhava, para evitar que suas reputações fossem questionadas [...]. Mesmo após o casamento, a vida dessas mulheres continuava protegida, dentro do círculo familiar [...].[2]

---

1 Green, J. N. "O joelho de Sarah Bernhardt: negociando a 'respeitabilidade' feminina no palco carioca, 1880-1910." *Escritos: Revista da Fundação Casa de Rui Barbosa* 8, n.8 (2014), p.7-25. Tradução de Isabel Cristina Leite.
2 Needell, J. D. *A Tropical Belle Époque*: Elite Culture and Society in Turn-of-the-Century Rio de Janeiro. Cambridge: Cambridge University Press, 1987, p.133.

Porém, de acordo com Needell, "em 1910 já era possível às mulheres andar sozinhas enquanto faziam compras no Centro, sob a condição de que elas não olhassem nem falassem com homens, fossem conhecidos ou não".[3] No seu livro de viajante de 1900, Alice R. Humphrey notou a mesma mudança: "Quando eu fui ao Rio pela primeira vez, em 1884, não era apropriado para uma mulher andar na rua sem a companhia de homem que cuidasse dela. Certamente não poderia fazer compras sozinha [...] como às vezes faz agora".[4]

A análise de Needell sobre a *belle époque* carioca se concentra nas mulheres e nos homens das famílias privilegiadas. Como muitos historiadores têm notado, o mundo dos ex-escravizados, dos imigrantes recém-chegados e das classes populares em geral era bem diferente. É importante enfatizar que não podemos fazer generalizações unilaterais para explicar as complexidades de gênero dessa época. Por exemplo: para as mulheres das classes médias, novas possibilidades e oportunidades se abriram na segunda metade do século XIX, especialmente a de elas se tornarem professoras primárias. Já no final do século, as mulheres entraram nas profissões liberais, como advogadas e médicas, produziram uma grande quantidade de jornais e revistas feministas e iniciaram as campanhas por direitos iguais, inclusive o direito ao voto. Inúmeros fatores explicam as mudanças nas possibilidades para mulheres durante a *belle époque*, tanto para as que vendiam produtos nas ruas quanto para aquelas da elite que faziam compras na Rua do Ouvidor.

Este artigo enfoca duas atrizes, uma francesa e uma brasileira, que viveram nesse período de transição e simbolizavam a "Nova Mulher", um termo muito em voga nos anos 1890. Elas representavam e refletiam conflitos e questões sobre gênero e sobre o comportamento recomendado para a alta sociedade carioca e francesa. As suas experiências foram distintas daquelas das suas empregadas e das costureiras e atendentes que as serviam. No entanto, ao examinar as maneiras como essas duas mulheres negociavam mudanças significativas relativas ao gênero

---

3 Ibid., p.135.
4 Humphrey, A. R. *A Summer Journey to Brazil*. New York: Bonner, Silver and Company, 1900, p.46.

no período, podemos entender como essas mudanças afetavam pessoas de outras classes sociais.

A profissão dessas duas mulheres, sendo elas atrizes muito conhecidas, permitia uma liberdade e independência não usuais, mesmo entre as mulheres burguesas da época. Elas podiam frequentar espaços públicos, mover-se livremente e gozar uma vida sem as restrições da família tradicional. Elas foram aceitas, em certa medida, pela burguesia brasileira, que as transformou em ídolos. Além disso, o meio teatral ao qual elas pertenciam oferecia às mulheres aventureiras e de espírito livre, especialmente às de origem humilde, um caminho de ascensão social e de acesso a homens de outras classes sociais.

Ao mesmo tempo, em razão da frequente associação de mulheres de teatro com a prostituição, elas ocuparam um espaço limítrofe e vulnerável entre a respeitabilidade e a imoralidade. Por um lado, as atrizes que apareciam em obras de teatro ou ópera representavam a alta cultura, ou seja, os valores europeus e a sofisticação partilhados pela alta sociedade da *belle époque*. Por outro lado, essas mulheres poderiam sofrer um escrutínio público e ser alvo de fofocas venenosas, por viver vidas pouco convencionais. Muito homens consideravam as atrizes como mulheres sensuais e sedutoras (quase como um contraponto às suas esposas), supostamente disponíveis para aventuras amorosas, caso suas ofertas fossem vantajosas. Entretanto, as mulheres do palco, especialmente as grandes atrizes e divas, eram distintas das mulatas, polacas ou francesas que vendiam os seus favores sexuais nas ruas e nos bordéis ou que moravam no centro da cidade como concubinas. O *status* das atrizes – promotoras da cultura erudita – separou-as das mulheres de vida fácil. Ao negociar essa posição delicada, entre pária e artista, essas atrizes ampliaram as possibilidades para as mulheres em uma sociedade patriarcal e tradicional.

Em 1886, Sarah Bernhardt, a atriz mais proeminente da França, fez a primeira de três turnês pela América do Sul, chegando ao Rio no final de maio, acompanhada por seu filho Maurício, fruto de um *envolvimento* com o príncipe de Ligne. Mais de três mil pessoas esperavam por ela nas docas Pedro II. Joaquim Nabuco exaltou Madame Sarah Bernhardt na primeira página do jornal *O País*. Ele também prometeu que "[n]o Brasil a grande artista não encontrará por certo os críticos das suas *premières*, mas encontrará ainda a espécie de um público que a compreende".[5] O destacado abolicionista observou: "Ela pode estrear certa de que neste país está ainda em território intelectual de sua pátria. Em nenhum outro país ela verificará melhor a exatidão do verso que tantas vezes ouviu em cena: *"Tout homme a deux pays, le sien et puis la France"* [Todos os homens têm dois países: o seu e a França].

O amor de Nabuco por tudo que era francês não nos surpreende. Como Needell e outros historiadores documentaram com muito cuidado, a elite carioca do final do século XIX e no começo do século XX olhava para a França como a sua referência cultural. Nabuco lembrou aos seus leitores que ter a Divina Sarah se apresentando no Rio era algo digno de louvores duplamente declarados, pois ela veio para o Brasil como Sarah Bernhardt e como a própria França. O abolicionista afirmou ainda que, "[n]este momento, o primeiro dos teatros franceses não é a Casa de Molière, é o Teatro São Pedro de Alcântara,"[6] onde Madame Bernhardt ia se apresentar no Rio. Ao incorporar a superioridade e o refinamento da cultura da França, a mera presença da grande atriz francesa no palco brasileiro transformou o modesto Teatro São Pedro na Comédie-Française. A presença de Sarah Bernhardt na capital imperial, assim como as visitas de outros artistas famosos e personalidades europeias ao Rio de Janeiro durante esse período, oferecia à elite brasileira a oportunidade de experimentar em primeira mão a arte que era o ponto de referência da sociedade carioca.

Na noite de estreia, a confusão reinou do lado de fora do recém-reformado Teatro São Pedro de Alcântara. A polícia se posicionou em frente ao estabelecimento, tentando manter a ordem, e os cambistas circulavam em meio à multidão, pedindo ao público preços exorbitantes pelos poucos ingressos ainda disponíveis. Os camarotes que normalmente eram vendidos ao preço de 15 réis foram comercializados por 200 réis; os lugares de primeira classe aumentaram de 3 réis para 50 réis; e

---

5 Nabuco, J. Sarah Bernhardt. *O País*, 27 maio 1886, p.1.
6 Ibid.

os especuladores elevaram os preços dos ingressos da galeria a quinze vezes o seu valor normal.[7]

De acordo com os jornais, que relataram com detalhes a visita, o público era composto majoritariamente por famílias e por cavalheiros provenientes da mais fina, mais seleta e inteligente sociedade fluminense. A eles se juntaram a colônia francesa e a família real brasileira para assistir à apresentação de *A dama das camélias*, uma das mais conhecidas de Sarah Bernhardt.[8]

A sua estreia carioca, porém, não foi tão tranquila como se esperava. De acordo com o historiador e biógrafo Raimundo Magalhães Júnior, estudantes que ocupavam os assentos mais baratos, longe do palco, em um espaço no teatro chamado de "torrinha", iniciaram uma confusão quando o ator que representava Armand Duval entrou em cena. Magalhães Júnior atribuiu a revolta do público jovem ao fato de que o ator francês estava sem barba, o que eles consideravam inapropriado para o papel de uma personagem viril e masculina.[9] Não bastando essa confusão, um cigarro aceso caiu da segunda galeria no vestido da baronesa de Mamanguape, queimando quase toda a sua roupa.[10] Somente após a intervenção do dramaturgo Artur Azevedo, que insistiu que o público respeitasse a grande atriz francesa, bem como a insistência do empresário, que ofereceu a devolução dos ingressos do público descontente, para a apresentação pôde continuar.[11] No fim da noite, contudo, Bernhardt conquistou o público. Como observou um crítico: "A morte de

---

7 *O País*, 2 jun. 1886, p.1. Os preços dos ingressos são baseados no artigo publicado no jornal *O País* e no *Almanaque Laemmert*: almanaque administrativo, mercantil e industrial do Rio de Janeiro (Rio de Janeiro: Laemmert, 1885, p.1203).

8 Os autores de uma das biografias sobre Sarah Bernhardt notaram que ela "estava contente porque o imperador, Dom Pedro II, assistiu a todas as suas apresentações, embora a sua correspondência indique que ele não foi tão generoso com presentes quanto outros monarcas que ela conheceu". Gold, A.; Fizdale, R. *The Divine Sarah*: A Life of Sarah Bernhardt. London: Harper Collins, 1992, p.224. Tradução do autor.

9 Magalhães Júnior, R. *Artur Azevedo e sua época*. Rio de Janeiro: Civilização Brasileira, 1966, p.94-5.

10 *O País*, 3 jun. 1886, p.1.

11 Magalhães Júnior, op. cit.

Margarida, no final de *A dama das camélias*, é o trabalho mais admirável que temos apreciado no teatro".[12]

Os elogios à atuação de Bernhardt foram relativizados logo em seguida, em razão de um incidente em que Berthe Noirmont, uma atriz da companhia francesa, acusou Sarah B. de tê-la difamado publicamente. Além da acusação, Noirmont deu um tapa na cara de Bernhardt numa briga do lado de fora da bilheteria do teatro. A disputa terminou na 1ª Delegacia, onde Joaquim Nabuco defendeu com sucesso Bernhardt, e as acusações contra a diva francesa foram retiradas.[13] O *Evening Post*, da Nova Zelândia, publicou um relatório desse incidente na edição de 18 de setembro de 1886:

> O que começou o assunto foi Madame Bernhardt acusando Mdlle. Noirmont, que desejava sair da companhia, de ter guardado em sua bagagem coisas que não lhe pertenciam. Em resposta a essa acusação, Mdlle. Noirmont perdeu a paciência e deu um tapa na cara de Madame Bernhardt. Por isso ela foi violentamente arrastada, assistida por M. Garnier e outros membros da companhia, frente ao magistrado da polícia. Ficando impaciente com a burocracia dos procedimentos que o funcionário precisava cumprir para formalizar as acusações, Madame Bernhardt chamou-o de idiota e saiu com seus companheiros.[14]

A notícia passou a relatar que as duas atrizes apareceram naquela noite na peça *Adriana Lecouvreur*, sem nenhum incidente, porém,

> quando a cortina caiu, Madame Bernhardt decidiu brigar de novo com Mdlle. Noirmont, e chegando a ela com um chicote, chamou-a de nomes infames. Mdlle. Noirmont, muito animada, tentou dar outro tapa em Madame Bernhardt, mas o filho desta senhora, M. Maurice Bernhardt, e M.

---

12 *O País*, 4. jun. 1886, p.1.
13 Ver: Correio da Manhã. Um caso que não figura nas *Memórias*, de Sarah Bernhardt. *Correio da Manhã*, 19 fev. 1920, p.5; e Süssekind, F. *As revistas de ano e a invenção do Rio de Janeiro*. Rio de Janeiro: Editora Nova Fronteira; Fundação Casa de Rui Barbosa, 1986, p.197.
14 Evening Post. Madame Bernhardt at Rio de Janeiro. *Evening Post*, v.XXXII, n.106, 18 set. 1886, p.2. Tradução do autor.

Philip Garnier, o ator principal da companhia, impediram-na de fazê-lo e depois a seguraram, enquanto Madame Bernhardt a golpeou várias vezes e com grande violência sobre o rosto e os ombros. A pobre moça, sofrendo com a dor, correu para casa, seguida por M. Maurice Bernhardt e um primo, que grosseiramente a insultaram na presença de uma grande multidão.[15]

Se essa versão dos acontecimentos foi baseada em testemunhas ou se tinha sido copiada a partir de um jornal local do Brasil e reeditada internacionalmente, isso não ficou claro. Ela, contudo, tornou-se a versão mais repetida do evento. Parece que, durante a briga, Bernhardt desempenhou o papel de uma estrela europeia desonrada, que arrogantemente desdenhou da atrasada burocracia brasileira por ter feito perguntas demais e por não haver tomado o lado dela imediatamente após o incidente. Não satisfeita com o fato de que as acusações contra ela foram retiradas na delegacia, Bernhardt se vingou publicamente de Noirmont para restaurar sua honra, assim como qualquer homem teria feito em caso similar. O caso, entretanto, não prejudicou sua popularidade no Brasil.

Após uma curta turnê em "um pequeno lugar chamado São Paulo"[16] (foi assim que a atriz descreveu a cidade em uma carta), ela retornou ao Rio de Janeiro e, em 9 de julho, fez uma sessão em benefício de si mesma. Sessões beneficentes, ou "em benefício", eram uma prática comum na época: nelas, um artista apresentava uma noite de entretenimento sozinho e recebia toda a bilheteria. Um jornalista retratou o evento como "uma noite de loucura". O entusiasmo do público parecia ilimitado. Depois de ter esgotado o estoque de flores que jogou, o público começou a lançar peças de roupa a "Sarah B." – como a imprensa carinhosamente a chamava.[17]

A noite beneficente durou até as 2:30 da manhã, quando a polícia foi chamada para escoltar a atriz para sua suíte no Grand Hotel.[18] Mais de quinhentas pessoas acompanharam a carruagem de Bernhardt

---

15 Ibid.
16 Gold; Fizdale, op. cit., p.225.
17 Paixão, M. *Espírito alheio*: episódios e anedotas de gente de teatro. São Paulo: C. Teixeira & Co., 1916, p.266.
18 *O País*, 11 jul. 1886, p.1.

até o Largo da Carioca, comemorando a apresentação da grande dama com aplausos contínuos.[19] Sua despedida no dia seguinte não foi menos tumultuada: enquanto centenas se reuniram para lhe oferecer seu último adeus, dr. Serzedello, professor da Academia Militar, fez um discurso de despedida e, em seguida, presenteou Bernhardt com uma bandeira brasileira, que ela envolveu dramaticamente sobre os ombros, gerando ainda mais adoração por parte da multidão.[20]

Sarah Bernhardt não foi a primeira atriz francesa a suscitar tamanho entusiasmo na elite brasileira. Em 1859, o artista francês Joseph Arnaud abriu o Alcazar Lyrique, perto da Rua do Ouvidor, a rua comercial da moda, repleta de lojas, restaurantes e cafés de proprietários franceses. Como prova de que o público-alvo do Alcazar Lyrique era a elite francófila sofisticada, temos um anúncio de jornal que avisava da abertura do teatro musical escrito em francês.[21] Em 1864, Arnaud foi a Paris e trouxe de volta um grupo de atores, cantores e bailarinas para oferecer entretenimento francês para o público brasileiro.

Entre as estrelas do Alcazar Lyrique estava uma mulher chamada Aimée. Machado de Assis descreveu-a como "[u]m demoninho louro, uma figura leve, esbelta, graciosa, uma cabeça meio feminina, meio angélica, uns olhos vivos, um nariz como o de Safo, uma boca amorosamente fresca, que parece ter sido formada por duas canções de Ovídio".[22] Em suas memórias, o Visconde de Taunay relembrou a atuação de Aimée: "o Alcazar exerceu enorme influência nos costumes daquela época e colocou em risco a tranquilidade de muitos lares. Sei de fonte muito limpa que um marido despojou a esposa dos brilhantes para levá-los em homenagem à Aimée e alcançar-lhe os sorrisos feiticeiros".[23]

Muitas das cantoras e atrizes francesas que se apresentaram no palco do Rio de Janeiro complementavam sua renda como prostitutas ou como amantes. Conforme apontado por Needell, foi a natureza francesa, a sua capacidade de apresentar refinamento e civilização, que aumentou seu

---

19 *O País*, 12 jul. 1886, p.1.
20 Ibid.
21 Anúncio publicado em Paixão, op. cit., p.333-4.
22 Ibid., p.334.
23 Taunay, A. d'E. *Memórias do Visconde de Taunay*. São Paulo: Progresso, 1948.

apelo em comparação com as *polacas* – ou seja, as prostitutas do leste europeu – ou com as mulatas brasileiras.[24]

Como parte de suas apresentações, Aimée, Suzana Castera, Cristina Massat ou mademoiselle Chateny – todas atrizes francófonas ou pseudo-francófonas do início do século XX – mostraram seus tornozelos, joelhos e coxas no palco, enquanto cantavam sucessos como "*Rien n'est sacré pour un sapeur*" [Nada é sagrado para um soldado], a fim de suscitar o interesse de potenciais clientes, entre eles membros famosos da elite brasileira, como o conde de Porto Alegre, o barão de Cotegipe e o barão do Rio Branco.[25] Quando o *cancan* se tornou popular, as bailarinas passaram a revelar suas roupas íntimas e a sua pele, normalmente escondida, para seduzir os homens.[26]

O que distinguia uma mulher da elite carioca de uma coquete francesa era sua apresentação pública. Como Needell observou: "A atração pela cocote derivou não só da associação nítida com os paradigmas parisienses, mas também do contraste com a percepção da mulher da elite carioca".[27] Quando uma mulher virtuosa saía na rua, não poderia aparecer nenhum indício de cocote nela. Os estilos das cocotes eram muito bem conhecidos e as mulheres da elite deveriam tomar muito cuidado para evitá-lo.[28]

Aos olhos de seu público brasileiro, Sarah Bernhardt não era uma cocote francesa. Embora a vida pessoal da primeira-dama do teatro francês tenha envolvido vários *affaires* conhecidos publicamente, aos quais Joaquim Nabuco se refere obliquamente, em sua homenagem jornalística por ocasião de sua primeira chegada ao Rio, sua *persona* pública, pelo menos como aparece refletida em artigos de jornais e comentários da época, sempre vinculava Bernhardt ao refinamento cultural e à

---

24 Needell, op. cit., p.175.
25 Paixão, op. cit., p.333-4.
26 Ver, por exemplo, as observações de Machado de Assis sobre o *cancan* e a excitação que a dança gerava em: Tati, M. *O mundo de Machado de Assis*: o Rio de Janeiro na obra de Machado de Assis. 2.ed. Rio de Janeiro: Prefeitura da Cidade do Rio de Janeiro, Secretaria Municipal de Cultura, Departamento Geral de Documentação e Informação Cultural, Divisão de Editoração, 1995, p.158.
27 Needell, op. cit., p.173.
28 Ibid.

sofisticação francesa. Ao abraçar Bernhardt como uma atriz dramática séria, os membros da elite carioca reafirmaram o seu próprio *status* social de conhecedores da cultura europeia. Mulheres bem-educadas e decentes podiam assistir à apresentação de Sarah B. e aplaudi-la, porque seu *status* como transportadora de refinamento e elegância continental para um Brasil menos civilizado dissipou qualquer associação negativa com a indecência e a imoralidade. A esse respeito, confrontos públicos com outros membros da sua trupe foram provavelmente vistos como excentricidades e ações dramáticas de artistas europeus.

Ainda que os homens brasileiros tenham jogado flores e roupas para Bernhardt, eles não receberam tornozelos, joelhos ou roupas íntimas expostas em troca. A aparência de decoro, pelo menos no teatro, minimizava a associação da rainha do palco francês com escândalos, assuntos amorosos e filhos ilegítimos. Sua apresentação pública no palco compensava quaisquer transgressões morais cometidas fora dele. Ela podia ser recebida e admirada pelo imperador Dom Pedro II, bem como ser alvo da inveja da elite brasileira. Ao se ler as memórias e biografias de Sarah Bernhardt, fica-se impressionado com a enorme sensação de liberdade, independência e *joie de vivre* de que ela gozava. De muitas maneiras, ela encarna a nova mulher que algumas feministas admiravam e muitas antifeministas abominavam, porque ela rejeitou o casamento, a moralidade burguesa e a estabilidade da família tradicional.[29]

Seis meses antes de Sarah Bernhardt pisar no palco brasileiro pela primeira vez, a *Revista Ilustrada* publicou um artigo de duas páginas intitulado "O eterno feminino", que anunciava certos avanços das mulheres. No entanto, essas mudanças mereciam ser tratadas certa cautela, aos olhos do colaborador da publicação. Citando a expansão das oportunidades educacionais para as mulheres brasileiras, o artigo observava: "É hora de verificar se esses meios de ensino devem ser ampliados, se às mulheres devem ser dados direitos e estabelecer a igualdade com os homens na

---

[29] Para a literatura sobre o feminismo brasileiro e a "nova mulher", ver, entre outras obras: Hahner, J. E. *Emancipating the Female Sex*: The Struggle for Women's Rights in Brazil, 1850-1940. Durham: Duke University Press, 1990; Besse, S. K. *Restructuring Patriarchy*: The Modernization of Gender Inequality in Brazil, 1914-1940. Chapel Hill: University of North Carolina Press, 1996.

realização de determinadas posições".[30] Reconhecendo que as mulheres eram capazes de entrar em muitas profissões novas, que até então tinham sido ocupadas exclusivamente por homens, incluindo certas áreas de negócio e como funcionárias públicas, para manter a linha a sociedade precisava não lhes conferir direitos políticos. Médicas ou advogadas, talvez, mas eleitoras ou políticas, jamais. O "belo sexo", como jornalistas e jornais chamavam as mulheres, podia se ocupar em novas profissões, mas a sua beleza, elegância e feminilidade eternas precisavam continuar.

As mudanças dos papéis das mulheres brasileiras de classe média e alta foram parte de um processo internacional que estava ocorrendo na Europa e nos Estados Unidos ao mesmo tempo. Ao analisar o que foi denominado "novas mulheres" na França, a historiadora Mary Louise Roberts aponta para uma estratégia usada por algumas mulheres para "definir uma personalidade para além de convenções sociais, além de sua alteridade em relação aos homens, sem serem trivializadas ou demonizadas por um conjunto de estereótipos".[31]

A jornalista feminista francesa Marguerite Durand, editora-chefe do jornal *La Fronde*, que tinha uma equipe totalmente feminina, foi um bom exemplo dessa nova mulher. Ela criou novos espaços para as mulheres e depois subverteu muitas das noções atribuídas ao belo sexo. Ostentando uma beleza deslumbrante, cabelos loiros e estilo elegante, ela minava críticas e receios masculinos sobre os novos rumos que as jornalistas do seu jornal *La Fronde* tomavam, baseada no tribunal, no parlamento e no mundo político como um todo. Ela se valeu da perspectiva da mulher como atriz, sedutora e pessoa ultrafeminina para contrariar a noção estereotipada das feministas como estridentes, feias, masculinizadas e que odiavam os homens. Ela pegou seus críticos de surpresa e moldou novas possibilidades para as mulheres, transformando papéis aparentemente tradicionais das mulheres em algo novo.

Da mesma forma, Bernhardt se valeu de uma série de artifícios atribuídos às mulheres para criar uma personalidade pública que garantia

---

30 Revista Ilustrada. O eterno feminino. *Revista Ilustrada*, v.10, n.425, 16 jan. 1886, p.6.
31 Roberts, M. L. *Disruptive Acts*: The New Woman in Fin-de-Siècle France. Chicago: The University of Chicago Press, 2002.

FIGURA 28 – Sarah Bernhardt se apresentando em Hamlet, 1885, cortesia da Biblioteca do Congresso (Library of Congress).

sua liberdade, independência e imensa popularidade na França e no exterior. De acordo com Roberts, a "feminilidade de Bernhardt seria imensamente atraente para os homens [...], que, confusos sobre as relações de gênero do *fin de siècle*, temiam que a *grande séductrice* se tornasse uma espécie em extinção".[32] Mesmo seus papéis de *cross-dressing* que se tornaram famosos, como o de Hamlet, estavam imersos na tensão entre a mulher tradicional e a nova mulher da virada do século XX na França e em outros países. Como Roberts argumenta:

> Em uma época de debate sobre as normas de gênero, Bernhardt, como estrela, apresentou um cenário de fantasias similares, que atendeu a uma necessidade, da parte de seu público, de unidade, resolução e tranquilidade. Para os fãs mais conservadores, Bernhardt apaziguava os temores sobre a ameaça da nova mulher e do desaparecimento da sedução feminina como um prazer de todos os dias. Ela transcendeu o aparente conflito entre a nova mulher independente e a *séductrice* [...]. Ela era um exemplo vivo do argumento de Marguerite Durand, segundo o qual uma mulher não precisa perder sua feminilidade para competir no mundo dos homens.[33]

Logo depois do sucesso da turnê brasileira de Sarah Bernhardt de 1886, Cinira Polonio, filha de imigrantes italianos, fez sua estreia como atriz dramática no teatro brasileiro imitando a divina Sarah, na peça *O carioca*, escrita por Artur Azevedo. Seguindo as convenções da revista de ano, em que os atores parodiavam personalidades e acontecimentos do ano anterior, Cinira Polonio fez o papel de uma celebridade que falava com um forte sotaque francês. Empunhando um chicote, ela encenou uma versão exagerada de briga de Bernhardt com a atriz Berthe Noirmont e fez várias referências às respostas negativas do público ao ator imberbe Armand durante a noite de estreia de *A dama das camélias*.[34]

---

32 Ibid.
33 Ibid.
34 Reis, Â. de C. *Cinira Polonio, a divette carioca*: estudo da imagem pública e do trabalho de uma atriz no teatro brasileiro da virada do século. Dissertação de Mestrado. Rio de Janeiro: Arquivo Nacional, 1999, p.161-4.

Embora esteja em grande parte esquecida hoje, Cinira Polonio foi uma das atrizes mais famosas da virada do século XX no Rio de Janeiro. Ângela de Castro Reis, em premiado livro publicado pelo Arquivo Nacional, em 1999, ofereceu-nos um retrato cativante de sua vida.[35] De origem humilde, os pais de Polonio tiveram sucesso com uma loja de moda na Rua do Ouvidor, o que lhes deu renda suficiente para enviarem sua única filha para estudar na Europa. Retornando ao Rio de Janeiro, ela começou sua carreira na ópera, porém sem sucesso. Somente depois da imitação de Sarah Bernhardt, em 1886, Cinira se tornou uma atriz popular, primeiro no Rio e depois em Portugal. Em 1900, ela voltou ao Brasil, onde finalmente fundou sua própria companhia teatral.[36] Em 1912, ela estreou como Madame Petit-Pois no sucesso musical que foi a peça *Forrobodó*, a qual quebrou recordes de teatro, com mais de 1.500 apresentações.[37]

Como Cinira Polonio construiu uma imagem pública que lhe distanciasse da associação popular de artistas do palco do sexo feminino com a prostituição? Um casamento respeitável poderia proteger uma atriz de acusações de imoralidade, mas Cinira Polonio nunca se casou. Talvez, permanecendo solteira, ela tivesse a garantia da independência do controle masculino que lhe permitiu uma carreira de sucesso. Assim como Sarah Bernhardt, a diva que ela tinha imitado com sucesso, a estratégia de Cinira Polonio era criar uma personagem, no palco e fora dele, cuja elegância e sofisticação agradassem ao público carioca. Embora ela fosse filha de imigrantes italianos, sua educação europeia conteve as mesmas habilidades musicais e linguísticas que eram obrigatórias a todas as filhas da elite carioca. Sua experiência continental a auxiliou, para além de qualquer contato com a alta sociedade carioca na butique de seus pais na Rua do Ouvidor, e lhe proporcionou as ferramentas para se tornar uma sofisticada e elegante grande dama, que ainda falava fluentemente francês.[38] Artur Azevedo a descreveu assim: "Cinira Polonio, que tem o encanto da carioca e o *chic* da parisiense, agrada

---

35 Ibid.
36 Silva, L. *Figuras de Teatro*. Rio de Janeiro: Freitas Bastos, 1928, p.228-33.
37 Lopes, A. H. *The Jaguar's Leap*: Musical Theater in Rio de Janeiro, 1900-1922. Tese de Doutorado. New York University, 2000, p.43.
38 Reis, op. cit., p.7-8.

muito numa sucessão estonteante de personagens e *toilettes*, cada qual mais elegante e mais rica".[39] O fato de ela estrear no palco português fortaleceu seu capital cultural.

Não foi apenas seu acesso à cultura europeia o responsável por seu sucesso no Brasil. Assim como Sarah B., era uma empresária sagaz, que constantemente procurava novas formas não apenas para sobreviver economicamente, mas também para manter um estilo de vida luxuoso. Em 1908, por exemplo, Cinira Polonio introduziu o sistema de duas ou até três sessões de teatro por noite como uma forma de aumentar o público e reduzir os custos de produção. Essa inovação empresarial também respondia à nova popularidade do cinema, com suas sessões programadas, e às ameaças à viabilidade do teatro representadas por essa nova concorrência.[40]

Três sessões de teatro por noite era algo que também refletia um mercado crescente para o teatro musical. De fato, como Antonio Herculano Lopes apontou em seu trabalho sobre o teatro musical no Rio de Janeiro:

> A construção e estabilização de um teatro profissional no início da década de 1900 no Rio de Janeiro foi claramente dependente do destino do teatro musical. Enquanto os intelectuais, entre eles muitos dos escritores das revistas, lamentavam o baixo nível artístico do teatro brasileiro e esperavam que a próxima grande dramaturgia aparecesse, o teatro musical e o teatro de revista, em particular, criaram um fenômeno cultural novo e até então despercebido. Produzidos em grande quantidade, mais de uma centena por ano, entre anos 1910 e 1920, eles atingiam grandes públicos, por seu consumo e descarte imediatos, ligados à vida cotidiana da cidade e a outras expressões culturais de classes médias e baixas – como a música, a dança e o carnaval –, e por estar na vanguarda do processo das rápidas mudanças dos valores morais, o teatro musical estava ajudando a dar

---

39 *Kósmos*, v.I, n.5, maio 1904, p.36.
40 Lopes, op. cit., p.122-3; Reis, op. cit., p.39-40; Ruiz, R. *O teatro de revista no Brasil*: das origens à Primeira Guerra Mundial. Rio de Janeiro: Inacen, 1988, p.55-6.

origem a uma cultura de massa, e, juntamente com ela, a uma nova percepção dos cariocas sobre si mesmos.[41]

Consciente de seu próprio valor como atriz e dramaturga, Cinira Polonio rompeu com Paschoal Segreto, magnata do entretenimento no Rio, em 1912 porque ele se recusou a aumentar os *royalties* de sua peça *Nas zonas*. Ela e outros dramaturgos e compositores então passaram a se organizar, em 1917, em torno da Sociedade Brasileira de Autores Teatrais, a fim de negociar seus direitos com os produtores.[42]

Ao contrário de Bernhardt, Cinira Polonio não restringiu seu repertório às peças consagradas pelas elites e consideradas como alta cultura. O público limitado das peças europeias sofisticadas e o mercado urbano crescente, em busca de diversão, puxaram-na para as comédias musicais de caráter popular. Ser escalada para o papel de Madame Petit-Pois na peça de sucesso *Forrobodó* a colocou no centro de um novo fenômeno cultural: a construção de uma nova identidade mestiça nacional, que abraçou as tradições culturais negras. Já uma estrela de comédias musicais, seu desempenho aos 51 anos como uma francesa elegante ganhou elogios. Seu sotaque francês brincalhão e seus duplos sentidos picantes divertiram completamente o público das classes média e baixa.[43] Sua imitação de uma mulher francesa sofisticada sem dúvida também mexeu com o desdém que as classes populares nutriam pelos ares arrogantes da elite carioca, que se apropriava de forma indiscriminada de todas as coisas francesas. Sua paródia de Sarah Bernhardt a consolidou como comediante de talento. Vale ressaltar que nesse momento a carreira de Sarah B. estava em declínio.

Em suma, Cinira Polonio utilizou os códigos culturais franceses, tão idealizados pela elite brasileira, a fim de criar uma vida independente como atriz de teatro de sucesso. Mesmo quando trabalhou em comédias musicais mais populares, sua atuação era "mais francesa que as francesas" e deu-lhe uma respeitabilidade que lhe rendeu elogios constantes

---

41 Lopes, op. cit., p.123-4.
42 Ibid.
43 Reis, op. cit., p.142.

por parte da crítica carioca. Assim como outras atrizes de seu tempo, ela aprendeu a manipular imaginários masculinos sobre o feminino para sua própria vantagem. Ironicamente, ao incorporar à sua *persona* a figura elegante, feminina e exagerada da francesa, ela conseguiu, em sua própria vida, transcender as fronteiras sociais em que estava confinado seu público burguês.

Sarah Bernhardt voltou para sua terceira e última série de apresentações no Rio de Janeiro em 1905. Como em suas turnês anteriores, fez a tediosa travessia do Oceano Atlântico e apresentou-se para o público do continente americano para pagar as dívidas e fortalecer sua situação financeira pessoal. No entanto, ela não estava bem. Seu joelho direito a incomodava, e ela caminhava penosamente, com a ajuda de uma bengala.

A imagem de Sarah Bernhardt no Brasil durante essa estada veio ao público em 2000, por meio do filme *Amélia*, produzido e dirigido por Ana Carolina Teixeira Soares. Esse relato romanceado do retorno da atriz francesa ao Brasil, em 1905, conta a história de Amélia, sua serva fiel e companheira pessoal, originária da pequena cidade de Cambuquira, Minas Gerais, que convoca as duas irmãs para virem ao Rio trabalhar como costureiras e criar figurinos para as peças de Bernhardt. Acompanhadas por uma agregada, as mulheres levaram com elas seus hábitos e costumes rurais e, quando chegaram ao Rio, descobriram que Amélia tinha falecido na Argentina. Obrigadas a trabalhar para a atriz pomposa e arrogante, não veem suas criações de alfaiataria serem apreciadas por ela. O filme brinca com as noções de civilização e barbárie, com Bernhardt representando uma diva egoísta e vaidosa e as três mulheres simbolizando os caipiras simples e atrasados. As representações das caipiras são em tom pastelão, e os mal-entendidos refletem os ares inocentes dos hábitos e costumes franceses e europeus; isso é o que dá o tom humorístico do filme. Ao final da comédia, as mulheres rudes do interior são responsáveis por um drama pessoal da famosa atriz francesa.

É provável que Ana Carolina tenha baseado seu roteiro nos livros e nas memórias que circularam ao longo do último século sobre um trágico acidente de Bernhardt, que supostamente ocorreu durante a realização da sua última turnê no Rio de Janeiro, em 1905. Para dar um exemplo, entre muitos, da maneira como o incidente foi relatado, cito um trecho do livro de Joanna Richardson, *Sarah Bernhardt and Her World*:

> Em 9 de outubro, no Rio de Janeiro, [Bernhardt] deparou-se com um dos maiores desastres de sua vida. Ela estava atuando na peça *La Tosca*. No final da última cena, Floria cometeu suicídio, saltando do parapeito do Castel Sant'Angelo. Normalmente, é claro, o palco por trás do parapeito deveria estar coberto de colchões, mas naquela noite, por alguma razão desconhecida, os colchões haviam sido esquecidos, e Sarah caiu pesadamente sobre seu joelho direito. Ela desmaiou de dor, sua perna inchou violentamente, e ela foi levada ao hotel em uma maca. No dia seguinte, quando embarcou para Nova York, um médico foi chamado ao seu quarto, mas as mãos dele estavam tão sujas que ela se recusou a deixá-lo tocá-la. Em vão os amigos protestaram, insistiram em fazê-lo tomar um banho. Sarah não veria nenhum médico até que chegasse a Nova York, três semanas depois.[44]

Versões semelhantes desse episódio estão presentes em todas as grandes biografias de Sarah B.[45] A lesão no joelho levou à amputação de sua perna, uma década depois, forçando a Divina Sarah a se apresentar com uma prótese de madeira em seus últimos anos de vida.

Quando comecei a pesquisar as visitas de Bernhardt ao Brasil, como parte de um projeto de livro sobre a vida cultural em torno da Praça Tiradentes, no final do século XIX e início do século XX, eu pretendia examinar como diferentes grupos e classes sociais entraram em confronto no centro de entretenimento da cidade. Em uma versão anterior deste artigo, apresentada na Associação de Historiadores Norte-Americanos, o incidente do joelho de Sarah Bernhardt parecia uma anedota interessante e colorida para encerrar uma apresentação sobre gênero e *performance* no Brasil. Seu trágico acidente no Rio, devido, ao que parece, ao descuido de um gerente ou ajudante de palco, causou-lhe muito

---

44 Richardson, J. *Sarah Bernhardt and Her World*. London: Weidenfeld and Nicolson, 1977, p.185.
45 Ver, por exemplo: Gold; Fizdale, op. cit., p.295; Verneuil, L. *The Fabulous Life of Sarah Bernhardt*. 2.ed. Trad. Ernest Boyd. Westport: Greenwood Press, 1972, p.248-9.

sofrimento ao longo de suas duas últimas décadas de vida. Eu pretendia argumentar que, enquanto o público masculino da elite carioca poderia desfrutar dos tornozelos, joelhos, coxas e roupas íntimas de algumas artistas francesas, como Aimeé, a atuação pública de Sarah Bernhardt, e de qualquer atriz brasileira que aspirasse ao sucesso teatral, exigia decência e decoro no palco e um mínimo de discrição na vida pessoal.

No entanto, ao analisar os jornais brasileiros à procura de mais material sobre o acidente de Sarah Bernhardt, não encontrei nenhuma referência ao incidente. Até certo ponto, isso faz sentido. Richardson diz que a tragédia ocorreu no último ato da última apresentação de Sarah Bernhardt no Brasil, em 9 de outubro de 1905. No entanto, descobri que as datas informadas por ela não coincidem. De acordo com o jornal *O País*, Sarah chegou pela primeira vez ao Brasil em 1905, no Porto de Santos (um dia após a suposta queda do Castel Sant'Angelo), e seguiu para São Paulo, onde se apresentou em casas lotadas.[46] Em seguida, viajou para o Rio de Janeiro para se apresentar no Teatro Lírico.

Sua última apresentação no Brasil foi como o sombrio príncipe da Dinamarca, no *Hamlet*, de Shakespeare,[47] quando supostamente (conforme se pode inferir a partir de fotografias de outras apresentações) seus joelhos teriam sido de fato expostos ao público, embora cobertos por meias. Bernhardt se tornou amplamente conhecida por interpretar o papel de Floria na versão de Victorien Sardou, que escreveu *La Tosca* no ano de 1887, mas não há nenhuma indicação na imprensa brasileira de que ela tenha apresentado a peça no Rio de Janeiro durante sua visita ao Brasil.[48]

A reconstrução do itinerário de sua turnê é a seguinte: terça-feira, 10 de outubro de 1905, Bernhardt chega a Santos e faz *Fedora* no Polytheama, em São Paulo; quarta-feira, 11 de outubro, chega ao Rio; sexta-feira, 13 de outubro, *Sorcière*, de Sardou, no Lírico; sábado, 14 de outubro, *Adriana Lecouvreur* no Lírico; domingo, 15 de outubro, *A dama das camélias* no Lírico; segunda-feira, 16 de outubro, *Angelo*, de Victor

---

46 Sarah Bernhardt. *O País*, 09 out. 1905, p.2.
47 Apolo. *O País*, 17 out. 1905, p.2.
48 *O País*, 9, 12, 13, 14, 17 out. 1905; *Correio da Manhã*, 13, 15, 17 out. 1905.

Hugo, no Lírico; e terça-feira, 17 de outubro, sua última apresentação com *Hamlet*, no Lírico.

Em 17 de outubro de 1905, na mesma noite em que ocorreu despedida de Bernhardt na peça *Hamlet*, no Lírico, a senhora Jacoby fez a última apresentação de *Tosca*, de Puccini, no Teatro Apolo, a várias quadras de distância, com o sr. Agostim, tenor, fazendo o papel de Mario Cavaradossi.[49] A ópera italiana, baseado na peça dramática de Sardou, em língua francesa, foi encenada pela primeira vez em 1900 e foi um sucesso imediato. É importante assinalar que Bernhardt era uma atriz dramática, não uma cantora de ópera, e certamente não executou a obra de Puccini no Rio de Janeiro.

Como se entende isso? Estariam seus biógrafos errados em relação aos detalhes, mas corretos em geral sobre o incidente? Será que ela caiu e machucou o joelho no Rio de Janeiro, mas sob circunstâncias menos dramáticas? Ou terá sido o caso de colocar a responsabilidade por um dano físico infeliz em um lugar distante e exótico, misterioso e perigoso? Ou talvez tenha a sido a própria Bernhardt quem tenha criado um mito sobre si mesma, apresentando-se como a trágica heroína de *Tosca* que representou tão bem o seu papel dramático no palco que acabou machucando o joelho de forma permanente? Talvez seja possível entender essa curiosa manipulação dos fatos, reconhecendo que a autorrecriação e a atuação pública de uma série de personagens era algo esperado pelo público e elemento essencial na vida dessas atrizes para que obtivessem sucesso.

Não estou me referindo ao desempenho dela no papel de Margarida, em *A dama das camélias*, ou como o príncipe da Dinamarca em *Hamlet*. Refiro-me às batalhas constantes dessas mulheres fora do palco, para obterem relativa independência e liberdade, aventura e espírito livre, em uma sociedade ainda hostil a esse tipo de comportamento e inclinada a classificá-las imediatamente como mulheres imorais e fáceis.

Se Sarah Bernhardt, de fato se recriou mimetizando a heroína trágica Tosca, que sacrificou a si e/ou à sua perna por sua arte, não seria isso parte integrante da criação de uma figura monumental, que pudesse

---

[49] *O País*, 17 out. 1905; *Correio da Manhã*, 17 out. 1905.

suportar as aversões sociais e morais relativas à sua "vida real" e desempenhasse fora do palco a representação da "nova mulher"? Não foi a apropriação de Cinira Polonio da língua, do estilo e dos vestidos dos franceses igualmente uma estratégia para a criação de um espaço para si na sociedade carioca? Ao se remodelarem como mulheres excepcionais, na verdade elas criaram um escudo de proteção em torno de si mesmas, o qual limitava as críticas e a desaprovação social. Ao manipular os códigos de gênero em benefício próprio, elas forjaram personagens que puderam resistir às críticas que surgiram, em uma época em que algumas mulheres começavam a ocupar posições novas nas sociedades brasileira e francesa.

Mesmo a vida dessas mulheres sendo exceções à regra, o estudo delas e de outras mulheres, na virada do século XX – e aqui posso pensar no trabalho pioneiro de Edinha Diniz, *Chiquinha Gonzaga: uma história de vida* –[50] pode nos oferecer novas percepções para a compreensão das mudanças na construção do gênero nesse período de transição importante na história brasileira.

---

50 Diniz, E. *Chiquinha Gonzaga*: uma história de vida. Rio de Janeiro: Editora Codecri, 1984.

Contestando heróis e mitos nacionais: homossexualidade masculina e história brasileira[1]

Para muitos observadores estrangeiros, de Buenos Aires a São Francisco e Paris, o Brasil é um paraíso tropical onde homossexuais brasileiros, desinibidos e licenciosos, são livres para expressar sensualidade, sexualidade ou atitude *camp*. As festividades de carnaval passaram a representar uma suposta tolerância cultural e social da homossexualidade e da bissexualidade no país.[2] Segundo o estereótipo, a aparente permissividade durante o carnaval simboliza um regime sexual e social que aceita abertamente uma identidade sexual fluida, incluindo a sexualidade entre homens.[3]

Quando as fantasias de carnaval são despidas e a vida volta ao normal, surge um cenário diferente em termos de aceitação e tolerância

---

1 Green, J. N. "Challenging National Heroes and Myths: Male Homosexuality and Brazilian History," *Estudios Interdisciplinarios de América Latina y el Caribe,* 12:1 (2001), p.61-78. Tradução de Giuliana Gramani.
2 Um excelente exemplo da fusão entre homossexualidade brasileira e o carnaval no Rio de Janeiro é Gomes J., *A homossexualidade no mundo.* Lisboa, 1979, p.153-92. Para uma extensa crítica dessa percepção, ver Green, J. N. *Além do carnaval:* a homossexualidade masculina no Brasil do século XX, 3a. ed. São Paulo: Editora Unesp, 2022.
3 Ver Parker, R. G. *Bodies, Pleasures and Passions*: Sexual Culture in Contemporary Brazil. Boston: Beacon Press, 1991, p.85-95, 136-64.

da homossexualidade no Brasil. Uma pesquisa realizada em maio de 1993, que entrevistou um grupo de 2 mil homens e mulheres brasileiros, revelou um persistente desconforto em relação à homossexualidade. Enquanto 50% dos entrevistados confirmaram ter contato diário com homossexuais no trabalho, na vizinhança ou em bares e casas noturnas que frequentavam, 56% admitiram que mudariam seu comportamento em relação a um colega se descobrissem que ele ou ela era homossexual. Um em cada cinco participantes da pesquisa cortaria todo contato com a pessoa. Ademais, 36% não empregariam um homossexual, mesmo que ele ou ela fosse a pessoa mais qualificada para o cargo. Por fim, 79% dos entrevistados não aceitariam que o filho saísse com um amigo gay.[4]

A homofobia também se manifesta de formas mais violentas. Durante quase duas décadas, Luiz Roberto Mott, antropólogo e presidente fundador do Grupo Gay da Bahia, a mais longeva organização de direitos dos homossexuais no país, vem coletando dados sobre o assassinato indiscriminado de homens homossexuais, lésbicas e travestis no Brasil. Em 1996, ele publicou os resultados de sua pesquisa, em conjunto com a Comissão Internacional de Direitos Humanos de Gays e Lésbicas (IGLHRC, na sigla em inglês), em um volume intitulado *Homofobia: a violação dos direitos humanos de gays, lésbicas e travestis*. O estudo revelou a chocante estatística de que, "um homossexual é brutalmente assassinado a cada quatro dias, vítima da homofobia que impregna a sociedade brasileira".[5] Muitas dessas vítimas são profissionais do sexo, travestis ou homens gays que "pegaram" alguém para uma breve aventura sexual e acabaram sendo alvos de roubos seguidos de assassinatos sádicos.[6] A maioria desses homicídios foi cometida por grupos ou

---

4 Veja. O mundo gay rasga as fantasias. *Veja*, 12 maio 1993, p.52-3.
5 Mott, L. R. Homofobia: a violação dos direitos humanos de gays, lésbicas & travestis no Brasil Salvador, Bahia, Brazil: Grupo Gay da Bahia; San Francisco, CA, USA: International Gay and Lesbian Human Rights Commission, 1997, p.1.
6 Um estudo de caso sobre vários desses assassinatos que ocorreram em São Paulo é: Spagnol, A. S. *O desejo marginal*: violência nas relações homossexuais na cidade de São Paulo. Dissertação de mestrado, Universidade de São Paulo, 1996. Para um relato jornalístico da onda de assassinatos de homossexuais no Rio de Janeiro e em São Paulo em 1987-1988, ver Venciguerra, M.; Maia, M. *O pecado de Adão*: crimes homossexuais no eixo Rio-São Paulo (São Paulo: Ícone, 1988. Para outros exemplos de violência contra homens gays no Rio de Janeiro

indivíduos não identificados. Em uma atualização do relatório de Luiz Mott de 1996, o Grupo Gay da Bahia documentou 130 assassinatos de gays, travestis e lésbicas em 1997, reconhecendo que essas estatísticas estavam incompletas dada a ausência de informações de muitos estados do Brasil. Das vítimas dos assassinatos registrados, 82 eram homens gays, 42 travestis e 6 lésbicas.[7] Como resultado dessas contínuas violações de direitos humanos, nos últimos anos mais de uma dezena de homens gays brasileiros solicitou asilo político nos Estados Unidos com base em sua orientação sexual.[8]

As imagens contraditórias das festividades carnavalescas permissivas e da brutalidade dos assassinatos são alarmantes, mas as tensões entre tolerância e repressão, aceitação e ostracismo estão profundamente enraizadas na história e na cultura brasileiras. Assim como o mito bastante disseminado de que o Brasil é uma democracia racial ofusca padrões arraigados de racismo e discriminação, a noção de que "não existe pecado ao sul do Equador" esconde um mal-estar cultural generalizado no que diz respeito a práticas sexuais entre pessoas do mesmo sexo no maior país da América Latina.

Fenômenos paradoxais relacionados ao erotismo e ao vínculo entre pessoas do mesmo sexo são abundantes. João do Rio, notável jornalista carioca da virada do século, era bastante conhecido por apreciar o sexo com outros homens. Seus modos efeminados eram atacados por seus inimigos na imprensa. Entretanto, estima-se que 100 mil moradores do Rio de Janeiro compareceram ao seu funeral em 1921.[9] Mais recentemente, Dener e Clodovil, conhecidos estilistas; Clóvis Bornay, campeão de longa data dos concursos de fantasias de luxo do carnaval do Rio; Rogéria, a famosa travesti das décadas de 1960 e 1970; e a incrivelmente

---

no final dos anos 1960 e nos anos 1970, ver também Machado, L. C. *Descansa em paz, Oscar Wilde*. Rio de Janeiro: Editora Codecri, 1982.

7 Grupo Gay da Bahia. Violação dos direitos humanos e assassinato de homossexuais no Brasil 1997. *Boletim do Grupo Gay da Bahia*, n.37, p.32-48, jan./fev. 1998.

8 O primeiro asilo político nos Estados Unidos concedido a uma pessoa por medo de perseguição com base em sua orientação sexual foi o caso do brasileiro Marcelo Tenório, na época um pintor de casas de 30 anos que vivia em São Francisco. Brooke, J. In Live-and-Let-Live Land, Gay People are Slain. *The New York Times*, 12 ago. 1993, p.3.

9 Rodrigues, J. C. *João do Rio*: uma biografia. Rio de Janeiro: Topbooks, 1995, p.255.

sedutora transexual Roberta Close; todos se tornaram personalidades públicas. Essas figuras femininas e efeminadas, que encarnam o oposto dos traços comportamentais normativos de virilidade e masculinidade esperados dos homens brasileiros, tiveram ampla aceitação popular e circularam confortavelmente na alta sociedade. Sua efeminação e comportamento ultrajante, no entanto, servem como contraponto, representando um modelo divertido mas inapropriado, que *não* deve ser imitado. As mulheres podem acolher esse tipo de celebridade, desde que seus filhos ou namorados não manifestem comportamento semelhante. Da mesma forma, os homens podem considerar essas estrelas atraentes porque elas se apresentam como imitações perfeitas de arraigados estereótipos da mulher ideal no universo masculino. Travestis escandalosas ou beldades curvilíneas podem gozar de relativa aceitação social, desde que não sejam *seus* filhos. Em muitos aspectos, essas personalidades mais reforçam do que abalam o sistema geral de gêneros, rigidamente definido.

Quando uma família descobre que um filho é gay, os pais e parentes podem vir a tolerar esse fato, contanto que ele não seja abertamente efeminado e que as pessoas de fora da família não saibam. Muitas vezes, a política do "não pergunto, não me conte" está implicitamente em vigor. Além disso, não é incomum que um homem adulto continue morando com os pais, contribuindo para a renda familiar e saindo com amigos gays nos finais de semana, sem nunca mencionar um namorado ou detalhes de sua vida social para a família. Caso ele se mude visando ter mais liberdade e independência, talvez ainda contribua com as despesas da família. Os familiares aprendem a deixar de fazer as constantes perguntas sobre namoradas ou perspectivas de casamento para não ouvirem muitos detalhes que possam abalar essa trégua familiar silenciosa ou ameaçar a renda complementar que um filho solteiro pode prover. Para tantos outros homens, o casamento e os filhos, com escapadas homossexuais paralelas, tornam-se a resposta à constante pressão social para se adequarem, constituírem uma família e seguirem as normas sociais.

"Miss São Paulo"

Em uma ida recente ao Centro de Estudos Brasileiros da Universidade de São Paulo, visitei a coleção de arte de Mário de Andrade (1893-1945), figura de destaque do movimento modernista que teve início em São Paulo em 1922 e revolucionou a literatura e a produção artística e cultural brasileiras. Nascido em uma família de classe média baixa na cidade de São Paulo, Mário de Andrade trabalhou inicialmente como professor de piano e jornalista. Tornou-se um dos escritores brasileiros mais versáteis do século XX, produzindo poesia, contos e romances. Ele também se destacou como crítico musical, literário e de arte, além de folclorista, musicólogo e etnógrafo. Sua coletânea de poemas *Pauliceia desvairada*, publicada em 1928, é a declaração embrionária do movimento modernista, e seu romance *Macunaíma*, publicado no mesmo ano e baseado em extensa pesquisa sobre a cultura popular e o folclore brasileiros, analisa a figura nacional brasileira. O autor também atuou como diretor do Departamento de Cultura de São Paulo de 1935 a 1938.

Mário de Andrade resguardou muito sua vida privada. Em 1929, cortou relações com Oswald de Andrade, outro titã do movimento modernista e que não era parente do autor, após Oswald insinuar publicamente a efeminação de Mário na *Revista de antropofagia*, suplemento literário do *Diário de São Paulo*. Referindo-se a Mário de Andrade como "nosso Miss São Paulo traduzido em masculino", Oswald de Andrade assinou o artigo usando o pseudônimo de Cabo Machado, aludindo a um poema sensual e nacionalista, "Cabo Machado", que Mário de Andrade havia escrito em 1926 sobre um soldado com esse nome.[10]

Ao final do meu passeio pela coleção de arte de Mário de Andrade, tive a seguinte conversa com a guia, estudiosa do escritor modernista: "Você poderia me dizer", perguntei à nossa docente, "por que Mário de Andrade rompeu relações com Oswald de Andrade?" "Vai saber", ela respondeu vagamente. "Não foi por causa da coluna publicada na *Revista de antropofagia* em que Oswald chamava Mário de 'Miss São

---

10 Cabo Machado [Oswald de Andrade]. Os três sargentos. *Revista de antropofagia, Diário de São Paulo*, 14 abr. 1929, p.6.

Paulo'?", questionei. "Bem, isso pode ter sido a gota d'água", ela admitiu. "Por que você está tão interessado no assunto?", perguntou. Expliquei que estava concluindo um livro sobre a homossexualidade masculina no Brasil do século XX. "E Mário de Andrade estará nesse livro?", ela perguntou um tanto inquieta. "Sim e não", respondi, acrescentando: "Infelizmente, não sabemos muito sobre sua vida sexual privada". "Acho que está tudo bem assim", ela insistiu. "Não vejo necessidade de pesquisar sua vida pessoal." Respondi: "Mas sabemos muito sobre a vida pessoal de Oswald de Andrade. Os escritores sempre comentam sobre a influência de suas amantes, como Tarsila do Amaral e Patrícia Galvão. Por que não estudar a influência da homossexualidade de Mário de Andrade em sua produção artística?". Com isso, ela suspirou. "Bem, talvez você esteja certo", e rapidamente se afastou.

Mário de Andrade de fato levou uma vida privada discreta. Embora atualmente seja amplamente reconhecido que ele sentia forte atração sexual por outros homens, poucos detalhes foram publicados sobre esse aspecto de sua vida. Moacir Werneck de Castro, integrante de um grupo de jovens boêmios que conviveu com Mário de Andrade quando ele morou no Rio de Janeiro de 1938 a 1941, lembrou que ele e seus amigos não faziam ideia de que Mário levava uma vida dupla ou fosse homossexual. Evidentemente, rumores e comentários sobre os desejos sexuais de Mário não o seguiram ao Rio de Janeiro. Segundo Moacir Werneck de Castro, Mário passava intermináveis horas com essa nova geração de aspirantes a escritores e intelectuais, apreciando sua companhia, embora aparentemente nunca iniciasse nenhum contato sexual com seus jovens colegas. No entanto, em retrospecto, ao tomar conhecimento dos desejos homoeróticos de Mário de Andrade, Castro reconheceu o conteúdo profundamente homossexual de alguns de seus escritos.

Apenas um dos contos de Mário de Andrade, "Frederico Paciência", trata de forma mais direta de sua própria homossexualidade. Escrito e revisado várias vezes entre 1924 e 1942, foi publicado postumamente em 1947. A história descreve a amizade romântica de dois estudantes (supostamente sendo um deles o autor) que se afastam sem consumar seus desejos, a não ser por meio de beijos furtivos e abraços afetuosos. O narrador expressa alívio pelo fato de a amizade ter se dissolvido e de os dois estarem separados pela distância, como se quisesse dar a entender que, portanto, ele sim tem que enfrentar seus próprios sentimentos homossexuais por Frederico Paciência. Embora Mário de Andrade não tenha criado um protagonista doentio e patético, deixou o leitor com a impressão de que era muito melhor reprimir sentimentos homoeróticos do que os expressar abertamente. Em muitos aspectos, esse conto guarda semelhanças com a vida real do escritor modernista, que também tentou conter seus desejos sexuais por outros homens e envolveu sua vida pessoal em um véu de segredo.

Como revela a conversa com a docente e estudiosa do Centro de Estudos Brasileiros, a orientação sexual de certas figuras nacionais brasileiras, como Mário de Andrade, ainda é considerada irrelevante pela maioria dos acadêmicos. Por outro lado, as múltiplas aventuras heterossexuais de outros escritores, como Oswald de Andrade, Jorge Amado ou Gilberto Freyre, são vistas como elementos-chave para desvendar o funcionamento interno de sua produção artística ou intelectual.[11] A docente do Centro de Estudos Brasileiros estava apenas refletindo uma noção generalizada sobre gays ou lésbicas no Brasil, a saber: "Pode fazer o que quiser dentro de quatro paredes, mas não diga nada a ninguém".[12]

De modo geral, os muros entre a imagem pública e a realidade privada realmente continuam impenetráveis quando se trata de homossexualidade. Nos últimos anos, o movimento brasileiro pelos direitos de gays e lésbicas, ligado a noções internacionais sobre "sair do armário" e "descobrir heróis gays e lésbicas", tem contestado essa mentalidade tradicional. Por exemplo, em 1995, Luiz Mott, ativista gay de longa data e professor de Antropologia, fez uma declaração no tricentenário da execução de Zumbi afirmando que o líder do Quilombo dos Palmares poderia ter sido gay. Em resposta, recebeu ameaças e sua casa e seu carro foram vandalizados. Quer se concorde ou não com o raciocínio, a metodologia ou as conclusões de Mott (e sobre a questão da orientação homoerótica de Zumbi, tendo a não concordar), a questão

---

11 Ver, por exemplo, Needell, J. D. Identity, Race, Gender, and Modernity in the Origins of Gilberto Freyre's *Oeuvre. American Historical Review*, v.100, n.1, p.51-77, fev. 1995.

12 Ver Parker, op. cit.

é que, com raras exceções, os heróis e mitos nacionais brasileiros estão inextricavelmente entrelaçados com noções de heteronormatividade. Em geral, as figuras públicas conhecidas por desfrutarem do erotismo entre pessoas do mesmo sexo ou o desejarem levam vidas precárias, nas quais seus desejos sexuais devem ser envoltos em camadas de discrição e obscurecimento. Seus inimigos podem usar o conhecimento ou rumores de transgressões homoeróticas para os ridicularizar ou marginalizar. Por outro lado, seus amigos ou seguidores próximos protegerão frequentemente sua imagem do escrutínio externo, uma vez que a admissão de suas tendências sexuais pode manchar sua figura pública. Para ilustrar esse ponto, descreverei algumas maneiras como manifestações públicas de homossexualidade foram retratadas pela imprensa do Rio de Janeiro na virada do século e como uma figura proeminente da elite carioca, com claros desejos homoeróticos, foi tratada por seus colegas enquanto negociava uma posição instável entre aceitação e intolerância. Ao fazê-lo, sugiro que examinar as atitudes em relação à sexualidade "marginal" e transgressora pode nos ajudar a compreender alguns dos mecanismos internos da sociedade brasileira e de suas culturas compartilhadas.

A encruzilhada do pecado

Uma rica subcultura homoerótica masculina existe nos maiores centros urbanos do Brasil pelo menos desde o final do século XIX. No Rio de Janeiro, a Praça Tiradentes, conhecida durante o Império como Largo do Rossio,[13] era o centro desse submundo. Já em 1870, homens em busca de encontros sexuais com outros homens se apropriaram do parque que circundava a estátua equestre do imperador brasileiro D. Pedro I. A prática homossexual clandestina que se criou ali foi tamanha que, em 1870, o administrador da Intendência Municipal enviou um comunicado ao presidente da instituição sobre a situação. Ele reclamou que a guarda municipal responsável pela vigilância dos jardins da praça havia "abandonado

---

13 A palavra "rossio" significa praça pública.

aqueles jardins na maior parte do dia à perversidade de garotos e de pessoas mal-intencionadas".[14] No entanto, a área continuou servindo como um espaço a céu para homens conhecerem outros homens para fins socioeróticos. Por conseguinte, em 1878, o secretário de segurança pública teve de adotar medidas mais drásticas: "Há indivíduos que vão a desoras a praticar abusos contrários à moral, obrigando assim esta repartição a ter rondantes naquele jardim em prejuição [sic] da polícia em outro lugar".[15] Ele determinou que as quatro entradas para os jardins da praça fossem fechadas diariamente à meia-noite. Duas semanas depois, em resposta a outra reclamação de que a praça na verdade não estava sendo fechada conforme ordenado, um funcionário do governo assegurou ao chefe de polícia que os portões dos jardins estavam sim sendo fechados à noite. Ademais, as patrulhas noturnas apitavam para garantir que ninguém permanecesse na região depois do horário de fechamento.[16] Apesar da vigilância e do controle da área pela polícia, homens continuaram usando o parque como ponto de encontro com outros homens para fins sexuais.

Edifícios imponentes, que estavam sendo remodelados para o mais novo estilo arquitetônico francês, cercavam a Praça Tiradentes. Como as ruas próximas ao parque também eram terminais de linhas de bonde, esse espaço público fervilhava. A localização estratégica da praça incentivou uma combinação eclética de teatros, cinemas recém-inaugurados, salas de concertos que recebiam teatro de revista e apresentações de *vaudeville*, cabarés, cafés populares e bares. A burguesia do Rio frequentava o elegante e espaçoso Teatro São Pedro, enquanto os clientes das classes média e trabalhadora tinham à sua disposição uma variedade de distrações culturais, culinárias, etílicas e sexuais.[17]

Aninhados entre esses estabelecimentos de diversão pública nas proximidades da praça, era possível encontrar bordéis e pensões em

---

14 Arquivo da Cidade do Rio de Janeiro. Códices 15.4.29, p.29, 9 abr. 1870.
15 Ibid., p.14, n.5841, 26 ago. 1878.
16 Ibid., p.15, 10 set. 1878.
17 Lima, E. F. W. *Arquitetura do espetáculo*: teatros e cinemas na formação do espaço público das Praças Tiradentes e Cinelândia. Rio de Janeiro. 1813-1950. Tese de doutorado, Universidade Federal do Rio de Janeiro, 1997, p.112-25.

edifícios que outrora serviram como espaçosas habitações para famílias da elite. O desequilíbrio demográfico da cidade em favor de jovens solteiros, especialmente os imigrantes, e o grande número de mulheres pobres vindas do campo e do exterior favoreceram o comércio sexual. As prostitutas iam desde francesas elegantes, com o fascínio causado por sua origem, e imigrantes recém-chegadas da Europa Oriental, conhecidas como "polacas", até mulatas de pele clara.[18] Homens das classes média e alta, participando de fugazes incursões boêmias nesse submundo, podiam interagir com prostitutas em estabelecimentos populares como o bar e restaurante Stadt München e o Café Suíço, localizados em uma rua que saía da praça. Se não estivessem satisfeitos com o público nesses locais de encontro, os cariocas também podiam caminhar alguns quarteirões em busca de companhia ou prazeres carnais em outro vibrante centro da vida noturna, no bairro da Lapa. Lojistas, estudantes e funcionários públicos de baixo escalão, que não tinham condições de pagar pelos serviços sexuais de mulheres que ostentavam uma origem francesa, ainda podiam encontrar polacas e mulatas de classe baixa trabalhando perto da Praça Tiradentes.[19]

Em meio à vida noturna que cercava a escultura em homenagem ao primeiro imperador do Brasil, nos teatros escuros sob as luzes bruxuleantes dos modernos cinematógrafos e nos bancos e entre os arbustos do parque, homens que procuravam outros homens para aventuras sexuais se aproveitavam da moral frouxa nessa região da cidade para adquirirem prazer. O monarca no cavalo continuou sendo um ponto de referência para encontros sexuais e sociais entre homens. O cronista carioca Luiz Edmundo relembrou uma cena típica de 1901: "Depois de oito horas da noite, moços com ares feminis, que falam em falsete,

---

18 Sobre as francesas, ver Needell, J. D. *A Tropical Belle Époque*: Elite Culture and Society in Turn-of-the-Century Rio de Janeiro. Cambridge: Cambridge University Press, 1987, p.171-3. Para um estudo sobre a prostituição de polacas e judias no Brasil, ver Kushnir, B. *Baile de máscaras*: mulheres judias e prostituição – as polacas e suas associações de ajuda mútua. Rio de Janeiro: Imago Editora, 1997; Menezes, L. M. de. *Os estrangeiros e o comércio do prazer nas ruas do Rio (1890-1930)*. Rio de Janeiro: Arquivo Nacional, 1992. Uma análise da prostituição do Rio de Janeiro do século XIX é: Soares, L. C. *Rameiras, ilhoas, polacas...* a prostituição no Rio de Janeiro do século XIX. São Paulo: Editora Ática, 1992.

19 Coaracy, V. *Memórias da cidade do Rio de Janeiro*. 3.ed. Belo Horizonte: Itatiaia, 1988, p.97.

mordem lencinhos de cambraia e põem olhos acarneirados na figura varonil e guapa do Senhor D. Pedro I, em estátua".[20]

Tanto os espaços públicos como as variadas opções de entretenimento ofereciam diversas oportunidades para homens se reunirem com outros homens que tinham afinidades sexuais e sociais semelhantes. A meia dúzia de teatros e os incontáveis bares, cabarés e casas de espetáculo também empregavam alguns desses homens como atores, dançarinos, cantores, garçons e atendentes. O ponto de encontro preferido desse grupo era o Café Criterium, localizado do outro lado do parque, onde socializavam "atores e mocinhos de voz aflautada, que usam pó de arroz e carmim".[21]

No Brasil da virada do século, o termo "fresco", significando tanto viado (ou bicha) quanto algo novo, tornou-se o termo de duplo sentido comum usado para zombar de homens efeminados ou daqueles que supostamente tinham relações sexuais anais "passivas" com outros homens. Além disso, os frescos estavam intimamente associados com o Largo do Rossio. Os múltiplos usos da palavra apareceram no *Dicionário moderno*, uma pequena compilação satírica de gírias eróticas e pornográficas publicada em 1903: "*Fresco*: adjetivo arejado de modernização depravada. Quase frio, ameno, suave, que não tem calor nem quenturas. Que faz frescuras, que tem o sopro da brisa. Encontra-se muito nos morros e no Largo do Rossio".[22] Não se trata apenas de um espaço associado com o fresco; a figura evoca também uma relação entre degeneração social e modernização, como se o processo de urbanização e a transformação das tradições tivessem dado origem ao comportamento homoerótico.

A renovação do Largo do Rossio, como parte do projeto de reurbanização do início do século XX, deu a um chargista a oportunidade

---

20 Edmundo, L. *O Rio de Janeiro do meu tempo*, v.1. Rio de Janeiro: Imprensa Nacional, 1938, p.151-2.
21 Gomes, D. *Antigos cafés do Rio de Janeiro*. Rio de Janeiro: Livraria Kosmos Editora, 1989, p.108.
22 Bock [José Ângelo Vieira de Brito]. *Dicionário moderno*. Rio de Janeiro: Ed. Rebello Braga, 1903, p.39. Reimpresso em Preti, D. *A linguagem proibida*: um estudo sobre a linguagem erótica. São Paulo: T. A. Queiroz, 1983, p.270.

de associar os frescos à praça. Um desenho a nanquim e um poema sarcástico intitulado "Fresca Teoria (Requerimento)" foram publicados em 1904 em um número da revista *O Malho*, especializada em humor e sátira política. Na charge, um homem usa um elegante chapéu de palha, gravata-borboleta florida, paletó justo e curto e calças apertadas com uma estampa chamativa que ressaltam as nádegas e dão à sua figura um formato de S, a pose clássica das mulheres nas ilustrações do período. Seu dedo indicador repousa pensativamente no queixo enquanto ele reflete sobre sua nova ideia e o pedido que fará à prefeitura. Atrás dele, vê-se um jardim com a estátua de D. Pedro I no fundo, uma clara referência ao Largo do Rossio. Tendo em vista que a recente renovação do parque diminuiu temporariamente o acesso às áreas para encontros e flertes, o protagonista, representado pelo artista como um prostituto, viu-se desempregado. No poema, lê-se: "Ante a cruel derrocada / Do Rossio dos meus sonhos, / A musa desocupada, / Embora em versos tristonhos, / Vai jogar uma cartada: / É bem dura a colisão / Que me tolhe a liberdade / Desta ingrata profissão; / E ao prefeito da cidade / Requeiro indenização! [...]".[23]

O autor do poema associa a praça à efeminação e à prostituição masculina, como se o sexo entre homens só pudesse ocorrer mediante troca de dinheiro. Na charge, o almofadinha vistoso cogita até mesmo solicitar à prefeitura algum tipo de indenização por conta da interdição temporária da praça, local em que ganhava seu sustento. O estereotipado dândi, que carece de um comportamento viril e alimenta ideias tolas, é rapidamente identificado com a prostituição homossexual. Pode-se supor que os leitores de classe média de *O Malho*, que tinham condição de adquirir essa revista satírica, entenderam os indicadores, incluindo linguagem corporal efeminada e vestimentas exageradas, que apontava para a figura ridicularizada do fresco.

A fusão entre os modos particulares de se vestir, a prostituição, o comportamento exagerado com traços pouco masculinos, o termo "fresco" e a especificidade do Largo do Rossio como um espaço privilegiado para aventuras eróticas entre pessoas do mesmo sexo aparece

---

23 *O Malho*, v.3, n.93, 23 jun. 1904, p.31.

em outra charge do mesmo período, também publicada em *O Malho*. Intitulada "Escabroso", ela retrata dois homens conversando. Um deles é um homem maduro, corpulento, de tamanho quase monstruoso, com cavanhaque, bengala e uma aparência masculina grosseira. O outro, um homem mais franzino com um bigode fino, está elegantemente vestido e tem uma flor na lapela. Ele timidamente olha para baixo e segura um leque na mão esquerda. O dedo mindinho curvado sugere efeminação. A outra mão acaricia a borda do leque. O homem mais delicado comenta: "Mas que calor tem feito! Não há cajuada, nem refrescos que cheguem... seu comendador! Calcule que todas as noites levo... à procura de algum lugar em que possa haver fresco". E o outro responde: "O Largo do Rossio não serve?".[24]

Mais uma vez, um jogo de palavras permite ao chargista retratar noções sociais comumente aceitas sobre o fresco e seu território. O cavalheiro corpulento, masculino, é capaz de classificar seu amigo pudico e reservado e de relegá-lo a um território urbano onde ele possa se refrescar e ao mesmo tempo se aquecer com alguma aventura sexual. O artista parte do pressuposto de que o leitor médio conhece a gíria usada para se referir a um homem efeminado e, portanto, compreenderá o duplo sentido da observação.

De muitas maneiras, as formas públicas de sociabilidade empregadas pelos frescos eram semelhantes às interações públicas heterossociais normativas entre as classes média e alta durante a *belle époque* brasileira. Antes da primeira década do século XX, a elite carioca frequentava a Rua do Ouvidor, uma via estreita de quase um quilômetro de extensão no centro do Rio, repleta de lojas que ofereciam a última moda de Londres e Paris e outros produtos de luxo europeus.[25] Em 1905, a inauguração da Avenida Central, menina dos olhos das renovações urbanas do início do século XX, transferiu as interações sociais da moda para esse amplo bulevar, que também se ligava à Avenida Beira-Mar e, assim, conectava

---

24 K. Lixto [Calixto Cordeiro]. *O Malho*, v.2, n.20, 28 mar. 1903, p.14.
25 Define, J. A Rua do Ouvidor. *Kosmos*, v.2, n.1, fev. 1905, p.37-9; Needell, J. D. *A Tropical Belle Époque*, op. cit., p.164-6. Ver também Macedo, J. M. de. *Memórias da Rua do Ouvidor*. Brasília: Editora Universidade de Brasília, 1988; Gomes, D. *Uma rua chamada Ouvidor*. Rio de Janeiro: Prefeitura da Cidade do Rio de Janeiro, 1980.

a região aos bairros da zona sul, às margens da Baía de Guanabara. Nesses três locais, pedestres abastados exibiam suas últimas aquisições de vestimentas estrangeiras ao passear pelas ruas como o *flâneur* francês.

A arte de flanar, ou *footing*, como também era conhecida, consistia em passear pela cidade para ver e ser visto. Parar para cumprimentar conhecidos, fofocar com amigos ou olhar vitrines eram indício de um *status* social privilegiado. A riqueza e o exercício de certas profissões permitiam aos homens das classes média e alta gastar o tempo livre nessa atividade aparentemente sem propósito. As classes mais pobres frequentavam essas mesmas ruas, porém seus movimentos estavam ligados a necessidades de trabalho. O *flâneur*, por outro lado, tinha tempo e recursos para desfrutar dos aspectos mais requintados da cidade moderna em um ritmo casual. Mulheres de classe média e alta devidamente acompanhadas também podiam participar dessa atividade de lazer, já que largas calçadas pavimentadas substituíram ruas estreitas e esburacadas e passagens inadequadas.[26]

Percorrendo esses espaços da moda, rapazes e mulheres "decentes" podiam flertar quando devidamente acompanhados ou vigiados. Os amigos podiam contar as últimas fofocas ou apresentar um primo solteiro que estivesse de visita, vindo do interior ou de outra cidade. Homens à procura de outros homens para aventuras sexuais em parques públicos ou em avenidas elegantes do centro do Rio podiam facilmente se misturar à multidão que olhava as vitrines das lojas, parando em cafés para discutir política ou fazendo uma pausa em uma confeitaria para comprar doces. Assim como duas amigas podiam fazer compras na Rua do Ouvidor e ao mesmo tempo ver quais jovens advogados ou empresários passavam por ali, ou dois estudantes da Escola de Medicina podiam tomar um café enquanto observavam quais filhas atraentes da elite carioca aproveitavam o ar fresco, os frescos também usaram esse espaço público para buscar novos parceiros e novas aventuras. Além disso, como os homens tinham consideravelmente mais liberdade para

---

26 Araújo, R. M. B. de. *A vocação do prazer*: a cidade e a família no Rio de Janeiro republicano. Rio de Janeiro: Rocco, 1995, p.326-8; Fantasio [pseudônimo]. O namoro no Rio de Janeiro. *Kosmos*, v.3, n.7, jul. 1906, p.43-5.

ocupar as ruas do que as mulheres, não seria nada incomum um moço solteiro vagar entre o Largo do Rossio e a Avenida Central ou esperar pacientemente em um banco de parque que outro jovem se juntasse a ele. Embora as mulheres de boa família não ousassem sair desacompanhadas após o pôr do sol, os frescos podiam tranquilamente percorrer as ruas e parques do centro da cidade em busca de aventuras sexuais até altas horas da noite.

João do Rossio

Talvez ninguém personificasse ao mesmo tempo o *flâneur* e os dândis cariocas mais do que o fresco mais famoso do Rio na virada do século, Paulo Alberto Coelho Barreto, comumente conhecido por um de seus pseudônimos, João do Rio.[27] Essa figura literária da *belle époque* escreveu eloquentemente sobre a arte de flanar em uma coletânea de ensaios intitulada *A alma encantadora das ruas*, publicada originalmente em 1908. Na introdução do livro, o autor descreveu o que era flanar, ou passear: "Flanar é ser vagabundo e refletir, é ser basbaque e comentar, ter o vírus da observação ligado ao da vadiagem. Flanar é ir por aí, de manhã, de dia, à noite...".[28] Essa definição de *flâneur* era um pouco diferente do passeio sem rumo da alta sociedade carioca pela Rua do Ouvidor ou pela Avenida Central. A vontade de João do Rio

---

27 Obtive informações sobre João do Rio nas seguintes fontes: Amado, G. *Mocidade no Rio e primeira viagem à Europa*. 2.ed. Rio de Janeiro: Livraria José Olympio Editora, 1958, p.44-65; Antelo, R. *João do Rio*: o dândi e a especulação. Rio de Janeiro: Livrarias Taurus-Timbre Editores, 1989; Faria, G. L. de. *A presença de Oscar Wilde na belle époque literária brasileira*. São Joao do Rio Preto: Pannartz, 1988; Gomes, R. C. *João do Rio*: vielas do vício, ruas da graça. Rio de Janeiro: Relume Dumara, 1996; Magalhães Júnior, R. *A vida vertiginosa de João do Rio*. Rio de Janeiro: Civilização Brasileira, 1978; Manta, I. de L. N. *A arte e a neurose de João do Rio*. Rio de Janeiro: Francisco Alvarez, 1977; Needell, J. *A Tropical Belle Époque*, op. cit., p.207-25; Rodrigues, J. C. *João do Rio*: uma biografia. Rio de Janeiro: Topbooks, 1996; Secco, C. L. T. *Morte e prazer em João do Rio*. Rio de Janeiro: Francisco Alves; Instituto Estadual do Livro, 1978.

28 João do Rio [Paulo Barreto]. *A alma encantadora das ruas*. Rio de Janeiro: Secretaria Municipal de Cultura, Departamento Geral de Documentação e Informação Cultural, Divisão de Editoração, 1995, p.5.

FIGURA 29 – João Paulo Emílio Cristóvão dos Santos Coelho Barreto (1881-1921), conhecido como João do Rio, 1921. Cortesia do Arquivo Nacional.

de ser *flâneur* incluía explorar os bairros pobres, uma empreitada que certamente não correspondia a passear em trajes elegantes pelas áreas exclusivas do centro. Seu interesse jornalístico em investigar os pontos exóticos e perigosos da cidade a qualquer hora do dia e da noite como um repórter itinerante moderno, no entanto, produziu crônicas imaginativas da vida cotidiana no Rio naquele período. Contudo, suas perambulações urbanas podem ser vistas como algo que extrapola a curiosidade de um correspondente em busca da próxima história interessante para leitores que a aguardam ansiosamente. A evidente preferência sexual de

João do Rio por outros homens gera especulações sobre os vários significados por trás de sua prosa enaltecedora da arte dos passeios metropolitanos. Embora os detalhes de suas aventuras eróticas sejam pouco conhecidos, suas andanças noturnas pela capital brasileira em busca de material jornalístico inovador também podem ter-lhe proporcionado a oportunidade de desfrutar da companhia sexual de marinheiros, soldados e pessoas comuns que figuraram em seus artigos e ensaios.[29]

João do Rio nasceu no Rio de Janeiro em 1881, em uma família de classe média. Ganhou destaque na literatura aos 23 anos, graças a uma série de reportagens jornalísticas sobre práticas religiosas não católicas e de matriz africana na capital do país.[30] Sua disposição em vasculhar as favelas das encostas da cidade e visitar subúrbios pobres e operários para escrever relatos sensacionalistas dos submundos da capital também revolucionou o jornalismo carioca, e ele é considerado o primeiro repórter moderno do Brasil. Produziu mais de 2.500 artigos de jornal, contos e ensaios sobre a vida urbana.[31] Aos 29 anos, João do Rio foi eleito para a Academia Brasileira de Letras, uma honra pela qual teve de lutar com obstinada determinação.

Sua ascensão meteórica aos círculos literários mais exclusivos não foi fácil. João do Rio enfrentou vários obstáculos. Sua mãe tinha ascendência africana. Ele era principalmente jornalista e repórter, e não romancista ou poeta. Além disso, desejava entrar no círculo restrito dos letrados do Brasil ainda jovem. Esses elementos não eram barreiras automáticas a seu acesso. Afinal, Machado de Assis, presidente fundador da Academia Brasileira de Letras, era ele próprio um mulato de origem humilde, e outros jornalistas haviam sido aceitos entre os imortais antes de João do Rio. No entanto, o racismo da elite, a noção de que o sucesso alcançado no jornalismo não era exatamente equivalente a

---

29 Jean-Claude Bernardet inspirou meu interesse inicial em João do Rio por meio de uma leitura semelhante das caminhadas noturnas do autor.

30 Os artigos foram publicados em: João do Rio [Paulo Barreto]. *As religiões do Rio*. Paris: Garnier, 1904.

31 Rodrigues, J. C. *João do Rio*: catálogo bibliográfico, 1899-1921. Rio de Janeiro: Prefeitura da Cidade do Rio de Janeiro, Secretaria Municipal de Cultura, Departamento Geral de Documentação e Informação Cultural, Divisão de Editoração, 1994.

outros esforços literários e sua pouca idade tornaram complicada sua entrada nos corredores sagrados da alta cultura. Mais importante, porém, era o fato de ele ser conhecido como um fresco. De acordo com um biógrafo, a principal figura literária do Brasil, Machado de Assis, e o eminente estadista barão do Rio Branco organizaram um grupo para impedir a eleição de João do Rio para a Academia Brasileira de Letras em duas ocasiões por conta de sua torpeza moral.[32]

Entretanto, depois de uma campanha complexa que fez em seu próprio favor, João do Rio foi aceito na prestigiada associação, em sua terceira indicação. Emílio de Meneses, importante membro dos círculos literários da capital, teria escrito um dístico que revelava certo desdém do público pelo jovem autor. Brincando mais uma vez com o duplo sentido de "fresco", como homossexual efeminado e como algo frio, o verso dizia: "Na previsão de próximos calores / A Academia, que idolatra o frio / Não podendo comprar ventiladores / Abriu as portas para o João do Rio".[33]

Em inúmeras ocasiões, os inimigos de João do Rio o associaram a símbolos públicos de homossexualidade para desacreditá-lo. Uma dessas referências apareceu em um número de 1911 da revista satírica *O Gato*. Uma charge de página inteira mostra João do Rio e Olavo Bilac, principal poeta do Brasil na época, admirando uma estátua. O dedo indicador de Bilac toca a nádega da figura. João do Rio contempla o nu de frente. Bilac comenta: "Soberbo, heim!". João do Rio responde: "Que delicioso seria se todos os homens fossem assim!".[34] Até hoje não se sabe se Olavo Bilac realmente desejava sexualmente outros homens. Seus biógrafos insistem que o fato de ele ter ficado solteiro a vida toda foi resultado de um amor frustrado por uma jovem.[35] Ele certamente não foi alvo da mesma hostilidade que João do Rio recebeu. Mesmo que as insinuações caricaturadas sobre os desejos de Bilac sejam infundadas, elas revelam a vulnerabilidade de figuras públicas a tais acusações.

---

32 Rodrigues, J. C. *João do Rio*: uma biografia. Rio de Janeiro: Topbooks, 1996, op. cit., p.59.
33 Magalhães Júnior, op. cit., p.126.
34 Seth [Álvaro Marins]. *O Gato*, 1911.
35 Ver Magalhães Júnior, R. *Olavo Bilac e sua época*. Rio de Janeiro: Companhia Editora Americana, 1974, p.84-91; Jorge, F. *Vida e poesia de Olavo Bilac*. São Paulo: Livraria Exposição do Livro, [s.d.], p.97-136, 150-62, 306-12.

Uma das formas favoritas de atacar João do Rio consistia em se referir a ele como João do Rossio, associando-o, portanto, aos frescos do Largo do Rossio. Em 1920, um inimigo político que se opunha à posição de João do Rio a respeito da pesca portuguesa no litoral brasileiro escreveu: "João do Rossio [...] fundou aí um jornal que ele chama *Pátria*, mas que deve ser chamado *Mátria*, pois em se tratando de Paulo [Barreto], tudo é feminino". E alertava: "os pobres e perseguidos pescadores brasileiros [...] que sabem matar peixe sabem também matar traidores e pederastas passivos".[36]

João do Rio encarnava as aspirações culturais da elite brasileira, que copiava as últimas tendências da Europa. Ele imitava as ideias e modas literárias europeias mais recentes e as reciclava no Brasil, entretendo o público abastado. Embora em público João do Rio representasse o sofisticado almofadinha europeizado com perfeição, ele, como Mário de Andrade, era discreto sobre os detalhes de sua vida pessoal. Talvez a preocupação de João do Rio com a circunspecção pessoal explique como um fresco conhecido conseguiu ascender aos mais altos níveis da sociedade brasileira. Contanto que ele enaltecesse e reproduzisse as normas valorizadas pelas classes altas, continuaria sendo querido por eles. Em *A Tropical Belle Époque*, Jeffrey Needell reforça essa observação. João do Rio, ele argumenta, "escreveu sobre o mundo da elite carioca não como ele era, mas como a elite *gostaria* que ele fosse. Nas fantasias assim criadas da *belle époque* do Rio de Janeiro, ele ajudou a constranger a elite, de maneira muito agradável. Além disso, ao fazer da cultura e da sociedade de elite o centro de sua lisonjeira atenção, ele ajudou a legitimá-la".[37] Quando contestava uma opinião popular, como no caso de sua posição editorial a favor dos interesses dos pescadores portugueses no Brasil, essa fachada de tolerância ruía, e ele ficava vulnerável a todos os estereótipos e preconceitos sociais em relação aos frescos.

Um janota frívolo poderia desfrutar de fama e fortuna contanto que sua vida pessoal permanecesse discreta, sem ser mencionada ou registrada, e suas posições públicas não fossem controversas. O mesmo

---

36 Magalhães Júnior, *A vida vertiginosa de João do Rio*, op. cit., p.245.
37 Needell, J. *A Tropical Belle Époque*, op. cit., p.209.

poderia ser dito de outras figuras literárias célebres, como Mário de Andrade, cujos encontros sexuais e amorosos com outros homens permanecem envoltos em mistério e protegidos por seu *status* de mito nacional. Na verdade, o padrão de tolerância social para com figuras efeminadas extravagantes que reproduziam o *status quo* cultural persistiria ao longo do século XX. Estilistas da alta costura, cabeleireiros da moda e travestis famosas que se conformam às noções normativas do feminino encontram um nicho protegido entre a elite, desde que pareçam reforçar as representações tradicionais do feminino ou do efeminado.

Tolerância mediada

Como Mário de Andrade, outros artistas, compositores e escritores que frequentavam locais boêmios no Rio de Janeiro nas décadas de 1930 e 1940 conquistaram relativa aceitação em seu meio social, sob a condição de guardarem cuidadosamente de um público maior os segredos de seus desejos sexuais. Esse era o caso do famoso cantor Francisco Alves (1898-1952), o "rei da voz", que tinha "preferência por garotos" e que, segundo uma testemunha da época, nem sequer escondia o fato de ter tido aventuras sexuais com homens em lugares públicos. O cantor popular Jorge Goulart lembrou como as pessoas protegiam o mito em torno de Chico Alves: "No nosso grupo falava-se abertamente dos hábitos sexuais do Chico, diziam que era 'fanchono', que gosta de transar com garotinhos. Já comentei esse fato com algumas pessoas, o assunto é tabu. Não admitem tocar no mito, ou melhor, o mito não comporta uma informação como essa, como se fosse o fim do mundo".[38] Alcir Lenharo, historiador dos cantores populares brasileiros desse período, explicou que membros de determinado grupo de boêmios cariocas poderiam defender a imagem pública de um colega artista ou companheiro de bar que pertencesse à sua rede social. No entanto, esses fanchonos muitas vezes eram ridicularizados e sofriam discriminação por

---

38 Lenharo, A. *Cantores do rádio*: a trajetória de Nora Ney e Jorge Goulart e o meio artístico de seu tempo. Campinas: Editora da Unicamp, 1995, p.28.

parte das mesmas pessoas que mantinham segredo sobre sua homossexualidade perante o mundo externo.[39]

Nas últimas duas décadas, dezenas de organizações brasileiras politizadas de lésbicas, gays e transgêneros, em conjunto com um movimento internacional, impactaram as noções tradicionais sobre o erotismo entre pessoas do mesmo sexo.[40] Uma mudança notável ocorreu nas representações da homossexualidade na mídia. Parlamentares do Partido dos Trabalhadores (PT), de esquerda, propuseram uma lei para garantir benefícios de união estável a casais do mesmo sexo. Grupos de acadêmicos brasileiros estão ampliando a produção intelectual sobre homossexualidade, o que se refletiu no congresso Literatura e Homoerotismo – realizado na Universidade Federal Fluminense em maio de 1999 – e na formação de um Grupo de Trabalho de História e Homoerotismo na Associação Nacional de História (ANPUH) em julho de 1999. No entanto, ícones brasileiros como Mário de Andrade ainda permanecem envoltos em um manto protetor, como se a possibilidade de o público conhecer e discutir seus desejos sexuais pudesse de alguma forma diminuir o poder de sua produção intelectual.

Referências

Amado, G. *Mocidade no Rio e primeira viagem à Europa*. 2.ed. Rio de Janeiro: Livraria José Olympio Editora, 1958.

Antelo, R. *João do Rio*: o dândi e a especulação. Rio de Janeiro: Livrarias Taurus-Timbre Editores, 1989.

Araújo, R. M. B. de. *A vocação do prazer*: a cidade e a família no Rio de Janeiro republicano. Rio de Janeiro: Rocco, 1995.

Arquivo da Cidade do Rio de Janeiro. Códices 15.4.29, p.15, 10 set. 1878 (1878a).

_____. Códices 15.4.29, p.14, n.5841, 26 ago. 1878 (1878b).

_____. Códices 15.4.29, p.29, 9 abr. 1870.

---

39 Ibid., p.27.
40 Ver Green, J. N. More Love and More Desire: The Building of the Brazilian Movement. In: Adam, B.; Duyvendak, J. W.; Krouwel, A. (Eds.). *The Global Emergence of Gay and Lesbian Politics*: National Imprints of a Worldwide Movement. Philadelphia: Temple University Press, 1999, p.91-109.

Brooke, J. In Live-and-Let-Live Land, Gay People are Slain. *The New York Times*, 12 ago. 1993, p.3.
Cabo Machado [Oswald de Andrade]. Os Três Sargentos. *Revista de antropofagia*. In: *Diário de São Paulo*, 14 abr. 1929), p.6.
Coaracy, V. *Memórias da cidade do Rio de Janeiro*. 3.ed. Belo Horizonte: Itatiaia, 1988.
Define, J. A Rua do Ouvidor. *Kosmos*, v.2, n.1, fev. 1905), p.37-9.
Edmundo, L. *O Rio de Janeiro do meu tempo*, v.1. Rio de Janeiro: Imprensa Nacional, 1938.
Fantasio [pseudônimo]. O namoro no Rio de Janeiro. *Kosmos*, v.3, n.7, jul. 1906, p.43-5.
Faria, G. L. de. *A presença de Oscar Wilde na belle époque literária brasileira*. São Joao do Rio Preto: Pannartz, 1988.
Gomes, D. *Antigos cafés do Rio de Janeiro*. Rio de Janeiro: Livraria Kosmos Editora, 1989.
_____. *Uma rua chamada Ouvidor*. Rio de Janeiro: Prefeitura da Cidade do Rio de Janeiro, 1980.
Gomes, J. *A homossexualidade no mundo*. Lisboa, 1979.
Gomes, R. C. *João do Rio*: vielas do vício, ruas da graça. Rio de Janeiro: Relume Dumara, 1996.
Green, J. N. More Love and More Desire: The Building of the Brazilian Movement. In: Adam, B.; Duyvendak, J. W.; Krouwel, A. (Eds.). *The Global Emergence of Gay and Lesbian Politics*: National Imprints of a Worldwide Movement. Philadelphia: Temple University Press, 1999b, p.91-109.
_____. *Além do carnaval*: a homossexualidade masculina no Brasil do século XX. 3.ed. São Paulo: Editora Unesp, 2022.
Grupo Gay da Bahia. Violação dos direitos humanos e assassinato de homossexuais no Brasil 1997. *Boletim do Grupo Gay da Bahia*, n.37, jan./fev. 1998, p.32-48.
João do Rio [Paulo Barreto]. *As religiões do Rio*. Paris: Garnier, 1904.
_____. *A alma encantadora das ruas*. Rio de Janeiro: Secretaria Municipal de Cultura, Departamento Geral de Documentação e Informação Cultural, Divisão de Editoração, 1995.
Jorge, F. *Vida e poesia de Olavo Bilac*. São Paulo: Livraria Exposição do Livro, [s.d.].
Kushnir, B. *Baile de máscaras*: mulheres judias e prostituição – as polacas e suas associações de ajuda mútua. Rio de Janeiro: Imago Editora, 1997.
Lenharo, A. *Cantores do rádio*: a trajetória de Nora Ney e Jorge Goulart e o meio artístico de seu tempo. Campinas: Editora da Unicamp, 1995.
Lima, E. F. W. *Arquitetura do espetáculo*: teatros e cinemas na formação do espaço público das Praças Tiradentes e Cinelândia. Rio de Janeiro 1813-1950. Tese de doutorado, Universidade Federal do Rio de Janeiro, 1997.
Macedo, J. M. de. *Memórias da Rua do Ouvidor*. Brasília: Editora Universidade de Brasília, 1988.
Machado, L. C. *Descansa em paz, Oscar Wilde*. Rio de Janeiro: Editora Codecri, 1982.
Magalhães Júnior, R. *A vida vertiginosa de João do Rio*. Rio de Janeiro: Civilização Brasileira, 1978.
_____. *Olavo Bilac e sua época*. Rio de Janeiro: Companhia Editora Americana, 1974.

Manta, I. de L. N. *A arte e a neurose de João do Rio*. Rio de Janeiro: Francisco Alvarez, 1977.

Mott, L. R. Homofobia: a violação dos direitos humanos de gays, lésbicas & travestis no Brasil Salvador, Bahia, Brazil: Grupo Gay da Bahia; San Francisco, CA, USA: International Gay and Lesbian Human Rights Commission, 1997.

Needell, J. D. Identity, Race, Gender, and Modernity in the Origins of Gilberto Freyre's Oeuvre. *American Historical Review*, v.100, n.1, fev. 1995, p.51-77.

_____. *A Tropical Belle Époque*: Elite Culture and Society in Turn-of-the-Century Rio de Janeiro. Cambridge: Cambridge University Press, 1987.

Parker, R. *Beneath the* Equator: Cultures of Desire, Male Homosexuality, and Emerging Gay Communities in Brazil. Routledge: New York, 1999.

_____. *Bodies, Pleasures and Passions*: Sexual Culture in Contemporary Brazil. Boston: Beacon Press, 1991.

Preti, D. *A linguagem proibida*: um estudo sobre a linguagem erótica. São Paulo: T. A. Queiroz, 1983.

Rodrigues, J. C. *João do Rio*: uma biografia. Rio de Janeiro: Topbooks, 1996.

_____. *João do Rio*: catálogo bibliográfico, 1899-1921. Rio de Janeiro: Prefeitura da Cidade do Rio de Janeiro, Secretaria Municipal de Cultura, Departamento Geral de Documentação e Informação Cultural, Divisão de Editoração, 1994.

Secco, C. L. T. *Morte e prazer em João do Rio*. Rio de Janeiro: Francisco Alves; Instituto Estadual do Livro, 1978.

Soares, L. C. *Rameiras, ilhoas, polacas...* a prostituição no Rio de Janeiro do século XIX. São Paulo: Editora Ática, 1992.

Spagnol, A. S. O desejo marginal: violência nas relações homossexuais na cidade de São Paulo. Dissertação de mestrado, Universidade de São Paulo, 1996.

Veja. O mundo gay rasga as fantasias. *Veja*, 12 maio 1993, p.52-3.

Venciguerra, M.; Maia, M. *O pecado de Adão*: crimes homossexuais no eixo Rio-São Paulo. São Paulo: Ícone, 1988.

O Pasquim e Madame Satã, a "rainha" negra da boemia brasileira[1]

Editores de O Pasquim: *Você é homossexual?*
Madame Satã: Sempre fui, sou e serei.[2]

Em 1938, alguns amigos de João Francisco dos Santos (1900-1976) o convenceram a participar do concurso de fantasias do baile de carnaval no Teatro República, próximo da Praça Tiradentes. O acontecimento, promovido pelo grupo de carnaval de rua Caçadores de Veados, foi uma oportunidade de os homossexuais se travestirem com roupas vistosas para as festas de carnaval. Segundo Madame Satã, "[e]ra realmente um desfile que atraía turistas de todas as partes do Brasil e de países estrangeiros. Todos aplaudiam muito, e as bichas concorrentes ganhavam prêmios bons e retratos em alguns jornais e iam ficando famosas".[3]

João Francisco criou uma fantasia decorada com lantejoulas, inspirada num morcego do Nordeste, e ganhou o prêmio pela primeira

---

[1] Green, J. N. "O Pasquim e Madame Satã, a 'rainha' negra da boemia brasileira." *Topoi*, 4:7 (jul.-dez. 2003), p.201-21. Tradução por Lise Sedrez.
[2] Cabral, S. et al. Madame Satã. *O Pasquim*, n.95, 29 abr. 1971, p.2.
[3] Paezzo, S. *Memórias de Madame Satã*: conforme narração a Sylvan Paezzo. Rio de Janeiro: Lidador, 1972, p.59.

FIGURA 30 – João Francisco dos Santos (1900–1976), conhecido como Madame Satã, 1972. Cortesia do Arquivo Nacional.

colocação – um rádio Emerson e um enfeite de parede. Várias semanas depois, foi preso junto com muitas outras bichas que andavam pelo Passeio Público, parque adjacente à Cinelândia que era ponto de encontro de homossexuais. Quando o escrivão da polícia pediu a todas as bichas que dissessem seus apelidos, João Francisco declarou que não possuía nenhum. Ele temia represálias por parte do policial que o prendera caso o reconhecesse como malandro. Subitamente, o oficial lembrou que tinha visto João Francisco no desfile de fantasias durante o carnaval. Associando a fantasia com a atriz principal de um filme americano recém-lançado, que fazia sucesso no Rio no momento e recebera o título em português de *Madame Satã*, ele perguntou: "Não foi você que se fantasiou de Madame Satã e ganhou o desfile das bichas no República este ano?".[4] E foi assim que João Francisco acabou sendo rebatizado.

---

4 Ibid., p.64.

Logo que as bichas presas com João Francisco foram soltas, a história se espalhou pela cidade. O apelido pegou, embora, no início, João Francisco não estivesse certo que gostava dele:

> Eu não queria ter apelido de bicha porque achava que assim eu estava me declarando demais e bronqueei muito mesmo. Cheguei a ponto de dar umas bolachas nos primeiros que me chamaram pelo nome de Madame Satã. Mas isso só piorava a situação... E então fui me conformando aos poucos. E mais tarde, comparando o meu apelido com os apelidos das outras, eu vi que o meu era muito mais bonito. E marcante.[5]

Heróis e mitos

Quarenta anos depois, em 1978, durante os anos de derrocada do regime militar que governou o Brasil de 1964 a 1985, pequenos grupos de gays e lésbicas ativistas inventaram um novo movimento social brasileiro. Eles se reuniam em encontros semiclandestinos, organizavam grupos de conscientização, articulavam ligações tênues com os movimentos feminista e de consciência negra e participavam cautelosamente de mobilizações contra a ditadura. Desde então, na última década, um sólido movimento de lésbicas, homossexuais masculinos e travestis eclodiu na cena política brasileira, exigindo benefícios para parceiros do mesmo sexo, proteção legal contra a discriminação baseada na orientação sexual e o fim da violência e dos assassinatos dos quais são vítimas constantes. Em junho de 2003, mais de um milhão de pessoas marchou pela Avenida Paulista, centro do distrito financeiro do país, na Parada do Orgulho LGBT de São Paulo. Atualmente, uma superabundância de sites, numerosos grupos de interesse e um movimento nacionalmente visível e organizado vêm abalando antigas noções preestabelecidas de homossexualidade como imoral, indecente e um tópico impróprio para conversação educada. Políticos, comediantes e outras figuras públicas não fazem mais piadas gratuitas sobre homens efeminados e mulheres

---
[5] Ibid., p.64-5.

masculinizadas sem incorrer no risco de uma campanha pública de denúncia sobre seus comentários preconceituosos e homofóbicos. Uma transformação cultural significativa ocorreu no Brasil.

O crescimento da produção cultural e intelectual sobre homossexualidade, que trata seu objeto de uma forma positiva, é um indicador dessas mudanças. Acadêmicos nas áreas de Antropologia, Estudos Literários, Psicologia, Cinema, Comunicação e Sociologia estão reexaminando antigos estereótipos sobre pessoas envolvidas em relacionamentos românticos e sexuais com pessoas do mesmo sexo, relendo a ficção e a poesia brasileiras para descobrir subtextos homoeróticos e interpretações da sociedade e da cultura brasileiras contemporâneas sob a ótica dos homossexuais. A pesquisa no campo da história social da homossexualidade esteve defasada em relação ao trabalho de outras disciplinas, embora estudiosos tenham começado a escrever a história dos sodomitas e das mulheres transgressoras durante a época colonial e histórias de *mulheres-homens*, *frescos* e homens e mulheres que viveram para além da normalidade heterossexual nos séculos XIX e XX.

Paralela a essa atenção acadêmica para a história social da homossexualidade, há a procura, por parte de acadêmicos e ativistas, por figuras proeminentes que tenham se engajado no homoerotismo. Essa caça por homossexuais históricos não é exclusiva do Brasil e reflete um momento na história dos movimentos nacionais em que a descoberta de ícones do passado tem um papel importante na formulação das identidades gay e lésbica contemporâneas. Se o homoerotismo existiu em todas as culturas e períodos históricos, então a homossexualidade se torna uma categoria universal que deve proporcionar a lésbicas e homossexuais masculinos o direito à igualdade e ao respeito no presente. No processo de utilização do passado para legitimar o presente, alguns historiadores e ativistas que pesquisam o tema encontram e fazem uso de documentação sobre práticas homoeróticas que se deram no passado distante ou próximo para impor àqueles homens e mulheres identidades sexuais que pertencem ao final do século XX.

Pode-se facilmente apontar para brasileiros de destaque, como os escritores João do Rio e Mário de Andrade ou o cantor Chico Alves, que se envolveram em relacionamentos com pessoas do mesmo sexo mas encobriram seus assuntos particulares com um manto de mistério, deixando aos historiadores poucos elementos para reconstruir esse aspecto de suas vidas pessoais. Ironicamente, os milhares de homens e mulheres comuns que viveram vidas muito mais abertas com pessoas do mesmo sexo permanecem "escondidos da história", porque até recentemente ninguém se importava em registrar ou documentar suas histórias de vida. Existem algumas exceções claras. Alguns homossexuais "infames" que se engajaram na autopromoção ou que participaram do mito inventado por outros passaram para o primeiro plano como indivíduos autoafirmativos, "emblemáticos". Este artigo examina uma dessas figuras, João Francisco dos Santos, popularmente conhecido como Madame Satã, e as maneiras pelas quais ele delineou sua própria identidade e forjou os mitos que cercaram sua própria *persona*. Em certos aspectos, ele era um indivíduo representativo das bichas das classes baixas que circulavam no meio social do Rio de Janeiro boêmio das décadas de 1930 e 1940. Ao mesmo tempo, Madame Satã transgrediu aqueles padrões de atuação que privilegiavam a efeminação e uma imitação do comportamento associado a mulheres, confundindo os estereótipos sociais reinantes acerca daquelas mesmas bichas. Madame Satã poderia ter entrado na obscuridade histórica se não tivesse sido ressuscitado por outra geração de cariocas boêmios nos anos 1960, que promoveram sua imagem em um jornal semanal ligado à contracultura, *O Pasquim*. O diálogo entre os intelectuais boêmios dos anos 1960 e a autoidentidade ambígua e fluida de Madame Satã revela uma intrigante remodelação dialética de sua narrativa de vida. Mais recentemente, o diretor de cinema brasileiro Karim Aïnouz, no seu longa-metragem de estreia, *Madame Satã*, recuperou Madame Satã como uma personalidade gay ambígua, uma figura brasileira mítica, merecedora de projeção na tela internacional em uma nova reencarnação. Um exame de sua vida e de suas múltiplas imagens, bem como das formas pelas quais sua personalidade tem sido analisada por certos intelectuais, pode esclarecer as múltiplas maneiras pelas quais as noções de gênero e identidade sexual são desempenhadas e entendidas no Brasil.

Os bordéis, os bares e a boemia

Madame Satã nasceu João Francisco dos Santos em 25 de fevereiro de 1900, na cidade de Glória do Goitá, no sertão de Pernambuco, numa família com dezessete filhos, entre homens e mulheres. Sua mãe, descendente de escravizados, pertencia a uma família humilde. O pai, descendente de um ex-escravizado e filho da elite latifundiária local, morreu quando João Francisco tinha 7 anos. No ano seguinte, com tantas bocas para alimentar, sua mãe entregou o menino para um negociante de cavalos em troca de uma égua. Num espaço de seis meses, João Francisco conseguiu escapar desse duro aprendizado, fugindo com uma mulher que lhe oferecera emprego como ajudante numa pensão que ela planejava abrir no Rio de Janeiro. Madame Satã, mais tarde, recapitulou a mudança:

> Fiquei com ela de 1908 a 1913 e a diferença entre dona Felicidade e seu Laureano é que, para ele, eu tomava conta dos cavalos o dia inteiro e, para ela, eu lavava os pratos e lavava a cozinha e carregava as marmitas e fazia compras no Mercado São José, que ficava na Praça XV. Também o dia inteiro. E não tinha folga. E não ganhava nada. E não tinha estudo e nem carinho. E era escravo do mesmo jeito. Sem ter nada de que uma criança precisa.[6]

Com 13 anos, João Francisco deixou a pensão e passou a viver nas ruas, dormindo nos degraus das casas de aluguel na Lapa. Durante seis anos, trabalhou em serviços esporádicos na vizinhança, desde carregar sacolas de compras do mercado até vender potes e panelas de porta em porta. Quando completou 18 anos, foi contratado como garçom em um bordel, conhecido como Pensão Lapa. As donas de bordéis, em geral, contratavam jovens homossexuais para trabalhar como garçons, cozinheiros, camareiros e inclusive como eventuais prostitutos, caso um cliente assim o desejasse. Já que muitos desses jovens haviam adquirido certos maneirismos tradicionalmente femininos, supunha-se que eles podiam desempenhar tarefas domésticas com facilidade e eficiência e

---

[6] Machado, E. Madame Satã para *O Pasquim*: "Enquanto eu viver, a Lapa viverá". *O Pasquim*, n.357, 30 abr. 1976, p.9.

viver entre as prostitutas sem criar uma tensão sexual. Sua identidade marginalizada, de forma anômala, coexistia confortavelmente com as francesas, polacas e mulatas que trabalhavam nos vários bordéis que funcionavam na Lapa.

Nos anos 1920 e 1930, a topografia homoerótica do Rio de Janeiro se estendia num semicírculo que começava na Praça Floriano Peixoto e no Passeio Público, na Cinelândia, passando pelo bairro boêmio e operário da Lapa, até a Praça Tiradentes. As duas pontas dessa longa área arqueada, a Cinelândia e o antigo Largo do Rossio, ofereciam ambientes públicos para interações homossociais e homossexuais. A Lapa, com suas pensões, edifícios de aluguel, bordéis e quartos para alugar por hora, oferecia outros espaços para interações com maior privacidade, tanto heterossexuais quanto homossexuais. Os bares e cabarés da Lapa eram também lugares frequentados por homens em busca de mulheres "alegres" para momentos de prazer, bem como por homens desejosos de sexo com outros homens. Funcionários públicos, jornalistas, profissionais da classe média, intelectuais boêmios e jovens de famílias tradicionais, amantes da aventura, misturavam-se livremente com escroques e ladrões de fim de semana, apostadores, cafetões, frescos e putas. Personalidades literárias do movimento modernista, artistas e estrelas em ascensão nos círculos intelectuais brasileiros – tais como Jorge Amado, Candido Portinari, Sérgio Buarque de Holanda e Mário de Andrade – vinham aos bares e cabarés da Lapa para se reunir com nomes importantes da música popular brasileira – Noel Rosa, Cartola, Nelson Cavaquinho e Chico Alves – e ouvir suas mais recentes composições.

Nesse meio, o jovem João Francisco se tornou um malandro e um prostituto eventual. Em *O último malandro*, Moreira da Silva define o malandro como "o gato que come peixe sem ir na [sic] praia".[7] Já um antigo garçom de um bar da Lapa descreveu o tipo em termos mais floreados: "Malandro de antigamente, malandro autêntico, era homem até certo ponto honesto, cheio de dignidade, consciente de sua profissão. Vivia sempre limpo, usava camisa de seda-palha com botões brilhantes, gravata de *tussot* branco e sapato tipo carapeta (salto mexicano). Na

---

7 Apud Durst, R. *Madame Satã*: com o diabo no corpo. São Paulo: Brasiliense, 1985, p.12.

cabeça, chapéu-panamá de muitos contos de réis. Os dedos cheios de anéis".[8] O próprio João Francisco definia o malandro como "quem acompanhava as serenatas e frequentava os botequins e cabarés e não corria de briga mesmo quando era contra a polícia. E não entregava o outro. E respeitava o outro. E cada um usava a sua navalha".[9] No Rio de Janeiro, onde o desemprego era elevado e a pobreza disseminada entre as classes mais baixas, o malandro sobrevivia praticando o jogo, a prostituição e a cafetinagem, roubando, compondo sambas ou aplicando eventualmente algum golpe. Sua imagem sugeria masculinidade e virilidade. Sua arma, a faca, estava sempre pronta para selar o destino de alguém que ofendesse a sua honra, o enganasse no jogo ou traísse a sua confiança.

A boemia praieira dos anos 1960 e 1970, a masculinidade e Madame Satã

Quando os despreocupados editores de *O Pasquim* entrevistaram coletivamente Madame Satã, em 1971, catapultando o velho boêmio ao *status* de culto da contracultura, ele pareceu ter um enorme prazer em moldar sua história afirmando desde cedo suas credenciais de autêntico malandro da Lapa. Naquela época, uma entrevista em *O Pasquim* era o caminho para a fama, ainda que não para a fortuna. Madame Satã morreria cinco anos mais tarde, de câncer no pulmão, famoso mas sem um tostão.

O Pasquim era um tabloide semanal, moldado no formato das publicações estrangeiras *underground* voltadas para jovens dos anos 1960 e que articulavam as aspirações de uma geração rebelde. Ele também refletia e promovia a cultura hipermasculinizada de "praia, cerveja e mulheres bonitas" que prevalecia entre os jovens das classes média e média alta do sofisticado bairro praiano de Ipanema, na confortável Zona Sul carioca. O tom satírico que perpassava a publicação, seu humor sexualizado e a crítica frequentemente aberta ao regime militar submeteram *O Pasquim* a constante censura governamental. A cobertura da vanguarda

---
8 Ibid., p.10-1.
9 Paezzo, op. cit., p.17.

da cultura carioca e a repressão por parte do governo criaram para o tabloide uma legião de devotos leitores por todo o país, que seguiam atentamente seus colunistas, cartunistas e entrevistas populares com figuras nacionais e internacionais.

Os editores de *O Pasquim*, que se apresentavam como boêmios, encontraram um parceiro em Madame Satã, um remanescente da Lapa dos anos 1930, sobrevivente das lutas de navalha e da valentia que liquidara a maioria dos malandros de sua geração. Aos 71 anos, Madame Satã continuava um tipo interessante, com seus cabelos brancos e pele escura, num intenso contraste com suas camisas de seda coloridas e suas joias reluzentes. Ela ainda podia contar histórias sobre o uso de cocaína, os cabarés e os cassinos, que reviviam a Lapa decadente dos anos 1970 na imaginação da juventude e dos intelectuais da boemia carioca. A promoção por *O Pasquim* de uma ligação com uma época perdida da vida noturna, com prostituição, jogo e o submundo do crime, ampliava as credenciais boêmias de seus editores por meio de sua ligação com Madame Satã. Também denotava que eles conheciam por dentro a história e a cultura da Lapa dos anos 1930. Madame Satã oferecia aos escritores de *O Pasquim* a oportunidade de provar que, apesar de serem intelectuais privilegiados da Zona Sul, podiam também se identificar e se comunicar com as classes populares brasileiras, ou ao menos com símbolos emblemáticos dessas classes.

Havia, porém, um problema com a imagem de Madame Satã que podia entrar em choque com esses produtores da contracultura brasileira dos anos 1960. Madame Satã era uma bicha, um viado, e não tinha problemas para se referir a si mesma dessa forma. *O Pasquim* tinha uma história complicada na sua relação com a homossexualidade. O uso pelos editores de insinuações sexuais, sua crítica irreverente das convenções sociais da classe média e a exibição de numerosas fotografias de mulheres seminuas os colocava no grupo de homens brasileiros cuja inquietação sobre a homossexualidade levava à reafirmação da masculinidade por meio de piadas depreciativas sobre homens efeminados. As colunas e charges de *O Pasquim* estavam cheias de alusões desse tipo.

Para falar a verdade, *O Pasquim* nem *sempre* recheou a cobertura do que poderia ser visto, a princípio, como comportamento sexual transgressivo com comentários abertamente negativos. O jornal publicou, por exemplo, várias entrevistas com Rogéria, uma artista travesti que chegou aos palcos parisienses. Nessas entrevistas, os jornalistas admiraram efusivamente a beleza, graça e talento dessa artista internacional. No entanto, a atuação de Rogéria como um epítome da feminilidade reforçava códigos tradicionais de gênero e, nesse sentido, o discurso heteronormativo e masculinizado convencional do tabloide permanecia resguardado. Por outro lado, as bichas, como homossexuais efeminados que não aspiravam a imitar beldades e estrelas de cinema, sofriam severa difamação por parte dos jornalistas de *O Pasquim*.

Na verdade, o historiador de *O Pasquim* José Luiz Braga argumenta que o jornal popularizou a expressão agressivamente cáustica "bicha" pelo país inteiro. A manchete na capa de um dos números, por exemplo, anunciava em letras grandes "TODO PAULISTA É BICHA".[10] Em letras miúdas espremidas entre "Todo paulista" e "é bicha", ficava a explicação diferenciadora "que não gosta de mulher". Num artigo no interior, o humorista Millôr Fernandes explicava que as vendas haviam caído e que os editores, então, tinham inventado a manchete inflamada a fim de atrair atenção para o jornal.

Na época da entrevista de 1971 com Madame Satã, questões de masculinidade e atuação pública eram componentes essenciais das noções predominantes (e até recentemente hegemônicas) sobre quem era ou não considerado bicha. Desde o século XIX, ou mesmo antes, a construção predominante, em termos de gênero, da homossexualidade no Brasil havia sido (e assim permanece, de certa forma) hierarquizada e calcada em papéis. O *homem* – ou na gíria, o *bofe* – assume o papel "ativo" no ato sexual e pratica a penetração anal do seu parceiro. O efeminado (*bicha*) é o "passivo", o que é penetrado. A "passividade" sexual deste último lhe atribui a posição social inferior da "mulher". Enquanto o homem "passivo", sexualmente penetrado, é estigmatizado, aquele que assume o papel público (e supostamente privado) do *homem*, que penetra, não o é. Desde que ele mantenha o papel sexual atribuído ao homem "verdadeiro", pode ter relações sexuais com outros homens

---

10 Todo paulista que não gosta de mulher é bicha. *O Pasquim*, n.105, 8 jul. 1971, p.3.

sem perder seu *status* social de homem. Como o antropólogo Richard G. Parker assinalou:

> [...] a própria realidade física do corpo divide o universo sexual em dois. As diferenças anatômicas percebidas começam a ser transformadas, por meio da linguagem, em categorias de gênero hierarquicamente relacionadas, definidas social e culturalmente: em classes de masculino e feminino [...]. Fundada na percepção da diferença anatômica, é essa distinção entre atividade e passividade que mais claramente estrutura as noções brasileiras de masculinidade e feminilidade, e que tradicionalmente tem servido como princípio organizador para um mundo bem mais amplo de classificações sexuais na vida cotidiana brasileira".[11]

Os papéis sexuais, portanto, são significativamente mais importantes do que o parceiro sexual que alguém possa ter. Os termos "homem" e "bicha", baseados em papéis, definem esse universo sexual. Assim, dois "homens" não podem fazer sexo um com o outro, uma vez que um deles, supostamente, deve assumir o papel daquele que penetra. Da mesma forma, uma relação sexual entre duas bichas não pode ser consumada, pois se presume que cada um espere ser penetrado pelo outro, que deve assumir o papel "masculino".

Bichas viris e o rompimento de códigos de gênero

Então por que os editores de *O Pasquim* apoiaram uma bicha autoafirmativa que prontamente admitira exercer o papel passivo nas atividades sexuais com pessoas do mesmo sexo? Por que a homossexualidade de Madame Satã mereceu respeito enquanto o jornal continuamente satirizava homens efeminados que não adotaram uma postura feminina tradicional? A resposta reside em parte na maneira como Madame Satã construiu e recontou sua história de vida. Ela merece atenção a fim de

---

11 Parker, R. G. *Corpos, prazeres e paixões:* cultura sexual no Brasil contemporâneo. Trad. Maria Therezinha M. Cavallari. São Paulo: Best Seller, 1992, p.70.

se entender como sua autonarrativa angariou simpatia entre os escritores de *O Pasquim* e, presumivelmente, os leitores em geral.

Segundo a entrevista de *O Pasquim* de 1971, a grande reviravolta na vida de Madame Satã foi quando, em 1928, ele baleou um guarda--noturno que ofendeu sua honra, chamando-o de viado. Na entrevista, Madame Satã prosseguiu esclarecendo que havia sido acusado injustamente de matar o famoso sambista Geraldo Pereira. Os editores de *O Pasquim*, fascinados com sua ficha criminal, encorajaram-no a contar outras histórias de brigas e ataques a policiais e como ele se defendia. Cada história parecia reafirmar sua imagem de combatente corajoso e audacioso que enfrentava qualquer um que se pusesse em seu caminho. Nas memórias de Madame Satã, "como contadas a Sylvan Paezzo", publicadas num pequeno volume um ano depois, ele reconta com detalhes dramáticos a mesma história da morte do guarda-noturno. Na sua versão dos eventos, o jornalista fala claramente pela voz de João Francisco, criando detalhes do que se passava na mente dele em 1928, durante o incidente que o mandou pela primeira vez para a prisão.

Apesar da imagem de malandro durão estabelecida por *O Pasquim*, um exame mais atento parece mostrar o João Francisco de 1928 como uma pessoa um tanto diferente. Naquele ano, ele conseguiu um emprego de ajudante de cozinha em outra pensão, onde encontrou uma jovem atriz que se divertia com suas imitações de outras estrelas femininas. Por meio de seus contatos, ela conseguiu para ele um trabalho num show da Praça Tiradentes, centro do teatro de revista. Ele tinha um pequeno papel em que cantava e dançava, vestindo uma roupa vermelha, com seus longos cabelos caindo sobre os ombros. Uma noite, depois do show, João Francisco, segundo sua narrativa desse momento de epifania, voltava para seu quarto na Lapa. Era tarde da noite, e ele decidiu comer alguma coisa no bar da esquina. Enquanto tomava uma cachaça e aguardava sua refeição, um policial do local entrou no bar. Ao notar João Francisco vestindo uma fina camisa de seda, calças elegantes e sandálias, o guarda-noturno abordou-o agressivamente.[12] "*Viado*",

---

12 Paezzo, op. cit., p.23-6. Reduzi o relato de Paezzo sobre esse evento sem modificar a essência do confronto entre João Francisco e o guarda-noturno. O próprio Paezzo recriou o incidente

ele disse. João Francisco ignorou a alcunha, então o homem repetiu: "Nós já estamos no carnaval, *viado*?". De novo, nenhuma resposta de João Francisco. "Estamos ou não estamos no carnaval, seu *viado*?" João Francisco permaneceu em silêncio, e então o guarda se aproximou dele e gritou: "*Viado* vagabundo!". "Vim do trabalho", João Francisco finalmente respondeu. O guarda-noturno retorquiu: "Só se foi do trabalho de dar a bunda ou de roubar os outros". E o ofensor foi aumentando a provocação, chamando o outro para a briga. João Francisco foi até seu quarto, próximo dali, e voltou com uma arma.

"O *viado* voltou?", o policial desafiou. "Sua mãe!", gritou de volta João Francisco. "Vai apanhar", o guarda ameaçou. "Tenta", respondeu João Francisco. "E vai dormir no Corpo de Segurança." "Com a sua mãe", respondeu João Francisco. Seguiu-se então a briga. João Francisco sacou sua arma e matou o policial. Condenado a 16 anos de prisão, ele foi liberado após cumprir dois anos da pena, com base numa apelação de que ele agira em legítima defesa. O incidente e o período que passou na prisão lançaram-no definitivamente na carreira de malandro. Sua fama como um matador inflexível de policiais, que não tolerava desaforos, permitiu-lhe trabalhar "protegendo" bares locais mediante o pagamento de gratificações. Sua fama também provocou muitos confrontos com a polícia, o que o levou ao distrito policial mais de uma vez sob a acusação de ter atirado num oficial da lei. Entre 1928 e 1965, ele passou mais de 27 anos na prisão.[13]

Ainda que Madame Satã exibisse uma imagem de valente, sua reputação desafiava a associação tradicional do malandro com a masculinidade rude da classe trabalhadora. Em vez disso, evocava uma figura sinistra e misteriosa, um tanto andrógina. E foi precisamente o componente violento e sinistro da *persona* que ele havia construído que atraiu

---

a partir de entrevistas que realizou com Satã quando preparava seu livro. Também mudei a grafia de "veado" para "viado", para refletir o uso popular do termo.

13 Antônio Corrêa Dias, antigo proprietário do Café Colosso, onde Satã passava grande parte do seu tempo, insistiu em dizer que, embora Satã mantivesse a ordem nos bares que frequentava, ele não extorquia dinheiro para proteção e fazia questão de pagar suas contas (Machado, op. cit., p.9). Contudo, o próprio Satã admitiu que ele protegia os bares: "Eu dava proteção aos botequins e tinha muito dinheiro, e muitos deles [rapazes] é que me procuravam, porque sabiam que quem estava comigo estava com um rei" (Cabral, op. cit., p.3).

a imaginação dos jornalistas de *O Pasquim*, na entrevista de 1971. Não se tratava de uma bicha desmunhecada, um cabeleireiro efeminado ou um artista de inclinações sexuais "questionáveis". O Madame Satã de proporções míticas era masculino, corajoso, viril e violento, como os malandros devem ser. Assim como Rogéria ganhou a aprovação dos editores de *O Pasquim* – e possivelmente de uma parte significativa de seus ávidos leitores – por ser um modelo de feminilidade, apesar de biologicamente do sexo masculino, também esse modelo de masculinidade ganhou aprovação porque, apesar de bicha, representava a imaginada masculinidade crua das classes baixas criminosas. A homossexualidade de Madame Satã fez dele uma figura intrigante, um bicho raro – ou talvez uma bicha rara – que desafiava os estereótipos e desestabilizava o que se acreditava ser o comportamento apropriado para os homossexuais brasileiros. Sua mistura enigmática do masculino e do feminino atraía os editores de *O Pasquim* tanto quanto o travesti imaculadamente construído, de genitais masculinos intactos, parece tão atraente para tantos homens brasileiros que se autoidentificam como heterossexuais. A disposição de Madame Satã para brigar e afirmar nas ruas uma virilidade masculina o colocava à parte de outras bichas e o valorizava diante de *O Pasquim*.

Além disso, no início dos anos 1970, no auge da repressão política da ditadura militar, a imagem de um jovem e duro lutador representando as classes baixas, enfrentando a polícia e o Estado, podia ser inspiradora para os intelectuais de classe média que lutavam contra o regime. A censura à imprensa não permitiria que *O Pasquim* publicasse artigos simpáticos aos grupos de esquerda engajados na guerrilha urbana, realizando "expropriações revolucionárias em bancos" e sequestrando embaixadores estrangeiros para trocar por presos políticos submetidos à tortura. Mesmo assim, muitos jovens e intelectuais nutriam certa simpatia pelas táticas agressivas dos ex-estudantes e seus companheiros que pegaram em armas contra o regime militar. A nostalgia de *O Pasquim* diante da coragem e das bravatas de Madame Satã e seus atos por vezes violentos de enfrentamento com a polícia devem ter tocado aqueles que simpatizavam ou se identificavam com as ações contra o governo autoritário.

As histórias que Satã gerou sobre sua vida no início dos anos 1970 enfatizam essas marcas de masculinidade, especialmente sua habilidade com a navalha e as lutas que venceu, duas marcas da bravura e da virilidade do malandro. O respeito popular pelos malandros estava geralmente ligado a sua potência, masculinidade e disposição para morrer por sua honra. No entanto, Madame Satã também provocava o estereótipo e causava ansiedade, principalmente entre os homens que brigavam com ele:

> Eles não se conformavam com a minha valentia, porque eu era homossexual conhecido. Achavam que não podiam perder para mim e por isso estavam sempre querendo me provocar e me bater. Por outro lado, os jornais davam muito mais destaque para as minhas façanhas, exatamente pelo mesmo motivo, de eu ser homossexual. Mas o que devia fazer? Tornar-me um covarde só para satisfazer as pessoas deles? Deixar que fizessem comigo o que faziam com as outras bichas que viviam apanhando e eram presas todas as semanas, só porque os polícias achavam que as bichas deviam apanhar e fazer a limpeza de todos os distritos? E de graça. Não, eu não podia me conformar com a situação vexatória que era aquela. Eu achava que ser bicha era uma coisa que não tinha nada demais. Eu era porque queria, mas não deixava de ser homem por causa disso. E me tornei bicha por livre vontade e não fui forçado pelos outros.[14]

Madame Satã claramente se identificava como uma bicha, um homem que "funcionava" como uma mulher na cama: "Comecei minha vida sexual aos 13 anos, quando as mulheres da Lapa organizavam bacanais dos quais participavam homens, mulheres e bichas. Com essa idade de 13 anos, eu fui convidado para alguns, funcionei como homem e como bicha e gostei mais de ser bicha, e por isso fui bicha".[15] Ele não apenas se identificava como bicha, mas se orgulhava disso. Era uma prática comum para a polícia no Rio e em São Paulo perseguir os homossexuais nas áreas do centro e detê-los durante várias semanas, de modo que pudessem usar seus serviços para limpar as delegacias de polícia. Ao contrário de outras bichas, que eram presas rotineiramente

---

[14] Paezzo, op. cit., p.115-6.
[15] Ibid., p.116.

sob a alegação de estarem violando o artigo 282 do Código Penal (ultraje público ao pudor) ou o artigo 399 (vadiagem), de forma que a polícia pudesse exigir que desempenhassem tarefas domésticas nos distritos policiais, Madame Satã se recusava a se submeter a tamanha humilhação e abuso. Sua atitude rebelde ultrajava seus inimigos e a polícia e rendeu assunto para a imprensa precisamente porque ele não se conformava ao estereótipo padrão do homossexual. O que ele parecia de fato representar era o prototípico pequeno criminoso, valente, que fazia parte do panteão de tipos criminais do submundo carioca.

Essa típica vanglória masculina, misturada com uma prática homossexual que solapava as noções de comportamento homossexual "apropriado", porém, explica apenas em parte a fascinação de *O Pasquim* por Madame Satã. A raça não pode ser descartada como um elemento do interesse jornalístico por esse boêmio negro, uma lenda viva dos anos 1930. No imaginário popular brasileiro, um malandro é quase sempre um negro. Isso se reforça pela tradição que coloca homens de terno branco, chapéus-panamá e camisas de cores brilhantes nos desfiles das escolas de samba e associam essas festas com a tradição e a cultura negra. Os malandros, com suas roupas peculiares e suas figuras de pequenos criminosos, são então associados com os negros. Como discuti em outro trabalho, quando os criminologistas estudaram a homossexualidade no Rio de Janeiro dos anos 1930, um dos subtextos de seus trabalhos ligava a raça à transgressão sexual e ao comportamento patológico ou mesmo assassino. Febrônio Índio do Brasil, um homem de origem africana e indígena acusado de molestar sexualmente meninos e depois matá-los, personificava o suposto "pederasta" (termo comum no período) escuro, negro e ameaçador, que estuprava crianças.

A figura de Febrônio permanecia como um tipo de bicho-papão, utilizado pelos pais para disciplinar seus filhos: "Seja bonzinho ou o Febrônio te pega", advertiam os adultos às crianças malcomportadas. É muito interessante que, na entrevista de *O Pasquim* em 1971, o jornalista Sérgio Cabral tenha repetido esses típicos temores infantis de ser apanhado por um tipo sinistro. Mas em vez de se referir a Febrônio Índio do Brasil, ele ligou esse medo a Madame Satã:

Sérgio – Satã, me diga uma coisa: essa história que você pegava garoto à força é verdadeira?

Satã – É coisa que eu nunca fiz na minha vida, porque era coisa que não precisava fazer. O senhor deve entender, o senhor que é da vida moderna sabe muito bem que isso é uma coisa que não se precisa pegar ninguém à força.

Sérgio – Eu sempre ouvi falar, desde garotinho, quando eu ia passear na Lapa e falavam comigo: cuidado que o Madame Satã vai te pegar.

Satã – Conversa fiada, eu não era tão tarado assim.[16]

Madame Satã, e não Febrônio, torna-se o bicho-papão, o predador, pronto para atacar e roubar os pequenos meninos brancos que se comportavam mal. Não se pode saber se a mistura das figuras de Febrônio e Madame Satã feita por Sérgio Cabral era apenas uma questão de memória. Talvez, nos anos 1940, pais de classe média ou moradores da Lapa (não é claro na entrevista quais destes assustavam o jovem Sérgio Cabral) associavam os crimes de Febrônio Índio do Brasil com as aventuras de Madame Satã. Mesmo assim, é a figura escura e sinistra do bicho-papão, isto é, sua origem africana, que não é declarada, mas é a metáfora subjacente que servia para atemorizar as crianças ("brancas") de classe média.

Ironicamente, mais à frente na entrevista, Madame Satã recorda as pessoas que conheceu na Lapa dos anos 1930 e se refere a Febrônio Índio do Brasil, repetindo as lendas que envolviam seus supostos assassinatos de meninos cariocas:

> Quando ele praticou aqueles crimes, ele morava na Avenida Gomes Freire, 115. Ele era dentista. Eu me dava muito com ele... Parece que ele matou uns dez ou doze garotos. Ele matava, enterrava, depois ficava comendo até apodrecer. Quando apodrecia, ele matava outro. Foi para o Manicômio Judiciário.[17]

---

16 Cabral, op. cit., p.3.
17 Ibid., p.5.

A menção a Febrônio na entrevista pode ter sido uma reação à referência feita por Sérgio Cabral, que comparou Madame Satã a um bicho-papão, ou apenas outra de suas histórias sobre "os famosos malandros, criminosos e celebridades que conheci". De qualquer modo, Madame Satã – que afirmou ter conhecido Febrônio pessoalmente – participou na continuação e preservação da lenda urbana sobre o canibalismo de Febrônio. Os pretos não eram imunes à crença em histórias que reforçavam as ideias estereotípicas sobre os aspectos potencialmente "selvagens" de sua natureza.

No início dos anos 1970, *O Pasquim* e Paezzo não eram os únicos que faziam circular histórias apresentando Madame Satã como uma fonte de hombridade. Um memorialista, relembrando a vida boêmia da Lapa, contou outra história sobre o malandro negro e homossexual, retratando-o como um super-herói invencível que não se submetia ao controle da polícia:

> Contavam que cinco choques do Socorro Urgente foram à Lapa, somente para prender Madame Satã. Mal o avistaram, um policial gritou: "Madame, entre no carro e não se coce, porque leva chumbo". Ao que respondeu, calmo: "Mande buscar mais carros. Cinco, apenas, é pouco, para me levar...". Tiveram de pedir socorro e mais três choques. E, mesmo assim, Madame só foi levado para o xadrez porque o amarram num carrinho de mão...[18]

A *performance* pública de virilidade de Madame Satã, no entanto, pode não ter sido tão masculina no seu cotidiano real nas ruas do Rio de Janeiro, nos períodos em que não se encontrava na prisão. Num caso judicial de 1946, quando Madame Satã foi preso por perturbar a ordem após ter sido impedido de entrar no Cabaret Brasil porque não estava vestido adequadamente, o comissário de polícia fez dele uma descrição detalhada:

---

[18] Holanda, N. de. *Memórias do Café Nice*: subterrâneos da música popular e da vida boêmia do Rio de Janeiro. Rio de Janeiro: Conquista, 1970, p.171.

[...] é um indivíduo de estatura modesta e aparenta gozar de boa saúde. É conhecidíssimo na jurisdição dessa DP, como sendo desordeiro, sendo frequentador costumeiro do Largo da Lapa e imediações. É pederasta passivo, usa as sobrancelhas raspadas e adota atitudes femininas, alterando até a própria voz. Entretanto, é um indivíduo perigosíssimo, pois não costuma respeitar nem as próprias autoridades policiais. Não tem religião alguma. Fuma, joga e é dado ao vício da embriaguez. A sua instrução é rudimentar. É solteiro e não tem prole. É visto sempre entre pederastas, prostitutas e outras pessoas do mais baixo nível social.[19]

Satã não usava pó de arroz ou ruge, como tantas bichas dos anos 1930 e 1940, mas ele alterou as sobrancelhas para sugerir uma aparência feminina. E, apesar de o comissário se equivocar quanto aos hábitos de jogo de Satã, ele percebeu bem sua identificação com a vida nas ruas das travestis cariocas, na medida em que conseguia se mover no vocabulário típico com sua voz "alterada". Contudo, foi sua tendência para a violência, apesar do comportamento feminino, e sua projeção como criminoso violento que captaram a atenção dos memorialistas da Lapa, comissários de polícia e jornalistas de O Pasquim. No segundo artigo sobre Madame Satã que apareceu nas páginas da publicação, logo após sua morte, grande parte do obituário era ocupada por seu registro criminal no Instituto Félix Pacheco:

27 anos e 8 meses de prisão
13 agressões (Código Penal art. 129)
4 resistências a prisão (art. 329)
2 recepções de furtos (art. 180)
2 furtos (art. 155)
1 ultraje público ao pudor (art. 233)
1 porte de arma (art. 19)[20]

---

19 Cabral, op. cit., p.3.
20 Machado, op. cit., p.6.

Definitivamente, seu legado parecia consistir numa lista de crimes cometidos e na vontade de lutar contra a polícia e aqueles que o chamavam de "*viado*".

No início dos anos 1970, quando os editores de O Pasquim "descobriram" Madame Satã, sua disposição para resistir à violência política, ainda que com o punho, faca ou arma de fogo, provavelmente fazia dele uma figura louvável para aqueles que apoiavam o emergente movimento gay internacional. Nos primeiros anos da Frente de Libertação Gay, nos Estados Unidos, e de outros grupos similares na Europa, a noção de luta contra a homofobia incluiu, por vezes, a retórica sobre resistência física. Os editores de O Pasquim, entretanto, não mostraram essa predisposição afável para com o movimento emergente de liberação gay quando este aportou no Brasil. Em 1977, Winston Leyland, o editor da Sunshine, publicação gay sediada em São Francisco, visitou o Brasil como parte de uma viagem continental em busca de material para uma antologia de literatura latino-americana. Um amigo, João Antônio Mascarenhas, organizou uma entrevista em O Pasquim, em que um dos mais conhecidos cartunistas e vários intelectuais gays entrevistaram Leyland. A entrevista se tornou um interessante debate sobre se os homossexuais brasileiros sofriam discriminação social ou se a desigualdade econômica era o principal problema do país. As charges da capa e do interior daquela edição, entretanto, reproduziram todos os estereótipos dominantes que confundiam os homossexuais masculinos com travestis e aludiam a uma ligação entre nazismo e homossexualidade. Essa projeção jornalística por parte do principal jornal alternativo já era esperada. Para os escritores de O Pasquim, nada era sagrado em sua crítica bem-humorada da vida brasileira de classe média, da política, dos militares. Os homossexuais e feministas da primeira geração, como Betty Friedan, que visitou o Brasil em 1971, eram alvos fáceis para esse conglomerado de chauvinistas da contracultura. Além disso, embora os editores e escritores do tabloide satírico em geral evitassem análises marxistas ortodoxas que privilegiassem a questão da luta de classes e minimizassem a discriminação ou a opressão experimentada por outros setores sociais, a noção de que a classe trabalhadora era a chave para a transformação social permanecia contundente entre os críticos de esquerda do regime militar, que também compunham uma larga fatia do público leitor. A intempestiva rejeição aos novos movimentos sociais emergentes que criticavam a mídia e os lançadores de novas tendências culturais, tais como *O Pasquim*, ecoavam a relutância da maioria da esquerda brasileira para compreender, e sobretudo para apoiar, o feminismo e o movimento gay. Por toda a década de 1970, *O Pasquim* permaneceu como um símbolo de crítica ao *status quo*, mas o tabloide só mudou o tom de sua cobertura, relutantemente, após os movimentos gay e feminista terem marcado seu papel no cenário cultural e político, no final dos anos 1970.

Na moda e além do querer

A internacionalização da cultura gay gerada nos Estados Unidos e na Europa na última década contribuiu para a remodelação das identidades e do comportamento sexual no Brasil. Enquanto há vinte anos os únicos homens hipermasculinos nas áreas de concentração gay das praias de Copacabana e Ipanema eram uns poucos prostitutos e fisiculturistas, hoje em dia as "Barbies" saradas proliferam. Afinal de contas, "[n]ão é um corpo perfeito de Barbie tudo com o que uma 'garota' sempre sonhou?", diz a brincadeira. O tipo homossexual macho – masculino, estiloso e charmoso – ditado pela consumação da classe média se tornou a norma, apregoado em revistas pornôs leves e publicações do tipo, com uma orientação mais intelectual. Embora a maioria dos homossexuais brasileiros não tenha recursos econômicos para adquirir todos os itens relacionados a esse estilo de vida sexual que ultrapassa a cama, um novo padrão de masculinidade representativa está aos poucos se tornando uma norma nos maiores centros urbanos do país.

Concomitantemente à masculinização da autoimagem de muitos homens gays, ocorreu a emergência de um novo e curioso termo para descrever a natureza onipresente do alegre estilo gay de vida no Rio e em São Paulo. Bares, restaurantes e outros espaços públicos frequentados por gays e lésbicas foram apelidados de "GLS" (gays, lésbicas e simpatizantes). O terceiro termo nessa trilogia é uma palavra que também se refere aos que apoiam um partido político ou uma causa.

A expressão GLS, usada às vezes para refletir a proliferação de locais comerciais onde gays e lésbicas são bem-vindos, também significa uma categoria de pessoas que, embora não mantendo relações sexuais com pessoas de mesmo sexo, permanecem confortáveis em sua companhia. Outros ainda usam GLS para significar uma nova identidade que ultrapassa as categorias de heterossexual e homossexual. O termo é, inclusive, título de uma coluna na *Folha de S.Paulo*, o maior jornal brasileiro em circulação, que trata de fofocas, eventos e políticas do interesse da cultura gay de consumo.

Apesar de a expressão GLS poder englobar aqueles que não são praticantes, ela não ganhou o mesmo significado que a palavra *queer* assumiu nos Estados Unidos. A expressão é carregada de múltiplos significados quando empregada por críticos literários e ativistas políticos. Em alguns casos, refere-se à explosão de categorias de identidade sexual e ao colapso do comportamento de gênero. Pode-se imaginar que Madame Satã, que desafiou as categorizações típicas quando se revelou aos editores de *O Pasquim* no início dos anos 1970, enquadrar-se-ia bem nas políticas pós-identitárias promovidas pela teoria queer.

Parte do poder projetado pela *persona* de Madame Satã sobre os intelectuais boêmios dos anos 1960 e 1970 vinha do fato de que ele não se encaixava nas categorias de "bicha" ou "homem". Madame Satã parecia ser ambos e, para a cultura praieira machista de *O Pasquim* e seus seguidores, sua potência masculina de malandro lutador fazia dele, de alguma forma, uma figura segura e favorável. Sua conduta um tanto ambígua embaralhava a noção sobre qual seria o comportamento apropriado para um malandro e o tornava *queer*, tanto no sentido de estranho e diferente quanto no de alguém que desafiava as classificações fáceis. Entretanto, a bravata masculina de Madame Satã, ou pelos menos os mitos em torno dela, mantiveram-no dentro da confortável estrutura dos códigos de gênero tradicionais.

A influência da cultura gay americana e europeia no Brasil atual foi um dos muitos fatores que reforçaram a consolidação de identidades gays como construções sexuais e sociais fixas entre os muitos ativistas e as centenas e milhares mais que interagem em domínios da "cultura gay" continuamente em expansão. No meio urbano gay brasileiro, alguns intelectuais advogam a favor de uma forma pós-gay e pós-identitária de pensar o erotismo entre pessoas do mesmo sexo. Parece plausível que o lançamento internacional do filme de Karim Aïnouz sobre a vida de Madame Satã possa encorajar um ressurgimento do interesse na "rainha" negra da boemia carioca e nas maneiras pelas quais suas ambiguidades ecoam hoje em dia.

Considerações finais
What's Left?/O que sobrou?[1]

Como aprendi ao longo dos anos trabalhando profissionalmente em dois idiomas, às vezes algo escrito originalmente em inglês não pode ser facilmente traduzido diretamente para o português ou vice-versa. Algumas palavras, quando passadas de um idioma a outro, simplesmente perdem seu poder e sua precisão. Meu primeiro grupo de amigos brasileiros, que conheci em Berkeley, Califórnia, em 1975, explicou-me em mais de uma ocasião que simplesmente não havia uma palavra em inglês para "saudade". É verdade que os termos *longing for* e *missing* não transmitem a mesma intensidade, significado e sentimentos que a palavra em português o faz. Acho que "saudade" foi uma das palavras que mais ouvi desse grupo de estudantes brasileiros de pós-graduação e de outras pessoas que passavam o tempo perto do icônico *câmpus* de Berkeley, já que a utilizavam constantemente para explicar sua relação com a distante terra natal.

Muitas vezes, também se perdem os significados dúbios dos duplos sentidos, picantes ou não, que ficam um pouco sem sentido na tradução. Ao pensar em um título para a última parte deste livro, a escolha

---
1 Tradução de Giuliana Gramani.

óbvia teria sido "conclusões", o termo acadêmico padrão, porém pouco criativo, usado nos Estados Unidos quando o autor resume seus argumentos e indica as implicações intelectuais gerais de um artigo, ensaio ou livro. Quando comecei a ler dissertações de mestrado e teses de doutorado brasileiras, achei que "considerações finais" era uma expressão mais charmosa, que sugeria uma contemplação mais aberta sobre o conteúdo central de um trabalho acadêmico. Enquanto procurava uma expressão alternativa para descrever esta parte final do livro, lembrei-me da fase "*What's left*", usada em um jornal político que editei em Los Angeles na década de 1980 para uma coluna que discutia e (obviamente) criticava outros grupos de esquerda nos Estados Unidos, infelizmente de uma maneira bastante sectária. O significado de "*what's left*", literalmente "o que sobrou", também pode ser "o que há à esquerda?" ou "o que é esquerdista?". Usamos a frase para expressar que o conteúdo da coluna informaria nossos leitores sobre as atividades de outras organizações, mas ela também implicava, de uma forma terrivelmente arrogante, que éramos a única organização "real" que sobrou no mundo cada vez menor da esquerda marxista norte-americana no final do século XX. A brincadeira com os dois significados da fase não funciona em português, daí o título bilíngue.

A intenção desta seção final é fazer algumas modestas sugestões sobre possíveis novos caminhos de pesquisa no que concerne à história do Brasil, além de compartilhar algumas reflexões sobre o futuro dos estudos LGBTQIA+. Conforme descrito na introdução deste volume, estes temas – pesquisa acadêmica e envolvimento político – estão ambos no cerne deste trabalho e no centro da minha história de vida nos últimos 30 – se não 50 – anos, se contarmos os 20 anos de preparativos da "vida real" para me tornar um acadêmico – morar no Brasil e fazer trabalho político nos Estados Unidos –, entre terminar a graduação, em 1972, e retornar à pós-graduação, em 1990.

Desde que anunciei minha aposentadoria da Universidade Brown, frequentemente me perguntam o que pretendo fazer quando não lecionar mais nem morar perto do *câmpus*. Nenhum dos meus amigos fica surpreso ao ouvir que tenho vários projetos de livros em mente, algo que atribuo à maneira como meus pais me treinaram para trabalhar duro de maneira sistemática, focada e disciplinada, sem deixar de planejar constantemente o futuro. Com cada um deles, aprendi diversas habilidades que me permitiram ter uma carreira acadêmica gratificante e produtiva sem deixar de lado meu ativismo político, longe das disputas autocentradas e às vezes mesquinhas típicas da vida acadêmica. É difícil prever se conseguirei completar essa ambiciosa lista de projetos futuros, mas acho que vale a pena destacar alguns temas da história brasileira que merecem novas pesquisas e interpretações. Alguns deles eu posso (ou não) realmente abordar nessa nova fase da minha vida.

Nos dois principais campos de minha produção acadêmica – estudo de gênero e sexualidade no Brasil do final do século XIX até o século XXI e história da ditadura militar brasileira e seus legados –, ainda há inúmeras pesquisas, reflexões e escritos a serem feitos. Tive a sorte de poder trabalhar com estudantes de pós-graduação, tanto na Universidade Brown como em outros lugares, que produziram projetos de vanguarda. Muitas vezes, enquanto trabalhava no arquivo, encontrava um documento e pensava: "Esse é um tema importante que precisa ser estudado". Sabendo que mesmo um estudioso ambicioso tem suas limitações de tempo e energia, transmiti várias dessas ideias a alguns de meus alunos, tanto na Brown quanto em outras universidades, e estou satisfeito e honrado por eles terem seguido ou estarem atualmente trabalhando em algumas dessas ideias de pesquisa. Outros escolheram temas novos e originais para estudar e tiveram ou estão tendo resultados surpreendentes. Ainda assim, em termos gerais e no meu ponto de vista reconhecidamente tendencioso, há alguns temas das áreas de estudos LGBTQIA+ e da história da ditadura militar brasileira que merecem ser pesquisados e desenvolvidos mais a fundo.

Primeiro, ainda não temos uma história abrangente e definitiva das relações sexuais entre pessoas do mesmo sexo durante o período colonial e o Império para compreender como as pessoas com comportamentos e práticas sexuais e de gênero não normativos navegaram em uma sociedade conservadora que marginalizava tais atitudes e identidades. Embora excelentes estudos tenham utilizado registos inquisitórios, entre outros, do período colonial e registos médicos do final do século XIX, ainda há muito que não sabemos sobre como esses homens e mulheres viveram, compreenderam seu gênero e sua sexualidade e confrontaram uma sociedade hostil, especialmente no início do século XIX, sobre o qual praticamente não há pesquisas.[2] É verdade que as fontes são escassas e difíceis de localizar, exigindo dedicação e determinação, mas esses períodos da história brasileira ainda requerem uma investigação detalhada.

A derrota de Bolsonaro e a eleição do presidente Lula para um terceiro mandato em 2022 abriram muitas oportunidades para aproveitar esta nova conjuntura, tanto para desenvolver políticas públicas que enfrentem a contínua discriminação e marginalização da população LGBTQIA+ como para informar o público sobre essas questões. Quando publiquei a primeira edição de *Além do carnaval*, em 1999, incluí provavelmente 95% de todos os trabalhos acadêmicos produzidos até então sobre a homossexualidade no Brasil. Ao escrever um novo capítulo para a terceira edição em português da obra, lançada em 2022, que trouxe a narrativa até o final do século XX, fui confrontado com o fato de que há tantos trabalhos novos – artigos, dissertações de mestrado, teses de doutorado e livros – produzidos nos últimos vinte cinco anos que era impossível incluir todos em uma bibliografia revisada. O grande crescimento da produção acadêmica atesta a influência que o movimento LGBTQIA+ teve no Ensino Superior, à medida que mais estudantes querem fazer pesquisas sobre temas relacionados a gênero e sexualidade entre pessoas do mesmo sexo, mais professores incentivam entusiasticamente seus alunos a fazer esses trabalhos e há um mercado crescente para livros publicados.

Embora uma jovem estudante talentosa de pós-graduação esteja produzindo uma história abrangente da sociabilidade lésbica no século XX, ainda falta um estudo semelhante para pessoas trans que reconheça as mudanças significativas nas noções de gênero e de *performance* de gênero ao longo do último século. Há também poucos estudos locais ou regionais que examinam a história da homossexualidade e das pessoas

---

2 É preciso reconhecer os trabalhos pioneiros do antropólogo Luiz Mott que examinam a sexualidade entre pessoas do mesmo sexo no período colonial. Ver, por exemplo, Mott, L. R. B., *Inquisição e sociedade*. Salvador: Edufba, 2010.

LGBTQIA+ em alguns dos centros urbanos mais importantes do país. Como era a vida das pessoas com sexualidades e identidades de gênero não normativas antes do surgimento do movimento politizado, no final dos anos 1970? Quais são as continuidades e mudanças que ocorreram em áreas do Brasil longe do Rio de Janeiro, de São Paulo e de Minas Gerais, onde a maior parte das pesquisas foi feita? Como as pessoas viveram e sobreviveram com sexualidades e *performances* de gênero dissidentes em cidades pequenas e no interior? Em suma, ainda temos muito que aprender.

Quanto a isso, há uma iniciativa animadora de Silvio Almeida (ministro dos Direitos Humanos e Cidadania), supervisionada por Symmy Larrat (que chefia a Secretaria Nacional dos Direitos da População LGBTQIA+, subordinada a esse ministério) e liderada por Renan Quinalha (cientista social, historiador e jurista). A Portaria n.289, do Ministério dos Direitos Humanos e Cidadania, de 16 de maio de 2023, estabeleceu um Grupo de Trabalho composto por estudiosos e ativistas LGBTQIA+ "para esclarecer as violações de Direitos Humanos contra as pessoas LGBTQIA+ na história brasileira, com a finalidade de garantir e efetivar os direitos à memória e à verdade histórica, e à dignidade das pessoas LGBTQIA+".[3] A portaria descreve cinco tarefas para o Grupo de Trabalho:

I. assessorar o Ministro de Estado dos Direitos Humanos e da Cidadania nas questões referentes às violações de Direitos Humanos cometidas contra as pessoas LGBTQIA+;
II. recuperar e dar continuidade, no que couber, as recomendações finais do relatório final elaborado pela Comissão da Verdade [...];
III. realizar estudos e discutir estratégias para o resgate da memória e esclarecimento da verdade histórica sobre crimes e perseguições contra as pessoas LGBTQIA+;
IV. propor políticas públicas de direitos humanos voltadas para a promoção e efetivação dos direitos à memória e à verdade das pessoas LGBTQIA+, como elaboração e manutenção de novos e dos já existentes projetos de museus e acervos públicos de documentação

---

[3] Portaria n.289, 16 maio 2023. *Diário Oficial da União*, seção 1, n.93, 17 maio 2023, p.30.

histórica, bibliotecas e centros culturais sobre as histórias das pessoas LGBTQIA+, de seus movimentos sociais e populares organizados, e das violências institucionalizadas de que essas pessoas foram vítimas desde o Brasil Colônia; e

V. propor relatório documental que sistematize fatos e acontecimentos históricos relativos à memória e à verdade das pessoas LGBTQIA+, em suas interseccionalidades.[4]

O fato de um ministério do governo brasileiro ter feito esse esforço para recuperar a história das pessoas LGBTQIA+, apoiar arquivos, bibliotecas e locais de memória e promover políticas públicas para enfrentar a marginalização e a discriminação vividas ao longo da história brasileira diz muito sobre a eficácia do movimento (e especialmente de sua ala de esquerda) que desde 1978 se mobilizou, direta ou indiretamente, para esse fim.

Um segundo projeto de pesquisa consiste em repensar a forma como entendemos a ditadura militar brasileira em todas as suas complexidades. Considero-me membro de uma escola de interpretação histórica – que não se organizou como tal – que questiona o uso generalizado do termo "ditadura cívico-militar" para descrever o regime que esteve no poder entre 1964 e 1985. A expressão substituiu o tradicional termo "ditadura militar" no início dos anos 2000, em um debate acadêmico no qual interpretações alternativas foram por vezes sufocadas. Lembro-me de ter sido interrompido por um importante defensor do termo durante a apresentação de um trabalho em uma universidade brasileira, que me corrigiu por não acrescentar a palavra "cívico" à minha caracterização do regime como uma ditadura militar. É notável como a expressão se tornou hegemônica em 90% dos trabalhos de jovens acadêmicos para descrever os 21 anos de regime autoritário. Embora seja possível afirmar que esse é um debate obsoleto que não merece reconsideração, o recente ressurgimento do poder dos militares durante o governo Bolsonaro e a incapacidade de diferentes governos desde a redemocratização de controlar o poder generalizado das Forças Armadas, como explicitado no

---

4 Ibid.

ensaio "Legados do passado do Brasil", incluído nesta coletânea, exigem que revisitemos essa importante questão.

Um tema relacionado a isso é a forma como a maioria das narrativas históricas sobre os generais no poder continua usando uma estrutura binária que entende a ditadura como uma disputa entre os generais de exército que foram presidentes "moderados (Castelo Branco, Geisel e Figueiredo) e os que foram "linhas-duras" (Costa e Silva e Médici), posição articulada e defendida tão vigorosamente pela obra de Elio Gaspari em quatro volumes.[5] As duas principais obras em inglês sobre o assunto, *The Politics of Military Rule in Brazil, 1964-1985*, de Thomas E. Skidmore, e *State and Opposition in Military Brazil*,[6] de Maria Helena Moreira Alves, também utilizam esse modelo de análise, que é a forma generalizada como a grande maioria dos acadêmicos brasileiros pensa as lutas ideológicas e políticas dentro do regime militar. Desde que li o livro de João Roberto Martins Filho, *O palácio e a caserna: a dinâmica militar das crises políticas na ditadura (1964-1969)*, baseado em sua tese de doutorado, fui convencido por sua investigação, que tenta localizar as interações e conflitos entre os militares no que concerne a disputas políticas específicas e à implantação de políticas durante os dois primeiros governos da ditadura militar.[7] Martins afirma que grande parte das políticas de Castelo Branco estava muito mais próxima daquelas dos "linhas-duras" em termos de consolidação, legitimação e institucionalização do poder arbitrário dos militares durante os quase três anos em que foi chefe de Estado. Na verdade, o argumento de que ele estava sendo pressionado pelos linhas-duras para implantar medidas autoritárias, incluindo a incorporação dos primeiros Atos Institucionais à

---

5 Gaspari, E. *A ditadura envergonhada*. São Paulo: Companhia das Letras, 2002; id. *A ditadura escancarada*. São Paulo: Companhia das Letras, 2002; id. *A ditadura derrotada*. São Paulo: Companhia das Letras, 2003; id. *A ditadura encurralada*. São Paulo: Companhia das Letras, 2004.

6 Skidmore, T. E. *Politics of Military Rule in Brazil, 1964-1985*. New York: Oxford University Press, 1987, publicado em português como *Brasil: de Getúlio a Castello (1930-1964)*. São Paulo: Companhia das Letras, 2010; Alves, M. H. M. *State and Opposition in Military Brazil*. Austin: University of Texas Press, 1985, publicado em português como *Estado e oposição no Brasil (1964-1984)*. 2.ed. Bauru: Edusc, 2005.

7 Martins Filho, J. R. *O palácio e a caserna*: a dinâmica militar das crises políticas na ditadura *(1964-1969)* 2.ed. São Paulo: Alameda Casa Editorial Ltda, 2020.

Constituição e a aprovação da Lei de Imprensa e de outras medidas, foi usado para justificar suas políticas alinhadas com as opiniões dos setores mais conservadores das Forças Armadas. Ao fazê-lo, Martins remapeou nossa compreensão dos diferentes grupos dentro das Forças Armadas. O trabalho da historiadora francesa Maud Chirio, *A política nos quartéis: revoltas e protestos de oficiais na ditadura militar brasileira*, avançou essa discussão em parte ao aprofundar a análise desses múltiplos setores,[8] mas a relação entre esses grupos internos e as políticas implementadas pelo regime ainda precisa de mais estudos e interpretações para que os futuros historiadores possam desenvolver categorias de análise mais úteis e precisas ao examinar as Forças Armadas.

Uma terceira área importante relacionada com a ditadura militar que demanda mais investigação está ligada à vida cotidiana dos cidadãos comuns que não se opuseram ao regime nem o consideraram excessivamente autoritário. Embora saibamos muito sobre a oposição estudantil à ditadura, liderada por uma vanguarda geralmente afiliada a tendências ou organizações de esquerda,[9] seja antes de 1968 ou nas décadas de 1970 e 1980, conhecemos pouquíssimo sobre aqueles jovens que não simpatizavam com a esquerda, mas não eram necessariamente defensores inflexíveis dos generais no poder. Acadêmicos escreveram sobre as mudanças culturais que ocorreram durante as décadas de 1960 e 1970 e que afetaram principalmente os jovens da classe média,[10] mas temos poucos estudos sistemáticos sobre os jovens que se concentraram na carreira e estavam mais interessados em namoro, casamento e família, isto é, realizando atividades cotidianas normais em vez de se engajar na política.[11] Essas

---

8 Chirio, M. *A política nos quartéis*: revoltas e protestos de oficiais na ditadura militar brasileira. Rio de Janeiro: Zahar, 2012, publicado em inglês como *Politics in Uniform*: Military Officers and Dictatorship in Brazil, 1960-1980. Pittsburgh: University of Pittsburgh Press, 2018.

9 Embora dezenas de artigos, dissertações de mestrado, teses de doutorado e livros sobre o movimento estudantil durante a ditadura tenham sido produzidos no Brasil, principalmente no que concerne à relação entre o regime e as organizações de luta armada, há poucos trabalhos do tipo em inglês. O mais notável é Langland, V. *Speaking of Flowers*: Student Movements and the Making and Remembering of 1968 in Military Brazil. Durham: Duke University Press, 2013.

10 Dunn, C. *Contracultura*: Alternative Arts and Social Transformation in Authoritarian Brazil. Chapel Hill: The University of North Carolina, 2016.

11 O excelente artigo de Maria Hermínia Tavares de Almeida e Luiz Weis enfoca sobretudo a juventude politizada. Ver: Almeida, M. H. T de; Weis, L. Carro zero e pau de arara: o cotidiano

Considerações finais

FIGURA 31 – Curitiba, Paraná, 1995. Arquivo do autor.

pessoas podem ser consideradas "colaboradoras", "alienadas", apolíticas, indiferentes? Que nova compreensão podemos ter sobre a natureza e as influências do regime militar na sociedade brasileira ao estudá-las?

Da mesma forma, o crescimento expressivo do sentimento radical de direita depois de 2013 e a ascensão do bolsonarismo não surgiram do nada. Como podemos entender as continuidades entre as mobilizações de direita para depor o governo Goulart em 1964 e aquelas a favor *impeachment* da presidenta Dilma Rousseff em 2016, os movimentos de

da oposição de classe média ao regime militar. In: Schwarcz, L. M.; Novais, F. A. (Orgs.). *História da vida privada no Brasil*, v.4: Contrates da intimidade contemporânea. São Paulo: Companhia das Letras, 2002, p.322-409.

apoio a Bolsonaro ao longo de seu governo e a participação da direita em uma tentativa de golpe de Estado em 8 de janeiro de 2023? Para além de procurar ligações entre a extrema direita de 1964 e suas versões mais recentes, qual é a história social dessas forças políticas? Quais são as continuidades e mudanças que têm ocorrido nos movimentos conservadores no Brasil? Para além de estereótipos e clichês, como podemos compreender social e culturalmente esse setor em relação à história recente do Brasil?

Na verdade, esses dois campos de pesquisa, a saber, de um lado gênero e sexualidade, e de outro, história da ditadura, levaram-me a algumas considerações finais relacionadas a uma importante questão política que está intimamente ligada à produção acadêmica. Isso se relaciona com meus projetos de pesquisa, com minhas experiências políticas no Brasil no final dos anos 1970 e início dos anos 1980, durante o período de transição entre a ditadura e a democracia, e com os debates em curso sobre as demandas de diversos movimentos sociais e as subsequentes políticas (ou falta delas) de governos progressistas. Como afirmei em outro artigo,[12] os movimentos negro, feminista e LGBTQIA+, que ganharam força no processo de redemocratização e passaram a ter ainda mais importância durante o movimento contra o governo Bolsonaro nos últimos anos, tiveram que enfrentar setores da esquerda oriundos de uma tradição marxista ou influenciados por esse arcabouço e que continuam tendo ressalvas evidentes ou veladas sobre esses movimentos. Sob o pretexto de criticar diferentes movimentos sociais por perseguirem "políticas de identidade" que "dividem" a oposição à extrema direita ou alienam possíveis aliados, como os pobres e as classes trabalhadoras que se identificam com os movimentos evangélicos no Brasil e têm ideias conservadoras sobre gênero e sexualidade, para citar um exemplo, esses setores progressistas argumentam que os movimentos negro, feminista e LGBTQIA+ afastam a esquerda desses setores da população nas disputas eleitorais. Eles também consideram que a política de

---

12 Green, J. N. Forjando alianças e reconhecendo complexidades: as ideias e experiências pioneiras do Grupo Somos de São Paulo. In: Green, J. N.; Quinalha, R. H.; Caetano, M.; Fernandes, M. (Orgs.). *História do movimento LGBT no Brasil*. São Paulo: Alameda Casa Editorial, 2018, p.63-78.

identidade incorporou uma perspectiva neoliberal a seus movimentos que promove uma pauta individualista e a favor do capitalismo.

Ironicamente, essas críticas da esquerda à política de identidade recorrem a outra forma de política de identidade fundamentada nas ideias e tradições marxistas. Uma das principais tarefas da maioria dos grupos políticos com influências marxistas tem sido "conscientizar" a classe trabalhadora, principal força política que garantirá uma mudança social radical, se não sobre uma revolução socialista, ao menos para que ela compreenda seu papel histórico de contestar o capitalismo e o imperialismo. Embora sejam trabalhadores, e portanto o setor estratégico da sociedade capitalista, devido a suas relações com os meios de produção, de acordo com essa perspectiva, carecem de consciência de classe, algo que as organizações tradicionais de vanguarda ou mesmo os partidos políticos de massa de esquerda precisam ajudá-los a desenvolver. Em outras palavras, eles não têm a consciência de sua "verdadeira" identidade. Caso a adotem, poderão se tornar agentes da história e mudá-la. Embora apenas uma pequena minoria da esquerda brasileira ainda esteja comprometida com a ideia de uma possível revolução socialista no futuro no Brasil, um setor muito maior da esquerda brasileira dentro e em torno do Partido dos Trabalhadores (PT) e do Partido Socialismo e Liberdade (PSOL) entende que a mudança social de forma mais completa virá por meio de políticas eleitorais e reformas social-democratas para melhorar as condições socioeconômicas do proletariado e do povo. Muitos dos que estão nesse campo têm aversão à ideia de se render às exigências desses movimentos, uma vez que podem alienar uma base eleitoral em potencial entre as classes populares e impedir um governo progressista de chegar ao poder e iniciar reformas social-democratas.

Infelizmente, Marx e alguns (talvez muitos) que seguem essa tradição não compreenderam (e ainda não compreendem) as complexas interações entre classe, raça, gênero, sexualidades diversas ou outras formas pelas quais as pessoas são marginalizadas nas sociedades modernas (capitalistas). Alguns, que nem sequer se autodenominariam marxistas, mas que são influenciados por esse arcabouço ideológico, também não conseguem compreender tais processos. Seja por pragmatismo eleitoral ou por preconceitos latentes arraigados na cultura e na sociedade brasileiras, eles relutam em entender questões articuladas pelos movimentos sociais que não abordam apenas a questão de classe. É necessário fazer várias outras pesquisas para compreender por que essas forças de esquerda ainda são tão conservadoras sobre tais questões, do mesmo modo que precisamos entender de maneira mais completa os mecanismos pelos quais as exigências postuladas pelo movimentos feminista, negro e LGBTQIA+ continuam mobilizando com sucesso a direita para além de observações óbvias sobre a influência dos valores evangélicos conservadores sobre um segmento cada vez maior da população no Brasil, nos Estados Unidos e em outros países. Investigar mais a fundo a história das tradições conservadoras da esquerda, bem como as tendências protofascistas da direita e sua relação com questões "culturais", pode nos ajudar a interpretar melhor a atual polarização nacional e internacional e a ascensão de forças reacionárias em todo o mundo.

Como mencionei no ensaio que abre este volume, fui criado como um *quaker*, uma estranha seita protestante da Inglaterra do século XVII que defendia o pacifismo e muitos valores morais e culturais popularmente associados aos puritanos. No entanto, no século XIX, alguns *quakers* haviam sido proeminentes abolicionistas e apoiadores das sufragistas. No século XX, muitos foram participantes ativos dos movimentos de direitos civis e contra a Guerra do Vietnã. Meu local de culto em Baltimore, conhecido como "*meeting*", teve seu primeiro casamento lésbico em 1973, décadas antes de os casamentos entre pessoas do mesmo sexo serem reconhecidos pelo Estado. Embora há muito eu tenha me afastado dessa tradição religiosa, minha criação, juntamente com a marginalização que vivenciei quando percebi que era gay, imbuiu-me de um profundo compromisso com a equidade e a justiça social. Talvez esses dois fatores expliquem em grande parte minha trajetória pessoal e política, incluindo a reviravolta um tanto incomum e inesperada que me levou ao Brasil há tantos anos e fez que eu me identificasse tão profundamente com os que lutam por um mundo bem diferente daquele em que vivemos atualmente.

Obras de James N. Green

Monografias

Beyond Carnival: Male Homosexuality in Twentieth-Century Brazil. Chicago: University of Chicago Press, 1999. Versão em português: *Além do carnaval: a homossexualidade masculina no Brasil do século XX*, 1ª edição, 2000; 2ª edição, 2018; 3ª edição revista e ampliada, 2022. São Paulo: Editora Unesp.

We Cannot Remain Silent: Opposition to the Brazilian Military Dictatorship in the United States. Durham: Duke University Press, 2010. Versão em português: *Apesar de vocês: oposição à ditadura militar nos Estados Unidos, 1964-1985*. São Paulo: Companhia das Letras, 2009.

Exile within Exiles: Herbert Daniel, Gay Brazilian Revolutionary. Durham: Duke University Press, 2018. Versão em português: *Revolucionário e gay: a vida extraordinária de Herbert Daniel – pioneiro na luta pela democracia, diversidade e inclusão*. Rio de Janeiro: Civilização Brasileira, 2018.

Livros didáticos de História

Modern Latin America, 7ª e 8ª edições com Peter Smith e Thomas E. Skidmore (2010, 2013); 9ª edição com Peter Smith (2018); 10ª edição com Jennifer Lamb (2024). New York: Oxford University Press.

The Brazil Reader: History, Culture, and Politics, 2ª edição com Victoria Langland e Lilia Moritz Schwarcz. Durham: Duke University Press, 2019.

Brazil: Five Centuries of Change, 3ª edição, com Thomas E. Skidmore. New York: Oxford University Press, 2021.

Livros organizados

Homossexualismo em São Paulo e outros escritos, com Ronaldo Trindade e José Fábio Barbosa da Silva. São Paulo: Editora Unesp, 2005.

A Mother's Cry: A Memoir of Politics, Prison, and Torture under the Brazilian Military Dictatorship, por Lina Penna Sattamini. Tradução Rex P. Nielson e James N. Green. Apresentação James N. Green. Durham: Duke University Press, 2010.

Exile and the Politics of Exclusion in the Americas, com Luis Roniger e Pablo Yankelevich. Sussex: Sussex Academic Press, 2012.

Ditadura e homossexualidades: repressão, resistência e a busca da verdade, com Renan Quinalha. São Carlos: Editora da Universidade Federal de São Carlos, 2014.

1964: la dictature brésilienne et son legs, com Mônica Raisa Schpun. Paris: Le Poisson Volant, 2018.

História do movimento LGBT no Brasil, com Renan Quinalha, Márcio Caetano e Marisa Fernandes. São Paulo: Alameda Casa Editorial, 2018.

Editor de números especiais de revistas acadêmicas

Rethinking Theory and Practice. Número especial de *Latin American Perspectives*, com Julie Charlip, v.20, n.2, 1993.

Brazil in Transition: Democratization, Privatization and Working-Class Resistance. Número especial de *Latin American Perspectives*, v.21, n.1, 1994.

Brazil in the Aftershock of Neoliberalism. Número especial de *Latin American Perspectives*, v.27, n.6, nov. 2000.

Gender, Sexuality, and Same-Sex Desire in Latin America. Número especial de *Latin American Perspectives*, com Florence Babb, v.29, n.2, mar. 2002.

Homossexualidade: sociedade, movimento e lutas. Número especial de *Cadernos Edgard Leuenroth*, Unicamp, com Sônia Maluf, n.18/19, 2003.

Re-gendering Latin America. Número especial de *Estudios Interdisciplinarios de América Latina y El Caribe*, Universidade de Tel Aviv, com Pete Sigal, v.16, n.2, 2005.

Exiles and the Politics of Exclusion in Latin America. Número especial de *Latin American Perspectives*, com Luis Roniger, v.34, n.4, jul. 2007.

Reassessing the History of Latin American Communism. Número especial de *Latin American Perspectives*, com Gerardo Leibner, v.35, n.2, mar. 2008.

Re-thinking Race and Ethnicity in Brazil: Essays in Honor of Thomas E. Skidmore. Número especial de *Estudios Interdisciplinarios de América Latina y El Caribe*, Universidade de Tel Aviv, com Jeffrey Lesser e Jerry Dávila, v.19, n.2, 2008.

Le coup d'Etat militaire : 50 ans après. Número especial de *Brésil(s): Cahiers du Brésil Contemporain*, com Mônica Raisa Schpun, n.5, jun. 2014.

Hommage à la Casa de Rui Barbosa. Número especial de *Brésil(s): sciences humaines et sociales*, com Monica Raisa Schpun e Antonio Herculano Lopes, edição especial n.3, dez. 2020.

Brazil under Bolsonaro. Número especial de *Latin American Perspectives*, com Túlio Ferreira, v.50, n.1, jan. 2023.

Artigos publicados em revistas acadêmicas

Liberalization on Trial: The Workers' Movement. *North American Congress on Latin America Report on the Americas*, v.13, n.3, p.15-25, maio-jun. 1979.

Gays & Lesbians: The Closet Door Swings Open, com Enrique Assis. *North American Congress on Latin America Report on the Americas*, v.26, n.4, fev. 1993, p.4-7.

The Emergence of the Brazilian Gay and Lesbian Movement, 1977-1983. *Latin American Perspectives*, v.21, n.1, p.38-55, 1994.

"Mais amor e mais tesão": a construção de um movimento brasileiro de gays, lésbicas e travestis. *Cadernos Pagu*, n.15, p.271-96, 2000.

Challenging National Heroes and Myths: Male Homosexuality and Brazilian History. *Estudios Interdisciplinarios de América Latina y el Caribe*, v.12, n.1, p. 61-78, 2001.

Abrindo os arquivos e os armários: pesquisando a homossexualidade no Arquivo do Estado de São Paulo. *Revista Histórica*, n.5, p.72-5, dez. 2001.

Introduction, com Florence Babb. *Gender, Sexuality, and Same-Sex Desire in Latin America. Latin American Perspectives*, v.29, n.2, p.167-87, mar. 2002.

Homosexuality, Eugenics, and Race: Controlling and Curing "Inverts" in Rio de Janeiro in the 1920s and '30s. זמנים [Tempos], Tel Aviv University, Israel, n.80, p.18-30, 2002.

O Pasquim e Madame Satã, a "rainha" negra da boemia brasileira. *Topoi*, v.4, n.7, p.201-21, jul.-dez. 2003.

A luta pela igualdade: desejos, homossexualidade e a esquerda na América Latina. *Cadernos Edgard Leuenroth. Homossexualidade*: Sociedade, Movimentos e Lutas, n.18/19, p.13-39, 2003.

Clerics, Exiles, and Academics: Opposition to the Brazilian Military Dictatorship in the United States, 1969-1974. *Latin American Politics and Society*, v.45, n.1, p.87-117, 2003. Versão abreviado publicada em: Clérigos, exilados e acadêmicos: oposição à ditadura militar brasileira nos Estados Unidos, 1969-1974. *Projeto História*, v.29, n.1, p.13-34, 2004.

Future Research Agendas, com Luis Roniger. *Exiles and the Politics of Exclusion in Latin America. Latin American Perspectives*, v.34, n.4, p.106-8, jul. 2007.

Introduction, com Gerardo Leibner. *New Views on the History of Latin American Communism. Latin American Perspectives*, v.35, n.2, p.3-8, mar. 2008.

Reinventando a história: Lincoln Gordon e as suas múltiplas versões de 1964, com Abigail Jones. *Revista Brasileira de História*, v.29, n.57, p.67-89, 2009.

Exilados e acadêmicos: a luta pela anistia nos Estados Unidos. *Cadernos Edgard Leuenroth. Trabalho e Política*, v.17, n.29, p.292-313, 2010.

A proteção da privacidade com a abertura plena dos arquivos. *Acervo*, v.24, n.1, p.205-16, jan./jun. 2011.

"Who Is the Macho Who Wants to Kill Me?": Male Homosexuality, Revolutionary Masculinity, and the Brazilian Armed Struggle of the 1960s and 1970s. *Hispanic American Historical Review*, v.92, n.3, p.437-69, ago. 2012. Versão em português: "Quem é o macho que quer me matar?": homossexualidade masculina, masculinidade revolucionária e luta armada brasileira dos anos 1960 e 1970. *Revista Anistia Política e Justiça de Transição*, n.8, p.58-93, jul./dez. 2012.

Paradoxes de la dictature brésilienne, com Monica Raisa Schpun. *50 ans du coup d'état militaire*: histoire et historiographie. Edição especial de *Brésil(s)*: Cahiers du Brésil Contemporain, n.5, p.7-16, jun. 2014.

O joelho de Sarah Bernhardt: negociando a "respeitabilidade" feminina no palco carioca, 1880-1910. *Escritos*: Revista da Fundação Casa de Rui Barbosa, v.8, n.8, p.7-25, 2014.

"Abaixo a repressão, mais amor e mais tesão": uma memória sobre a ditadura e o movimento de gays e lésbicas de São Paulo na época da abertura. *Acervo*, v.27, n.1, p.53-82, jan.-jun. 2014.

Lesbian Voices and Radical Feminism within the Brazilian "Homosexual Movement" of the 1970s and Early 1980s. *Hommage à la Casa de Rui Barbosa*. Edição especial de *Brésil(s)*: Sciences humaines et sociales, edição especial n.3, dez. 2020.

Capítulos em livros

The Emergence of the Brazilian Gay and Lesbian Movement, 1977-1983. In: Levine, R. M. (Org.). *The Brazil Reader*. Durham: Duke University Press, 1999. Versão abreviada publicada em: *Latin American Perspectives*, v.21, n.1, p.38-55, 1994.

More Love and More Desire: The Building of the Brazilian Movement. In: Adam, B.; Duyvendak, J. W.; Krouwel, A. (Org.). *The Global Emergence of Gay and Lesbian Politics: National Imprints of a Worldwide Movement*. Philadelphia: Temple University Press, 1999, p.91-109.

Desire and Militancy: Lesbians, Gays, and the Brazilian Workers' Party. In: Drucker, P. (Org.). *Different Rainbow: Same-Sex Sexuality and Popular Struggles in the Third World*. London: Gay Men's Press, 2000, p.57-70.

Desfiles de moda e espetáculos na Broadway: representando a oposição à ditadura brasileira nos Estados Unidos nos anos 1970. In: Fico, C.; Castro, C.; Martins, I. de L.; Sousa, J. J. V. de; Araújo, M. P.; Quadrat, S. V. (Orgs.). *1964-2004: 40 anos do golpe – ditadura militar e resistência no Brasil*. Rio de Janeiro: Viveiros de Castro Editora, 2004, p.252-60.

Madame Satan, the Black "Queen" of Brazilian Bohemia. In: Beattie, P. M. (Org.). *The Human Tradition in Modern Brazil*. Wilmington: Scholarly Publications, 2004, p.267-86.

São Paulo anos 50: a vida acadêmica e os amores masculinos. In: Green, J. N.; Trindade, R. (Orgs.). *Homossexualismo em São Paulo e outros escritos*. São Paulo: Editora Unesp, 2005, p.25-38.

The Emperor's Pedestal: Dom Pedro I and Disputed Notions of the Brazilian Nation, 1860-1900. In: Lauerhass Jr., L.; Nava, C. (Orgs.). *Brazil in the Making: Facets of National Identity*. Wilmington: Scholarly Publishers, 2006, p.181-204.

Forward to the 40th Anniversary Edition. In: Skidmore, T. E. *Politics in Brazil, 1930-1964: An Experiment in Democracy*. New York: Oxford University Press, 2007, p.xv-xxiii.

(Homo)sexuality, Human Rights, and Revolution in Latin America. In: Wasserstrom, J. N.; Hunt, L.; Young, M. B.; Grandin, G. (Orgs.). *Human Rights and Revolutions*. Lanham: Rowman and Littlefield, 2007, p.139-54.

Doctoring the National Body. In: French, W. E.; Bliss, K. E. (Orgs.). *Gender, Sexuality, and Power in Latin America since Independence*. Lanham: Rowman and Littlefield, 2007, p.187-211.

Pleasures in the Parks of Rio de Janeiro during the Brazilian Belle Époque, 1898-1914. In: Johnson, H.; Dutra, F. A. (Orgs.). *Pelo Vaso Traseiro: Sodomy and Sodomites in Luso-Brazilian History*. Tucson: Fenestra Books, 2007, p.407-72.

"Restless Youth": The 1968 Brazilian Student Movement as Seen from Washington. Fico, C.; Araújo, M. P. (Orgs.). *1968: 40 anos depois – história e memória*. Rio de Janeiro: 7Letras, 2009, p.31-62.

Exilados e acadêmicos: a luta pela anistia nos Estados Unidos. In: Da Silva, H. R. K. (Org.). *A luta pela anistia*. São Paulo: Editora Unesp; Arquivo do Estado de São Paulo, 2009, p.145-56.

Gênero e performance na oposição à ditadura militar nos Estados Unidos. In: Pedro, J. M.; Fávero, S. M.; Rial, C. (Orgs.). *Diversidades: dimensões de gênero e sexualidade*. Florianópolis: Editora Mulheres, 2010, p.19-37.

The Personal and the Political under the Brazilian Military Regime, 1964-1985. In: Green, J. N.; Sattamini, L. P. (Orgs.). *A Mother's Cry*: A Memoir of Politics, Prison, and Torture under the Brazilian Military Dictatorship. Duke University Press, 2010, p.1-20.

Opondo-se à ditadura nos Estados Unidos: direitos humanos e a Organização dos Estados Americanos. In: Munhoz, S. J.; Silva, F. C. T. da (Orgs.). *Relações Brasil-Estados Unidos*: séculos XX e XXI. Maringá: Eduem, 2011, p.495-524.

Herbert Daniel: política, homossexualidades e masculinidades no Brasil nas últimas décadas do século XX. In: Gatti, J.; Penteado, F. (Orgs.). *Masculinidades*: teoria, crítica e artes. São Paulo: Estação das Letras e Cores, 2011, p.131-49.

Emília Viotti da Costa: construindo a história na contracorrente. In: *Anais Brasileiros e Brasilianistas*: novas gerações, novos olhares – uma homenagem a Emília Viotti da Costa. São Paulo: Arquivo Público do Estado de São Paulo, 2014, p.9-14.

Estudando o Brasil do lado de fora: a complexa relação entre brasileiros e brasilianistas. In: *Anais Brasileiros e Brasilianistas*: novas gerações, novos olhares – uma homenagem a Emília Viotti da Costa. São Paulo: Arquivo Público do Estado de São Paulo, 2014, p.15-23.

Desire and Revolution: Socialists and the Brazilian Gay Liberation Movement in the 1970s. In: Mor, J. S. (Org.). *Human Rights and Transnational Solidarity in Cold War Latin America*. Critical Human Rights Series. Madison: University of Wisconsin Press, 2013, p.239-67. Publicado em português: "Abaixo a repressão, mais amor e mais tesão": uma memória sobre a ditadura e o movimento de gays e lésbicas de São Paulo na época da abertura. *Revista Acervo*, v.27, n.1, p. 53-82, jan.-jun. 2014.

O Grupo Somos, a esquerda e a resistência à ditadura. In: Green, J. N.; Quinalha, R. H. (Orgs.). *Ditadura e homossexualidades*: repressão, resistência e a busca da verdade. São Carlos: Editora da Universidade Federal de São Carlos, 2014, p.177-200.

Introduction, com Renan H. Quinalha. In: Green, J. N.; Quinalha, R. H. (Orgs.). *Ditadura e homossexualidades*: repressão, resistência e a busca da verdade. São Carlos: Editora da Universidade Federal de São Carlos, 2014, p.17-25.

Ditadura e homossexualidades, com Renan H. Quinalha. In: *Relatório final da Comissão Nacional da Verdade*, v.2. Brasília: Comissão Nacional da Verdade, 2014, p.289-302.

Homossexualidades, repressão e resistência durante a ditadura, com Renan H. Quinalha. In: *Comissão da Verdade do Rio de Janeiro*: relatório. Rio de Janeiro: Comissão da Verdade do Rio, 2015, p.151-61.

Brasil: virando as costas ao futuro, com Renan H. Quinalha. In: Mattos, H.; Bessone, T.; Mamigonian, B. G. (Orgs.). *Historiadores pela democracia*: o golpe de 2016 e a força do passado. São Paulo: Alameda Editorial, 2016, p.181-6.

Carta aberta ao embaixador Michael Fitzpatrick. In: Mattos, H.; Bessone, T.; Mamigonian, B. G. (Orgs.). *Historiadores pela democracia*: o golpe de 2016 e a força do passado. São Paulo: Alameda Editorial, 2016, p.173-80.

Brasil: passado e presente e ironias da história. In: Mattos, H.; Bessone, T.; Mamigonian, B. G. (Orgs.). *Historiadores pela democracia*: o golpe de 2016 e a força do passado. São Paulo: Alameda Editorial, 2016, p.155-7.

Golpes e intervenções: 1962, 1964 e 2016 e os olhares norte-americanos. In: Machado, A. R. de A.; Toledo, M. R. de A. (Orgs.). *Golpes na história e na escola*: o Brasil e a América Latina nos séculos XX e XXI. São Paulo: Cortez Editora, ANPUH/SP, 2017, p.32-48.

Forjando alianças e reconhecendo complexidades: as ideias e experiências pioneiras do Grupo Somos de São Paulo. In: Green, J. N.; Quinalha, R. H.; Caetano, M.; Fernandes, M. (Orgs.). *História do movimento LGBT no Brasil*. São Paulo: Alameda Casa Editorial, 2018, p.63-78.

A apropriação homossexual do carnaval carioca. In: Pedroso, A.; Mesquita, A. (Orgs.). *Histórias da sexualidade: antologia*. São Paulo: Museu de Arte de São Paulo Assis Chateaubriand, 2018, p.144-77.

Herbert Daniel: revolucionário e gay, ou é possível captar a essência de uma vida tão extraordinária? In: Avelar, A. de S.; Schmidt, B. B. (Orgs.). *O que pode a biografia*. São Paulo: Letra e Voz, 2018, p.151-62.

Apresentação. In: Caminha, A. *Bom Crioulo*. São Paulo: Todavia, 2019, p.7-20.

The LGBTT Movement, the Brazilian Left, and the Process of Democratization. In: Puzone, V.; Miguel, L. F. (Orgs.). *The Brazilian Left in the 21st Century: Conflict and Conciliation in Peripheral Capitalism*. London: Palgrave-MacMillan, 2019, p.183-204.

Prefácio. In: Stampa, I.; Assumpção, S. R.; Hollanda, C. B. de (Orgs.). *Arquivos, ditadura e democracia*: reflexões a partir dos 10 anos do Centro de Referência Memórias Reveladas do Arquivo Nacional. Curitiba: Appris, 2020, p.4-5.

Um não judeu judeu (que também é gay): negociando os "armários". In: Pszczol, E.; Vaitsman, H. (Orgs.). *Antissemitismo, uma obsessão*: argumentos e narrativas. Rio de Janeiro: Numa Editora, 2020, p.104-19.

Democracia, direitos humanos e os legados do passado. In: Ribard, F. (Org.). *Os usos políticos do passado*: debates contemporâneos. Sobral, Ceará: Sertão Cult, 2020, p.45-61.

Forward. In: Barnes, N.; Poets, D.; Stephenson Jr., M. O. (Orgs.). *Maré from the Inside*: Art, Culture, and Politics in Rio de Janeiro, Brazil. Blacksburg: Virginia Tech Publishing, 2021, p.xvii-xx.

Kidnappings of Diplomats and Revolutionary Politics in Authoritarian Brazil: The Tale of Two Films. In: Stevens, D. (Org.). *Latin American History at the Movies: The Sequel*. Lanham: Rowman & Littlefield, 2022, p.171-91.

The Brazilian Far-Right, Academic Freedom, and the Defense of Democracy. In: Andersen, R.; Higdon, N.; Macek, S. (Orgs.). *Censorship, Digital Media and the Global Crackdown on Freedom of Expression*. Pieterlen and Bern: Peter Lang, 2022.

History of Sexuality in Twentieth-century Rio de Janeiro. In: Wiesner-Hanks, M.; Kuefler, M. (Orgs.). *The Cambridge World History of Sexualities*, v.4, *Modern Sexualities*. New York: Cambridge University Press, 2024, p.532-2l.

Enciclopédias e dicionários históricos

Andrade, Mário de (1893-1945). In: Aldrich, R. A.; Wotherspoon, G. (Orgs.). *Who's Who in Gay and Lesbian History*. 2.ed. New York: Routledge, 2002.

João do Rio (Paulo Barreto) (1880-1921). In: Aldrich, R. A.; Wotherspoon, G. (Orgs.). *Who's Who in Gay and Lesbian History*. 2.ed. New York: Routledge, 2002.

Movimentos homossexuais. In: Silva, F. C. T. da; Agostino, C. G. W. (Orgs.). *Dicionário do século XX*: guerras e revoluções – eventos, ideias e instituições. Rio de Janeiro: Record, 2004.

Madame Satã (Dos Santos, João Francisco). In: Palmer, C. A. (Org.). *Encyclopedia of African-American Culture and History*: The Black Experience in the Americas, v.4. 2.ed. Detroit: MacMillan Reference USA, 2006, p.1359-60.

Fernando Henrique Cardoso, com André Pagliarini. In: Knight, F. W.; Gates Jr., H. L. (Orgs.). *Dictionary of Caribbean and Afro-Latin American Biography*. New York: Oxford University Press, 2016.

Madame Satã (1900-1976). In: Chiang, H. (Org.). *The Global Encyclopedia of Lesbian, Gay, Bisexual, Transgender, and Queer (LGBTQ) History*, v.2. New York: Charles Scribner's Sons, 2019, p.981-3.

Digital Resources: Latin American Travelogues Digital Collection at Brown University. In: *Oxford Research Encyclopedia of Latin American History*. New York: Oxford University Press, 2020. Disponível em: https://doi.org/10.1093/acrefore/9780199366439.013.853. Acesso em: 12 jan. 2024.

Digital Resources: Opening the Archives Digital Collection on the History of US-Brazilian Relations. In: *Oxford Research Encyclopedia of Latin American History*. New York: Oxford University Press, 2020. Disponível em: https://doi.org/10.1093/acrefore/9780199366439.013.829. Acesso em: 12 jan. 2024.

LGBTQ History and Movements in Brazil. In: *Oxford Research Encyclopedia of Latin American History*. New York: Oxford University Press, 2020. Disponível em: https://doi.org/10.1093/acrefore/9780199366439.013.840. Acesso em: 12 jan. 2024.

Entrevistas em revistas acadêmicas

Mais amor e mais tesão: história da homossexualidade no Brasil, por José Gatti. *Revista Estudos Feministas*, v.8, n.2, p.149-66, 2000.

Brasil com sotaque. *Revista de História da Biblioteca Nacional*, v.5, n.59, p.62-5, ago. 2010.

Mesa-redonda Somos – Grupo de Afirmação Homossexual: 24 anos depois. Reflexões sobre os primeiros momentos do movimento homossexual no Brasil, com James N. Green et al.

Cadernos Arquivo Edgard Leuenroth, v.10, n.18/19, p.47-74, 2003.

Entrevista com James N. Green, por Rafael Bassi. *Aedos*, v.5, n.12, p.95-7, jan.-jun. 2013.

Visibilidade cria tolerância, por Marcello Scarrone. *Revista de História da Biblioteca Nacional*, v.10, n.119, p.48-53, ago. 2015.

Gênero, sexualidade, política e educação, por Denize Sepulveda. *Revista Interinstitucional Artes de Educar*, v.3, n.1, p.224-39, mar.-jun. 2017.

Movimentos e contramovimentos da democracia no Brasil: perspectivas e dilemas em contexto de instabilidades institucionais e reorganização política, por Liziane Guazina, Fernanda Martinelli e João Guilherme Xavier da Silva. *Revista Compolítica*, v.7, n.1, p.199-213, 2017.

Direitos, memória e justiça de transição: enquete com pesquisadores das comissões da verdade brasileiras, por Pádua Fernandes. *Revista InSURgência*, v.4, n.1, p.10-55, 2018.

History as Civic Action. An Interview with James Naylor Green, por Jorge M. Pedreira. *Ler História*, v. 74, p.241-57, 2019.

História e política: luta pela democracia e diversidade – uma entrevista com James N. Green, por Daniel Vital Silva Duarte e Rafael Sancho Carvalho da Silva. *Revista de História da UFBA*, v.7, p.1-15, 2019.

Revolucionário e gay: identidades inconciliáveis? Entrevista com James Green, por Andréa Moreira Lima e Frederico Viana Machado. *Psicologia & Sociedade*, v.32, p.1-12, 2020.

Entrevista com James N. Green, por Martina Spohr e Ronald Canabarro. *Estudos Históricos*, v.34, n.73, p.417-30, maio-ago. 2021.

Entrevista – James Naylor Green, relatos de percurso: história, trajetória e política, por Erinaldo Vicente Cavalcanti. *Revista Escritas do Tempo*, v.3, n.9, p.152-69, set.-dez. 2021.

SOBRE O LIVRO

Formato: 16 x 23 cm
Mancha: 27,5 x 43,6 paicas
Tipologia: Horley Old Style 11/15
Papel: Off-white 80 g/m² (miolo)
Cartão Triplex 250 g/m² (capa)

1ª edição Editora Unesp: 2024

EQUIPE DE REALIZAÇÃO

Capa
Marcelo Girard

Imagem de capa
James N. Green em frente ao bar Stonewall
(arquivo do autor)

Edição de texto
Giuliana Gramani (Copidesque)
Pedro Magalhães Gomes (Revisão)

Editoração eletrônica
Sergio Gzeschnik

Assistente de produção
Erick Abreu

Assistência editorial
Alberto Bononi
Gabriel Joppert

Rua Xavier Curado, 388 • Ipiranga - SP • 04210 100
Tel.: (11) 2063 7000 • Fax: (11) 2061 8709
rettec@rettec.com.br • www.rettec.com.br